DIE KRAFT DER HOFFNUNG

Festschrift für Alterzbischof DDr. Josef Schneider

DIE KRAFT DER HOFFNUNG

Gemeinde und Evangelium

Festschrift
für Alterzbischof DDr. Josef Schneider
zum 80. Geburtstag

St. Otto-Verlag Bamberg

Herausgeber: Fakultät Katholische Theologie der Universität Bamberg
durch Alfred E. Hierold, Volker Eid, Ignacio Escribano-Alberca,
Ottmar Fuchs, Norbert Glatzel

Die Herausgeber danken allen, die das Erscheinen dieser Festschrift
durch einen Zuschuß oder durch Subskription erleichtert haben.

Umschlag: Erna Lautenbacher
Gesamtherstellung: SOV Graphische Betriebe, Bamberg
Printed in Germany
ISBN 3-87693-044-8

Inhalt

An den Jubilar

Exzellenz!
Hochwürdigster Herr Alterzbischof,

am 5. Februar 1986 vollenden Sie Ihr 80. Lebensjahr. Aus diesem Anlaß überreicht Ihnen die Fakultät Katholische Theologie der Universität Bamberg dieses Buch als Festgabe. Alle Professoren der Fakultät, ehemalige Kollegen und Angehörige der Phil.-Theol. Hochschule sowie eine stattliche Zahl von Bamberger Priestern, die als akademische Lehrer tätig sind, möchten Ihnen damit ihre Verbundenheit, Hochschätzung und Dankbarkeit bezeugen.

Sie wirkten selbst viele Jahre als Professor für Moraltheologie an der Phil.-Theol. Hochschule, der Vorgängerin der heutigen Universität und besonders der Fakultät Katholische Theologie. Als Erzbischof von Bamberg blieben Sie dieser Hochschule über die amtlichen Belange hinaus persönlich verbunden. In einer kritischen Zeit haben Sie sich entschieden für die Erhaltung der Bamberger Hochschule eingesetzt, den Grundstein für die jetzige Universität mitgelegt und die Bamberger Hochschultradition erhalten. Daher rechnet es sich die Fakultät Katholische Theologie zur Ehre an, Ihnen diese Festschrift widmen zu können.

Das Buch, dessen Titel Ihrem bischöflichen Wahlspruch folgt, enthält Beiträge aus der Philosophie und allen theologischen Disziplinen zu dem Themenkreis „Gemeinde und Evangelium". Mögen Sie sich, sehr verehrter Herr Alterzbischof, an alldem erfreuen, zumal Sie sich seit Ihrer Emeritierung verstärkt mit theologischen Fragestellungen beschäftigen! Zu dieser Freude werden auch jene beitragen, die sich in die folgende Tabula gratulatoria eingetragen haben. Sie entbieten Ihnen gemeinsam mit den Autoren und Herausgebern die besten Segenswünsche für Ihr weiteres Leben.

Die Herausgeber

Zu Ehren des Jubilars

in Würdigung seiner Verdienste um die Universität Bamberg

Die wiedergegründete Universität Bamberg weiß sich dem Jubilar, Sr. Exzellenz, dem hochwürdigsten Herrn Alterzbischof DDr. Josef Schneider, dem zu Ehren diese Festschrift gewidmet ist, auf vielfältige und herausragende Weise verbunden.

Vor seiner Erhebung zum oberhirtlichen Amte wurde er am 1. Dezember 1945 – alsbald nach der Wiedereröffnung der vom NS-Machtstaat ohne Angabe von Gründen geschlossenen Philosophisch-Theologischen Hochschule Bamberg – zum a. o. Professor der Moraltheologie bestellt und unter dem 1. November 1953 zum ordentlichen Professor ernannt. Er nahm die Aufgaben dieses Lehrstuhles in Forschung und Lehre, im Laufe der Zeit um die der Pastoraltheologie erweitert, bis zum Mai 1955 wahr und wirkte vom 1. August 1950 bis zum 31. Juli 1953 gleichzeitig als Prorektor der Hochschule.

Nach seiner Inthronisation am 13. Juli 1955 blieb Erzbischof DDr. Schneider der Hochschule verbunden, persönlich und von Amts wegen. Im Rahmen des bayerischen Konkordats, das die Rechte zwischen Kirche und dem Freistaat Bayern und damit zwischen dem kirchlichen Hoheitsträger und der Philosophisch-Theologischen Hochschule bzw. ab 1972 deren Nachfolgeeinrichtung, der Gesamthochschule Bamberg, regelt, hatte er Stellung zu nehmen zu den Vorschlägen des akademischen Senates der Hochschule, für die Besetzung von Professuren und zur Ernennung von Honorarprofessoren der Theologie und der Philosophie. Darüber hinaus entfaltete er schon frühzeitig vom Ende der fünfziger Jahre an Initiativen, um den gefährdeten Bestand an Lehrstühlen zu sichern, nach Möglichkeit zu erweitern. Er verfolgte das Ziel der Konsolidierung der Hochschule aus innerem Antrieb und mit wacher Sorge, vor allem in den schweren Jahren vor der Integration der Philosophisch-Theologischen Hochschule in die Gesamthochschule. Das einträchtige Zusammenwirken mit der Hochschule war gekennzeichnet durch das Bestreben, allzeit ihre Rechte sorgfältig zu achten, durch die Sorge um den Bestand der Hörerzahl, die aufgeschlossene Initiative zur Schaffung einer zeitgemäßen Prüfungsordnung sowie zu fruchtbarer moderner Lehrplangestaltung.

Unter seiner Amtsführung errichtete das Erzbistum zur leichteren Unterbringung von Studierenden der ehemaligen Pädagogischen Hochschule zudem das St.-Anno-Heim.

Als dann vor der Zusammenführung beider Hochschulen zur Gesamthochschule deren Fortbestand fraglich wurde, hat der Erzbischof von Bamberg seine Stimme erhoben und sich unter Einsatz seiner ganzen Persönlichkeit in einer entscheidenden Stunde für die Weiterführung der Bamberger Hochschultradition wirkungsvoll eingesetzt. Die Philosophisch-Theologische Hochschule wurde durch Gesetz des Bayerischen Landtages vom 26. Juli 1972 mit Wirkung vom 1. August 1972 in die neue Gesamthochschule integriert. Der Austausch der Ratifikationsurkunden zur Änderung des bayerischen Konkordats, die dem Fachbereich Theologie nach langen Jahren des Ruhens wiederum das Promotionsrecht zugestanden, erfolgte unter seiner maßgeblichen Mitwirkung am 18. Oktober 1974.

Die Universität Bamberg würdigte diese langjährige segensreiche Tätigkeit zum Wohle der UNIVERSITAS BAMBERGENSIS, indem sie Erzbischof DDr. Schneider mit Urkunde vom 27. Juli 1977 als erster Persönlichkeit die höchste Würde verlieh, die der akademische Senat zu vergeben hat: die Würde eines Ehrensenators.

Zum Ehrentag, der Vollendung seines 80. Lebensjahres, erinnert die Universität an das Wirken und an die hohen Verdienste des Jubilars. Sie entbietet ihm in Respekt und Dankbarkeit die herzlichsten Glück- und Segenswünsche. Sie hat durch die Jahrhunderte und in ihrer jüngsten Geschichte, gerade in Zeiten jäher Umbrüche und Infragestellung ihres Fortbestandes, auf säkulare Weise DIE KRAFT DER HOFFNUNG erfahren, zu der allerdings die Kompetenz und das vorbehaltlose Eintreten von Persönlichkeiten wie Erzbischof DDr. Schneider hinzugehören, wenn sie die Geschäfte dieser Welt bewegen soll.

Prof. Dr. Siegfried Oppolzer

Präsident der Universität Bamberg

TABULA GRATULATORIA

P. Aemilian Alberter, Nürnberg
Alois Albrecht, Dekan, Pfarrer von St. Martin, Bamberg
Hans Ammer, Seelsorger der deutschsprachigen Katholiken, Triest/Italien
Horst Anders, Krankenhauspfarrer, Nürnberg
Wolfgang Angerer, Kaplan, Ansbach
Frhr. v. Aufsees'sches Studienseminar, Bamberg
Pankraz Bäuerlein, Erzb. Geistl. Rat, Bamberg
Dietmar Barnickel, Rothenkirchen
Franz Bauer, Oberstudiendirektor, Bamberg
Prof. Dr. Heinrich Beck, Lehrstuhl f. Philosophie, Bamberg
Joseph Beck, Schuldekan, Pfarrer, Priesendorf
Alfred Johannes Beißer, Kaplan, Münchberg
Wilhelm Benker, Pfarrer i. R., Strullendorf
August Bosch, Studiendirektor i. R., Erzb. Geistl. Rat, Erlangen
Dr. Karl Braun, Bischof von Eichstätt, Eichstätt
Franz Brütting, Pfarrer, Erzb. Geistl. Rat, Kirchschletten
Michael Büttner, Kaplan, Bamberg
P. Joh. Byroslawski SVD, Kath. Seelsorgestelle, Ansbach-Meinhardswinden
P. Georg Deichstetter SJ, Nürnberg
Franz Deinlein, Pfarrer, Erzb. Geistl. Rat, Neuses-Kronach
Veit Dennert, Pfarrer, Neunkirchen a. Br.
Alfred Dobeneck, Pfarrer, Herbolzheim
Georg Dobeneck, Pfarrer, Fürth-Mannhof
Dr. Valentin Doering, Domkapitular, Bamberg
Michael Dötzer, Dekan, Höchstadt a. d. Aisch
Otto Donner, Dekan, Pfarrer, Forchheim
Konrad Dorn, Pfarrer, Heroldsbach
Willi Durmann, Krankenhauspfarrer, Bamberg
Andreas Eckler, Pfarrer, Stegaurach
Franz X. Eder, Bischof von Passau, Passau
Josef Eller, Pfarrer, Erzb. Geistl. Rat, Scheßlitz-Ludwag
Hans-Jörg Elsner, Diözesanpräses der KAB, Bubenreuth
Dr. Isidor Markus Emanuel, Altbischof von Speyer, Waldfischbach-Burgalben
Prof. Dr. med. Hans-Günther Essing, Herzogenaurach
Edwin Fiedler, Pfarrer, Nürnberg
Klemens Fink, Domkapitular, Bamberg
Siegfried Firsching, Pfarrer, Erlangen
Christoph Anton Fischer, Pfarrer, Pottenstein
Herbert Fischer, Kaplan, Zirndorf

P. Alanus Fleischmann, Ordenspriester der Barmherzigen Brüder, Erzb. Geistl. Rat, Gremsdorf
Dr. Gerhard Förch, Domvikar, Bamberg
Hubert Förster, Domvikar, Diözesanjugendseelsorger, Bamberg
Richard Förster, Pfarrer von St. Bonifaz, Nürnberg
Wilhelm Forster, Geistl. Rat, Rothenburg o. d. Tauber
Dr. Sepp Frank, Nervenarzt, Bamberg
Franziskanerkloster, Vierzehnheiligen
Dr. Augustinus Frotz, Weihbischof em., Köln
Anna und Johann Fuchs, Hausfrau bzw. Pflegevorsteher i. R., Erlangen
Heinz Fuchs, Militärpfarrer, Bremen
Lorenz Gäßlein, Pfarrer, Nürnberg
Prof. Dr. Balthasar Gareis, Msgr., Fulda
Erwin Gebhardt, Kirchehrenbach
Konrad Gebhardt, Pfarrer, Höchstadt a. d. Aisch
Hans Gerber, Pfarrer von St. Willibald, Nürnberg
Dr. theol. Karl-Werner Goldhammer, Diakon, Bayreuth
Joseph Graser, Pfarrer, Bamberg
Max Groll, Pfarrer i. R., Erzb. Geistl. Rat, Iphofen
Karl Grundler, Pfarrer, Lettenreuth
Vinzenz Guggenberger, Weihbischof, Regensburg
Prof. Dr. Klaus Guth, Bamberg
Johannes Häfner, Pfarrer i. R., Erzb. Geistl. Rat, Breitengüßbach
Edgar Hagel, Oberstudienrat, Bamberg
Prof. Dr. theol. Franz Xaver Haimerl, em. Hochschulprofessor, Dillingen
Johann Hartl, Erzb. Geistl. Rat, Gaisthal
Herbert Hauf, Domkapitular, Bamberg
Herbert Hautmann, Pfarrer, Fürth/Bay.
Gerhard Hellgeth, Staffelstein
Klaus Hemmerle, Bischof von Aachen, Aachen
Hans Herdegen, Pfarrer, Sassanfahrt
Herz-Jesu-Heim, Noviziat und Phil. Hochschule der Pallottiner, Untermerzbach
Ernst Hetzelt, Erzb. Geistl. Rat, Lichtenfels
Karl Hohl, Erzb. Geistl. Rat, Lichtenfels
Georg Holzschuh, Militärpfarrer, Bayreuth
Dr. Josef Homeyer, Bischof von Hildesheim, Hildesheim
Institut der Englischen Fräulein JBMV, Bamberg
Heinrich Maria Janssen, Bischof em. von Hildesheim, Hildesheim
Karl Jessen, Studiendirektor i. R., Erzb. Geistl. Rat, Hessdorf
Josef Karch, Pfarrer i. R., Nürnberg
Karmelitenkloster Christkönig, Fürth/Bay.
Kath. Hochschulgemeinde Bayreuth, Bayreuth
Kath. Pfarramt St. Anton, Nürnberg
Kath. Pfarramt Tschirn, Tschirn
Hans-Walter Kaul, Pfarrer, Rückersdorf
Karl Theodor Kehrbach, Religionslehrer, MC-Präses i. R., Bamberg
Siegbert Keiling, Stadtpfarrer, Schloßkirche Bayreuth, Bayreuth
Br. Columban Keller CMSF, Generalsuperior, Bamberg-Bug
Irene Keller, Religionslehrerin, Erlangen

Hans Kern, Kaplan, Fürth/Bay.
Augustin Kernebeck, Pfarrer v. Geisfeld, Erzb. Geistl. Rat, Strullendorf-Geisfeld
Dieter Kersting, Oberstudienrat, Zirndorf
Adolf Keseberg, Pfarrer, Studiendirektor i. R., Erzb. Geistl. Rat, Weisendorf
Günter Kießwetter, Oberstudienrat, Ansbach
Dr. Helmut Kittel, Domdekan, Prälat, Bamberg
Peter Klamt, Pfarrer, Volsbach
Rudolf Klemenz, Pfarrer, Wilhelmsthal
Hermann Komnik, Dekan, Ebrach
Konvent der Karmeliten, Bamberg
Edmund Kräck, Pfarrer von St. Otto, Ebersdorf
Josef Kraus, Pfarrer, Waischenfeld
Dr. Elmar Maria Kredel, Erzbischof von Bamberg, Bamberg
Berthold Kreutz, Erzb. Geistl. Rat, Willersdorf
Franz Kubin, Bamberg
Karl Kupfer, Dekan, Erlangen
Josef Lauer, Pfarrer, Iphofen
Prof. Dr. Jakob Lehmann, Universitätsprofessor, Bamberg
Karl Martin Leicht, Dipl.-Theol., Bamberg
Franz Leipold, Erzb. Geistl. Rat, Oberkotzau
Kurt Löblein, Studiendirektor, Diakon, Pegnitz
Clemens Löffler, Domvikar, Bamberg
Georg Lohneiß, Pfarrer, Trunstadt
Emil Lorenz, Pfarrer, Nürnberg
Dr. Franz Machilek, Archivdirektor, Bamberg
Johannes Mainusch, Pfarrer, Scheßlitz
Dr. Theodor Mathieu, Altoberbürgermeister, Bamberg
Alfred Mayer, Erzb. Geistl. Rat, Bad Mergentheim
Rudolf Meixner, Vorsitzender d. Diözesanrats d. Kath. i. Erzbistum Bamberg, Forchheim
Paul Metschnabl, Domvikar, ehem. Domkapellmeister, Bamberg
Karl Mikolaschek, Oberstudienrat, Hallerndorf
P. Johannes Moosmann SAC, Rektor, Lic. theol., Untermerzbach
Manfred Nein, Pfarrer, Neustadt b. Coburg
Ambros Neundörfer, Prälat, Hirschaid
Franz Noppenberger, Pfarrer, Herzogenaurach-Niederndorf
Heinz Oberle, Pfarrer, Bamberg
Leo Oefelein, Pfarrer i. R., Erzb. Geistl. Rat, Heroldsbach
Fritz Otterbein, Pfarrer, Merkendorf
Karl Palitza, Studienrat, Hof
Josef Panzer, Dekan, Pfarrer, Litzendorf
Pfarrgemeinde St. Johannes Nepomuk, Bayreuth-Laineck
Konrad Pieger, Prälat, Scheßlitz-Giech
Josef Pingold, Pfarrer, Neustadt a. d. Aisch
Dr. Josef G. Plöger, Weihbischof, Köln
Georg Pöhlmann, Pfarrer, Neunkirchen a. Sand
August Popp, Pfarrer, Hirschaid
P. Dr. Hartmann Prosper SCJ, Pfarrverweser Hl. Dreifaltigkeit, Fürth/Bay.
Provinzialat und Konvent der Karmeliten, Bamberg

Alfred Raab, Pfarrer, Langensendelbach
Dr. Günter Raab, Domvikar, Bamberg
Raimund Reinwald, Kaplan, Nürnberg
Andreas Rauh, Pfarrer, Weismain
Dr. Ortrud Reber, Studiendirektorin, Erlangen
Johannes Reichel, Pfarrer i. R., Bamberg/Volkach
Johannes Marianus Reichel, Pfarrer i. R., Erzb. Geistl. Rat, Höchstadt/Aisch
Wilhelm Reisacher, Herzogenaurach
Karl Renk, Studiendirektor, Coburg
Andreas Reuß, Studienrat z. A., Bamberg
Karl Röckelein, Erzb. Geistl. Rat, Nürnberg
Johann Romeis, Studiendirektor a. D., Erzb. Geistl. Rat, Nürnberg
Hans Roppelt, Kaplan, Pegnitz
Paul Sattler, Pfarrer, Bad Windsheim
Reinhold Seidl, Kaplan, Coburg
German Seyfert, Pfarrer, Mailand
Bernhard Simon, Domvikar, Diözesan-Betriebsseelsorger, Bamberg
Michael Spachtholz, Bamberg
Spätberufenenwerk Theresianum, Bamberg
Alfred Spitzner, Dipl.-Ing., Bezirkstagspräsident, Regensburg
Gerhard Scheu, MdB, Weilersbach
Prof. Dr. Audomar Scheuermann, Universitätsprofessor em., Vizepräsident des Bayer. Senats, München
Hans Schieber, Kaplan, Augsburg
Walter Schirmer, Prälat, Bamberg
Prof. Dr. Karl Schlemmer, Lehrstuhl f. Liturgik und Homiletik, Passau
Hans Schmidt, Pfarrer i. R., Erzb. Geistl. Rat, Forchheim
Dr. Ernst Schmitt, Pfarrer, Stuttgart
Friedrich Schmitt, Pfarrer, Bischberg
Gottfried Schneider, Dipl.-Theol., Neustadt/Aisch
P. Leonhard Schneider, Wallfahrts-Seelsorger, Vierzehnheiligen
Dr. Werner Schopper, Bibliotheksrat, Bamberg
Adolf Schrenk, Pfarrer, Weilersbach
Harald Schwandt, Pfarrer, Kronach/Gehülz
Staatsbibliothek Bamberg, Bamberg
Jürgen Stapf, cand. theol., Bamberg
Hans Sterzl, Pfarrer, Herzogenaurach
Dr. Heinrich Straub, Generalvikar, Apostolischer Protonotar, Bamberg
Dr. Ernst Tewes, Weihbischof, München
Hans Thierauf, Studiendirektor i. R., Erzb. Geistl. Rat, Bamberg
Rudolf Unger, Pfarrer, Schwarzenstein
Adolf Vierling, Pfarrer i. R., Bayreuth
Kurt Heinrich Völkl, Studiendirektor, Röthenbach
Werner Waßner, Dipl. Theol., Studienrat, Ansbach
Alfons Webert, Pfarrer von St. Josef, Zirndorf
Konrad Wegner, Studiendirektor, Erlangen
Karl-Heinz Weißer, Pfarrer, Bad Berneck
Friedrich Cardinal Wetter, Erzbischof von München und Freising, München
Hans Wich, Domkapitular, Bamberg

Horst Wiedermann, Akademischer Rat a. Z., Bischberg
Dr. Helmut Wiesner, Wissenschaftl. Mitarbeiter am Lehrstuhl f. Fundamentaltheologie, Bamberg
Alfred Will, Pfarrer, Herzogenaurach
Adam Wolf, Pfarrer i. R., Erzb. Geistl. Rat, Hohengüßbach
Peter Wünsche, Kaplan, Forchheim
Hans Wunder, Domkapitular, Bamberg
Prof. Dr. Dieter Wuttke, Bamberg
Georg Zametzer, Pfarrer, Strullendorf
Dr. Georg Zenk, Studienrat, Weißenbrunn
Dr. Josef Zerndl, Pfarrer von St. Josef Gaustadt, Bamberg
Georg Ziegelhöfer, Pfarrer i. R., Erzb. Geistl. Rat, Staffelstein
Prof. Dr. Gerd Zimmermann, Universitätsprofessor, Bamberg

OTHMAR HEGGELBACHER

Die Bamberger Hohe Schule im Leben von Alterzbischof Dr.Dr. Josef Schneider

In „Sorge um den Menschen. Festschrift zum 25jährigen Bischofsjubiläum von Alterzbischof Josef Schneider“ (13. 7. 1980) war dargetan (S. 87 ff.), daß der Bischof von Bamberg und das Schicksal seiner Universität von Anfang eng verbunden waren. Fürstbischof Melchior Otto Voit von Salzburg hatte am 14. 11. 1647 am Ausgang des 30jährigen Krieges die Academia Ottoniana gegründet. Ihn bestimmte die Tatsache, daß Studenten nichttheologischer Fächer ohnehin und Theologen zumindest zur Erwerbung akademischer Grade bislang wegzugehen gezwungen waren. Adam Friedrich von Seinsheim, zugleich Fürstbischof von Würzburg (1755–79) und Bamberg (1757–79), stiftete im Jahre 1773 die Universitas Ottoniana Fridericiana. Diese wurde durch den Kahlschlag der Säkularisation 1803 zu einem Lyzeum heruntergestuft und durch die Staatsomnipotenz des Grafen Montgelas zusätzlich in die Bedeutungslosigkeit verwiesen. Ein Gesetz vom 2. Juni 1920 hatte die Professoren der staatlichen Lyzeen in Bayern hinsichtlich der Emeritierung den übrigen Hochschullehrern endlich gleichgestellt. Eine Bekanntmachung vom 9. Dezember 1923 ordnete erst die längst fällige Umbenennung der Lyzeen in „philosophisch-theologische Hochschulen“, damit auch für Bamberg, an, da der Begriff ‚Lyzeum‘ sonst nur noch für die höheren Mädchenschulen verwendet wurde. Die Gestaltung des Rechtsverhältnisses zwischen Erzbischof Dr.Dr. J. Schneider als dem kirchlichen Hoheitsträger und geistlichen Oberhirten und dieser Philosophisch-Theologischen Hochschule sowie deren Nachfolger, der Gesamthochschule, und hernach der Universität ist im Rahmen des Konkordatsrechtes zu begreifen. Danach ist vor Berufung eines Hochschullehres seitens der staatlichen Behörde auf einen konkordatsgebundenen Lehrstuhl, ebenso bei Erteilung eines Lehrauftrages, der Ordinarius, im Falle der Erledigung des Erzbischöflichen Stuhles der Kapitelsvikar zum Nihil obstat zu hören. Diesem dauernden Zusammenwirken mit der Phil.-Theol. Hochschule und anschließend der Gesamthochschule widmete Erzbischof Schneider, trotz seiner Verwurzelung in der Heimat Nürnberg der alten Kaiserstadt Bamberg sehr zugetan, in den mehr als zwanzig Jahren seiner bischöflichen Tätigkeit bis zu seiner Resignation am 30. 7. 1976 einen nicht unbedeutenden Teil seiner Kraft, ganz abgesehen von Initiativen zur Schaffung neuer Lehrstühle.

Er tat dies nicht nur aufgrund der Verpflichtung durch das bischöfliche Amt, sondern ebensosehr aufgrund persönlicher Verbundenheit.

Der Jubilar, nach ausgedehntem, durch Studien der Neuscholastik bereicherten Ausbildungsgang am 25. Oktober 1931 in Rom zum Priester geweiht, Dr. theol., Dr. phil., Magister aggregatus Pontificiae Universitatis Gregorianae, an mehreren Seelsorgestellen eingesetzt und dann Assistent und Subregens am Erzb. Priesterseminar, trat alsbald nach Ende des Krieges und Wiedereröffnung der Bamberger Hochschule in Verbindung zu ihr.

Am 1. 12. 1945 zum a. o. Professor der Moraltheologie (und später zusätzlich der Pastoraltheologie) bestellt, unterm 1. 11. 1953 zum ordentlichen Professor ernannt, hatte dieses Amt bis Mai 1955 wahrgenommen, wobei er in der Zeit vom 1. 8. 1950 bis 31. 7. 1953 gleichzeitig als Prorektor wirkte.

Neben der Lehre diente er der Forschung durch eine Reihe von Veröffentlichungen, u. a. durch die Arbeiten: Zwei Wege der Lebensführung (Epiktet und Thomas von Kempen), Würzburg 1952; Die Grundlagen der Sittlichkeit (mit Adolf Eberle), Bamberg 1947.

Es war keine hohle Geste, daß die ehemaligen Kollegen der Hochschule in Verbundenheit die Mitra pretiosa stifteten und an der Konsekration in der Metropolitankirche und der darauffolgenden Inthronisation am 13. Juli 1955 geschlossen teilnahmen.

Die Jahre des Amtes von Erzbischof Schneider waren durch Schaffung einer zeitgemäßen Prüfungsordnung gekennzeichnet (1. Juli 1963), schon geraume Zeit vor der „Neuordnung der theologischen Studien für Priesterkandidaten" durch die Deutsche Bischofskonferenz zum 1. Oktober 1968. Als dann die Zeit gekommen war, die Phil.-Theol. Hochschule und die Pädagogische in einer größeren aufgehen zu lassen, war er bereit, sein Ansehen zugunsten Bambergs einzusetzen. In einem Brief (vom 13. Juli 1970) an Ministerpräsident Dr. A. Goppel und Kultusminister Dr. Huber setzte er sich unter Hinweis auf das hier vorhandene Potential entschieden für eine Universität in Bamberg ein. Er verwies darauf, daß an der Phil.-Theol. Hochschule Bamberg beachtliche räumliche Kapazitäten vorhanden sind, die nicht auszunutzen auf die Dauer politisch nicht verantwortet werden könne; das Erzbistum habe aber ein gesteigertes Interesse daran, daß eine Universität mit zumindest geisteswissenschaftlicher Ausrichtung in größerem Umfang in Bamberg den Standort bekäme. Es sei für die Erzdiözese eine Lebensfrage, daß an Ort und Stelle zur Hilfe in der Erteilung des Unterrichtes Kräfte in größerer Anzahl herangebildet werden könnten. Es sollten selbstverständlich weiterhin dem Priesternachwuchs in der Bamberger Erzdiözese die Studienmöglichkeiten in Bamberg erhalten werden, wo vor wenigen Jahren bedeutende Mittel zur Erweiterung des Priesterseminars investiert worden seien. Eine Translation an einen anderen Platz würde nahezu unüberwindbaren Schwierigkeiten begegnen. „Solange aber in Bamberg nicht die akademischen Grade erworben werden können, muß immer wieder eine Zahl gerade begabter Studenten auswärtige Hochschulen aufsuchen, um ihr Studium zu vervollständigen" (eine signifikante Gemeinsamkeit mit den Intentionen des Gründerbischofs), lautet ein Kernsatz. „Ein Ausbau der Bamberger Phil.-Theol. Hochschule zu einer universitären Einrichtung in dem Sinne, daß sie zu einer untergeordneten isolierten Institution würde, müßte ihren Tod bedeuten", schreibt der Erzbischof weiter. Am Schlusse bietet er seine grundsätzliche Mitarbeit am Ausbau einer neuen Universität in Bamberg, nicht zuletzt in konkordatsrechtlicher Hinsicht, an. (Vgl. FT vom 17. 7. 1970.)

Es ist denn auf den jahrelangen, quälenden Abschwung der Hörerzahl in Theologie nunmehr ein allseits überraschender Aufschwung gefolgt.

In der Proklamation von Erzbischof Dr.Dr. Josef Schneider zum ersten Ehrensenator im November 1977 stellte Präsident Prof. Dr. S. Oppolzer mit Bedacht folgende Worte an den Schluß: „Durch den Einsatz Ihrer ganzen Persönlichkeit überhaupt erst war in einer entscheidenden Stunde der Bestand der Phil.-Theol. Hochschule gesichert und so die Voraussetzung dafür erst geschaffen worden, daß der Fachbereich Theologie heute erstarkt ist."

MANFRED GÖRG

Weisheit als Provokation

Religionsgeschichtliche und theologische Aspekte der jahwistischen Sündenfallerzählung

In seinem Werk Idiota de sapientia („Der Laie über die Weisheit")[1] läßt Nikolaus von Cues einen einfachen, ungelehrten Mann einem gelehrten Redner gegenübertreten, um diesem Aufschluß über die wahre Natur der Weisheit zu vermitteln. Im Unterschied zur akademischen Erstarrung und als solche empfundenen traditionalistischen Reproduktionspraxis der Scholastik soll in diesem Dialog die elementare Kraft jener Weisheit zu Bewußtsein kommen, die „draußen in den Straßen ruft" und ihren Ort gerade auch auf dem „Marktplatz" hat[2]. Fehlende Kreativität eines Menschen gleicht diesen einem „Pferd, das, von Natur frei, mittels des Halfters an eine Krippe festgebunden ist, aus der es nichts anderes essen kann, als was ihm da bereitet ist"[3]. Das Wissen um die Weisheit, die „in den Straßen ruft" und doch zugleich „in den höchsten Höhen wohnt"[4], ist Kennzeichen einer belehrten Unwissenheit (docta ignorantia). Die semantische Polarität hat ihren umgreifenden Grund in der ewigen Weisheit Gottes, die wiederum „die alle Formen umschließende Einfachheit"[5] ist.

Mit seiner Qualifikation der sapientia ruft Cusanus wohl bewußt in Erinnerung, was u. a. die weisheitliche Spruchliteratur des Alten Testaments zu vermitteln weiß:

> „Die Weisheit ruft auf der Straße,
> auf den freien Plätzen erhebt sie ihre Stimme,
> an den lärmvollsten Orten[6] ruft sie,
> an den Toreingängen der Stadt
> spricht sie ihre Worte . . ." (Spr 1,20 f.).

Die Stimme der Weisheit ist demnach gerade dort vernehmbar, wo sie augenscheinlich überhört werden müßte. Ein genauerer Blick auf Form und Intention der nachfolgenden „Weisheitspredigt" (V. 22–23)[7] zeigt freilich, daß es hier nicht so sehr um eine Kritik am akademischen Standesbewußtsein der Weisheitslehrer geht, sondern um die provozierende Präsenz eben der gottgewirkten Weisheit im Zielfeld der „Spötter", die „Erkenntnis" hassen und deren „Einfalt" die Einfältigen umbringt. Wie der „Laie" des Cusaners aber einen diametralen Gegensatz zwischen dem Leben aus der „ewigen Weisheit" und der Existenz aus Eigenbesitz erkennt und den „Geist der Weisheit nicht in einem der Sünde unterworfenen Körper noch in einer häßlich gesinnten Seele" sieht[8], so ruft der Prediger der Weisheit zur Hinnahme der Zurechtweisung, zur Relativierung der Planungssucht und zur „Jahwefurcht"[9]. „Weisheit" beruht nicht auf individueller oder kollektiver Wissensmacht und schon gar nicht auf selbstgefälliger Kritiklust, sondern auf der Bereitschaft zum „Hören", ein Postulat, das seit der ältesten Bezeugung weisheitlicher Lehren außerhalb der Bibel[10] Gegenstand weisheitlicher Texte ist. Die ewige Weisheit Gottes verpflichtet zum Hören; ihr gegenüber ist ausschließlich die Funktion des Empfangens möglich.

Die uralte Kontroverse zwischen dem Weisheitsträger schlechthin und dem Nicht-Hören-Wollenden entspricht nach R. Bultmann dem „alten Mythos von der Weisheit“[11], die in ihrer präexistenten Gestalt, als „Genossin Gottes bei der Schöpfung“, „Wohnung auf Erden unter den Menschen“ sucht: „sie kommt in ihr Eigentum, aber die Ihren nehmen sie nicht auf“[12]. Dieser mythischen Verankerung der in der Weisheitspredigt strukturierten Opposition muß freilich nicht nur entgegengehalten werden, daß die Rekonstruktion eines solchen gattungsprägenden Weisheitsmythus Fiktion bleiben wird, sondern daß ein Text wie Spr 1,20 ff. keinerlei Anlaß bietet, aus dem unmittelbaren Horizont der jahweorientierten Weisheitsdiktion auszusteigen[13]. Die Herausbildung der Kategorie der „Jahwefurcht“ kennzeichnet zugleich die Alternative: die beim Hörer des Jahweworts immer wieder anzutreffende Neigung, sich der Einwirkung der Botschaft zu verschließen[14]. Der Ursprung der Opposition: „Rede des Weisheitsträgers/Nicht-Hören des Adressaten“ ist nicht in einem vagen Mythus zu suchen[15], vielmehr ist für die Artikulation dieses Spannungsverhältnisses Erfahrungs- und Geschichtswissen relevant, welches seinerseits mythenbildend wirksam sein kann[16].

Die Verwurzelung weisheitlicher Diktion im Lebenswissen bedeutet im Raum Israel letztlich auch die Einbettung in der von Jahwe garantierten Weltordnung. In der wohl allmählich und zunehmend bewußter vollzogenen Orientierung an dem alle Lebensvorgänge absolut und souverän steuernden Jahwe hat sich allem Anschein nach auch die kopernikanische Wende gegenüber dem außerisraelitischen Vorstellungsgut von der relativen Eigenmächtigkeit der kosmischen Kontrollgewalt in der Form etwa der ägyptischen „Maat“ vollzogen[17]. Daß die innerisraelitische Auseinandersetzung um das dem Jahweglauben angemessene Verständnis von „Weisheit“ nicht zuletzt auf dem geistes- und religionsgeschichtlichen Hintergrund der Begegnung mit einschlägigem Vorstellungsgut aus dem südwestlichen Ausland verständlich wird, ist längst erkannt, bedarf aber noch weiterer kritischer Aufhellung. Die Herausstellung der göttlichen Initiative gegenüber der Eigengesetzlichkeit der Maat-Wirklichkeit und deren Rolle im Kausalzusammenhang von Tun und Erfolg bzw. Ergehen geschieht in den ägyptischen Weisheitslehren mit zunehmender Deutlichkeit, um in der berühmten Lehre des Amenope in Gestalt der „Konzeption eines frei auch über die Maat verfügenden personalen Gottes“ eine vorläufige Zuspitzung zu erfahren[18]. Es ist von ganz besonderer Wichtigkeit, daß die Lehre von der souveränen Beherrschung des Schicksals durch die Gottheit und der angesichts dieses Eindrucks empfohlenen Haltung des demütigen Schweigens aus einer Bewegung herausgewachsen ist, die unter der Bezeichnung „Persönliche Frömmigkeit“ in die altorientalische Religionsgeschichte eingegangen ist[19]. Den Höhepunkt, eine ausgesprochene Blütezeit, erlebte diese Bewegung in Ägypten in den Jahrhunderten vor der israelitischen Staatwerdung und der frühen Königszeit, die mit einer Periode einhergeht, in der die Lehre des Amenope zur Schultradition zu werden beginnt[20].

Der Schritt in die geschichtlichen Rahmenbedingungen einer lebendigen Auseinandersetzung mit den Ansprüchen und dem Selbstverständnis von Weisheit ist hier schon ansatzweise vollzogen. Trotzdem sollte noch vor dem Versuch eines konkreteren Einstiegs ausdrücklich bewußt gemacht werden, daß auf dem Boden Israels nicht nur mit einer Analogie zur außerisraelitischen Frömmigkeitsentwicklung zu rechnen ist, sondern daß sich gerade hier eine aus der Erfahrung mit dem „schützenden“ und „schlagenden“ Jahwe geborene Distanzierung zur höfischen Weisheit und deren nichtisraelitischen Provenienz entfaltet. Diese Kontroverse ist hinwieder konstitutiver Bestandteil einer Geschichte der Identitätsfindung des zu einer Nation aufgestiegenen Israel in kritischem Verhältnis zu seinen Nachbarn. Ob es bereits in der vorstaatlichen Zeit Israels, d. h. im Rahmen der Organisationsform, die man früher mit der Vorstellung einer „Amphiktyonie“ zu beschreiben versucht hat, mittlerweile aber eher mit dem soziologischen Strukturbegriff einer „segmentierten Gesellschaft“ erfassen möchte[21], frühweisheitliche Konzeptionen gegeben hat, denen etwa ein frühisraelitisches Stammes- oder Sippenethos entsprochen hätte[22], ist in der Forschung umstritten[23]; sicher dürfte jedoch sein, daß der Prozeß der Auseinandersetzung mit den Weisheitsströmungen der älteren Kulturen, vor allem mit den Lehrinfiltrationen aus Ägypten, erst einsetzen konnte, als die kulturelle Ausweitung des Blickfeldes mit der diplomatischen Öffnung des davidischen Großreiches unter Salomo vor allem gegenüber dem Nordwesten (Phönikien) und dem Südwesten (Ägypten) möglich wurde. Dabei ist die Frage von untergeordneter Bedeutung, ob Salomo selbst bereits als exemplarischer Weiser, d. h. als israelitischer Prototyp eines Weisheitslehrers angesprochen werden kann, wie dies das biblische Zeugnis in unterschiedlicher Form suggerieren möchte[24]. Man wird damit rechnen dürfen, daß erst im Zuge der allmählichen Etablierung weisheitlichen Denkens im Bereich des höfischen Beamtentums eine Ausstattung des eigentlichen Initiators der „Aufklärung“[25] mit den Qualitäten eines paradigmatischen Weisen vorgenommen wurde. Der historische Salomo kann aber nur deswegen zum „verkündigten“ Wissenden schlechthin werden, weil die Öffnung zum Westen unter seiner Regentschaft Dimensionen angenommen haben muß, die über eine bloß politisch-ökonomische Beziehung hinausgingen. Salomos Heirat mit der „Tochter Pharaos“ kann auf keinen Fall zu einem Datum minderer Relevanz abgewertet werden, etwa mit dem Argument, Salomo habe ja auch nach Ausweis von 1 Kön 11 zu anderen Frauen der zeitgenössischen Umwelt Kontakte gehabt, deren Göttern gehuldigt und ihnen Tempel errichtet[26]. Wie hier nicht im einzelnen zu zeigen ist, liegt in diesen Nachrichten bewußte Erzählabsicht des deuteronomistischen Redaktors vor, der von der ihm bekannten und nicht bestreitbaren Kontaktnahme mit Ägypten durch Multiplikation der fragwürdigen Beziehungen ablenken will[27].

Um die Hintergründe der internationalen Beziehung mit dem klassischen Land der Weisheitslehren aufzudecken, die Intensität der Begleiterscheinungen der diplomatischen Partnerschaft aufzuspüren, bedarf es gewiß der kritischen Auswertung des nach dem Ausscheiden deuteronomistischer Interpretation verbleibenden Materials. Dieses ist zweifellos aufs erste gesehen nicht sehr beeindruckend: von der „Tochter Pharaos“ erfährt man weder den Namen noch die konkrete Verwandtschaft mit einem bekannten Pharao der zeitgenössischen 21. Dynastie in Tanis; nur der Tatbestand einer respektablen Mitgift in Form der Übergabe des ehemals philistäischen Geser findet Erwähnung (1 Kön 9,16), dazu ein Bauunternehmen, das der ausländischen Königstochter eine Unterkunft in der Nachbarschaft des Königspalastes sichert (1 Kön 99, 24)[28]. Um die Dimensionen trotzdem gebührend einzuschätzen, muß die Einbettung auch dieser Fürstenhochzeit in die bewährte Praxis diplomatischer Heiraten im Orient überhaupt in den Blick genommen werden. Es liegt nicht der geringste Anhaltspunkt dafür vor, eine mehr oder weniger umfassende Analogie zu der spektakulären Kontaktaufnahme zwischen Ägypten und dem Hethiterreich in Gestalt der durch intensiven Briefwechsel außerordentlich gut dokumentierten Heiratsverbindung Ramses II. mit der Tochter des Hattusilis in Abrede zu stellen[29]. Unter Salomo konnte bekanntlich erstmalig ein politisches Gleichgewicht zwischen Ägypten und Israel erzielt werden, das einen ohne jeden Zweifel von einem Kulturaustausch begleiteten und gefolgten Beziehungsstand legitimierte[30]. Mit der Prinzessin sind zwangsläufig auch Prinzenerzieher des Pharaonenhofs von Tanis, gelehrte Beamte, professionelle Weisheitslehrer der dortigen Schule nach Jerusalem gekommen. Jede andere Konzeption, die auf ein isoliertes Phänomen hindeuten möchte, widerspräche der sonst bezeugten Praxis im Orient und unterläge der deuteronomistischen Version mit ihrer literarischen Relativierung des überlieferten Geschehens.

Salomos Öffnung zum Westen hat zweifellos unter den Jerusalemer Hofbeamten und Funktionären seines Königstums Anhänger gefunden; mit seiner Diplomatie verband sich gewiß die Bildung einer pro-ägyptischen Partei, deren Indentität allem Anschein nach bis in die Exilszeit und darüber hinaus in Form der ägyptischen Gola (Diaspora) mehr oder weniger Bestand gehabt haben wird[31]. Es ist aber nicht minder wahrscheinlich, daß die Zustimmung zu Salomos politischem Verhalten von vornherein nicht ungeteilt gewesen ist. Bei allem Reiz der nunmehr international anerkannten Position und der relativen Gleichwertigkeit der Nation mochten sich sehr bald ernüchternde Regungen einstellen, die der möglichen Gefährdung israelitischer Identität und Kontinuität überhaupt Ausdruck verliehen. Gerade die „Liberalisierung" des höfischen Verhaltens mußte bei denen auf kritische Reaktion und zunehmendes Mißtrauen stoßen, die ohnehin dem Königtum, der Urbanisierung des Jahwismus in Analogie zu Stadtstaatenreligiosität Kanaans, der Anpassung an Besitzstandverhältnisse in Palästina überhaupt u. ä.[32] skeptisch gegenüberstanden.

Es kann kein Zweifel sein, daß gerade die Heirat Salomos mit einer Ausländerin Widerspruch aus Kreisen erfahren konnte, denen die religiöse Qualität und Reinerhaltung der Sippenbindung ein entscheidendes Element des überkommenen Stammesethos war. Allem Anschein nach gehen die alttestamentlichen Verbote des Sich-Einlassens mit nichtisraelitischen Frauen bereits auf einschlägige schlechte Erfahrungen der vorstaatlichen Zeit Israels zurück, wo man mit jeder Fremdorientierung den Verlust der religiös-kultischen Geschlossenheit von Stammeseinheiten der „segmentierten Gesellschaft" befürchten mußte. So ist mit einer leidvollen Vorgeschichte auch einer Formulierung wie in Ex 34,16 aus dem sog. „Privilegrecht Jahwes" zu rechnen, wonach „gewarnt wird, bei friedlicher Koexistenz würde das Konnubium mit den eingesessenen Gruppen zum Herd der Fremdgötterei"[33]. In Dtn 7,3 f. findet sich eine Prohibitivkette mit der Zielrichtung, ein solches Konnubium vom Israeliten fernzuhalten[34]. Genau die hier anvisierte Gefahr muß auch den vielzitierten und doch kaum von seinem Ursprung her reflektierten Prohibitiv „Du sollst nicht ehebrechen!" (Ex 20,14; Dtn 5,18) vorgeschwebt haben: es liegt nahe anzunehmen, daß es sich bei dieser Anweisung nicht ursprünglich um ein Verbot zum Schutz der Rechte des einzelnen Ehemannes handelte, sondern um ein Verbot, sich mit der stammesfremden Frau einzulassen, da dieses politische und religiöse Gefahren mit sich brachte"[34]. Als um so anstößiger mußte es vom gläubigen Israeliten empfunden werden, wenn sich sogar der König mit einer Nichtisraelitin verband, ein Geschehen, das sich nachhaltig als Verstoß gegen das von Jahwe garantierte Sippenethos, ja gegen dessen „Privilegrecht", im Bewußtsein der „Konservativen" etablieren konnte. Die derart exponierte Beziehung am Hof zu Jerusalem erhielt womöglich gegen ihre ursprüngliche Intention, gutnachbarliche Kontakte auf nationaler Ebene durch persönliche Bande zu bestätigen, eine geistes- und religionsgeschichtliche Dimension, die sie geradezu zu einem Typos werden ließ. Und dies sowohl in positiver Hinsicht, denkt man beispielsweise an das im Rahmen des Hohen Liedes verborgene Grundmuster der hochzeitlichen Begegnung Salomos mit der schwarzen Schönheit[36], wie auch in negativem Gewand, wenn man sich jener in der Weisheitsliteratur gern apostrophierten Auseinandersetzung mit der verführerischen „fremden Frau" erinnert, die Thema der Lehrreden Spr 2,16–19; 5,1–23; 6,20–35; 7,1–27 ist[37]. Die noch andauernde Diskussion um die Identität dieser „fremden Frau“, vor allem ob sie nun als „israelitische Frau“[38] oder als „Ausländerin“[39] zu verstehen sei, scheint jedenfalls im Blick auf die konkreten Erfahrungen mit dem Königtum in Israel nicht gar so „überflüssig“ zu sein[40]. Es ist sicher zutreffend, daß sich die weisheitliche Figur nicht ausschließlich an der konkreten, in der Geschichte Israels verankerten Königin fremder Abkunft mit der allmählichen Heraufstilisierung zu einer „fremden Frau“ schlechthin orientiert hat, denn auch die außerisraelitische Weisheitsliteratur kennt dieses Lehrstück[41]. Aber man darf bei aller Integration heterogener Modelle und auch bei allem Respekt von der innerisraelitischen Differenzierung in der individuellen Zeichnung der „fremden Frau“[42] nicht aus dem Auge verlieren, daß sich die kritische Weisheit an einem in Israel erfahrenen und konkret geschauten Bild einer „Ausländerin“ von königlichem Rang ausrichten und auch durch das Erscheinungsbild provozieren lassen konnte. Ohne die Verästelungen des Topos im einzelnen zu verfolgen[43], sei ausdrücklich betont, daß die treibende Kraft zur Heranbildung der Vorstellung eine innerisraelitische Erfahrung gewesen ist, zu deren Interpretation und Bewältigung sowohl vorstaatliche wie auch außerstaatliche Beeinflussungen namhaft gemacht werden sollten. Selbst die Privatisierung des Topos in Gestalt der (israelitischen) Frau eines Anderen[44] ist lediglich ein weiteres Signal für die bleibende Sorge um Bewahrung der Identität. Hier kommt die auch noch in der „nationalstaatlichen“ Zeit Israels wirksame Kraft des schützenden Sippenethos zum Vorschein, das gerade auch infolge des höfischen Versagens und dessen Konsequenzen eine radikale Bestätigung erfahren mochte. Das aus der Umwelt übernommene Lehrwissen von der „fremden Frau“ trägt ein übriges dazu bei, Fremderfahrung in Gestalt dokumentierter Weisheit und Eigenerfahrung in Gestalt des geschichtlichen Widerfahrnisses aufeinander zu beziehen, um auf diese Weise das eigene Erbe der unbedingten Sippenbindung und Orientierung an der eigenen Familie bestätigt zu finden.

Die relative Ausführlichkeit der bisherigen Darlegung scheint ganz andere Textbereiche anzusteuern, als den, der in dem Untertitel genannt ist. Und doch zielt die Erörterung der geistes- und religionsgeschichtlichen Situation des Beginns der Auseinandersetzungen Israels mit den zeitgenössischen Kulturnationen, vor allem mit Ägypten, auf nichts anderes als auf ein zeitkritisches Verständnis der so viel behandelten und vertrauten Erzählung vom Sündenfall (Gen 3). Aber was hat dieser immer noch weithin der Autorschaft des Jahwisten zugerechnete Text[45] mit dem doch in die weisheitliche Sphäre weisenden Topos des „fremden Frau“ zu tun? Sind nicht die narrativen Werke des Alten Testaments ganz entschieden von den Lehrtexten der Weisheit zu trennen, wie nach G. von Rad „ein tiefer Schnitt“ zwischen „der Erkenntnisbemühung der weisen Lehrer einerseits und der Erzähler, Geschichtstheologen usw. andererseits“ zu ziehen ist[46]? Müssen nicht zwei völlig verschiedene Ebenen beachtet werden, wenn mit Zimmerli die Weisheit „sich vom Geheimnis des göttlichen Handelns umgeben“ weiß, „während die Darstellung der geschichtlichen Widerfahrnisse Israels solches nirgends verrät“[47]? Im Werk des Jahwisten läßt sich aufs erste gesehen keine Verbindung zur Weisheit wahrnehmen[48]; doch erwägt von Rad auch, ob man die Frage „an bestimmte vom Jahwisten bearbeitete Stoffe stellen“ könne, „ob und in welcher Hinsicht sich in ihnen weisheitliche Einflüsse wahrnehmen lassen (besonders Gen 2 f. usw.)“[49]. Gerade die Urgeschichte tritt ja in seltsamer Weise aus dem Verband der unmittelbar geschichtsbezogenen Erzählungen heraus, so daß sie meist erst auf dem Hintergrund von Gen 12,1 ff. in die als solche anerkannte Perspektive des Jahwisten eingebettet wird[50]. Es ist sogar erwogen worden, eine weitere Tradierung des Jahwisten in weisheitlichen Kreisen und Schulbetrieben anzusetzen, allerdings ohne dabei die geschichtliche Kontroverse um die Integration höfisch-weisheitlichen Denkens ins Auge zu fassen und im besonderen die Funktion der „fremden Frau“ auf dem Feld der spezifisch israelitischen Erfahrungen der frühen Königszeit zu reflektieren[51]. Von einer ungefilterten Aufnahme weisheitlichen Denkens in das Erzählwerk des Jahwisten wird indessen ebenso wenig die Rede sein dürfen, wie von einem nahtlosen Übergang jahwistischer Überlieferungselemente in das weisheitliche Spruchgut.

Die gegenwärtige Diskussion um die Datierung des Jahwisten[52] läßt sich ohne Zweifel auch im Blick auf die Texte der Urgeschichte mit brauchbaren Argumenten führen, wenn man die vorhandenen Spuren weisheitlicher Diktion ohne Einschränkungen als originäre Bestandteile der jahwistischen Darstellung ansieht, d. h. im wesentlichen von einem eindeutig diesem Autor zuzuweisenden Textbestand ausgeht[53]. Das Für und Wider um die literarische Datierung kann hier nicht im einzelnen vorgeführt werden, es möge genügen darauf hinzuweisen, daß als Alternative gegenüber einer geschlossenen Herabsetzung des Jahwisten in jüngere Zeit ein sukzessives Anwachsen des jahwistischen Materials seit der frühen Königszeit oder auch eine allmähliche Auffüllung eines aus salomonisch-nachsalomonischer Zeit stammenden jahwistischen Grundbestands mit nachjahwistischem Gut postuliert werden darf[54]. Die redaktionsgeschichtliche oder (besser) redaktionskritische Analyse von Gen 2 f. gestattet zusätzlich die Annahme, daß vorjahwistisches Überlieferungsgut vom Jahwisten aufgenommen und mit eigenständigen Erweiterungen ausgestattet ist[55]. Gerade die letztere, insbesondere von P. Weimar vorgetragene Auffassung kann dem Sachverhalt am ehesten gerecht werden, wenn sie durch eine konsequente Literarkritik und Formkritik gestützt wird[56].

In der jetzigen Fassung der Sündenfallerzählung in Gestalt der Textfolge 2,25–3,7 sollte im wesentlichen jahwistische Arbeit erkannt werden, die lediglich in 3,6 voraufgehendes, im Zusammenhang mit einer älteren, eigenständigen Sündenfallerzählung zu sehendes Material aufnimmt und redigiert[57]. Bei dieser Sicht kommt zugleich eine differenzierte Vorstellung der „Frau“ in den Blick, die sowohl auf der älteren wie auf der jüngeren (jahwistischen) Ebene mit einer je eigenen Rollenbestimmung ausgestattet zu sein scheint. Während die vermutlich vorjahwistische Fassung eine eher passive Funktionsbeschreibung vornimmt (3,22 f.) und offenbar noch ohne Beteiligung der Frau als solcher am Fehltritt „des Menschen“ auskommt[58], liefert die jahwistische Darstellung das ausgeprägte Bild einer initiativ tätigen, der Dominanz „des Menschen“ geradezu widerstreitenden „Frau“, die selbständig die Konversation mit „der Schlange“ führt und nicht weniger autoritativ die Mißachtung des Verbotes vollzieht[59]. Es kann nicht bloßer Zufall oder ein raffinierter Winkelzug der Szenerie sein, daß der zuvor so dominante Adam jetzt in die Rolle des bloßen Nahrungsempfängers fällt und zum widerspruchslosen bzw. unfähigen Abhängigen degradiert wird (3, 6). Dies müßte sogar demjenigen entschieden zu denken geben, der nach wie vor an der Einheitlichkeit der jahwistischen Fassung festhalten möchte[60]. Die Dinge liegen aber sehr viel klarer, wenn man den Textzusammenhang zum „Sündenfall“ mit seiner überraschenden und bisher noch nie überzeugend geklärten Exponierung der „Frau“ mehrheitlich auf das Konto des jahwistischen Redaktors setzt, der eine ganz bestimmte und qualifizierbare Absicht verfolgt.

Wenn man in der jahwistischen Version der Vätertraditionen das Bemühen erkennt, ein Gegenbild des „wahren Israel“ gegenüber der selbstherrlichen Dominanz der Herrschenden in der frühen Königszeit zu zeichnen[61], und in der jahwistischen Darstellung des Exodus die in jüngster Zeit energisch akzentuierte Kritik an der Selbstdarstellung Salomos nach Art eines gewaltsam auftretenden und Frondienst fordernden Pharao finden will[62], sollte man fragen dürfen, ob nicht gerade auch in der jahwistischen Sündenfallversion eine vehemente, für die Zeitgenossen nicht eben „verschlüsselte" Kritik[63] am Verhalten Salomos zum Ausdruck kommt: eine Kritik, die die Heirat Salomos mit der „Tochter Pharaos" zur Zielscheibe macht und sie zu der Wurzel allen Übels in Israel deklarieren möchte. Man wird sich hier den Lokalbezug der negativen Charakteristik der „fremden Frau" vor Augen führen dürfen, die den Anstoß zur Reflexion über die Rolle der Frau im Paradies gegeben hat. Eben das Paradies hat ja seinen Ort nicht etwa in der mythischen Ferne des mesopotamischen Ostens, sondern – folgt man zumindest der jüngeren, aber ältere Vorstellungen bewahrenden „Paradiesesgeographie" (Gen 2,10–14)[64] – in einem idealtypischen Jerusalem, das als Mittelpunkt der geschaffenen Welt ausgewiesen werden sollte und wahrscheinlich mit der Anlage seines Königsparks im Bereich der Tempel- und Palastbauten die Voraussetzungen für die Heranbildung des Paradiesestopos vorweisen konnte. Das Wohnhaus der „Tochter Pharaos" in unmittelbarer Nähe des Palastes entspricht dem Bezirk der Königin in ägyptischen Residenzen. Der topographisch auffällige „Millo" wird als mögliches Gegenstück zu dem in Ägypten „Maru" genannten Wohn- und Sakralbereich der Königin[65] der Bewohnerschaft Jerusalems provokativ vor Augen geführt haben, daß die Präsenz der „fremden Frau" aus Ägypten ein politisches Gewicht erhalten hatte, dem der Deuteronomist trotz seines Versuchs, dem königlichen Harim eine Vielzahl von Ausländerinnen anzudichten, nichts Gleichwertiges an die Seite rücken konnte. In den Augen der Konservativen mußte die „Tochter Pharaos" zur Personifikation der Verführerin werden.

Die Protagonisten der jahwistischen Version des „Sündenfalls" sind die Frau und „die Schlange" (3,1). Der Tatbestand, daß letztere ungehindert Gehör bei der Frau findet, zeigt an, wie sehr es dem Autor um die Betonung dieser Beziehung geht. Die religionsgeschichtliche Ortung der Schlange im Kontaktfeld zwischen Israel und Ägypten führt zwangsläufig zur Rolle der Schlange als Verkörperung einer weiblichen Gottheit in Ägypten, des näheren zu der als Hausgottheit bis in die Spätzeit verehrten Versorgungsgöttin Thermuthis-Renenutet, die als Inbegriff des Lebenswissens verstanden werden konnte[66]. Auch die Maat-Weisheit Ägyptens kann häufig genug als weibliche Gottheit und in Gestalt einer Kobra präsentiert werden. Es kann kein Zweifel sein, daß in der so exponierten Schlange von Gen 3,1 ff. die außerordentliche Dimensionalität und den Jahweglauben vermeintlich gefährdende Attraktivität der ägyptischen Weisheit Gestalt annimmt. Die der Schlange hörige Frau ist die personifizierte Vermittlungsinstanz: sie allein bedeutet das Risiko des Identitätsverlustes für den König, der nach jahwistischer Perspektive getreu der Idee, daß auch sonst im Orient der König als exemplarischer Mensch gilt, der in die Defensive gedrängte, von der Frau überfremdete Adam ist. Nicht Salomo trifft so eigentlich die Hauptschuld, sondern eben die Vermittlerin jener Weisheit, die den König um die ihm aufgegebene Orientierung an Jahwe bringen will. Salomo ist so im strengen Sinn nur Opfer seiner Politik; ob der Jahwist mit seiner Akzentsetzung auf der aktiven Rolle der Frau auch andeuten will, daß Salomos übrige Aktivitäten, die ihn in Mißkredit gebracht haben mögen, wie der den Ausländern aufgezwungene Frondienst an seinen Bauten (1 Kön 9, 20 f.), letztlich auf die verderbliche Anregung der Ägypterin zurückzuführen sind, muß natürlich offen bleiben. Es sei nur vermutet, daß die Negativzeichnung der Frau für den Jahwisten das Mittel ist, um das geschichtliche

Versagen Salomos gegenüber der leibhaftigen Versuchung in eine überzeugende Dimension hineinzustellen.

W. von Soden hat mit Recht darauf aufmerksam gemacht, daß die Frau keineswegs mit körperlichen Reizen lockt und die weibliche Verführungskunst ausspielt, sondern intellektuell argumentiert[67]. Die formkritische Analyse kann im einzelnen erweisen und verdeutlichen, welche Geschicklichkeit der Redeführung innewohnt[68]. Die Schlange, ohnehin das „schlaueste" (nicht expressis verbis „weiseste" Tier in der üblichen Terminologie des Weiseseins) tritt auf wie ein raffinierter Demagoge, der seine Hörer für sich einzunehmen und zu täuschen versucht. Das Essen der Frucht vom Baum in der Mitte des Gartens, der zuvor „Baum der Erkenntnis" genannt wird (Gen 2,9.17) und zu dem ebenfalls zitierten, aber in jüngerer Phase hinzugekommenen „Baum des Lebens" (2,9) in Konkurrenz steht[69], soll die Augen aufgehen lassen d. h. wahre Erkenntnis vermitteln, ein Angebot, das nach der jetzigen Textfassung in der Ankündigung des kommenden Gleichseins mit den Göttern kulminiert (3,5)[70]. Die kritische Antwort des Jahwisten auf die Selbstüberschätzung weisheitlichen Erkenntnisstrebens lautet dahin, daß der Mensch nach dem Genuß der verbotenen Frucht, d. h. nach Aneignung und Identifizierung mit dem verderblichen Wissensstoff erfahren muß, daß er, statt mit allem versorgt zu sein, was wünschenswert erscheint, am Ende nackt und bloß dasteht (3,7), d. h. als jemand, der nicht nur kein Wissender oder gar Gottgleicher geworden ist, sondern der Umwelt total schutzlos preisgegeben ist und sich so der absoluten Angewiesenheit auf Jahwe bewußt werden muß. Hier blickt der Jahwist allem Anschein nach auf das Schicksal Salomos zurück, dessen fragwürdige Geschichtsleistung darin erkannt werden darf, die Krise des Großreiches gefördert und den Grundstein zum Verfall der Einheit gelegt zu haben[71]. Mit dieser Erwägung ist bereits ein Hinweis auf die zeitliche Perspektive gegeben: es wäre zu eng, den Blick einzig und allein auf die unmittelbar zeitgeschichtliche Bewältigung der Aktivitäten Salomos zu richten. Zeitkritik kann sich auch auf vergangene Perioden erstrecken, deren Folgeerscheinungen sich noch in der Gegenwart spüren lassen. Erst unter dem Eindruck des Zerfalls der schon immer brüchigen Einheit[72] konnte das volle Ausmaß des innenpolitischen Versagens Salomos erfaßt werden, der auch darin das Opfer seiner Außenpolitik geworden ist, daß er die zentrifugalen Kräfte innerhalb des ererbten Reiches den internationalen Ambitionen unterordnete und so dem Postulat einer stets erneuerungsbedürftigen „Reichseinigung" nicht zu genügen vermochte. Es stellt sich die Frage, ob nicht auch das Ereignis der Reichsteilung selbst und damit der Verlust der nationalen Identität unter dem Nachfolger Rehabeam in der literarischen Spiegelung des Jahwisten einen Niederschlag gefunden haben könnte. Hier scheint es auf den ersten Blick äußerst problematisch, zwischen dem Phänomen der „Vertreibung aus dem Paradies" und der historischen Zweiteilung des Reiches einen Zusammenhang zu erkennen, da sich scheinbar keine formalen und semantischen Signale für einen solchen Brückenschlag ausmachen lassen.

Es liegt in der „Logik" der oben angedeuteten Paradiesmetaphorik, daß eine Aufspaltung des Großreiches verbunden mit der Auflösung der Personalunion einen radikalen Einbruch in der Entfaltung von Vorstellungen bewirken mußte, deren unterschwellige Orientierung eine idealtypische Aufwertung Jerusalems als einer „Mitte" der Menschheit und des Kosmos zum Ziel hatte. Die Reichsteilung bedeutete in ihrer geschichtlichen Dimension eine Verabschiedung und Distanzierung vom „Ort" der übergreifenden Präsenz eines Königtums, das mit einer nie wieder erreichten Machtvollkommenheit unter dem Schutz Jahwes ausgestattet war. In der diachronen Perspektive ist der „exemplarische Mensch“ aus dem Hort der Einheit und Eintracht in die anhaltende Situation der Spannung und Zwietracht überführt worden, die einstmalige „Mitte“ ist verloren gegangen und zu einem Wunschtraum geworden. Die literarisch problematische Nachricht von der „Vertreibung“ und der Aufstellung von Keruben zum Schutz des Zugangs zum „Garten Eden“ (Gen 3,24) – analog zur apotropäischen Orientierung der Sphingen im Eingangsbereich von Tempelarealen im außerbiblischen Raum[73] – kann als metaphorische Umschreibung jener Wirklichkeitserfahrung gefaßt werden, nach der der idealtypische Lebensraum Israels auf immer verschlossen wurde und Jerusalem nicht mehr das war, was es unter David und Salomo noch sein konnte. Für einen kritischen Zeitgenossen solch fundamentaler Strukturveränderungen im Beziehungssystem frühisraelitischen Nationalitätsbewußtseins mochte sich die von David initiierte Rolle Jerusalems zusammen mit der von Salomo zumindest ausgeweiteten Position des Palast-Tempel-Bereichs[74] als nunmehr durch die Schuld und Inkompetenz des Potentaten selbst aufgekündigtes, geradezu „paradisisches“ Element uneinholbarer Vergangenheit darstellen. Wie auch immer der genaue literarische Ort der vieldiskutierten Dublette zur Entfernung des Menschen aus dem „Garten Eden“ zu beurteilen sein wird[75], dem Jahwisten kann die Dislokation des Menschen kaum anders als eine metaphorische Reflexion des geschichtlichen Umbruchs, als eine Art Umsetzung des temporären Ereignisses mit der substantiellen Erfahrung der Hinfälligkeit menschlichen Autoritätsanspruchs auf der politischen Ebene zu einer linearen Distanzierung vom Idealbereich menschlicher Existenz vor Gott auf der grundsätzlichen Ebene jeder scheinbar nur geographisch relevanten Verschiebung in den „Bewegungsabläufen“ des frühen Israel bewußt gewesen sein.

Sollte die Notiz von der Sicherung des Osteingangs des „Gartens Eden“ mit dem „Wohnenlassen“ der Keruben[76] bereits auf jahwistische oder nachjahwistische Redaktion zurückgehen, in jedem Fall deutet sie eine Perspektive an, die nicht nur eine „westliche“ Positionsbestimmung des „Paradieses“ suggeriert und zugleich eine Entlassung des Menschen in östliche Regionen zum Inhalt hat[77], sondern auch die Ostung des Jerusalemer Palast-Tempel-Areals voraussetzt und dabei indirekt der Überzeugung Rechnung trägt, daß der künftige Lebensraum des Judäers auf keinen Fall in einer Orientierung zum Westen, d. h. zur Einflußsphäre Ägyptens, gesucht werden kann. Der „Garten Eden“ verwehrt sich zwar auch dem von Osten Kommenden, ist aber dem von Westen Nahenden vollends unzugänglich. Die geschlossene Front der Ostmauer des heutigen „Tempelplatzes“ in Jerusalem mit der „Sicherung“ des sog. Goldenen Tors ist bei aller historischen Bedingtheit von einer nicht zu unterschätzenden symbolischen Relevanz.

Die zentralen „Verschiebungen in der Geschichte Israels, der sog. Exodus aus Ägypten und das spätere Exilsgeschehen, können als Rahmenereignisse begriffen werden, zwischen denen sich die Erkenntnis des menschlichen Vertriebenseins und der eigenen Fremdheit als eine bestätigende Antwort auf Grunderfahrungen Israels einfügt. Der Jahwist erscheint so als Wegbereiter einer Idee, die den „Israeliten“ in der aufgenötigten Lebensform einer Heimatlosigkeit begreift, die wiederum einem selbstherrlichen Anspruch auf das „Land“ radikal widersteht. Bei aller Relevanz der nichtstädtischen *'adāmāh* als der Wurzelregion jahwistischer Ambitionen[78] muß doch bedacht werden, daß der Jahwist aus der Begegnung und Auseinandersetzung mit urbanen Tendenzen heraus schreibt, wie sie sich nur in der höfischen Atmosphäre ereignen und artikulieren konnte. Der Autor der hier erfaßten Version vom Sündenfall und seinen Folgen hat ein gespaltenes Verhältnis zu territorialem Besitz, seit die nationale Identität durch Salomos Aktivität in die Krise geführt und schließlich zerbrochen worden ist. Gegenüber den klassischen Darstellungen zum frühen Königtum in Gestalt der Thronaufstiegs- und Thronnachfolgegeschichte Davids[79] kommt mit der jahwistischen Geschichtsschau ein die Interessen des Landjudäertums berührender Anwalt nichturbanen Bewußtseins bei Hofe zur Sprache, ohne damit mit dem Ausschließlichkeitsanspruch aufzutreten, der die kritische Position jener Darstellungen allem Anschein nach begleitet[80]. Während dort nämlich ein von der frühen nationalen Weisheit Israels gesteuertes Interesse am exemplarischen König in der Gestalt des letztlich unantastbaren David gegenüber dem mißgeleiteten Salomo maßgebend ist[81], lenkt die kritische Sicht des Jahwisten – ebenfalls unter Rezeption und Artikulation weisheitlicher Perspektiven – auf die Krise weisheitlicher Einsicht und Geschichtsschau überhaupt die Aufmerksamkeit, um jedem selbstherrlichen Urteilsvermögen den Boden zu entziehen. Der Weisheitslehrer in Jerusalem mag in der Lage sein, dem Königtum ein Spiegelbild vor Augen zu halten, das dem Kanon „sprichwörtlicher" Verhaltensweisen entspricht, wie sie in den klassischen Lebenslehren – auch außerhalb Israels – für die hohe Administration gefordert werden[82]. Der jahwistische Erzähler hingegen faßt eben diese Selbstdarstellung weisheitlicher Kritik in ihrer Wurzel an und kehrt sie zugleich gegen sich, da der Mensch in seinen Augen auf jeden weisheitlichen Anspruch vor Gott verzichten muß. Wie den zeitgenössischen Kritikern Salomos und den Befürwortern eines idealisierten Davidbildes ist dem Jahwisten auch das für weisheitliches Operieren grundlegende Prinzip von der „schicksalwirkenden Tatsphäre" oder das Gesetz vom Zusammenhang zwischen „Tun und Ergehen" bekannt. Das Schicksal der Gegner Davids ist sozusagen vorprogrammiert, wie auch Salomos Versagen zu seinen Ungunsten zu Buche schlägt. Doch ungleich massiver als es die höfischen Geschichten vermögen, drängt der Jahwist auf Anerkenntnis der richtenden Gewalt Jahwes und zugleich auch der aufrichtenden Kraft Gottes, die den Menschen auch angesichts seines totalen Versagens nicht dem absoluten Absturz anheimgibt. Kritik an der höfischen Weisheit, deren Substanz keineswegs antijahwistisch sein muß, erfolgt beim Jahwisten aus der intensiven Kenntnis des Irrwegs menschlichen Weisheitsstrebens vor Gott. Wie die Schlange ein „Symboltier einer Weisheit ohne YHWH" geworden ist[83], so ist gewissermaßen alle Weisheit „am Ende", wenn sich der Mensch zu eigenmächtiger Klärung seiner Position vor Gott verleiten läßt. Auf eine kurze Formel gebracht, lautet die jahwistische Devise kaum anders als der in der klassischen Weisheitsliteratur formalisierte Spruch: „Die Furcht Jahwes ist aller Weisheit Anfang".

Die importierte höfische Weisheit wird unseren vorläufigen Beobachtungen zufolge mit einem Ethos konfrontiert, das seine Wurzeln kaum anderswo als im Sippenverbund des vorstaatlichen Israel gehabt haben kann und nun durch den Jahwisten eine profilierte Promulgation erfährt. Gerade im Blick auf die lineare Konzeption des Umbruchs der Reichsteilungszeit in Gestalt der aufgenötigten, aber vom Menschen verschuldeten Distanzierung vom idealen Raum kommt eine weitere bisher nicht beachtete Leistung jahwistischer Arbeit zur Geltung, wenn man sich die literarischen und nichtliterarischen Reflexionen der Umwelt Israels zu politischen Grunderfahrungen vergegenwärtigt.

Hier darf am ehesten an die Primärphasen der Literaturentstehung überhaupt gedacht werden, wie sie noch am unmittelbarsten in der ägyptischen Kulturgeschichte erkennbar sind. Die bekannten Literaturwerke des Mittleren Reiches, wie die „Klagen des Bauern", die „Admonitions" oder die „Prophezeiung des Neferti"[84], sind kaum anders denn als Antworten auf geschichtliche Erfahrungen zu verstehen, die den Zusammenbruch des Alten Reiches und den allgemeinen Niedergang in der ersten Zwischenzeit zum Gegenstand haben. Die Auflösung der Einheit von Ober- und Unterägypten wird als ein Desaster empfunden, das die Existenz des Großreiches Ägyptens zutiefst angegriffen hat. Gerade in Ägypten ist der Gedanke der Reichseinigung mit all seiner mythischen Verankerung ein konstitutives Element der Königsideologie gewesen[85]. Der Pharao trägt die Verantwortung für die Kontinuität der übergreifenden Einheit in Personalunion. Das Versagen des Pharao artikuliert sich im Einbruch fremder Mächte und im Zerfall der politischen Substanz. Da der Pharao Repräsentant der „Maat" als der absoluten Ordnungsmacht ist, bedeutet gerade der Riß zwischen Ober- und Unterägypten eine radikale Destruktion einstmals vorhandener Ordnung. Es ist für die Entstehung der literarischen Arbeit überhaupt von außerordentlicher Relevanz, daß die Erstlingswerke der Literatur in Ägypten den Verlust der Ordnung in Gestalt der Reichseinheit beklagen, so als wenn es eben die Literatur wäre, die der fatalen Konsequenz des Niedergangs ein Ende setzen könnte. Man wird sich angesichts des Gewichts der Frühwerke in Ägypten als einer Reaktion auf politisches Geschehen nicht darüber zu wundern haben, daß die „Schulliteratur" Ägyptens bis in die Spätzeit von den „klassischen Titeln" beherrscht ist. Sollte Israel von einer solchen Entwicklung unberührt gewesen sein?

Im Gegenteil. Die Entstehung von Literatur im alten Israel ist ebenso wie in Ägypten kaum ohne die Einwirkung fundamentaler Veränderungen in der politischen Landschaft begreifbar. Das jahwistische Werk ist unter Einschluß seiner möglichen Vorlagen und Ergänzungen[86] das erste israelitische Gegenstück zu den klassischen Literaturwerken Ägyptens; auch in Israel geht es um radikale Einschnitte in der Geschichte, die verarbeitet werden müssen, wie die bereits behandelten Erfahrungen mit dem Königtum und – nicht zuletzt – mit dem Zerfall der Reichseinheit. Was sich in Palästina abspielt, ist in kleinerem Maßstab das, was sich Jahrhunderte zuvor in Ägypten ereignete und seither mehrfach ereignet hat. Hier wie dort geht es um die literarische und künstlerische Bewältigung solch einschneidender Erlebnisse, die das Staatswesen in Lebensgefahr versetzt haben und zur Teilung führten. Wie in Ägypten ist auch in Israel die Hoffnung des Literaten auf eine neue Konstellation gerichtet, die durch Veränderung der Bewußtseinslage und durch eine qualifizierte Neuorientierung gewonnen werden sollte. In beiden Regionen sind es letztlich die Träger und Vermittler der Schulweisheit im Einzugsbereich der höfischen Atmosphäre, die das Fortwirken der literarischen Reflexion besorgen.

Und doch geht die jahwistische Geschichtsdarstellung letzten Endes anders zu Werke als die klassischen Vorbilder ägyptischer Literaturgeschichte. Stand dort die Orientierung am Leitbild der Maat-Ordnungsmacht im Mittelpunkt des literarischen Bemühens, ist es in Israel der Garant der Ordnung schlechthin, Jahwe selbst, dem sich der Jahwist als Interpret vergangenen Geschehens absolut verpflichtet weiß. Wenn es die höfischen Vermittler ägyptischer Kulturtradition in Jerusalem vermocht haben sollten, Literatur als Antwort auf politische Erfahrungen erkennbar werden zu lassen, konnten sie doch auf keinen Fall dem in Ägypten heimischen mythischen Verständnis der Reichseinheit mit Erfolg Geltung verschaffen. Statt dessen weiß der Jahwist bei aller Kenntnis weisheitlicher Geschichtsinterpretation des Auslands um die ordnend eingreifende Geschichtsmacht des Gottes Israels, die sich im Namen „Jahwe" manifestiert[87]. In der Sicht des Jahwisten geht der politische Substanzverlust auf das Konto des königlichen Repräsentanten Israels, den Jahwe auf seine Weise zur Ordnung ruft. Er allein kann auch nur eine neue Generation der Einheit schaffen.

Die höfische Weisheit mag demnach als eine Provokation begriffen werden, die das

„Glaubenswissen" des Jahwisten zur Artikulation genötigt hat. Es ist nicht Sache des Menschen, die eingetretene und beklagte Divergenz aufzuheben: nur Jahwe kann das Geschick und die Geschichte wenden. Einsicht in die dem Zwiespalt verfallene menschliche Grundverfassung und Glaube an die einzig Jahwe zufallende Fähigkeit zu umfassender Revision bestimmen den jahwistischen Geschichtsdarsteller. In Auseinandersetzung mit dem weisheitlichen Lehrbetrieb im höfischen Raum Jerusalems belebt er die aus vorstaatlicher Zeit herrührenden Ansätze einer anthropologischen Konzeption, die den Menschen in einer radikalen Angewiesenheit auf seinen Gott begreift. Die tatsächliche Geschichte liefert ihm immer neues Beweismaterial für eine Interpretation des menschlichen Geschicks, das scheinbar unausweichlich der Selbstvernichtung preisgegeben ist und doch von Jahwe gerichtet und aufgerichtet wird. Die Konzentration auf die menschliche Grundverfassung geht hier mit der intensiven Orientierung an zeitgenössischen Ereignissen Hand in Hand. Auf keinen Fall kann der Jahwist zum Anwalt einer ausschließlich auf psychoanalytischem Wege greifbaren Innenschau menschlicher Grundverfassung erklärt werden, die sich in einem Raum und Zeit übergreifenden Geschehen manifestiert[88]. Er ist vielmehr an das Ineinander substantieller Auseinandersetzungen mit der Umwelt und einschneidender Identitätskrisen gebunden, ohne sich in eine sozusagen „geschichtsfreie" Sphäre begeben zu können, in welcher vermeintlich allein eine Antwort auf die den Menschen seit jeher begleitenden Ängste gefunden werden sollte[89]. In jahwistischer Perspektive bekennt sich Jahwe vielmehr zu dem in der Geschichte und an der Geschichte gefallenen Menschen, indem er ihn in dieser Welt anspricht. Sein „Ordnungsruf" ist zugleich ein Gerichtswort über jede menschliche Weisheit, auch über jene, die im Gefolge psychoanalytischer Erkenntnissucht und selbstgewissen Urteilsvermögens der menschlichen Grundverfassung vor Gott zu Leibe rücken wollen[90]. Wer sich dem Tatbestand der Relativität menschlichen Erkennens im positiven und negativen Sinn autoritär verschließt, demonstriert aufs neue eben jenes Geschehen, das der Jahwist von seinem Tradenten aufnimmt und in seiner Zeit bestätigt findet. Hochmut kommt vor dem Fall, Demut aus dem Glauben.

Anmerkungen

1 Vgl. *L. Baur* (ed.), Opera omnia Nic. de Cusa V, Heidelberg 1937. Zitate in Übersetzung nach *E. Bohnenstädt,* Der Laie über die Weisheit, Idiota de sapientia (Schriften des Nikolaus von Cues im Auftrag der Heidelberger Akademie der Wissenschaften in deutscher Übersetzung herausgegeben von *E. Hoffmann,* Heft 1), Hamburg ³1954.

2 Vgl. *E. Bohnenstädt,* ebd., 43 mit Kommentar (92 f.).

3 Ebd., 42.

4 Ebd., 43; vgl. dazu den Kommentar (93, Anm. 7).

5 Edb. 60. Vgl. auch die vom „Redner" unverstandene Formulierung des „Laien": „Siehe, Bruder, die höchste Weisheit ist die, daß du wissest, wie . . . das Unberührbare unberührenderweise berührt wird" (nach *E. Bohnenstädt,* ebd., 46).

6 So u. a. mit *Chr. Kayatz,* Studien zu Proverbien 1–9. Eine form- und motivgeschichtliche Untersuchung unter Einbeziehung ägyptischen Vergleichsmaterials (Wissenschaftliche Monographien zum Alten und Neuen Testament 22), Neukirchen-Vluyn 1966, 119. Anders etwa *W. McKane,* Proverbs. A New Approach (The Old Testament Library), London 1970, 212: „On top on the *walls*". Trotz der für letztere Wiedergabe sprechenden Fassung der LXX muß aus morphologischen und phonetischen Gründen daran festgehalten werden, daß die masoretische Tradition ein nominales Derivat der Basis HMY „lärmen" bewahrt hat (zur

Morphemgruppe HM vgl. zuletzt *M. Görg,* Biblische Notizen. Beiträge zur exegetischen Diskussion 18 [1982] 9–11).

7 Vgl. dazu *Chr. Kayatz,* ebd., 119 ff.

8 Vgl. die Wiedergabe von *E. Bohnenstädt,* Der Laie (Anm. 1), 58.

9 Zur „Jahwefurcht" in weisheitlicher Perspektive vgl. vor allem *H. F. Fuhs,* in: ThWAT III, 889–893.

10 Vgl. die Lehre des Ptahhotep (dazu u. a. *M. Görg,* Gott-König-Reden in Israel und Ägypten [Beiträge zur Wissenschaft vom Alten und Neuen Testament 105], Stuttgart 1975, 82–86).

11 *R. Bultmann,* Der religionsgeschichtliche Hintergrund des Prologs zum Johannesevangelium (in: Eucharisterion. H. Gunkel zum 60. Geburtstag dargebracht, hrsg. v. *H. Schmidt,* Forschungen zur Religion und Literatur des Alten und Neuen Testaments 36, Göttingen 1923), 9.

12 Ebd., 12; Zitat bei *Chr. Kayatz,* Studien (Anm. 6), 122.

13 Vgl. dazu ebd., 128, Anm. 2.

14 Vgl. ebd., 128 f.

15 So mit Recht *Chr. Kayatz,* ebd. 128, Anm. 2.

16 Zum Verhältnis von Geschichte und Mythos vgl. zuletzt u. a. *E. Brunner-Traut,* Mythos, in: Lexikon der Ägyptologie IV, Wiesbaden 1982, 277 f.

17 Dazu u. a. *M. Görg* (Anm. 10), 91–100.

18 *J. Assmann,* Weisheit, Loyalismus und Frömmigkeit (in: Studien zu altägyptischen Lebenslehren hrsg. v. *E. Hornung* und *O. Keel,* Orbis Biblicus et Orientalis 28, Freiburg-Göttingen 1979), 15.

19 Vgl. dazu *J. Assmann,* ebd., 15 mit Anm. 9.

20 Näheres bei *J. Assmann,* ebd., 16 ff.

21 Dazu *F. Crüsemann,* Der Widerstand gegen das Königtum. Die antiköniglichen Texte des Alten Testaments und der Kampf um den frühen israelitischen Staat (Wissenschaftliche Monographien zum Alten und Neuen Testament 49), Neukirchen-Vluyn 1978, 201 ff.

22 Vgl. dazu vor allem *E. Gerstenberger,* Wesen und Herkunft des „apodiktischen Rechts" (Wissenschaftliche Monographien zum Alten und Neuen Testament 20), Neukirchen-Vluyn 1965.

23 Vgl. etwa *H. J. Hermisson,* Studien zur israelitischen Spruchweisheit (Wissenschaftliche Monographien zum Alten und Neuen Testament 28), Neukirchen-Vluyn 1968. Dazu das kritische Referat von *E. Gerstenberger,* Zur alttestamentlichen Weisheit (in: Verkündigung und Forschung, Altes Testament. Beihefte zu „Evangelische Theologie" 14, 1969), 40–44. Vgl. auch *R. Smend,* Die Entstehung des Alten Testaments (Theologische Wissenschaft 1), Stuttgart ^{3}1984, 213 f.

24 Vgl. vor allem 1 Kön 5,9–14; 10,1–10.13.23 f. bzw. Spr 1,1; 10,1; 25,1. Eine kritische Bestandsaufnahme bei *R. B. Y. Scott,* Solomon and the Beginnings of Wisdom (in: Vetus Testamentum Supplement 3, Leiden 1955), 264 ff.

25 Berechtigte Kritik an dieser Kennzeichnung der Ära Salomos übt jüngst *H. Donner,* Geschichte des Volkes Israel und seiner Nachbarn in Grundzügen (Grundrisse zum Alten Testament. Altes Testament Deutsch, Ergänzungsreihe 4/1), Göttingen 1984, 221.

26 So die kritische Argumentation bei *R. B. Y. Scott,* Solomon (Anm. 24), 265.

27 Eine „tendenzkritische" Untersuchung zu 1 Kön 11 ist ein Desiderat, obwohl eine eingehende Untersuchung zu den literarkritischen Problemen inzwischen erschienen ist: *G. Vanoni,* Literarkritik und Grammatik. Untersuchung der Wiederholungen und Spannungen in 1 Kön 11–12 (Arbeiten zu Text und Sprache im Alten Testament 21), St. Ottilien 1984. Denkbar ist, daß die Pluralität der Ausländerinnen (im Unterschied zur weisheitlichen Größenangabe des königlichen Harims überhaupt) ein Ausdrucksmittel darstellt, das eine mögliche Parallele in der zusätzlichen Akzentuierung von Dan als weiterem Reichsheiligtum (neben Bethel) im Blickfeld des Dtr zu haben scheint, wonach die „Sünde Jerobeams" eine noch schärfere Profilierung erfahren haben könnte (vgl. hierzu *Chr. Dohmen,* Das Heiligtum von Dan. Aspekte religionsgeschichtlicher Darstellung im Deuteronomistischen Geschichtswerk, in: Biblische Notizen 17, 1982, 17–22).

28 Zur Deutung des „Hauses“ für die „Tochter Pharaos“ im Zusammenhang mit der Gestaltung des „Millo“ vgl. zuletzt *M. Görg,* Methodological Remarks on comparative Studies of Egyptian and Biblical Words and Phrases (in: Pharaonic Egypt, The Bible and Christianity, ed. *S. Israelit-Groll,* Jerusalem 1985), 60 f.

29 Zur historischen Dimension der Heiratsdiplomatie Ramses' II. vgl. vor allem *E. Edel,* Ägyptische Ärzte und ägyptische Medizin am hethitischen Königshof. Neue Funde von Keilschriftbriefen Ramses' II. aus Bogazköy, Opladen 1976, 27 ff. Die von *D. B. Redford,* The Relations between Egypt and Israel from El-Amarna to the Babylonian Conquest (Vortrag auf dem „International Congress in Biblical Archaeology“, Jerusalem, April 1984, jetzt angekündigt für den Kongreßband „Biblical Archaeology today“, Jerusalem 1985), vertretene Skepsis gegenüber der historischen Relevanz der Nachricht über Salomos Heiratsbeziehung nach Ägypten entbehrt jeder Grundlage, da die literarischen Hinweise mehrheitlich unverdächtige Notizen sind, die nicht in Dependenz voneinander dastehen.

30 Vgl. dazu zuletzt *A. Malamat,* Das davidische und salomonische Königreich und seine Beziehungen zu Ägypten und Syrien. Zur Entstehung eines Großreichs, Wien 1983, 20 ff.

31 Vgl. dazu u. a. *M. Görg,* Jeremia zwischen Ost und West (Jer 38,1–6). Zur Krisensituation in Jerusalem am Vorabend des Babylonischen Exils (in: Künder des Wortes. Beiträge zur Theologie der Propheten, Josef Schreiner zum 60. Geburtstag, hrsg. v. *L. Ruppert, P. Weimar, E. Zenger,* Würzburg 1982), 121 ff.

32 Zu den gesellschaftlichen Verhältnissen im frühen israelitischen Staat vgl. vor allem *F. Crüsemann,* Widerstand (Anm. 21), 215 ff.

33 J. Halbe, Das Privilegrecht Jahwes Ex 34,10–26. Gestalt und Wesen, Herkunft und Wirken in vordeuteronomischer Zeit (Forschungen zur Religion und Literatur des Alten und Neuen Testaments 114), Göttingen 1975, 150.

34 Dazu *J. Halbe,* ebd. 151 f.

35 *K. Berger,* Die Gesetzesauslegung Jesu. Ihr historischer Hintergrund im Judentum und im Alten Testament. Teil 1: Markus und Parallelen (Wissenschaftliche Monographien zum Alten und Neuen Testament 40), Neukirchen-Vluyn 1972, 311.

36 Vgl. dazu vorläufig *M. Görg,* „Travestie“ im Hohen Lied. Eine kritische Betrachtung am Beispiel von HL 1,5 f., in: Biblische Notizen 21 (1983) 101 ff. Mit der relativ frühzeitigen Einwirkung der Kontakte Salomos nach Ägypten auf das literarische Geschehen steht der Tatbestand jüngerer und der Endfassung näherstehender Inspiration aus Ägypten bzw. aus ägyptenfreundlichen Kreisen in Juda/Jerusalem im Bestand des HL selbstverständlich nicht im Widerspruch.

37 Vgl. dazu *B. Lang,* Die weisheitliche Lehrrede (Stuttgarter Bibel-Studien 54), Stuttgart 1972, 87 ff.

38 Vgl. etwa *P. Humbert,* Les adjectifs ‚zar‘ et ‚nokri‘ et la „Femme etrangere“ des Proverbes bibliques (in: Mélanges Syriens offerts à M. R. Dussaud, Paris 1939), 259 ff.

39 Vgl. etwa *G. Boström,* Proverbiastudien. Die Weisheit und das fremde Weib in Spr 1–9, Lund 1935, 42–52.

40 Anders *B. Lang,* Weisheitliche Lehrrede (Anm. 37), 89, Anm. 5. Zur Diskussion vgl. auch *R. Martin-Achard,* in: THAT I, 521 und *L. A. Snijders* in: ThWAT II, 562.

41 Vgl. dazu u. a. *B. Lang,* ebd. 88 mit Anm. 4.

42 Nach *B. Lang,* in: ThWAT V, 459, ist „die Warnung bewußt mehrdeutig gehalten, so daß vor der Frau des Nächsten wie der Ausländerin und Prostituierten gewarnt werden soll“.

43 Näheres dazu in meiner Studie „Die Tochter Pharaos“ (erscheint in der Reihe „Ägypten und Altes Testament“).

44 Vgl. dazu *P. Humbert,* Les adjectifs ‚zar‘ et ‚nokri‘ (Anm. 38), 259 ff.

45 Vgl. zur Forschungsgeschichte Gen 2 f. die Ausführungen des voluminösen Kommentars von *Cl. Westermann,* Genesis (Biblischer Kommentar. Altes Testament I/1), Neukirchen-Vluyn [2]1976, 255–259.

46 *G. von Rad,* Weisheit in Israel, Neukirchen-Vluyn 1970, 367.

47 *W. Zimmerli,* Die Weisheit Israels. Zu einem Buch von Gerhard von Rad, in: Evangelische Theologie 31 (1971) 689.

48 *W. Zimmerli,* ebd., 689, möchte einer „Überdehnung des Weisheitsbegriffes" begegnen, „wie sie heute als Gefahr in manchen Arbeiten zu erkennen" sei. Das Problem einer Definierbarkeit alttestamentlicher Weisheit ist allerdings noch längst nicht gelöst.
49 *G. von Rad,* Weisheit (Anm. 46), 374, Anm. 9.
50 Vgl. *Ders.*, Das formgeschichtliche Problem des Hexateuch (Beiträge zur Wissenschaft vom Alten und Neuen Testament 26), Stuttgart 1938, 58–62 (= Gesammelte Studien zum Alten Testament [Theologische Bücherei 8], München [4]1971, 72–75); *O. H. Steck,* Genesis 12,1–3 und die Urgeschichte des Jahwisten (in: Probleme biblischer Theologie, Gerhard von Rad zum 70. Geburtstag, hrsg v. *H. W. Wolff,* München 1971), 553 f.; *W. H. Schmidt,* Ein Theologe in salomonischer Zeit? Plädoyer für den Jahwisten, in: Biblische Zeitschrift 25 (1981) 89 f.
51 Vgl. dazu *R. Smend,* Entstehung (Anm. 23), 94.
52 Dazu zuletzt *M. Köckert,* Auf der Suche nach dem Jahwisten. Aporien in der Begründung einer Grundthese alttestamentlicher Exegese (in: Theologische Versuche 14, Berlin 1984), 54 ff.
53 Zu den weisheitlichen Elementen in der „Urgeschichte" des Jahwisten vgl. u. a. *W. H. Schmidt,* Die Schöpfungsgeschichte der Priesterschrift. Zur Überlieferungsgeschichte von Genesis 1,1–2,4a und 2,4b–3,24 (Wissenschaftliche Monographien zum Alten und Neuen Testament 17), Neukirchen-Vluyn [2]1967, 229, Anm. 1; *O. H. Steck,* Gen. 12, 1–3 (Anm. 50), 552 mit Anm. 72.
54 Vgl. dazu zuletzt *M. Köckert,* Suche (Anm. 52), 59 f.
55 Vgl. vor allem *P. Weimar,* Untersuchungen zur Redaktionsgeschichte des Pentateuch (Beihefte zur Zeitschrift für die alttestamentliche Wissenschaft 146), Berlin-New York 1977, 112 ff.
56 Vorläufige Beobachtungen dazu in *M. Görg,* Die „Sünde" Salomos. Zeitkritische Aspekte der jahwistischen Sündenfallerzählung, in: Biblische Notizen 16 (1981) 46 ff.
57 Vgl. *P. Weimar,* Untersuchungen (Anm. 55), 121 ff., 155 ff.; *M. Görg,* ebd., 49.
58 Vgl. *P. Weimar,* ebd., 123; *M. Görg,* ebd., 48.
59 Näheres bei *M. Görg,* ebd. 49.
60 Vgl. dazu *W. von Soden,* Verschlüsselte Kritik an Salomo in der Urgeschichte des Jahwisten, in: Welt des Orients 7 (1973–74), 228 ff.
61 Zu Abraham als einer Kontrastfigur zu Salomo vgl. etwa *M. Görg,* Der Altar – Theologische Dimensionen im Alten Testament (in: Freude am Gottesdienst. Aspekte ursprünglicher Liturgie, Festschrift für Weihbischof Dr. Josef G. Plöger zum 60. Geburtstag, Stuttgart 1983), 300 ff.; Auf der anderen Seite sieht etwa *O. H. Steck,* Genesis 12, 1–3 (Anm. 50) 553 f., gerade in der Verheißungsdiktion Gen 12,1 ff. eine Spiegelung des davidischen Großreichs im positiven Sinn: Israel ist „geworden in Kraft des Segens Jahwes, den er Abraham verheißen hat", um zugleich dem Jahwisten im Anschluß an eine Formulierung von *G. von Rad* „die Ätiologie aller Ätiologien Israels" zuzuschreiben. Ob nicht gerade die Kategorie der Verheißung auch unter zeitkritischer Perspektive zu betrachten ist? Soll damit nicht möglicherweise einem dynastischen Anspruch auf Raum und Zeit begegnet werden, wie dieser sich im Umfeld Altisraels drastisch genug realisiert hat und auch spätestens unter Salomo in Israel Geltung verschafft haben mag.
62 Vgl. dazu vor allem *F. Crüsemann,* Widerstand (Anm. 21), 174 ff.
63 Vgl. die Titelformulierung des Beitrages *von Sodens* (Anm. 60).
64 Vgl. dazu *M. Görg,* „Wo lag das Paradies?" – Einige Beobachtungen zu einer alten Frage, in: Biblische Notizen 2 (1977) 23 ff.
65 Vgl. oben Anm. 28. Näheres dazu in meiner Studie „Die Tochter Pharaos".
66 Vgl. dazu vorläufig *M. Görg,* „Sünde Salomos (Anm. 56), 50 ff.
67 Vgl. *W. von Soden,* Verschlüsselte Kritik (Anm. 60), 233.
68 Vgl. die Beobachtungen *P. Weimars,* Untersuchungen (Anm. 55), 121 ff.
69 Dazu *P. Weimar,* ebd., 121 f.; *M. Görg,* „Sünde Salomos (Anm. 56), 47.
70 Zur literarischen Position von Gen 3,5 vgl. *P. Weimar,* ebd. 122.
71 Vgl. dazu *S. Herrmann,* Geschichte Israels in alttestamentlicher Zeit, München 1973, 222 ff.; *H. Donner,* Geschichte (Anm. 25), 224, 227.

72 Vgl. dazu vor allem *S. Herrmann,* ebd., 238 f.
73 Vgl. dazu zuletzt *Chr. M. Coche-Zivie,* Sphinx, in: Lexikon der Ägyptologie V, 1984, 1145.
74 Vgl. K. Rupprecht, Der Tempel von Jerusalem. Gründung Salomos der jebusitisches Erbe? (Beihilfe zur Zeitschrift für die alttestamentliche Wissenschaft 144), Berlin-New York 1977; dazu auch *H. Donner,* Geschichte (Anm. 25), 221 f.
75 Vgl. dazu u. a. *H. Gunkel,* Genesis, Göttingen [6]1964, 24; *Cl. Westermann,* Genesis (Anm. 45), 372 f.; *P. Weimar,* Untersuchungen (Anm. 55), 129 f. *M. Görg,* Keruben in Jerusalem, in: Biblische Notizen 4 (1977), 23 f.
76 Vgl. dazu *M. Görg,* ebd., 23.
77 Dazu bereits *H. Gunkel,* Genesis (Anm. 75), 24. Die Fügung „von Osten her" untersucht eingehend J. P. Floß, Sprachwissenschaftliche Textanalyse als Konkretion der hermeneutischen Regeln in der dogmatischen Konstitution „Dei verbum" am Beispiel Gen 2,4b–9*, in: Biblische Notizen 19 (1982) 74 f., Anm. 16; 89 f., Anm. 17.
78 Vgl. dazu *O. H. Steck,* Genesis 12,1–3 (Anm. 50), 552 f., Anm. 73; *P. Weimar,* Untersuchungen (Anm. 55), 164 f.; *F. Crüsemann,* Widerstand (Anm. 21), 178 f.
79 Zu den Einleitungsfragen vgl. zuletzt *R. Smend,* Entstehung (Anm. 23), 130 ff.
80 Vgl. vor allem *F. Crüsemann,* Widerstand (Anm. 21), 128 ff. bzw. 180 ff.
81 Dies gilt, wie Crüsemann im Anschluß an *H. J. Hermisson,* Weisheit und Geschichte (in: Probleme biblischer Theologie, Gerhard von Rad zum 70. Geburtstag, hrsg. v. *H. W. Wolff,* München 1971), 137 ff., überzeugend demonstriert hat, in erster Linie von der „Thronfolgegeschichte". Aber auch schon die „Geschichte von Davids Aufstieg" (mindestens 1 Sam 16,14–2 Sam 5 umfassend) scheint mir bei aller Davids Königtum legitimierenden Tendenz auch das Ziel zu verfolgen, an dem königlichen Exemplarfall eine qualitative Idealisierung eines Menschen vorzuführen, der als Erwählter letztlich unantastbar ist. Möglicherweise berühren sich in der Erzählung politische und weisheitliche Interessen, ohne daß eine scharfe Trennung vollziehbar erscheint. So darf die Aufstiegsgeschichte auch als narrative Demonstration des Zusammenhangs von Tun und Ergehen betrachtet werden, freilich so, daß der Zusammenhang ausdrücklich unter die Regie Jahwes gestellt wird.
82 Vgl. u. a. die königsbezogenen Sentenzen der Spruchliteratur, dazu *F. Crüsemann,* Widerstand (Anm. 21), 190 ff.
83 M. Görg, „Sünde" Salomos (Anm. 56), 53. Nach H. J. Fabry, ThWAT V, Lieferung 3/4, 1985, 393 soll die „Nennung und Wertung der Schlange in Gen 3 . . . weit vordergründiger, jedoch nicht weniger tiefsinnig" sein, ein nicht rechtfertigender Verzicht auf tendenzkritische und religionsgeschichtliche Fragestellungen.
84 Als „tendenzkritische" Pionierarbeit zu diesen Erstlingswerken ägyptischer Literaturgeschichte darf gelten: *S. Herrmann,* Untersuchungen zur Überlieferungsgestalt mittelägyptischer Literaturwerke (Deutsche Akademie der Wissenschaften zu Berlin, Institut für Orientforschung, Veröffentlichung Nr. 33), Berlin 1957.
85 Vgl. dazu u. a. *E. Blumenthal,* Königsideologie, in: Lexikon der Ägyptologie III, 528 f.
86 Vgl. das vor allem von *P. Weimar,* Untersuchungen (Anm. 55), 163 ff., entworfene Bild.
87 Die bekannte paronomastische Formulierung Ex 3,14 im Rahmen der „Offenbarung" des Jahwenamens kann schon um ihrer formalen Symmetrie willen als Ausweis einer spezifischen Reflexion über den „ordnenden" Jahwe betrachtet werden.
88 Dies als grundsätzliche Bemerkung zu dem m. E. einäugigen Versuch bei *E. Drewermann,* Strukturen des Bösen. Die jahwistische Urgeschichte in exegetischer, psychoanalytischer und philosophischer Sicht I, Paderborn [5]1985, auf tiefenpsychologischem Wege die kerygmatische Kompetenz tendenzkritischer Analysen zu neutralisieren.
89 Zur Kritik an der Konzeption Drewermanns sei hier auch auf meine Bemerkungen in meinem Beitrag: Hiskia als Immanuel. Plädoyer für eine typologische Identifikation; in: Biblische Notizen 22 (1983) 107 ff., verwiesen.
90 Trotz mancher weiterführender Einsichten bleibt wohl nichts anderes, als erneut der bekannten und vielzitierten Formulierung von *M. L. Henry,* Jahwist und Priesterschrift. Zwei Glaubenszeugnisse des Alten Testaments (Abhandlungen zur Theologie des Alten und Neuen Testaments 3), Stuttgart 1960, 15, das jahwistische Werk sei ein „Hybris bannendes Regulativ im Zeitalter der Reichsgründung", grundsätzlich zuzustimmen.

HELMUT MERKLEIN

Basileia und Ekklesia

Jesu Botschaft von der Gottesherrschaft und ihre Konsequenzen für die Kirche

Wenn man als Exeget Reich Gottes und Kirche miteinander in Verbindung bringt, muß man damit rechnen, daß einem das Wort von Alfred Loisy entgegengehalten wird: „Jesus kündigte das Reich Gottes an, und was kam, war die Kirche."[1] In gewisser Weise hat Loisy sogar recht. Tatsächlich hat Jesus das Reich Gottes verkündet; die Botschaft von der Gottesherrschaft ist der Kern und die Mitte seiner gesamten Verkündigung. Und richtig ist auch, daß Jesus nicht vorhatte, eine Kirche im Sinne der später tatsächlich entstandenen Institution zu gründen[2]. Dennoch wird die Behauptung Loisys weder der Botschaft Jesu noch der nachösterlichen Kirche gerecht. Denn sie setzt zwei Größen zueinander in Konkurrenz, die sachlich durchaus miteinander zu tun haben und aufeinander bezogen sind. Dies ist zunächst zu begründen.

I. Gottesherrschaft und Kirche – eine Verhältnisbestimmung

A. Das Verhältnis von Gottesherrschaft und Israel in alttestamentlicher und frühjüdischer Sicht

Der Begriff der βασιλεία τοῦ θεοῦ („basileia tou theou") bzw. dessen aramäisches oder hebräisches Äquivalent ist eine frühjüdische Abstraktbildung, der ursprünglich die Aussage „Gott ist König" zugrunde liegt[3]. „Basileia tou theou" meint daher kein territoriales Reich, sondern den Akt des königlichen Herrschens Gottes, also das König*sein* oder die Königs*herrschaft* Gottes. Wo immer dieser aktiv-dynamische Charakter des Begriffs noch gewahrt ist – und dies gilt ganz besonders für den Sprachgebrauch Jesu –, ist daher die Übersetzung „Gottesherrschaft" gegenüber „Reich Gottes" zu bevorzugen.

Im Alten Testament wird mit der Königsprädikation Gottes vor allem die Überlegenheit Jahwes über die heidnischen Götter bzw. die Einzigkeit Jahwes hervorgehoben (Ps 29; 95,3; 97,1.7; Jes 41,21-29; 44,6-8; Sach 14,9; u. ö.). Im Exil erhält der Glaube an das Königtum Jahwes erstmals eine *eschatologische* Perspektive: Gottes Königsherrschaft, von der in der Gegenwart augenscheinlich so wenig zu spüren ist, wird in der Zukunft offenkundig und endgültig hervorgetreten (Jes 52,7-10; Mich 2,12f; 4,6-8; Zef 3,14f; Sach 14,6-11.16f; Jes 24,21-23; Ps 22,28-30). Dann werden die Götter der Heiden entmachtet werden; Israel wird aus der Knechtschaft der Völker befreit werden und die Fülle des Heils und des Friedens genießen. Dies ist keineswegs eine nationalistische Idee, sondern nur die Konsequenz des Glaubens Israels an die Einzigkeit Jahwes. Im übrigen ist die Teilhabe der Völker am endzeitlichen Heil nicht ausgeschlossen. Die Heidenvölker werden vielmehr in einer grandiosen Wallfahrt zum Zion pilgern und selbst die Güter der Heilszeit genießen (vgl. Jes 2,2-5; Mich 4,1-5; Sach 14,9; Jes 25,6-8).

Einen neuen Akzent setzt die *Apokalyptik:* Hatte man bisher die Durchsetzung der Königsherrschaft Gottes als innergeschichtliche Heilswende erwartet, so vermag man diese Hoffnung jetzt nur mehr in Diskontinuität zur gegenwärtig ablaufenden Geschichte aufrechtzuerhalten (vgl. Dan 2,34f.44f; 7,13f). Als Gegenüber zur Königsherrschaft Gottes erscheint nicht selten die Vorstellung einer jetzt währenden Herrschaft Satans (vgl. TestDan 5,10-13; AssMos 10,1.7-10). Doch ist diese Gegenüberstellung gleichsam nur die himmlische Entsprechung der traditionellen Opposition zwischen Israel und den Völkern, so daß der Sieg Gottes[4] über den Satan zugleich das Heil bzw. die Herrschaft für Israel heraufführt (Dan 7,15-27; vgl. 1 QM 17,7f). Die zunehmend schärfer gestellte Frage nach dem wahren Israel hat allerdings zur Folge, daß sich die ursprünglich auch völkisch definierte Demarkationslinie zwischen Israel und den Heiden verschiebt, so daß oftmals nur noch ein neu zu bestimmendes Erwählungskollektiv von Gerechten als der primäre Adressat des Heils fungiert.

Als Fazit bleibt festzuhalten: Die Gottesherrschaft gehört engstens mit dem Gedanken des Gottesvolkes zusammen. Sie zielt auf die Befreiung Israels bzw. des Erwählungskollektivs aus der Knechtschaft der Heiden bzw. der Sünder, als deren metahistorische Repräsentanten die heidnischen Götter bzw. Satan figurieren.

B. Das Verhältnis von Gottesherrschaft und Israel in der Botschaft Jesu

Wie in der prophetisch-apokalyptischen Tradition ist auch für Jesus[5] die Gottesherrschaft eine strikt eschatologische Größe, und das heißt zunächst, eine futurische und allein Gott vorbehaltene Größe (vgl. Mk 4,26-29; Lk 17,21). Um ihr Kommen kann der Mensch nur beten: „Es komme deine Königsherrschaft!" (Lk 11,2 par). Die im Vaterunser damit verbundene Bitte um die Heiligung des Namens Gottes läßt erkennen, daß es auch Jesus um die Einzigkeit Gottes geht, also darum, daß Jahwe, der Gott Israels, sich und seinen Namen als einzig maßgeblich erweise[6]. Dem entspricht es, daß Jesus sich mit seiner Botschaft primär an Israel wendet. „Geht nicht zu den Heiden, und betretet keine Stadt der Samariter, sondern geht zu den verlorenen Schafen des Hauses Israel" (Mt 10,5f; vgl. 15,24). Dieser restriktive Satz ist in seiner jetzigen Form zwar kaum ein echtes Jesuswort[7]. Doch wäre er auch als nachösterliche Bildung nicht erklärlich, wenn bereits Jesus eine Heidenmission befohlen oder praktiziert hätte. Israel ist also der Primäradressat der Botschaft Jesu.

Allerdings fällt auf, daß Jesus die sicher auch von ihm erwartete Befreiung Israels aus der Unterdrückung seiner Feinde nicht thematisiert, sondern allein auf die Herrschaft Satans abstellt, unter der offensichtlich auch Israel steht. In Übereinstimmung mit Johannes dem Täufer ist Jesus davon überzeugt, daß Israel, so wie es sich vorfindet, dem Gericht verfallen ist; ganz Israel ist ein einziges Unheilskollektiv (vgl. Mt 3,7-10 par; Lk 13,1-5). Doch während Johannes mit seiner Umkehr-Taufe (Mk 1,4) nur mehr eine Möglichkeit zu offerieren weiß, dem ansonsten sicheren Gericht zu entfliehen, wagt es Jesus, zwei Größen wieder miteinander in Verbindung zu bringen, die nach Lage der Dinge nichts mehr miteinander zu tun haben: Jesus kündigt dem *Unheilskollektiv* Israel, das als solches nur noch Gerichtsperspektive haben kann, die Nähe der *Gottesherrschaft* an (Mk 1,15; Lk 10,9 par). Theologisch ist eine derartige Verkündigung nur sinnvoll, wenn sich Jesus sicher ist, daß Gott jetzt alle Sünden seines Volkes tilgt, es erneut zum Gegenstand seiner Erwählung, ja seiner eschatologischen Erwählung, macht und es somit neu konstituiert. In diesen

Kontext gehört es, wenn Jesus sich Zöllnern und Sündern zuwendet (Lk 7,34 par; Mk 2,15-17; Lk 15; u. ö.). Sie sind für ihn die wahren Repräsentanten Israels. Im gemeinsamen Mahl mit ihnen praktiziert Jesus zeichenhaft die Vergebung, auf die *ganz Israel* angewiesen ist und die ihm jetzt von Gott auch geschenkt wird. Jesus kündigt das Heil der Gottesherrschaft also nicht nur an; indem er das Unheilskollektiv der Armen, Hungernden und Weinenden seligpreist, proklamiert er dieses vielmehr jetzt schon zum eschatologischen Erwählungskollektiv (Lk 6,20f par). Jesu Verkündigung und Wirken zielt also auf die Sammlung bzw. Konstituierung des eschatologischen Israel[8]. In der Berufung der Zwölf nimmt er – ebenfalls zeichenhaft – diese Neukonstituierung bereits vorweg (vgl. Mk 3,13-19). Dies alles setzt eine völlige Umkehrung der Situation Israels vor Gott voraus. Tatsächlich ist nach Meinung Jesu die eschatologische Entscheidung im Himmel schon gefallen und der Satan gestürzt (vgl. Lk 10,18). Jesus kann daher seine Wunder, und überhaupt sein ganzes Wirken, als schon gegenwärtiges Einbrechen des Heils interpretieren (Lk 11,20 par; 10,23f par; 7,22 par; 11,31f par; Mk 2,19a; 3,27). Die Gottesherrschaft ist für Jesus demnach ein Geschehen, dessen volle Verwirklichung zwar noch der Zukunft vorbehalten ist, das sich aber jetzt schon ereignet[9].

Auch für Jesus bleibt also festzuhalten: Gottesherrschaft und Israel gehören untrennbar zusammen. Als gegenwärtiges Geschehen ereignet sich die Gottesherrschaft geradezu in dem eschatologischen Erwählungshandeln, das Jesus für Israel proklamiert. Das Geschehen der Gottesherrschaft schafft jetzt schon das eschatologische Gottesvolk.

C. Die Gottesherrschaft, Israel und die Kirche

Wenn Jesus sich derart dezidiert an Israel gewandt hat, dann erhebt sich die Frage, ob und mit welchem Recht sich die christliche Kirche auf ihn und seine Botschaft berufen kann. Hier ist vor allem folgendes zu berücksichtigen: So sehr es richtig ist, daß Jesus auf die Sammlung ganz Israels abzielt, so wenig läßt sich das Erwählungshandeln, das er proklamiert, als Zwangsrekrutierung auslegen; die zugesprochene eschatologische Erwählung appelliert vielmehr an die freie Entscheidung. Jesu Botschaft von der Gottesherrschaft beinhaltet daher letztlich eine Neudefinition des Gottesvolkes, deren Kriterium in der Stellungnahme zur Person Jesu zu suchen ist: „Wer sich vor den Menschen zu mir bekennt, zu dem wird sich auch der Menschensohn vor den Engeln Gottes bekennen. Wer mich aber vor den Menschen verleugnet, der wird auch vor den Engeln Gottes verleugnet werden“ (Lk 12,8f par). So verwundert es nicht, daß die nachösterliche Jüngergemeinde sich schon bald als die eschatologische Gemeinde der „Heiligen“, als das endzeitliche Volk Gottes, als ἐκκλησία τοῦ θεοῦ („ekklēsia tou theou“), begriff[10] und sich damit von einem rein ethnisch definierten Israel absetzte, ohne jedoch in eine esoterische Separation, etwa qumranischen Zuschnitts, zu verfallen. Es kommt hinzu, daß Ostern nicht nur als Bestätigung, sondern darüber hinaus – zumindest paradigmatisch – auch als Erfüllung der Botschaft Jesu verstanden werden mußte[11]. Hatte doch im auferweckten Jesus das Geschehen der Gottesherrschaft seine definitive Qualität bereits erreicht. Am Auferweckten ist die neue Schöpfung schon verwirklicht, die man von der Königsherrschaft Gottes erwartete. Wenngleich unter heftigen Kontroversen, setzte sich im Urchristentum recht bald die Überzeugung durch, daß es nun an der Zeit sei, im missionarischen Vorstoß auf die Heidenwelt die eschatologische Völkerwallfahrt zum Zion einzuleiten und auch den Völkern das eschatologische Erwählungshandeln Gottes zu verkünden[12]. Das eschatologische Israel, das Jesus zu konstituieren begonnen hatte, weitet sich zum Gottesvolk der Kirche, das Juden und Heiden umfassen soll. So gesehen, geht das eingangs zitierte Wort Loisys an der theologischen Sachlage vorbei. Die Kirche steht nicht im Gegensatz zum Reich Gottes. Sie ist vielmehr das Geschöpf des eschatologischen Erwählungshandelns Gottes, das Jesus mit seiner Botschaft von der Gottesherrschaft Israel gegenüber proklamiert hat und das dann – begründet durch die Auferweckung Jesu – auch den Heidenvölkern verkündet werden mußte. Unter dieser Rücksicht erscheint die Kirche als der Ort, wo im schöpferischen Akt der Erwählung das Geschehen der Gottesherrschaft Ereignis wird. Die Kirche selbst ist Ereignis des Geschehens der Gottesherrschaft. Trotz des engen Zuordnungsverhältnisses dürfen jedoch Gottesherrschaft und Kirche nicht identifiziert werden. Denn daß sich in der Kirche das Geschehen der Gottesherrschaft ereignet, ist nicht Werk der Kirche, sondern allein Werk Gottes. Im übrigen zielt das Geschehen der Gottesherrschaft auf Vollendung, auf volle und offenkundige Verwirklichung des Königseins Gottes. Unter dieser Rücksicht ist die Kirche immer nur eine vor-läufige Größe, die darauf angelegt ist, einmal aufzugehen in der vollendeten Gottesherrschaft. Die Kirche ist der Ort, an dem Gott sein Volk sammelt und bereit macht für seine kommende Herrschaft (vgl. Did 10,5).

II. Konsequenzen für Selbstverständnis und Praxis der Kirche

Ist mit den vorausgehenden Ausführungen das Verhältnis von Gottesherrschaft und Kirche wenigstens ansatzweise geklärt, so soll im folgenden nach den Konsequenzen gefragt werden, die sich daraus für das Selbstverständnis und die Praxis der Kirche und der Gemeinden ergeben.

A. Die Rolle Israels im Selbstverständnis der Kirche

Angesichts der innigen Relation von Gottesherrschaft und Israel, wie sie in der alttestamentlich-frühjüdischen Tradition und auch bei Jesus zu beobachten war, dürfte sich zuallererst die Frage nach der Rolle Israels im Selbstverständnis der Kirche stellen. Denn unbeschadet der theologischen Gültigkeit der bereits getroffenen Aussage, daß das eschatologische Gottesvolk der Kirche Juden und Heiden umfassen soll, ist festzustellen, daß die tatsächliche historische Entwicklung ganz anders verlaufen ist. An die Stelle der theologisch konzipierten Idee einer Kirche aus Juden und Heiden (vgl. Eph 2,11-22) trat eine fast ausnahmslos heidenchristliche Kirche, die sich ihrerseits wieder von Israel absetzte. Ist „Israel" für diese Kirche nur noch als Größe der Vergangenheit von Belang? Ist das „Volk der Juden", das sich dem Ruf Jesu widersetzt hat, zu einem Faktor geworden, der theologisch vernachlässigt werden kann?

Beide Fragen sind entschieden zu verneinen! Wenn immer die Kirche sich als Folge und Sachwalterin der Botschaft Jesu verstehen will, dann ist und bleibt sie *durch alle Zeiten hindurch* angewiesen auf die *heilsgeschichtliche Kontinuität* zu jenem Israel, das Gott als sein Eigentumsvolk berufen und dem Jesus die eschatologische Erwählung Gottes zugesprochen hat. Ohne dieses Israel gäbe es keine Kirche, weder historisch noch theologisch. Eine Kirche, die diese ihre Wurzel als ablösbare Größe der Vergangenheit betrachtete, wäre nicht mehr Kirche. Aber noch mehr! Nicht nur aus Gründen heilsgeschichtlicher Kontinuität, auch *eschatologisch* bleibt Kirche auf

Israel angewiesen. Es wäre ein folgenschwerer Irrtum, wenn die Kirche aus der faktischen Trennung von Israel die Verwerfung des Volkes Israel und seine endgültige Ablösung durch die Kirche ableiten wollte. Unbeschadet aller menschlichen Freiheit, sich Gott zu verweigern, bleibt theologisch daran festzuhalten, daß göttliches Handeln ein *wirksames* Handeln sein muß. Wenn daher das göttliche Erwählungshandeln, das Jesus für Israel proklamiert hat, sich letztendlich gerade an Israel als unwirksam erweisen sollte, wäre die Botschaft Jesu selbst ad absurdum geführt. Im übrigen würde die Kirche, die sich auf das gleiche Erwählungshandeln beruft, einer trügerischen Hoffnung nachjagen. Jesu Botschaft von der Gottesherrschaft als einem immer noch wirksamen Geschehen und das Selbstverständnis der Kirche als des eschatologischen Gottesvolkes lassen sich nur aufrechterhalten in der eschatologischen Vision des Paulus, daß am Ende *ganz Israel* gerettet werden wird (Röm 11,25-27)[13].

Wenn dies immer klar und deutlich im Bewußtsein der Kirche gestanden hätte, wäre dem jüdischen Volk wahrscheinlich viel von seinem unsäglichen Leid erspart geblieben. Um so demütiger und zugleich energischer muß sich die Kirche und müssen sich die Gemeinden erneut auf ihr heilsgeschichtliches und eschatologisches Angewiesensein auf Israel besinnen. Dies ist eine erste und bleibende Konsequenz der Botschaft Jesu von der Gottesherrschaft.

B. Die Kirche als Sammlung und Versammlung der Sünder

Wenn es richtig ist, daß die Kirche letztlich aus dem göttlichen Erwählungshandeln resultiert, das Jesus mit der Proklamation der Gottesherrschaft einem ansonsten *sündigen* Volk verkündet hat, dann ist die Kirche in einem ganz radikalen und prinzipiellen Sinn Sammlung und Versammlung der *Sünder,* die Gott in souveräner Freiheit gerufen hat. Es ist eine unzulässige Engführung, wenn man die neutestamentlichen Texte, die vom Umgang Jesu mit Sündern sprechen, ausschließlich zur Begründung einer Randgruppenpastoral heranzieht, in den „Sündern" also Ausnahmen sieht: Menschen, die von den üblichen kirchlichen Normen abweichen. Unbeschadet der Möglichkeit (und Notwendigkeit), die Texte auch in diese Richtung auszuwerten, ist eine derart exklusive Auslegung nicht selten das Indiz einer latenten Heuchelei, die darüber hinwegtäuscht, daß die *Kirche als solche* die Sammlung der von Gott erwählten Sünder ist. Die Gleichnisse von der Suche und Annahme der Sünder sind zutiefst ekklesiologische Texte, d. h. sie beziehen sich auf das Erwählungskollektiv als Ganzes[14]. Das verirrte Schaf, dem der Hirt nachläuft (Lk 15,4-7 par), gibt nach Auffassung Jesu die Situation *ganz Israels* und nicht nur die Situation einiger Sünder in Israel wieder. Die Geschichte vom verlorenen Sohn (Lk 15,11-32) ist nicht nur die Geschichte des ersten Sohnes, der als notorischer Sünder auftritt, sondern letztlich die Geschichte der verlorenen Söhne[15], weil auch der zweite Sohn verloren ist, wenn er nicht wahrnimmt und akzeptiert, daß auch er nur aus der gleichen Güte leben kann, die der Vater dem heimgekehrten Sohn so ärgerniserregend zuteil werden ließ. In zwar paulinischer, aber durchaus sachgerechter Interpretation heißt dies: Aus sich und vor Gott sind alle Menschen Sünder (vgl. Röm 1,18-3,20). Erst vor diesem Hintergrund wird deutlich, was Kirche ist. Sie hebt sich nämlich nicht aus eigener Kraft von dem Unheilskollektiv der Menschheit ab. Die Kirche erhält und bewahrt ihr Selbstsein vielmehr nur dadurch, daß Gott Sünder in seine Gemeinschaft ruft und die Berufenen, die aus sich immer nur Sünder bleiben, in seiner Gemeinschaft hält.

Von daher ist es nicht nur eine moralische, sondern eine existentielle Notwendigkeit, daß die Kirche und die einzelnen Gemeinden sich auch tatsächlich als Versammlung erwählter Sünder präsentieren. Zumal in den *Eucharistiefeiern* müßte dies deutlich zutage treten. Sie müßten als Fortsetzung jener Tischgemeinschaft transparent werden, die Jesus mit den Sündern gepflegt hat[16]. Wenn vor der Kommunion das „Herr, ich bin nicht würdig . . ." gesprochen wird, so ist dies nicht ein Bekenntnis zu mehr oder minder großen moralischen Schönheitsfehlern, sondern das Bekenntnis zur grundsätzlichen Unwürdigkeit des Menschen vor Gott. Für den Christen ist dieses Bekenntnis kein Akt krankhafter Selbstverdemütigung, sondern ein Stück christlicher Freiheit, die es erlaubt, sich selbst in all seiner verlorenen menschlichen Realität ernst zu nehmen. Gerade so können Christen in jeder Eucharistiefeier neu und fast handgreiflich erfahren, daß sie, die an sich Verlorenen, von Gott Wiedergefundene, von Gott in freier Gnade erwählte Söhne und Töchter sind. Wo Gemeinde sich derart als Sammlung und Versammlung von Sündern versteht, die Gott nicht fallen läßt, sondern als sein eschatologisches Volk erwählt, ereignet sich je neu das Geschehen der Gottesherrschaft, das Jesus proklamiert und in Gang gesetzt hat.

C. Die Kirche als Ort praktizierter Vergebung und gelebter Barmherzigkeit

Doch nicht nur in liturgischer Feier[17], sondern auch im praktischen Vollzug alltäglichen Lebens muß Kirche – will sie der Botschaft Jesu treu bleiben – sich als Geschöpf unverdienter Erwählung erweisen. Weil die Kirche die Sammlung und Versammlung der Sünder ist, die selbst nur aus der Vergebung Gottes leben, weil die Kirche selbst *Existenz aus der Vergebung* ist, können die konkreten christlichen Gemeinden Orte praktizierter Vergebung und gelebter Barmherzigkeit sein. Dabei ist es ganz wesentlich, daß die Gemeinden sich diese *existentielle Dimension* der verlangten Vergebungsbereitschaft immer wieder ins Bewußtsein rufen und Barmherzigkeit nicht einfach zu einer Tugend und einem moralischen Ideal verkommen lassen. Die Forderung Jesu „Seid barmherzig, wie euer Vater barmherzig ist" (Lk 6,36 par) zwingt nicht etwas ab, was nur mit letzter Kraftanstrengung zu erfüllen ist; das Wort Jesu verweist vielmehr auf den Grund und die Ermöglichung einer christlich praktizierten Barmherzigkeit. Wo Christen wirklich wissen, daß sie selbst – als Christen – nur aus der Vergebung Gottes leben, werden sie überhaupt nicht anders können als beständig zu vergeben, und zwar nicht nur siebenmal, sondern – grenzenlos – siebenundsiebzigmal (Mt 18,21f).

Wo dies aber nicht geschieht, da hat das erwählende und vergebende Handeln Gottes diejenigen, die es theoretisch beanspruchen, gar nicht wirklich getroffen. Das Geschehen der Gottesherrschaft hat sich an ihnen nicht ereignet, und eschatologisches Gottesvolk hat sich nicht konstituiert. Insofern könnte man das Gleichnis vom unbarmherzigen Knecht (Mt 18,23-34) als Beispiel nicht akzeptierter Erwählung und somit auch nicht geglückter Kirche bezeichnen. Der Knecht hat die Barmherzigkeit seines Herrn zwar äußerlich angenommen, sich davon aber – das Verhalten zu seinem Mitknecht zeigt es – nicht wirklich erfassen lassen. Zu Recht steht er deshalb am Ende wieder genau dort, wo er am Anfang gestanden hat: in der Ver-haftung seiner Schuld und isoliert von seinen Mitknechten. Die Praxis der Vergebung und der Barmherzigkeit wird zum Gradmesser für das Kirchesein der Kirche. Und daran ist nicht nur das Verhalten der einzelnen Christen zu bemessen; auch die Normen, die die Kirche als Institution zur Regelung des eigenen Zusammenlebens aufstellt, unterliegen dem gleichen Kriterium[18].

D. Die Kirche als Ort der Liebe und des Dienens

Die Barmherzigkeit, die im vorausgehenden Abschnitt als praktizierte Vergebung ausgelegt wurde, ist nun auch positiv zu entfalten. Es ist wohl kein Zufall, daß in der Jesustradition die Barmherzigkeit des Vaters als der tiefste Grund für das Gebot der *Liebe* angegeben wird (Lk 6,32.35f par). Wo Gott den Sündern nicht nur vergibt, sondern in seiner Barmherzigkeit das Unheilskollektiv der Verlorenen, das Nicht-Volk, zu seinem Volk macht, wird dieses Volk selbst nicht nur vergeben können, sondern positiv zur Liebe befähigt. Daß die Kreativität dieser Liebe grenzenlos ist, zeigt u. a. die Weisung der Feindesliebe. Doch bevor auf den Feind als Adressat christlicher Liebe eingegangen wird (s. u. F), soll die spezifisch gemeinderelevante Dimension der ermöglichten Liebe wenigstens kurz ins Auge gefaßt werden. Gerade unter dieser Rücksicht ist Liebe als *Dienst* zu interpretieren.

Schon in der alttestamentlichen und frühjüdischen Tradition steht die Gottesherrschaft im Gegensatz zu menschlicher Unterdrückung und Knechtung. Die Gottesherrschaft läßt geradezu die Befreiung von jedweder repressiven menschlichen Herrschaft erwarten. Die Kirche, in der sich das Geschehen der Gottesherrschaft schon ereignet, muß daher – in einem theologischen Sinn – herrschaftsfrei sein[19]. Die Frage der Zebedaidensöhne nach den Ehrenplätzen und Ministerposten kann nur negativ beschieden werden (Mk 10,35-40). Dies schließt selbstverständlich nicht aus, daß es in der Kirche ein Amt gibt. Aber kirchliches Amt bestimmt sich nicht als ἀρχή („archē" = „Herrschaft"), sondern ausschließlich als διακονία („diakonia" = „Dienst"). Zumal für das Amt gilt, was die gesamte Kirche und jedwede Gemeinde bestimmen muß: „Ihr wißt, daß die, die als Herrscher gelten, ihre Völker unterdrükken und die Mächtigen ihre Macht über die Menschen mißbrauchen. Bei euch aber soll es nicht so sein, sondern wer bei euch groß sein will, der soll euer Diener sein, und wer bei euch der Erste sein will, der soll der Sklave aller sein" (Mk 10,42-44). Gottesherrschaft und repressive Herrschaft von Menschen vertragen sich nicht. Vielleicht sollte die Kirche das – gewiß rigorose – Bild des Matthäus doch ernster nehmen, der seine Gemeinde als Brüdergemeinde zeichnet und ihr deshalb Titel wie „Vater" oder „Lehrer" untersagt (Mt 23,8-10).

Abschließend bleibt noch auf Jesus selbst zu verweisen. Wenn es richtig ist, daß Jesus seinen Tod als Sühne für das sich verweigernde Israel verstanden hat (vgl. Mk 14,24; 1 Kor 11,24; Lk 22,19f), dann kann dies nur als die letzte Konsequenz seiner Heilsverkündigung von der Gottesherrschaft verstanden werden[20]. Die Liebe und der Dienst, die diese Verkündigung fordern und ermöglichen, werden von Jesus selbst in letzter Folgerichtigkeit verwirklicht.

E. Die missionarische Verantwortung der Kirche

Bislang wurde die Basileia-Botschaft Jesu vorwiegend nach ihren Konsequenzen für den kirchlichen Binnenraum befragt. Es könnte der Eindruck entstehen, daß das Geschehen der Gottesherrschaft nur eine kircheninterne Angelegenheit sei. Außenwirkungen würden dann primär über die Anziehungskraft der Kirche laufen, die als „Kontrastgesellschaft"[21] in dieser Welt steht. Dieser Auffassung liegt die prophetische Vision von der Völkerwallfahrt zugrunde, die wohl auch Jesus voraussetzt: Wenn Gottes Königsherrschaft in Israel verwirklicht ist, dann werden die Völker herbeiströmen und sich bekehren.

Dennoch kann der Begriff der „Kontrastgesellschaft" leicht mißverstanden werden[22]. Es ist jedenfalls zu berücksichtigen, daß die nachösterliche Gemeinde sich nicht passiv mit der eigenen Anziehungskraft begnügte. Man überschritt vielmehr – und zwar aus theologischen Motiven – sehr bald die Grenzen Israels, um in missionarischer Aktivität eine Art geistlicher Völkerwallfahrt zu dem Messias und Kyrios Jesus einzuleiten, an dem das Geschehen der Gottesherrschaft – im neuschöpferischen Akt der Auferweckung – schon zur Vollendung gekommen war.

Wenn dieses urchristliche Vorgehen als legitime österliche Auslegung der Botschaft Jesu anzusprechen ist, dann gilt auch die Schlußfolgerung, daß das Geschehen der Gottesherrschaft mit Ostern in eine neue Phase getreten ist und selbst zur Mission drängt. Das Geschehen der Gottesherrschaft, das Kirche schafft und sich in der Kirche ereignet, muß sich nach außen ereignen. Die Erwählung und die Vergebung, aus denen die Kirche lebt, müssen verkündet werden. Die Liebe und das gegenseitige Dienen, die in der Kirche lebendig sind, müssen als Möglichkeiten des Lebens exportiert werden. Der Befehl zur Missionierung der Völker am Schluß des Matthäusevangeliums (Mt 28,16-20) ist die österliche Konsequenz des Auftrags des Irdischen an seine Jünger: „Geht und verkündet: Die Gottesherrschaft ist nahegekommen!“ (Mt 10,7 par). Die Kirche muß mehr sein als nur der Leuchtturm für die Gottesherrschaft. Pointiert ausgedrückt: Das Geschehen der Gottesherrschaft ist nicht darauf angelegt, die Welt in die Kirche hineinzuziehen, sondern will umgekehrt durch die Kirche die Welt erfassen.

F. Die politische Verantwortung der Kirche

Missionsauftrag wie Kirche selbst sind eine Folge der nachösterlichen bzw. christologischen Hermeneutik der Basileia-Botschaft Jesu. Der Auftrag zur *Weltgestaltung* ist aber – wenigstens ansatzweise – bereits in der Botschaft des irdischen Jesus vorhanden. Zu erinnern ist hier vor allem an das Gebot der *Feindesliebe* (Mt 5,44f.48 par). Der Streit, ob Jesus nur an den persönlichen Feind oder auch an den Volksfeind gedacht hat, ist müßig und verfehlt. Er bringt nur wieder jene Kasuistik ins Spiel, die Jesus ausgeschlossen wissen wollte. Selbstverständlich ist Feindesliebe zunächst einmal innerhalb des Gottesvolkes zu verwirklichen[23]. Doch darf sie an seinen Grenzen nicht haltmachen. Der Hinweis, daß im griechischen Urtext nicht von den πολέμιοι (polemioi), sondern von den ἐχϑροί (echthroi) die Rede sei[24], ist nicht stichhaltig; nach der Übersetzungsgewohnheit der Septuaginta werden u. a. auch die Heidenvölker (als die Feinde Israels) mit dem Terminus „echthroi“ belegt[25]. In eine ähnliche Richtung weist die Rezeption des Gebotes der Feindesliebe durch Matthäus, der die Feindesliebe der bloßen Liebe zum „Nächsten“, dem Volks- bzw. Gruppengenossen, gegenüberstellt (Mt 5,43f). Auch ist es wohl kein Zufall, daß Jesus am Beispiel eines Samariters erläutert, was Liebe ist (vgl. Lk 10,30-37). Im übrigen hat Jesus selbst, wiewohl er keine Heidenmission betrieben hat, keine Berührungsängste gegenüber den Heiden[26]. Feindesliebe darf also nicht nur innerhalb des Gottesvolkes gelten, sondern muß auch die Außenstehenden umfassen[27]. Die Feindesliebe ist letztlich die Vorwegnahme jenes Friedens, der in der vollendeten Gottesherrschaft Israel und die Völker verbinden wird, wenn diese vom Osten und Westen kommen und mit Abraham, Isaak und Jakob zu Tische sitzen werden (vgl. Lk 13,28f par). Wo Feinde geliebt werden, wird die kommende Gottesherrschaft als bereits gegenwärtiges Geschehen transparent.

So verstanden, enthält das Gebot der Feindesliebe durchaus auch die Aufforderung und die Befähigung zur politischen Weltgestaltung[28]. Zwar wird man das Wort von der Feindesliebe wie auch das benachbarte Wort von der Überwindung der gegnerischen Aggressivität (Mt 5,39f par) nicht unmittelbar in politische Handlungsanweisung ummünzen können. Aber mit diesen Worten im Ohr und im Herzen wird man sich kaum mit einer Welt und einer Politik abfinden können, die Feindschaft und Mißtrauen durch Abschreckung neutralisieren. Die Kirche wird daher das stets unruhige Gewissen einer sich selbst rechtfertigenden Hochrüstungsgesellschaft sein müssen. Als Gemeinschaft, die auf die kommende Gottesherrschaft hofft und vom Geschehen der Gottesherrschaft schon jetzt erfaßt ist, ist die Kirche befähigt, immer wieder positive Impulse für ein nie resignierendes, aggressionsfreies und kreatives Zugehen auch auf den politischen Feind zu geben. Die Kirche besitzt zudem die Kraft, dafür auch konkrete Zeichen der Tat zu setzen.

G. Die soziale Verantwortung der Kirche

Mit dem Hinweis auf die politische Verantwortlichkeit ist bereits eine weitere Konsequenz der Botschaft Jesu angesprochen, nämlich der soziale Auftrag der Kirche im weitesten Sinn. Eine Kirche, die um das Kommen der Gottesherrschaft betet und davon überzeugt ist, daß die Gottesherrschaft ein schon gegenwärtiges Geschehen ist, hätte sich von ihrem eigenen Glauben verabschiedet, wenn sie sich auf eine rein verbale Verkündigung zurückzöge und tatenlos Welt und Mensch ihrer konkreten Not überließe. Die Kirche, die das Geschehen der Gottesherrschaft verkündet, kann sich mit keiner Gegenwart abfinden, die offensichtlich vom Ziel dieses Geschehens noch weit entfernt ist. Der Botschaft Jesu kann die Kirche vielmehr nur treu bleiben, wenn sie darauf drängt und daran mitarbeitet, die vorfindliche Welt, soweit nur irgend möglich, auf die in der Verkündigung proklamierte Gegen-Welt der Gottesherrschaft hin zu verändern. Wo immer das physische oder psychische Leben von Menschen bedroht ist und deren Würde mißachtet oder geschändet wird, muß Kirche als der geborene Anwalt der Not auf den Plan treten und durch eigenen Einsatz für Abhilfe sorgen. Und wo an der Not nichts zu ändern ist, muß Kirche wenigstens solidarisch an der Seite der Armen stehen; dies sollte ihr nicht schwerfallen, wenn sie das Wort ihres Herrn bedenkt: „Eher geht ein Kamel durch ein Nadelöhr, als daß ein Reicher in das Reich Gottes gelangt" (Mk 10,25).

Nachdrücklich ist zu betonen, daß das soziale Engagement nicht eine sekundäre und notfalls auch verzichtbare Angelegenheit nach der eigentlich religiösen Aufgabe der Kirche ist. Beides gehört vielmehr untrennbar zusammen, wie bereits Jesus mit dem Auftrag zur Verkündigung der Gottesherrschaft ausdrücklich den Auftrag zur Krankenheilung verbunden hat (Lk 10,9 par). Beides bleibt für das Wirken der Kirche wesentlich, wenngleich diese heute in der Regel nicht mehr über charismatische Heilfähigkeiten verfügt und ihre Heilungsaufgabe in viel nüchternerer Weise verwirklichen muß.

H. Die Verantwortung der Kirche für die Schöpfung

Wie verschiedentlich schon angeklungen, hat die Gottesherrschaft, die Jesus verkündet, mit Neuschöpfung zu tun. Gottesherrschaft zielt auf die Neukonstituierung Israels, auf die Schaffung des eschatologischen Gottesvolkes und schließlich auf die Neuschöpfung der ganzen Welt. Verfehlt wäre es allerdings, wenn man aus dem Gedanken der eschatologischen Neuheit eine *totale* Diskrepanz zwischen dieser und der neuen Welt ableiten würde. Nicht nur, daß in biblischer Tradition das neuschaffende Handeln Gottes sich fast immer an *dieser* Welt (die in ihrer Vorfindlichkeit durchaus als „böse" gedacht sein kann) vollzieht und diese Welt in die eschatologisch neue verwandelt; als *Schöpfung* steht die gegenwärtige Welt darüber hinaus in theologischer Kontinuität zur eschatologischen Welt, die ebenfalls nur Schöpfung, d. h. Werk ein und desselben Gottes, sein kann.

Es ist daher kein Zufall, daß für Jesus das Handeln Gottes an seiner Schöpfung und das eschatologische Handeln Gottes in einem analogen Verhältnis zueinander stehen. Das letztere gleicht dem gütigen Walten, mit dem Gott alle seine Geschöpfe umsorgt und erhält. Gerade deshalb kann die endzeitlich gebotene Furchtlosigkeit mit der Sorge Gottes begründet werden, der selbst die Spatzen nicht fallen läßt (Lk 12,4-7 par). Die Sorglosigkeit, die Jesus um der allein notwendigen Suche der Basileia willen verlangt, kann mit dem Hinweis auf die Raben, die Gott ernährt, und die Lilien, die Gott prächtiger als Salomo kleidet, veranschaulicht werden (Lk 12,22-31 par). Und schließlich kann das Gebot der Feindesliebe, das sich sachlich aus der Analogie zum barmherzigen eschatologischen Erwählungshandeln Gottes ergibt, zugleich auch mit der schöpfungserhaltenden Güte motiviert werden, die Gott allen ohne Ausnahme zuteil werden läßt (Mt 5,44f.48 par). Es wäre überhaupt weiteren Nachdenkens wert, ob Jesus das eschatologische Ethos, das er verkündet, nicht insgesamt an der (ursprünglichen) Schöpfungswirklichkeit ausrichtet und auch die (mosaische) Tora, soweit er auf sie Bezug nimmt, von daher auslegt[29]. Das Streitgespräch über die Ehescheidung Mk 10,2-9 würde dies, selbst wenn es nicht authentisch sein sollte, zumindest wirkungsgeschichtlich unterstreichen.

Wenn Schöpfung und eschatologische Gottesherrschaft derart aufeinander bezogen sind, kann auch das eschatologische Gottesvolk nicht von der Schöpfung absehen oder mit Berufung auf die einzig maßgebliche eschatologische Zukunft sich aus seiner Verantwortung für die Schöpfung stehlen[30]. Gottesherrschaft zielt nicht auf ein exklusiv anthropologisches Heil, sondern auf das Eschaton der gesamten Schöpfung. Wenn die eschatologische Neuschöpfung der Gottesherrschaft von demselben Gott vollzogen wird, der als der Schöpfer der gegenwärtig sichtbaren Schöpfung zu preisen ist, dann kann das Flehen der Kirche um das Kommen der Gottesherrschaft nur als das Stimme gewordene Seufzen der Schöpfung verstanden werden, die insgesamt auf die eschatologische Herrlichkeit wartet (vgl. Röm 8,18-21). Dann aber ist es der Kirche zugleich aufgegeben, Anwalt der Schöpfung zu sein gegenüber einer Gesellschaft, die meint, diese einem rein anthropozentrischen Zweckdenken unterjochen zu dürfen. Eine egoistische und nur auf den eigenen Vorteil bedachte Ausbeutung der übrigen (belebten und unbelebten) Schöpfung pervertiert das Geschöpfsein des Menschen, der sich, obwohl selbst Geschöpf, als Herr aufführt. Ausbeutung der Schöpfung ist immer ein Zeichen von Eigenmächtigkeit, weil sie der Schöpfung gewalttätig Heil (für den Menschen!) abzwingen will, das allein – als Gabe Gottes – die Gottesherrschaft mit sich bringen kann.

Das bedeutet selbstverständlich nicht, daß der Christ der übrigen Schöpfung gegenüber sich rein passiv zu verhalten hat. Es gehört zu den auszeichnenden Aufgaben des Menschen, Schöpfung zu gestalten (vgl. Gen 1,28f). Als Christ wird er diese Aufgabe in Verantwortung vor dem Schöpfer wahrnehmen und in seinem Gestalten auf jene Harmonie bedacht sein, die er von der Gottesherrschaft in eschatologischer Wiederherstellung des paradiesischen Friedens erwartet (vgl. Jes 11,6-9; Mk 1,13).

Von der „Kraft der Hoffnung", die unter Anspielung auf den Wahlspruch des verehrten Jubilars im Titel dieser Festgabe angekündigt ist, war expressis verbis in dem vorliegenden Beitrag nur wenig die Rede. Dies freilich nicht deshalb, weil Gottesherrschaft und Kirche mit Hoffnung nichts zu tun hätten; hinter dem begrifflichen Schweigen stand vielmehr die Befürchtung, eine allzu inflatorisch gebrauchte Terminologie könnte zu einem verbilligten Ausverkauf der Sache führen. Der Sache nach war vom Anfang bis zum Ende dieses Beitrags von der Kraft der Hoffnung die Rede.

Daß Gott seine Herrschaft aufrichten will, befähigt die Kirche zu einer Hoffnung, die alle irdischen Dimensionen übersteigt. Und weil die Gottesherrschaft ein schon gegenwärtiges Geschehen ist, das sich nicht zuletzt in der Kirche ereignet, wird die Kirche selbst zum Zeichen der Hoffnung, sowohl durch ihre Existenz als auch durch ihre Praxis. Dies im übrigen gerade deshalb, weil es nicht *ihr* Tun ist, das die Gottesherrschaft herbeiführen wird oder das Geschehen der Gottesherrschaft im Gange hält. Die Kirche selbst und ihr Tun sind vielmehr nur deshalb voll Hoffnung, weil und insofern sich darin *göttliches* Geschehen ereignet. Gerade dies macht die Kraft der Hoffnung der Kirche aus. Wäre es anders, müßte die Kirche an sich selbst verzweifeln, da sie redlicherweise eingestehen muß, daß sie es meist nur halbherzig wagt, sich selbst vom Geschehen der Gottesherrschaft erfassen zu lassen. Für die Kirche bleibt es daher tröstlich, zu wissen, daß es Gottes und nicht ihre eigene Herrschaft ist, um die sie bittet, und daß sie mit der Bitte um das Kommen des Reiches Gottes zugleich die Bitte um die Vergebung der eigenen Schuld aussprechen darf (Lk 11,2.4 par).

Anmerkungen

1 *A. Loisy,* L'Évangile et l'Église, Paris 1902, 111.

2 Dies ist nahezu einhelliger Konsens der heutigen Exegese. Bezeichnend ist schon der terminologische Befund: Während ἐκκλησία („ekklēsia") im Corpus Paulinum (ohne Hebr) 62mal vorkommt, begegnet der Begriff in der Evangelientradition nur dreimal, und zwar nur bei Mt (16,18; 18,18 [bis]). Lukas verwendet „ekklēsia" zwar 23mal in der Apg, aber nie in seinem Evangelium!

3 *K. G. Kuhn,* βασιλεὺς κτλ. (C), in: ThWNT I 570–573, hier 570. Zur Gottesherrschaft im Alten Testament und im Frühjudentum vgl. vor allem: *W. H. Schmidt,* Königtum Gottes in Ugarit und Israel. Zur Herkunft der Königsprädikation Jahwes (= BZAW 80), Berlin ²1966; *O. Camponovo,* Königtum, Königsherrschaft und Reich Gottes in den frühjüdischen Schriften (= OBO 58), Freiburg/Schweiz – Göttingen 1984.

4 Bzw. Michaels, der in der Völkerengelvorstellung als der Engel Israels figuriert.

5 Zur näheren Begründung der folgenden Ausführungen vgl. *H. Merklein,* Jesu Botschaft von der Gottesherrschaft. Eine Skizze (= SBS 111), Stuttgart ²1984. Aus der Fülle der Literatur sei weiter verwiesen auf: *J. Weiß,* Die Predigt Jesu vom Reiche Gottes, Göttingen ³1964 (Nachdr. d. 2. neubearb. Aufl. von 1900); *W. G. Kümmel,* Verheißung und Erfüllung. Untersuchungen zur eschatologischen Verkündigung Jesu, Zürich ³1956; *G. Bornkamm,* Jesus von Nazareth (= UB 19) Stuttgart 1956 (u. ö.); *R. Schnackenburg,* Gottes Herrschaft und Reich. Eine biblisch-theologische Studie, Freiburg ⁴1965; *J. Jeremias,* Neutestamentliche Theologie, Bd. I. Die Verkündigung Jesu, Gütersloh 1971; *G. Lohfink,* Wie hat Jesus Gemeinde gewollt? Zur gesellschaftlichen Dimension des christlichen Glaubens, Freiburg 1982; *H. Schürmann,* Gottes Reich – Jesu Geschick. Jesu ureigener Tod im Licht seiner Basileia-Verkündigung, Freiburg 1983.

6 Vgl. Sach 14,9: Dann wird Jahwe König sein über die ganze Erde. An jenem Tag wird Jahwe der einzige sein und sein Name der einzige.

7 Vgl. dazu *M. Trautmann,* Zeichenhafte Handlungen Jesu. Ein Beitrag zur Frage nach dem geschichtlichen Jesus (= FzB 37), Würzburg 1980, 200–208.220–225, die Mt 10,6 als authentisches Jesuswort werten möchte.

8 Der Begriff „Konstituierung" ist m. E. gegenüber dem häufig gebrauchten Begriff „Sammlung" (vgl. *G. Lohfink,* Jesus [Anm. 5], 13 passim) sachlich zutreffender, da die Erwählung, die Jesus proklamiert, konkret einem Volk gilt, das als *Unheilskollektiv* eigentlich nicht mehr beanspruchen kann, Gottes Volk zu sein. In der Erwählung des Unheilskollektivs wird bereits die *universale Intention* des eschatologischen Handelns Gottes erkennbar; denn wenn Gott sich treu bleibt, dann wird er, der das zum Nicht-Volk gewordene Israel erneut erwählt, auch die Heidenvölker nicht ausschließen können.

9 Besonders in Gleichnissen, die ihrerseits die Hörer in dieses Geschehen hineinziehen wollen, kommt dies zum Ausdruck; vgl. Mk 4,3-9.30-32 par; Mt 13,33 par; Mt 13.44.45f.

10 Vgl. dazu: *H. Merklein,* Die Ekklesia Gottes. Der Kirchenbegriff bei Paulus und in Jerusalem, in: BZ 23 (1979) 48–70; *N. A. Dahl,* Das Volk Gottes. Eine Untersuchung zum Kirchenbewußtsein des Urchristentums, Darmstadt [2]1963, 175–208.

11 Vgl. dazu auch: *K. Müller,* Jesu Naherwartung und die Anfänge der Kirche, in: *Ders.,* Die Aktion Jesu und die Re-Aktion der Kirche. Jesus von Nazareth und die Anfänge der Kirche, Würzburg 1972, 9–29.

12 Zur Heidenmission vgl. *R. Pesch,* Voraussetzungen und Anfänge der urchristlichen Mission, in: Mission im Neuen Testament, hrsg. v. *K. Kertelge* (= QD 93), Freiburg 1982, 11–70, bes. 33–45; 54–68.

13 Aus der überaus reichen und kontroversen Literatur zu Röm 9–11 vgl. *F. Mußner,* Traktat über die Juden, München 1979, bes. 52–67 passim (Lit.); *L. Steiger,* Schutzrede für Israel. Römer 9–11, in: Fides pro mundi vita. Festschrift für H. W. Gensichen, Gütersloh 1980, 44–58; *E. Gräßer,* Christen und Juden. Neutestamentliche Erwägungen zu einem aktuellen Thema, in: PTh 71 (1982) 431–449. – Die Rede von einem „Sonderweg" Israels sollte m. E. vermieden werden, da sie leicht mißverstanden werden kann; in jedem Fall bleibt festzuhalten, daß auch die eschatologische Rettung Israels nicht unter Umgehung der Christologie gedacht werden kann.

14 Dasselbe gilt für die Praxis des Umgangs Jesu mit den Sündern; zum zeichenhaften Charakter der Sündermähler vgl. *M. Trautmann,* Handlungen (Anm. 7), 132–166.

15 Vgl. dazu auch: *F. Schnider,* Die verlorenen Söhne. Strukturanalytische und historisch-kritische Untersuchungen zu Lk 15 (= OBO 17), Freiburg/Schweiz – Göttingen 1977.

16 Zwei mögliche Mißverständnisse sind auszuschließen: 1. Mit der Analogie zwischen Sündermählern und Eucharistie soll in keiner Weise bestritten werden, daß das eigentliche Konstitutivum der Eucharistiefeier im letzten Mahl Jesu zu suchen ist; doch ist auch dabei der Bezug zu den Sündern im Sühnemotiv (s. Anm. 20) unübersehbar. – 2. Aus dem Verständnis der Eucharistie als Versammlung der erwählten Sünder ergibt sich nicht, daß die Teilnahme an der Eucharistie ethisch unverbindlich ist. Das göttliche Erwählungshandeln ermöglicht vielmehr ein bestimmtes Ethos, dessen Realisierung die menschliche Antwort auf das göttliche Handeln darstellt. Wo das menschliche Tun entfällt, kann auch der Vollzug des Sakraments nicht automatisch als Versicherung der Erwählung gelten (vgl. 1 Kor 11,17–34).

17 Was oben am Beispiel der Eucharistie erläutert wurde, könnte selbstverständlich auch anhand der übrigen Sakramente entfaltet werden.

18 Im konkreten Fall ist die Verwirklichung dieses theologisch gebotenen Prinzips nicht immer einfach und fordert differenzierte Lösungen. So dürfen z. B. Regelungen, die für die sog. wiederverheirateten Geschiedenen getroffen werden, selbstverständlich nicht die Verbindlichkeit des Jesuswortes von Mt 5,32 par in Frage stellen. M. E. schöpfen jedoch die tatsächlich getroffenen Regelungen – auch unter Berücksichtigung der Intention von Mt 5,32 par – noch keineswegs die Möglichkeiten der Barmherzigkeit aus, die Jesu Botschaft und Praxis eröffnen.

19 Vgl. dazu auch: *P. Hoffmann – V. Eid,* Jesus von Nazareth und eine christliche Moral. Sittliche Perspektiven der Verkündigung Jesu (= QD 66), Freiburg 1975, 186–256.

20 Zum Sühnegedanken vgl. *H. Merklein,* Der Tod Jesu als stellvertretender Sühnetod. Entwicklung und Gehalt einer zentralen neutestamentlichen Aussage, in: Pastoralblatt 37 (1985) 66–73.

21 Der Begriff wird vor allem von *Norbert* und *Gerhard Lohfink* favorisiert; vgl. *G. Lohfink,* Jesus (Anm. 5), 142–154.

22 Daß das hier befürchtete Mißverständnis einer passiv sich abgrenzenden Kirche nicht im Sinne der Brüder *Lohfink* ist, sei ausdrücklich hervorgehoben; vgl. *G.* und *N. Lohfink,* „Kontrastgesellschaft". Eine Antwort an David Seeber, in: HerKorr 38 (1984) 189–192.

23 Unter den Erwählten des eschatologischen Gottesvolkes darf es die Kategorie des Feindes nicht mehr geben, und zwar gerade deshalb, weil das erwählende und vergebende Geschehen der Gottesherrschaft zu grenzenloser Vergebung und Liebe befähigt.

24 Im Griechischen bezeichnet ἐχθρός überwiegend den persönlichen Feind, während der (im NT nicht vorkommende) Begriff πολέμιος den Kriegsfeind meint.

25 Vgl. *W. Foerster,* ἐχθρὸς κτλ., in: ThWNT II 810–815, hier: 811f.

26 Vgl. Mk 7,24–30; Mt 8,5-13 par; Lk 17,11-19; u. ö.

27 Indirekt ergibt sich dies auch aus den Begründungen, die dem Gebot der Feindesliebe beigefügt sind: Wenn die geforderte Barmherzigkeit der Barmherzigkeit Gottes korrespondieren soll (Lk 6,36 par) und diese ihren konkreten Ausdruck in der Erwählung des zum Unheilskollektiv gewordenen Israel findet, das als solches keine Präferenz gegenüber den nicht erwählten Heidenvölkern beanspruchen kann, dann kann auch das neu konstituierte Gottesvolk die bisherige Grenze zwischen Israel und den Heiden nicht mehr als Begrenzung seines Handelns aufrechterhalten. Dieser Konklusion könnte man sich nur dann entziehen, wenn man die eschatologische Erwählung Israels als erneute Grenzziehung gegenüber den Heidenvölkern auffassen dürfte. Dem widerspricht jedoch die letztlich universale Ausrichtung des eschatologischen Handelns Gottes (s. o. Anm. 8), das Jesus ganz offensichtlich nach dem Modell des gnädigen Waltens des Vaters über seine Schöpfung begreift (vgl. auch unten II. H.), der *allen* – Bösen und Guten, Gerechten und Ungerechten – das Licht seiner Sonne und die Kraft seines Regens schenkt (Mt 5,45 par).

28 Gegen diese Schlußfolgerung kann man schwerlich die Praxis Jesu ins Feld führen, der sich um die politischen Verhältnisse seiner Zeit offensichtlich wenig gekümmert hat. Dies dürfte mit seiner Naherwartung zusammenhängen, die wir heute so nicht mehr übernehmen können: Vgl. dazu und zum gesamten Problemkreis: *H. Merklein,* Politische Implikationen der Botschaft Jesu?, in: LS 35 (1984) 112–121.

29 Vgl. dazu: *Merklein,* Botschaft (Anm. 5), 102f; *H. Stegemann,* Der lehrende Jesus. Der sogenannte biblische Christus und die geschichtliche Botschaft Jesu von der Gottesherrschaft, in: NZSTh 29 (1982) 3–20.

30 Zur ethischen Verantwortung für die Schöpfung vgl. *O. H. Steck,* Welt und Umwelt (= Kohlhammer Taschenbücher 1006), Stuttgart 1978; *E. Gräßer,* Neutestamentliche Erwägungen zu einer Schöpfungsethik, in: WPKG 68 (1979) 98–114.

PAUL HOFFMANN

Kirchliches Amt unter der Herausforderung der Botschaft Jesu

Zur Entwicklung der Gemeindestrukturen im frühen Christentum

Der Untertitel dieser Festschrift „Evangelium und Gemeinde“ gibt der Herausforderung Ausdruck, unter der die Kirche Jesu Christi jederzeit steht. Denn sie wird nur mit einigem Recht sich als die Gemeinde dieses Jesus von Nazareth verstehen dürfen, wenn sie in allen Dimensionen ihres Lebens bis in die konkreten Formen des gemeindlichen Alltags und der kirchlichen Verfassung seiner Botschaft Gehör verschafft und Gehorsam leistet. Dieser Herausforderung kommt heute in zahlreichen Bereichen aktuelle Bedeutung zu. Erinnert sei nur an die Forderung der Feindesliebe und des Gewaltverzichts angesichts der wachsenden Rüstungspotentiale; oder an die „Option für die Armen“, die nicht nur der lateinamerikanischen Befreiungstheologie ihre Legitimität gibt, sondern auch das Wohlstandsdenken und die einseitige Wachstumspolitik der westlichen Überflußgesellschaften in Frage stellt. Erinnert sei aber auch an die geistig-seelische Verarmung und Entmündigung der Menschen, die in der modernen Konsumgesellschaft zu ersticken drohen und um ihre personale Würde gebracht zunehmend zum Objekt der Manipulation geheimer Machthaber werden.

Die folgende Untersuchung greift mit der Frage nach der Bedeutung der Botschaft Jesu für ein christliches Amtsverständnis eine im Vergleich zu den genannten Weltproblemen eher marginale Thematik auf. Doch ist ihre ökumenische Tragweite ebensowenig zu unterschätzen wie ihre innerkirchliche Relevanz. Denn angesichts eines zu einseitig auf das pastorale Leitungsamt fixierten Gemeinde- und Seelsorgeverständnis muß das Verhältnis von Amt und Charisma, von Klerus und Laien wie auch das Selbstverständnis des kirchlichen Amtsträgers selbst neu bedacht und im Geiste des Evangeliums weiterentwickelt werden. Die Dringlichkeit solchen Nachdenkens ergibt sich nicht nur aufgrund der Tatsache, daß das gegenwärtige Gemeindekonzept durch den zunehmenden Priestermangel ad absurdum geführt wird, sie hat auch etwas mit der neuentdeckten Würde eines Christenmenschen zu tun. In dem Maße, wie die getauften Glieder der Kirche nicht mehr als Objekte kirchenamtlicher Fürsorge behandelt, sondern auch als Glaubenssubjekte anerkannt werden, denen sowohl für das Gemeindeleben als auch für den missionarischen Dienst der Kirche in der Welt eine tragende Rolle zukommt, stellt sich die Frage, wie dieses neue Selbstverständnis in den Gemeindestrukturen Gestalt gewinnen kann. Die Kirche wird den modernen Menschen, der für sich zu Recht die Freiheit von obrigkeitsstaatlichem Reglement und die Anerkennung seiner Mündigkeit in Anspruch nimmt, nur dann zu einem Engagement gewinnen, wenn sie ihm solche Anerkennung auch innerkirchlich erfahren läßt. Angesichts der latenten Gefahr der Entfremdung und Entmündigung des Menschen unter den Zwängen der modernen Gesellschaft könnten die Gemeinden, wenn sie zu einer evangeliumsgemäßen Praxis fänden, zu einem Freiheitsraum werden, in dem Menschen zu sich selbst kommen und Kräfte für eine bewußte Gestaltung menschlichen Lebens in der Familie wie in der Gesellschaft gewinnen.

Der historischen Rückfrage nach der Entwicklung der urchristlichen Gemeindestruktur im ersten Jahrhundert kommt für die anstehende Grundlagendiskussion in mehrfacher Hinsicht Bedeutung zu. Sie macht uns deutlich, daß das Christentum auf *eine* Gemeindeform nicht festgelegt ist, vielmehr die Formen aus dem Zusammenspiel von „Evangelium" und den Herausforderungen der geschichtlichen Situation sich gebildet haben. Ein Prozeß, der sich in der Kirchengeschichte in vielfältiger Weise fortsetzte. Damit wird das Recht der entstandenen kirchlichen Verfassungsformen nicht bestritten, nur stehen sie – in Anerkennung ihrer historischen Bedingtheit – vor der Frage, ob sie in einer neuen geschichtlichen Situation der Sache des Evangeliums angemessen dienen. Die frühe Geschichte macht zum anderen deutlich, wie sich die ursprünglich charismatische Jesus-Bewegung allmählich erst zu einer institutionell geprägten Gemeindeorganisation entwickelt hat. Die Frage nach dem Verhältnis von Charisma und Amt ist damit aufgeworfen und die frühe Entwicklung von Paulus bis zu den Pastoralbriefen bietet Beispiele dafür, wie variabel ihr gegenseitiges Verhältnis gestaltet sein kann. Im Sinn einer Bestandsaufnahme soll der neutestamentliche Befund dargestellt werden. Angesichts der Ergebnisse der exegetischen Forschung können wir heute nicht mehr unser Amts-Vorverständnis in das Neue Testament naiv eintragen, vielmehr werden wir genötigt, jenes von diesem her in systematischer wie praktischer Hinsicht einer Überprüfung auszusetzen[1].

I. Die jesuanische Herausforderung

Im Zentrum des Wirkens Jesu steht die Erfahrung der unbedingten Güte, mit der sich Gott vorbehaltlos einem jeden Menschen zuwendet und so mitten in dieser bösen Weltzeit seine Herrschaft Gegenwart werden läßt. Indem Jesus Armen und Entrechteten Gottes Recht zuspricht, indem er Kranke heilt und mit Sündern und Diffamierten Gemeinschaft hat, macht er Gottes Gnadentat seinen Mitmenschen konkret erfahrbar und eröffnet ihnen einen neuen Lebensraum. Seine Weisungen werden wir nicht anders als den Versuch verstehen können, Menschen zu einem dieser Güte gemäßen Handeln zu bewegen und so – unter den noch herrschenden Verhältnissen dieses Äons – die Chance einer neuen Weise des Umgangs miteinander wahrzunehmen. Unbeschadet der historischen Diskontinuität, die zwischen Jesu Reichspredigt und der späteren Kirche besteht, ist damit das *Urdatum der Kirche* gegeben – als jener Bereich, in dem Gottes Gnade unter Menschen und durch Menschen konkret erfahrbar wird.

Jesus zeigt eine überraschende Sensibilität für jene neuralgischen Punkte zwischenmenschlicher Beziehungen, an denen der Mensch in Gefahr ist, zum Objekt der Interessen der jeweils Mächtigen zu werden. So überrascht es nicht, daß in seiner Botschaft die Frage der Macht und der Herrschaft über andere zum Thema wird. Mit der jüdisch-apokalyptischen Tradition weiß er, daß die herrschenden Verhältnisse nicht die wahren sind: Gott wird die Letzten zu Ersten und die Ersten zu Letzten machen (Mk 10,31; Mt 19,30; 20,16; Lk 13,30, vgl. auch Lk 1,51–53). Doch auch hier bleibt er bei der apokalyptischen Zukunftsvision nicht stehen. Im Zeichen der anbrechenden Gottesherrschaft fordert er die Ersten und Großen bzw. die, die es werden wollen, auf, zu den Letzten, zu den Sklaven aller zu werden (Mk 9,35; 10,41–45; Mt 18,4; 20,25–28; 23,11; Lk 9,48; 22,24–27)[2]. Das meint nichts anderes als die Überwindung der die Welt bestimmenden Herrschaftsstrukturen zugunsten einer *herrschaftsfreien* Gestaltung der zwischenmenschlichen Beziehungen, durch die einer dem anderen zur Schwester und zum Bruder wird. Die Idee der christlichen Gemeinde ist hier grundgelegt.

II. Zu den Anfängen der Gemeindebildung

1. Die Jerusalemer Urgemeinde und die frühe Missionsbewegung

Über die Organisationsverhältnisse der frühen Jerusalemer Gemeinde sind wir nur unzureichend informiert. Zweifellos besaß diese Gruppe, wie ihre Bezeichnung als die „Heiligen" zeigt, ein ausgeprägtes Erwählungsbewußtsein. Daß die Zwölf in Jerusalem – unbeschadet ihrer Bedeutung als Osterzeugen – jene leitende Funktion besaßen, die die lukanische Konstruktion des Zwölferapostolates suggeriert, ist eher unwahrscheinlich. Lukas selbst relativiert bei seiner Darstellung des Aposteltreffens das Bild durch die Einführung der Presbyter. Paulus, der an den Ereignissen selbst beteiligt war, spricht leicht ironisierend von den *Geltenden* (Gal 2,2.6) und versteht darunter die *Säulen* Jakobus, Kephas und Johannes (V.9). Die Metapher erinnert an das Bild vom Tempelbau der Gemeinde (vgl. z. B. Apk 3,12). Es gibt zwar der Autorität der Drei Ausdruck; doch dürfte diese eher charismatisch als institutionell verstanden gewesen sein. Unbeschadet der besonderen Rolle, die Simon Petrus als dem hervorragenden Jünger Jesu, dem ersten Osterzeugen (neben/nach Maria Magdalena?) und Exponenten der Judenmission (Gal 2,7) zukommt, scheint er *nicht* ein besonderes „Leitungsamt" besessen zu haben. Offenbar verband die frühe Gemeinde mit seinem Beinamen Kephas/Petrus noch nicht jenes besondere Autoritätsverständnis, wie es die spätere Auslegung der sog. Primatsstelle Mt 16,17–19 entnehmen wird. Unbeschadet dieses Beinamens erscheint er als den drei Säulen ein- und nicht übergeordnet. Singuläre Autorität gewann in und über Jerusalem hinaus für die Judenchristenheit allein der Herrenbruder Jakobus, wie bereits kurz nach dem Aposteltreffen Gal 2,12 erkennen läßt[3]. Das Kollegium der Sieben, welches im Kreis der Jerusalemer Hellenisten – vielleicht in Analogie zu jüdischen Ortsvorständen – besondere Autorität besaß, setzte sich aus geistbegabten Predigern zusammen (vgl. Apg 6,5.8; 8,5.26f.40). Nach Apg 13,1 werden auch die für die antiochenische Gemeinde maßgeblichen Männer als „Propheten und Lehrer" gekennzeichnet.

Insgesamt müssen wir uns die entstehende Kirche in dieser frühen Phase als *charismatische Bewegung* vorstellen, in der die Autorität nicht kraft der Institution, sondern kraft des Geistes Wandermissionaren, Aposteln, Propheten und Lehrern, zuerkannt und primär als Bevollmächtigung zur Verkündigung verstanden wird[4]. Noch die Didache belegt zu Beginn des zweiten Jahrhunderts deren Existenz, verdeutlicht aber auch, daß diese Form der Wandermission allmählich von der städtischen Gemeindeorganisation ins Abseits gedrängt wird. Der Wanderprophet ist nun nicht nur für die Gesellschaft, sondern auch für die sich etablierende Ortskirche zum Außenseiter und Unruhestifter geworden, wie nicht zuletzt die kirchliche Ketzer- und Heiligengeschichte zeigt. Dennoch verbindet gerade der prophetische Auftrag die Kirche mit dem historischen Jesus; er bildet die Wurzel christlicher Verkündigung. Von diesem Ursprung her bleibt die prophetische Ankündigung des Herrschaftsanspruchs Gottes, durch den die Welt und ihre Ordnungen immer wieder in Frage gestellt werden, genuine Aufgabe der Kirche.

2. Das charismatische Gemeindekonzept des Paulus

Einen direkten Einblick in die Anfänge des späteren *Leitungsamtes* gewinnen wir erst in der ersten Hälfte der 50er Jahre durch die Briefe des Paulus[5], in denen wir allerdings nur einen relativ schmalen Ausschnitt eines viel breiteren Entwicklungsspektrums erfassen. Entscheidender soziologischer Faktor für die Entwicklung ist die gerade von Paulus favorisierte Gründung christlicher Gemeinden in den hellenistischen Großstädten. Die Gemeindebildung auf Stadtebene führte schon aufgrund der größeren Anzahl von Gemeindemitgliedern zu einem intensiveren Gemeinschaftsleben und weckte damit den Bedarf nach Ordnungsstrukturen. Wesentlich ist die Einsicht, daß Gemeinde sich von der Basis her in (zahlreichen) Hausgemeinden aufbaute, zudem bot das verbreitete antike Vereinswesen der christlichen Gemeinde mögliche Modelle für ihre Organisationsform. Die Presbyter-Verfassung der jüdischen Synagoge hatte bezeichnenderweise keinen Einfluß auf die paulinischen Gemeinden. Insgesamt folgen die Entwicklungen den örtlichen Vorgaben und divergieren entsprechend; ein einheitliches Verfassungskonzept hat es in dieser Phase nicht gegeben.

Schon der älteste Paulusbrief (1 Thess 5,11f) läßt erkennen, wie Paulus bemüht ist, die Position derer, die kraft ihres besonderen Einsatzes eine gewisse Führungsautorität gewonnen hatten, „wegen ihres Werkes“ und um des Friedens willen in der Gemeinde zu stärken (vgl. auch 1 Kor 16,15–18). Paulus kennt noch nicht feste Titel, sondern spricht von Personen, die „euch im Herrn vorstehen (bzw. für euch Sorge tragen) und euch zurechtweisen“. Es handelt sich offenbar um Funktionen, die einzelnen aufgrund ihres persönlichen Engagements allmählich auf Dauer zuwachsen. Das künftige *Amt* entsteht also von unten her, von der *Basis* der Gemeinde. Die „Leitenden“ nehmen pastoral-karitative Aufgaben wahr, die Paulus 1 Thess 5,14 auch *allen* Gemeindemitgliedern zusprechen kann (vgl. auch Röm 15,14). In Verbindung mit solchen Begabungen wird von den „Leitenden/Fürsorgenden“ auch in Röm 12,8 gesprochen; hier ist ausdrücklich auch die Gabe der Diakonie (V.7), und zwar zwischen der Prophetie und Lehre erwähnt. In 1 Kor 12,28 werden in der Reihe der Charismen neben den „Hilfeleistungen“ die *kyberneseis,* wörtlich die „Steuermannskünste“, genannt. Gemeint ist offenbar die Fähigkeit, der Gemeinde als eine Art Steuermann bei der Gestaltung ihrer Ordnung und ihres Lebens zu dienen. Diesen zwei Begabungen der Hilfe und Leitung dürften die in der Adresse des Philipperbriefs titular aufgeführten Diakone und Episkopen/Aufseher entsprechen.

In 1 Kor 12 und ähnlich auch in Röm 12 sind diese *Leitungsgaben* in das breite Spektrum der übrigen für das Gemeindeleben wichtigen Dienste eingeordnet, die von den konstitutiven Gaben des Apostolats, der Prophetie und Lehre über die Befähigung zu wunderbaren Heilungen, zu Zuspruch und Trost, zu konkreten Taten der Hilfe und Barmherzigkeit bis zum ekstatischen Gebet reichen. Die Leitungsaufgaben haben ihren Platz *in der Reihe* der grundsätzlich allen, Männern wie Frauen, offenen pastoral-karitativen Befähigungen. Röm 16,1f wird eine Phoibe als *Diakonos* der Kirche von Kenchreä und *Prostatis* (Beschützerin, Patronin) für viele und auch für Paulus selbst erwähnt. Eine grundsätzliche Verbindung mit den Grundcharismen des Apostolats, der Prophetie und Lehre (vgl. 1 Kor 12,28) ist so wenig gegeben, wie – eine allerdings erst für uns heute interessante Frage – mit dem Vorsitz beim Herrenmahl, was aber nicht ausschließt, daß diese Funktion auch von „Leitenden“ ausgeübt wurde. In 1 Kor 11 erscheint dessen angemessener Vollzug als Angelegenheit der ganzen Gemeinde. 1 Kor 10,16 spricht vom Becher, den *wir* segnen, und vom

Brot, das *wir* brechen. Träger der „sakramentalen Akte“ ist also das *Wir* der Gemeinde. Wer das Segensgebet über die Speisen im Einzelfall sprach ist offen. Es kann ein hervorragendes Mitglied der zum Mahl Versammelten gewesen sein, gelegentlich auch der Apostel, ein (durchreisender) Prophet oder Lehrer oder der die Gemeinde in sein Haus einladende Patron. Wir können dabei also auch an die 1 Kor 16,19; Röm 16,3–5 erwähnten Priska und Aquila oder an *die* Phoebe (Röm 16,1 f) denken. Generell haben Frauen gleichberechtigt mit den Männern in der Gemeindeversammlung öffentlich gebetet und prophetisch gesprochen (vgl. 1 Kor 11,5), wie überhaupt die Gestaltung des Gottesdienstes eine Sache aller war (vgl. 1 Kor 14 sowie Gal 3,28). Zu erinnern ist hier auch an die Junia, eine Frau, die Paulus unter die Apostel zählt (Röm 16,7).

Paulus hat provoziert durch den Anspruch enthusiastisch besonders begabter Mitglieder der korinthischen Gemeinde in 1 Kor 12 erstmals ein *Konzept der charismatischen Struktur der christlichen Gemeinde* entwickelt und dieses auch in Röm 12 seiner Gemeindeparänese zugrunde gelegt. Gegenüber dem elitären Verständnis der Geistbegabung, das die korinthischen Pneumatiker gegen die übrigen Gemeindemitglieder für sich geltend machten, „demokratisiert“ er die Gabe des Geistes. Er setzt sie mit der christlichen Grunderfahrung gleich, die sich im Kyrios-Bekenntnis äußert (1 Kor 12,1–3), und führt die Vielzahl unterschiedlicher Dienste in der Gemeinde auf *eine* Quelle zurück. Letztlich ist es Gott, der „alles in allen wirkt“ (V.4f) oder „ein und derselbe Geist, der *jedem einzelnen* seine Gabe so mitteilt, wie er will“ (V.12). Der hier erstmals in der Kirchengeschichte erkannten Gefahr, daß Gemeinde zu einer Art „Zwei-Klassen-System“ depraviert, wird prinzipiell begegnet. Paulus argumentiert mit dem antikem Denken vertrauten Bild des Leibes. Dies geschieht jedoch anders als in der berühmten Fabel des Menenius Agrippa, die die Revolte der römischen Plebejer gegen die Aristokratie auffangen und die bestehenden Herrschaftsverhältnisse stabilisieren will. Es geschieht auch anders als in der Interpretation des Leibbegriffs in der spätmittelalterlichen Theologie, wo die Leib-Metapher der Darstellung der rechtlich-hierarchischen Struktur der Kirche dient[6]. Für Paulus verdeutlicht das Bild, daß es in der Gemeinde viele unterschiedliche Begabungen und Fähigkeiten gibt, die sich gegenseitig als gleichwertig respektieren und zum Nutzen aller zusammenwirken müssen. Die Gemeinde ist grundsätzlich plural strukturiert und auf Solidarität angewiesen. Jeder darf seine spezifische Gabe in die Gemeinde einbringen, keiner wird diskreditiert; vielmehr ist prinzipiell jeder durch seinen geistgewirkten Dienst qualifiziert. Das gilt auch für die anscheinend unscheinbaren Taten der Liebe, die Paulus als die alles entscheidende Gabe auch den hervorragenden Begabungen der ekstatischen Rede und Prophetie überordnet (1 Kor 13). In solcher Weise konstituiert sich Gemeinde als Leib *Christi* (1 Kor 12,12.27): als jener Bereich der „Sympathie“ und „herrschaftsfreien Kommunikation“, in dem der Gekreuzigte und Auferstandene kraft seines Geistes in der Welt präsent und Gottes *alle* rechtfertigende Gnade in der Liebe konkret erfahrbar wird. 1 Kor 12,12 (vgl. Gal 3,28; Kol 3,11) verdeutlicht, daß im Hintergrund ein enthusiastisches Gemeindeverständnis steht, für das die die Welt bestimmenden sozialen Gegensätze in der Gemeinde eschatologisch-antizipatorisch aufgehoben sind.

Für die Entwicklung christlichen Gemeindeverständnisses markiert 1 Kor 12 eine entscheidende Etappe. Die Konsequenzen, die sich aus der Gründung von Stadtgemeinden für die Kirchenstruktur ergaben, werden hier, soweit wir sehen können, erstmals theologisch reflektiert. Die urchristliche Missionsbewegung war vornehmlich von Wanderaposteln und Propheten getragen, die den zum Christentum Bekehrten mit eigener charismatischer Autorität als Prediger des Wortes und Gründer der Gemeinden gegenüberstanden. Mit dem Soziologen Max Weber können wir hier durchaus von Formen charismatischer Herrschaft sprechen. Solches apostolisches Autoritätsverständnis bringt Paulus selbst in seinen Briefen zum Ausdruck. In Korinth stößt er nun erstmals *innerhalb* einer Ortsgemeinde auf elitäre Führungsansprüche von einzelnen Christen, die für sich gegenüber der Gesamtgemeinde einen Sonderstatus beanspruchen. Unter dieser Herausforderung entwickelt er sein Gemeindekonzept; in ihm werden einzelne Begabungen und Dienste gerade nicht ausgesondert und der Restgemeinde gegenübergestellt oder ihr übergeordnet; vielmehr soll jeder für sein Tun Anerkennung finden und die Chance haben, im Zusammenwirken mit den anderen zum Aufbau der Gemeinde beizutragen. Diesem Konzept ordnet er in 1 Kor 12,28 sogar die Urcharismen des Apostolats, der Prophetie und Lehre ein. Er nennt sie zwar betont an erster Stelle, aber doch in einer Reihe mit den anderen Wirkungen desselben Geistes. Die Vorstufen der späteren kirchlichen Leitungsämter, die in der Gabe der Leitung und Fürsorge bereits greifbar werden, stehen in einer Reihe mit den übrigen Begabungen. Auch sie haben ihren Ort innerhalb der Gesamtgemeinde; sie nehmen Funktionen wahr, die prinzipiell allen zukommen, aber angesichts der Komplexität der Gemeindesituation nun besonderer Träger bedürfen. Nirgendwo wird ihnen, auch wenn der Apostel gelegentlich ihre Autorität zu stützen sucht, vom Apostel eine spezifische Autorität übertragen oder gar die apostolische Autorität delegiert. Der Gedanke einer direkten Sukzession vom Apostel zum Leitungsamt findet bei Paulus keine Stütze. Ihre Autorität ergibt sich nicht aus einem amtlichen Charakter, da sie nicht durch eine Rechtsinstitution legitimiert ist, sondern erweist sich in ihrem Einsatz und Eifer, den die Gemeinde als Wirkung des Geistes respektiert. Insofern ist aber auch eine Bevollmächtigung durch die Gemeinde im Sinn einer Amtsübertragung durch sie ausgeschlossen. Geber aller Gaben ist allein der Geist.

III. Die Ausbildung des Leitungsamtes in spätneutestamentlicher Zeit

In die weitere Entwicklung geben uns erst gegen Ende des Jahrhunderts die neutestamentlichen Spätschriften einen Einblick. Das Bild ist durchaus nicht einheitlich; die Entwicklungen verlaufen regional verschieden und entfalten verschiedene frühchristliche Ansätze. Doch gewinnt nun unter der Herausforderung innergemeindlicher Konflikte im Streit um das rechte Verständnis des Christentums vor allem mit der Gnosis der Leitungsdienst verstärkte Bedeutung. Feste Ordnungsstrukturen lösen das freie Spiel charismatischer Begabungen ab, die zunehmend in Mißkredit geraten. Die Ortskirche als institutionelle Größe gewinnt Gestalt und drängt die prophetischen Begabungen ins Abseits, die nun vor allem in den („häretischen") Randgruppen eine neue Heimat finden. Es ist die typische Situation der zweiten und dritten Generation, die in wachsendem Bewußtsein ihres Abstands zur Gründungsphase sich als Gruppe zu konsolidieren und in der Gesellschaft auf Dauer einzurichten sucht.

1. Evangelisten, Hirten und Lehrer im Epheserbrief

Für den um 90 entstandenen Epheserbrief[7] gelten die nun „heiligen" Apostel und Propheten als Empfänger der Offenbarung und Vermittler des Christusmysteriums (3,3–5); sie bilden das „Fundament" des Baus der Kirche (2,20) und erhalten so eine einmalige, nicht übertragbare Funktion. Das charismatische Selbstbewußtsein der frühchristlichen Missionare ist vergrundsätzlicht und in seiner ekklesialen Bedeutung entfaltet. Mit der Distanz zur Ursprungssituation tritt die Kirche als eigenständige Größe – sie wird als kosmischer Leib verstanden, dessen Haupt Christus ist – in den Blickkreis, gewinnen die für die Situation des Verf. relevanten Dienste eine eigene Valenz. Eph 4,7–16 verdeutlicht die dadurch bedingte Neuinterpretation der paulinischen Charismenlehre. V.7 setzt mit einer Reminiszenz an Röm 12,4–6 ein: der Verf. weiß noch um die „jedem einzelnen nach dem Maß der Gabe Christi gegebene Gnade". Im folgenden engt er dann diese Gaben des in die Höhe aufgestiegenen Christus auf die (einstigen) Apostel und Propheten sowie auf die (aktuellen Dienste der) Evangelisten, Hirten und Lehrer ein (V.11). Wie V.12f erkennen lassen, steht diese Neuinterpretation im Zusammenhang mit einer durch Irrlehre ausgelösten Krise. Die die Vielfalt gemeindlichen Lebens widerspiegelnden Charismenreihen des Paulus sind nun auf die Mission, die Gemeindeleitung und Lehre konzentriert. Sie werden den Aposteln und Propheten der heiligen Vergangenheit zugeordnet. In der Sicht des Verf. setzen sie offenbar deren Wirken auf ihre Weise fort, insofern sie für die „Zurüstung der Heiligen für ein Werk des Dienstes für den Aufbau des Leibes" (V.12) in spezifischer Weise verantwortlich sind. So stehen sie der Gemeinde „gegenüber"; sind sie für die Kirche konstitutiv, ohne daß ihnen allerdings die Fundamentenfunktion der Apostel und Propheten zugesprochen würde. Ihnen kommt es zu, für die Tradition des jenen geoffenbarten Evangeliums Sorge zu tragen.

Im Vergleich mit dem historischen Paulus ist bedeutsam, daß nun die Gabe der Leitung in den Hirten – allerdings *neben* den Wandermissionaren und den Lehrern – in unmittelbare Nähe zu den „Urcharismen" (1 Kor 12,28) rückt. Das läßt auf ihre praktische Bedeutung für das Gemeindeleben schließen. Wenn die Bezeichnung auch noch nicht titular gebraucht zu sein scheint, so setzt sie doch bereits klar begrenzte Funktionen voraus. Ob die Genannten kraft ihrer Begabung in ihre Aufgabe hineinwuchsen und so faktisch Anerkennung durch die Gemeinde fanden oder ob etwa die Leitungsfunktion bereits aufgrund einer Wahl durch die Gemeinde (kaum durch Ordination) übertragen wurde, ist nicht auszumachen.

Umstritten ist, ob diese Dienste im Eph bereits als „Ämter" interpretiert werden können. Wenn R. Schnackenburg[8] dies vorsichtig bejaht, da es sich jeweils um einen „fest umrissenen Auftrag" handele, genügt er damit nicht dem *institutionell-rechtlichen* Charakter des Amtes, der in Eph noch nicht zu erkennen ist. Dies verbietet es auch, mit H. Merklein von einem „kirchlichen Amt" in Eph zu sprechen und dieses „primär als theologischen und nicht kirchenrechtlichen Begriff" zu fassen[9], was ein Widerspruch in sich ist. Merkleins Intention geht freilich weiter. Er will nachweisen, daß, insofern sich das „Leitungsamt aus dem Evangelium ergibt" und insofern „die Festlegung der Verkündigungsfunktion auf einen bestimmten Rahmen (Institution) aus der Verpflichtung der Kirche zur normativen apostolischen Tradition resultiert", die „Ausbildung eines Amtes im Sinne einer kirchlichen Institution nicht nur theologisch legitim, sondern letzte Konsequenz des Evangeliums selbst ist"[10]. Dabei wird jedoch (1.) das Leitungsamt zu einseitig dem „Verkündigungsdienst" zugeordnet und letzterer von jenem überformt[11], während der Eph Evangelisten, Hirten und Lehrer unterscheidet, wird (2.) das Interesse an der Wahrung der Tradition zu direkt mit dem Institutionalisierungsprozeß verbunden, und bleibt (3.) ungeklärt, *welche* Gestalt der Institution dem Evangelium angemessen und von ihm legitimiert ist. Merkleins Argumentation dient der Normativität des Faktischen und wird der Vielgestaltigkeit der historischen Prozesse nicht gerecht. So gerät sie in die Gefahr ideologischer Konstruktion.

Wenn sich auch im Eph die Gesamtentwicklung der spätneutestamentlichen Epoche zu differenzierteren und für die Kirche konstitutiven Leitungs-„Ämtern" abzeichnet, so ist hier weder die spätere Konzentration auf das Leitungsamt noch dessen institutionell-rechtlicher Charakter greifbar. Die Legitimierung der Dienste erfolgt noch gut paulinisch durch ihre Qualifikation als Gaben des erhöhten Christus. Wie alle Gaben der Gemeinde (V.7) verdanken sie sich also der Initiative des Erhöhten, der als das Haupt in seinem Leib, der Kirche, ständig wirksam ist[12]. Für den Eph stehen diese Dienste im Rahmen der „allen zukommenden Gnadengaben" (V.7). Der V.16 verbindet beide Aspekte, wenn das durch Christus ermöglichte Wachstum des Leibes einerseits auf den Dienst der Gelenke, andererseits aber auch auf die „jedem einzelnen Teil zugemessene" Gnadenkraft zurückgeführt wird. Die Dienste sind also „in den Gesamtorganismus der Kirche so eingefügt, daß sie nur im Zusammenwirken mit allen Gläubigen zum Aufbau des Leibes Christi beitragen"[13]. R. Schnackenburg kann daher betonen, daß diese Männer „nicht über der Kirche oder den übrigen Gläubigen" stehen; „vielmehr hat ihr ‚Amt' allein den Sinn, die Glieder der Kirche an Christus, das Haupt, und aneinander zu binden, um dem Aufbau des Leibes Christi zu dienen"[14].

2. Die jüdisch-presbyterial beeinflußte Kirchenverfassung im 1. Petrusbrief und bei Lukas

Der *1 Petr* bietet in seiner Verbindung der paulinisch-charismatischen und jüdisch-presbyterialen Kirchenverfassung ein bezeichnendes Beispiel für den Variantenreichtum der frühkirchlichen Verfassungsgeschichte[15]. In 2,5.9 wird die Gemeinde – in Verbindung mit anderen alttestamentlichen Würdebezeichnungen des auserwählten Volkes – als „königliche Priesterschaft" (vgl. Ex 19,6) beschrieben, deren Aufgabe es ist, Gott pneumatische Opfer darzubringen. Wie schon in Röm 12,1 wird hier die gesamte christliche Existenz als Opferdienst begriffen. Die Gemeinde als ganze bildet Gottes Priesterschaft; die antik-jüdische Kultordnung mit ihrer Scheidung von Priestern und Nichtpriestern ist in ihr aufgehoben zugunsten des allen zukommenden universalen Priestertums. 4,10 versteht das christliche Gemeindeleben aus der Vielfalt der jedem in spezifischer Weise geschenkten charismatischen Gaben und mahnt die Gemeinde, diese „im gegenseitigen Dienst" zu realisieren. „Die Pointe liegt dabei in der Sozialpflichtigkeit der Charismen" (N. Brox, 207). In 4,11 werden die Charismen der „Rede" und des „Dienstes" hervorgehoben; offenbar denkt der Verf. hier bereits an die spezifische Tätigkeit von Predigern und Vorstehern. 5,1–4 läßt schließlich erkennen, daß die von 1 Petr angesprochenen Gemeinden, ähnlich wie die jüdischen Synagogengemeinden, durch „Presbyter" geleitet wurden. Ihre Tätigkeit wird in V.2 mit dem Bild des „Hirten und der Herde" beschrieben, was ihrer besonderen Verantwortung Ausdruck gibt. Zugleich werden sie jedoch in V.3 gemahnt, sich „nicht als Herren" aufzuführen, sondern „Vorbilder für ihre Herde" zu sein. Ähnlich wie die gesellschaftliche Überordnung des Mannes über die Frau in 3,7 wird hier die Leitungsfunktion – durchaus im Sinne Jesu (vgl. I) – relativiert. „Das Kirchenamt wird frühchristlich ernsthaft (nicht nur verbal) als Dienst . . . statt als Herrschaft gegenüber der Gemeinde bezeichnet"[16]. Dieser Gesamttendenz sind dann auch die Mahnungen an die jungen Männer zu Unterordnung unter die Presbyter und an alle in der Gemeinde zu bescheidener Selbsteinschätzung im Umgang miteinander einzuordnen (5,5). 1 Petr will „nicht die hierarchische Ordnung in der Gesellschaft (2,13f), Familie (3,1.7) und Kirche (5,5a) als solche bestärken, sondern das christliche Leben als friedliches Miteinander (freilich nicht ohne Oben und Unten) lehren"[17]. Auch hier ist es wichtig, sich der besonderen Situation des 1 Petr zu erinnern. Das

Interesse des Verf. ist darauf ausgerichtet, die Gemeinden, die sich innerhalb der römischen Gesellschaft als verachtete und verfolgte Minderheiten erleben, gerade durch die Strukturierung des Gemeindelebens zu stabilisieren.

Nach der *lukanischen* Darstellung[18] in der Apg hat es in der Jerusalemer Gemeinde schon relativ früh neben den Aposteln ein Presbyterkollegium gegeben (15; 16,4; 21,18), setzten Paulus und Barnabas bereits am Ende ihrer 1. Missionsreise in Lykaonien Presbyter ein (14,23), kommen die Presbyter von Ephesus nach Milet, um von Paulus Abschied zu nehmen und von ihm grundlegende Weisungen für die Zeit nach seinem Weggang zu erhalten (20,17ff). Es ist unbekannt, ab wann Presbyter tatsächlich in der Jerusalemer Gemeindeleitung eine Rolle spielten; für Paulus treffen die Angaben sicher noch nicht zu. Lukas projiziert die presbyteriale Verfassung seiner Zeit und seines Traditionsbereiches in die apostolische Frühzeit zurück, offenbar um jene in Kontinuität zu dieser zu stellen. Sicheren historischen Aufschluß erhalten wir also durch Lukas vor allem über seine eigene Gemeindesituation. Hier leiteten offenbar Presbyterkollegien die Einzelgemeinden, wie es ähnlich auch noch der Jakobusbrief für seine Gemeinde bezeugt (5,14). Nach Apg 20 sind sie *vom heiligen Geist* als Aufseher („Episkopen" bezeichnet hier ihre Tätigkeit, nicht ein Amt) *eingesetzt,* um die Herde Gottes zu weiden. Angesichts der durch Irrlehrer hervorgerufenen Krisensituation tragen sie für die Gemeinde besondere Verantwortung. Dabei bleiben sie jedoch „dem Herrn und dem Wort seiner Gnade" (20,32) überantwortet. Auch Lukas denkt noch nicht institutionell; nicht das Amt als solches ist Garant rechter Überlieferung und Gemeindeleitung, vielmehr ist das verantwortliche Tun der Amtsträger dem umfassenden Heilsplan Gottes unterstellt, der seine Gemeinde durch seinen Geist auf ihrem Weg durch die Geschichte leitet. Die Amtsträger bleiben in ihrem Verhalten dem Beispiel des selbstlosen Einsatzes des Paulus verpflichtet (20,33–35); sie sind, wie Lukas schon im Evangelium nachdrücklich betont, an das Vorbild des den Seinen dienenden Jesus gebunden (Lk 22,24–27).

3. Episkopen und Presbyter in den Pastoralbriefen

In den Pastoralbriefen treffen wir auf eine singuläre Ausprägung urchristlichen Gemeindeverständnisses[19]. Auffallend ist schon, daß der „Paulus" des Verf. dieser Briefe sich fiktiv an Timotheus und Titus richtet, um ihnen Weisung für das Kirchenregiment zu geben. Einmalig für das Neue Testament ist, wenn die Gemeinde nur noch als Objekt des apostolischen Dialogs mit den beiden Schülern in den Blick kommt, sie selbst aber – abgesehen von den Schlußgrüßen – nicht mehr als Gesprächspartner angesprochen wird. Die fiktiven Adressaten haben in dem Schreiben eine Doppelfunktion, einerseits stellen sie die Verbindung zum apostolischen Ursprung der Kirche her, der für den Verf. – unter Ausblendung der Zwölf – allein durch Paulus gegeben ist, und gleichen insofern „übergemeindlichen" Größen; andererseits erscheinen sie als mit der Gemeindeleitung Beauftragte und sind insofern mit typischen Zügen eines Amtsträgers ausgestattet. Beide Aspekte dürfen nicht zusammengefaßt und als Darstellung eines überregionalen Leitungsamtes (i. S. der späteren Metropolitanverfassung) interpretiert werden, vielmehr verdeutlichen sie nur die Kontinuität der Autorität des Amtes mit dem apostolischen Ursprung, dessen Kompetenz *alle* die Gemeinde bewegenden Fragen übertragen sind.

Wie verkümmert – trotz aller Idealisierung – der Rückgriff auf den historischen Paulus geraten ist, verdeutlicht die Verwendung des für das paulinische Gemeindeverständnis konstitutiven Begriffs *Charisma.* Er wird nun auf die Amtsgnade reduziert, die dem Timotheus (als Typ des Amtsträgers) durch Handauflegung der Presbyter vermittelt wird. Dem Propheten kommt dabei nur noch die Funktion der Abgabe eines Votums für den Kandidaten zu (1 Tim 4,14, vgl. 2 Tim 1,6). Der nach Paulus in allen Christen wohnende Geist ist nun spezifisch der Aufgabe des Amtsträgers zugeordnet, das anvertraute Gut der rechtgläubigen Lehre zu bewahren (2 Tim 1,14). Der Gemeinde obliegt es nur noch, im Gottesdienst für alle Menschen, für die Könige und Obrigkeiten zu *beten,* damit „wir ein ruhiges und stilles Leben führen können in aller Frömmigkeit und Ehrbarkeit" (1 Tim 2,1f.8). Sie hat den Obrigkeiten Untertan zu sein und mit der Umwelt in Frieden zu leben (Tit 3,1f). Sie ist nur noch *hörender* Empfänger der durch den Amtsträger vermittelten Lehre (vgl. 1 Tim 4,13.16; Tit 1,9) und hat ihr Leben in Frömmigkeit und guten Werken zu gestalten. Irgendwelche Aktivitäten einzelner „außerhalb des vom Amt gesteckten Rahmens" scheinen dem Verf. „höchst suspekt" gewesen zu sein[20]. Die Auseinandersetzung mit den Häretikern ist – möglichst unter Vermeidung öffentlicher Diskussion (2 Tim 2,14) – allein Sache des Amtes; sie erfolgt nicht mehr argumentativ, wie bei Paulus, sondern nur noch abgrenzend (vgl. 1 Tim 1,3; 2 Tim 2,14–26; Tit 1,10–16). Besonders die Rolle der Frau in der Gemeinde ist eingeschränkt. Sie soll „ruhig (zuhörend) lernen in aller Unterordnung", sie darf selbst nicht „lehren" oder „sich über den Mann" stellen. Vielmehr hat sie „im Stillschweigen zu verharren" (1 Tim 2,11–14, vgl. die nachpaulinische Glosse in 1 Kor 14,33b–35). Bezeichnend ist insgesamt die Begrenzung der Aktivität der Frau auf den häuslich-familiären Bereich (vgl. 1 Tim 2,15; 5,14; Tit 2,4f).

Das Kirchenbild der Pastoralbriefe ist weder repräsentativ für die Gesamtkirche am Ende des ersten Jahrhunderts noch beeinflußte es unmittelbar die Verfassungsgeschichte der Folgezeit, die weit pluraler verlief, wie N. Brox mit Recht betont. Dennoch ist diese partielle Ausprägung durch die allgemeine Entwicklung bedingt, die mit der Anpassung an die allgemeinen gesellschaftlichen Verhältnisse zu einer zunehmenden „institutionellen Konsolidierung der Kirche"[21] führte. In ihr sah offenbar der Verf., der selbst Kind seines Milieus ist, unter der Herausforderung der gnostischen Häresie die Garantie für die Bewahrung der „gesunden Lehre" und für die innere Ordnung der Gemeinde. Er überträgt unreflektiert die patriarchalischen Gesellschaftsformen seiner Umwelt auf die Gemeinde, die nun in Analogie zu einem antiken Hauswesen als „Haus Gottes" (1 Tim 3,15) beschrieben und deren Amtsträger an den bürgerlichen Tugenden eines patriarchalischen Familienoberhaupts gemessen werden: „Wenn einer seinem eigenen Hause nicht vorzustehen weiß, wie wird er sich dann um die Gemeinde Gottes kümmern (können)?" (vgl. 1 Tim 3,5.12; Tit 1,7). Die – verglichen mit dem christlichen Ethos – minimalisierten Kriterien für die Auswahl der Amtsträger (1 Tim 3,1–13; Tit 1,6–9) geben dafür ein anschauliches Bild; wie andererseits auch die Haustafel Tit 2,1–10 – im Unterschied zum echten Paulus, aber auch zu Eph 5,21–6,9, Kol 3,18–4,1, 1 Petr 2,18–3,7 – das Ordnungsdenken der Umwelt ohne christliches Korrektiv reproduziert.

Als gemeindliche Dienste werden neben den Diakonen der *Episkopos/Bischof* und die *Presbyter* genannt. Dies erweckt zunächst den Eindruck, ein monarchischer Bischof stehe jeweils an der Spitze eines örtlichen Presbyterkollegiums. Gegen diese Auffassung verdeutlicht jedoch Tit 1,5–9 durch die Weiterführung der Anweisung, an allen Orten Presbyter einzusetzen, in dem (singularischen) Bischofsspiegel, daß der Verf. beide Gruppen weitgehend identifiziert. Der Singular „Bischof" ist also nicht monarchisch, sondern generisch verstanden, wie der Übergang von V.6 zu 7 beweist. Er meint „Bischof" als Gattungsbegriff. Die zwei Titel entstammen ursprünglich je eigenständigen kirchlichen Verfassungsformen. Beide Amtsbezeichnungen werden nun in den Pastoralbriefen im Rahmen *einer* Kirchenverfassung miteinander verbunden. Dabei werden die paulinischen Episkopen der jüdischen Presbyterialverfassung adaptiert. Unter ihnen sind wahrscheinlich nun Presbyter mit den spezifischen Funktionen der Gemeindeverwaltung und Wortverkündigung zu verstehen (vgl. 1 Tim 5,17f). Das ursprünglich administrative „Aufseher"-Amt der Bischöfe hat die Verkündigungsaufgaben der Lehrer und Propheten an sich gezogen. Die für die Gemeinde wesentlichen Funktionen erscheinen nun in *einem* Amt konzentriert, wenn auch die Entwicklung zu dem einen monarchischen Bischofsamt, wie es erst die Ignatiusbriefe mit Sicherheit belegen, noch nicht erfolgt ist. Im Neuen Testament findet sich ein Beleg für einen solchen monarchischen Führungsanspruch eines Gemeindeleiters wahrscheinlich nur in der Gestalt des Diotrephes (3 Joh 9f)[22], der wegen solcher Amtsanmaßung vom Verfasser des Briefes kritisiert wird.

4. Die Gemeinde als Bruderschaft des Messias Jesus im Matthäusevangelium

Matthäus[23] sieht die Gemeinde als die universale Jüngerschaft aus allen Völkern (28,18–20), und als die Ekklesia *Jesu,* der die Verheißung gegeben ist, daß die Tore des Totenreichs sie nicht überwältigen werden (16,18). Diese unter dem Schutz des Menschensohnes stehende Kirche ist für ihn jedoch auf ihrem Weg durch die Geschichte äußerst gefährdet (vgl. 24,10–12 u. a.). So verpflichtet er in der Situation des Übergangs die entstehende Weltkirche auf ihren Ursprung beim Messias Jesus. Dessen Auslegung des Willens Gottes soll zu ihrem bleibenden Programm werden. Es ist bezeichnend für den kirchlichen Realismus des Matthäus, daß er diesem Programm bis in die Gemeindeverfassung hinein Geltung zu schaffen sucht.

Ähnlich wie die kurz nach ihm im gleichen syrischen Traditionsbereich entstandene Didache kennt Matthäus noch das urchristliche Wanderprophetentum. Er begegnet ihm aber bereits mit erheblicher Skepsis. Mt 7,15 warnt er vor den falschen Propheten; 7,20–22 verurteilt er deren Vertrauen auf religiöse Machtdemonstrationen und stellt dem bloßen Kyrios-Bekenntnis den konkreten Gehorsam gegenüber; die Jüngerrede warnt nachdrücklich vor dem Mißbrauch der missionarischen Berufung zur Bereicherung (10,9), und in 10,41f wird eine traditionelle Regel von der gastlichen Aufnahme der Propheten betont auf *alle* Gemeindemitglieder ausgeweitet. Das Ende der prophetischen „Gemeindeverfassung" zeichnet sich ab, die Ortskirche gewinnt auch hier ihre eigene Struktur. Wir erfahren jedoch nichts von Presbytern oder Bischöfen, vielmehr sind die maßgeblichen Funktionsträger der matthäischen Gemeinde offenbar *Schriftgelehrte* (vgl. 13,52; 23,34 sowie 23,8). Das weist auf den Einfluß des pharisäisch-rabbinischen Judentums hin, mit dem sich der Evangelist auch sonst in aktueller Auseinandersetzung befindet (vgl. z. B. Mt 5,20ff). Matthäus bejaht diese Institution, zugleich sucht er jedoch – im Geiste Jesu – den patriarchalischen Autoritätsanspruch zu unterlaufen, der im Rabbinismus sich damit verband. Schon die Schärfe der Polemik gegen die Heuchelei, das blinde Führertum und die Dummheit pharisäischer Schriftgelehrter in Mt 23 – also eine Kritik an der Arroganz und Ignoranz geistlicher Macht – scheint nicht zuletzt darin begründet zu sein, daß Matthäus mit ihr bereits eine Barriere gegen eine in der christlichen Gemeinde mögliche Entwicklung aufrichten will. In 23,8–12 stellt er betont die Andersartigkeit der christlichen Gemeindestruktur heraus. Die Inanspruchnahme der Anrede *Rabbi* (mein Herr), *Vater* und damit auch die in ihnen zum Ausdruck kommende patriarchalische Autoritätsstruktur werden der christlichen Gemeinde versagt. Für sie ist *einer* nur Lehrer und Leiter – Christus (V.8.10), und *einer* nur Vater – der in den Himmeln (V.9). Damit wird der mit den Titeln verbundene Autoritätsanspruch dem Messias Jesus und Gott vorbehalten; ihre Inanspruchnahme durch Glieder der christlichen Gemeinde käme der Usurpation göttlicher bzw. messianischer Rechte gleich. Mit Hilfe des theologischen Vorbehalts wird die Autorität des Amtes entideologisiert, nicht jedoch seine Funktion selbst negiert: Matthäus setzt die Existenz von solchen Lehrern und ihre Tätigkeit voraus. Jedoch muß sich der *Lehrende,* wie 13,52 zeigt, als *Lernender* verstehen; er bleibt ein „Schüler der Herrschaft Gottes". Dem entspricht 23,8c: „Ihr alle seid Brüder". Die Gemeinde ist damit positiv als die Gemeinschaft der Schwestern und Brüder Jesu definiert, die sich gerade durch den Gehorsam gegenüber der jesuanischen Auslegung des Willens Gottes konstituiert (12,49f). Ein hierarchisches Gemeindemodell und patriarchalisches Amtsverständnis werden also von Matthäus abgelehnt. Der christliche Lehrer hat seinen Standort nicht über, sondern innerhalb der Bruderschaft der Gemeinde. In Aufnahme der jesuanischen Forderung des Herrschaftsverzichts wird in 23,11 seine Tätigkeit als *Dienst* bestimmt. Er muß sich *erniedrigen* (V.12, vgl. 18,4) und so gerade von dem sich erniedrigenden Jesus lernen (11,29). Matthäus verpflichtet die christliche Gemeinde und die in ihr entstehenden Ämter auf das Vorbild des auf Macht und Gewalt verzichtenden Messias der Güte und des Friedens.

Diesem bruderschaftlichen Gemeindebild entspricht es, wenn in Mt 18,18 die dem Petrus als dem Garanten der Jesustradition gegebene Binde- und Lösegewalt (16,19) auf die ganze Gemeinde übertragen wird. Ihre Vollmacht ist christologisch begründet: Wo Zwei oder Drei in Jesu Namen versammelt sind, ist er mitten unter ihnen (18,20, vgl. 28,20). Allerdings hat sie diese Zusage der Gegenwart Christi nur, wenn sie *in seinem Namen,* d. h. im Gehorsam gegenüber seiner Weisung, versammelt ist. Es ist bezeichnend für die institutionskritische Sensibilität des Matthäus, daß er das der Gemeinde übertragene Disziplinarrecht sofort wieder begrenzt, indem er das Recht zum Gemeindeausschluß an die Pflicht zu unbegrenzter Vergebungsbereitschaft bindet (V.21f). Da alle Gottes Vergebung erfahren haben, müssen auch alle bereit sein, ihrem Bruder von Herzen zu vergeben (V.35).

Das Gemeindekonzept des Matthäus erwächst konsequent aus seinem Verständnis der Sendung und Botschaft Jesu. Das Evangelium stellt der Gemeinde Jesus als den messianischen Lehrer vor, der den Willen Gottes als die Forderung einer uneingeschränkten Güte auslegt und in seinem Leben realisiert. Gemeinde als die Jüngerschaft dieses Jesus kann nicht anders als eine Gemeinschaft begriffen werden, die diesem Anspruch der Güte in allen Dimensionen ihrer Existenz gerecht wird.

IV. Auswertung des neutestamentlichen Befundes

Überblicken wir die Geschichte der christlichen Gemeinden im ersten Jahrhundert, so ist ein charakteristisches Merkmal des neutestamentlichen Befundes die Mannigfaltigkeit möglicher Verfassungsformen. Sie hat historische und soziologische Gründe. Vor allem fällt dem historischen Beobachter auf, wie sehr die einzelnen neutestamentlichen Entwürfe Antwort auf Herausforderungen der jeweiligen geschichtlichen Situation sind, denen man im Geiste Christi begegnen wollte. Der Befund läßt aber auch ein theologisches Urteil zu: die Pluralität ekklesialer Verfassungsformen hängt wesentlich mit der Geschichtlichkeit der Offenbarung zusammen. Die durch Jesus Christus vermittelte Gotteserfahrung zielte nicht nur auf eine neue

Gottesbeziehung, sondern zugleich auch auf eine neue Weise menschlichen Miteinanders und führt insofern *notwendig* zur Bildung von Gemeinden. Welche konkrete Gestalt diese fanden, war zwar in vielfacher Hinsicht eine Folge des freien Spiels geschichtlicher Kräfte, zugleich jedoch auch abhängig vom Ursprungsimpuls Jesu, der den christlichen Gemeinden – mehr oder weniger – ihre charakteristische Gestalt gab. Menschen, die in und durch Jesus Christus Gottes Güte als jene Kraft erfahren, die eine neue Weise des Menschseins ermöglicht, werden gerade in dieser Grunderfahrung den Maßstab für die Form ihres gemeindlichen Lebens sehen. Die Strukturen haben Dienstfunktion; sie sollen helfen, Gottes Gnade Menschen konkret erfahrbar zu machen. Gemeinde lebt in diesem Sinn vom Evangelium und realisiert sich als die Versammlung der Berufenen, die sich ihres Ursprungs im Heilshandeln Gottes in Jesus Christus durch Taufe und Herrenmahl gewiß wird und diesem Gott als seine Priesterschaft im Alltag der Welt dient. Dem haben die sich in mannigfaltigen Varianten ausbildenden kirchlichen Dienste der Verkündigung und gegenseitigen Hilfe in situationsbezogener Weise zu dienen. Dem ist auch das verglichen mit den konstitutiven Diensten der Verkündigung eher sekundäre Leitungsamt verpflichtet, das seine Dominanz in dem Maße erhielt, wie es in Krisensituationen sich deren Funktionen zu eigen machte. Konstitutiv für christliches Gemeindeverständnis bleibt jedoch, wie es Paulus in 1 Kor 12 und Röm 12 exemplarisch formuliert hat, das *unmittelbare freie Gegenüber von Gott und seiner Gemeinde.* Er ist es, der im freien Wirken des Geistes ihr jene Begabungen schenkt, die sie braucht. Und keiner der Dienste hat das Recht, sich absolut und die übrigen in der Gemeinde in Unmündigkeit zu setzen. Der historische Paulus steht hier gegen den Pseudo-Paulus der Pastoralbriefe. Kirchliches „Amt" kann daher konsequent nur als geschwisterlicher Dienst *unter* Schwestern und Brüdern (und nicht *über* sie) verstanden werden, wie schon Jesu Forderung des Herrschaftsverzichts als Ausdruck der neuen Existenz im Zeichen der Herrschaft von Gottes unbedingter Güte deutlich machte.

Anmerkungen

1 Vgl. dazu jetzt den methodologisch grundlegenden Beitrag von *W. Trilling,* Zum „Amt" im Neuen Testament, in: Theologisches Jahrbuch, Leipzig 1984, 453–475.

2 Zur Exegese der Stellen vgl. *P. Hoffmann-V. Eid,* Jesus von Nazareth und eine christliche Moral, Freiburg [3]1978, 186ff.

3 Vgl. jetzt *M. Hengel,* Jakobus der Herrenbruder – der erste „Papst"?, in: Glaube und Eschatologie. Festschrift für W. G. Kümmel, Tübingen 1985, 71–104.

4 Vgl. hierzu bes. auch die Boteninstruktionen Lk 9,3–5; 10,2–16, Mt 10,5–16; Mk 6,7–11, die uns Einblick in das Selbstverständnis frühchristlicher Wanderprediger geben. Einen allgemeinen Überblick zu den Problemen bieten jetzt *J. Roloff,* Amt IV. Im Neuen Testament, in: TRE 2, 509–533, sowie Das kirchliche Amt im Neuen Testament (= WdF 439), hrsg. v. *K. Kertelge,* Darmstadt 1977, mit zahlreichen Literaturhinweisen. Vgl. auch *J. Rohde,* Urchristliche und frühkatholische Ämter, Berlin 1976; Kirche im Werden. Studien zum Thema Amt und Gemeinde im Neuen Testament, hrsg. v. *J. Hainz,* München 1976.

5 Vgl. allg. *J. Hainz,* Ekklesia. Strukturen paulinischer Gemeinde-Theologie und Gemeinde-Ordnung, Regensburg 1972; *U. Brockhaus,* Charisma und Amt. Wuppertal [2]1975.

6 Vgl. *J. Ratzinger,* Leib Christi II, in: LThK [2]VI, 910f.

7 Vgl. *H. Merklein,* Das kirchliche Amt nach dem Epheserbrief, München 1973, dazu aber auch die kritische Rezension von *F. Hahn,* in: ThRv 72 (1976) 281–286.

8 Der Brief an die Epheser (= EKK 10), Zürich-Neukirchen 1982, 194.

9 Amt (Anm. 7), 228.

10 Ebd., 398.
11 Vgl. ebd., 381.
12 Es stellt eine fatale Überinterpretation dar, wenn nach *Merklein* Eph 4,11 „eine dogmatische Rückführung der amtlich strukturierten Kirche auf Christus" (zumindest für das Hirten- und Lehramt – Episkopen bzw. Presbyter) bereits legitimiert (ebd., 400) bzw. wenn sich hier bereits das „Bewußtsein göttlicher Anweisung oder eines Iuris-divini-Charakters des Amtes" anbahnen soll (ebd., 382). Mit Recht betont *Vögtle* in seiner kritischen Auseinandersetzung mit Merklein (Exegetische Reflexionen zur Apostolizität des Amtes und zur Amtssukzession, in: Die Kirche des Anfangs, Festschrift für H. Schürmann, Leipzig 1977, 529–581, hier: 560), daß sich „das prinzipielle Festhalten des Verf. am Ideal der ‚charismatischen' Gemeinde gegen die Idee einer institutionell-rechtlichen Ausgliederung der 4,11 genannten Dienste" sperrt. Da hilft auch nicht Merkleins Zuflucht zu einer „latenten oder ideellen" statt einer formellen Institution, die „das im kirchlichen Bewußtsein existierende Modell eines Hirten und Lehrers" voraussetze (ebd., 381).
13 *R. Schnackenburg,* Epheser (Anm. 8), 194.
14 Ebd., 195.
15 Vgl. z. Folgenden *N. Brox,* Der erste Petrusbrief (= EKK 21), Zürich-Neukirchen 1979, jetzt auch *F. Schröger,* Gemeinde im 1. Petrusbrief, Passau 1981.
16 *N. Brox,* ebd., 231.
17 Ebd., 235.
18 Vgl. jetzt *F. Prast,* Presbyter und Evangelium in nachapostolischer Zeit, Stuttgart 1979.
19 Ich folge vor allem den überzeugenden Darlegungen von *N. Brox,* Historische und theologische Probleme der Pastoralbriefe, in: Kairos 11 (1969) 81–94. Vgl. *ders.,* Die Pastoralbriefe, Regensburg 1969; *G. Lohfink,* Die Normativität der Amtsvorstellungen in den Pastoralbriefen, in: ThQ 157 (1977) 93–106; *H. v. Lips,* Glaube-Gemeinde-Amt. Zum Verständnis der Ordination in den Pastoralbriefen, Göttingen 1979; *J. Roloff,* Pfeiler und Fundament der Wahrheit. Erwägungen zum Kirchenverständnis der Pastoralbriefe, in: Glaube und Eschatologie. Festschrift für W. G. Kümmel, Tübingen 1985, 229–247.
20 *N. Brox,* Probleme (Anm. 19), 86 mit Hinweis auf 1 Tim 5,13.
21 Ebd., 83.
22 Vgl. z. St. *R. Schnackenburg,* Die Johannesbriefe. Freiburg [4]1970, 326–329: „Daß er ein monarchischer Bischof war . . . ist möglich" (ebd., 329).
23 Vgl. z. Folgenden *W. Trilling,* Amt und Amtsverständnis bei Matthäus, in: Theologisches Jahrbuch, Leipzig 1972, 160–173; *G. Bornkamm,* Die Binde- und Lösegewalt in der Kirche des Matthäus, in: Die Zeit Jesu. Festschrift für H. Schlier, Freiburg 1970, 93–107; *P. Hoffmann,* Der Petrus-Primat im Matthäusevangelium, in: Neues Testament und Kirche. Festschrift für R. Schnackenburg, Freiburg 1974, 94–114; *N. Walter,* Zum Kirchenverständnis des Matthäus, in: Theologische Versuche 12 (1981) 25–45.

ANTON DAUER

Schichten im Johannesevangelium als Anzeichen von Entwicklungen in der (den) johanneischen Gemeinde(n) nach G. Richter

Darstellung und Kritik

Vorbemerkungen

Das 4. Evangelium gehört ohne Zweifel zu jenen ntl. Schriften, die in den letzten Jahrzehnten besonders häufig und intensiv untersucht worden sind. Die bekannten Bibliographien und Literaturberichte[1] vermitteln einen eindrucksvollen Einblick in die einschlägigen joh. Forschungen. Aber trotz allen Forscherfleißes, der – wie die zahlreichen jüngsten Publikationen zeigen – noch längst nicht erschöpft ist, sind noch viele joh. Probleme ungelöst.

Wichtige, aber z. T. auch umstrittene Impulse verdankt die jüngste Johannesforschung zweifellos *G. Richter*[2]. Dieser Exeget, der 1975 im Alter von nur 56 Jahren verstorben ist, hat sich in seinen Arbeiten immer wieder mit literarkritischen Analysen am Johannesevangelium beschäftigt. Ja, man kann ihn geradezu zu den „Vätern der neuen Literarkritik" am 4. Evangelium zählen[3], gehörte er doch zu jenen Neutestamentlern, die dieser exegetischen Methode – in gewandelter und geläuterter Form – wieder zu neuen Ehren verholfen haben. Allerdings hat er keinen Gesamtentwurf seiner literarkritischen Untersuchungen vorgelegt, sondern seine Analysen nur an einzelnen Perikopen durchgeführt. Dazu kommen Beobachtungen, die er in seinen Schriften mehr nebenbei erwähnt. Auch war es ihm nicht mehr vergönnt, seine literarkritischen Entscheidungen in dem von ihm geplanten Johanneskommentar exegetisch der Bewährungsprobe zu unterziehen. Ich möchte daher *versuchen,* aus seinen verschiedenen Veröffentlichungen eine systematische Zusammenstellung seiner literarkritischen Ergebnisse vorzunehmen[4]. Als Grundlage dient die von *J. Hainz* besorgte Ausgabe seiner Aufsätze[5]. Als Abkürzungen verwende ich die römischen Zahlen, die den einzelnen Aufsätzen vorgesetzt sind. Auf diese Weise kann der Leser spätere Ansichten von *G. Richter* gegenüber früheren leichter unterscheiden, da die Aufsätze in diesem Sammelband in der chronologischen Folge ihres Erscheinens geordnet sind.

Freilich, mehr als ein Versuch kann das folgende angesichts etlicher Schwierigkeiten nicht sein. Einige dieser Schwierigkeiten seien kurz aufgezählt:

(1) Wie schon oben gesagt wurde, hat *Richter* nur einen Teil des Johannesevangeliums literarkritisch untersucht. Es kann also keine Gesamtanalyse vorgelegt werden.

(2) *Richter* hat die einzelnen Perikopen oder Verse mit unterschiedlicher Intensität untersucht: Neben ausführlichen Analysen finden sich nicht selten auch nur pauschale Behauptungen.

(3) *Richter* faßt einzelne Verse oder Versfolgen zuweilen recht unterschiedlich zusammen, etwa 1,25–27(28) im Unterschied zu 1,26–27.

(4) Manchmal nimmt er nur vage Abgrenzungen von Textkomplexen vor, z. B. 12,12ff (für die Einzugsgeschichte) u. ä.

(5) Erschwerend sind auch manche unterschiedliche Bezeichnungen der angenommenen literarischen Quellen bzw. Schichten.

(6) Auch die wechselnde Einschätzung der Herkunft einzelner Textkomplexe behindert eine Systematisierung: Je später die Veröffentlichung, desto mehr differenziert *Richter* die Schichten bzw. Quellen.

(7) Schließlich ist auch auf die divergierende Bestimmung des kirchenhistorischen Hintergrunds bei der Entstehung der verschiedenen Schichten des 4. Evangeliums hinzuweisen: In den früheren Aufsätzen ist häufig von Apologetik der joh. Gemeinde(n) gegenüber dem (ungläubig gebliebenen) Judentum die Rede, während später stärker inner-joh. Auseinandersetzungen ins Spiel gebracht werden.

Gewiß, manche dieser Unausgeglichenheiten und Widersprüchlichkeiten sind verständlich, wenn man bedenkt, daß die einzelnen Aufsätze in einem Zeitraum von mehr als 15 Jahren entstanden sind. Auch *Richter* muß man, wie jedem anderen Forscher, zubilligen, daß er seine Meinung ändert, in manchen Fragen und Problemen klarer sieht und so zu eindeutigeren Aussagen kommt. Aber diese Einsicht macht die Arbeit einer Systematisierung nicht leichter. Um den Autor trotzdem einigermaßen getreu wiederzugeben, wird folgendes Vorgehen angewandt: Als Grundlage für die Rekonstruktion werden die jeweils jüngsten Veröffentlichungen genommen bzw. die ausführlichen Analysen, soweit sie in späteren Veröffentlichungen nicht ausdrücklich widerrufen wurden. Ich fürchte freilich, daß auch bei diesem Vorgehen bisweilen Verse, Versteile oder Perikopen einer falschen Schicht zugeordnet werden – einfach deshalb, weil *Richter* sich zu ihnen in späteren Publikationen nicht mehr geäußert hat, obwohl er sie vielleicht inzwischen anders einschätzte. Dieses Risiko läßt sich m. E. nicht ganz ausräumen.

Ganz schwierig ist es, ausführlich die Kriterien zu benennen, die *Richter* zu seinen literarkritischen Entscheidungen geführt haben. Im Rahmen dieses Aufsatzes ist nur eine pauschale Darstellung möglich.

Zur Vervollständigung soll schließlich noch gezeigt werden, wie *Richter* die verschiedenen Schichten näher bestimmt und sie in den kirchengeschichtlichen Zusammenhang der joh. Gemeinde(n) eingeordnet hat. Das kann freilich nur sehr verkürzt geschehen. Der Leser sei daher besonders auf die Aufsätze XV und XVI verwiesen, in denen *Richter* seine Ansichten ausführlich darstellt.

I. Die literarkritischen Entscheidungen G. Richters[6]

Kapitel 1,1–18: Logoshymnus[7]	
Vorjoh Logoshymnus:	
Verse: 1.3.4.5.10–12b	VII, 143
VgrTr:	
[Verse: 6.7a.b (möglich)]	XII, 307 A. 86[8]
GS:	
Verse [6].7[a.b.]c	XII, 307 A. 86
E:	
[Verse: 4b.5 (evtl.)]	XVI, 405 A. 80
Verse: 2.6–9.12c.13	VII, 143
R:	
Verse: 14–18	VII, 149–198[9]

Kapitel 1,19–51[10]	
VgrTr:	
Verse: 19b (ab ὅτε-Satz) .23.25a (ohne εἰ-Satz) .26.27.28. (vielleicht nach V. 33).29a (wahrscheinlich)[11] .32 (die ersten 5 Wörter unsicher) .33	XII, 308
GS:	
Verse: 19a („und das ist das Zeugnis des Johannes") .20–22.24.25b (εἰ-Satz) .29 (mit Sicherheit nur V. 29b) .30a.b. 31.32a („und es bezeugte Johannes sagend")[12] .34	XII, 311
Verse: 35–50	XVI, 387.400
E:	
Vers: 30c („denn er war eher als ich")	XII, 313f.
Vers: 51	XVI, 387[13]; XV, 361f.366
Kapitel 2[14]	
VgrTr:	
Pauschal: Verse: 1ff (1–12?)	XII, 298 A. 52
GS:	
Verse: 1ff (1–12?)	XVI, 389 A. 28
Verse: 13ff (13–16?)	XVI, 389 A. 28; XI, 287 A. 18
Vers: 23	XVI, 389 A. 28; XIV, 334; XI, 284
E:	
Vers: 4	X, 275 A. 56; XI, 284f; VIII, 193 A. 242
[Vers: 22]	IX, 263 mit A. 410[15]
Verse: 24f	XVI, 392; XIV, 334f; XI, 284; X, 275 mit A. 56
R:	
Verse: 19–22 (wahrscheinlich)	XVI, 409
Kapitel 3	
VgrTr:	
Verse: 1ff (1–5?)	XVI, 389[16]
Verse: 22ff (22–30?)	XVI, 387.388[17]
GS:	
Verse: 1.2.3 (ἀναγεννηθῇ statt γεννηθῇ ἄνωθεν; ohne „Amen, amen, ich sage dir") .4.5 (ἀναγεννηθῇ statt γεννηθῇ; ohne „Amen, amen, ich sage dir")	XIV, 329–334

[Verse: 6f]	XIV, 335 A. 39–41
(Vers: 8)	X, 269 A. 20
Verse: 22–30	XVI, 387.388;
	XV, 365;
	XIV, 333;
	XIII, 326
E:	
Vers: 3 (γεννηθῇ ἄνωθεν statt ἀναγεννηθῇ + „Amen, amen, ich sage dir")	XIV, 331 mit A. 23. 334–345;
	XVI, 395
Vers: 5 (γεννηθῇ statt ἀναγεννηθῇ; + „Amen, amen, ich sage dir")	XIV, 331 mit A. 23[18] 334–345
Verse: [6.7].8.9.10–13	XIV, 335ff
[Verse: 14–18]	XIV, 337[19];
	XV, 363f
Verse 31–36	XIV, 337;
	XII, 313 A. 102.314;
	XVI, 394 (VV. 31–34)
R:	
[Verse: 14–18]	XIV, 337[20];
	XV, 363f
Verse: 19–21	XVI, 399;
	XV, 363.378 A. 122;
	XIV, 337
Erg:	
Vers: 5 („Wasser und")	XIV, 335 A. 39
Kapitel 4[21]	
VgrTr:	
Vers: 54	XI, 287[22]
GS:	
Pauschal:	
„Kern von 4, 1–42"	XI, 287 A. 18 (aus „S")
Vers: 50a (πορεύομαι)	X, 270
E:	
Vers: 2	XVI, 394
Verse: 10ff (10–?)	II, 43
Vers: 24 („Gott ist Geist")	XVI, 392 A. 40
Verse: 32 und 34 („Speise" = Wille Gottes)	IX, 201 A. 11
Verse: 39ff	III, 70
Verse: 48.50b	XIV, 343
Vers: 53	III, 70
Kapitel 5[23]	
GS:	
[Verse: 25–27]	XV, 362[24].367
E:	
Verse: 6 und 14	V, 116 A. 89

Vers: 18		VI, 141; IV, 83
Verse: 19–27.30		XIV, 342f[25]
Vers: 30		XV, 367
Verse: 35f		XVI, 405 A. 80
Vers: 37		IX, 226
Vers: 39		IX, 263 mit A. 410[26]
Verse: 46f		VIII, 194
R:		
Verse: 28f		XVI, 410; XV, 375f; XIV, 342 u. ö.
Kapitel 6[27]		
VgrTr:		
[Verse: 1ff (1–14?) = Grundlage für Verf.GS]	vgl.	X, 273 mit A. 47; IX, 221.241.242.264
GS:		
Verse: 1–14(15) (Überarbeitung der VgrTr)		X, 273 mit A. 47; IX, 221.241.242.264
Vers: 59		IX, 245
[Verse: 66–71]		IX, 245 A. 296
E:		
[Vers: 2]		XI, 285 mit A. 14
Vers: 15 [vielleicht]		V, 116 A. 89
Verse: 26–51a (außer V. 27c.d. und VV. 39b .40c.44c)		IX, 200 A. 10. 201 mit A. 13. 221–223.236.240f[28] (überhaupt 200–245) XIV, 342
Verse: 60–65		IX, 245; XI, 286; V, 116
R:		
Vers: 27c.d		XVI, 409f; IX, 201 A. 12. 220f; V, 105 mit A. 56
Verse: 39b.40c.44c (fut. Eschat.)		XVI, 410; XV, 376; VIII, 172 mit A. 145; V, 106f. 112
Verse: 51(b).c–58		V, 88–119; XVI, 409; XV, 376.377 u. ö.
[Verse: 66–71]		IX, 245 A. 296; II, 56
Kapitel 7[29]		
GS:		
[Verse: 2ff][30]		X, 275
Vers: 31		XVI, 401; XV, 355; X, 267

Verse: 40 und 52	IX, 220 mit A. 148
E:	
Pauschal: Kap. 7 stammt von E	X, 275 mit A. 56
Vers: 5	X, 278
Vers: 6	XI, 285f
Vers: 12	V, 105
Verse: 16f	III, 70
Verse: 19–23	VIII, 194
Verse: 25–52	XIV, 343[31]

Kapitel 8[32]

E:	
Pauschal: Die Kritik an dem hinter der GS stehenden Judenchristentum und dessen Christologie in Kap. 8 stammt von E	X, 275 mit A. 56
Verse: 12–29	XV, 368
Vers: 30	IV, 83f
Verse: 31ff (31–?)	II, 43
Vers: 34 (πᾶς ὁ + Part.)	IX, 260
Verse: 38–47	XV, 378[33]
Verse: 50f	XV, 368
Verse: 54f	XV, 378
Vers: 56	IX, 223 A. 163. 227[34]

Kapitel 9[35]

GS:	
Verse: 22f	XVI, 402[36]
Verse: 30–33	XVI, 402
E:	
Verse: 33–38	XII, 304 A. 72[37]; XV, 368
Verse: 39.40f.	XV, 368[38]

Kapitel 10[39]

GS:	
Pauschal: „Grundstock“ von Joh 10 aus GS	XVI, 386
Verse: 40–42	XII, 311.313[40]; XI, 287 mit A. 18 (aus „S“)
E:	
(Vers: 11 (?))	II, 42
Verse: 14f	XVI, 395
(Vers: 15 (?))	II, 42
(Verse: 17f (?))	IV, 85; II, 42
Verse: 25ff	XI, 285[41]
Vers: 29	XVI, 395
Verse: 30–33	VIII, 152; VI, 141[42]

Verse: 34–36	IX, 228[43]
Verse: 37f	XI, 285; III, 70
R:	
Vers: 16	XVI, 385.386
Kapitel 11[44]	
GS:	
Vers: 4a	XV, 365; XI, 285.286
Verse: 11–14	XIV, 330 A. 19
Vers: 24	XV, 362
Vers: 27 (ohne „Sohn Gottes“)	XV, 368
Vers: 40	XV, 365; XI, 285.286
Vers: 41 (wahrscheinlich)	X, 271 mit A. 32
Vers: 47	XI, 285 A. 14 (aus „S“)
E:	
Vers: 4b (ἵνα-Satz)	XI, 285f
Vers: 8	IV, 77f
[Verse: 21–27]	XIV, 342f[45]
Verse: 24–26	IX, 223 A. 163
Vers: 27 („Sohn Gottes“)	XV, 368
Vers: 45	IV, 83f
Verse: 50–52 (?)	II, 42[46]
R:	
Vers: 16 (vielleicht)	V, 110 A. 71
Kapitel 12[47]	
GS:	
Verse: 1–8 (wahrscheinlich)	XI, 287 mit A. 18 (aus „S“)
Verse: 12ff (12–16?)	XIII, 323 A. 40; X, 274; XI, 287 mit A. 18 (aus „S“)
Vers: 18	XI, 284 (aus „S“)
Verse: 27–28 (29)	XIII, 322 A. 35; X, 271 mit A. 32
Vers: 37	XII, 304; XI, 285 A. 14
Verse: 37–38.41–42(43)	XVI, 397 A. 54. 400 A. 63[48]
Vers: 42	XV, 355; X, 304
Vers: 43	XVI, 402
E:	
Vers: 7	VIII, 179
Vers: 11	IV, 83f
Vers: 16	XV, 357; III, 61
(Verse: 23–26)	II, 42
Vers: 23	XV, 362
Verse: 27–36	XV, 368
Vers: 28	III, 61

Vers: 31	IX, 223 A. 163
Vers: 32	XV, 362
Vers: 34	XV, 362–364[49];
	XIV, 337
Verse: 39f	XVI, 397 A. 54.
	400 A. 63
Verse: 44–50 (außer in V. 48: „am letzten Tage“ und „*wird* ihn richten“)	XV, 368[50]
R:	
Vers: 48 („am letzten Tage“ und „*wird* ihn richten“)	XV, 368.376
Kapitel 13[51]	
GS:	
Verse: 27–29	XIV, 330 A. 19
E:	
Vers: 2 (?)	II, 47f
Vers: 3	X, 270 mit A. 24;
	II, 42.48; III, 58f
Verse: 6–11	II, 42–48.52f[52]
Verse: 31f	III, 61; II, 47
Vers: 33	X, 270 mit A. 24;
	III, 69
Vers: 36	III, 67
R:	
Vers: 1	II, 52.53; III, 62f
Verse: 12–17	II, 48–57[53];
	XV, 378;
	VIII, 171.173
Verse: [17]18–19	II, 52.55f[54]
[Vers: 20 („könnte“)]	II, 57; III, 71 A. 38
Verse: 34f	XV, 378; XVI, 385.410
Kapitel 14[55]	
GS:	
Verse: [1.]2–3	XV, 364.373.376
E:	
Vers: 1 bzw. 1b	XVI, 398;
	XIV, 340 mit A. 59
Pauschal: Verse: 4–26	XV, 364.373
Verse: 4 und 5	X, 270 mit A. 24
Vers: 6	VIII, 193
Verse: 7–11	XV, 378[56]
Verse: 10–12	XIV, 340 mit A. 59[57]
Verse: 16f	XVI, 394
Verse: 18–20	III, 69[58]
Vers: 26	XVI, 394; XV, 357
Verse: 27–31	IV, 78[59]

R:	
Verse: 15 und 21	III, 71 A. 38
Kapitel 15–16(17)	
Kap. 15–16(17) – außer 17,1–5 – werden pauschal R zugeschrieben[60].	XVI, 385; IX, 262 A. 399; VIII, 171f.173. 191 A. 225. 193 A. 238
Kapitel 17	
Pauschal: Kap. 17 stammt – mit Ausnahme von VV. 1–2.4–5 bzw. VV. 1–3 (ohne Schluß von V. 3) .4–5 – von *R*	XV, 373 mit A. 109
E:	
Verse: 1–5	XVI, 385 A. 15; XV, 373 A. 109; VIII, 172 A. 141[61]
[ausgenommen V. 3 oder Schluß von V. 3]	XV, 373 A. 109
R:	
[Vers: 1a] („und dies redete Jesus") („könnte")	III, 68 A. 31
Verse: 6–26	XVI, 385; IV, 78 A. 12[62]
Kapitel 18–19	
Pauschal: Die Leidensgeschichte Kap. 18–19 gehörte im Kern mit Sicherheit zum „Zeichenevangelium S"; dazu Korrekturen durch *E* und Ergänzungen durch *R*	XII, 290; XI, 287 mit A. 18
Kapitel 18[63]	
VgrTr:	
[Vers: 29 (möglicherweise)]	XII, 299 A. 54
GS:	
Verse: 1–12	XI, 287 A. 18
Vers: 6	X, 274
Verse: 8f	X, 276 A. 59.278
Vers: 11	X, 271 mit A. 32
Verse: 18ff	X, 276 A. 59
E:	
Verse: 5–8	IV, 78f
Vers: 9	XVI, 395
Verse: 10f	IV, 79
(Verse: 14 und 32 (?))	III, 60
Vers: 37	XVI, 392 A. 40.395; IX, 260

Kapitel 19[64]
GS:

Vers: 7	XV, 357
Vers: 13	XIV, 333 A. 33[65]
Verse: 28–38 (pauschal)	XIV, 343[66]
Vers: 30	XIV, 333 A. 33
Vers: 38	XVI, 402
E:	
Vers: 11 (ἄνωθεν)	XIV, 338 A. 52
Vers: 12	IX, 260
(Vers: 24 (?))	III, 60
Vers: 28 (Terminologie!)	IX, 264; IV, 85
(Vers: 29 (?))	IV, 85
(Verse: 31–37)	III, 60
(Vers: 36 (?))	I, 5
Verse: 38 („dürfte") und 41f („dürften")	VIII, 179f
R:	
Vers: 5 („möglicherweise")	XVI, 409
Verse: 25–27 („wahrscheinlich")	XVI, 386f.409
Verse: 34b.35	VI, 120–142; XVI, 409; XV, 357f
Vers: 37 („wahrscheinlich")	IX, 261f
Verse: 39f	XVI, 409; VIII, 179

Kapitel 20
VgrTr:

[Verse: 1.11–17]	X, 266–280[67]
[Verse: 30f]	XI, 287[68]
GS:	
Verse: 1.11–17(18)	XI, 287 mit A. 18; X, 268–278
Vers: 17	X, 268–278; XVI, 392 mit A. 41
Vers: 18	X, 277f
Verse: 30.31a	XVI, 404 A. 79; XV, 355 A. 43; XII, 294[69]
E:	
[Verse: 19.20b (vielleicht)]	X, 274 A. 48
Vers: 31a („Sohn Gottes").b	XV, 359; XII, 294 A. 36
R:	
Verse: 2–10	VIII, 182f[70] XVI, 409; X, 274 A. 48
[Verse: 19–29]	X, 274 A. 48[71]
Verse: 24–29	XVI, 409; XV, 359; VIII, 180ff

Erg:

Verse: [21]22–23	XVI, 385; X, 274 A. 48; VIII, 180 A. 168

Kapitel 21

Das ganze Kap. 21 dürfte erst bei der Schlußredaktion – also nach *R* – angefügt worden sein.	XVI, 385; XV, 376

Am Schluß dieser Zusammenstellung seien noch kurz die Kriterien genannt, die *Richter* zu seinen literarkritischen Entscheidungen geführt haben. Aus Raumgründen ist nur eine bloße Aufzählung möglich.

Neben allgemeinen literarkritischen Beobachtungen wie Rissen, Brüchen und Widersprüchen im Text, formalen Parallelen mit verändertem Inhalt, Aufnahme und Neuinterpretation/Variierung von vorgegebenen Themen u. a. spielt die *Christologie* in der für die jeweilige Schicht charakteristischen Art das entscheidende Kriterium. Mit dieser Christologie hängen dann andere Themen zusammen, die als Unterscheidungsmerkmale zu verstehen sind.

A. Grundschrift:

Christologie: Jesus ist – gemäß 20,30.31a (ohne „Sohn Gottes") = Zielangabe – der erwartete (mosaische) Prophet-Messias, der – als bloßer Mensch! – von Gott erwählt wurde.

Damit *zusammenhängende Themen:* die „Zeichen" als Beweis für die Messianität Jesu; die Doxa Jesu als die Doxa des Prophet-Messias; die futurische Eschatologie apokalyptischen Stils; die Taufe (Jesu und der Gemeinde) als messianische Taufe, die heilsnotwendig ist; die positive Wertung der „Brüder" Jesu; die Situation der judenchristlichen Gemeinde (Auseinandersetzung mit dem Judentum und mit Täuferkreisen).

B. Evangelist:

Christologie: Jesus ist – gemäß der Ergänzung in 20,31a („Sohn Gottes") .b und 1,1-13 – der vom Himmel gekommene, präexistente „Sohn Gottes".

Damit *zusammenhängende Themen:* alle Aussagen, die dem Erweis der Göttlichkeit und Gottessohnschaft Jesu dienen; Texte zur Präexistenz Jesu; die präsentische Eschatologie; die dualistisch-prädestinianischen Stellen sowie die Verbindung von Prädestination und Appell an den Glauben; das besondere Doxa-Verständnis; die Kritik am Zeichenglauben der GS und an der Heilsnotwendigkeit der Taufe; die Abwertung der „Brüder" Jesu; die Rechtfertigung des „neuen" Glaubens gegenüber dem „alten"; die Situation des E (Auseinandersetzung des E mit dem grundschriftlichen Judenchristentum und bestimmten Täuferkreisen). Auch die Terminologie wird von *Richter* zuweilen als Kriterium herangezogen.

C. Antidoketistischer Redaktor:

Christologie: Jesus ist nicht nur der (vom Himmel gekommene) Sohn Gottes, sondern auch wahrer Mensch.

Damit *zusammenhängende Themen:* antignostische Polemik; Betonung der Eucharistie als Fleisch und Blut des menschgewordenen Gottessohnes und Heilsnotwendigkeit der Eucharistie; Korrektur der präsentischen Eschatologie des E durch Rückgriff auf die futurische Eschatologie; praktisch-orientierter und „verkirchlichter" Dualismus; Paränese angesichts eines doketistischen (bzw. gnostischen?) Libertinismus; Mahnungen zur Einheit (= Widerspiegelung der Situation des R). Außerdem: eine von 20,31 abweichende Tendenz; Variierung von Begriffen von E; andere Terminologie.

Für die *vorgrundschriftliche Tradition* gibt *Richter* als Kriterium die Parallelität bzw. Entsprechung zu den Syn an. Zur Erkennung der *späteren Ergänzungen* werden kaum Kriterien benannt; *Richter* sagt höchstens ganz vage: paßt nicht zur Theologie etc. der anderen Schichten.

II. Charakterisierung der einzelnen Schichten im 4. Evangelium und der hinter ihnen erkennbaren (joh.) Gemeinde(n)

Wie schon die Darstellung der literarkritischen Ergebnisse *Richters* verdeutlicht hat, betrachtet er das 4. Evangelium als ein „vielschichtiges Werk, in dem verschiedene – zum Teil einander widersprechende – theologische Konzeptionen unausgeglichen nebeneinander stehen"[72]. Diese Kompliziertheit sei aber nicht damit zu erklären, daß ein Autor verschiedene und verschiedenartige Quellen zusammenkomponiert habe, sondern damit, daß der jeweils spätere Redaktor[73] das Werk seines Vorgängers überarbeitet, ergänzt, korrigiert und sich mit ihm polemisch auseinandergesetzt habe. Dabei seien die Autoren zugleich die Exponenten einer Gemeinde bzw. einer Gruppe von Gemeinden gewesen, so daß in der literarischen Ebene des Johannesevangeliums und der Johannesbriefe ein Stück Kirchen- und Theologiegeschichte der joh. Gemeinden erkennbar werde[74]. Man müsse also eher von Schichten als von Quellen im 4. Evangelium sprechen. Als solche Schichten glaubt *Richter* erkennen zu können:

A. Die vorgrundschriftliche(n) Tradition(en)[75]

Sie sei(en) die Quelle(n), deren sich der Verf. GS bedient habe. Dazu gehörten: eine Darstellung des Verhältnisses zwischen dem Täufer und Jesus; eine Semeia-(= Zeichen)-Quelle[76]; eine von den Syn abweichende Darstellung des Leidens, Sterbens und der Auferweckung Jesu[77].

Die *Gemeinde* dieser VgrTr möchte *Richter* „im weiteren Sinn . . . auch schon johanneisch nennen"[78].

B. Die (joh.) judenchristliche Grundschrift[79]

Diese Schrift bildet nach *Richter* die älteste Schicht des 4. Evangeliums[80]. In ihr gehe es – gemäß 20,30.31a (ohne „Sohn Gottes") – um den Nachweis, „daß Jesus der von Gott verheißene Messias [sei], und zwar nicht der davidische Messias, sondern der Prophet-Messias, der Dtn 18,15ff verheißene Prophet wie Moses"[81]. Dabei werde Jesus durchaus als Mensch, als Sohn Josephs (nicht von göttlicher Herkunft) dargestellt, der von Gott zum Messias erwählt worden sei.

Hinter dieser Schicht stehe eine *judenchristliche Gemeinde* besonderer Art. Sie sei aus einem heterodoxen Diaspora-Judentum (in Nordpalästina-Syrien-Ostjordanien) hervorgegangen, das als Messias nicht einen Nachkommen Davids, sondern den von Moses verheißenen Propheten erwartete[82], und sei später aus der Synagoge ausgeschlossen worden. Die GS sei das „Glaubensdokument"[83] dieses joh. Judenchristentums, abgefaßt nach dem Ausschluß aus der Synagoge (gegen Ende der 80er Jahre)[84].

C. Das 4. Evangelium in der Fassung des Evangelisten (oder 1. Redaktors)

Diese Schicht bzw. dieses christologische Stadium nennt *Richter* die „Sohn-Gottes-Christologie"[85]: „Jesus ist der vom Himmel herabgekommene präexistente Sohn Gottes, der vom Vater gesandte eschatologische Heilbringer; wer an Jesu himmlische Herkunft und Gottessohnschaft glaubt, erlangt – richtiger: hat – das Heil, wer nicht glaubt, ist vom Heil ausgeschlossen"[86]. Glauben kann aber nur, wer von Gott dazu prädestiniert ist, wer „von oben gezeugt ist"[87].

E als Exponent und führende Persönlichkeit des „neuen Glaubens"[88] (gegenüber der Christologie der GS) habe die judenchristliche GS im Sinne dieser „Sohn-Gottes-Christologie" neu interpretiert: durch Zusätze, Reden Jesu, durch kurze, die GS korrigierende und umdeutende Sätze etc.

D. Die Überarbeitung durch den antidoketistischen (2.) Redaktor

Die 3., jüngste und letzte[89] Schicht im 4. Evangelium geht nach *Richter* auf den sog. antidoketistischen Redaktor zurück, von dem bzw. zumindest aus dessen geistigem Milieu auch die Joh-Briefe stammen[90]. Als Antwort auf doketistische (und gnostische?) Entwicklungen in der (den) joh. Gemeinde(n), die die einseitige „Sohn-Gottes-Christologie" des E begünstigt habe[91], habe dieser „antidoketistische Redaktor", der „damals wohl an der Spitze der (im engen Sinn) joh Gemeinden stand oder zumindest zu ihren führenden Männern gehörte"[92], die Schrift des E durch antidoketistische Aussagen ergänzt, „die das wahre Menschsein und die wirkliche Leiblichkeit Jesu, aber auch andere, durch die Situation des Doketismus aktuell gewordene Themen zum Inhalt hatten"[93]. So habe er „für den Ausgleich gesorgt, und wenn er es nicht getan hätte, wäre das JE (wie es aus der Hand des Evangelisten hervorgegangen war) wahrscheinlich ein ausschließlich gnostisch-häretisches Evangelium geworden beziehungsweise geblieben"[94].

E. Spätere Ergänzungen

Als letzte Phase der Entstehung unseres heutigen 4. Evangeliums nimmt *Richter* noch spätere Ergänzungen an[95]. Eine nähere Ausführung zu dieser Schicht fehlt freilich bei ihm.

III. Die Schichten im 4. Evangelium als Spuren von Glaubensauseinandersetzungen in der (den) joh. Gemeinde(n)

Was im Vorhergehenden als Schichten des 4. Evangeliums aufgezeigt und mit der (den) joh. Gemeinde(n) in Zusammenhang gebracht worden war, ist nach *Richter* freilich nicht das Ergebnis einer ruhigen, kontinuierlichen Entwicklung gewesen, sondern der Niederschlag heftiger (zum großen Teil innergemeindlicher) christologischer Kontroversen, nämlich[96]: Auseinandersetzungen zwischen dem (joh.) Judenchristentum und dem Judentum (bzw. der Täufergemeinde), Polemik zwischen dem joh. Judenchristentum (und Täufergruppen) und dem Kreis um E und umgekehrt[97], Auseinandersetzungen des antidoketistischen Redaktors mit doketistischen (und anderen gnostischen?) Kreisen[98] sowie weiterer Spannungen und Spaltungen (vgl. 3 Joh).

Fazit:

Das Johannesevangelium sei keine literarische und theologische Einheit, sondern spiegle, „als Produkt der jeweiligen Neuinterpretierung, Überbietung und/oder Korrektur des alten Glaubens – das heißt des christologischen Bekenntnisses der vorhergehenden Schicht – die Disharmonie und Zerrissenheit der joh Gemeinden“[99] wider. Es gebe auch nicht „*die* joh Gemeinde“ (oder Gemeindegruppe), „sondern nur . . . eine Reihe von joh Gemeinden (oder Gemeindegruppen), deren Existenz in Zerrissenheit – ja weithin in einem Gegeneinander – zum Ausdruck kommt in den verschiedenen, zeitlich aufeinanderfolgenden Schichten des JE bzw. in den joh Schriften überhaupt“[100].

IV. Kritische Anmerkungen

Wenn abschließend noch einige Worte zur Kritik gesagt werden, so kann das nur recht pauschal und in Kürze geschehen. Eine Auseinandersetzung mit *Richter* über Einzelstellen, wie sie eigentlich geboten wäre, ist in diesem Rahmen nicht möglich[101].

A. Zur literarkritischen Arbeit am Johannesevangelium

a. Grundsätzliche Berechtigung literarkritischer Analysen

Es ist in der Johannesforschung heute unbestritten, daß das 4. Evangelium kein Werk aus einem Guß ist. Diese Tatsache können auch stilkritische und sprachstatistische Untersuchungen, die eine sprachliche Einheit des Johannesevangeliums aufzeigen zu können glauben[102], nicht vergessen machen: Unausgeglichenheiten, logische Spannungen und Brüche, variierende Terminologie, unterschiedliche Konzeptionen u. a. sind unübersehbar[103].

Zur Lösung dieser Unausgeglichenheiten, Spannungen etc. werden in der Literatur verschiedene Wege begangen:

1. Verarbeitung von Quellen

Manche Autoren erklären die Spannungen etc. damit, daß der 4. Evangelist bei der Abfassung seines Werkes unterschiedliche Quellen – u. U. kritisch – benutzte, die miteinander auszugleichen ihm nicht immer gelungen ist. Außerdem wird eine – meist begrenzte – Tätigkeit einer späteren Redaktion, z. B. bei der Endfassung des 4. Evangeliums, ins Auge gefaßt. Erwähnt seien beispielhaft: *R. Bultmann*[104], *R. Schnackenburg*[105], *J. Becker*[106], *R. T. Fortna*[107], *W. Nicol*[108], *T. A. Mohr*[109], *A. Dauer*[110], *G. Reim*[111] u. a. Ja, man kann sagen, daß die meisten Exegeten – auch viele der unter 2. und 3. genannten – mit Quellenbenutzung durch den 4. Evangelisten in irgendeiner Form rechnen. Ich glaube, daß die Annahme von Quellen tatsächlich manche Unausgeglichenheiten etc. erklären kann.

2. Wiederholte Edition des Evangeliums durch den Autor

Andere Forscher sind der Ansicht, der Evangelist habe sein Werk, zu dem er wohl auch Quellen benutzte, mehrmals überarbeitet. Als Vertreter dieser Sicht seien genannt: *W. Wilkens*[112], *P. Parker*[113], *B. Lindars*[114], *R. E. Brown*[115].

3. Literarkritik und Schichtenanalyse

Immer beliebter wird in letzter Zeit die auch von *Richter* angewandte Literarkritik und Schichtenanalyse mit redaktionsgeschichtlicher Fragestellung. Recht kompliziert und auch umstritten[116] ist die Analyse von *M.-É. Boismard* und *A. Lamouille*[117], die vier Schichten im 4. Evangelium annehmen. *H. Thyen*[118] hält zwei Schichten im 4. Evangelium für rekonstruierbar: die joh. Grundschrift und die Arbeit eines kirchlichen Redaktors, dessen Anteil am 4. Evangelium sehr umfangreich gewesen sei und den er deswegen als den eigentlichen 4. Evangelisten bezeichnen möchte[119]. Als weitere Beispiele seien genannt: *W. Langbrandtner*[120], *H. M. Teeple*[121] und, aus jüngster Zeit, *R. Baum-Bodenbender*[122] und *H.-P. Heekerens*[123]. Selbst *R. Schnackenburg,* der früher gegenüber der Literarkritik wesentlich zurückhaltender war, hat sich ihr inzwischen in größerem Maße geöffnet[124]. *Richter* befindet sich mit seiner Fragestellung also in guter Gesellschaft!

b. Anfragen an die literarkritischen Analysen *Richters*

1. Problematische Kriterienauswahl

Recht problematisch erscheinen mir die Kriterien, die *Richter* zur Identifizierung der einzelnen Schichten im 4. Evangelium einsetzt. Wie oben ausgeführt, ist sein *Hauptkriterium* die jeweils unterschiedliche *Christologie*. Hauptstütze dafür ist ihm Joh 20,30 f – das er freilich in späteren Aufsätzen selber wieder literarkritisch differenziert(!). Abgesehen davon, daß dieses Kriterium für die VgrTr und Erg nichts hergibt, ist es auch für die Identifizierung der drei Hauptschichten kaum brauchbar. So hat *H. Thyen* mit Recht Bedenken, „aus 20,31 unreflektiert den absichtsvoll definierten ‚Zweck des Evangeliums' herauslesen zu wollen"[125]. Und an anderer Stelle schreibt er: „Doch abgesehen von dieser Interpretationsfrage [zu 20,30 f] halte ich die allzu schematische Benutzung dieser als ‚Zweckbestimmung des ursprünglichen Evangeliums' verstandenen Aussage als Kriterium für literarkritische Operationen für bedenklich. Denn keine der literarischen Schichten des vierten Evangeliums läßt sich auf einen einzigen ‚Zweck' reduzieren. Und ich kann mich des Eindrucks nicht erwehren, als lasse sich Richter durch den unbestreitbaren methodischen Erfolg der Frage nach dem Zweck dazu verführen, ein bewährtes *heuristisches Prinzip* kurzschlüssig mit der erfragten Sache selbst zu identifizieren."[126] Das sagt ein Kritiker, der *Richters* Arbeit durchaus wohlgesonnen ist.

Hinzukommt beim Kriterium „Christologie" natürlich die Frage, woher *Richter* so genau weiß, welche Art von Christologie welcher Schicht (und damit welcher Gruppe in der joh. Gemeinde) zuzuweisen ist. Man hat immer wieder bei seinen Analysen den Eindruck, daß er bereits mit vorgefaßter Meinung an die Texte herangeht, so daß er in ihnen nur die Bestätigung seiner (Vor-)Urteile sucht und findet.

Nicht weniger bedenklich sind die Versuche, mit anderweitigen konzeptionellen Ähnlichkeiten bzw. Unähnlichkeiten unterschiedliche Theologien und damit verschiedene Verfasser eruieren zu wollen. Gerade hier sind der subjektiven Einschätzung (und Fehleinschätzung) Tür und Tor geöffnet[127]. Diese konzeptionellen Unterschiede könnten ja auch durch die Übernahme verschiedener Quellen /Traditionen bedingt sein. Außerdem muß man sich fragen, ob diese Unterschiede wirklich so gravierend sind, daß solche Texte nur dann verständlich werden, wenn man sie unterschiedlichen Autoren zuweist[128]. Auf ein gutes Beispiel macht *K. Wengst*[129] aufmerksam: den Zusammenhang zwischen Glaube und Handeln.

R. Schnackenburg hat recht, wenn er schreibt: „Ein literarkritischer Purismus, der ein scharfes Seziermesser ansetzt und alles angeblich nicht in die Christologie des Evangelisten Passende ausschneidet, setzt sich dem Verdacht einer Befangenheit aus."[130]

2. Kritik an einzelnen literarkritischen Entscheidungen *Richters*

Aus den mir fraglich erscheinenden literarkritischen Entscheidungen *Richters* möchte ich nur einige herausgreifen und kurz besprechen:

1,14–18, das von *Richter*[131] R zugeschrieben wird, läßt sich durchaus – wenigstens teilweise – als zum ursprünglichen Logos-Hymnus zugehörig verstehen[132].

Die *vorgrundschriftliche* Täufertradition, die sich durch die ersten drei Kapitel durchziehen soll, hat *Richter* m. E. kaum schlüssig nachgewiesen[133].

Die Unterscheidung in Kap. 3 zwischen grundschriftlicher Darstellung des Nikodemusgesprächs und der Korrektur durch E ist nicht überzeugend[134].

Aus Kap. 17 die Verse 1–2.(3.)4–5 E zuzuschreiben, den Rest des Kap. aber R, ist – wenn überhaupt – nicht hinreichend begründet. Sie bilden vielmehr mit dem übrigen Kap. eine Einheit[135].

19,(25.)26–27 stammen, wie auch die anderen Lieblingsjüngerstellen im 4. Evangelium, von E, wie ich anderweitig nachzuweisen versucht habe[136].

Die Tomas-Perikope 20,24–29 läßt sich als literarisches Gebilde des Johannes verstehen[137].

Kap. 21 als spätere Ergänzung – nach dem (2.) Redaktor – anzusetzen, widerspricht nicht nur dem allgemeinen Konsens der Johannes-Forscher, sondern ist auch in keiner Weise von *Richter* stichhaltig bewiesen, vielmehr nur von ihm behauptet.

Schwieriger zu beurteilen sind 6,51c–58 und Kap. 15–16(17), die nicht nur *Richter* für sekundär hält. Hinweise auf gleiche Sprache und gleichen Stil wie im sonstigen Evangelium bzw. in den von E stammenden Stücken werden von einer Reihe von Exegeten[138] nicht mehr ernstgenommen, da man sie dem *Soziolekt* der joh. Schule zuschreibt; sie seien in der Regel unbrauchbar zur Identifizierung des *Ideolekts* von E. M. E. macht man sich hier die Aufgabe, sich mit Spracheigentümlichkeiten auseinanderzusetzen, zu leicht. Die „klassischen" Stilcharakteristika, die in der Johannesforschung zusammengestellt wurden, sind ja gerade keine theologisch gefüllten Ausdrücke, die am ehesten noch auf eine gemeinsame (theologische) Sprache einer Schule im Sinne eines Soziolekts schließen lassen, sondern völlig unbetonte und unbedeutende sprachliche Floskeln, Redewendungen etc. Man müßte m. E. über das Problem der Sprache als Unterscheidungskriterium gründlicher nachdenken, um mit ihr objektiv umgehen zu können.

Aber ganz abgesehen von den sprachlichen Beziehungen zwischen den für sekundär gehaltenen Stücken und dem übrigen Evangelium halte ich die Frage noch nicht für erledigt, ob es sich in den Kap. 15–16(17) nicht doch um (Parallel-)Entwürfe von E (zu der 1. Abschiedsrede in Kap. 14) handelt, die dann vielleicht von der Redaktion hier eingeschoben wurden.

B. Zur Frage nach der (den) joh. Gemeinde(n) und den Entwicklungen in ihr (ihnen) mit Hilfe der joh. Schriften

a. Die Legitimität der Fragestellung

Auch das Bemühen, anhand des joh. Schrifttums (Joh-Ev und 1–3 Joh) nach der (den) dahinterstehenden Gemeinde(n) und den Entwicklungen in dieser (diesen) Gemeinde(n) zurückzufragen, ist zwar risikoreich, aber weder verboten noch aussichtslos. Besonders seit in der Johannes-Forschung die These immer mehr Anhänger findet, daß hinter dem joh. Schrifttum nicht nur ein einzelner Autor bzw. einzelne Autoren stehen, sondern eine Schule mit eigenem Traditions- und Lehrbetrieb[139], mehren sich die ernstzunehmenden und interessanten Arbeiten in diesem Bereich. Aus einer größeren Zahl seien beispielhaft erwähnt: *O. Cullmann*[140], *J. L. Martyn*[141], *J. Becker*[142], *G. Klein*[143], *D. M. Smith*[144], *W. A. Meeks*[145], *U. B. Müller*[146], *H. Thyen*[147], *W. Langbrandtner*[148], *R. E. Brown*[149], *K. Wengst*[150]. Zwar warnt *R. Schnackenburg* vor allzu hoch gesteckten Erwartungen wegen der notwendig hypothetisch bleibenden Ergebnisse[151]. Trotzdem sind auch Arbeiten auf diesem Gebiet durchaus begrüßenswert.

b. Kritik an *Richters* historischen Rekonstruktionen

1. Was zunächst die Rekonstruktion und Charakterisierung der einzelnen Gemeindegruppierungen – der judenchristlichen Gemeinde mit ihrer „Prophet-Messias-Christologie“ und handfestem Sakramentalismus; des Kreises um E mit seiner „Sohn-Gottes-Christologie“ und einem ausgeprägten Antisakramentalismus; der Leute um den antidoketistischen R[152] – betrifft, so sind sie nicht das Ergebnis exakter Textinterpretationen, sondern einer bedenklichen *Eis*egese. Das gilt insbesondere für die von ihm angenommene judenchristliche Gemeinde, die *Thyen* als „ein Phantom“[153] bezeichnet. Und er fährt fort: „Akzeptabel daran scheint mir nur zu sein, daß wir . . . die Ursprünge des johanneischen Christentums innerhalb der Synagoge und in der Auseinandersetzung mit täuferischen Kreisen suchen müssen; und zwar wohl in der Synagoge eines ‚heterodoxen‘ Judentums Samarias oder Syriens. Aber gerade für diese *Anfänge* ist doch wohl der (schon jüdische!) Dualismus konstitutiv, so daß sich das Menschsein Jesu und seine himmlische Herkunft sowenig ausschließen müssen wie die Praxis der Taufe und die ‚Geburt von oben‘ oder das göttliche ‚Ziehen‘ und ‚Erwählen‘ und das menschliche ‚Hören der Stimme des Geistes‘.“[154] M. a. W.: Theologische Vorstellungen, die *Richter* eigentlich erst E mit seiner „Sohn-Gottes-Christologie“ zuschreibt, können durchaus schon in einer früheren Phase aufgetreten sein. Die von *Richter* aufgezeigten theologischen Unterschiede sind künstlich, z. T. willkürlich und nicht verifizierbar. Damit erweisen sich aber auch seine geschichtlichen Rekonstruktionen als zwar z. T. recht geistreich, aber im großen Ganzen als unwahrscheinlich.

2. Noch härter zu urteilen ist über *Richters* Beschreibung der innergemeindlichen Vorgänge zwischen den einzelnen Gruppen: Das Ganze kann ich nur als abwegig betrachten. Gewiß gab es Spannungen und auch Abspaltungen (vgl. 1 Joh, aber auch Joh 6,66; [8,30 ff?]. Aber dieser „Bürgerkrieg“ zwischen der judenchristlichen Stammgemeinde und E bzw. den Leuten um ihn ist von *Richter* grundlos in die Texte eingetragen. Wenn schon solche Spannungen, ja Feindschaften zwischen den joh. Judenchristen und den „Neuerern“ bestanden, warum hat dann E ausgerechnet das „Glaubensdokument“ dieser verhaßten Stammgemeinde zur Grundlage seines Evan-

geliums gemacht, selbst wenn er es dann kritisch und polemisch ergänzte und überarbeitete. Ähnliches gilt von R[155]. Bei aller Hochschätzung für *Richter* muß auch *Thyen* feststellen: „Richter stellt seinen Leser . . . vor ein ähnliches, ja eher noch vor ein größeres Rätsel, wie Bultmann mit seinem ‚kirchlichen Redaktor'."[156]

Wenn es Entwicklungen in der (den) joh. Gemeinde(n) gegeben hat, dann sicher nicht in der von *Richter* dargestellten Konfrontation, sondern eher im Sinne einer Fortentwicklung, nämlich als „Versuch der Aneignung und Neuakzentuierung *eigener* Überlieferung unter aktuellen Herausforderungen" und nicht als „Zusammenstoß theologisch inkommensurabler Welten"[157].

Anmerkungen

1 Vgl. z. B. *E. Haenchen,* Aus der Literatur zum Johannesevangelium 1929–1956, in: ThR 23 (1955) 295–335; *E. Malatesta,* St. John's Gospel 1920–1965 (= AnBib 32), Rom 1967; *H. Thyen,* Aus der Literatur zum Johannesevangelium, in: ThR 39 (1974) 1–69. 222–252. 289–330; 42 (1977) 211–270; 43 (1978) 328–359; 44 (1979) 97–134 (im folgenden immer zitiert als ThR . . .); *J. Becker,* Aus der Literatur zum Johannesevangelium (1978–1980), in: ThR 47 (1982) 279–301. 305–347; *R. Schnackenburg,* Entwicklung und Stand der johanneischen Forschung seit 1955, in: L'Évangile de Jean, hrsg. v. *M. de Jonge* (= BEThL 44), Gembloux-Leuven 1977, 19–44; *R. Kysar,* The Fourth Evangelist and His Gospel, Minneapolis/Minn. 1975; *B. M. Metzger,* Index to periodical literature on Christ and the Gospels, Leiden 1966.

2 Vgl. z. B. *H. Thyen,* ThR 39 (1974) 64; 42 (1977) 211 f; 43 (1978) 355.

3 Vertreter der „älteren Literarkritik" am Johannesevangelium waren: *H. H. Wendt,* Das Johannesevangelium. Eine Untersuchung seiner Entstehung und seines geschichtlichen Wertes, Göttingen 1910; *ders.,* Die Schichten im vierten Evangelium, Göttingen 1911; *J. Wellhausen,* Das Evangelium Johannis, Berlin 1907; *ders.,* Erweiterungen und Änderungen im vierten Evangelium, Berlin 1907; *E. Schwartz,* Aporien im vierten Evangelium, in: NGG phil.-hist. Kl., Berlin 1907, 342–372; Berlin 1908, 115–188. 497–560; *F. Spitta,* Das Johannes-Evangelium als Quelle der Geschichte Jesu, Göttingen 1910; *B. W. Bacon,* The Fourth Gospel in Research and Debate, London 1910, und, als einer der letzten dieser Generation, *E. Hirsch,* Studien zum vierten Evangelium (= BHTh 11), Tübingen 1936.

4 Ähnliches hatte vor Jahren *D. M. Smith, Jr.,* mit den Analysen in Bultmanns Joh-Kommentar getan: The Composition and Order of the Fourth Gospel. Bultmann's Literary Theory, New Haven – London 1965. Freilich kann es hier im Rahmen eines Aufsatzes nicht in derselben Gründlichkeit und Ausführlichkeit wie bei *Smith* geschehen.

5 *G. Richter,* Studien zum Johannesevangelium, hrsg. von *J. Hainz* (= BU 13), Regensburg 1977.

6 Die einzelnen „Schichten" werden folgendermaßen abgekürzt:
VgrTr = Vorgrundschriftliche Tradition
GS = (joh.) judenchristliche Grundschrift
E = Evangelist (= 1. Redaktor)
R = Antidoketistischer (2.) Redaktor
Erg = Spätere Ergänzungen
Die Klammern bedeuten:
[] = *Richter* selbst schwankt im Urteil
() = Zuordnung unsicher oder schwierig wegen unpräziser Angaben von *Richter*

7 Zu *Erg* keine näheren Angaben.

8 Vgl. auch XII, 311 (zu V. 7a).

9 Unter Verwendung von Traditionsgut.

10 Zu *R* und *Erg* keine näheren Angaben.
11 Weniger wahrscheinlich ist, daß eine Notiz über die Taufe Jesu ausgefallen ist: XII, 308.
12 Es ist möglich, daß das schon zur VgrTr gehörte: XII, 311.
13 Unter Verwendung eines traditionellen Logions.
14 Zu *Erg* keine näheren Angaben.
15 Unter Verwendung von Traditionsgut.
16 Als Vorlage für GS.
17 Als Vorlage für GS.
18 Evtl. auch Auslassung von „Wasser und“: XIV, 335 A. 39.
19 Wahrscheinlich, aber nicht absolut sicher von E.
20 Würde gut zur Situation von R passen.
21 Zu *R* und *Erg* keine näheren Angaben.
22 Aus der Zeichenquelle vor GS.
23 Zu *VgrTr* und *Erg* keine näheren Angaben.
24 In der Überarbeitung und Korrektur von E.
25 Vgl. auch XV, 370 A. 99 (zu VV. 21–26); XV, 362 (zu VV. 25–27).
26 Unter Verwendung von Traditionsgut.
27 Zu *Erg* keine näheren Angaben.
28 Vgl. auch X, 275 mit A. 56 (zu VV. 32 ff).
29 Zu *VgrTr, R* und *Erg* keine näheren Angaben.
30 Durch E kritisch umgeformt.
31 Kritik des E an der grundschriftlich-judenchristlichen Messias-Christologie.
32 Zu *VgrTr, GS, R* und *Erg* keine näheren Angaben.
33 Vgl. auch XV, 359 A. 58 (zu VV. 42–48); XVI, 393.395.397; XIV, 340 (zu VV. 42–47).
34 Zugrundeliegt eine jüdische Vorstellung.
35 Zu *VgrTr, R* und *Erg* keine näheren Angaben.
36 Vgl. auch XVI, 397 A. 54 (zu V. 22). 402 A. 74. 403 f; XV, 355.
37 Von E neu gedeutet!
38 Vgl. auch IX, 223 A. 163 (zu V. 39).
39 Zu *VgrTr* und *Erg* keine näheren Angaben.
40 VV. 40 f.
41 Vgl. auch XVI, 395 (zu VV. 26 f).
42 Vgl. auch XV, 357.359 A. 58 (zu V. 33).
43 Unter Benutzung einer zeitgenössischen haggadischen Auslegung von Ps 82,6.
44 Zu *VgrTr* und *Erg* keine näheren Angaben.
45 Neuinterpretation der GS durch E.
46 Vgl. auch III, 60.69 (zu V. 50); X, 269 A. 20 (zu V. 52): Verwendung traditioneller jüdischer oder judenchristlicher Anschauung.
47 Zu *VgrTr* und *Erg* keine näheren Angaben.
48 Vgl. auch XVI, 402 (zu VV. 42 f); XVI, 402 A. 74.403 f (zu V. 42).
49 Unter Wiedergabe von Ansichten des joh. Judenchristentums.
50 Vgl. auch XV, 378 (zu V. 46).
51 Zu *VgrTr* und *Erg* keine näheren Angaben.
52 Vgl. auch III, 59 (zu VV. 4–10); XV, 357 (zu V. 7).
53 Unter Verwendung von Tradition.
54 Vgl. auch IX, 261 f (zu V. 18).
55 Zu *VgrTr* und *Erg* keine näheren Angaben.
56 Vgl. auch XV, 371 (zu VV. 9 f).
57 Vgl. auch XI, 285 mit A. 15 (zu VV. 10 f).
58 Vgl. auch XV, 357 (zu V. 20).
59 Vgl. auch X, 270 mit A. 24 und 25 (zu V. 28).
60 Deswegen wird auch darauf verzichtet, die Belegstellen aufzuführen, in denen *Richter Einzelverse* der Kap. 15–16(17) R zuweist.
61 Vgl. auch XVI, 395 (zu V. 2); VIII, 193 (zu V. 5).

62 Vgl. auch XVI, 399 (zu VV. 6.7.8.9.11.12.14.16.24.25); XVI, 410 (zu VV. 11.12.20–23). – Zu *VgrTr, GS, Erg* keine Angaben.
63 Zu *R* und *Erg* keine näheren Angaben.
64 Zu *VgrTr* und *Erg* keine näheren Angaben.
65 Καθίζειν im transitiven Sinn.
66 Mit Korrekturen durch E.
67 Als Vorlage für GS.
68 Aus der vor der erweiterten S-Quelle (= GS) liegenden Zeichenquelle.
69 Vgl. auch XVI, 389 (zu V. 31a).
70 „es scheint".
71 Ausgenommen vielleicht VV. 19.20b: von *E,* und VV. (21) 22–23: *Erg.*
72 IX, 261.
73 *Richter,* X, 268 A. 16, bezeichnet nicht nur – wie sonst oft in der Literatur – den sog. antidoketistischen Redaktor, den er als 2. Redaktor benennt, als solchen, sondern auch E als 1. Redaktor.
74 XV, 354.
75 *Richter* rechnet dieses Stadium nicht zu den eigentlichen „Schichten" des 4. Evangeliums; er spricht hier von „Vorgeschichte" der Christologie der joh. Gemeinden (XV, 354 A. 39).
76 Zu dieser Semeia-Quelle vgl. *Richters* Besprechung der Arbeit von *W. Nicol:* XI (passim). Nach *Richter,* XI, 287, enthielt sie nur Zeichen. – Anders: *R. T. Fortna,* The Gospel of Signs (= SNTS MSS 11), Cambridge 1970.
77 XVI, 404 A. 79; vgl. auch XV, 355, A. 43.
78 XVI, 387 A. 24.
79 *Richter* möchte diese christliche Schrift statt „Grundevangelium" oder „Zeichenevangelium" – mit *J. Wellhausen* – „vorsichtiger" „Grundschrift" nennen: XII, 288; dort auch die Begründung.
80 XV, 355.
81 Ebd.
82 Vgl. XV, 355 A. 42.
83 XVI, 407.
84 XV, 355. – Zur Gemeindeverfassung dieser (joh.) judenchristlichen Gemeinde vgl. XVI, 403.
85 XV, 356.
86 Ebd.
87 Vgl. z. B. XVI, 395 u. ö.
88 Zur Organisation der Gemeinde von E vgl. XVI, 406 f.
89 XV, 357.
90 Vgl. XVI, 398; XV, 357.376. – In XIV, 341; VIII, 177.182 A. 180.195, identifiziert *Richter* sogar R mit dem Verf. von 1 Joh.
91 XVI, 408. – E selbst sei wohl kein Doketist gewesen (ebd.).
92 XVI, 409.
93 Ebd.
94 XV, 382. Zur Charakterisierung des R und der Gruppe, die er repräsentierte, vgl. auch XVI, 411 A. 99 (konservativer Flügel innerhalb der joh. Gruppe um E).
95 XV, 357 A. 50.
96 Vgl. dazu bes. die Aufsätze XV und XVI von *Richter.*
97 Im Zusammenhang mit der „Sohn-Gottes-Christologie" steht auch der Streit um die Eschatologie (XV, 360–373), um die Taufe und ihre Heilsnotwendigkeit (XIV, passim) u. a. – Eine Folge dieses christologischen Streits war wahrscheinlich auch der Ausschluß der „Neuerer" aus der judenchristlichen Gemeinde (XVI, 406), die sich dann als eigene, zur Muttergemeinde im christologischen Gegensatz stehende Gemeinschaft konstituierten (XV, 356).
98 Die Doketisten verließen die Gemeinde und bildeten eigene Gemeinschaften, die auch missionierten: XVI, 410.

99 XV, 359.
100 XVI, 413.
101 Zur Kritik an *Richter* vgl. u. a. *H. Thyen,* ThR 43 (1978) 352–357, bes. 355 ff; ThR 44 (1979) 112–118, bes. 116 ff; *K. Wengst,* Bedrängte Gemeinde und verherrlichter Christus. Der historische Ort des Johannesevangeliums als Schlüssel zu seiner Interpretation, Neukirchen-Vluyn 1981, 22–26; *R. Schnackenburg,* Das Johannesevangelium IV: Ergänzende Auslegungen und Exkurse (=HThK IV, 4), Freiburg-Basel-Wien 1984, 14 ff und 90–102 („Zur Redaktionsgeschichte des Johannesevangeliums").
102 Vgl. bes. *E. Ruckstuhl,* Die literarische Einheit des Johannesevangeliums, Freiburg/Schweiz 1951; außerdem: *E. Schweizer,* Ego eimi. Die religionsgeschichtliche Herkunft und theologische Bedeutung der johanneischen Bildreden, zugleich ein Beitrag zur Quellenfrage des vierten Evangeliums (= FRLANT 38), Göttingen ²1965.
103 Vgl. im einzelnen die geläufigen Einleitungswerke und die Einführungskapitel in den neueren Johannes-Kommentaren.
104 Das Evangelium des Johannes (= Meyer K, II), Göttingen ¹⁷1962. Vgl. auch die gute Übersicht über *Bultmanns* Rekonstruktionen *D. M. Smith,* Composition (Anm. 4).
105 Das Johannesevangelium I (= HThK IV, 1), Freiburg-Basel-Wien 1965, bes. 51–55.
106 Das Evangelium nach Johannes. Kapitel 1–10 (= ÖTK 4/1), Gütersloh-Würzburg 1979, 32–36, bes. 35. *Becker* rechnet auch mit erheblicher Erweiterung durch eine kirchliche Redaktion.
107 Gospel of Signs (Anm. 76).
108 The Sēmeia in the Fourth Gospel. Tradition and Redaction (= NovT Suppl 32), Leiden 1972.
109 Markus- und Johannespassion. Redaktions- und traditionsgeschichtliche Untersuchung der Markinischen und Johanneischen Passionstradition (= AThANT 70), Zürich 1982.
110 Die Passionsgeschichte im Johannesevangelium (= StANT XXX), München 1972.
111 Studien zum alttestamentlichen Hintergrund des Johannesevangeliums (= SNTS MSS 22), Cambridge 1974.
112 Die Entstehungsgeschichte des vierten Evangeliums, Zollikon 1958.
113 Two Editions of John, in: JBL 75 (1956) 303–314.
114 The Gospel of John, London 1972, 46–54; vgl. auch die Ausführungen zu den einschlägigen Stellen.
115 The Gospel According to John I–XII, New York 1966, XXXIV–XXXIX.
116 Vgl. *F. Neirynck u. a.,* Jean et les Synoptiques. Examen critique de l'exégèse de M.-É. Boismard (= BEThL XLIX), Leuven 1979.
117 Synopse des quatre évangiles en français. Tome III: L'Évangile de Jean, Paris 1977.
118 Vgl. seine Ausführungen im Literaturüberblick (Anm. 1); ferner: *ders.,* Joh 13 und die „Kirchliche Redaktion" des 4. Evangeliums, in: Tradition und Glaube (Festschrift für K. G. Kuhn), hrsg. v. *G. Jeremias, H. W. Kuhn, H. Stegemann,* Göttingen 1971, 343–356; *ders.,* Entwicklungen innerhalb der johanneischen Theologie und Kirche im Spiegel von Joh. 21 und der Lieblingsjüngertexte des Evangeliums, in: L'Évangile de Jean, hrsg. v. *M. de Jonge* (= BEThL 44), Gembloux-Leuven 1977, 259–299.
119 Vgl. z. B. ThR 44 (1979) 107.
120 Weltferner Gott oder Gott der Liebe. Der Ketzerstreit in der johanneischen Kirche (= BET 6), Frankfurt/M.-Basel-Las Vegas 1977, 1–121; vgl. bes. seine Rekonstruktion zu GS (ebd. 104 f) und R (ebd. 106).
121 The Literary Origin of the Gospel of John, Evanston 1974.
122 Hoheit in Niedrigkeit. Johanneische Christologie im Prozeß Jesu vor Pilatus (Joh 18,28-19,16a) (= FzB 49), Würzburg 1984.
123 Die Zeichen-Quelle der johanneischen Redaktion. Ein Beitrag zur Entstehungsgeschichte des vierten Evangeliums (= SBS 113), Stuttgart 1984.
124 Das Johannesevangelium II (= HThK IV, 2), Freiburg-Basel-Wien ³1980, 530–544; *ders.,* Das Johannesevangelium III (= HThK IV, 3), Freiburg-Basel-Wien ⁴1982 (zu den einschlägigen Stellen); *ders.,* Joh IV (Anm. 101), 94 f.

125 ThR 39 (1974) 225. *H. Thyen,* ebd. 226, rechnet 20,30 f – es geht um die „Identität zwischen Jesus und dem Christus" – sogar zu „den jüngsten Schichten des vierten Evangeliums, nämlich seiner ‚johanneischen Redaktion'".

126 ThR 43 (1978), 356; vgl. auch *K. Wengst,* Bedrängte Gemeinde (Anm. 101), 24 f.

127 Vgl. *R. Schnackenburg,* Joh IV (Anm. 101), 95.

128 Vgl. die Kritik bei *K. Berger,* Exegese des Neuen Testaments (= UTB 658), Heidelberg 1977, 27–32, bes. 28 f.

129 Bedrängte Gemeinde (Anm. 101), 25 A. 54.

130 Joh IV (Anm. 101), 96.

131 Vgl. auch *H. Thyen,* ThR 39 (1974), 226–252.

132 Vgl. z. B. *R. E. Brown,* Joh I (Anm. 115), 21–36; *K. Wengst,* Christologische Formeln und Lieder des Urchristentums, Gütersloh 1972, 200–208; *J. Blank,* Das Johannesevangelium. Der Prolog: Joh 1, 1–18, in: BuL 7 (1966) 28–39.112–137, und die reiche Literatur zum Prolog.

133 Vgl. dazu z. B. *J. Becker,* Joh I (Anm. 106) z. St., der den Grundbestand von 1,19 ff der „Semeia"-Quelle zuschreibt, die E überarbeitet hat; ähnlich *R. T. Fortna,* Gospel of Signs (Anm. 76), 235 f.

134 Vgl. zur Kritik: *H. Thyen,* ThR 44 (1979) 116 ff.

135 Vgl. *H. Ritt,* Das Gebet Jesu zum Vater (= FzB 36), Würzburg 1979; *J. Becker,* Das Evangelium nach Johannes. Kapitel 11–21 (= ÖTK 4/2), Gütersloh-Würzburg 1981, 516.

136 Vgl. *A. Dauer,* Passionsgeschichte (Anm. 110), 192–201.318–333.

137 Vgl. *A. Dauer,* Zur Herkunft der Tomas-Perikope Joh 20,24-29, in: Biblische Randbemerkungen, hrsg. v. *H. Merklein, J. Lange,* Würzburg 1974, 56–75; *ders.,* Johannes und Lukas (= FzB 50), Würzburg 1984, 248–259.

138 Vgl. z. B. *H. Thyen,* ThR 43 (1977), 214.

139 Vgl. dazu bes. *R. A. Culpepper,* The Johannine School, Missoula/Mont. 1975, bes. S. 261–290.

140 Der johanneische Kreis, Tübingen 1975.

141 History and Theology in the Fourth Gospel, Nashville 1975 (rev.); *ders.,* Glimpses into the History of the Johannine Community, in: L'Évangile de Jean, hrsg. v. *M. de Jonge,* Gembloux-Leuven 1977, 149–175.

142 Beobachtungen zum Dualismus im Johannesevangelium, in: ZNW 65 (1974) 71–87.

143 „Das wahre Licht scheint schon", in: ZThK 68 (1971) 261–326.

144 Johannine Christianity: Some Reflections on its Character and Delineation, in: NTS 21 (1974/5) 222–248.

145 The Man from Heaven in Johannine Secterianism, in: JBL 91 (1972), 44–72.

146 Die Geschichte der Christologie in der johanneischen Gemeinde (= SBS 77), Stuttgart 1975.

147 Entwicklungen (Anm. 118); *ders.,* Joh 13 (Anm. 118).

148 Weltferner Gott (Anm. 120).

149 Ringen um die Gemeinde. Der Weg der Kirche nach den Johanneischen Schriften, Salzburg 1982.

150 Bedrängte Gemeinde (Anm. 101). – Schon etwas älter (und auch ziemlich einseitig): *A. Kragerud,* Der Lieblingsjünger im Johannesevangelium, Oslo 1959.

151 Joh IV (Anm. 101), 34.

152 Neuerdings hält selbst *H. Thyen,* ThR 44 (1979) 110 A. 25, die Bezeichnung „antidoketistisch" etc., die er bisher bedenkenlos übernommen hatte, für unbrauchbar zur Charakterisierung der inner-joh. Vorgänge. Grund: Bestritten wird nicht die wahre Menschheit Jesu, sondern die totale Identität dieses Menschen mit dem gottgesandten Erlöserchristus.

153 ThR 44 (1979) 116.

154 Ebd.

155 Vgl. *R. Schnackenburg,* Joh IV (Anm. 101), 17.

156 ThR 44 (1979), 117.

157 *H. Thyen,* ThR 44 (1979) 132; vgl. auch *R. Schnackenburg,* Joh IV (Anm. 101), 32.98.

ERNST LUDWIG GRASMÜCK

Der Bischof und sein Klerus

Ambrosius von Mailand: De officiis ministrorum

Unter den Schriften des Bischofs Ambrosius von Mailand nimmt *De officiis ministrorum* in gewisser Weise eine Sonderstellung ein. Seiner Bestimmung und seinem Inhalt nach gehört das Werk zu den „moralisch-aszetischen" Schriften[1], aber anders als seine übrigen moralisch-aszetischen Stellungnahmen, etwa die zum Jungfrauen- und Witwenstand, konzipiert Ambrosius die „Pflichtenlehre" für seinen Klerus in Auseinandersetzung mit Ciceros bekannter, weitgehend stoischen Vorlagen (Cic 1,2,6.7) folgender Schrift „De officiis", obgleich er angibt[2], daß die Betrachtung des Psalms 38 ihn zu seiner Unterweisung über die officia[3], d. h. für ihn, über die maxima virtutum fundamenta, nämlich die silendi patientia, die opportunitas loquendi und der contemptus divitiarum, zu sprechen veranlaßt habe[4]. Et sicut Tullius ad erudiendum filium[5], so will Ambrosius kraft seines Amtes sich an seine Söhne wenden[6]. Doch bei genauerem Zusehen kann man sich des Eindrucks nicht erwehren, daß diese „Tugendlehre" für den eigenen Klerus, die Ambrosius Ciceros ethischem Entwurf für den politisch verantwortlichen, d. h. den für die res publica als res populi verantwortlichen Bürger[7] an die Seite stellt[8], vom Programm her bedeutsamer und folgenschwerer ist, als bisher angenommen wurde.

In der Forschung ist nun mehrfach die mehr oder weniger große Abhängigkeit des Ambrosius von Ciceros *De officiis* erörtert worden[9]. Aber es ist ebenso auf das Sondergut in *De officiis ministrorum* des Abrosius gegenüber Cicero hingewiesen worden[10]. In nachdrücklicher Weise haben besonders B. Citterio[11] und R. Gryson[12] die priesterliche Spiritualität bzw. die Auffassung von den Standestugenden des Klerus bei Ambrosius hervorgehoben[13]. Mit gutem Grund hat auch E. Dassmann in seinem umfangreichen Artikel *Ambrosius*[14] gerade die *libri tres de officiis ministrorum* herangezogen, um Bischofsamt und bischöfliche Gemeindeaufgaben so zu charakterisieren[15], wie sie von Ambrosius gesehen und wahrgenommen worden sind. E. Dassmann hat jedoch auch darauf hingewiesen, daß die Wirkungsgeschichte der Schriften des Ambrosius – und das betrifft zumal *De officiis ministrorum* und andere moralisch-aszetische Schriften – bislang zu wenig erforscht worden und also zu wenig bekannt ist[16]. Mit Blick auf *De officiis ministrorum* hatte H. von Campenhausen zusammenfassend bereits festgestellt, „in kleinen Abweichungen und Hinzufügungen" spüre man – gemessen an der philosophischen Vorlage – „doch schon hie und da die Heraufkunft eines neuen, das Erbe innerlich verändernden Geistes"[17]. Dieses Neue und Verändernde kommt m. E. tatsächlich am deutlichsten in den „Hinzufügungen" zum Ausdruck, also in den Abschnitten, die keine Verankerung in der Vorlage haben und z. T. auf Exhortationen zurückgehen, aus denen der Anfang der Schrift erwachsen ist[18]. Diesen Abschnitten gilt hier unsere besondere Aufmerksamkeit, weil sie uns innerhalb der Gesamtkonzeption aufschlußreich zu sein scheinen.

I. Die Tugend des Schweigens

Ambrosius stellt an den Anfang seiner Schrift, noch ehe er auf Anlaß (Psalm 38)[19] und Vorlage (Ciceros *De officiis*)[20] zu sprechen kommt, eine Abhandlung über das Schweigen. Es ist ihm Anliegen, seine „Söhne“ zu belehren[21]. Es gibt zwar nur einen wahren Lehrer, der nicht zu lernen brauchte, was er lehrte, und von diesem empfangen die Menschen, die erst lernen müssen, das, was sie anderen weitergeben sollen (1,1,3)[22]. Aber das dem Verfasser „gegen seinen Willen“ auferlegte Bischofsamt (sacerdotium) (1,1,2), zu dem er von Richterstuhl und Amtsbinde weg genötigt worden war (1,1,4), hat das officium docendi zur Folge, dem er sich nicht entziehen kann (1,1,2). Itaque factum est ut prius docere inciperem, quam discere (1,1,4). Als Lehrender und Lernender zugleich (1,1,4) will Ambrosius vor seinen Klerus hintreten[23], und das, was es vor allem zu lernen gilt, ist das Schweigen (1,2,5); quia vox hominis plerumque peccati annuntio est et initium erroris humani sermo est hominis (1,2,6). Sapiens est ergo qui novit tacere (1,2,5). An den Beispielen des David und der Susanna läßt sich das Schweigen (silentium) als lex innocentiae[24] und indicium castitatis[25] begreifen. Wer schweigt, vermeidet die Schuld, der wir uns durch Reden kaum entziehen können (1,2,5.6); denn für jedes verbum otiosum wird Rechenschaft verlangt, um wieviel mehr für ein verbum impuritatis et turpitudinis; schon gar nicht entgeht ein sermo impietatis der Strafe (1,2,8). Doch dieses Schweigen, das Ambrosius seinem Klerus so beredt nahelegt[26], darf kein silentium otiosum, sondern soll ein silentium negotiosum sein (1,3,9)[27], eine custodia für Herz und Mund, um sich nicht fortreißen zu lassen[28]. Os suum und linguam suam custodire, hat die Wirkung, mitis, mansuetus, modestus zu werden[29]. Dem, der seine Worte prüft und wägt und nur zur rechten Zeit und am rechten Ort spricht[30], gereicht das Schweigen (silentium) zum Schutz vor luxuria, libido und violentia (1,5,17); es schafft ein gutes Gewissen (bona conscientia) gegenüber allen Anwürfen (1,5,18) und wird zum Ausdruck der humilitas[31]. Das Schweigen ist die Waffe des Gerechten (1,5,20). Der modus tacendi et loquendi ist zugleich das primum officium (1,10,35) derer, an die sich diese exhortatio[32] wendet. Im Reden und besonders im Schweigen zeigt sich die verecundia[33], die eine Gefährtin der Keuschheit (castitas) ist[34]. So wird die körperliche Haltung (Bewegung, Verhalten und Gang) als Ausdruck der Sittsamkeit zum Spiegel des geistigen Habitus[35]. Noch stehen alle Wettkämpfer auf dem Kampfplatz[36], doch den zukünftigen Siegeskranz (corona) kann nur der erlangen, der nicht auszuruhen und den Kranz vorzeitig zu besitzen begehrt. Der Kranz gebührt den perfecti[37].

Dieser erste Abschnitt der Schrift *De officiis ministrorum,* der das Schweigen als Ausdruck der patientia und humilitas für die Kleriker herausstellt, knüpft, soweit wir sehen, zunächst einmal an die Ausführungen des Ambrosius über die ersten Verse des Psalms 38 an[38]. Nur richtet sich das, was in der enarratio über das Schweigen ausgeführt wird, keineswegs nur an den Klerus. Die Art und Weise der Auslegung des Psalms 38 weicht auch nicht von der üblichen „exegetischen Methode“ des Ambrosius ab. Zwei Themen, das des Schweigens und das der Verachtung des Reichtums, die Ambrosius im Zusammenhang mit Psalm 38 erörtert, müssen dem Verfasser für das Anliegen seiner Schrift *De officiis ministrorum* und für die Adressaten besonders wichtig gewesen sein. Dabei kommt der Forderung des Schweigens offensichtlich eine besondere Bedeutung zu, die nicht nur daran zu erkennen ist, daß sie der Abhandlung vorangestellt und formal mühsam mit dieser verknüpft wird, sondern auch daran, daß sie unter den zu behandelnden officia als primum officium und als für die verecundia und für die die humilitas ausdrückende Haltung des Klerus charakteristisch bezeichnet wird.

II. Das Verhalten des Klerus

Die Berechtigung, die geistlichen Söhne (s. bes. 1,7,24) über ihre officia schriftlich zu belehren (1,8,25), sieht Ambrosius zunächst einmal darin begründet, daß der Begriff *officium* nicht nur von den philosophischen Schulen (1,8,25), sondern auf Grund des Evangeliums auch von den Christen für den Dienst des Klerus beansprucht werden kann (1,8,25.26). Wenn aber eine Abhandlung de officiis es erforderlich macht, über das honestum bzw. die duo honesta[39], also über das zu sprechen, was decus et honestas vitae betrifft (1,9,27), dann verlangt das einen anderen Maßstab (regula) (1,9,29); denn die irdischen Güter (saeculi commoda), die die profanen Autoren als honestum und utile und damit als das erstrebenswerte Ziel angeben, müssen vom Verfasser und den von ihm Belehrten als Nachteil angesehen werden (1,9,29). Nicht nur für die Philosophen, auch für die Angeredeten gibt es, wie die heiligen Schriften zeigen, die Unterscheidung des officium perfectum (resp. officium primum) und des officium medium (resp. officium secundum) (1,11,36 ff.)[40]. Hat Ambrosius eingangs das Schweigen im Sinne des modus loquendi als primum officium bezeichnet (vgl. 1,10,35), so betont er jetzt – allerdings ohne sonderliche Vertiefung, denn es kommt ihm wohl auf etwas anderes an – die Gebote der Schrift wie z. B. Mt 19,20.21 und 5,44 als officium perfectum (1,11,37–39). Der Anknüpfungspunkt ist schlicht die begriffliche Übereinstimmung, die durch die lateinische Wiedergabe des Matthaeusverses (*si vis perfectus esse*) besonders deutlich wird. Officia media sind nach Ambrosius die Gebote, die in Mt 19,17–19 aufgezählt werden (1,11,36). Weil es im Gegensatz zu der Annahme mancher profaner Autoren die cura und scientia Gottes um seine Schöpfung gibt (1,12,40–1,13,50), zählen Glück, Reichtum und Erfolg des Sünders und das Mißgeschick des Gerechten nicht (1,12,40–45); denn jeder erntet seinen Lohn für die guten wie für die bösen Werke (1,12,46). Den Preis im Wettkampf, den zukünftigen Lohn, erringen nur die perfecti (1,16,59–63).

Auf dieser Grundlage entwickelt Ambrosius – und darauf kommt es ihm an – das, was in Gegenüberstellung zu Ciceros Auffassung als decorum und honestum für seine geistlichen Söhne zu gelten hat. Dabei geht es zunächst einmal um die virtus verecundiae (1,18,67). Angelegentlich und ausführlich setzt sich Ambrosius mit der verecundia auseinander[41]. Von ihr werden die Verhaltensformen der Kleriker bestimmt und geprägt. Der maximus actus verecundiae ist das Schweigen, der Ruhepunkt der übrigen Tugenden (1,18,68). Der verecundia gebührt Lob wie der Keuschheit; sie ist die Gefährtin der pudicitia (1,18,69). Als mentis habitus drückt sich die Sittsamkeit in der gesamten Haltung und Bewegung des Körpers aus (1,18,71). Warnend weist Ambrosius seine Leser auf das abschreckende Beispiel zweier Kleriker aus den eigenen Reihen hin, die in diesem Punkt[42], der Sittsamkeit in der äußeren Haltung, versagt hatten. Der eine ließ in der Zeit der arianischen Anfeindung vom (nicänischen) Glauben ab; der andere sagte sich von der christlichen Gemeinde los, um wegen seiner Geldgier nicht dem bischöflichen Richterspruch zu verfallen (1,18,72). Die Sittsamkeit verlangt es, sich der Gesellschaft derer, die nicht maßvoll und nicht genügend ernsthaft sind, zu enthalten (1,20,85). So sollen die ecclesiastici, besonders die, die als ministri mit den officia betraut sind, die Gastmähler der Häretiker und Heiden (extraneorum convivia) meiden, sei es wegen der sich daraus ergebenden Okkupationen, sei es um selbst die peregrinantes gastfreundlich aufzunehmen (1,20,86). Den iuniores (ministri) kommt es nicht zu, Häuser der Witwen und Jungfrauen zu betreten, um Verdacht und Nachrede zu vermeiden. Ihre Besuche sollen nur zusammen mit Presbytern oder mit dem Bischof erfolgen (1,20,87). Die Zeit, die sie außerhalb der Kirche verbringen, sollen sie zur lectio aufwenden. Sie sollen mit Christus sprechen, auf Christus hören, denn illum (i. e. Christum) alloquimur cum oramus; illum audimus cum divina legimus oracula (1,20,88). In fremden Häusern haben sie nichts zu suchen. Una est domus, quae omnes capit. Die etwas von ihnen wollen, sollen zu ihnen kommen. Ministerium altaribus Christi, non obsequium hominibus deferendum recepimus (so 1,20,88). Demütig, sanft, geduldig, ernst müssen sie sein, ut nullum vitium esse in moribus . . . (1,20,89). In rhetorisch ebenso eindringlicher wie weitschweifiger Weise mahnt Ambrosius die Adressaten seiner Schrift, sich vor Zorn (iracundia) und Erbitterung (indignatio) in acht zu nehmen und zur Versöhnung bereit zu sein (1,21,90–92). Auch für diesen Grundsatz macht der Verfasser geltend, daß die profanen Redner ihn usurpiert hätten[43]. Auf seine Vorlage eingehend, kommt Ambrosius dann auf die verschiedenen Arten der Rede zu sprechen (1,22,99–1,24,105). Er erteilt bis hin zum Ausdruck der Stimme die rhetorisch üblichen Anweisungen (1,22,100–1,23,104) und will je nach der Schriftlesung zwischen dem tractatus de doctrina fidei, de magisterio continentiae, de disceptatione iustitiae, und (de) adhortatione diligentiae unterschieden wissen (1,22,101). Denn wovon soll mehr die Rede sein, quam de conversatione optima, adhortatione observationis, disciplinae custodia (1,22,100)?

Im weiteren Verlauf der Bezugnahme auf Ciceros Schrift, die zunächst in recht lockerer Abfolge geschieht[44], kommt Ambrosius auf die vier virtutes principales: prudentia, iustitia, fortitudo und temperantia zu sprechen (vgl. 1,24,115; 1,25,116). Es folgen lange Ausführungen (1,25,116–1,47,232), die von keiner anderen Absicht bestimmt sind (vgl. 1,25,116), als durch die Beispiele aus den scripturae divinae – d. h. besonders aus dem Alten Testament – die Ausführungen Ciceros und damit die Auffassung der Stoiker zu überbieten oder als aus der Schrift entlehnt zu erweisen (so 1,25,117–1,26,123; 1,28,133.134; 1,29,140–142 u. a.). Wie wenig überzeugend dies dem Verfasser gelingt, zeigt die Darlegung der vollkommenen Freigebigkeit (perfecta liberalitas) (1,30,145–152); sie bietet im Grunde nur eine christlich modifizierte Variante der stoischen Version[45]. Interessant ist dabei die Feststellung zu Maß und Grenze der Freigebigkeit, die zu den Werken der Gerechtigkeit gehört, in der Ambrosius im Blick auf die ministri dei die Meinung vertritt: . . . et si quis ecclesiam nolens gravare in sacerdotio aliquo constitutus aut ministerio, non totum quod habet conferat, sed operetur cum honestate quantum officio sat est (1,30,152), und hinzufügt: . . . ut populi abundantia sit bonae operationis ad illorum sublevandam alendi inopiam (1,30,153). Grundsätzlich gilt für die, die ad officia ecclesiae accedunt, die despicientia rerum humanarum (so 1,36,184)[46]. Diese Geringschätzung alles Irdischen ist Beweis der fortitudo; denn es gibt nur einen Kranz zu erringen (1,36,182.183)[47]. So wie es dem Soldaten des Kaisers nicht erlaubt ist[48], bestimmte Geschäfte zu betreiben[49], soll auch der Streiter Gottes auf weltliche Händel verzichten. Er soll von seinem Acker oder seinem Lohn leben (1,36,185)[50].

Bei der Behandlung der temperantia hat Ambrosius im Anschluß an Ciceros Ausführungen über die eigenen Fähigkeiten und die passende Berufswahl Gelegenheit, sich zur Eignung der Kleriker zu äußern. Der Bischof soll darauf achten, einem jeden das officium zuzuweisen, für das er sich eignet: der eine hat die besseren Voraussetzungen für den Dienst als Lektor, ein anderer als Psalmensänger, ein anderer für den Vollzug des Exorzismus, ein anderer, um das sacrarium zu betreuen (1,44,215.216)[51]. Während in allen übrigen Lebensbereichen viele dem Beruf des Vaters folgen (1,44,217), ist das im Dienst der Kirche überaus selten, weil die Bürde oder die Enthaltsamkeit oder die wenig heitere Lebensart (vita obscurior) abschrekkend wirkt (1,44,218). Der Sittenprediger Ambrosius mußte es wohl wissen, wenn er dies für seine Zeit so als zutreffend beschreibt.

III. Das Beispiel der Leviten

Wenn das Evangelium allen Gläubigen die Verachtung des Reichtums empfiehlt, dann gilt die Forderung, auf die terrenae cupiditates zu verzichten, erst recht für die Leviten (1,50,246)[52]. Daß Ambrosius die Kleriker hier als „Leviten" bezeichnet und anspricht, hat seinen Grund darin, daß er – im Zusammenhang mit der genannten Erwartung des Verzichts auf die irdische cupiditas – seinen geistlichen Söhnen unter Verweis auf die Leviten des Alten Testamentes deutlich machen will, daß allein der Herr ihr Anteil (portio) ist. Auch den Namen „levita" sollen sie so verstehen, daß sie dem Herrn gehören: levita = ipse meus vel ipse pro me (1,50,246)[53]. Unter dem auch bei anderen christlichen Schriftstellern dieser Zeit üblichen Hinweis auf 1 Tim 3,2 ff. sollen die Kleriker wissen, welche Erwartungen die Öffentlichkeit haben darf, denn qui videt ministrum altaris congruis ornatum virtutibus auctorem praedicet et dominum veneretur, quitales servulos habeat (1,50,247)[54]. Ohne weitere Umschweife kommt Ambrosius auf die castimonia der Angeredeten zu sprechen, denen nur eine einmalige eheliche Verbindung und keine Wiederholung der Ehe erlaubt ist[55]. Selbst eine vor der Taufe eingegangene zweite Ehe stellt ein Hindernis für die Wahl zu einem Amt und für die Ordination dar: . . . cur etiam ante baptismum ex iterato coniugio ad electionem muneris et ordinationis praerogativam impedimenta generentur (1,50,248)[56]. Doch wie könnte einer, der mehrere Ehen eingegangen, zum Witwenstand auffordern (1,50,248)? Die sich anschließenden Ausführungen des Ambrosius gelten der ehelichen Enthaltsamkeit des Klerus für die Zeit des Dienstes. Sie kennzeichnen ebensosehr die zeitgenössische Situation wie das, was can. 33 der Synode von Elvira – im richtig verstandenen Sinne[57] – bereits zu erreichen versucht hatte[58]. Unter Hinweis auf die alttestamentliche Reinheitsvorschrift[59] will Ambrosius die überkommene und anderenorts noch geübte Praxis[60], auch nach Übernahme eines geistlichen Amtes oder gar des Bischofsamtes die Ehe fortzusetzen (1,50,249), nicht gelten lassen. Die dei ministri sollen sich wie die Leviten ihrer Bevorzugung vor allen übrigen bewußt sein (1,50,250 f.). Das, was sie zu tun haben[61], läßt sich in besonderer Weise den vier Haupttugenden zuordnen[62]. Diese lassen sich nämlich in ganz anderer Weise deuten und verstehen, als es den nichtchristlichen Philosophen von ihrem Verständnis her möglich ist (1,50,253 gg. Cic. de offic. 1,43,153): Pulchrum est enim ut gratiam tuam atque officia in societatem humani generis conferas. Sed primum illud decorum est, ut quod habes pretiosissimum, hoc est mentem tuam, qua nihil habes praestantius, deo deputes. Zuerst haben sie ihre Pflicht ihrem Urheber gegenüber zu erfüllen; danach soll ihr Wirken den Menschen dienen[63], wozu ihr Amt ihnen reichlich Gelegenheit bietet[64]. Aber dabei in richtiger Weise zu handeln, begründet die Auswahl des Leviten (1,50,256). In diesem Zusammenhang benennt der Verfasser noch einmal die für einen Kleriker angemessenen Verhaltensformen (1,50,256), über die er unter dem Thema der verecundia schon im einzelnen gehandelt hat[65]. Diese Anforderungen mögen streng erscheinen, doch sind sie dem magnum munus levitarum, also dem Amt der Kleriker, nur durchaus angemessen (1,50,257). Mit der abermaligen Einschärfung der castitas und pudicitia betont Ambrosius, daß die Kleriker die officiorum tempora kennen und im Blick auf Ciceros Ausführungen wissen, was wichtiger und weniger wichtig ist, und daß sie id solum, quod honestum est, befolgen bzw. id quod honestius est, vorziehen, wo duo honesta vorliegen (1,50,258). Damit hat Ambrosius die Auffassung Ciceros von den Pflichten des Staatsbürgers in der Weise abgewandelt, wie sie ihm für seinen Klerus im Unterschied zu Ciceros Verständnis geeignet zu sein schien. Der Wettkampf der anderen gilt dem Gegenwärtigen, derjenige der dei ministri dem Zukünftigen (1,44,217). Die Kleriker sollen weder dolus noch fraus kennen; sie sollen Gottes Wort bewahren und es beherzigen, dann gilt ihnen wie den Leviten des Alten Bundes Gottes Segensspruch.

Mit dem bisher Gesagten hat Ambrosius, wie er angibt, die officia behandelt, die er unter honestas verstanden wissen will. Das Schweigen, die verecundia, die spezifische Erfüllung der vier Kardinaltugenden machen inhaltlich die honestas aus, welche die vita beata begründet (2,1,1). Denn nur von Gott, nicht von den Menschen, ist Lohn zu erwarten. Gottes Lohn aber ist die vita aeterna. Die Schrift (divina scriptura) bezeichnet die vita beata als vita aeterna. Doch nicht das summum bonum, das die philosophi in verschiedener Weise (2,2,4) unter vita beata verstehen, ist mit der vita aeterna der Schrift gemeint. Nach der Schrift besteht die vita aeterna in der cognitio divinitatis und der Frucht des guten Handelns (2,2,5). Als Begründung nennt Ambrosius Joh 17,3 und Mt 19,29. Die Philosophen sind zwar älter als das Evangelium, aber jünger als der Prophet David, der sich schon zu beiden Punkten geäußert hat. Die rein verbale Übereinstimmung der genannten Begriffe ist bezeichnend für die Auslegungsmethode des Ambrosius. Die Aussagen der Philosophen sind unklar und verworren, was das honestum betrifft (2,3,8). Doch die Schrift nennt nur das honestum gut und nur die Tugend glückselig, die von äußeren Gütern und Widerwärtigkeiten unabhängig sind (2,3,8). Nicht die Widerwärtigkeiten menschlichen Daseins, nicht Mühsal und Leiden, nicht Verzicht auf Besitz können der anzustrebenden beatitudo abträglich sein (2,4,10.12.15), aber die äußeren Güter können daran hindern, die beatitudo zu erlangen[66].

Die beatitudo vitae aeternae ist der Lohn für innocentia und scientia, ist der Lohn für das rechte Handeln (bona operatio) (2,3,9). Damit hat Ambrosius die Voraussetzung für seine These geschaffen, daß nur das honestum nützlich und daß das zur Erlangung der vita aeterna Nützliche stets honestum (2,6,22.23) und iustum (2,6,24) ist.

IV. Das rechte Handeln

Wenn Ambrosius im Verlauf des 2. Buches seiner Schrift über die utilitas spricht, dann will er dieser – dem Anliegen gemäß – einen anderen Stellenwert als Cicero bzw. die Philosophen beimessen. Das Nützliche soll nicht die Gier nach Geld (pecuniae cupiditas) zur Folge haben; . . . vulgo enim hoc solum dicunt utile, quod quaestuosum (2,6,26). Für die Angesprochenen besteht das Nützliche im Gewinn der pietas, die mit Genügsamkeit (sufficientia) einhergeht (2,6,26). Anders als der Nutzen des Leibes, der nur zu wenigem taugt, ist die pietas für alles nützlich (2,6,27). Um zu erläutern, was der Verfasser unter pietas versteht, kann er auf das bereits Gesagte zurückgreifen. Er formuliert, exakt der terminologischen Unterscheidung seiner Vorlage von honestum – decorum – utile folgend: Quid autem tam honestum, quam integritas? Quid tam decorum, quam immaculatum servare corpus, et inviolatum atque intaminatum pudorem? Quid etiam tam decorum quam ut vidua uxor defuncto coniugi fidem servet? Quid etiam hoc utilius, quo regnum caeleste adquiritur? (2,6,27). Daraus ist, nach Meinung des Verfassers, zu ersehen, daß das Nützliche das honestum (bzw. die utilitas die honestas) ist (2,7,28). Alles, was Cicero unter dem Thema des Nützlichen aufzählt, versucht Ambrosius seinen Lesern mit Beispielen aus der Schrift zu erklären und damit für seinen Zweck in Anspruch zu nehmen (2,7,28–2,13,65). Dabei greift er einzelne Themenbereiche so auf, daß sie sich unmittelbar auf seinen Klerus anwenden lassen und zugleich deutlich machen, worin das rechte Handeln besteht.

Indem Ambrosius mit starken Worten (2,14,66) auf die Verachtung des Geldes, besonders durch den, der eine Würde einnimmt, hinweist und die humilitas betont (2,14,67), kann er – der Vorlage getreu und sie nur auf seine Zielgruppe ausrichtend – von dem, der das officium sacerdotis aut dispensatoris versieht, zumal Freigebigkeit (liberalitas) fordern (2,15,69), um denen zu helfen, die in Not geraten sind (2,15,69.72) oder um Gefangene loszukaufen (2,15,70.71). Gerade letzteres wird nicht mehr, wie bei Cicero, als Bürgertugend, sondern als (spezifische) Aufgabe der Kirche und ihrer Diener verstanden (2,15,73). Ambrosius hat, wie er sagt, selbst danach gehandelt und sich dadurch einige Kritik gefallen lassen müssen (zu 2,15,70.71 vgl. 2,28,136–139)[67]. Damit die Freigebigkeit aus benignitas (2,15,75) aber keine inutilis largitio sei (2,16,76), muß sie sich, so will es Ambrosius (2,16,76.77–78), von der iustitia leiten lassen. Sie darf weder verschwenderisch noch zu sparsam sein; sie muß um Maß und Ansporn wissen (2,16,78): Scio plerosque sacerdotes, quo plus contulerunt, plus abundasse; . . . Sicut igitur modus liberalitatis tenendus est, ita etiam calcar plerumque adhibendum videtur. Modus ideo, ut quod benefacis, id quotidie facere possis; ne subtrahas necessitati, quod indulseris effusioni: calcar propterea, quia melius operatur pecunia in pauperis cibo, quam in divitis sacculo. Cave ne intra loculos tuos includas salutem inopum et tamquam in tumulis sepelias vitam pauperum[68]. Sie muß dem, der einem Mächtigen wehrlos ausgeliefert ist (2,21,102), zu Hilfe kommen und sie darf nicht mit dem der Kirche anvertrauten Gut (dem „Vermögen der Armen“) fremde Gunst erschleichen wollen (2,21,109–111). Hier (2,21,110.111) und im folgenden scheinen sich die Anweisungen und Ausführungen des Ambrosius – so sehr sie auch der Vorlage folgen – wohl mehr auf die Leiter der Gemeinde resp. die Bischöfe (sacerdotes) als auf die Kleriker zu beziehen: Es ist von unnötigen Bauten die Rede (2,21,110) und vom geziemenden Schmuck des Gotteshauses (templum dei) (2,21,111). Weder zu große Nachsicht noch zu große Strenge dürfen die Ausübung des Amtes (munus) bestimmen (2,22,112); (vgl. 2,24,120); ebensowenig darf es Begünstigung bei der Rechtsprechung geben (2,24,125). Zwar soll auch der Bischof einem Presbyter oder irgendeinem Mitglied des Klerus gegenüber *aequitas*[69] wahren und dessen mögliche Wertschätzung nicht mißverstehen (2,24,121.122), aber umgekehrt sollen alle, die einmal erprobt befunden (also Presbyter und Kleriker), stets demütig bleiben und niemals gegen den Bischof aufbegehren oder dessen Verdienste in den Schatten stellen (2,24,123). Eintracht und Demut empfiehlt der Bischof den Klerikern (2,27,134), so wie er sie immer wieder zur Verachtung des Geldes anhält und vor Habgier warnt (2,27,133). Der Bischof hingegen soll nur dem, der geeignet ist, ein Amt übertragen und sich der Kleriker, besonders der ministri[70], die doch gleichsam seine Söhne sind, bedienen (2,27,134), und wo es notwendig ist, muß er ein nicht heilbares Glied vom Körper wegschneiden (2,27,135).

Zum rechten Handeln der dei ministri gehören vor allem Zuverlässigkeit und Sorgfalt gegenüber dem ihnen anvertrauten Vermögen, zumal dem der Witwen und Waisen (2,29,144.149), das mit Hilfe der (Orts-)Kirche vor dem Zugriff der Mächtigen und auch vor dem Eingreifen des Staates geschützt werden muß (2,29,149.150). In diesem Zusammenhang schildert Ambrosius (2,29,150.151), wie auf seinen Rat hin sich der Bischof von Ticinum einem kaiserlichen Reskript, dem die Kleriker Folge leisten wollten (2,29,150), widersetzt und das Vermögen einer Witwe den Vertretern des Staates nicht herausgegeben hat (2,29,151).

Im dritten Buch seiner Schrift setzt Ambrosius seinen geistlichen Söhnen[71] auseinander, daß nach christlicher Auffassung, die nicht der Weisheit des Fleisches entspringt und nach der das, was in der Welt als groß gilt, gering geschätzt wird, nur das honestum nützlich und das Nützliche ausschließlich honestum sein kann (3,2,9). Die Unterscheidung Ciceros in officia perfecta und officia media[72] muß deshalb in der Weise verstanden werden, daß das officium perfectum der wahren Tugend resp. der vollkommenen Weisheit entspringt (3,2,10–12). Wer im vollkommenen Sinn weise ist, sucht nicht den eigenen Vorteil, sondern strebt nach dem, quod aeternum, quod decorum atque honestum und was allen nützlich ist (3,2,12)[73]. Die Gesetze der Natur und die Gesetze der Christen entsprechen einander (3,4,24–28). Ein Christ hat nicht sich, sondern dem anderen, dem Nächsten, den Vorzug zu geben (3,3,19.20; 3,4,28). Das Leben des Christen soll nach dem Beispiel des Herrn ein Leben in Verborgenheit sein (3,5,36). Niemals darf der Nutzen obsiegen (3,6,37). Wenn Ambrosius das Problem des Getreidepreiswuchers und der Fremdenvertreibung, das auch Cicero mit seinen Erwägungen in gewisser Weise als politisches, weil soziales Problem zu beeinflussen versuchte, so vehement und ausführlich vor seinen Adressaten ausbreitet (3,6,37–3,7,51), kann das nicht bloße Rhetorik (vgl. 3,6,38.39) und nicht absichtslos gewesen sein. Die deutlichen Ausführungen erwecken den Anschein, als sei es Ambrosius darauf angekommen, nicht nur den dei ministri zu sagen, daß es sich gezieme, largitor frumenti, nicht aber pretii captator zu sein (3,6,44). Mit einiger Sicherheit läßt sich das wohl für die Frage der Fremdenausweisung aus der Stadt zur Zeit einer Versorgungskrise annehmen, die Ambrosius unter Anprangerung einer solchen nicht lange zurückliegenden Maßnahme in Rom ablehnt (3,7,49.50)[74].

In Anlehnung an seine Vorlage (vgl. Cic. 3,18) greift der Verfasser dann das Thema der Erbschaft bzw. der Erbschleicherei auf. Er warnt jeden Bischof und Kleriker vor dieser Gefahr und dem daraus erwachsenden Schaden für das Ansehen der Christen[75]. Bischof und Klerus sollen sich in Geldangelegenheiten jeder Einmischung enthalten (3,9,58.59)[76].

Ambrosius hat seine Schrift als Vermächtnis für seine geistlichen Söhne verstanden, das sie bewahren sollten (3,22,139). Weil sie wie alle Christen[77] das Ziel jenseitigen Glücks haben, brauchen sie irdisches Glück nicht zu erstreben; ja sie können das, was von den philosophi als Glück bezeichnet wird, verachten. Das jenseitige Ziel mit der Belohnung des auf das Himmlische gerichteten Menschen und der Bestrafung des diesseitig ausgerichteten Menschen ist Voraussetzung und Begründung für die Version, die Ambrosius von Mailand seinem Klerus von den officia gibt. Er kann die Frage nach dem honestum, dem utile und dem, was von beiden besser ist, nicht anders als Cicero beantworten, – *nur* daß er um des Zieles willen das honestum als das allein Nützliche bezeichnet. Welche Argumente auch immer in der Vorlage geltend gemacht werden, sie können – so die Meinung des christlichen Bischofs – durch die Schrift, die älter als alle Philosophie ist, und durch die – besonders aus dem Alten Testament – herangezogenen Beispiele außer Kraft gesetzt bzw. überboten werden. Das gilt zumal für die Erfüllung der vier virtutes principales.

Die eigenen Ausführungen zum Thema der Vorlage boten dem Bischof Gelegenheit, Anweisungen für das Verhalten seines Klerus zu geben, auf das alttestamentliche Vorbild der Leviten hinzuweisen und das rechte Handeln (im Sinne des sittlich Guten als des Nützlichen) unter dem Aspekt der Verachtung alles Irdischen von den dei ministri zu fordern, damit sie des jenseitigen Lohnes nicht verlustig gingen.

V. Anliegen und Absicht des Ambrosius

Zentrales Anliegen der Schrift *De officiis ministrorum* des Bischofs von Mailand ist eine doppelte Forderung, nämlich die des Schweigens und die, von (irdischen) Begierden frei zu sein. Nun zeigt sich, daß das als primum officium und als maximus actus verecundiae bezeichnete Schweigen nicht etwa als meditierendes Schweigen, sondern als modus loquendi verstanden und verlangt wird. Wir müssen zunächst feststellen, daß im christlichen Denken zu diesem Zeitpunkt die Forderung der silendi patientia singulär neben der zeitgenössisch immer noch betonten parresia steht. Ein unmittelbarer Bezug zu neuplatonischen Vorstellungen, auf die wir in anderem Zusammenhang zurückkommen, läßt sich weder von der Explanatio des Psalms 38 noch von De officiis ministrorum herstellen. Offensichtlich ging es Ambrosius darum, das Reden und Sprechen seines Klerus – vielleicht in unerwünschten oder ungelegenen Stellungnahmen[78] – zu disziplinieren.

Bei der zweiten Forderung, frei zu sein von irdischen Begierden, handelt es sich entscheidend um abermals zwei Anliegen: Um die Enthaltsamkeit der „Leviten" und um die Verachtung des Reichtums als Absage an die Habsucht (pecuniae cupiditas resp. avaritia). In der vorliegenden Schrift geht es nicht um Ehelosigkeit bzw. Jungfräulichkeit, sondern um die einmalige Ehe und um die eheliche Enthaltsamkeit. Aber alle drei Aspekte haben, wie das gesamte moralisch-aszetische Schrifttum des Ambrosius beweist, im Blick auf die verschiedenen Stände des Klerus, einschließlich des Jungfrauen- und Witwenstandes, die ungeschmälerte Aufmerksamkeit des Bischofs während seiner ganzen Amtszeit besessen. Aus welchen aszetischen Gründen auch immer[79], für Ambrosius stand die Frage der abstinentia so im Vordergrund, daß sie, neben dem Problem der avaritia, in der Vita Ambrosii des Paulinus[80] ihren Niederschlag gefunden hat.

Die pecuniae cupiditas betraf eine Problematik, die nicht nur Ambrosius beschäftigt hat. Die Forderung, nicht nach Geld und Gut zu trachten, stellt sich hier nicht nur im Zusammenhang mit Ciceros Schrift dar. Versorgung durch die Gemeinde oder aus dem Vermögen der Gemeinde konnte die Attraktivität des Klerikerstandes ausmachen und Begehrlichkeit wecken, aber sie vermochte ebenso zur Korrumpierbarkeit im engeren oder weiteren Sinne des Wortes beizutragen. Man sagte „Religion und meinte Kattun". Vielfach stand die Bedeutsamkeit der Sache in Gefahr, hinter dem quaestuosum zurückzubleiben.

Wenn wir nach der Absicht der Schrift De officiis ministrorum des Ambrosius fragen, so läßt sich die Antwort wohl nur im Vergleich mit der Vorlage geben. Ging es um eine christliche Assimulation der Ethik Ciceros und der in seinem Sinne von der heidnischen Senatsaristokratie beschworenen virtus Romana[81]? Oder ging es darum, Cicero gleichsam zu ersetzen, angefangen von der Usurpation des Begriffes *officium* bis hin zur Beanspruchung der Kardinaltugenden als Ausdruck biblischer und also christlicher Existenz? Ließen sich Ciceros Argumente und Paradigmata nicht ablösen durch die „älteren“ und vielfältigen und maßgeblichen Beispiele aus der Schrift? Mehr noch: War nicht Ciceros Lösung in ihrer Diesseitigkeit zu überbieten durch das jenseitige Ziel? Denn was konnte bei Cicero der verheißenen vita beata entsprechen? Selbst am Ende seines Lebens ringt der Christ, der Bischof Ambrosius immer noch[82] mit der Macht heidnischer römischer Bildung und Kultur. Aber ließ sich hier, in *De officiis ministrorum,* nicht ein Stück christlicher römischer Ethik und Kultur entwerfen? Ambrosius stellt dem homo politicus Ciceros den homo religiosus gegenüber. Die ministri dei werden in Tugend wie in Kleidung[83] Römer sein. Sind etwa die *dei ministri* für die res populi weniger verantwortlich[84]? Gehört es nicht zu den Obliegenheiten des verus dei cultus, für Schutz und Wohlfahrt des Staates fürbittend einzutreten[85]?

Die Schrift *De officiis ministrorum* gehört zu den letzten Werken des Ambrosius. Die Explanatio psalmi 38, die der Schrift vorausgegangen ist und die Exhortationen bestimmt hat, die in den liber primus de officiis ministrorum integriert worden sind[86], dürfte nach 394 entstanden sein[87]. Die dringende Warnung, Erbschaften zu gewinnen, scheint in Zusammenhang mit den Gesetzen Cod. Theod. 16, 2, 27 und 16, 2, 28 von 390 gegen die Erbschleicherei des Klerus zu stehen[88]. Ferner spricht einiges dafür, daß die von Ambrosius beanstandete Maßnahme der Ausweisung aus Rom durch den praefectus urbi mit der schweren Versorgungskrise und Hungersnot in Rom im Winter 394/5[89] in Verbindung zu bringen ist.

Das Werk drückt gleichsam den letzten Willen des um seinen Klerus besorgten Bischofs aus. Anliegen und Absicht des Ambrosius, in seiner Schrift miteinander verbunden und z. T. einander verwoben, sollte den geistlichen Söhnen Richtschnur sein: Sein Programm hat die Disziplin und die geistige Ausrichtung seines Klerus im Blick. Es ging ihm nicht darum, das Vollkommensein im Sinne der Schrift als das perfectum officium zu vertiefen, sonst hätte er diesen Gedanken, den er selbst nennt (so 1,11,37), aufgegriffen und weitergeführt. In der von ihm geforderten humilitas, die in der verecundia und vor allem im Schweigen zum Ausdruck kommt, ist vielmehr das mattheische Ethos der Niedrigkeit verfremdet. Das Schweigen als modus loquendi im Sinne der Schriftzeugnisse und als Zeichen der Gottesfurcht legte den Grund für eine spezifische Form der Sprach-losigkeit und damit auch der Widerspruchslosigkeit. Wer auch konnte es wagen, seine Schriftzeugnisse zu widerlegen? Seine vor allem von Origenes und von Basilius[90] beeinflußte Auslegungsmethode war für den Westen neu und außerordentlich wirkungsvoll. Wer hätte sich unterfangen können, zu widersprechen? Das primum officium, die prima virtus verecundiae diente doch allein dem jenseitigen Ziel. Die Möglichkeit, dieses Ziel zu verfehlen, der Ausblick auf die Vergeltung im göttlichen Gericht (s. 1,12,45), mußten notwendigerweise Folgsamkeit bewirken. Nur der Bischof, so will es Ambrosius, darf nicht schweigen, in causa . . dei, ubi communionis periculum est (2,24,125). Das vollkommene Handeln (perfectum officium) ist für Ambrosius wie für Cicero[91] das rechte Handeln. Das Ziel dieses Handelns liegt jedoch nicht mehr darin, die virtutes civis zu erfüllen und die Güter dieser Welt zu erlangen, sondern es besteht in der vita beata, die zur vita aeterna führt. Nützlich und gut ist daher nur, was der gratia vitae illius aeternae, nicht was der delectatio vitae praesentis (vgl. 1,9,29) dient. Angesichts dieses jenseitigen Ziels zählen allein die Tugenden des wahren Dieners Gottes und die Verachtung von Reichtum und irdischem Glück.

Gott oder der Mammon: Der Standeslehre für den civis Romanus wurde die für den dei minister konfrontiert, der Lehre vom Weg zum diesseitigen Glück die Lehre vom Weg zur jenseitigen Glückseligkeit. Das Programm des Ambrosius, wenn auch (als vita obscurior) vielleicht nur Ausdruck eines spätantik-christlichen Lebensideals, hat durchaus Schule gemacht. Es bedurfte nur noch der Kleiderordnung[92] als Statusmerkmal, um – nun nicht mehr den civis Romanus im Idealfall, sondern – die Kleriker in diesem Verhaltensmuster verharren zu machen.

Anmerkungen

1 Vgl. *B. Altaner – A. Stuiber,* Patrologie, Freiburg [8]1978, 382. 630; *O. Bardenhewer,* Geschichte der altkirchlichen Literatur, Bd. III, Freiburg 1912, 528 ff.

2 Ambr. de offic. ministr. 1, 7, 23. Für alle Angaben aus De officiis ministrorum des Ambrosius ist die Textausgabe von *A. Cavasin,* Sant'Ambrogio: Dei doveri degli ecclesiastici. Testo, introduzione, versione et note, Turin 1938, benutzt. Textkritisch bietet A. Cavasin keinen Fortschritt gegenüber der Ausgabe von *J. A. Krabinger,* Tübingen 1857. Beide Ausgaben stimmen mit dem bei *Migne,* PL 16, 25–194, abgedruckten Text überein. A. Cavasin bietet in Kommentar und Quellennachweisen jedoch einen Fortschritt gegenüber Krabinger und Migne.

3 Vgl. Ambr. explan. ps. 38 (CSEL 64, 183–214).

4 Ambr. de offic. ministr. 1, 7, 23.

5 Ambr. de offic. ministr. 1, 7, 24.

6 Ambr. de offic. ministr. 1, 1, 1–4 zu 1, 7, 24.

7 Zum Anliegen von Ciceros de officiis und zum Verständnis des politisch verantwortlichen Bürgers vgl. auch *H. P. Kohns,* Res publica – res populi, in: Gymnasium 77 (1970) 392–404.

8 Ambr. de offic. ministr. 1, 8, 25. 26; 1, 9, 28. 29 zu 1, 7, 24 und 1, 9, 27.

9 Vgl. *O. Hiltbrunner,* Die Schrift „De officiis ministrorum" des hl. Ambrosius und ihr ciceronisches Vorbild, in: Gymnasium 71 (1964) 174–189. Zur gesamten Diskussion und zur umfassenden Angabe der Literatur vgl. *E. Dassmann,* Die Frömmigkeit des Kirchenvaters Ambrosius von Mailand, Münster 1965, 261–264, bes. 262 Anm. 305. 306.

10 Vgl. *K. Zelzer,* Zur Beurteilung der Cicero-Imitation bei Ambrosius, De officiis, in: WS N. F. 11 (1977) 168–191; im Unterschied zu *A. F. Coyle,* Cicero's De officiis and De officiis ministrorum of St. Ambrose, in: FrSt 15 (1955) 224–256.

11 *B. Citterio,* Spiritualità sacerdotale nel „De officiis" di S. Ambrogio, in: Ambrosius 32 (1956) 157–165; Ambrosius 33 (1957) 71—80.

12 *R. Gryson,* Le prêtre selon saint Ambroise, Louvain 1968; *R. Gryson,* Les lévites, figure du sacerdoce véritable, selon saint Ambroise, in: EThL 56 (1980) 89–112.

13 Vgl. ebd. 295 ff.

14 *E. Dassmann,* Ambrosius (von Mailand), in: TRE 2 (1978) 362–386.

15 Ebd. 370.

16 Ebd. 380.

17 *H. von Campenhausen,* Lateinische Kirchenväter, Stuttgart [5]1983, 105.

18 Vgl. Ambr. de offic. ministr. 1, 3, 13; 1, 4, 15; 1, 8, 25. Ab 1, 9, 27 ff. lassen sich textlich Exhortationen nicht mehr eindeutig ausmachen. Möglicherweise bietet der Abschnitt über die Leviten (1, 50, 246–259) Anlaß zu der Annahme, daß ihm eine Exhortation zugrunde liegt. Diese Vermutung gilt auch für bestimmte Teile des liber secundus, vgl. etwa ab 2, 24, 119 ff. und mit einiger Sicherheit für 2, 30, 152–156. Zu dieser ganzen Frage vgl. *J.-P. Palanque,* Saint Ambroise et l'empire Romain, Paris 1933, 452–455.

19 Vgl. de offic. ministr. 1, 7, 23.

20 Vgl. ebd. 1, 7, 24; 1, 8, 25. 26; 1, 9, 27–29.

21 Zu de offic. ministr. 1, 1, 1. 2 vgl. 1, 7, 24.

22 Im Folgenden werden alle Belege, die sich nur auf „De officiis ministrorum" beziehen, unmittelbar im Text angegeben.

23 Interessant ist, daß Ambrosius hier (vgl. 1, 1, 2. 3) unter Bezugnahme auf Eph 4, 11 nur das Charisma des Lehrers und nicht auch, wie für die Episkopen üblich, das des Hirten für sich in Anspruch nimmt.
24 Zu 1, 2, 6 vgl. Ambr. explan. ps. 38.
25 Zu 1, 3, 9 vgl. 1, 3, 11 und Ambr. explan. ps. 38.
26 Von 1, 1, 5 – 1, 1, 20 und 1, 10, 33–35.
27 Vgl. 1, 10, 34. 35.
28 Vgl. 1, 3, 10. 13.
29 Vgl. 1, 4, 14.
30 Zu 1, 4, 14 vgl. 1, 10, 35.
31 Zu 1, 5, 19 vgl. 1, 3, 13.
32 Diese ganze erste Passage der Schrift *De officiis ministrorum* geht auf mündliche Ermahnungen zurück; vgl. Anm. 18.
33 Vgl. 1, 18, 67. 68; indem Ambrosius im Rahmen seiner Bezugnahme auf Cicero bei der Erörterung der verecundia als Zeichen der honestas auf sein Anliegen des Schweigens zurückkommt, versucht er, einen Zusammenhang und eine Einbindung dieses Themas mit der Vorlage herzustellen.
34 Zu 1, 18, 69 vgl. 1, 3, 9 (s. Anm. 25).
35 Vgl. 1, 18, 71: Est etiam in ipso motu, gestu, incessu tenenda verecundia. Habitus enim mentis in corporis statu cernitur . . . Um das zu belegen und damit wohl auch seine Kleriker entsprechend zu warnen, weist Ambrosius, wie wir sehen werden, auf das abschreckende Beispiel zweier Kleriker hin (vgl. 1, 18, 72).
36 Zu 1, 16, 59 vgl. 1, 10, 32; zu diesem certamen gehört auch das Schweigen als eine Kunst, die geübt werden muß.
37 Vgl. 1, 15, 58 – 1, 16, 62.
38 Vgl. Ambr. explan. ps. 38, 1–10. 13. 19 f. 23 (CSEL 64, 183 ff).
39 Vgl. Cicero, de offic.
40 Vgl. Cicero, de offic. 1, 3, 8; 3, 3, 14 ff.
41 So 1, 18, 67 – 1, 19, 81; Ambrosius sagt dazu selbst 1, 19, 81: Delectavit me diutius in partibus demorari verecundiae.
42 Vgl. 1, 18, 72. Der Vorlage folgend führt Ambrosius dieses Thema in 1, 18, 73–78 und 1, 19, 84 noch weiter aus. Von einer besonderen priesterlichen Spiritualität kann hier wohl nicht die Rede sein.
43 Vgl. 1, 21, 92: Haec oratores saeculi de nostris usurpata in suis posuere libris; sed ille sensus huius habet gratiam, qui prior dixit. Im weiteren Zusammenhang bezeichnet Ambrosius (s. 1, 21, 96) David als moralis magister.
44 Das ändert sich im Verlauf der Schrift: Im liber secundus und im liber tertius folgt Ambrosius eng seiner Vorlage.
45 Zum Verständnis der liberalitas vgl. auch 2, 16, 76. 77; 2, 21, 111.
46 Bzw. 1, 36, 183 (Migne). Von 1, 36, 179 an weichen die Zählungen bei Cavasin und Migne PL – bei gleichbleibender Buch- und Kapiteleinteilung – in den Abschnitten für den Rest des liber primus um eine Zahl voneinander ab.
47 Bzw. 1, 36, 181. 182 (Migne).
48 Vgl. 1, 36, 185 (Cavasin) bzw. 1, 36, 184 (Migne).
49 Vgl. ebd.; genannt werden susceptio litium, actus negotiorum forensium, venditio mercium.
50 Bzw. 1, 36, 184 (Migne).
51 Bzw. 1, 44, 214, 215 (Migne).
52 Vgl. 1, 50, 245 (Migne); der Gedanke an das Vorbild der Leviten könnte ebenfalls vielleicht schon in Zusammenhang mit der enarratio in ps. 38 stehen. Dort heißt es (explan. ps. 38, 1), daß David diesen Psalm geschrieben et Idithun uiro disciplinis leuiticis et sacerdotalibus erudito canendum dedit (CSEL 64, 183).
53 Vgl. 1, 50, 245 (Migne).
54 Vgl. 1, 50, 246 (Migne).

55 Vgl. 1, 50, 248 (Cavasin) bzw. 1, 50, 247 (Migne): De castimonia autem quid loquar, quando una tantum, nec repetita permittitur copula? Et in ipso ergo coniugio lex est non iterare coniugium nec secundae coniugis sortiri coniunctionem.

56 Vgl. 1, 50, 247 (Migne).

57 In der Regel wird can. 33 der Synode von Elvira in der Literatur für die Zölibatsverpflichtung, also die Ehelosigkeit der den ordines maiores angehörigen Kleriker, in Anspruch genommen. Tatsächlich geht es in diesem canon aber um die eheliche Enthaltsamkeit; vgl. Anm. 58.

58 Canon 33 der Synode von Elvira lautet: Placuit in totum prohibere episcopis, presbyteris et diaconibus vel omnibus clericis positis in ministerio abstinere se a coniugibus suis et non generare filios: quicumque vero fecerit, ab honore clericatus exterminetur (vgl. *F. Lauchert,* Die Kanones der wichtigsten altkirchlichen Konzilien, Freiburg und Leipzig 1896, 18 f.).

59 Vgl. 1, 50, 249 (Cavasin) bzw. 1, 50, 248 (Migne).

60 Vgl. 1, 50, 249 (Cavasin) bzw. 1, 50, 248 (Migne): Quod eo non praeterii, quia in plerisque abditioribus locis cum ministerium gererent vel etiam sacerdotium filios susceperunt.

61 Vgl. 1, 50, 250. 251.

62 Zu 1, 50, 252 vgl. 1, 50, 251: Primum ut alta dei videas, quod est sapientiae: deinde ut excubias pro populo deferas, quod est iustitiae: castra defendas tabernaculumque tuearis, quod est fortitudinis: te ipsum continentem ac sobrium praestes, quod est temperantiae.

63 Vgl. 1, 50, 254. 255.

64 Vgl. 1, 50, 253 in Auseinandersetzung mit Ciceros Aufzählung der Pflichten, die bei Ambrosius zu Gemeindeaufgaben werden.

65 Vgl. 1, 18, 67 ff.; S. S. 86.

66 Zum Verständnis der beatitudo als Ziel und Lohn bei Ambrosius vgl. *E. Dassmann,* Die Frömmigkeit des Kirchenvaters Ambrosius, 23–28; 261–265.

67 Ambrosius nimmt das Stichwort Ciceros zum Anlaß, sein Verhalten infolge der kriegerischen Auseinandersetzungen Gratians mit den Goten im Balkangebiet i. J. 378 zu rechtfertigen. Dieser Zeitpunkt bildete ja den Auftakt der Bekämpfung der Feinde der Orthodoxie durch Ambrosius. Zur Verteidigung des „wahren Glaubens“, hier also zum Loskauf „rechtgläubiger“ Gefangener und „römischer Bürger“ aus der Gewalt der Fremden (vgl. 1, 29, 141) = der arianischen Feinde, hat der Bischof von Mailand jedes verfügbare Mittel eingesetzt. Vgl. dazu auch die Schrift *De fide ad Gratianum.*

68 Hier geht es um die Handlungsweise der Bischöfe als letztverantwortlicher Instanz für das Gemeindevermögen.

69 Es ist die Frage, ob der hier gebrauchte Begriff aequitas streng im Sinne Ciceros zu verstehen ist oder eher in bestimmter Weise das Verhältnis Bischof – Presbyter bzw. Bischof – Klerus kennzeichnen soll.

70 Wie an mehreren anderen Stellen in den für unser Thema einschlägigen Angaben des liber secundus dürften hier mit dem Begriff ministri die Diakone gemeint sein.

71 Vgl. dazu die Schlußmahnungen an diese in 2, 30, 152–156.

72 Zu 3, 2, 10 vgl. 1, 11, 36. 37.

73 Mit solchen Formulierungen wie in 3, 2, 12. 13; 3, 3, 15 u. bes. 3, 3, 19 versucht Ambrosius in fast rabbulistischer Weise immer wieder, die Erwägungen Ciceros mit seiner Methode der Schriftauslegung seiner Absicht verfügbar zu machen.

74 Welches Beispiel Ambrosius, de offic. ministr. 3, 7, 46–48, im Auge hat, läßt sich bisher nicht ermitteln. Sollte es etwa eine von Ambrosius beeinflußte Maßnahme des praefectus urbi von Mailand gewesen sein? Zu der Hungersnot in Rom und dem von Ambrosius genannten Relegationserlaß vgl. *H. P. Kohns,* Versorgungskrisen und Hungerrevolten im spätantiken Rom, Bonn 1961.

75 Vgl. dazu Cod. Theod. 16, 2, 27 vom 21. Juni 390, erlassen zu Mailand, und Cod. Theod. 16, 2, 28 vom 23. Aug. 390, erlassen zu Verona. In anderem Zusammenhang hat *H. von Campenhausen,* Ambrosius als Kirchenpolitiker, Berlin und Leipzig 1929, 242, auf die Gesetze des Theodosius zur Beschränkung der Erblassung an Kleriker hingewiesen.

76 Weitere bei Cicero beschriebene officia im Sinne rechten Handelns, z. B. Vertragstreue u. a., greift Ambrosius auf, ohne sie in besonderer Weise auf den Klerus zu applizieren. Er affirmiert sie in der Weise, daß alle Beispiele und Erwägungen Ciceros durch solche aus der Schrift ersetzt werden; vgl. 3, 10, 67–69 oder 3, 15, 91–95.

77 Vgl. dazu 1, 50, 246; auch 2, 5, 18.

78 Vgl. *H. von Campenhausen,* Ambrosius als Kirchenpolitiker, 255, der zu den Ausführungen in der explan. ps. 36 (aus der Zeit nach 393 bzw. 394) meint: „. . . doch sind damit offenbar nur gewisse Gemeindeglieder gemeint, die durch die strengen Sittenpredigten des Bischofs gereizt wurden."

79 Vgl. etwa auch 1, 35, 175. Besonders eindrucksvoll 1, 22, 98 (so Ambr. zu Cic. 1, 28, 101): Die Sublimation der Leiblichkeit und die starke Betonung des Geistigen als Ausdruck des zu erstrebenden summum bonum gehörte zu den elitären Vorstellungen neuplatonischen Gedankengutes, – weit entfernt von den pragmatisch-primitiven Versuchen der Überwindung der Leiblichkeit, die das ägyptische und syrische Mönchtum vielfach kennzeichneten.

80 Vgl. Paulinus, vita Ambrosii 41 (Pellegrino): Ingemiscebat enim vehementer cum videret radicem omnium malorum avaritiam . . . Et quid dicam . . . quandoquidem plerosque ceperit etiam caelibes sacerdotes vel levitas, quibus portio Deus est . . . (caelibes ist hier wie sacerdotes und levitae als Substantiv zu verstehen, damit keine Mißverständnisse aufkommen; so auch richtig in der dem Text beigegebenen italienischen Übersetzung Pellegrinos p. 111; vgl. Paolino di Milano: Vita di s. Ambrogio. Introduzione, testo critico e note a cura di *M. Pellegrino,* Roma 1961).

81 Mos maiorum, vgl. die Relatio 3 des Symmachus (s. *J. Wytzes,* Der Streit um den Altar der Victoria, Amsterdam 1936, oder *R. Klein,* Der Streit um den Victoriaaltar = Texte zur Forschung 7, Darmstadt 1972).

82 Zu Ambr. epist. 57 (vgl. *Wytzes* oder *Klein;* s. Anm. 81) vgl. explan. ps. 36, 25 (CSEL 64, 91).

83 Vgl. Ambr. epist. 10, 9; Ambrosius spricht hier von einem arianischen Bischof, der nach barbarischer (i. e. gotischer) Art gekleidet gewesen sei, was römischem Brauch zuwiderlaufe.

84 Vgl. 1, 27, 127: die pietas gegenüber dem Vaterland steht unmittelbar an zweiter Stelle nach der pietas in deum.

85 Vgl. Ambr. epist. 17; 18 (vgl. *J. Wytzes* oder *R. Klein,* s. Anm. 81).

86 Vgl. oben Anm. 18.

87 Zur Datierung der explanationes psalmorum 36–40 vgl. *G. Rauschen,* Jahrbücher der christlichen Kirche, Freiburg 1897, 457 und bes. *O. Bardenhewer,* Geschichte der altkirchlichen Lit. 3, 517 (s. Anm. 1).

88 Möglicherweise gehört auch der von Ambrosius erwähnte Vorfall in der Gemeinde von Ticinum (vgl. 2, 29, 150. 151) in diesen Zusammenhang.

89 Vgl. *G. Rauschen,* Jahrbücher der christlichen Kirche, 444.

90 Und auch von Gregor; darauf kommen wir in anderem Zusammenhang zurück.

91 Vgl. Cic. de offic. 1,3,8 (perfectum officium rectum . . vocemus).

92 Vgl. dazu *O. Heggelbacher* in diesem Band, S. 98 f.

OTHMAR HEGGELBACHER

Entwicklungsphasen geistlicher Kleidung in frühchristlicher Zeit und ihre treibenden Kräfte

I. Die Grundlagen

Zur Lösung der Frage nach geistlicher Kleidung in frühchristlicher Zeit ist es erforderlich, sich sowohl in die historischen wie in die theologischen Gegebenheiten zu vertiefen. Letztere besagen zunächst, daß der Mensch in der Taufe das Gewand, das er mit dem Sündenfall verloren hatte, aus der Hand des Priesters wieder gewinnt, wobei dem Taufkleid die Wirklichkeit des Kleides des neuen Menschen entspricht, welcher der auferstandene Christus ist (vgl. Gal 3,27).

Der berühmte Homilet Maximus von Turin (gestorben zwischen 417 und 420)[1], für den die Bibel, wie für jeden christlichen Schriftsteller des vierten und fünften Jahrhunderts, die Garantie jeder philosophischen, moralischen und theologischen Wahrheit ist, spricht in seinem Sermo 55 im Anschluß an den Psalmvers 102,5 („Deine Jugendkraft wird sich erneuern gleich dem Adler") von den Neugetauften als solchen, die wie die Adler nach Ablegung der alten Kleider die neuen Gewänder der Heiligkeit genommen hätten: Wie mit leichten Federn würden sie durch die wiederauflebende Gnade der Unsterblichkeit geschmückt[2].

Kein volles Jahrhundert zuvor gibt von der eindrucksvollen Kraft dieser Symbolik das Verhalten Konstantins des Großen Zeugnis, der, nachdem er als Neugetaufter mit den glänzend weißen Gewändern bekleidet war, den Purpur nicht mehr angerührt habe[3]. Die weiße Farbe der Gewänder fand als Farbe der Freude bei den Christen vorzüglich an den Festtagen Verwendung und war somit für den Ostertag als Tag der Taufe in besonderer Weise geeignet. Symbolische Gründe werden später von Ambrosius angeführt[4] und haben die Erinnerung an diese Sitte bis zur Gegenwart erhalten. Die weißen Kleider, ursprünglich nicht bloß in der Kirche, sondern sogar auf der Straße getragen[5], wurden am Schluß der Osteroktav abgelegt.

Eine Einwirkung des Taufgedankens auf die geistliche Kleidung ist vorab beim Mönchtum erkennbar.

Zwar ist das Mönchskleid Standeskleid, wie denn in alter Zeit der Philosoph mit Stolz sein Kleid zeigte, der Senator und der Soldat nicht weniger das seine und der Myste dem seinen verbunden war[6]. Daß die Herleitung von den Heiligen des Alten und des Neuen Bundes, die Bezugnahme auf Propheten und Apostel das Kleid besonders ehrwürdig machen, *impliziert die Mahnung zu einem würdigen Wandel.* Darum die eigene kirchliche Weihe und damit eine besondere Kraft und reiche Symbolik mit Wechsel der Kleidung, mit diverser Farbe und Form. Darum soll des Mönches Kleid bescheiden sein[7].

So wird denn das Mönchskleid bald als heiliges Kleid bezeichnet und als ehrwürdiges Gewand gegeben und empfangen[8].

Obendrein steht fest, daß altchristliche Taufgedanken, die vom Mönch verwirklicht werden sollen, das Kleid zum Kleide Christi, ja zu Christus machen, den der Mönch wie der Christ anziehen will und soll. „Das Mönchwerden wird schon im vierten

Jahrhundert als neue Taufe aufgefaßt, die alle Sünden tilgt. Das Mönchskleid wird dabei naturgemäß zum Taufkleid, das Gnade und Heiligkeit vermittelt und seinem Träger ein Unterpfand der künftigen Herrlichkeit ist"[9]. Abgesehen von solchem Gewande des Geistlichen mit direktem Bezug zur Taufe stehen differenzierte Formen bald zur Diskussion.

II. Die Konstantinische Wende

Nachdem in der Frühzeit der Kirche eine besondere Kleidung des Klerikers[10] infolge der gesellschaftlich-politischen Verhältnisse unmöglich gewesen war[11], bedeutete die Konstantinische Wende einen Umschwung. Die Bischöfe wurden mit allerlei Insignien und Vorrechten ausgestattet; das Ende des Katakombendaseins und der Genuß der lang erwarteten Freiheit begünstigte indessen ein Überhandnehmen weltlichen Prunkes.

Die Angleichung der Klerikerkleidung an die der hohen weltlichen Funktionäre des Reiches war, wie erst Th. Klauser[12] klar gezeigt hat, von den Herrschern des späten Kaiserreichs angeregt worden; denn alsbald nach den Verträgen von Mailand und mit der Regierung Konstantins erhielten die Bischöfe den Rang von „illustres" und waren damit den höchsten kaiserlichen „Funktionären" gleichgestellt. Zufolge der Würde, die ihnen der Kaiser unter den Funktionären bewilligt hatte[13], wurden sie von ihm, wie ziemlich sicher anzunehmen ist, mit dem Pallium ausgestattet, so wie gewisse Funktionäre sehr sichtbar über der Paenula oder Planeta eine Art Schärpe, eben das grellfarbige Pallium tragen[14] – heute im Westen Insignie des Papstes und der Erzbischöfe und bei der Liturgie im Gotteshaus und nur dort als Zeichen der Amtsgewalt[15] getragen.

Andererseits entstand außerhalb Roms aus dem antiken Pallium die über der Dalmatik oder der Planeta getragene Stola[16] oder das orarium[17] der Priester und Diakone[18].

Die Dalmatik wiederum war zur Zeit des Cyprian von Karthago ein außerliturgisches Kleid[19]. Seit dem vierten Jahrhundert wurde *diese Art Tunika* mit weiten Ärmeln und einer mehr oder weniger reichen Verzierung, also eine Art Schmuck, vom Papst und seinen Diakonen zwischen der leinenen Tunika und der Planeta[20] getragen.

Die ärmellose Tunika, ein Schlupfgewand, das geschlossen von den Schultern herniederfiel und einen Durchlaß für den Kopf sowie Schlitze für die Arme hatte, war als lange Talartunika im vierten Jahrhundert das Gewand der Vornehmen, weswegen sie auf den Reliefs des Triumphbogens Konstantins der Kaiser und die togati tragen, denen dieser selbst die Goldspende austeilt, im Gegensatz zum Volk, das in kürzeren Tuniken zur Beschenkung erschienen ist[21].

Diese ärmellose Tunika, in den beiden ersten Jahrhunderten die gebräuchlichste, kam in der Gewandung heiliger Gestalten wie bei dem guten Hirten oder auch für Verstorbene vor. Wie sie auf einem Bild aus dem dritten Jahrhundert der die Brotbrechung vornehmende Bischof trägt, so erscheint Christus in den frühchristlichen Monumenten gewöhnlich in der Supertunika und im Pallium. In San Lorenzo fuori le Mura ist unter dem breiten Ärmel seiner Obertunika der enge Ärmel der Untertunika sichtbar[22].

Das Mosaik in der Kapelle San Vittore in Ciel d'Oro in Mailand, das zweifellos ein authentisches Porträt darstellen dürfte[23] und aus der Zeit kurz nach seinem Tod (397) stammt, zeigt Ambrosius mit weißen Strümpfen, schwarzen, nur die Zehen und die Fersen bedeckenden Schuhen, einer weißen bis zu den Knöcheln reichenden *tunica dalmatica* mit schmalen Streifen und weiten, mit Borten versehenen Ärmeln. Darüber trägt er eine dunkelbraunrote *paenula* oder casula[24], d. h. die lange weite *Glockenkasel* mit nur einer Öffnung für den Kopf, die rechts bis über den Ellenbogen hinaufgestreift wird, um den Vorderarm freizuhalten, und links über der Hand liegen bleibt.

Diese *casula* gehörte, nach den Gestalten auf den Grabmosaiken von Thabraca (= Tabarka/Tunesien)[25] zu urteilen, im Afrika des fünften Jahrhunderts zu den gewöhnlichen Kleidungsstücken und wurde, wie einer Stelle im Gottesstaat zu entnehmen ist[26], auch von Handwerkern getragen.

Nach den vorstehenden, ins Partielle gehenden Erörterungen gilt es nunmehr, die Haltung bekannter Autoritäten zum Gesamtproblem geistlicher Kleidung in frühchristlicher Zeit zu skizzieren.

III. Basilius und Libanios

Basilius der Große († 379), der „Patriarch der Mönche des Orients", der zunächst zu Wort kommen soll, gibt im Brief an Gregor von Nazianz[27] aszetische Weisungen auch für die Kleidung. Der Zweck der Kleidung sei einzig der, Bedeckung für den Leib für Sommer und Winter zu sein, man sei weder aus auf bunte Farben noch auf feines und weiches Gewebe. Bei der Kleidung auf schöne Farben zu sehen, tendiere zur Putzsucht. Das Gewand solle so dick sein, daß es zur Erwärmung keines zweiten bedürfe. Im übrigen ist seine Gesamthaltung streng und mutet eher übertrieben an.

Signifikant ist indessen hier, daß der heidnische Rhetor Libanios († 390/391), der Lehrer von Basilius, Gregor von Nazianz und Gregor von Nyssa, obwohl ihn seine Korrespondenz mit Basilius als dessen begeisterten Freund ausweist, in seiner O. XXX (An den Kaiser Theodosius) die Mönche als „Schwarzberockte" (μελανειμονοῦτες) apostrophiert[28].

IV. Die Haltung Augustinus' von Hippo

Für Augustinus († 430), über den die profunde Arbeit O. Perlers genau unterrichtet, gelten auf Reisen die leinene Tunika mit Ärmeln und der Mantel (birrus)[29] dunkler Farbe als Kleidungsstücke; dazu kommen gewöhnliche Schuhe und im Sommer zumindest Sandalen[30]. Daß er die Paenula auf den Reisen in der Jugend getragen hat, wäre dem Brauche der Zeit gemäß. Daß er sie während des monastischen Lebens und dann während seines Priestertums und Episkopates gebrauchte, ist weniger sicher, gleichwohl wahrscheinlich[31].

Daß Augustinus, die überragende Gestalt in seiner Zeit und in die Jahrhunderte, – trotz seines Sexualpessimismus mit dessen teilweise verhängnisvollen Nachwirkungen – einfache und bescheidene Kleidung trug, wie sie den Mönchen empfohlen war, darüber besteht kein Zweifel.

Die Kleidung des Bischofs und seiner Kleriker mußte nicht notwendigerweise einheitlich sein[32].

Im Sermo 356, den O. Perler das geistliche Testament an seine Kleriker genannt hat[33], werden der allgemein gebrauchte und vor allem als Wintermantel getragene birrus[34] und die linea tunica als Kleidungsstücke genannt, die von den Gläubigen dem Klerus zu Geschenken gemacht werden. Diese gehen an die Gemeinschaft, nicht an einzelne. Zwar macht der Bischof einmal eine liebenswürdige Ausnahme, als Sapida, eine Jungfrau von Carthago, ihm eine Tunika geschickt hatte, die von ihr selbst für ihren eben verstorbenen Bruder im Diakonsstande gewoben war. Augustin nahm, um sie zu trösten, die Gabe an. Am Tage der Antwort zog er sie wieder an, jedoch mit der Bitte an die Schenkgeberin, sich andere Wege des Trostes zu suchen[35].

Nichts wollte er zu eigen annehmen zu seinem persönlichen Gebrauch, auch nicht unter dem Vorwand, daß ihm ein solches Gewand besser anstehe: „Einer bietet mir einen kostbaren ‚birrus‘ an. Er paßt vielleicht einem Bischof, aber nicht Augustin, das heißt einem armen Mann, der von armen Eltern geboren ist"[36].

Sonst waren die empfangenen Stücke in der gemeinsamen Garderobe verwahrt und nach dem jeweiligen Bedarf verteilt[37].

In den Vorschriften der „Regel des hl. Augustinus", deren Authentizität nicht allgemein anerkannt ist, sind Einfachheit und Bescheidenheit empfohlen[38]. Unterschiede nicht nur nach Qualität, sondern wahrscheinlich auch nach Form und Farbe scheinen im Kapitel V und vor allem im Kapitel VIII angezeigt zu sein[39].

Wenn nach O. Perlers Feststellungen von Augustinus das einfache, schlichte Gewand verlangt wird, so liegt diese Haltung in der Richtung der Gegenbewegung oder des Gegenstoßes auf die eingerissene Verweltlichung begründet.

Im Einklang damit konstatiert F. van der Meer, daß in Augustins Haus nur von Tuniken und birri die Rede ist, also von Unterkleidung und Mänteln[40].

Augustinus' älteste Darstellung bringt das sehr mittelmäßige und beschädigte Fresko in einem Raum des ehemaligen Lateranpalastes, der früheren Bibliothek Gregors des Großen. Hier erscheint er als schmächtiger älterer Mann in der vornehmen Tracht des vierten Jahrhunderts in einer weißen Tunica mit roten Schulterstreifen und darüber einem weißen, die Schulter bedeckenden Pallium[41]. Wenn F. van der Meer bei dieser Gelegenheit äußert, daß wir nicht wissen, was man am Altar trug, und daß nirgends von einer besonderen Amtskleidung die Rede sei[42], wirkt er nicht überzeugend. Sicher hat Ehrfurcht Ende des christlichen Altertums zu einer besonderen liturgischen Kleidung geführt, die zumindest zunächst nur kostbarer als die gewöhnliche bürgerliche Festkleidung war[43].

V. Die Kritik des Hieronymus

So ist also vom vierten Jahrhundert an der Ruf nach Einfachheit, Würde und Bescheidenheit der geistlichen Kleidung nicht verklungen. Hieronymus (geboren um 347 in Dalmatien, Sekretär des Papstes Damasus [† 384], gestorben 419 oder 420) geißelt sogar mit grobem Spott die modischen Narrheiten der Geistlichen: „Die ganze Sorge solcher (Geistlichen) dreht sich um die Kleider, ob sie gut riechen, ob der Schuh nicht locker ist und schlenkert. Ihre *Haare* werden mit dem Brenneisen gedreht, von Ringen strahlen ihre *Finger* . . . Wenn du sie siehst, solltest du eher Freier als Kleriker in ihnen vermuten"[44].

Diese scharfe Attacke wird im Blick auf das zeitgeschichtliche und gesellschaftliche Umfeld verständlich. Dazu leisten die Sermones des berühmten zeitgenössischen Homileten Maximus von Turin (gestorben zwischen 417 oder 420) treffliche Dienste, zumal durch die prägnante Offenlegung dominanter Triebkräfte jener Zeit. Sie sind verbunden mit dem das vierte und fünfte Jahrhundert und zumal die Wende zum letzteren erfüllenden *kulturellen* Ringen und den Wehen einer *sozialen* Umschichtung[45]. Sie erinnern an die den herrschenden und besitzenden Klassen der honestiores (Beamte und Großgrundbesitzer) gegenüberstehenden humiliores (Stadt- und Landvolk), Handwerker, die Unterstützungen für den Lebensunterhalt empfangen mußten, und coloni, denen das Existenzminimum nicht gegeben war[46].

VI. Die Richtlinie des Ambrosius

Ambrosius hat sich ebenfalls mit der Fragestellung befaßt: Er geht in dem Werk „De officiis ministrorum", nach 386 und an die Kleriker der Kirche von Mailand im Sinne einer Darstellung der christlichen Ethik und mit Anweisungen bis ins Detail der Leibespflege geschrieben, gegen deren verweltlichte Haltung an. Es gebe solche, die so gemächlich einhergehen, wie Gaukler sich gebärden und gleichsam die Tragbahren auf den Umzügen und die Bewegungen der wackelnden Statuen nachahmen. Sie scheinen bei jedem Schritt eine Art Rhythmus einhalten zu wollen[47].

Die leibliche Schönheit solle „nichts Gekünsteltes, sondern etwas Natürliches sein: einfach, eher vernachlässigt, denn gesucht, nicht in kostbare und glänzende Gewänder gehüllt, um ihr nachzuhelfen, sondern in gewöhnliche, so daß der Ehrbarkeit oder dem Bedürfnis kein Eintrag geschieht, die natürliche Anmut ohne künstliche Zutat bleibt"[48].

Man geht nicht fehl, auf diesem Hintergrund den Sermo XXVII des Maximus zu deuten, der den Dienst des Priesters als eine functio spiritalis mercimonii dartut[49], als ein „geistliches Geschäft".

Angesichts der grassierenden Verweltlichung mit allen Anzeichen einer vergreisenden Epoche und des Befangenseins im Materiellen ein Anruf zur Vergeistigung!

In dem Zusammenhang mit Obigem erwähnt Ambrosius den Fall eines Klerikers, der aus Geldgier, um dem kirchlichen Gericht zu entgehen, abgefallen ist[50].

Es ist bezeichnend, daß Maximus, der großartige Prediger und Leiter einer der größten oberitalienischen Diözesen, gerade in dem vorerwähnten Sermo XVIII, einem seiner berühmtesten und schon von Gennadius als echt bezeugten, mit einer bei ihm nicht gewohnten Schärfe ebenfalls gegen die Habsucht zu Felde zieht.

VII. Papst Coelestin I. und Salvian von Marseille

Hier indessen drängt sich der Bezug zu Salvian von Marseille auf[51], um so mehr als Turin, der Wirkort des Maximus, nicht nur nach der einen Seite, nach Osten, an Mailand und Vercelli gebunden war, sondern infolge des geographischen Zusammenhangs von Westen her von *Galliens* Geschicken berührt wurde, jenes Bereiches, der in der römischen Kaiserzeit und während des Mittelalters berufen war, in höherem Maße als das Mutterland Italien Erhalter der antiken Kultur zu sein[52]. Die in Gallien nur zögernd eingeführte, jedoch hernach bedeutungsvolle Provinzialverfassung sollte sogar einem Konzil, das Turin um 398 in das helle Licht der geschichtlichen Ereignisse rückte, als Hauptaufgabe gestellt und von ihm endgültig geprägt werden.

In dieser geistig-geographischen Struktur versucht Salvian nachhaltig einzugreifen, indem er angesichts der durch die germanische Invasion ausgelösten Krise des weströmischen Reiches . . . rigorose Kritik an dem lasterhaften Versagen der Christen gegenüber ihren religiösen und sozialen Verpflichtungen[53] übt. So bekämpft er das andere Extrem der besonders nachlässigen und schmutzigen Kleidung geistlicher Kreise. Wenn er hierbei zumal die afrikanischen Städte ins Visier nimmt und am meisten Karthago, die nach Alexandria bedeutendste Stadt Nordafrikas, ist es in Anbetracht der Bedeutung verständlich, die Afrika und zumal Karthago mit der Primatialstellung seines Bischofs innehatte[54]. Es gehe manchem mehr darum, die Welt der Kleidung – als dem Geiste nach – zu verlassen[55]. „Mag einer noch so eifrig das Gewand der Heiligkeit anziehen und den Schild der Gottgeweihtheit vor sich hertragen . . ."[56] rügt er. Wo nämlich einer das Gewand geändert habe, ändere er stracks die Würde . . .[57] Nicht ohne Grund sei dieses so gewesen, daß innerhalb der Städte Afrikas und zumal innerhalb der Mauern von Carthago das ebenso unglückliche wie ungläubige Volk einen mit dem Mönchsgewand Bekleideten und Bleichen und bei zurückgeschnittenen Mähnen der wallenden Haare bis zur Haut Gescherten kaum ohne Schimpf und Verfluchung sehen konnte[58].

Im Blick auf das Vorgesagte ist es nicht zu verwundern, daß Papst Coelestin I. (422–432) in seinem 428 geschriebenen Brief an die Bischöfe der Provinzen Narbonne und Vienne in dieser Weise harte Worte gebraucht: „Wir (die Kleriker daselbst waren mit dem Pallium umhüllt und an den Lenden umgürtet) sollen uns vom Volk und den übrigen unterscheiden durch Unterweisung, nicht durch das Kleid; durch den Lebenswandel, nicht durch die Gewandung; durch die Reinheit des Geistes, nicht durch die Kleidung"[59]. Eine besondere Kleidung billigt er allenfalls denen zu, die an abgelegenen Orten fernab von Menschen wohnen[60].

Ein angeblich einem Konzil von Karthago zu Ende des vierten Jahrhunderts, in Wirklichkeit einer späteren Zeit entstammender Kanon verlangte, der Kleriker müsse seinen Stand durch seine Kleidung und durch die Haltung (sc. seines Lebens) bewähren und dürfe keine Zierstücke auf seinen Kleidern und seinem Schuhwerk tragen[61]. Wie weit die Forderung nach Abkehr von weltlichem Gepränge hin zu einer spezifisch klerikalen Kleidung, die nicht durch größeren Aufwand, sondern durch betonte Zurückhaltung und Einfachheit hervorgehoben ist, vor allem in Gallien durch bedeutende Bischöfe, die aus dem Mönchsstand kamen – also sich einer besonderen Kleidung bedienten –, eingeleitet worden war, bleibt zu prüfen, ist jedoch eines ausführlicheren Wortes an anderer Stelle bedürftig und wert. Wie die Bestrebungen, die geistliche Kleidung an die der Mönche anzugleichen, im einzelnen liefen, muß einer eigenen Studie vorbehalten bleiben.

VIII. Zusammenfassung: Das Erscheinungsbild des Geistlichen

Die frühchristliche Zeit arbeitete an der Ausprägung des Erscheinungsbildes eines Geistlichen. Hierbei mußte sie Kleidung, Hand und Gesicht berücksichtigen, die die menschliche Erscheinung ausmachen und darum in die theologischen Reflexionen der christlichen Frühzeit einbezogen worden sind.

Der Religionsphilosoph R. Otto hat die vielfache Bedeutung der Hand und ihren Sinngehalt in der religiösen Sprache der frühchristlichen Zeit (Befehlen in Gottes Hände, Segnen mit der Hand, Leitung durch Gottes Hand, Andeutung der Gegenwart Gottes durch die Hand Gottes vom Himmel her)[62] dargetan. Doch die Hand „schafft auch als Instrument der Herrschaft und man erinnerte sich des Menschensohnes, der in die Hände der Menschen überliefert wurde, und dessen Hände, die den Menschen erschaffen hatten, nun von den Nägeln des Kreuzes durchbohrt waren"[63]. So begegnet die theologische Erwägung der Hand mit gewisser Zurückhaltung. Da sie nicht überbetont werden soll, hat der Bischof erst im neunten Jahrhundert bei liturgischen Funktionen den Handschuh übergestreift und sie betont[64]. Bei der Persiflierung unsinnigen Gehabens von Klerikern durch Hieronymus und Ambrosius ist sie nicht vergessen[65].

Zweifellos ist die Darstellung des Menschen in der alten christlichen Kunst im Bilde des menschlichen Antlitzes zentriert. „Der Kopf wird Symbol, wie es das Kleid wird"[66]. Da das Antlitz nach Gottes Bild erschaffen ist, darf es nicht das Zeichen des Sklaven tragen, weswegen ein Dekret Konstantins[67] das Sklavenzeichen am Kopf anzubringen verbietet. Die oben angeführten Aperçus unseres Bezuges bei Ambrosius und Hieronymus sind daher nicht zu übersehen. Basilius geht näher darauf ein.

Die Hochachtung, die Jesus für das Antlitz hat, in das er den Heiligen Geist seinen Jüngern einhaucht, lebt in den liturgischen Akten der Taufe weiter (Hauchen, Bezeichnung, Handauflegen), die alle auf Haupt und Antlitz des Täuflings konzentriert sind[68], vorab also da, wo es um den Akt der Weihe und Hingabe an Gott und die eidliche Bindung an den Schöpfer geht.

Was aber die Kleidung angeht, schlägt frühzeitig die Erinnerung an die lange Reihe derer durch, die im Mönchskleid heilig wurden, das anderseits mit Wunderwirkungen in Verbindung gebracht wurde. „Früh schon kommt die Sitte auf, daß auch viele Laien, zumal auf dem Sterbelager, mit dem Mönchskleid bekleidet werden wollen, um so der Gnaden und Vorzüge des Ordenslebens teilhaftig zu werden"[69]. Das Mönchskleid sollte sie wie die Mönche der Seligkeit versichern und als Kleid der Glorie „ewig im Gefolge des Lammes auszeichnen"[70].

Die Theologie der menschlichen Erscheinung ist schließlich die Theologie der Offenbarung des Menschen, der auf den Wolken des Himmels kommen wird[71].

Anmerkungen

1 *O. Heggelbacher,* Das Gesetz im Dienste des Evangeliums. Über Bischof Maximus von Turin, Bamberg ³1984, 14.

2 „Nam utique neophyti nostri nuper baptizati tamquam aquilae depositis vetustatis exuviis nova sanctitatis indumenta sumpserunt . . . sicut plumis levibus rediviva gratia immortalitatis ornantur" (CChr. SL XXIII, 221 f.).

3 *Eusebius,* Vita Const. IV, 62.

4 *Ambrosius,* De mysteriis c.7 (PL 16, 418): „Accepisti post haec vestimenta candida . . . ut esset indicium, quod exueris involucrum peccatorum, indueris innocentiae casta volamina, de quibus dixit Propheta: Asperges me hyssopo, et mundabor, lavabis me et super nivem dealbabor (Psal 50,9). Qui enim baptizatur, et secundum Legem, et secundum Evangelium videtur esse mundatus . . ." – Neueste Forschungen sprechen für die Echtheit der Schrift De mysteriis.

5 Vgl. *L. Eisenhofer,* Handb. d. k. Lit. II, Freiburg 1933, 263.

6 Hierzu und zum folgenden vgl. *Ph. Oppenheim,* Das Mönchskleid im christlichen Altertum, Freiburg 1931, 248.

7 Syntagma doctrinae ad monachos omnesque christianos tam clericos quam laicos 4 (PG 28, 840 D), dem ausgehenden vierten Jahrhundert angehörendes Lehrstück der monastischen Literatur, dem hl. Athanasius zugeschrieben. *Ph. Oppenheim,* Das Mönchskleid (Anm. 6), 54.

8 Dabei will wohl bedacht sein, daß es keine sozusagen von Anfang an fertige und einheitliche Größe ist. Seine Entwicklung reicht vielmehr von den Mönchsvätern in der Wüste über das

„schmutzige Kleid“, die „alten Lumpen“, das „saubere Kleid“, das „ärmliche, billige Kleid“ hin an das „einfache, schlichte Gewand“.

Ph. Oppenheim, Das Mönchskleid (Anm. 6), XI, mit den Ausführungen hierzu 21–56.

9 Ebd., 248.

10 Im Neuen Testament besagt „Kleros“ das Los und den Anteil, der durch das Los zugeteilt wird, besonders den Anteil am geistlichen Dienst (Apg 1,17). In diesem engeren Sinne wird es zur festen Bezeichnung der Kirchendiener – im Unterschied zum Laienstand – schon bei Origenes (In Ir 11,3).

Vgl. *O. Heggelbacher,* Geschichte des frühchristlichen Kirchenrechts bis zum Konzil von Nizäa 325, Freiburg/Schweiz 1974, 69 ff.

11 Zum Ganzen vgl. M. Bringemeier, Priester- und Gelehrtenkleidung. Ein Beitrag zur geistesgeschichtlichen Kostümforschung, Münster 1974, 11; eine Arbeit, deren Schwerpunkt naturgemäß nicht in der frühchristlichen Zeit liegt.

12 *Th. Klauser,* Der Ursprung der bischöflichen Insignien und Ehrenrechte, Krefeld [2]1953.

13 *P. Salmon,* Mitra und Stab. Die Pontifikalinsignien im römischen Ritus, Mainz 1960, 17.

14 Ebd., 18.

15 *Th. Klauser,* Pallium, in: LThK[2] VIII, 7–9, hier: 8.

16 Als langes Kleid des Mannes „Talar“; vgl. Vulg. Apoc., 7,13.

17 Als Schweißtuch bei Augustinus, Civ. Dei 22, 8, 8: „. . . revocatum ligavit orario.“

18 *P. Salmon,* Mitra und Stab (Anm. 13), 18.

19 Cyprian, ed. G. Hartel p. CXIII, Acta procons.: 5: „. . . Et cum se dalmatica expoliasset et diaconibus tradidisset, in linea stetit“.

20 *P. Salmon,* Mitra und Stab (Anm. 13), 19 und 77, Anm. 19.

21 *J. Wilpert,* Die Gewandung der Christen in den ersten Jahrhunderten. Vornehmlich nach Katakombenmalereien dargestellt, Köln 1898, 5. Die Paenula ist demgegenüber ein Obergewand aus schwerem Wollstoff und von der Form eines weiten Radmantels mit Kapuze. Ebd., 12. Zu Tunicella vgl. *Th. Bigler,* in: LThK[2] X, 404.

22 Vgl. *M. Bringemeier,* Priester- und Gelehrtenkleidung (Anm. 11), 10 f. mit Hinweis auf *J. Wilpert,* Die römischen Mosaiken und Malereien der kirchlichen Bauten vom IV. bis XIII. Jahrhundert, Bd. I-IV, Freiburg 1916, Tafel 83 und 84.

23 *P. van der Meer,* Augustinus als Seelsorger. Leben und Wirken eines Kirchenvaters, Köln 1958, 253.

24 *J. Wagner,* in: LThK[2] VI, 10 f. Kasel = griech. φελόνιον, φελόνης, φαινόλης ; daher das lateinische Lehnwort paenula; römisch bis heute planeta.

25 Die Kirche von Thabraca existiert nicht mehr. Besser erhaltene Grabmosaiken wurden museal geborgen. Vgl. *A. Driss,* Trésors du Musée national du Bardo, Tunis 1962. Deutsche Ausgabe 1962, Abb. 42.

26 Civ. Dei 22,8,9.

27 BKV 46 (1925), 16, Nr. 6 u. 7.

28 *Libanius,* Selected Works, with English transl., introd. and notes by *A. F. Norman,* Bd. II, Cambridge, Mass.-London 1977, 106–109. Vgl. *J. Geffcken,* Der Ausgang des griech.-röm. Heidentums, Heidelberg 1920, 154 (vgl. 297 Anm. 84).

29 Der birrus galt als gewöhnliches „Kleidungsstück“ und der Codex Theodosianus gestattet seinen Gebrauch mit Einschränkung den Sklaven (C. Th. 14,10,1 aus dem Jahre 382: Servos sane omnium, quorum tamen dominos sollicitudine constat militiae non teneri, aut byrris uti permittimus aut cucullis . . .), wogegen die orientalischen Mönche (*Ph. Oppenheim,* Das Mönchskleid [Anm. 6], 50–56) auf ihn zugunsten von mavortes verzichteten (kurzer Mantel mit Bedeckung von Hals und Schultern). Vgl. Cassianus, Inst. 1,7.

30 *O. Perler,* Les voyages de Saint Augustin, Paris 1969, 105.

31 Ebd.

32 Ebd.

33 Ebd., 93; Sermo 356, 13.

34 Zum „birrus“ näherhin vgl. ebd., 93–98.

35 Epist. 263, 1 (CSEL 57 [1911], 631 f.).

36 *O. Perler,* Les voyages (Anm. 30), 94. Sermo 356, 13.
37 Ebd., 94.
38 Cap. VI. (Cass [A] I. 497): „Non sit notabilis habitus vester; nec affectetis vestibus placere, sed moribus."
39 *O. Perler,* Les voyages (Anm. 30), 105; Cap. V. (Cass. [A] I, 496) u. Cap. VIII. (ebd., 500): „. . . quod vobis indumentum pro temporis congruentia proferatur. . . Cum queritur aliquis deterius se accepisse quam prius habuerat, et indignum esse, qui non ita vestiatur sicut alius frater eius vestiebatur".
40 Civ. Dei 22, 8, 9 (casula eines Handwerkers); sermo 161, 10 unterscheidet Augustinus lacerna (Sommermantel) und birrus (Wintermantel), jedoch in bezug auf Laien.
41 *F. van der Meer,* Augustinus (Anm. 23), 254.
42 Ebd., 254.
43 *Jungmann* MSI ([5]1962), 360, mit Verweis (in Anm. 2) auf *J. Braun,* Die liturgische Gewandung, Wien 1907.
44 „Omnis his cura de vestibus, si bene oleant, si pes, laxa pelle, non folleat. Crines calamistri vestigio rotantur; digiti de anulis radiant . . . Tales cum videris, sponsos magis aestimato quam clericos". Ep. XXII, 28 (CSEL 54 [1910], 185).
45 *O. Heggelbacher,* Das Gesetz (Anm. 1), 19.
46 Vgl. Sermo XVIII (CChr. SL XXIII, 68/69): „Quanti amissa deplorant, super quae invasa plerique gratulantur. Ecce senex pater captum deflet filium, et tu iam super eum velut servulum gloriaris; innocens rusticus traditum ingemiscit iuvencum et tu cum eo rus tuum excolere disponis. . . Unde, rogo, Romana mancipia? Scimus ea comprovincilium nostrorum esse, vel civium."
47 De officiis ministrorum I, XVIII, 73: „Sunt etiam qui sensim ambulando imitantur histrionicos gestus, et quasi quaedam fercula pomparum, et statuarum, motus nutantium, ut quocumque gradum transferunt, modulos quosdam servare videantur". (PL 16,49). Übersetzung nach BKV 17 (1914) 47.
48 „Ut enim artifex in materia commodiore melius operari solet, sic verecundia in ipso quoque corporis decore plus eminet; ita tamen ut etiam ipse non sit affectatus decore corporis: sed naturalis, simplex, neglectus magis quam expetitus, non pretiosis et albentibus adiutus vestimentis, sed communibus; ut honestati vel necessitatis nihil desit, nihil accedat nitori". (PL 16,52). Übersetzung nach BKV 17 (1914), 52. Vgl. hierzu Basilius Ep. 1 ad Gregorium Nazianz. (Anm. 27).
49 Maximus von Turin (CChr. SL XXIII, 105): „. . . sed si recte consideremus, officium nostrum vere negotium est, et functio sacerdotalis ministerii functio quaedam est spiritalis mercimonii . . ."
Vgl. *L. Padovese,* La dottrina sociale di Massimo da Torino, in: Commentarium Laurentianum 2 (1981) 149–202.
50 PL 16,49: „. . . alter pecuniae studio, ne iudicium subiret sacerdotale, se nostrum negavit." Die römisch-christliche rechtliche Auffassung der damaligen Zeit ist eingefangen vom zeitgenössischen sog. Ambrosiaster. Hierzu *O. Heggelbacher,* Vom römischen zum christlichen Recht. Juristische Elemente in den Schriften des sog. Ambrosiaster, Fribourg 1959. Auffallend korrespondiert den Vorwürfen des Hieronymus die Invektive des Ambrosiaster gegen die römischen „Leviten" in den Quaestiones Veteris et Novi Testamenti: Qu. 101 (CSEL 50 [1908] 193–198).
51 Geboren um 400, nach kurzer Ehe in das Kloster Lerinum eingetreten, bald Priester geworden und vor 439 nach Marseille übergesiedelt, wo er kurz nach 480 gestorben ist. Erhalten sind von ihm 9 Briefe; die pseudonyme Schrift Timothei ad ecclesiam (Adv. avaritiam) libri IV (435/439); De gubernatione Dei (de praesenti iudicio) libri VIII (das 8. Buch ist unvollständig; nach 440). *J. Straub,* in: LThK[2] IX, 283.
52 *E. Norden,* Die antike Kunstprosa vom VI. Jahrhundert v. Chr. bis in die Zeit der Renaissance, Bd. II, Darmstadt [5]1958, 631.
53 *J. Straub,* (Anm. 51), 283.

54 Zur Stellung von Karthago vgl. *E. L. Grasmück,* Coercitio, Staat und Kirche im Donastistenstreit, Bonn 1964, 17/18.

55 Adversus avaritiam IV, 1 (PL 53, 227): „. . . et habitu magis saeculum relinquere quam sensu". Edition Sources Chrétiennes Nr. 176, 310.
Vgl. BKV, 2. Reihe, Bd. 11 (1935), 362.
Vgl. *G. Retzlaff,* Rhein. Merkur Nr. 42 vom 20. 10. 1972: „Muß man den Pfarrer erkennen?"

56 Adversus avar. IV, 5 (ebd., 232): „Induat sibi quamvis quilibet habitum sancti nominis et titulum sacrae religionis inscribat . . ." (BKV, ebd., 371). Edition Sources Chrétiennes Nr. 176, 326.

57 De gubernatione Dei IV, 7 (ebd., 78): „Ubi enim quis mutaverit vestem, mutat protinus dignitatem . . ." (Vgl. BKV, ebd., 124). Edition Sources Chrétiennes Nr. 220, 258.

58 De gubernatione Dei VIII, 4 (ebd., 156): „Non sine causa itaque istud fuit quod intra Africae civitates, et maxime intra Carthaginis muros, palliatum et pallidum et recisis comarum fluentium jubis usque ad cutem tonsum videre tam infelix ille populus quam infidelis sine convicio atque exsecratione vix poterat . . ." (Vgl. BKV, ebd., 264). Edition Sources Chrétiennes Nr. 220, 524.

59 Mansi 4, 464: „. . . Amicti pallio, et lumbos praecincti . . ."; 465: „Discernendi a plebe vel ceteris sumus doctrina, non veste; conversatione, non habitu; mentis puritate, non cultu."

60 Ebd., 465: „Habeant tamen istum forsitan cultum, morem potius quam rationem sequentes, qui in remotioribus habitant locis, et procul a ceteris degunt."

61 Hierzu *Hefele-Leclerq,* Histoire des conciles, Bd. II/1, Paris 1908, 116 (can. 45), 102 ff. Die Statuta Ecclesiae antiqua stammen in Wirklichkeit aus der zweiten Hälfte des 5. Jahrhunderts. So tut *A. Stickler,* vor kurzem Kardinalbibliothekar und Kardinalarchivar S.R. Ecclesiae geworden, in seiner Historia Iuris Canonici Latini, Bd. I, Turin 1950, 40, dar.

62 *R. Otto,* Visna-Nārāyana, Jena [2]1923, 75 (zitiert neuestens bei W. B. Bollée, Traditionellindische Vorstellungen über die Füße in Literatur und Kunst, in: Beiträge zur Allgemeinen und Vergleichenden Archäologie 5 [1983] 227): „Wir befehlen uns in Gottes Hände, seine Hand leitet uns, mit der Hand segnen wir, die Hand Gottes vom Himmel her war in frühchristlicher Zeit die Andeutung der Gegenwart Gottes selber. Das Kind küßt und kost Vater und Mutter die Hand . . ."

63 *E. Peterson,* Theologie der menschlichen Erscheinung, in: Hochland 41 (1948), 152.

64 *P. Salmon,* Mitra und Stab (Anm. 13), 25, 27.

65 Vgl. Anm. 44 („. . . digiti de anulis radiant . . .") und Anm. 47 („. . . imitantur histrionicos gestus . . ."). Basilius vor allem geht darauf ein in der Ep. I an Gregor v. Naz. (Anm. 27).

66 *E. Peterson,* Theologie (Anm. 63), 152.

67 CTh. 9,40,2 = CIust. 9,47,17 (Constantin, 315/316); RE 3A/2, s. v. Stigmatías, Sp. 2520 ff. (2521 f.); *B. Biondi,* Il diritto romano cristiano, Bd. II, Milano 1952, 348, 435, Bd. III, Milano 1954, 456; *H. Blümner,* Die röm. Privataltertümer, München 1911 (HAW IV, 2,2), 294 Fn. 7; *M. I. Finley,* Die Sklaverei in der Antike. Geschichte und Probleme, München 1981, 155.

68 *O. Heggelbacher,* Die christliche Taufe als Rechtsakt nach dem Zeugnis der frühen Christenheit, Freiburg/Schweiz 1953, 91 f.

69 *Ph. Oppenheim,* Das Mönchskleid (Anm. 6), 249.

70 Ebd., 249.

71 Vgl. *E. Peterson,* Theologie (Anm. 63), 153.

WALTER BRANDMÜLLER

Traditio Scripturae Interpres

Die Lehre der Konzilien
über die rechte Schriftinterpretation bis zum Konzil von Trient

Im Schlußabsatz seiner nach wie vor maßgeblichen, weil gründlich erarbeiteten und erschöpfenden dogmengeschichtlichen Darstellung des Traditionsproblems trifft Johannes Beumer die Feststellung, die Tradition sei eine eigene Art und Weise, wie Gott „seine Offenbarung der Allgemeinheit der Menschen zukommen läßt. Sie besteht schon vor der Schrift und behält auch nach der Schrift ihre Bedeutung, indem sie zugleich mit der Schrift die eine göttliche Wahrheit vermittelt". Was jedoch im Laufe der Geschichte nicht einheitlich beurteilt wurde, sei das Verhältnis von Schrift und Tradition[1].

Dieses wurde bisher nahezu ausschließlich unter dem Gesichtspunkt der Frage, ob der Heiligen Schrift inhaltliche Suffizienz zukomme, oder diese der materiellen Ergänzung durch die Tradition bedürfe, behandelt.

Hier soll nun die Enge dieser Fragestellung erweitert und nach der Bedeutung gefragt werden, die der Tradition für die Schrifterklärung durch die Konzilien zugemessen wird.

I. Lehre und Beispiel der Väter

Auf der Suche nach einschlägigem Quellenmaterial ergibt es sich, daß keines der frühen Konzilien sich dieses Thema gestellt hat. Wie der Blick auf das theologische Umfeld der antiken Konzilien zeigt, bestanden hinsichtlich des Verhältnisses von Schrift und Überlieferung keine entscheidungsbedürftigen Fragen.

Wenigstens seit Polykarp von Smyrna, Papias von Hierapolis, Ignatius und Irenäus ist es nämlich Gemeingut, daß die verbindliche Glaubensnorm – und damit die Norm für die Auslegung der Heiligen Schrift – die apostolische Paradosis sei. Papias (60/70 – 120/30) befragte darum die zu seiner Zeit noch lebenden Gefährten der Apostel nach deren Lehre, denn davon erwartete er größeren Gewinn als durch die Lektüre der βιβλία[2].

Wenige Jahrzehnte später bezeichnete Polykarp († ca. 155) denjenigen als einen Erstgeborenen Satans, der es wagte, die Worte des Herrn nach seinem Gutdünken auszulegen, und mahnt, zu der von Anfang an überlieferten Lehre zurückzukehren[3]. Den gleichen Tenor haben Äußerungen von Tertullian, Gregor von Nyssa, Epiphanius von Salamis, Hieronymus, Augustin, Chrysostomus, Cassian, Vinzenz von Lérins. Sie alle fordern eine Schriftinterpretation, die sich an der Lehre der Väter, also an der Überlieferung, orientiert[4]. Das war die ebenso geographisch wie chronologisch gesehen allgemeine Überzeugung der antiken Kirche.

Lenkt man nun den Blick auf den tatsächlichen Umgang der frühen Konzilien mit der Heiligen Schrift, so darf der soeben erhobene Befund nicht außer acht gelassen werden.

Die vornizänischen Synoden argumentieren viel mit der Schrift[5]. Von Nicaea selbst ist nichts an Quellen erhalten, was über den Schriftgebrauch dieses Konzils Aufschluß geben könnte. Aber der von der Synode von Aquileia von 381 berichtete Brauch, die Heiligen Schriften inmitten der Konzilsaula auszulegen, damit man während der Diskussionen jederzeit daraus zu zitieren vermochte, wird so selbstverständlich erwähnt, daß es schwerfällt, an eine Neueinführung zu denken[6]. Es wird also aus der Heiligen Schrift geschöpft, es wird mit der Schrift argumentiert. Dabei wird jedoch, wie der jeweilige Zusammenhang voraussetzt und der oben erwähnte Befund der Väterliteratur anzunehmen fordert, zweierlei als selbstverständlich vorausgesetzt: Die Konzilsväter berufen sich auf die im Sinne der kirchlichen Lehrüberlieferung ausgelegte Schrift, und sie berufen sich auf ihren Inhalt als Glaubensquelle, nicht auf ihre Autorität als Glaubensnorm. Vielmehr erscheint – vor allem im Gefolge des Nicaenums – das Credo als Auslegungsnorm für die Schriftinterpretation, keineswegs umgekehrt[7]. Den Grund für solche „Bibelabstinenz" wird man darin zu sehen haben, daß, angefangen von Markion bis Arius, die Häretiker stets mit Schriftstellen argumentierten. Die Konzilien zogen sich deshalb auf die Paradosis zurück, deren Formeln gegenüber der Schrift den Vorzug größerer Eindeutigkeit hatten.

Nizäa selbst ist hierfür bezeichnend. Obwohl es sich ausdrücklich gegen eine so eminent theologische Häresie wie den Arianismus richtete, dessen Protagonisten vorzüglich mit Schriftworten argumentierten[8], fehlt sogar sowohl in seinem Glaubensbekenntnis als auch in seinen Kanones jegliche Bezugnahme auf die Schrift überhaupt. Selbst der Hinweis, Christus sei „secundum scripturas" von den Toten auferstanden, der uns aus dem heute gebräuchlichen Text des nizäno-konstantinopolitanischen Credo geläufig ist, findet sich nicht in dessen authentischem Text von 325[9].

Dies gilt auch vom Credo des Konzils von *Konstantinopel* des Jahres 381; ja nicht einmal das ausführliche Synodalschreiben von 382 an Papst Damasus und die Bischöfe des Westens beruft sich auf die Schrift, wiewohl es mehrfach deren Wortlaut in erbaulichem, nicht jedoch in lehrhaftem Zusammenhang zitiert[10].

Dementsprechend bekräftigt das Nachkonzil von 382 die Fides Nicaena, und zwar mit der Begründung, daß diese nicht nur uralt, sondern auch in der Taufformel ausgedrückt sei. Antiquitas der Formel und liturgische Praxis sind also hier als die Kriterien für den rechten Glauben angesehen worden. Auf die Schrift berief man sich nicht[11].

Auch das Konzil von *Ephesus* 431 verfuhr nicht anders. Ihm lagen der 2. und der 3. Brief Cyrills an Nestorius samt den 12 Anathematismen Cyrills aus dem Jahre 430 vor. Während aber das Konzil den 2. Cyrillbrief ausdrücklich als mit der Fides Nicaena übereinstimmend bezeichnete, nahm es den 3. Brief und die Anathematismen einfach zur Kenntnis und zu den Akten, weshalb diese nicht eigentlich als Konzilsentscheidungen zu werten sind. Sie haben aber auch weder Widerspruch noch Korrektur erfahren, entsprechen also durchaus den Auffassungen des Konzils.

Dies sei nun im einzelnen dargelegt. Begegnen schon im 2. Brief Cyrills an Nestorius die τῶν ἁγίων πατέρων λόγοι als Quelle des wahren und gesunden Glaubens[12], so wird Cyrill in seinem dritten Brief noch ausführlicher und deutlicher. Hier spricht er von den τῶν ἁγίων πατέρων ὁμολογίαι, durch die der Heilige Geist rede, und denen man in jeder Hinsicht (πανταχῇ) folgen müsse[13]. Natürlich breitet Cyrill den Glauben der Kirche in biblischer Sprache und mit Bibelzitaten aus. Verbindlichkeit und Autorität kommt dieser Darlegung jedoch nicht nur auf Grund ihrer Schriftgemäßheit, sondern vor allem auf Grund ihrer Übereinstimmung mit der Überlieferung der Väter zu, deren Ausdruck Cyrill wiederum im Symbol von Nicaea erblickt. Von diesem sagt er denn auch ausdrücklich, daß man ihm folgen müsse, wenn man erkennen wolle, was es heißt, daß der Logos Mensch, Fleisch geworden sei[14].

Damit steht es durchaus im Einklang, wenn Cyrill im letzten, zusammenfassenden Abschnitt seines 3. Briefes an Nestorius, mit dem er zu den Anathematismen überleitet, sich ausdrücklich zuerst auf die Apostel und Evangelisten, dann auf die ganze inspirierte Schrift und schließlich auf das Bekenntnis der Väter beruft: diesem kommt hier die ausschlaggebende Bedeutung zu.

Betrachten wir nun die 12 Anathematismen Cyrills, die das Konzil zur Kenntnis nahm, ohne sie ausdrücklich zu approbieren, so zeigt es sich, daß in ihnen verwendete Schriftzitate illustrative, nicht begründende Funktion haben, und auch nicht im eigentlichen dogmatischen Zusammenhang stehen. In diesem begegnen wir vielmehr Wendungen wie dieser: „. . . auch wenn geschrieben steht . . .“, womit dann die Richtigstellung bzw. Zurückweisung einer falschen Schriftinterpretation eingeleitet wird[15]. Im 4. Anathematismus wird ausdrücklich eine Schrifterklärung, die dem Dogma – in diesem Falle der Einheit der Person in Christus – widerspricht, mit dem Anathem belegt[16].

Ganz konsequent hat das Konzil seinerseits diese von Cyrill entworfenen Texte nicht an der Elle der Schrift, sondern an der Fides Nicaena gemessen und für gut befunden[17]. Das ergab sich freilich aus der Sache selbst, da die Auslegung eben der Fides Nicaena strittig war; diesen Streit aber entschied das Konzil. Der Umstand, daß im Kanon 7 ausdrücklich gesagt wird, es dürfe keiner einen anderen Glauben festhalten als den, den die mit dem heiligen Geist zu Nicaea versammelten heiligen Väter beschlossen haben – und nicht etwa die Autorität des Bibelwortes als Bürgschaft für die Wahrheit des Glaubens in Anspruch genommen wird, läßt erkennen, daß auch die vorhergehenden Hinweise auf die Schrift wohl eher deren Inhalt, nicht so sehr ihrer Autorität galten[18]. Dabei ist im Auge zu behalten, daß durch diesen Kanon ein von nestorianischer Theologie beeinflußtes Symbol verboten werden sollte, das bislang bei Konversionen in Kleinasien üblich war.

Nun stellte Ralph E. Person jüngst fest, sowohl Cyrill als auch Nestorius hätten gegeneinander mit dem Symbolum von Nicaea argumentiert und einer den andern beschuldigt, es falsch zu verstehen. Um je ihr eigenes Verständnis der Fides Nicaena zu begründen, hätten sie sich jedoch auf die Schrift berufen: „In fact, Scripture is the *only* authority quoted in support of their interpretations of the creed“[19]. Weiterhin spricht er von einer Reinterpretation der Tradition durch die Schrift[20]. Doch ist diese Umkehrung des sonst allgemein festgehaltenen Verständnisses vom Verhältnis von Schrift und Tradition wohl eher eine Form des Argumentierens ad hominem zwischen zwei theologischen Gegnern, denn Ausdruck eines bestimmten Verständnisses des Verhältnisses Schrift und Tradition. Während Nestorius sich auf die Schrift, besonders auf Paulus berief, gab Cyrill entsprechend seinem 4. Anathematismus die Regeln an, nach denen Schriftzeugnisse zu interpretieren seien. Die eigentliche Konzilsaktivität läßt dergleichen nämlich nicht erkennen. Sie zeigt vielmehr – wie Person selbst darlegt, ohne freilich den entsprechenden Schluß daraus zu ziehen – das Gegenteil. Er bestätigt unsere oben dargelegte Auffassung in vollem Umfang, wenn er schreibt: „The council was less concerned with theories about the authorities then with whether specific teachings stood in continuity with the past. It must be added, however, that the bishops at Ephesus assumed that the Nicene Creed was the tradition of the church. To have questioned the authority of the creed would never have occured to any of them“[21].

Noch deutlicher drücken sich die Väter des Konzils von *Chalkedon* aus[22]. Als Quelle ihrer Glaubensentscheidung nennen sie ausschließlich die kirchliche Lehrüberlieferung, die in den Symbola der Konzilien von Nicaea und Konstantinopel sowie besonders ausdrücklich in den beiden kanonischen Briefen Cyrills und im Briefe Leos d. Gr. enthalten war. Die eigentliche christologische Lehrverkündigung leiten sie alsdann mit den Worten ein: „Επόμενοι τοίνυν τοις ἁγίοις πατράσιν . . .“[23]. Besonders bezeichnend für die Funktion, die man der Schrift bei der Glaubensbegründung zuwies, ist die Bemerkung im ‚Ορος‘ des Konzils, daß die heilige Synode das von Anfang an unerschütterliche κήρυγμα lehrend, beschlossen habe, daß keiner die Lehre der vorangegangenen Konzilien zurückweisen dürfe[24].

Als auf der Synode von *Konstantinopel* des Jahres 448 eine Stellungnahme des Eutyches bekannt gemacht wurde, derzufolge er die Heilige Schrift für sicherer hielt als die Lehre der Väter, erregte dies energischen Widerspruch, und Bischof Eusebius von Doryläum warf ihm „gottlosen und den Auslegungen der heiligen Väter entgegenstehenden Sinn“ vor[25].

Wie schon das Konzil von Ephesus stellten auch die Väter des *2. Constantinopolitanums* (553) in ihrer Sentenz gegen die „Drei Kapitel“ die „magna illa apostolorum exempla“ gleichrangig neben die „patrum traditiones“. Bei ihrer Verurteilung des Theodor von Mopsuestia stützen sie sich freilich nur auf die „sanctas quattuor synodos“[26] und wiederholen zum Schluß der Anathematismen: „Cum igitur haec ita recte confessi sumus, quae tradita nobis sunt tam a divinis scripturis quam a sanctorum patrum doctrina, et ab his quae definita sunt de una eademque fide praedictis sanctis quattuor conciliis . . .“[27]. Auch diese Formulierungen bezeugen das umfassendere Verständnis von der Überlieferung als Glaubensnorm.

Den gleichen Tenor hat die Εκθεσις des *3. Konzils von Konstantinopel* (680/81), das gleichfalls beansprucht, auf dem rechten Weg der bewährten Väter und der fünf allgemeinen Synoden sicheren Fußes voranzuschreiten[28].

Nicht anders, ja in gewissem Sinne noch pointierter, spricht das *2. Nicaenum* des Jahres 787 in der Auseinandersetzung um die Bilderverehrung von der normativen Funktion der Überlieferung. Es bekennt von sich, der Überlieferung der katholischen Kirche zu folgen, indem es die auf diese Einleitung folgenden Definitionen erläßt[29].

In diesem Zusammenhang ist auch zum ersten Mal in einem Konzilsdokument die Rede von der geschriebenen oder ungeschriebenen kirchlichen Überlieferung, die das Konzil unverbrüchlich bewahre[30]. Dieses Thema war dem Konzil so wichtig, daß es den letzten seiner Anathematismen der Tradition widmete und jeden mit dem Bann bedrohte, der „πᾶσαν παράδοσιν ἐκκλησιαστικὴν ἔγγραφον ἢ ἄγραφον“ verwerfen sollte[31].

So also stellt sich das Verhältnis von Schrift und Tradition im Spiegel der Konzilsakten bis zum Jahre 787 dar. An dieser Übersicht ist bemerkenswert, daß die Konzilspraxis hier der unangefochtenen und allgemeinen Überzeugung folgt, daß als entscheidend für das Urteil, ob eine Lehre wahr oder falsch sei, nicht ihre Beweisbarkeit aus der Bibel, sondern ihre Übereinstimmung mit dem überlieferten Glaubensbekenntnis anzusehen sei.

II. Die ersten konziliaren Lehraussagen über die Schriftinterpretation

Wenden wir uns auf der Suche nach einschlägigem Quellenmaterial den Konzilien im Reiche Karls d. Großen zu.

Hierbei stoßen wir zuerst auf das bedeutende *Frankfurter Konzil* des Jahres 794, auf dem der Episkopat Italiens, Aquitaniens und der Provence in Anwesenheit zweier Legaten Papst Hadrians versammelt war[32].

Weit wichtiger als der Bilderstreit war für diese Synode die Auseinandersetzung mit der Häresie des Adoptianismus, die von Erzbischof Elipandus von Toledo und Bischof Felix von Urgel vertreten wurde[33]. Elipandus hatte den adoptianischen Standpunkt in einem Schreiben an den Episkopat Galliens, Aquitaniens und Austrasiens, wohl zwischen 792 und 793 formuliert, das der Synode nun vorlag[34].

Als Ergebnis der synodalen Beratungen wurden nun zwei umfangreiche Lehrschreiben verfaßt, deren erstes, der „Libellus sacrosyllabus episcoporum Italiae" aus der Feder des Erzbischofs Paulinus von Aquileia stammte, während die „Epistola episcoporum Franciae" zwar keinen Verfasser nennt, jedoch aus Alkuins Feder stammt[34a].

Beide Schreiben setzen sich theologisch mit dem Text des Elipandus von Toledo auseinander, jedoch beobachtet man dabei eine gewisse Arbeitsteilung. Während Paulinus einen eindringenden Schriftbeweis führt, erweisen die Bischöfe Franciens die Unhaltbarkeit des Adoptianismus aus der Väterliteratur. Dennoch liegt beiden Texten die gleiche Auffassung des Verhältnisses von Schrift und Tradition zugrunde.

So erklärt Paulinus[35], die Häresie sei mit geistigen Pfeilen vom Bogen der Heiligen Schrift zu bekämpfen, betont aber auch, die Häretiker müßten sich demütig den „catholicis salubribus documentis" unterordnen, womit zweifellos die kirchlichen Lehrdokumente gemeint sind. Er wirft den Adoptianern vor, den durch die heiligen Prediger verkündeten rechten Glauben durch falsches Verständnis zu verfälschen, und fragt sie, wie groß ihre Verwegenheit und Kühnheit denn sei, daß sie sich nicht scheuten, selbst die wunderbaren Lehren des Evangelisten Johannes zu verfälschen, indem sie diese nicht „secundum sanam doctrinam", sondern irrtümlich verstünden. Er beruft sich auf das Glaubensbekenntnis der einzigen „amica sponsi proxima et columba", der „sancta autem catholica et apostolica ecclesia", betont die Interpretationsbedürftigkeit der Schrift, und verweist erneut auf die Definitionen der Väter von Chalkedon, deren „sagacissima capacitatis peritia" weit von der „tarditatis ignorantia" der Gegenwart entfernt, unter Zustimmung des Heiligen Geistes, die Dogmen des Konzils festgelegt habe. Wiederum wird betont, daß das Konzil mit den heiligen katholischen und rechtgläubigen Vätern glaube und lehre, die den rechten Glauben im Herzen aufgenommen „et inviolabili ore ecclesiae" die Söhne gelehrt hätten. Ein nochmaliges Bekenntnis zur gesunden Lehre der „praecedentium patrum" leitet den Schlußabsatz des Schreibens ein.

Mit teilweise verschiedenem Vokabular spricht das Synodalschreiben der fränkischen Bischöfe[36] das gleiche, nur noch ausführlicher aus.

Zunächst finden die Verfasser in dem Libellus der Hispanier Behauptungen, die nicht so sehr den alten Traditionen der heiligen Lehrer entsprechen, als sich vielmehr auf neue Erfindungen gründen[37]. Vorwurfsvoll werden die Adoptianer gefragt, warum ihnen nicht jene Lehre genüge, die in den Aussprüchen der heiligen Väter enthalten ist und ihre Bestätigung in der allgemeinen und feststehenden katholischen Lehre finde[38], da doch die Schrift sagt: „Verschieb nicht die alte Grenze, die deine Väter gesetzt haben" (Prov 22,28) – ein in ähnlichem Zusammenhang des öfteren zitiertes Wort. Sind wir denn gescheiter, den Weg der Wahrheit zu finden, als die apostolischen Lehrer?

Nach diesem Hinweis auf die Bedeutung der Tradition folgt ein umfangreicher Passus, der einer gründlichen Widerlegung der adoptianischen Häresie aus der patristischen Literatur gewidmet ist. Es fehlt auch nicht die Berufung auf die Lex orandi als Glaubensquelle, indem mehrfach das Sacramentarium Gregorianum zitiert wird. Bei der Erörterung der Stelle 1 Joh 3,2 weisen die Verfasser die Auslegung der Hispanier mit der Begründung zurück, die katholischen Väter hätten dieses Bibelwort ganz anders verstanden. Auch die „consuetudo ecclesiastica", also wohl der kirchliche Sprachgebrauch, dient also als Instanz gegen die Irrlehrer.

Diese, heißt es weiter, seien zu lückenhafter und verfälschender Zitation der Väter gezwungen, da sie in deren echten „exempla" keine Stütze für ihren Irrtum fänden.

Und nun eine rhetorische Frage an den Adoptianer: Sag mir doch, woher diese deine Ideen stammen! Die Patriarchen kannten sie nicht, die Propheten sprechen nicht davon, die Apostel haben sie nicht gepredigt, die heiligen Erklärer der Schrift schweigen darüber, und die Lehrer unseres Glaubens haben sie nicht gelehrt! Es folgt die logisch konsequente Aufforderung, die Adoptianer sollten sich doch mit jenem Glaubensbekenntnis begnügen, das die heiligen Väter gesprochen, und dieses so verstehen, wie es die heiligen Lehrer ausgelegt hätten.

Nach dieser Argumentation, die die Tradition als Glaubensnorm selbstverständlich voraussetzt und betont, folgt der Hinweis auf die Heilige Schrift. Sie sollen die Häretiker lesen und verstehen, anstatt neue und unbekannte Begriffe zu bilden[39]. Sie sollen sich nicht auf den schwankenden Grund menschlicher Erfindungen begeben, sondern Stärkung auf dem sicheren Boden der Schrift suchen. Sie sollen sie lesen, sie sollen sie lehren, denn in ihr ist ewiges Leben. Den Einwand der Häretiker, man habe ja nichts anderes getan, als der Schrift zu folgen, vorwegnehmend, fährt der Synodalbrief fort, die Adoptianer hätten Schrift und Väterlehre verfälscht. Und nun die Aufforderung: Haltet euch innerhalb der Grenzen der heiligen Väter und haltet euch nicht mit neumodischen Fragen auf! Es genügt doch, den Spuren der heiligen Väter zu folgen und ihre Lehre gläubig festzuhalten.

Soweit das Konzil von Frankfurt, das sich in seiner Argumentationsweise, in seinem Verständnis von Glaubensautorität und Glaubensquelle von der bis dahin überlieferten Position nicht entfernt hat.

Dasselbe gilt von dem Synodalschreiben, das Erzbischof Arn von Salzburg auf einer *Synode „ad Ripas Danubii"* erließ, die er im Auftrag Karls d. Gr. im Sommer 796 abhielt[40]. Wiederum ist noch nicht der Modus rechter Schriftinterpretation Gegenstand der synodalen Gesetzgebung, dies ist vielmehr die Praxis, außer in Fällen von Todesgefahr, nur an Ostern und Pfingsten die Taufe der neubekehrten Germanen vorzunehmen. Diesen Brauch galt es auf seine Rechtmäßigkeit hin zu prüfen. Bei diesem Beginnen wollten nun die Bischöfe es erklärtermaßen vermeiden, vom rechten Pfad der Heiligen Schrift abzuweichen und die von den vorangegangenen Vätern gesteckten Grenzen zu überschreiten[41]. Wiederum also die Berufung auf Prov 22,28.

Durch all die im vorstehenden referierten Konzilsäußerungen wurde eine Sicht des Verhältnisses von Schrift und Tradition sichtbar, die so selbstverständlich war, daß sie selbst bei den adoptianischen Häretikern vorausgesetzt werden konnte: Die Schrift wird durch die Väterlehre und in deren Rahmen interpretiert.

Einen Schritt in die Richtung größerer Ausdrücklichkeit tat der gleiche Erzbischof Arn auf dem *Konzil von Reisbach*[42], dessen Datum neuerdings auf das Jahr 800 festgelegt wurde[43]. Kernstück der überlieferten Texte ist eine Pastoralanweisung des Salzburger Metropoliten an die Bischöfe seines Sprengels. Ihnen wird darin unter anderem die Sorge dafür aufgetragen, daß ihre Priester nicht ungelehrt, sondern fähig seien, die heiligen Schriften zu lesen und zu verstehen, damit sie das Volk gemäß der

Überlieferung der römischen Kirche im Glauben zu unterrichten vermöchten[44]. Allein in dieser Instruktion wird die traditio Romana viermal als Norm für kirchliches Glauben, Lehren und Handeln bezeichnet.

Darin spiegelt sich ein Zentralmotiv der Kirchen- und Kulturpolitik Karls d. Gr., von deren Exponenten Arn von Salzburg nicht der geringste war[45].

Nicht anders ermahnte das Konzil von *Chalons-sur-Saône* des Jahres 813[46] die Bischöfe zu eifrigem Studium der Geheimnisse des Wortes Gottes, durch das sie in der Kirche kraft ihrer Lehre als Leuchten erstrahlen könnten. Sie sollten jene Schriften, die man die kanonischen nennt, genau kennen, und ihren Sinn mittels der Auslegung der Väter erforschen[47].

Die im gleichen Jahr abgehaltene *Synode von Tours*[48] beschließt zum gleichen Gegenstand einen etwas modifizierten Text, der den Bischöfen die genaue und häufige Lektüre des Neuen Testaments – crebro lectitent – zur Pflicht macht, das sie ihrem Gedächtnis einprägen sollten. Die Bibelerklärungen der Väter sollten sie andächtig und eifrig studieren[49].

Zu eifrigem Bibelstudium an Hand der documenta sanctorum patrum verpflichtete auch die von der *Aachener Synode* von 816 erlassene Kanoniker-Regel[50].

Ganz im bisher abgesteckten Rahmen bewegte sich das *Pariser Konzil* von 825[51], das sich noch einmal mit der strittigen Bilderverehrung befaßte. Ihren Verfechtern warf man nun vor, sie hätten sowohl Schrift als auch Väterzeugnisse gewaltsam zur Begründung ihres abergläubischen Irrtums mißbraucht, indem sie sie nicht in jenem Sinne verstanden hätten, in welchem sie von den heiligen Vätern ausgelegt worden sind[52]. Interessanterweise werden, wie auch an einigen anderen Stellen, die Väterschriften selbst wiederum als interpretationsbedürftig bezeichnet – wofür man offenbar das lebendige Lehramt zuständig hielt.

Im Rückblick auf die bislang referierten synodalen Äußerungen ist eine zunehmende Ausdrücklichkeit der Formulierungen festzustellen, die ihren Gipfel in dem ersten konziliaren Gesetz über die Schriftinterpretation erreichte.

Dieses formulierte die Synode zu *Meaux-Paris* des Jahres 845[53] in Gestalt ihres Kanon 34. Dieser lautet: „In exponendis etiam vel praedicandis divinis scripturis sanctorum catholicorum et probatissimorum patrum sensum quisque sequatur, in quorum scriptis, ut beatus dicit Ieronimus, fidei veritas non vacillet(!)“[54]. Mönche, die eigentlich der Regel treu in ihren Klöstern leben sollten, dennoch sich aber bemühten, durch die Verbreitung neuer Lehren Aufsehen zu erregen, sollen ob solcher Verwegenheit in ihre Schranken verwiesen werden. In diesem Kanon hat nur die gesamte bisherige konziliare Praxis im Umgang mit der Heiligen Schrift ihren Niederschlag gefunden – die Praxis war der Gesetzgebung vorausgeeilt.

Zehn Jahre später hatte sich eine *Komprovinzialsynode* der Metropolitansprengel von Lyon, Vienne und Arles zu *Valence* (855)[55] mit der irrigen Prädestinationslehre des Johannes Scotus Eriugena auseinanderzusetzen[56]. Sie beschreibt die Ausgangsbasis ihrer Argumentation, indem sie bekennt, jenen Lehrern, die das Wort der Wahrheit ehrfürchtig und recht auslegten, gefolgt zu sein, und vor allem jenen leuchtenden Auslegern der Schrift als da sind Cyprian, Hilarius, Ambrosius, Hieronymus, Augustinus und die übrigen „in catholica pietate quiescentes“[57]. Nur das habe man für verbindlich gehalten, was man freudig „ex maternis ecclesiae visceribus“[58] geschöpft hatte.

An anderer Stelle beruft sich die gleiche Synode auf das, was die heiligen Väter aufgrund der Heiligen Schrift hinterlassen, was die Synoden von Karthago und Orange gelehrt, und was die Päpste als katholischen Glauben festgehalten hätten[59].

Im Jahr 859 versammelte sich am 1. Juni eine *Synode zu Langres,* um die zwei Wochen später angesetzte *Synode von Savonnière* vorzubereiten. Wiederum ging es um die Prädestination. Man wiederholte in Langres wörtlich die einschlägigen Passagen von Valence[60], und zu Savonnière[61], wo eine Einigung nicht erzielt werden konnte, beschloß man die Einberufung einer neuen Synode, die zusammentreten sollte, wenn eine Beruhigung der Lage eingetreten sei. Auf dieser Synode, die dann ein Jahr später in Tursey stattfand, sollten dann – so beschloß man zu Savonnière – die Bischöfe aufgrund der Lehre der Heiligen Schrift und der katholischen Lehrer einmütig die rechte Lehre ermitteln[62].

Bei der Sichtung des aus der Geschichte der karolingischen Synoden erhobenen Tatbestands fällt als erstes die Kohärenz mit der bisherigen Lehrüberlieferung ins Auge. Diese bewußte, wenn auch als durchaus selbstverständlich empfundene Einordnung in den Strom der Überlieferung schloß jedoch keineswegs eine weitere Entfaltung aus: Es kam vielmehr zur ersten lehramtlichen Fixierung der Tradition als Norm für die Schriftauslegung. Bezeichnenderweise geschah diese nicht im Zusammenhang mit der Zurückweisung von Irrlehren. Daß man in die Form eines Kanons goß, was ohnehin der beständigen und bruchlosen Praxis entsprach, war wohl Ausfluß jenes entschlossenen Reform- und Kulturwillens, der Herrscher und Kirche im Reiche Karls d. Gr. erfüllt hatte. Auf dem Boden der erstaunlichen biblisch-patristischen Gelehrsamkeit, die im Umkreis um Karl gepflegt worden war[63], konnte sich das genuin katholische Wissen um die für den christlichen Glauben konstitutive Bedeutung der Tradition zu solchen Formen entfalten, mochte aber auch eine lehramtliche Aussage über die Norm für die Schrifterklärung einem aktuellen Bedürfnis entsprechen[64].

III. Die Lehre der Konzilien im Zeitalter von Humanismus und Glaubensspaltung

Die Synoden des Hoch- und Spätmittelalters erweisen sich für unser Thema als unergiebig. War auch inzwischen die Lehre vom vierfachen Schriftsinn[65] Gemeingut der Theologie geworden – das Prinzip der Schriftauslegung nach den Vätern war unbestritten und in selbstverständlicher Geltung. Ein „Schriftprinzip“, das dem „Solascriptura“ Luthers die Wege bereiten konnte, kann man im Spätmittelalter vielleicht bei dem einen oder anderen Theologen[66], keinesfalls bei deren Mehrheit und überhaupt nicht in Äußerungen der lehrenden Kirche feststellen. Wenn immer Würde, Autorität und Heiligkeit der Heiligen Schrift hervorgehoben werden, so gilt das ganz selbstverständlich von der durch die Kirche und im Rahmen der kirchlichen Überlieferung interpretierten Schrift. An die Heilige Schrift als ein für sich und unabhängig von der Kirche existierendes Buch, das etwa gar als kritische Instanz gegenüber Lehre und Institutionen der Kirche zu gelten hätte, hat vor Luther gewiß niemand gedacht. Dennoch stehen die nun zu behandelnden Lehräußerungen aus den Jahren unmittelbar vor Luthers Auftreten in einem gegenüber dem Mittelalter gewandelten Kontext.

Allein die Tatsache, daß man solche Lehrdekrete für notwendig hielt, spricht für einen solchen „Mentalitätswandel“ in der Zeit um die Wende zum 16. Jahrhundert. Die aufgeblühte philologisch-literarische Gelehrsamkeit der Humanisten[67], wie die eschatologisch erregte Stimmung weiterer Bevölkerungskreise wirkten je auf ihre Weise und in ihrem Milieu dabei zusammen[68]. Überdies hatte die Erfindung des

Buchdrucks, gerade wegen der Hochschätzung der Bibel, eine große Zahl volkssprachiger Druckausgaben der Heiligen Schrift zur Folge gehabt.

Der verlegerische Erfolg, der ihnen beschieden war, läßt ebenso wie nicht wenige ausdrückliche Zeugnisse auf weitverbreitete und eifrige Bibellektüre schließen[69]. Daß aus solch privatem Bibellesen nicht nur Erbauung, sondern auch Mißverständnisse und Eigenbrödeleien erwuchsen, verwundert nicht. So versteht man den besorgten Hinweis aus dem „Weihegärtlein" von 1509: „Du solst die Heilige Schrift, insonderheit die Episteln und Evangelien an Sonn- und Feyertagen flyßlich lesen und betrachten. Aber du kanst es nit mit Nutzen tun, als wenn du zuvor den heilgen Geist umb recht Verstendnuß anruffest und dine Sunden berüwest, . . . Wastu in den heilgen Geschriften nit versteest, das la und befiel es der Kirchen. Dy legt alles recht uß und hat alleyn die Macht der Ußlegunge." Dergleichen Mahnungen finden sich des öfteren[70].

War das individuelle, individualistische Bibellesen weiter Kreise vor allem der Stadtbevölkerung Anlaß zu nicht geringen Klagen deutscher Zeitkritiker[71], so war in Italien Ähnliches zu beobachten[72]. Hier waren im Gefolge Savonarolas zahlreiche „Propheten" und Wanderprediger aufgestanden, die die Bibel für ihre nicht selten apokalyptisch aufgeregte Predigt in Anspruch nahmen und dadurch Ängste und Unruhe im Volk weckten wie Glaubensirrtümer verbreiteten.

Vor diesem Hintergrund ist die Konstitution „Supernae maiestatis praesidio" zu betrachten, die das *5. Laterankonzil*[73] in seiner elften Sitzung vom 19. Dezember 1516 erließ[74].

Nach einer längeren Arenga stellt das Konzil darin fest, der Sinn der Heiligen Schrift werde derzeit vielfach verdreht und verwegenerweise falsch interpretiert, wobei Prediger gegen die Glaubenswahrheit verstießen, indem sie ihren eigenen Ideen folgten, wobei sie behaupteten, Offenbarungen des Heiligen Geistes empfangen zu haben[75].

Demgegenüber ordnet nun das Konzil an, Bischöfe und Obere dürften nur sorgfältig geprüften und als geeignet befundenen Klerikern Predigtvollmacht erteilen. Zugleich wird angeordnet, daß jeder, der das Predigtamt ausübe, die evangelica veritas – also wohl die Glaubenswahrheiten – und die Heilige Schrift entsprechend der Auslegung jener Lehrer zu erklären habe, deren Werke die Kirche gebilligt und in Gebrauch genommen habe. Keinesfalls dürfe dem Widersprechendes gelehrt oder gepredigt werden[76].

Bemerkenswert ist, daß im folgenden Absatz jedoch keineswegs echte Erleuchtungen des Heiligen Geistes ausgeschlossen werden. Sie dürften – nolite extinguere Spiritum – keineswegs unterdrückt werden, müßten jedoch durch den Papst auf ihre Echtheit geprüft werden. Sollte dies, weil die Sache dränge, nicht möglich sein, müsse der Ortsordinarius unter Beiziehung von drei oder vier gelehrten und würdigen Männern die Entscheidung treffen. Ein solches Ernstnehmen der Möglichkeit einer außerordentlichen, aktuellen und dringenden Offenbarung wie es diesem Dekret zugrundeliegt, nötigt doch zur Vorsicht bei der Feststellung, die Hierarchie der Renaissance sei ganz verweltlicht gewesen.

Überdies aber auch hier eine Absage an individualistisches Schriftverständnis.

Auf der gleichen Linie liegt das von Erzbischof Giuliano de' Medici, dem späteren Clemens VII., abgehaltene *Florentiner Provinzialkonzil* von 1517[77]. Die Tatsache seiner Einberufung und der weite Bereiche des kirchlichen Alltagslebens umfassende Umfang seiner Gesetzgebung werfen auf die meist negativ beantwortete Frage nach

Erfolg oder Wirkungslosigkeit des 5. Laterankonzils, auf das die Synode sich des öfteren beruft, neues Licht.

Auch die Bestimmungen des 5. Lateranense über die Schriftinterpretation wurden von der Florentiner Synode aufgegriffen.

Ganz allgemein klagt die Synode zunächst über die Exegeten[78]: Alle glaubten, es sei ihnen erlaubt, die Schrift nach ihrem eigenen Gutdünken zu erklären und sie im unkatholischen Sinne zu verdrehen. Sie ließen die Auslegungen der heiligen Väter beiseite und bahnten so geflissentlich neuen Häresien den Weg.

Dann aber nennt die Synode einen konkreten Fall: Francesco da Meleto[79], Sohn eines Florentiners und einer Tscherkessin, der in Konstantinopel mit Juden und Moslems in Kontakt gekommen war, hatte einige Bücher geschrieben, deren eines er sogar Leo X. mit dessen Genehmigung gewidmet hatte. Auch er verlor sich in Zukunftsprophetien von der bevorstehenden Bekehrung der Juden und Moslems, die er für 1517 bzw. 1536 erwartete u.a.m.

Ihm warf nun das Konzil nicht nur seine mangelnde theologische Ausbildung vor, sondern beklagte auch, daß er es gewagt habe, die unermeßlichen Schätze der Heiligen Schrift von oberst zu unterst zu kehren, die ganzen Aussagen der katholischen Schrifterklärer zu verwirren und aus der Schrift neuartige und unerhörte Schlußfolgerungen zu ziehen.

Diesen und anderen Häresien – es ist auch von Pomponazzis Leugnung der Unsterblichkeit der Seele die Rede – trat das Florentiner Konzil mit einer Reihe von Bestimmungen entgegen, die das Übel an der Wurzel packen sollten, indem sie den Schul- und Wissenschaftsbetrieb auf die kirchliche Lehre festlegten und die theologische Ausbildung regelten.

In diesem Zusammenhang steht also die Rubrica „De magistris, deque haereticis et Christi fidem scandalizantibus". Deren Kapitel 6 befaßt sich alsdann expresse mit der Schrifterklärung und ordnet an, daß fürderhin niemand mehr die Heilige Schrift – sei es in Schrift oder Predigt – anders auslegen dürfe, als es die heiligen Lehrer der Kirche bisher getan hätten. Ja, jedermann, der sich neue Meinungen bilde, die der allgemeinen Lehre der Heiligen widersprächen, auch wenn er dafür ein besonderes Schriftzeugnis anführe, müsse als häresieverdächtig gelten. Würde er auf seiner Meinung beharren, sollte er als Häretiker bestraft werden, es sei denn, der Heilige Stuhl habe seine Auslegung gebilligt. Denn wer es wage, anders zu denken und zu lehren als die heilige Kirche, dürfe – und sei es auch ein Engel – kein Gehör finden. Auf diesem Wege habe nämlich Satan alle Häresien ausgesät[80]. Der Ernst dieser Aussage wird durch das Galaterzitat (1,8) unterstrichen.

Das Konzil hatte gewiß keine Ahnung von der Aktualität, die seine Bestimmungen noch im gleichen Jahr durch Luthers Auftreten erlangen würden. Es ist allerdings auch nicht bekannt, daß in der Auseinandersetzung mit Luther katholischerseits auf diese beiden Konzilien Bezug genommen worden wäre.

Dies geschah dann jedoch zehn Jahre später durch das *Provinzialkonzil von Sens* des Jahres 1527/28[81]. Wiewohl dessen nähere Umstände und Absichten eher kirchenpolitischer Art waren, wurde es doch auch zu einem Forum für die Auseinandersetzung mit der mittlerweile auch in Frankreich virulenten Reformation. Theologischer Spiritus rector dieser Synode war der Professor der Sorbonne Josse Clichtove, der schon mit mehreren Büchern in die Kontroverse mit Luther, auch Ökolampadius, eingegriffen hatte[82].

Auch diese Synode erkannte die Bedeutung einer traditionsbewußten Bibelauslegung für die Bewältigung der durch Luther ausgelösten Krise. Es widmete darum das vierte seiner Lehrdekrete dieser Frage.

Im Unterschied zu den bisher behandelten einschlägigen Bestimmungen, die stets sehr knapp formuliert waren, haben wir hier einen weitausgreifenden Text vor uns, der seine Herkunft aus gelehrter Feder unschwer erkennen läßt[83].

Es beginnt mit einem Lobpreis der Heiligen Schrift, deren Autorität stets groß war und sein wird, nichts kann in ihr falsch, nichts überflüssig sein, denn – nun wird der 2. Petrusbrief 1,21 zitiert – sie ist vom Heiligen Geist inspiriert. Ihren Kanon nach seinem Umfang zu bestimmen, ist Sache der Kirche.

Nun aber habe es bisher noch keinen noch so beklagenswerten Häretiker gegeben, der seinen Irrtum nicht mit der Bibel begründet, keine Häresie, die sich nicht auf in ihrem Sinn verfälschte Schriftworte gestützt hätte. Man müsse also die Rinde durchdringen und auf den eigenen Verstand sich nicht verlassend, zum Kern der biblischen Aussage vordringen, indem man sich den kirchlichen Auslegern anschließt. Der Hirt, der den von den Vätern festgelegten Kanon nicht respektiert, oder bei der Auslegung der Schrift seine Schafe nicht bei den Zelten der Hirten weidet, sondern sich Zisternen gräbt, die das Wasser nicht halten, und die Spuren der rechtgläubigen Väter mißachtend dem Urteil seines eigenen Verstandes folgt – der muß als Verführer zu Häresie und Schisma von solcher Verwegenheit abgebracht werden.

Im folgenden Kapitel geht es sodann um die Tradition[84]. Ungeachtet der unermeßlichen Weite und Tiefe der Schrift dürfe man nicht dem Irrtum verfallen, nichts zu glauben, was nicht in der Schrift steht, denn vieles ist von Christus über die Apostel von Mund zu Mund und im vertrauten Gespräch mitgeteilt worden.

Der gesamte bisherige Überblick zeigt, daß das Konzil von Trient, das sich zwanzig Jahre nach Sens/Paris mit unserer Frage zu befassen hatte, nichts anderes tat als die überlieferte Lehre der Kirche zusammenzufassen.

Was von Anfang an selbstverständliche Praxis war, wurde im Laufe der Zeit immer ausdrücklicher formuliert. Dieser Prozeß setzte sich nach dem Tridentinum unter gewandelten Umständen bis zum 2. Vatikanum fort. Darüber soll jedoch an anderer Stelle gehandelt werden. Daraus Konsequenzen zu ziehen, muß den Vertretern der biblischen Hermeneutik und Exegese überlassen werden[85].

Anmerkungen

1 Nach wie vor maßgebend, weil erschöpfend und kritisch, ist *D. van den Eynde,* Les Normes de l'Enseignement Chretien dans la litterature patristique des trois premiers siècles, Gembloux-Paris 1933. Bes. aber *J. Beumer,* Die mündliche Überlieferung als Glaubensquelle (= Handbuch der Dogmengeschichte, hrsg. v. *M. Schmaus, A. Grillmeier* I/4), Freiburg 1962, 1–44.

2 Οὐ γὰρ τὰ ἐκ τῶν βυβλίων τοσοῦτόν με ὠφελεῖν. ὑπελάμβανον, ὅσον τὰ παρὰ ξώσης φωνῆς καὶ μενούσης (Fragment bei Eusebius, Historia Ecclesiastica III 39,4 hrsg. v. *Th. Mommsen* [= GCS 9,1], Leipzig 1903, 286).

3 . . . τὸν ἐξ ἀρχῆς ἡμῖν παραδοθέντα λόγου . . . (Polykarp an die Philipper II, 7, 1, hrsg. v. *J. A. Fischer,* Die Apostolischen Väter, Darmstadt [5]1966, 256–259).

4 *D. van den Eynde,* Normes (Anm. 1), 267–280.

5 Vgl. hierzu die Untersuchungen von *J. A. Fischer:* Die antimontanistischen Synoden des 2./3. Jh., in: AHC 6 (1974) 241–273; – Die Synoden im Osterfeststreit, in: AHC 8 (1976) 15–39; – Das Konzil zu Karthago im Herbst 254, in: ZKG 93 (1982) 223–239.

6 *V. Peri,* Concilium plenum et generale. La prima attestazione dei criteri tradizionali dell' ecumenicità, in: AHC 15 (1983) 41–78, hier: 65. Mit gutem Grund sucht Verf. hier den Ursprung der Sitte, auf Konzilien das Evangelium zu „inthronisieren".

7 Dem widerspricht es nicht, daß *D. van den Eynde,* Normes (Anm. 1), 312 f. „l'ensemble des doctrines, considérés comme immutables . . ." als „règle de la vérité" betrachtet, und nicht das Symbolum alleine. Vgl. dazu auch die folgenden Ausführungen über die Schriftgemäßheit des Homousios: „It is clear from the testimony of both Athanasius and Eusebius that the council was reluctant to use these terms and did so only after it was convinced that they could be used to express the teaching of Scripture. It is also clear that tradition was seen as an interpretation of Scripture that was necessary for a defense against Arianism" (*R. E. Person,* The mode of theological decision making at the early ecumenical councils. An inquiry into the function of scripture and tradition at the councils of Nicea and Ephesus [= Theologische Dissertationen 14], Basel 1978).

8 Der Mißbrauch der Hl. Schrift wird den Arianern – und schon den Gnostikern – häufig zum Vorwurf gemacht. Als frühes Beispiel sei Irenäus genannt, der den Häretikern vorwirft, sie verführen mit der Bibel so wie einer, der ein Mosaikbild, das einen König darstellt, in seine Steinchen auflöst und diese so zusammensetzt, daß sie nunmehr das Bild eines Hundes oder eines Fuchses ergeben (Adv. Haereses I 8,1, hrsg. v. *A. Rousseau* [= SC 264], Paris 1979, 114 f.

9 *J. N. D. Kelly,* Early Christian Creeds, London ^{2}1960, 205–262.

10 Conciliorum Oecumenicorum Decreta (= COD), hrsg. v. *J. Alberigo u. a.,* Bologna 1962, 20–26.

11 COD 24^{15-18} bzw. $27^{f.}$

12 Ἔσται δὲ τοῦτο καὶ μάλα ὀρθῶς, εἰ τοῖς τῶν ἁγίων πατέρων περιτυγχάνοντες λόγοις περὶ πολλοῦ τε αὐτοὺς ποιεῖσθαι . . . (COD 35^{44}–36^{7}).

13 COD 47^{30-39}; 39^{24-27}.

14 COD 36^{18-22}.

15 COD 47–50.

16 COD 48.

17 Vgl. *H.-J. Sieben,* Die Konzilsidee der Alten Kirche (= Konziliengeschichte, hrsg. v. *W. Brandmüller,* Reihe B) Paderborn 1979, 242–244.

18 COD 54 f.

19 *R. E. Person,* Theological decision (Anm. 7), 201.

20 Ebd., 202.

21 Ebd. 209 f. *R. E. Person* wäre zu dem gleichen Schluß gekommen, wenn er das gesamte theologische Umfeld besser berücksichtigt hätte.

22 *H. J. Sieben,* Konzilsidee (Anm. 17), 247–250.

23 COD $62^{14\,f.}$ Die Unionsformel von 433, die Briefe Cyrills und der Tomus Leonis sind in der 3. Aufl. der COD 69–82 abgedruckt.

24 COD 61^{3-10}.

25 *H. J. Sieben,* Konzilsidee (Anm. 17), 246.

26 COD 89^{4-8}.

27 COD 98^{19-25}.

28 COD $100^{20\,f.}$

29 „. . . sancta et universalis synodus . . . sectata traditionem catholicae ecclesiae, definivit inferius ordinata . . ." (COD 109).

30 „. . . Et . . . omnes ecclesiasticas sive scripto, sive sine scripto sancitas nobis traditiones illibate servamus . . ." (COD 111).

31 Εἴ τις πᾶσαν παράδοσιν ἐκκλησιαστικὴν ἔγγραφον ἢ ἄγραφον ἀθετεῖ, ἀνάθεμα ἔστω (COD 114^{1-3}).

32 MGH Concilia II/1 ed. *A. Werminghoff,* Hannover-Leipzig 1906, 110–171.

33 *W. Heil,* Der Adoptianismus, Alkuin und Spanien, in: Karl der Große. Lebenswerk und Nachleben, hrsg. v. *W. Braunfels,* II Düsseldorf ^{2}1966, 95–155; *ders.,* in: Lexikon des Mittelalters (= LMA) I (1980) 162f. (Lit.); *J. F. Rivera Recio,* La iglesia Mozarabe, in: Historia de la Iglesia en España hrsg. v. *R. Garcia-Villoslada,* II/1 Madrid 1982, 37–46.

34 MGH Concilia (Anm. 32) II/1, 111–119.

34a *L. Wallach,* Alcuin and Charlemagne. Studies in Carolingian History and Literature (= Cornell Stud. in classical philology vol. 32) 1959, 147ff.; W. Heil, Alkuinstudien, I Zur Chronologie und Bedeutung des Adoptianismusstreits, 1970, 57f.

35 MGH Concilia (Anm. 32) 130–142.

36 Ebd. 142–157. Die Formulierung geht wohl auf Alkuin zurück (*W. Heil,* Adoptianismus, Alkuin [Anm. 33] 104).

37 „. . . assertiones . . . non tam antiquis sanctorum doctorum traditionibus convenientes quam vestris nuper inventionibus utcumque confirmatas“ (MGH Concilia [Anm. 32] II/1, 143^{23}).

38 „. . . cur vobis non sufficiant quae in sanctorum patrum dictis inveniuntur et universali catholicae sanctionis consuetudine confirmantur . . .“ In diesem Satz ist nahezu jedes Wort von eigenem Gewicht! (ebd. $143^{25\,f.}$).

39 „Intellegite, fratres, quae legitis et nolite nora et incognita nomina fingere, sed quae in sancta scriptura inveniuntur tenete (ebd., $156^{8\,f.}$).

40 MGH Concilia (Anm. 32), II/1, 172–176. In diesem Text findet sich auch eine ausdrückliche Erwähnung apostolischer Tradition: „Unde et ab ipsis apostolis traditum est sanctae ecclesiae duo haec tempora in mysterio sacri baptismatis celebrare“ (ebd., $173^{26\,f.}$).

41 „. . . ita dumtaxat ut non a recto sanctarum scripturarum tramite exorbitare nec praecedentium patrum terminos videamur transgredere(!)“ (ebd., $174^{4\,f.}$).

42 Ebd., 196–201.

43 Vgl. *F. Prinz,* in: Handbuch d. Bayer. Geschichte, hrsg. v. *M. Spindler,* I, München 1967, 353.

44 „. . . Et hoc consideret episcopus ut ipsi presbyteri non sint idiothae, sed sacras scripturas legant et intellegant, ut secundum traditionem Romanae ecclesiae possint instruere et fidem catholicam debeant ipsi agere et populos . . . docere . . . sicut Romana traditio nobis tradidit . . . (MGH Concilia [Anm. 32], II/1, 198^{23-27}).

45 Zu Arn vgl. *Th. Schieffer,* in: LThK I, 887f.; *W. Braunfels,* Karl d. Gr. (Anm. 33), V (Regbd.) 70.

46 MGH Concilia (Anm. 32) II/1, 273–285.

47 „Decrevimus iuxta sanctorum canonum constitutionem et ceterarum sanctarum scripturarum doctrinam, ut episcopi assidui sint in lectione et scrutentur misteria verborum Dei, quibus in ecclesia doctrinae fulgore splendeant, et verborum Dei alimentis animas . . . saciare non cessent . . . ita videlicet ut illas scripturas notissimas habeant, quae canonicae appellantur, et earum sensum per patrum tractatus perquirant“ (ebd. 274^{16-22}). Auffallend der Sprachgebrauch: „sacrae scripturae“ ist offenbar ein weiterer Begriff, als scripturae canonicae, womit die Bibel gemeint ist. Möglicherweise wurden die Beschlüsse der Synode von Theodulf von Orléans formuliert (*E. Dahlhaus-Berg,* Nova antiquitas, et antiqua novitas. Typologische Exegese und isidorianisches Geschichtsbild bei Th. v. Orléans (= Kölner Hist. Abh. 23) Köln – Wien 1975, 221ff.

48 MGH Concilia (Anm. 32) II/1, 286–293.

49 Ebd. II/1, 287^{5-8}.

50 Zur Aachener Regel von 816 vgl. *A. Werminghoff,* Die Beschlüsse des Aachener Konzils von 816, in: NA 27 (1902) 605–675.

51 MGH Concilia (Anm. 32) II/2, 473–551.

52 Sie hätten „quaedam sanctarum scripturarum testimonia et sanctorum patrum dicta ad suum superstitiosum errorem confirmandum violenter sumpserunt et eidem suo eperi incompetenter aptaverunt, quoniam non eo sensu, quo dicta, nec eo intellectu quo a sanctis patribus exposita, ab illis esse produntur prolata vel intellecta (ebd. 481^{25-29}).

53 MGH Concilia III ed. *W. Hartmann,* Hannover 1984, 61–132.

54 Ebd. 101.

55 Ebd. 347–365.

56 Er ragte wegen seiner Kenntnis des Griechischen unter seinen Zeitgenossen heraus. Vgl. im übrigen *J. Huber,* Johannes Scotus Erigena. Beiträge zur Geschichte der Philosophie und Theologie im Mittelalter, Münster 1960. Zur Kontroverse um seine Prädestinationslehre vgl. *E. Ewig,* in: Handbuch der Kirchengeschichte hrsg. v. *H. Jedin,* III/1 Freiburg i. B. 1975, 184–186.

57 „Indubitanter autem doctoribus pie et recte tractantibus verbum veritatis ipsisque sacrae scripturae lucidissimis expositoribus, id est Cypriano, Hilario, Ambrosio, Hieronymo, Augustino ceterisque in catholica pietate quiescentibus reverenter auditum et obtemperanter intellectum submittimus et pro viribus, quae ad salutem nostram scripserunt, amplectimur" (MGH Concilia [Anm. 53] III 352^{18-23}). Das „quiescere in pietate catholica", das man etwa mit „Ruhen im Schoß der Kirche" oder „Eingebettetsein in die Gemeinschaft der Kirche" wiedergeben könnte, ist also das Kriterium, nach dem ein bibelerklärender „Vater" zum Gewährsmann auszuwählen ist.

58 Ebd. $352^{25\,f.}$

59 „. . . idipsum constantissime et fide plena fatemur, quod sanctissimi patres auctoritate sacrarum scripturarum nobis tenendum reliquerunt . . ." (ebd. 356^{15-18}). Die Synoden von Karthago von 418 und von Orange 529 hatten sich gleichfalls zu Problemen der Gnadenlehre geäußert. Karthago: CC 149, 71; zu Orange vgl. *O. Pontal,* Die Synoden im Merowingerreich (= Konziliengeschichte hrsg. v. *W. Brandmüller,* Reihe A) Paderborn 1986.

60 MGH Concilia (Anm. 53) III 445 f.

61 Ebd. 447–489.

62 Kan. 11: „. . . ut deo favente pace ac tranquillitate recuperata simul conveniant et prolatis sanctarum scripturarum atque catholicorum doctorum sententiis, quae saniora sunt, concordi unanimitate sequantur" (ebd. 461).

63 *W. Heil,* Adoptianismus, Alkuin (Anm. 33) passim; *B. Fischer,* Bibeltext und Bibelreform unter Karl dem Großen, in: *W. Braunfels,* Karl d. Gr. (Anm. 33) II 156–216.

64 Hier wäre etwa an Gottschalk von Sachsen zu denken (*H. Grundmann,* Ketzergeschichte des Mittelalters [= Die Kirche in ihrer Geschichte hrsg. v. *K. D. Schmidt* und *E. Wolf II* G/1] Göttingen 1963, 6 f.).

65 Vgl. *J. Gribomont – H. Riedlinger,* Die Bibel in der christl. Theologie, in: LMA II (1983) 41–58.

66 Hierzu die ausführliche, materialreiche und durchaus gründliche Arbeit von *H. Schüssler,* Der Primat der Heiligen Schrift als theologisches und kanonistisches Problem im Spätmittelalter (= Veröffentlichungen des Instituts für europäische Geschichte Mainz, Bd. 86), Wiesbaden 1977. Was gewisse Zweifel an diesem gelehrten Buch aufkommen läßt, ist jedoch eine durchwegs zu spürende, wenn auch schwer faßbare Unschärfe der Fragestellung, die zu sehr vom Wissen um Luther und seine Sola-scriptura-Lehre bestimmt ist und dadurch in gewissem Sinn anachronistisch anmutet.

67 Indes sei nicht verkannt, daß Erasmus selbst sich durchaus der kirchlichen Lehrautorität verpflichtet wußte. Vgl. *R. Stupperich,* Erasmus und die kirchlichen Autoritäten, in: AHC 8 (1976) 346–364.

68 Vgl. was das deutsche Milieu anlangt, *W. Peukert,* Die große Wende, I. Das apokalyptische Saeculum und Luther, Darmstadt 1966.

69 Vgl. *D. Kartschoke,* Deutsche Bibelübersetzungen, in: LMA II (1983) 96–99; dort auch (88–106) die spätmittelalterlichen Übersetzungen in andere Sprachen.

70 *J. Janssen,* Geschichte des deutschen Volkes seit dem Ausgang des Mittelalters, I, Freiburg ^{20}1913, 77–82. Das Zitat: 80 f. Vgl. auch *J. Eck,* Enchiridion locorum communium adversus Lutherum et alios hostes ecclesiae, hrsg. v. *P. Fraenkel* (= CCath 34), Münster 1979, 79–81.

71 *J. Janssen,* Geschichte (Anm. 70), 797–800.

72 *L. v. Pastor,* Geschichte der Päpste seit dem Ausgang des Mittelalters, I, Freiburg $^{5-7}$1924, 193–203.

73 Die bisherigen Darstellungen dieses Konzils sind nun durch die Arbeiten von *N. H. Minnich* überholt: Concepts of Reform proposed at the Fifth Lateran Council, in: AHP 7 (1969)

163–251; The Participants at the Fifth Lateran Council, in: AHP 12 (1974) 157–206; Paride de Grassi's Diary of the Fifth Lateran Council, in: AHC 14 (1982) 370–460; *M. Dykmans,* Le cinquième Concile du Latran d'après le Diaire de Paris de Grassi, in: AHC 14 (1982) 271–369.

74 COD 610–614.

75 Nach Anführung von 2 Tim. 4,3–4 heißt es von ihnen: „. . . quorum falsas et inanes mentes praedicantes ipsi praefati, non modo in rectam veramque viam reducere minime student, sed illas maioribus etiam erroribus implicant, dum sine ulla canonum attestatione vel reverentia, imo contra ipsas canonicas sanctiones, sacrae Scripturae sensum multifariam pervertentes, temereque ac perperam plerumque interpretantes . . ." (COD 611[15–22]).

76 Der entscheidende Passus: „Mandantes omnibus qui hoc onus (sc. praedicandi) sustinent, . . . ut evangelicam veritatem, et sanctam scripturam iuxta declarationem, interpretationem, et ampliationem doctorum, quos ecclesia vel usus cottidianus approbavit, legendosque hactenus recepit, et in posterum recipiet, praedicent et explanent nec quidquam eius proprio sensui contrarium, aut dissonum adiciant, sed illis semper insistant, quae ab ipsius sacrae scripturae verbis, et praefatorum doctorum interpretationibus, rite et sane intellectis, non discordant" (COD 612[37]–613[1]).

77 Die Konstitutionen der Synode wurden von Leo X. am 1. bzw. 18. März 1517 approbiert (Mansi 35, 308 bzw. 311. Die Texte der Synode: ebd., 215–318).

78 „Rubrica De magistris, deque haereticis et Christi fidem scandalizantibus. Caput I – recenset causas constitutionum, quae sequuntur narrando multos excessus", so die Überschrift über die einschlägigen Texte (Mansi 35, 269–274).

79 Vgl. *L. v. Pastor,* Geschichte (Anm. 72), III/1, 199 f.

80 „Item ordinavit nullum posse ulterius scripturam sanctam scribendo aut praedicando aliter exponere aut interpretari, quam sancti ecclesiae doctores huc usque interpretati sunt. Immo omnes interpretes, praedicatores, et quoscumque alios, novas sibi opiniones et communi sanctorum doctrinae adversas fingentes, etiam si speciali scripturarum testimonio utantur suspectos de haeresi judicari voluit; et si in ea perstiterint ut haereticos puniri, nisi positio sua ab apostolica sede comprobetur. Qui enim aliter sentire aut docere praesumit, quam sentiat aut doceat ecclesia, et si angelus esset, nullatenus audiri debet. Hac enim via diabolus omnes haereses disseminavit" (Mansi 35, 272).

81 Vgl. *J. Leinweber,* Die Provinzialsynoden in Frankreich vom Konzil von Vienne bis zum Konzil von Trient, 290–305 (= Mskr. zur Veröffentlichung im Rahmen der von mir hrsg. Konziliengeschichte; erscheint wohl noch 1986); *ders.,* Das Reformgutachten des Metropolitankapitels von Sens für die Provinzialsynode in Paris 1528, in: AHC 8 (1976) 365–391. Die Texte: Mansi 32, 1150–1202.

82 Jodocus Chlichtoveus (ca. 1472–1543), bedeutender Lehrer der Sorbonne, Autor mehrerer gewichtiger kontrovers-theologischer Werke, die seit 1514 erschienen (*F. X. Bantle,* in: LThK II, 1234 f.). Zu seiner Tätigkeit für das Konzil vgl. *J. Leinweber,* Provinzialsynoden (Anm. 81); *P. Fabisch,* Jodocus Clichtoreus (1472–1543), in: Katholisches Leben u. Kirchenreform im Zeitalter der Glaubensspaltung 45, Münster 1985, 82–91.

83 Mansi 32, 1164 f.

84 Mansi 32, 1165. Interessant hier die gegen die These der Reformatoren von der „Claritas scripturae" gerichtete Aussage: „Ampla certe scripturae latitudo, ingens et incomprehensibilis profunditas . . ." (ebd.).

85 Daß dieser Prozeß noch nicht einmal (wieder) begonnen hat, zeigt etwa die Arbeit von *J. Gnilka,* Die biblische Exegese im Lichte des Dekretes über die göttliche Offenbarung (Dei Verbum), in: MthZ 35 (1985) 5–19. Vgl. jedoch schon *J. Ratzinger,* Die Bedeutung der Väter im Aufbau des Glaubens, in: ThQu 148 (1968) 257–282, jetzt in: *Ders.,* Theologische Prinzipienlehre, München 1982, 139–159.

MICHAEL ARNETH

Die Weissagung vom kommenden Großen Monarchen

Textkritische Anmerkungen zum Apokalypsenkommentar des Bartholomäus Holzhauser (1613–1658)

Wenn in Krisenzeiten deutscher Geschichte Seher und Propheten ihre Stimme erheben, um vor dem drohenden Untergang zu warnen, begegnet man auch dem Namen Bartholomäus Holzhauser (1613–1658). In der Not des ersten Weltkrieges und der durch Inflation und Massenarbeitslosigkeit gekennzeichneten Nachkriegsjahre bringt das „Buch der Wahr- und Weissagungen" die Gesichte und Prophezeiungen Holzhausers an erster Stelle[1]. Alfons Konzionator (Franz Spirago) untermauert seine Thesen über den kommenden Großen Monarchen reichlich mit Holzhauserzitaten[2]. Auch nach dem zweiten Weltkrieg kommt Holzhauser im volkstümlichen religiösen Schrifttum zu Wort. Für Wolfgang Johannes Bekh ist „Bartholomäus Holzhauser und der Große Monarch" ein gewichtiges Thema seiner „Gespräche, Zitate, Ergebnisse um die große Schau in die Zukunft".[3]

Anders als die genannten Autoren, die sich mit den berichteten Weissagungen weitgehend identifizieren, steht Arthur Hübscher den Aussagen der Seher und Propheten der Vorzeit skeptisch gegenüber. Er deutet das geschichtliche Vielerlei von Prophetien als einen großen Strom, in den u. a. gewisse eschatologische Motive, besonders den End-Kaiser und End-Papst betreffend, im Laufe der Jahrhunderte einmünden und in immer neuen Abwandlungen in späteren Sehern und Propheten sich neu artikulieren. „Holzhauser ist der letzte Kaiser-Prophet von Rang. Seine Weissagung ist die letzte, große, einheitliche Zusammenschau im Fortgang der mittelalterlichen Überlieferungen."[4]

I. Holzhausers visionäre und prophetische Schriften

Bartholomäus Holzhauser – 1613 in Laugna, Landkreis Dillingen/Donau geboren, 1636 Magister phil., 1640 Lic. theol. in Ingolstadt; Priesterweihe 1639, 1640–1642 Stiftskanonikus in Tittmoning (Erzb. Salzburg), 1642–1654 Pfarrer und Dekan in St. Johann in Tirol (Bist. Chiemsee), 1655–1658 Pfarrer und Dekan in Bingen a. Rhein (Erzb. Mainz); Erneuerer des Weltpriesterstandes durch Gründung des Institutum clericorum saecularium in communi viventium – machte bei der Nachwelt von sich reden durch seine „Visiones"[5], die er 1646 dem Kaiser Ferdinand III. in Linz und dem Kurfürsten Maximilian von Bayern in München überreichte, mehr noch durch seine „Interpretatio Apocalypsis S. Joannis".[6]

Die Visionen, die Holzhausers priesterliche Berufung, die Kriegslage in der Endphase des Großen Krieges und einige wenige eschatologische Gesichte betreffen, sollen uns hier nicht weiter beschäftigen. Es genüge, das Urteil des langjährigen Seelenführers Prof. Georg Lyprand S. J. anzuführen: „Quod attinet prophetias D. Bartholomaei . . . varii varie, uti fieri solet, senserunt: alii ut vanas reicierunt, alii iique admodum pauci approbaverunt . . . Quamvis autem satis probabile, imo probabilissimum censeam. illum a Deo accepisse donum prophetiae, an tamen eas semper recte intellexerit, affirmare non ausim: notum est enim apud Theologos, primum stare posse sine secundo."[7]

Den „Seher" hat der „Prophet" Holzhauser überdauert. Nicht die „Visionen", sondern der Apokalypsenkommentar mit der herausragenden Weissagung vom kommenden Friedensreich unter einem großen Weltherrscher (Monarchen) beschäftigt noch heute gläubige Gemüter. Holzhauser arbeitete, als vielbeschäftigter Pfarrer und Dekan von St. Johann in Tirol in den Jahren vor und nach dem Friedensschluß von 1648[8], unter Beten und Fasten und in strenger Abgeschiedenheit, an der Auslegung der Offenbarung des Johannes, die er bei Kapitel 15 Vers 4 abbrach[9]. Er sieht in den sieben Gemeinden Kleinasiens, an die Johannes Sendschreiben richtet (Apk. 2,1–3,22), Urbilder von sieben zeitlich aufeinanderfolgenden Zuständen (status) der katholischen Kirche, von ihrer Geburt bis zum Ende der Welt[10]. Holzhauser vertritt die kirchengeschichtliche Deutung der Apokalypse, die unter der Voraussetzung des nahen Weltendes die einzelnen Visionen auf Ereignisse der Kirchengeschichte bezieht. Im Mittelalter aufgekommen – Joachim von Fiore († 1202), Nikolaus von Lyra († 1349) – ist diese Deutung in wissenschaftlichen Kreisen aufgegeben. Sie war jedoch bis ins 19. Jahrhundert sehr beliebt[11]. Als „Commentarii plane admirabiles" konnte Holzhausers Apokalypsenkommentar auch deshalb gerühmt werden, weil den sieben status ecclesiae die sieben Schöpfungstage der Genesis, sieben Zeitalter des Alten Testaments (aetates mundi) und die sieben Gaben des Hl. Geistes sinnvoll zugeordnet werden.

II. Erleuchtung oder Erbe?

Im Jahre 1896 äußerte der Historiker Franz Kampers, angeregt durch Studien über die „Deutsche Kaiseridee in Sage und Prophetie", die Meinung, Holzhauser habe in seiner Auslegung der Offenbarung Johannis gewisse apokalyptisch gefärbte Prophetien des Mittelalters, die nach dem Tode des Abtes Joachim von Fiore unter dessen Namen von spiritualistischen Kreisen, namentlich des Franziskanerordens, in Umlauf gesetzt wurden, unmittelbar oder mittelbar – möglicherweise aus der anonymen, dem Bischof Berthold Pürstinger von Chiemsee (1461–1543) zugeschriebenen Schrift „Onus ecclesiae" verwertet[12]. Als Beweise wurden angeführt: die Holzhausersche Einteilung der christlichen Ära in sieben Zustände (status) der Kirche, die ihre Entsprechung im „Tractatus de septem statibus ecclesiae iuxta septem visiones beati Joannis in Apocalypsi" des Ubertinus von Casale (geb. 1259) habe; ferner die Verheißung eines großen Monarchen und eines heiligen Papstes für das Ende der sechsten Periode, was auf eine literarische Abhängigkeit von dem aus pseudojoachitischen Quellen schöpfenden Buche des Augustinereremiten Telesphorus von Cosenza (Pseudonym?) „De causis, de statu, de cognitione et fine instantis ultimi scismatis et tribulationum futurarum" (verfaßt 1386, gedruckt: Venedig 1516) hindeute[13].

Mit dem Hinweis auf den Lebenslauf Holzhausers und die guten Früchte seiner Wirksamkeit schlug ein Anonymus zurück, ohne daß die Streitfrage auf dem empirischen Weg eines Textvergleichs endgültig geklärt wurde[14]. Neuerdings machte sich Arthur Hübscher mit Kampers formalen Argumenten der Stoffgliederung dessen These zu eigen. „Holzhauser hat sie (die joachitische Lehre) durch die Flugschrift Bertholds „onus ecclesiae" überkommen[15]. Aufgrund eingehender Textvergleiche konnte der Verfasser in seiner Habilitationsschrift[16] erstmals „ex visceribus rei" den

Nachweis führen, daß Holzhauser „Onus ecclesiae", vermutlich in der Druckausgabe von 1620, in seiner Auslegung der Apokalypse verwertet hat. Nicht nur das Schema der sieben Zeiten, die Parallele des Alten und Neuen Testaments, die Gestalten des Pastor Angelicus und des Großen Monarchen, auch wörtliche Textpassagen lassen sich als Übernahmen aus „Onus ecclesiae" nachweisen. Somit ist auch bewiesen, daß Holzhauser mittelbar aus den pseudojoachitischen Quellen von „Onus ecclesiae", besonders Ubertinus von Casale und Telesphorus von Cosenza geschöpft hat.

Der angestellte Textvergleich zielte in erster Linie auf Übereinstimmungen zwischen Pürstinger und Holzhauser ab. Die Abweichungen und damit die schöpferische Denkleistung Holzhausers faßte er nicht ins Auge. Diese ist nunmehr, namentlich im Blick auf die apokalyptische Gestalt des Großen Monarchen, zu verdeutlichen.

Dem aufmerksamen Leser fällt auf, daß eklatante Entsprechungen zwischen „Onus ecclesiae" und Holzhausers Apokalypsenkommentar in der Darstellung der ersten drei Zustände der Kirche bestehen: hier wie dort *„status primus seminativus"* (Zeit Christi und der Apostel bis auf Nero); *„secundus status irrigativus"* (Zeit der Befruchtung durch das Blut der Märtyrer); *„status tertius illuminativus"* Doctorum et Conciliorum (von Konstantin bis Justinian bzw. Karl dem Großen)[17]. In der Fortschreibung des geschichtlichen Ablaufs, mit dem vierten bis siebten Zeitalter der Kirche, geht Holzhauser eigene Wege, wie der beigegebene Conspectus zeigt[18].

Dem *„status ecclesiae quartus, qui dicitur ascensivus"*, einer Periode des Aufkommens des beschaulichen Lebens bei den Anachoreten und kirchlichen Orden – „status difficilis et rigorosus, brevi perdurans" –[19], stellt Holzhauser einen *„status quartus ecclesiae pacificus"* gegenüber, der das ganze Mittelalter von Karl dem Großen und Papst Leo III. bis auf Karl V. und Leo X. als eine Zeit des Friedens zusammenfaßt, reich an gelehrten und heiligen Gestalten in Welt und Kirche und nahezu frei von Häresien[20].

Für den Verfasser von „Onus ecclesiae" dauert der *fünfte Zustand der Kirche,* in dessen Endphase er selber lebt[21], bis ins späte Mittelalter. Er ist ein *„status remissivus et clementiae"*. Bezeichnend für den Geist dieser Periode ist die Verkündigung des vollkommenen Jubiläumsablasses im Jahre 1300 durch Papst Bonifaz VIII. und beim Klerus der Übergang von der vita communis zum privaten Haushalt und Eigentum[22]. Holzhauser lebt im 30jährigen Krieg. Für ihn ist die *fünfte Periode* leidvolle Gegenwart. *„Quintus Ecclesiae Status* incepit sub Carolo V. Imperatore et Leone X. S. Pontifice circa annum 1520. *Durabit usque ad Pontificem Sanctum et Monarcham illum fortem, qui venturus est nostro (17.!) saeculo* et vocabitur auxilium Dei, h. e. restituent universa." Das fünfte Zeitalter der Kirche ist ein *„status afflictionis, status occisionis, status defectionis"*, Zeit der Trübsal, der Demütigung und Verarmung der Kirche, Zeit grausamer Kriege, Aufstände, des Abfalls vom Glauben, des Untergangs von Fürstentümern und Monarchien. Wenige Menschen auf Erden werden Hunger, Pest und Krieg überleben. Dies alles ist zum Teil schon eingetroffen, zum Teil wird es noch kommen[23].

Über den *„status sextus ecclesiae reformativus"*, eine Periode der Läuterung und Bestrafung, vor allem der Orden für ihr Versagen im *„status quintus remissivus"*, weiß „Onus ecclesiae" nichts Sicheres zu berichten[24]. Die Kirche wird unter Führung des kommenden Pastor angelicus und seiner Nachfolger zur völligen Armut zurückfinden. Die Päpste werden unter Verzicht auf weltliche Macht nur ihrer geistlichen Berufung leben. Schließlich wird ein *allgemeines Konzil* Prälaten und Kleriker zur Einfachheit der Lebensführung zugunsten der Armen zurückführen. Die Kirche wird sich ihrer Armut rühmen bis zur Ankunft des Antichrists[25].

Abhold allen spiritualistischen Tendenzen, stimmt Holzhauser *im sechsten Zeitalter der Kirche die Weissagung vom kommenden Großen Monarchen und seinem Friedensreich an. „Sextus Ecclesiae Status initium suum sumet a Monarcha illo forti, et Pontifice sancto, et durabit usque ad Nativitatem Antichristi. Hic status erit consolativus."* Es wird eine Zeit der Tröstung sein, in der Gott seine Kirche über die im fünften Zeitalter erlittene Trübsal und Verfolgung trösten wird. Der *starke Monarch,* der in unserem (17.!) Jahrhundert kommen und Hilfe Gottes genannt wird, wird alles wiederherstellen . . . Alle Völker werden zur Einheit der katholischen Kirche zurückkehren, der Priesterstand wird aufblühen, und die Menschen werden das Reich Gottes und seine Gerechtigkeit suchen. Es wird Friede herrschen auf Erden unter jenem *starken Monarchen* und seinen Nachfolgern. Nach dem Verfall von Kirche und Reich im fünften Zeitalter wird ein wunderbarer, menschlich unvorstellbarer Wandel von Gott her eintreten. Jener starke *von Gott gesandte Monarch* wird die Freistaaten vernichten, sich alles unterwerfen und für die wahre Kirche Christi eifern. Das Reich der Türken wird vernichtet, und jener wird im Orient und Okzident herrschen. *Friede wird auf der ganzen Erde sein,* weil Gottes Macht den Satan auf viele Jahre binden wird, bis der Sohn des Verderbens kommt, unter dem der Satan wieder losgelassen wird . . . So wird jener *Monarch* über die aufrührerischen Völker und die häretischen Republiken und die Menschen über ihre bösen Leidenschaften herrschen. *Im sechsten Zeitalter der Kirche wird das größte allgemeine Konzil der Welt gefeiert werden.* Auf ihm wird durch Gottes einzigartige Gnade, durch die Macht jenes *Monarchen,* die Autorität des *heiligen Papstes* und die Einheit gottesfürchtiger Fürsten alle Häresie und Gottlosigkeit von der Erde verbannt und der rechtmäßige Sinn der Heiligen Schrift gegen alle häretischen Sekten definiert und zu glauben vorgestellt werden. Ihm wird man anhangen durch Gottes Gnade[26].

Noch weiter als im sechsten Zeitalter divergieren „Onus ecclesiae" und der Apokalypsenkommentar Holzhausers in der Ausgestaltung des *siebten und letzten Zustandes der Kirche.* Für „Onus ecclesiae" beginnt er mit der Wiederkunft Christi und der Tötung des Antichrists und dauert bis zum Letzten Gericht: ein *„status remissionis, a nobis remotus",* ein Vorspiel des himmlischen Friedens, eine Art natürlicher Seligkeit. *Im geistlichen Bereich wird ein neuer Papst auftreten und der Welt den Frieden bringen, im Verein mit einem neuen König, der den weltlichen Bereich nach Recht verwalten wird.* Die Weltherrschaft wird von Rom auf das Lamm übertragen werden. Das Reich Gottes beginnt und Christus übt die Weltherrschaft in Ewigkeit aus[27].

Nicht mit der Tötung des *Antichrists,* sondern mit *seiner Geburt im Jahre 1855! läßt Holzhauser das siebte Zeitalter der Kirche beginnen* und mit dem Ende der Welt es enden. Es wird sein ein *„status desolationis",* eine Periode der Trostlosigkeit, des totalen Abfalls vom Glauben. Die Liebe wird erkalten, die Staaten werden sich gegenseitig zerfleischen. Die Menschen werden träge und lau, die Hirten und Fürsten zu Toren werden: *Christus wird seine Kirche aus seinem Munde ausspeien,* den Satan allerorten losketten und den Sohn des Verderbens gewähren lassen, bis Christus mit den Seinen die Herrschaft übernimmt für immer[28].

III. Was bleibt ...

Mit dem ältesten Biographen stimmen die späteren lateinischen Druckausgaben der Vita Bartholomaei Holzhauser in der Auffassung überein, daß die Expositio in Apocalypsim die natürlichen Fähigkeiten des Verfassers überschreite[29]. Holzhauser selbst begründete den Abbruch seines Apokalypsenkommentars Kapitel 15,4 mit dem Geständnis, „se a Spiritu illo, quo nimirum praecedentia scripsisset, derelictum pergere amplius non posse".[30] Holzhausers Übersetzer und Interpret Ludwig Clarus (Wilhelm Gustav Volk) schrieb dem Autor des Apokalypsenkommentars die „Gabe der übernatürlichen Wahrnehmung und Erkenntnis der göttlichen Geheimnisse" zu[31]. Das „Buch der Wahr- und Weissagungen" und Alfons Konzionator sprechen von „göttlicher Erleuchtung, von der göttlichen Gabe der Weissagung" bei Holzhauser[32]. Unsere Darlegungen machen deutlich, daß der Apokalypsenkommentar weniger einer Erleuchtung von oben als einer Verwurzelung im Boden mittelalterlicher Prophetien entstammt. Die Grundidee des Apokalypsenkommentars – die Einteilung der Kirchengeschichte in sieben Abschnitte und das Auftreten eines heiligen Papstes und eines Großen Monarchen im sechsten Abschnitt – erweist sich als Erbschaft vom Joachimismus, näherhin von der Flugschrift „Onus ecclesiae" des Chiemseebischofs Berthold Pürstinger (1461–1543). Gewiß hat Holzhauser der überkommenen Endpapst- und Endkaiserprophetie neue Akzente gegeben. Dem spiritualistischen heiligen Papst mit dem nachgeordneten weltlichen Herrscher (König) der Vorlage tritt ein prädominanter, starker Monarch gegenüber, der dem heiligen Papst und dem allgemeinen Konzil Schutz bietet sowie die Einheit im Glauben und Frieden unter den Völkern stiftet. Auch sonst hat Holzhauser in der Darstellung der späteren vierten mit siebten Zeitalter der Kirche – notgedrungen – eigene Wege beschritten, Wege freilich abseits des Weges, den die Offenbarung Johannis zu gehen gebietet. Diese beinhaltet ihrer Struktur und Bestimmung nach Geschichtstheologie, nicht Kirchengeschichte, kein zeitliches Nacheinander von Visionen, sondern ein kausal-logisches Ineinander von Visionen und Auditionen, betreffend das siegreiche Heilswirken Gottes, Christi und der Kirche im Kampf gegen die Kräfte des Bösen. Nach Holzhauser sollte der Große Monarch noch im 17. Jahrhundert auftreten. Er ist nicht gekommen und mit ihm auch nicht der Weltfriede und das allgemeine Konzil und die Einheit aller Völker im Glauben. Im Jahre 1855 hätte der Antichrist kommen und nach 55 ½ Jahren, um 1910/11 also, hätte seine Herrschaft enden sollen[33]. Wir sehen keinen zwingenden Grund dafür, daß eine solche Unheilsperiode bereits der Vergangenheit angehört, noch dafür, daß wir in naher oder ferner Zukunft den Großen Monarchen und sein Friedensreich erwarten dürfen. So stellen wir mit Franz Kampers fest, „daß Bartholomäus Holzhauser, jene so überaus hervorragende und liebenswürdige Persönlichkeit des siebzehnten Jahrhunderts, dort, wo er sich von dem Boden der Wirklichkeit entfernt in die Sphären visionärer Träume, in der Gedankenwelt des Joachimismus lebt."[34]

Was bleibt von Bartholomäus Holzhauser, ist nicht der Prophet, nicht der Exeget, sondern der Pastoraltheologe und Seelsorger, genauer Seelsorger am Seelsorger. Holzhauser wußte sich der Trienter Klerusreform, insonderheit dem Seminardekret „Cum adolescentium aetas" unter Führung des Mailänder Reformbischofs Karl Borromäus verpflichtet[35]. Seine „Constitutiones clericorum saecularium in communi viventium"[36] und „Instructiones de via perfectionis et principiis practicis pro statu clericali et pastorali"[37] dienten lange Zeit in den Priesterseminaren, nicht nur deutscher Bistümer, als Grundlage für die aszetische und praktische Ausbildung der

Seelsorgegeistlichkeit. Die erweiterten „Constitutiones pro spirituali temporalique directione Instituti clericorum saecularium in communi viventium" (Rom 1684) wurden von der römischen Kongregation für die Studien und Seminarien den Vorständen der Priesternoviziate und -katechumenate in aller Welt als Leitbild ihrer pastoral-pädagogischen Berufung und Bemühungen vor Augen gestellt[38]. Als Leitbild pastoralen Lebensstils wirkt zudem die Persönlichkeit Holzhausers bis in die Gegenwart herein. Er war „ein Mann von reinstem und edelstem Streben", urteilt ein distanzierter Historiker[39]. „Bartholomäus Holzhauser (ist) wohl der heiligste und bedeutendste Welt- und Seelsorgspriester, den Deutschland in den letzten Jahrhunderten hervorgebracht hat."[40]

CONSPECTUS

Onus ecclesiae (Anm. 12)	Biographia B. H. (Anm. 6)
p. 43/44 Capit. XI. *De statu secundo* qui dicitur *irrigativus. Vinea domini* est *universa ecclesia: quae . . . quot sanctos profert, tot palmites* mittit . . . hi palmites sunt martyres, quorum sanguine ecclesia irrigata est. Erat enim anima eorum *quasi* ortus irrigans atque *fons ascendens e terra et irrigans universam superficiem ecclesiae* . . . Porro *diabolus videns, quod fidem Christi per Judaeorum aemulationes impedire nequiret, excitavit* tyrannicas persecutiones: quarum medio fidem catholicam extinquere nisus est. Et illa irritatio sive probatio ecclesiae nuncupatur secundus status, et est martyrum ac designatus in Ecclesia Smyrnae (Apo. 2).	p. 211/12 *Secundus* Ecclesiae[mi] *Status* est *irrigativus: Vinea* enim *Domini Ecclesia, quae, quot Sanctos profert, tot palmites* nutrit. Haec vinea per Christum et Apostolos plantata in primo statu, irrigatur postmodum in secundo statu torrente Sanguinis martyrum, qui erat *quasi fons ascendens a terra, et irrigans universam Superficiem Ecclesiae.* Duravit autem haec effusio Sanguinis Christianorum . . . per decem tempora Tyrannorum praecipuorum regnantium in terra, quorum animos *diabolus, videns, quod fidem Christi per aemulationem Judaeorum impedire nequiret, excitavit* contra Christianitatem, nitens eam hoc medio tollere . . .
p. 53/54 Capit. XIV. Capitulum de *statu ecclesiae remissivo, qui est quintus* in ordine. . . . Ex his elicitur *quintum ecclesiae statum esse remissivum et clementiae* . . . In eodem autem quinto ac etiam in sequenti sexto statu consistit causa et materia	p. 238/39 I. *Quintus Ecclesiae Status incepit* sub Carolo V. Imperatore, et Leone X. S. Pontifice *circa annum circiter 1520. Durabit usque ad Pontificem Sanctum, et Monarcham illum fortem; qui venturus est nostro saeculo,* et vocabitur auxilium Dei, h. e. restituent universa. Hic Status est *Status afflictionis,* desolationis, humiliationis et paupertatis Ecclesiae meritoque vocatur

praesentis collecturae. Quamobrem eisdem ambobus statibus, qui iam simul concurrere videntur, diutius immorabor, pluribus capitulis comportandis, nempe ab hinc usque ad c. 60.
IV. *Unde Bonifacius octavus,* pio usus consilio *anno domini 1300 Jubilaeum plenariae remissionis* instituere coepit.

p. 55. Nr. V. Insuper in praedicto quinto ecclesiae statu *clericis,* qui antea in communi tantum bona temporalia possedebant, *concessus est peculiaris usus proprietatis* atque negotiationis temporalis, ex largiflua scilicet fidelium devotione.

p. 78. Capit. XVI. *De statu ecclesiae sexto: qui est* ecclesiae, per remissionem quinti status depravatae, *reformativus* et per Ecclesiam Philadelphiam significatur. . . . IX. *Hoc autem ordine fieri reformationem ponunt.* Primo *fratres mendicantes* aliique religiosi, qui ad sustentandam ecclesiam in sexto statu electi erant, sed nunc deficiunt, ideo pro eorum excessibus punientur et reformabuntur. Deinde *ecclesia* rediet ad paupertatis integritatem: Nam *tempore futuri angelici pastoris* et duorum suorum successorum, *Romani pontifices sponte renuntiabunt omni dominio temporali,* spiritualibus dumtaxat operam daturi. Tandem per *concilium generale* ordinabitur quod de caetero Praelati et clerus habeant solumodo victum et amictum naturaeque necessaria, reiectis omnibus pompis, delitiis, bonis ultra necessitatem superfluis in pauperum usus distribuendis. Interim ecclesia in

Status purgativus, in quo Christus Dominus ventilavit, et ventilabit adhuc triticum suum per immania bella, seditiones, famem et pestem, et mala alia horribilia; item affligendo, pauperando Ecclesiam latinam per multas haereses, et malos Christianos, qui ipsi auferent plurimos Episcopatus, et quasi innumerabilia monasteria, praeposituras easque ditissimas, imo per ipsosmet Principes Catholicos supprimitur, et depauperabitur Gabellis, steuris et aliis exactionibus . . . Tandem hic status Ecclesiae quintus est *status afflictionis, status occisionis, status defectionis, et omnium calamitatum plenus.* Relinquentur pauci super terram a gladio, fame, et peste: pugnabit regnum contra regnum . . . evertentur principatus, et monarchiae, et depauperabuntur quasi omnes, eritque desolatio maxima super terram; quae partim jam impleta sunt, et adhuc implebuntur.

p. 257/59
Sextus Ecclesiae Status initium suum sumet a Monarcha illo forti, et Pontifice sancto, et durabit usque ad Nativitatem Antichristi. Hic status est *consolativus,* in quo Deus consolabitur suam Ecclesiam super afflictione, et tribulationibus maximis, quas in quinto fuit perpessa. Reducentur enim omnes gentes ad fidei catholicae, et orthodoxae unitatem, et florebit maxime status clericalis, et sacerdotium, et homines omni sollicitudine requirent Regnum Dei, et justitiam ejus. Deus enim dabit ipsis pastores bonos, unde etiam vivent homines in pace, qu sub vite sua, et agro suo, quia erit pax super terram, quam Dominus *Deus dabit tunc hominibus pacem cum eo habentibus sub umbra alarum Monarchae illius fortis* et successorum. . . . . Sic in sexto statu consolabitur Deus Ecclesiam catholicam consolatione maxima: quia etsi in quinto statu nostro videamus ubique esse maximas calamitates: dum omnia devastantur bello, dum supprimuntur Catholici ab haereticis, et malis Christianis, dum Ecclesia ejusque ministri ducuntur sub tributum, evertentur Principatus; Monarchae occiduntur, et subditi repelluntur, omnesque conspirant in res publicas erigendas: mirabilis tamen fiet mutatio per manus omnipotentis

paupertate gloriabitur usque ad Antichristi adventum. Haec ex Theleosphoro.

Dei, quam nemo sibi humanitus imaginari potest. *Ille enim Monarcha fortis qui venturus est a Deo missus,* res publicas funditus destruet, sibi subjugabit omnia, et zelabit veram Christi Ecclesiam, mittentur omnes haeretici in infernum, confringetur Imperium Turcarum, et ille regnabit in Oriente et Occidente; venientque omnes gentes, et adorabunt Dominum Deum suum in vera fide Catholica, et orthodoxa: florebunt plurimi viri justi, et docti super terram, et homines amabunt judicium, et justitiam, eritque pax super universam terram, quia divina potestas ligabit Satanam per multos annos etc., donec veniat qui venturus est, filius perditionis, ubi solvetur denuo Satanas etc. . . . *Sic dominabitur Monarcha ille super omnes bestias terrae,* id est super efferas gentes, populos rebelles, res publicas haereticas, et dominabuntur homines passionibus suis malis.

p. 358–363. Capit. LXVI. *De septimo ecclesiae statu . . . qui incipiet a secundo adventu Christi, durabitque usque ad extremum iudicium. . . .* Is septimus status est *remissionis.* p. 375. Nr. X. Quemadmodum Machabaeorum tribulatione finita . . . Romanum Imperium tunc caepit totam monarchiam, surgente in temporalibus novo Imperatore scilicet Augusto, et in spiritualibus novo pontifice scilicet Christo, ita modo quando cessabit Antichristiana tribulatio, tunc *secundum Joachimi vaticinium* auferetur sceptrum de Roma et *surget in spiritualibus novus pontifex* qui sua virtute mundum pacificabit, *unacum bono novo rege temporalia legitime gubernaturo:* Et sic mundi monarchia a Romanis ad agnum proculdubio transferetur.

p. 261
Consolatione plena sunt verba, quibus describitur futura huius sexti status felicitas, quae consistit primo in vero, et unanimi sensu SS. Scripturae, quo sextus Ecclesiae status . . . clarificabitur, dum Christi fideles per universum orbem diffusi, uni Ecclesiae Catholicae sensui in unitate fidei, et sanctorum morum acquiescunt; . . . quia in sexto statu celebrabitur *maximum totius mundi concilium generale,* in quo singulari Dei gratia, et *potentia Monarchae illius, et S. Pontificis auctoritate,* unitateque Principum piissimorum omnis haeresis et atheismus proscribetur . . . et sensus SS. Scripturae legitime contra omnes sectas haereticorum declarabitur, et proponetur credendus, cui acquiescetur, aperiente Deo ostium gratiae suae . . . *p. 270–277. De septimo et ultimo statu,* qui erit *status Desolationis,* incipiens a Nativitate Antichristi et perdurans usque ad finem mundi . . .

Anmerkungen

1 *W. Clericus,* Buch der Wahr- und Weissagungen, Regensburg [4]1920, 1–21.

2 *A. Konzionator,* Der kommende Große Monarch und die unter ihm bevorstehende Friedenszeit nach den Weissagungen hervorragender katholischer Seher und Seherinnen, Lingen/Ems 1933.

3 *W. J. Bekh,* Bayerische Hellseher. Vom Mühlhiasl bis zum Irlmaier, Pfaffenhofen [2]1978, 65–77.

4 *A. Hübscher,* Die große Weissagung. Texte, Geschichte und Deutung der Prophezeiungen von den biblischen Propheten bis auf unsere Zeit, München 1952, 166 f.

5 Visiones ven. servi Dei *Bartholomaei Holzhauser,* Bambergae et Wirceburgi 1793, [2]1797.

6 *Biographia Venerabilis Servi Dei Bartholomaei Holzhauser* . . . Accedunt ejusdem in Apocalypsim Commentarii plane admirabiles, Bambergae et Wirceburgi 1784, [2]1799. Hsl. Exemplare in Bayer. Staatsbibl. München u. Studienbibl. Dillingen u. a.

7 Arch. Vat. Fondo Carpegna Tom. 13 f. 39–42[v]: Admodum Reverendi Patris Georgii Lyprandi Societ. Jesu in Universitate Ingolstadiensi quondam Theologiae Professoris, et venerabilis viri Bartholomaei Holtzhauseri . . . Confessarii et in Spiritualibus Directoris testimonium de vita, visionibus et Instituto venerab. Domini Bartholomaei in Scriptis traditum, Ingolstadii 20. Octobris Anno 1660, f. 41[r], 42[v].

8 *Biographia B. H.* (Anm. 6), 430: Hinweis auf den 1646 geschriebenen „libellus de septem animalibus et quibusdam secretis super terram Germaniae"; ebd. 342: „bellum Protestantium, quod nostro saeculo anno Christi 1618 usque ad annum 1650 quasi continuo duravit".

9 Bibl. Priesterseminar Augsburg in Dillingen HS N 120: Vita Venerabilis Viri Bartholomaei Holzhauser . . . ex fide dignis testimoniis conscripta per Sacerdotem eiusem Instituti (Balthasar Andenstainer), Pars 3[a] § 10[us] „absque cibo et potu permanens et ieiunia orationibus iungens conclavi suo se inclusit ab omni hominum alloquio remotus".

10 *Biographia B. H.* (Anm. 6), 197: „Septem Ecclesiae istae, quibus ad litteram scribit Joannes, typus sunt, sub quo septem status Ecclesiae Catholicae diversis temporibus diversi futuri describuntur".

11 *J. Michl* unter Apokalypse, in: LThK I, 690–696, hier: 695.

12 *Onus ecclesiae* temporibus hisce deplorandis apocalypseos suis aeque conveniens, Turcarumque incursui iam grassanti accomodatum, non tam lectu, quam contemplatu dignissimum. Jam primum authoris exactiore adhibita lima typis a mendosis expurgatum, et quam plurimis tum evangelistarum locis tum aliorum Sanctorum scripturis mutuo non pugnantibus recens illustratum. Opus completum est anno 1519, typis excusum anno 1531. Nunc ad petitionem doctissimorum virorum luci redditum anno MDCXX, in 4°, 381 pag.

13 *F. Kampers,* Über die Auslegung der Apokalypse durch B. Holzhauser, in: HPBL 118 (1896) 142–145, hier: 143 f.

14 *P. M.,* Über die Auslegung der Apokalypse durch B. Holzhauser. Altera pars, ebd. 326–336; hier: 326.

15 *A. Hübscher,* Die große Weissagung (Anm. 4), 166.

16 *M. Arneth,* Das Ringen um Geist und Form der Priesterbildung im Säkularklerus des siebzehnten Jahrhunderts, Würzburg 1970, 294–300.

17 Ebd., 295–298. Daraus reproduzieren wir als exemplarisch den status secundus auf S. 128 (Conspectus).

18 Vgl. Conspectus S. 128–130.

19 *Onus ecclesiae* (Anm. 12), 34.

20 *Biographia B. H.* (Anm. 6), 226.

21 *Onus ecclesiae* (Anm. 12), 35: „(status ecclesiae quintus), in cuius calce vivimus".

22 Vgl. Conspectus S. 128 f.

23 Ebd.

24 *Onus ecclesiae* (Anm. 12), 35: „De statu sexto ecclesiae reformandae nihil certi habemus".

25 Ebd., 78: „Haec ex Theleosphoro!"; vgl. Conspectus S. 130.

26 Ebd., 129 f.

27 Ebd., 130.
28 *Biographia B. H.* (Anm. 6), 270 f. – Conspectus S. 130.
29 *Vita Andenstainer* (Anm. 9), Pars 3ª, § 10ᵘˢ „Quae (explicationes) in pluribus scriptoris talenta excellere videntur."
30 Ebd.
31 *L. Clarus,* Bartholomäus Holzhausers Lebensgeschichte und Gesichte nebst einer Erklärung der Offenbarung des hl. Johannes, Regensburg 1849, I, 135.
32 *W. Clericus,* Wahr- und Weissagungen (Anm. 1) und *A. Konzionator,* Der Große Monarch (Anm. 2).
33 *Biographia B. H.* (Anm. 6), 487 f.
34 *F. Kampers,* Auslegung (Anm. 13), 145.
35 *M. Arneth,* Priesterbildung (Anm. 6), 301–305: Anlage 6 (bringt aus den Acta Ecclesiae Mediolanensis ab Carolo Borromaeo Cardinali et Archiepiscopo condita (Brixiae MDCIII) Bestimmungen, die Holzhauser bei der Planung seines Priesterinstituts leiteten.
36 Köln 1662, Würzburg 1669, Rom 1680.
37 Rom 1682; auf ausdrücklichem Wunsch des Papstes Innozenz XI. gedruckt.
38 Enchiridion Clericorum. Documenta Ecclesiae Sacrorum Alumnis instituendis, Typis Polyglott. Vaticanis 1938.
39 *C. Prantl,* Geschichte der Ludwig-Maximilians-Universität in Ingolstadt, Landshut, München, München 1872, I 404, Anm. 183.
40 *J. P. L. Gaduel – Dr. J. B. Heinrich,* Leben des ehrw. Dieners Gottes Bartholomäus Holzhauser, Mainz 1862, VIII.

IGNACIO ESCRIBANO-ALBERCA

Hoffnungen, die die Menschen spalten

Theologische Schwankungen im Umgang mit dem Volke Israels: am Beispiel der englischen Eschatologie

Zwei Millenarismen können sich nicht vertragen, genausowenig wie zwei Absolute: ist doch das Tausendjährige Reich das Absolute der Geschichte. Zwei Vorstellungen vom Ausgang der Geschichte, jeweils von einer anderen religiösen Gemeinschaft getragen, können aber einen Koexistenz-Modus erreichen, solange sich die eine Gemeinschaft der Rolle unterzieht, Zubringerdienste für das eine große, allumfassende Millennium zu leisten. Philosemitismus und Antisemitismus lassen sich auch im Kontext der Theologie des Millenniums thematisieren.

In den zwei Zeitabschnitten, die uns beschäftigen, steht die große millenaristische Theologie Englands im Gespräch mit dem Judentum.

I. Englische Prophetie-Auslegung und das Verhältnis zum Volk der Juden

Die Einschätzung bzw. Mißachtung des Buches des Alten Testaments zeitigt launisch wechselnde Auswirkungen in der Einstellung zum jüdischen Volk. Dies läßt sich paradigmatisch an der Theologie der englischen Kirche belegen, die einerseits zur regelrechten Konstruktion eines Millenniums für die Kirche neigt; andererseits, wenn sie nicht ausdrücklich millenaristisch ist, ihre Eschatologie eng an die Angaben des Alten Testaments bindet. Daraus ergibt sich zwangsläufig, daß auch unter der Voraussetzung, daß das jüdische Volk nicht direkt als Partner der Kirche – wie in der Theologie des Millenniums – erscheint, es doch mindestens bei der Schilderung der Szenerie des Weltendes als herbeigewünschter oder herbeizitierter – bekehrter oder zu bekehrender – Statist herangezogen wird. Letzteres hat auch große Bedeutung, was den Umfang der Beschäftigung Englands mit dem jüdischen Volk angeht. Die Theologie Englands ist konstant Prophetie-Auslegung geblieben, von den ersten Experimenten der exilierten Theologen in den schicksalhaften Zeiten der Reformation bis zur theologischen Verflachung und religiösen Fanatisierung der Volksmassen durch populäre Evangelisation Ende des 19. und Anfang des 20. Jahrhunderts. Theologie als Prophetie-Auslegung übernahm je nach Problemlage die verschiedensten Funktionen: Rechtfertigung der Reformation mit der Aufdeckung des Antichrists (Rom); Mobilisierung eines harten Kerns aus den Volksmassen 1640–1660; weltgeschichtliche Stilisierung der englischen Kirche: Das erwählte Volk, England, als privilegierter Anführer der Völker der Reformation in Europa, was mit einer subtilen Form von translatio imperii vor sich geht. Die kosmotheologische Auslegung des Wesens des Christentums im Übergang zum 18. Jahrhundert, mit Namen – Thomas Burnet, William Whiston –, die heute zu den Begründern moderner Wissenschaften zählen, betreibt auch Prophetie-Theologie. Stillschweigend wird aus der Verlorenheit des Menschen im All der Planet Erde endzeitlich zur privilegierten Loge zur Betrachtung der Geheimnisse des Universums im Millennium emporgehoben. Die Apologetik des Christentums in der Auseinandersetzung mit dem neuzeitlichen Rationalismus – Deismus – und die bei Gelegenheit auftretende Hofgazetten-Theologie, die das jeweilige Herrscherhaus in der Kontinuität mit den großen ersten Gestalten des Königtums ansah, sind ein Teil der Prophetie-Auslegung.

All diesen Formen der Beschäftigung mit der Prophetie – ob millenaristisch oder ganz schlicht eschatologisch, nämlich auf das Ende aller Dinge orientiert – ist eines gemeinsam: die unabdingbare Heranziehung des Alten Testaments. Dies bringt eine engere Anteilnahme am Schicksal des jüdischen Volkes auf zwei Ebenen mit sich: Das Volk, das Träger der Verheißungen ist, gilt weiterhin als chronologisch erstes erwähltes Volk – die großzügige Konzession Englands, das sich ca. hundert Jahre nach vollzogener Reformation als „elect Nation" versteht; die Übernahme der Römerbrief-Exegese Bezas über die Bekehrung der Juden vor der Wiederkunft Christi läßt die millenaristische bzw. rein prophetie-exegetische Theologie nie in Ruhe. Es werden immer Berechnungen über Art, Aussichten, Zeitpunkt der Bekehrung der Juden angestellt. Dies fällt sehr unterschiedlich aus. Es reicht von der groben Rüge bis zur schmeichelnden Einladung, sich am gemeinsamen Unternehmen der Akzelerierung der Parusie zu beteiligen.

Was die konkrete Form des Millenniums in England angeht: Ausgehend von den Daniels-Monarchien ließ sich auch utopisch antizipierende – das fünfte Königtum als Reich Gottes! – Kirchengeschichte schreiben. In der Kombination der Angaben des Danielsbuches mit der neutestamentlichen Johannes-Offenbarung fixiert die englische Eschatologie ihre prospektiven Ziele und Ambitionen. Zu den spezifischen Elementen des englischen Millenarismus zählt nach Katharine R. Firth die Übernahme der „Prophetie des Elias". Es handelt sich um einen Midrasch aus dem zehnten Jahrhundert, der nach mehreren Bearbeitungen im Babylonischen Talmud Aufnahme fand. Daniel prophezeit die Geschichte der Reiche; die Johannes-Offenbarung, jene der Kirche; die Prophetie des Elias liefert aber den engeren chronologischen Rahmen: Zeit vor dem Gesetz, Zeit im Gesetz und messianische Zeit, je 2000 Jahre, sind die Chronologie der Welt von der Schöpfung bis zum Ende.

Es muß nicht eigens betont werden, daß mit der Anerkennung der Autorität der „Elias-Prophetie" das englische Millennium eine neue, engere Bindung an die Theologie der jüdischen Gemeinde bekommt: In den absurdesten Abwandlungen des Themas wird künftig, zumal die Sache vom großen Mede sanktioniert wurde, „mosaische", „rabbinische Kabbala" (Henry More) als konfluierendes Zeugnis bei der Berechnung der Inhalte der Offenbarung herangezogen werden.

Es ist nur selbstverständlich, daß eine Kirche, die sich derart intensiv mit der Prophetie befaßt, eine spezielle Beziehung zum Ganzen des Alten Testaments und zu dem Volk, das Träger der Verheißungen war, aufrechterhält. Die Theologie nimmt das AT ernst, eben als vorgängige Offenbarung; die Frömmigkeit des Volkes entzündet sich auch an vorchristlicher, heiliger Geschichte. Keynes, der Volksökonom, hatte leichtes Spiel, Newton als einen jüdischen Monotheisten zu apostrophieren: In der Tat ist Newton, trotz Verwicklungen mit der heraufkommenden Aufklärungstheologie, was christologische Fragen angeht, unter dem erwähnten Gesichtspunkt ein prächtiger Exponent englischer Frömmigkeit.

II. Millenarismus 1640–1660 und das Volk Israel

Hatte sich in der Regel die frühere Apokalyptik mit der Erwähnung der Bekehrung der Juden vor Einbrechen des Eschatons zufriedengegeben, so wird jetzt in der engeren Gruppe der Quintomonarchisten – Fifth Monarchy Men – mit dem „erwählten Volke" ernst gemacht. Die Einrichtung eines neuen Jerusalems in England nach dem theokratischen Modell des AT (David, nach Tillinghast, einem der qualifiziertesten theologischen Wortführer der Bewegung) läßt die Juden zu parallel laufenden Partnern des gemeinsamen Unternehmens werden. Tillinghast berechnet genauestens das Datum der Bekehrung der Juden: 1656. Aspinwall gibt zu erkennen, daß er sich von Mede sein methodologisches Rüstzeug geholt hat, um theokratisches Material aus dem AT und Aussagen der Johannes-Offenbarung zu parallelisieren. Die Rückkehr der Juden ist ihm auch in tribulationistischen Augenblicken sicheres Zeichen für die begründete Hoffnung. John Canne läßt strikt die endgültige Aufrichtung des Reiches Christi – die erste geschieht 1666 – mit dem Datum der Bekehrung der Juden koinzidieren: 1700. Die Juden werden als reiches, fähiges Volk gepriesen, das seinerseits über die Türken siegen wird. Bei John Rogers, einem der Hauptträger der Bewegung, dokumentiert sich meisterlich, wie bitter nötig es die Macht hatte, sich an alttestamentliche Vorstellungen zu klammern: Jehovah-Christ ist eine nicht unübliche Redewendung bei Rogers. Zum Beispiel: „In the name of the Lord Jehovah (Jesus Christ), King of Saints and Nations." Von ihm ergeht an Cromwell der Vorschlag, Parlament in „Synedrin" umzubenennen. Das von Cromwell ersehnte Commonwealth wird von Rogers theologisch okkupiert: „the Commonwealth of Israel (which is our better pattern) . . .". Bei Vavasor Powell, dem Anführer der Bewegung in Wales, ist statt Bekehrung der Juden die terminologisch gewagtere Ausdrucksweise geprägt: Restauration (später Restoration), also Wiedereinsiedlung der Juden in Palästina, über deren Implikationen mit der Aufrichtung des neuen Jerusalems in England in diesen wirren Zeiten nicht genug nachgedacht wird. Die Forschung glaubt, die erste Erwähnung von „restoration" bei Henry Finch fixieren zu dürfen. Bei Mary Cary – welche so besessen auf die Frondienste des Hauses Habsburg im Millennium der Heiligen hinzielt – läßt sich dies dahin artikulieren, daß die Juden – die sich unmöglich zur Kirche der babylonischen Hure bekennen werden – nach plötzlicher Bekehrung ihr eigenes Land besitzen dürfen. 1656 (Mary Cary schreibt 1651) ist das Jahr der Bekehrung der Juden.

Wie faszinierend das Beispiel des früher erwählten Volkes (Israel) auf die Gemüter der Quintomonarchisten einwirkte, ersieht man aus der Tatsache, daß in der Diskussion um die neue Gesetzgebung Modelle aus dem AT bevorzugt werden, wobei nicht bloß Dekalog, sondern sonstige alttestamentliche Praktiken – Todesstrafe für Ehebruch, Homosexualität, Ungehorsam gegen die Eltern usw. – übernommen werden. Es gehört zur Pflichtübung späterer englischer millenaristischer Theologie, sich vom extrem revolutionären Ansinnen der Quintomonarchisten zu distanzieren: sie werden durchwegs als Fanatiker (Enthusiasts) und als Rückfall in die peinliche Sache von Münster etikettiert. Was aber die Verquickung des millenaristischen Gedankens mit der Aufwertung der Geschichte Israels angeht: abgesehen vom extremen Gedanken über eine blutrünstig – nach AT-Modell – herzustellende Theokratie, die man verwirft, die Liebe zu Israel bleibt unverändert. W. Whiston wird später auch dezidiert über „Restoration" sprechen und dieselbe positive Würdigung des Judenvolkes wie J. Canne wiedergeben: das reiche, fähige Volk, das einen eminenten Beitrag zum Zustandekommen des Millenniums leisten soll. Der Millenarismus der

Quintomonarchisten wäre heute eine verschüttete Anekdote der Kirchengeschichte, wenn es in England nicht auch um diese Zeit die große, gelehrte, kirchenpolitisch aktivistische Theologie des Millenniums gegeben hätte, die so unterschiedliche Namen wie Thomas Goodwin, John Archer, Jeremiah Borroughes, John Durant, Nathanael Homes, Robert Maton verbindet.

Für das Jahr 1650 erwartet John Archer die Bekehrung der Juden: das Millennium beginnt – wie bei so vielen Autoren aus dieser Zeit – im Jahre 1666. Th. Goodwins Schrifttum läßt auf eine breitere Annahme der Terminologie von „restoration" – Erlösung plus Wiedereinsiedlung in Palästina? – um diese Zeit schließen. Das Reich Christi soll aufgrund der erlösten Juden entstehen, hinzu kommen die Heiden. Voraussetzung ist natürlich, daß alle in der einen Kirche Christi integriert werden, die Herrin im Millennium ist. Nathanael Homes erhebt millenaristische Spekulation zum Rang eines ökumenischen Unterfangens: er zieht wie kein anderer parallele Bekundungen aus dem Judentum aller Zeiten heran. Die Wahrheit des Millenniums scheint ihm von der historischen Seite her so abgesichert zu sein, daß er sie sogar – voraufklärerisch – zum ontologischen Status eines Naturgesetzes – law of nature – erhebt: „is generally confessed by all sorts of Rational men, in all Nations". Robert Maton, in seiner Polemik gegen Peter Allix, ist ein eindeutiger Beleg dafür, daß „restoration" der Juden nicht bloß Erlösung des erwählten Volkes, sondern tatsächlich Wiedereinsiedlung in Palästina meint – „Restoration into a visible Kingdom in Judea" –, vorausgesetzt natürlich, daß „unser Erlöser" über sie und über alle Nationen der Erde bei seiner Wiederkunft herrsche.

In diese Zeit fällt die Intrige der von Trevor-Roper apostrophierten „Three Foreigners" – Hartlib, Duräus, Comenius – die auf der Suche nach Unterstützung einer calvinistischen Internationale zur Durchsetzung der Ziele der Reformation alles bemühen, was auf der Insel vorhanden ist, und sich dem pädagogischen, wissenschaftsfordernden Programm der Gruppe einfügen läßt. Eine millenaristische Umgebung ist auch diesem Unternehmen günstig, da in ihr immer gnostische „Vermehrung des Wissens" ermöglicht wird. Die Utopie der drei Ausländer, die nach Trevor-Roper den harten Kern der von Cromwell wohlwollend akzeptierten Philosophie der Puritanischen Revolution bildet, sucht nach Motiven, die die Akzelerierung der Parusie auslösen. Zum Herz der Intrige gehört 1650 die Lancierung der Schrift des Amsterdamer Rabbiners Menasseh ben Israel, „Esperança de Israel", über die in Amerika aufgefundenen Indios, die die Schma rezitieren: Die zehn verstreuten Stämme Israels sind somit mitten in den Anden-Kulturen entdeckt worden, was ja bedeutet, daß ihrer Bekehrung nichts mehr im Wege steht. 1651 erscheint die „Clavis Apocalyptica", von Hartlib übersetzt und von Duräus eingeleitet: die Arbeit soll wieder mit millenaristischem Material die Gemüter anheizen. Das Werk wurde von Comenius, mit einem Begleitbrief versehen, den in England weilenden Kollegen zugespielt. Klar ist aus dieser Publikation zu ersehen, daß konfluierend mit den englischen Hoffnungen Böhmen, Germanen, Niederländer und „even the Jews" an denselben parusitischen Erwartungen teilhaben. Der ad-hoc von den calvinistischen Theologen induzierte Millenarist Menasseh ben Israel ist aber seit 1636 als Erzmillenarist auf dem eigenen Boden der rabbinischen Traditionen mit einem Werk ausgewiesen: „De resurrectione mortuorum libri III". Nirgends hat Menasseh es unternommen, sich expressis verbis dem Millennium der englischen Kirche zu unterwerfen. Die Aufrichtung des Tempels in Jerusalem ist Schlußwort seiner Betrachtung. Daß Menasseh millenaristisch war, und die kleine Konzession über Juden in Amerika machte – dies war seine Pflichtübung, die auch mit der Einbürgerung einiger kaufmännischer Familien in England honoriert wurde.

III. Die antijüdische Reaktion

Schon innerhalb einer Generation melden sich einige antimillenaristische Stimmen. Unter die Räder der Argumentation gegen die Millenaristen mußten auch die Zeugnisse aus der Welt der Juden geraten. Alexander Petrie geht 1644 gegen Robert Matons Vorstellung der Akzelerierung der Parusie durch Bekehrung der Juden und gegen Übernahme jüdischer Exegese (Rabbi Ketina) überhaupt vor: „Let Iewes follow Iewes fables". Robert Baillie argumentiert 1645 gegen die Millenaristen, Erlösung und Wiedereinstellung der Juden in Palästina drehten den Spieß um: Die Initiative in der Führung des Millenniums läge in der Hand der Juden, womit die Errungenschaften des Evangeliums rückgängig gemacht würden. Die Verquickung der millenaristischen Literatur mit der „Jewes Rabbinical Fancy" wurde auch vom berühmtesten Bekämpfer der Gruppe, Thomas Hall („Homesius Enervatus", 1657), denunziert. Große Bedeutung kommt in diesem Zusammenhang der Insinuation des vornehmen John Worthington zu, bei der Konstruktion eines – geistigen – Millenniums, Vorsicht mit jüdischen Quellen walten zu lassen. Bekehrung der Juden ist für ihn kein Zeichen der Nähe der Parusie. Der bedeutende Exeget, der in Verbindung mit der oben genannten calvinistischen Internationalen stand, meint schließlich – belehrt durch die Ereignisse, resigniert? –, daß eine Neuorientierung der Theologie an der griechischen Klassik, die für Wahrheiten wie Unsterblichkeit der Seele bürgt, und gleichzeitige Aussparung der Phantastereien der jüdischen Exegese für die Zukunft der Theologie ratsamer wären.

Daß man in der Verbrüderung mit den Juden in der millenaristischen Literatur zu weit gegangen ist, legt am eindringlichsten das Werk des Peter Allix nahe. Peter Allix' Oeuvre ist der skandalöse Abschluß dieser Suche nach Distanzierung vom Judentum: eine systematische Entjudaisierung des christlich-messianischen Reiches wird angestrebt. Der Hugenotte, später zum Anglikanismus übergetreten, läßt in einer ersten Publikation 1660 die Bekehrung der Juden als Zeichen der Nähe des Reiches gelten. 1701 gibt Allix seinen Bedenken hinsichtlich der gefürchteten Nostrifizierung des Millenniums durch die Juden endgültige Gestalt: „De Messiae duplici adventu dissertationes duae. Adversus Judaeos". Wie aus dem Vorwort ersichtlich, soll reformierte Theologie das Thema vom Antichrist (Rom) vergegenwärtigen, was zur Erledigung der römischen und jüdischen (!) Theologie führen soll. Ihm ist bekannt, daß die Rabbiner sich zahlreich an der Berechnung der Zeichen für die Zukunft des Messias beteiligen. Saubere chronologische Arbeit soll von calvinistischer Seite nunmehr geleistet werden. Was dabei herauskommt, ist die rigorose Aufstellung einer doppelten, getrennten Buchführung in der Berechnung des Endes. Danach ist die Ankunft des „jüdischen" Messias – die es ausschließlich aus den alttestamentlichen Büchern auszumachen gilt, und letzten Endes nur Bereinigung des Tempels und Bekehrung zum Christentum einbringen wird! – für 1720 zu erwarten. 1730 findet der Anbruch der christlichen Heilszeit statt, worin sich die Juden, die sich allzugroße Hoffnungen durch Menasseh ben Israel, Bachay, etc. gemacht hatten, wieder als bekehrtes Volk einzureihen haben. Die entflechtende, dychotomische, skurril gespaltene Entjudaisierung des Millenniums ist zugleich Nostrifizierung der Heilszeit durch die christliche Seite.

IV. Der neue Krisenherd: Prophetie-Auslegung in der Aufklärungszeit

Der Deismus in England bereitet der Fachtheologie einige Schwierigkeiten: Der neuentdeckte „größere" Gott der Aufklärung soll nicht durch kleinliche Gedanken über Sonderinterventionen der Gottheit in Natur und Geschichte, wie Wunder, Erwählung eines bestimmten Volkes, eingeengt werden. Die euphorische Ableitung der Legitimität der christlichen Wahrheit aus der alttestamentlichen Prophetie hat ihre Grenzen – in der historisch-kritischen Methode. Eine gegenläufige Tendenz im deistischen Schrifttum ist bestrebt, christliche Wahrheit im Alten Testament aufgelöst sein zu lassen (Inklusionstheorie), womit sich die Reduzierung des Ganzen auf Natur- oder Vernunftreligion bewerkstelligen ließe.

Die Antwort der offiziellen Theologie besteht im großen und ganzen aus taktischen Rückzügen: Ballast muß abgeworfen werden, wobei auffallenderweise das Alte Testament und damit auch das Volk des Buches nochmals als Prügelknabe herhalten muß.

In seinem sehr populär wirkenden Buch „A Short and Easy Method with the Deists", 1698, macht der gewandte Charles Leslie eine gedankliche Operation, die auch einem kurzen Verfahren mit geheiligten Traditionen englischer Theologie gleichkommt. Fallengelassen wird natürlich nicht das Christentum, das auch innerhalb der von den Deisten angefochtenen privilegierten Heilsgeschichte steht, sondern das Alte Testament und sein Volk. Es ist höchst merkwürdig, daß ein Autor, der alles andere als millenaristische Theologie betreibt, doch Momente aus diesen Traditionen mit der einzigen Absicht heranzieht, Belastendes fallenzulassen. Die bekannten alten Sorgen um die Prävalenz des jüdischen Volkes bei der Einführung des Millenniums kommen in der Adresse der zweiten Auflage 1699 „To the Jews" zum Tragen. Reich Gottes, das allumfassende Chiffre für die zeitliche Bewegung beider Testamente ist, wird nunmehr zum Königreich Christi eingeengt. Gegen die messianischen Vorstellungen der Juden – natürlich Menasseh ben Israel – welche allzugroß auf ein irdisches Reich gerichtet waren, wird jetzt die gereinigte Vorstellung von „Ewigkeit" im Neuen Testament ausgespielt. Die Suche nach einem sozio-ökonomischen Hintergrund dieser Schrift, die eindeutig in der Gattung der adversus-Judaeos-Literatur der Kirche einzureihen wäre, ist sinnlos, sagt Leslie doch in einem Sonderkapitel, daß der geeignetste Platz zur Bekehrung der Juden – nie als erwähltes, sondern als sündiges Volk apostrophiert – England sei. Die abgewandelte neue Rolle des Volkes der Juden innerhalb der neuen Disposition aufklärerischer, antideistischer Theologie läßt sich dahin umschreiben, sie hätten sich zu bekehren, damit vor aller Welt die christliche Wahrheit glänze . . . Der sich als Herr aufspielende Leslie kann den Knecht nicht ganz entbehren.

Subtiler im Vortrag ist die von Thomas Sherlock („The Use and Intent of Prophecy", 1724) gewählte Argumentationsweise, die der neu geschaffenen Situation – Notwendigkeit der Entflechtung des Neuen vom Alten Testament! – Rechnung trägt. Präfiguration des Neuen Testaments im Alten ist einem Sherlock ein Terminus, der Ankettung an die israelitische Geschichte anklingen läßt, und gleichzeitig Entflechtung erlaubt. Präfiguration, wird man gewarnt, ist ohnehin kein Glaubensartikel, sondern Sache der gelehrten Theologie, die etwas vom Umgang mit dem exegetischen Instrumentarium der Typologie und Allegorie versteht: das Christenvolk kann sich von diesen Erörterungen dispensieren. Die Entflechtung des Neuen vom Alten Testament geht alsdann behutsam vor sich. Noah und seine Nachfolger kamen ohne Prophetie aus: nur durch das Erleben der Entfaltung der Macht Gottes bei der

Sintflut kamen sie zur Religion. Bei der Geschichte der Berufung Abrahams können unmöglich die von der calvinistischen Theologie heißgeliebten „Verheißungen" ausgeklammert werden, weshalb bei Sherlock Verheißungen auf den zeitlichen, innergeschichtlichen Segen der Juden eingegrenzt werden, womit ihre Verbindlichkeit für die neue Kirche aufhört. Moses ist es auch ohne vorangegangene Prophetie gelungen, göttlich-autoritative Religion zu stiften, was beweisen soll, daß Prophetie – gemeint ist aber das ganze AT! – nicht zur Beglaubigung einer göttlichen Offenbarung gehört.

Diese Entwicklung führt schließlich dahin, daß bei Samuel Chandler und später bei John Leland die Unabhängigkeit des NT vom AT hinsichtlich der Lösung der Wahrheitsfrage proklamiert wird. Samuel Chandler vermittelt im Streit um die famosen 300 buchstäblichen Erfüllungen vom AT im NT in der Berechnung Whistons derart von der Typologie und Allegorie ernüchtert, daß aus der stattlichen Zahl nunmehr zwölf exegetisch sauber auszumachende Erfüllungen bleiben. Auch Chandler, der eigentlich nur Ernüchterung in der Rückkoppelung der neutestamentlichen Botschaft an die Prophetie des Alten Testaments insinuieren will, kann die Juden-Thematik nicht umgehen. Die Sache wird aber so gehandhabt, daß aus „Restoration" (Erlösung plus Wiedereinsiedlung der Juden in Palästina, in vielen Ohren) als Erfüllung der Prophetie nur noch „Calling of the Jews" – Ruf zur Bekehrung – geblieben ist. Die Tatsache, daß die Juden, das obdachlose Volk, sich dennoch nicht mit den anderen Völkern gemischt haben, ist ein Beleg für ein Obwalten der Vorsehung in der Geschichte. Ihre Bekehrung wird Erfüllung der – doch verschmälert in der Theologie aufgenommenen – Prophetie sein. Auf der anderen Seite werden die Juden wohlweislich auf ihre eigenen Traditionen verwiesen: Ihr Weg zum Christentum geht ja vom AT aus, wie dies der Fall des Rabbi Eliezer, aus der Zeit des Trajanus, belegt. Getrennte Buchführung, wie im Schrifttum des Allix? Die Thematik des Schicksals Isreals begleitet einen Samuel Chandler und einige seiner Mitkämpfer nur wie ein schlechtes Gewissen. A. A. Sykes erstellt unter großen apologetischen Anstrengungen ein Bild vom Reich Christi, mit Unsterblichkeit am Ende der historischen Peripetie, das ihn als den illustresten unter den „liberalen" Theologen der Zeit erscheinen läßt („An Essay upon the Truth of the Christian Religion", 1725). Gegen den Deismus Collins' wird er darin insistieren, daß das AT nur ein vager Schatten des künftigen sei. Das vom NT verkündete Reich verselbständigt sich alsdann vom Alten Testament. Christus ist – man beachte in der Heranziehung dieser Schriftstelle nach dem Hebräerbrief 12, 2 den Willen zum Bruch mit dem Alten Testament – Autor und Vollender des Glaubens. Warum, fragt man sich schließlich, wenn die eschatologische Szenerie der alten englischen Theologie übergangen wird, muß man wieder die Juden zitieren? Dies unterläßt der gelehrte Sykes nicht: Trotz Aufhebung der alten Szenerie des Weltendes der alten millenaristischen Theologie werden die Juden in einem Anfall ambivalenter Liebe sehr hart angesprochen und zur Bekehrung vor dem Ende ermahnt.

1738–41 erscheint das imponierende Opus des W. Warburton, „The Divine Legation of Moses", das Werk eines üppig fabulierenden Theologen (Freund Popes, Herausgeber Shakespeares), welcher endgültige Klärung der gebotenen Distanz zum Alten Testament und zugleich Grundlegung der Eigenständigkeit des Neuen Testaments festzulegen bemüht ist. Die Vorstellung von „Roheit" alttestamentlicher Religion (Moses hat dem Volke keine Aussage über die Unsterblichkeit der Seele gemacht, worin gerade der Vorsprung des Christentums liegt) ist mit diesem magnum opus theologiegeschichtlich gut verankert.

V. Das subalterne messianische Reich der Juden und die Folgen

Theologische Hypothesen über die Herkunft des Antisemitismus wagen sich bis zu Konstruktionen wie z. B.: Neid des Christentums auf einen primären Monotheismus des Judentums. In der Tat wird bei einer rein vergleichenden religionshistorischen Methode der christliche Monotheismus als sekundär eingestuft. Dieser Hypothese darf, von dem in diesem Aufsatz dargebotenen Material her, weder positiv noch negativ nachgegangen werden. Einige Politologen haben sie unbedenklich übernommen. Naheliegend ist es, wenn man diese zwei Geschichtsabschnitte eines konfliktiven Vorgangs zwischen zwei Trägern des millenaristischen Gedankens entfaltet hat, auf die Hypothese von konkurrierenden millenaristischen Vorstellungen, welche jede auf ihre Weise das Absolute vom Ende der Geschichte vertritt, zurückzugreifen. Vor einer allzu voreiligen Aufstellung dieser Hypothese warnt uns aber das unbestrittene historische Faktum, daß die englische Theologie und Kirche, bis zum Ende des 19. Jahrhunderts millenaristisch gestimmt, doch die Konflikte auch innerhalb einer ewig variierenden millenaristischen und prophetie-exegetischen Theologie aufarbeitete. Natürlich blieb es dabei, daß das von den Engländern beschworene jüdische Millennium dem christlich-englischen untertan bleiben mußte – siehe den Fall J. Bicheno Ende des 18. Jahrhunderts – und die Auseinandersetzung eher auf der Ebene von „Bekehrung vor dem Ende der Zeiten“ ausgetragen wurde. Manche Autoren neigen dazu, Interventionen Englands vor dem Sultan und schließlich die Übernahme des Protektorats in Palästina durch England seien, von den theologischen Traditionen der anglikanischen Kirche her, geradezu als Liebeserweis gegen das israelitische Volk zu würdigen. Denkbar nüchtern säkularisiert in den sachlichen Konferenzräumen der Unterhändler des Empires, paßt auch diese Politik in diesen Kontext.

Nun fragt sich, ob eine solche Übernahme von Verantwortung für den – von der Theologie her gesehen – ungleichen Partner nicht in psychologischen Bereichen angesiedelt ist, die man mit dem „schlechten Gewissen einer Nation“ in Zusammenhang bringen kann. Gegen eine von der Theologie her positiv zu bewertende Politik der Engländer gegenüber Israel sprechen mehrere Tatsachen. Bei der streng millenaristischen Konstruktion herrschte sofort Eifersucht, als manche Geister sich die Juden mit den Gütern der Heilszeit überprivilegiert dachten. Bei der schlichten Konstruktion der nicht millenaristisch aufgefaßten Eschata wurde das Volk der Juden nur als subalterner Statist im Szenario des Weltendes zitiert. In theologischen Notsituationen, wie in der Aufklärung, mußte zugunsten einer Verselbständigung des Christentums als Glaubenseinheit das Alte Testament und sein Volk als Prügelknabe herhalten. Die theologisch gegebene Sachlage führt uns zu einer eher nachdenklichen Meditation über die eiserne Portion – theologischer – Zuwendung, auf welche das Volk angewiesen war, das unterhalb einer derart fragwürdigen schützenden Brücke unter den Völkern weilte.[1]

Anmerkungen

1 Die ganze eschatologische Landschaft der frühen englischen Theologie wird glänzend vorgestellt von *K. R. Firth,* „The Apocalyptic Tradition in Reformation Britain 1530–1645", Oxford 1979.

Über Menasseh ben Israel vgl. *H. R. Trevor-Roper,* „Religion, the Reformation and Social Change", London [2]1972; *L. Wolf,* „Menasseh ben Israel's Mission to Oliver Cromwell. Being a Reprint of Pamphlets Published by Menasseh Ben Israel to Promote the Readmission of the Jews to England", London 1901.

Über Eschatologie Englands während der Puritanischen Revolution, mit jeweils Angabe der Reflexionen über Bekehrung Israels, vgl. *B. W. Ball,* „A Great Expectation. Eschatological Thought in English Protestantism to 1660", Leiden 1975. Über Quintomonarchismus vgl. das klassische Werk von *B. S. Capp,* „The Fifth Monarchy Men: A Study in Seventeenth- century English Millenarianism", London 1972.

Über die Theologie der Aufklärungszeit:

N. Sykes, „From Sheldon to Secker: Aspects of English Church History, 1660–1768", Cambridge 1959.

Die Theologie des Millenniums in Zusammenhang mit englischen Begünstigungen an das jüdische Volk behandeln *N. M. Gelber,* „Zur Vorgeschichte des Zionismus", Wien 1927 (die millenaristische Theologie der Aufklärung nur grob skizziert); *M. Scult,* „Millennial Expectations and Jewish Liberties", Leiden 1978. M. Scult hat sich eingehender mit der Theologie beschäftigt, sein Werk leidet aber an mangelnder Einsicht in die komplizierten Ecken der Eschatologie Englands: vgl. z. B. die positive Einstufung des Werkes des Petrus Allix, ebd., 51. In manchen Partien scheint genanntes Werk alles von den Termini „Conversion" oder „Restoration" – als sukzessive Etappen der Auseinandersetzung mit dem jüdischen Volk verstanden, was chronologisch unzulässig ist und eine zu schmale Basis zur Behandlung des Themas darstellt – ausloten zu wollen.

Die verwendeten Quellen sind in der Regel im Katalog der Bodleian Library zu finden. Für die Benutzung und die Herstellung von Fotokopien, zumal der älteren, hier benutzten Literatur, bedankt sich der Verfasser beim Personal der Manuskripten-Abteilung der Bodleian Library in Oxford.

ELMAR KLINGER

Das Zweite Vatikanische Konzil als ein Gesamtentwurf Der Plan von Kardinal Suenens

1968 ist Karl Rahner in Amerika gewesen. Als er zurückkam, hat er etwas mitgebracht, an das ich mich noch genau erinnere, eine Anstecknadel. Sie war in New York gekauft und trug die Aufschrift: „A man's best friend is his dogma."

Mein Thema ist nicht diese Anstecknadel. Aber die Aufschrift, die sie trug, hat mit ihm zu tun. Denn es befaßt sich mit dem Zweiten Vatikanischen Konzil in seiner Ganzheit.

Der unmittelbare Anlaß, in der Festschrift für Erzbischof Schneider gerade dieses Thema zu behandeln, ist eine Veröffentlichung von Kardinal Suenens in der „Nouvelle Revue Théologique" mit dem Titel: „Aux origines du Concile Vatican II."[1] Sie enthält den Gesamtplan für die Arbeit des Konzils mit einer kurzen Einführung zu seiner Vorgeschichte und einer Dokumentation über das positive Echo, das es beim Papst gefunden hat. Davon schreibt Kardinal Suenens:

„Während einer Audienz im März 1962 habe ich mich bei Papst Johannes XXIII. über die Anzahl der vorbereiteten Schemata für die kommenden Debatten des Konzils beklagt. Sie war in meinen Augen ein Unding. Es gab, ich glaube, 72 Schemata von sehr ungleichem Wert, eine enorme Last, was eine fruchtbare und eigenständige Arbeit auf dem Konzil selber von vornherein verhinderte. Johannes XXIII. bat mich, dieses Problem zu beheben und ihm einen Vorschlag ausgehend von den vorbereiteten Schemata zu machen. Nach Studium der Dokumente schickte ich Johannes XXIII. einen Vorentwurf mit dem Ziel, sie zu kürzen und dem Konzil eine wahrhaft pastorale Perspektive zu geben. Dieser Vorentwurf enthielt Feststellungen negativer und positiver Art: das ‚idem nolle' und das ‚idem velle' waren für die erfolgreiche Arbeit wesentlich."[2]

Den vollständigen Plan hat Kardinal Suenens zuerst dem Papst selber unterbreitet und am 4. Dezember 1962 mit dessen ausdrücklicher Billigung dem Konzil als Aufgabe vorgetragen.[3] Er ist ein Gesamtentwurf. Er enthält einen Aufriß der Konstitutionen und Dekrete des Konzils und stellt die Weichen für seine Lehre von der Kirche. Sie ist Trägerin der Botschaft von der Existenz des Menschen in Christus und Gott. Denn alle Lehren, an denen sie festhält und die sie weitergibt, sind in ihrem Wesen pastoral.

Die Aufgabe, eine solche Konzeption der Kirche und ihrer Dogmatik zu entwikkeln, war ein Hauptanliegen Johannes XXIII. Er hat es dem Konzil in seiner berühmten Eröffnungsrede vom 11. Oktober 1962 programmatisch unterbreitet. Denn er sagt dort von der gesamten christlichen Lehre, daß sie ohne Abstriche durch ein neues Bemühen angenommen werden soll, daß sie zu erforschen und auszulegen ist, wie unsere Zeit es verlangt, und daß ein Lehramt, dessen Wesen vorwiegend pastoral ist, prüfen muß, in welcher Form es die ewige Wahrheit zu verkünden hat.[4]

Der Plan von Kardinal Suenens hat dieses Anliegen des Papstes aufgegriffen. Er hat es aber darüber hinaus konkretisiert und zu einem Instrument der Arbeit des Konzils gemacht. Denn er faßt die Kirche als Perspektive des Menschseins überhaupt. Sie gibt Rechenschaft von Sinn und Bedeutung ihrer Existenz in der heutigen Welt. Ihre Auskunft über die Menschen in ihr ist eine Botschaft für die Menschen außerhalb von ihr. Sie ist Trägerin der Botschaft Gottes für die säkulare Welt.[5]

Der Plan des Kardinals hat dogmengeschichtliche Bedeutung; denn er gibt Auskunft über die Tradition des Konzils und zeigt, in welchen Auffassungen es verwurzelt ist und wie es Gestalt annehmen konnte. Er hat über diese Bedeutung hinaus selbst dogmatisches Gewicht. Er ist ein unverzichtbarer Schlüssel zur Feststellung des authentischen Sinns und der wirklichen Bedeutung der Aussagen des Konzils; denn er zeigt, daß sie ein neuer Anfang sind. Sie sind nicht nur eine mengenmäßige Weiterführung der 72 Vorbereitungsdokumente, sondern eine Konzeption, von der her diese aufgebrochen und zu einer neuen Gestalt des Glaubens und der Kirche überhaupt geworden sind. Das Konzil ist die Kirche des Glaubens an die Berufung des Menschen in Christus und Gott. Ihn hat sie entdeckt, durch ihn wird sie erneuert, für ihn ist sie bestimmt, ihn muß sie verkünden.

Ich möchte diesen Beitrag als ein Zeichen meines Dankes an Erzbischof Schneider verstanden wissen, der selbst Konzilsteilnehmer war. Obwohl Priester der Erzdiözese Bamberg, hat er mir die Erlaubnis zur wissenschaftlichen Betätigung außerhalb der Erzdiözese gegeben. Ich möchte aber auch meinen Respekt vor der gewaltigen Leistung des Kardinals Suenens zum Ausdruck bringen.[6] Sein Plan ist eine der geistigen Wurzeln des Konzils, ein Instrument seiner Erneuerung der Kirche. Die in ihm entwickelte Theologie sollte zum Grundkurs einer jeden theologischen Ausbildung der Zukunft gehören.

I. Die Kirche – ein säkularer Entwurf

Der Plan von Kardinal Suenens beginnt mit dem Vorschlag, daß sich das Konzil über die Kirche äußern soll. Sie ist sein Schwerpunktthema. Als Gründe zu dieser Konzentration aller Fragen und Probleme, die in den 72 Vorbereitungsschemata aufgeworfen und behandelt waren, nennt der Plan die Kontinuität mit dem Ersten Vaticanum, die Notwendigkeit, ein besseres Gleichgewicht in der Lehre von ihr selber herzustellen, indem es über das Erste Vaticanum und seine Lehre vom Papst hinaus die Lehre von den Bischöfen und von den Gläubigen insgesamt behandelt, ferner die Unabdingbarkeit eines Schritts in Richtung Ökumene, sowie eine Rechenschaft von der Kirche selber als der Basis allen pastoralen Tuns. Der Hauptgrund für die vorgeschlagene Schwerpunktsetzung ist folglich sie selbst und zwar sie selbst als der fortlebende Christus, als Christus, der in ihr, seinem mystischen Leib, zu einem Zeitgenossen aller Menschen wird. „Die einzige Frage, die, für die Bischöfe des Jahres 1962, alle anderen umfaßt, ist zu wissen, ob wir oder ob wir nicht, das Werk, das uns der Meister anvertraut hat, in Treue zu ihm weiterführen, das Werk, von dem er will, daß wir es vollenden, er selber, er durch uns."[7]

Am Anfang des Schemas über die Kirche soll daher eine Gewissenserforschung der Bischöfe stehen. Sie haben zu fragen, was ihre Sendung ist und wie sie ihr entsprechen. Ihre Hauptfrage muß daher lauten: „Wie genügt die Kirche des 20. Jahrhunderts dem Sendungsauftrag Jesu: Geht hin, lehrt alle Völker, tauft sie im Namen des Vaters, des Sohnes und des Heiligen Geistes und lehrt sie alles halten, was ich euch befohlen habe."[8]

Dieser Auftrag hat zwei Aspekte. Er betrifft das Woher und das Wohin der Kirche. Er betrifft sie daher innerlich und äußerlich. Sie besteht aus Menschen und ist zu

Menschen gesandt. Das Konzil soll über sie Auskunft geben und daher zwei Fragen stellen, nämlich die Frage nach den Menschen innerhalb von ihr: Wer sind sie eigentlich? Was ist ihr Auftrag? Welche Mitteilung haben sie zu machen? – Und die Frage nach den Menschen außerhalb von ihr: Was erwarten sie von der Kirche? Wie kann die Mitteilung, die sie zu machen hat, ein Beitrag zur Lösung ihrer Probleme sein? Welches Ansehen hat sie unter ihnen?

Herkunft und Zukunft der Kirche sind an den Sendungsauftrag Jesu geknüpft und hängen in ihm zusammen. Er ist ihre Existenz.[9] Wo sie Rechenschaft von sich selber gibt, ist sie aufgefordert, sich auf die Menschen einzulassen, zu denen sie geschickt ist und indem sie es tut, gibt sie Zeugnis von Jesus.

Die Frage nach der äußeren Erscheinung des inneren Wesens der Kirche ist folglich eine Frage nach Jesus selber. Seine Person ist das Prinzip ihrer Herkunft und Zukunft, das Modell einer jeden Antwort auf die Frage nach ihr, ist ihr Beitrag zur Lösung aller Probleme in der Welt.

Die Aussagen des Planes von Kardinal Suenens über die Kirche sind Aussagen über ihre Existenz. Sie haben daher einen inneren und einen äußeren, einen dogmatischen und einen pastoralen Pol. Sie sind eine Aussage über die Kirche ad intra und über die Kirche ad extra. Prinzip dieser Pole ihrer Existenz ist Christus. Er ist ihre Herkunft und Zukunft. Er ist Inbegriff ihres Daseins in der Welt.

Zwischen den Menschen in ihr und den Menschen außerhalb von ihr besteht folglich in seiner Person ein Zusammenhang. Er ist Inbegriff ihrer eigenen spirituellen und säkularen Existenz. Sie ist daher spirituelle Größe und säkulares Phänomen. Sie besitzt einen weltlichen und einen spirituellen Auftrag. Beide durchdringen sich in ihrem Wesen. Sie ist der Ort und das Prinzip der Begegnung von innerer und äußerer, von geistiger und körperlicher, von jenseitiger und diesseitiger Welt. Beide Sphären ihrer selbst sind für sie grundlegend. Sie sind gleich bedeutsam für ihre Existenz. Denn sie selber besteht wesentlich aus beiden.

Das Konzil hat nach dem Plan des Kardinals daher zwei große Themen. Beide sind der allgemeinste Schwerpunkt seiner Aussagen und ihr oberstes Gliederungsprinzip, nämlich die ecclesia ad intra und die ecclesia ad extra.

Die Sektion A des Plans behandelt das erste große Thema, nämlich die ecclesia ad intra, die Kirche, sofern sie aus Menschen besteht, die zu ihr gehören und folglich der Leib Christi sind.

Dieser erste Abschnitt ist gegliedert in vier Kapitel, deren Inhalt dem Sendungsbefehl Jesu entnommen und durch ihn bestimmt ist. Die Kirche ist nach ihm eine ecclesia evangelizans – euntes ergo, eine ecclesia docens-docete omnes gentes, eine ecclesia sanctificans – baptizantes eos, und eine ecclesia orans – in nomine patris et filii et spiritus sancti. Er behandelt die Themen Mission, Katechese, Sakramente und Liturgie.

Der Schwerpunkt dieses Abschnitts liegt auf dem ersten Kapitel: Die Kirche hat einen Auftrag zur Mission. Auf ihn sind ihre Mitglieder insgesamt verpflichtet. Er besteht nach außen – gegenüber den Nichtchristen –, und nach innen – gegenüber ihnen selber; denn es gibt Christen, die sich diesem Auftrag unter dem Vorwand entziehen, daß er das Gewissen verletzt, oder die meinen, daß Auffassungen, guten Glaubens vertreten, schon ein theologischer Glaube sind. Dieser Meinung soll man in der Lehre selbst begegnen – also dogmatisch.

Träger der missionarischen Pastoral sind vor allem die Bischöfe; denn sie verwalten ihr apostolisches Amt als Chefs der Pastoral ihrer Diözese kraft göttlichen Rechts. Hervorzuheben ist der Gedanke ihrer Kollegialität. Er hat besonderes Gewicht für das Verhältnis der Katholischen Kirche zur Orthodoxie. Andere Träger der Pastoral sind die Priester. Ihre Ausbildung im Seminar soll unter evangelisatorischem Aspekt erfolgen. Auch die Einführung eines ständigen Diakonats wird vorgeschlagen. Dazu kommen die Ordensleute und besonders die Laien. Sie sind kraft der Taufe Glied der Kirche und Träger ihres Apostolats. Es wird beklagt, daß ein Katholik oft den Glauben verliert und zu einer Sekte übertritt, weil er dort mehr geachtet ist und in größerer Eigenverantwortung handeln kann. Die Sekten halten nämlich mit großem Nachdruck fest am allgemeinen Priestertum der Gläubigen.

Die Sektion B des Plans behandelt das zweite große Thema des Konzils, die ecclesia ad extra, die Kirche, sofern sie nach den Menschen fragt und zu ihnen gesandt ist. Sie wird von ihrer Not und ihrer Hoffnung bewegt. Sie kann selber nicht Rede und Antwort stehen, wenn sie nicht auf die Fragen eingeht, die man ihr stellt. Wonach sucht der Mensch also? Die Antwort lautet: Nach der Liebe, nach dem täglichen Brot für sich selbst und seine Familie, nach dem Frieden im eigenen Land und unter den Völkern.

Auch der zweite Abschnitt ist in vier Kapitel gegliedert. Sie sind auf den letzten Teil des Missionsauftrags bezogen: „docentes eos servare quaecumque mandavi vobis." Folgende Themen sind zur Erörterung vorgeschlagen: Die Kirche und die Familie, mit Schwerpunkt Ehe, die Kirche und die Gesellschaft, mit Schwerpunkt Wirtschaft. Hier wird auf die Unterentwicklung verwiesen; auf einen Kern von Wahrheit im Kommunismus, es findet sich da auch schon der Begriff einer Kirche der Armen. Weitere Themen sind die Kirche und der Staat mit der Forderung nach Religionsfreiheit auch für die Nichtkatholiken, sowie die Kirche und die internationale Völkergemeinschaft, in der die Kirche ein Instrument des Friedens ist.

Den Schluß bildet eine Botschaft an die getrennten Christen, an die Nichtchristen und an die Atheisten mit einer eschatologischen Sicht von Christus und der Kirche.

Der Plan von Kardinal Suenens ist ein umfassender Entwurf. Er ordnet nicht nur die vielfältigen Themen des Konzils der Kirche selbst als ihrer Mitte zu, sondern faßt auch diese Mitte neu: Sie ist die Gemeinschaft der Menschen überhaupt in Christus.

Sie ist getragen von den Menschen, die zu ihr gehören und hat daher personalen Charakter. Sie ist die Kirche der Bischöfe, die sich auf dem Konzil versammeln und Rechenschaft ablegen von ihrer Sendung durch Christus. Sie hat einen inneren und einen äußeren Pol. Beide sind in ihr gleich wesentlich; denn ihr Inneres kann ohne ihr Äußeres nicht erscheinen. Sie besitzt daher eine säkulare Existenz. Sie ist ein Inbegriff der Herkunft und Zukunft von Mensch und Welt in Christus. Sie muß allen Kreaturen eine Botschaft offenbaren.

II. Dogmatik und Pastoral – Probleme der Existenz des Menschen

Der Entwurf von Kirche im Plan des Kardinals ist das Programm des Konzils. Er ist das Programm der Kirche selber als eines Entwurfs der Existenz des Menschen in Christus und Gott. Das Konzil hat daher zwei Schwerpunkte, einen dogmatischen und einen pastoralen.

Es gibt Antwort auf die Frage des Menschen der Kirche nach ihr selber, auf die Frage, was sie ist, wo sie herkommt, wo sie hingeht, wie man zu ihr gehört und in welchem Verhältnis ihre Mitglieder zueinander stehen, speziell diejenigen, die in ihr ein Amt bekleiden, der Papst, das Episkopat, die Priester sowie die Laien. Diese Antwort ist dogmatischer Natur. Sie wird in der dogmatischen Konstitution „Lumen gentium“ gegeben. Sie beinhaltet in der Frage nach der Kollegialität von Primat und Episkopat, nach der Sakramentalität der Bischofsweihe, nach der Stellung der Laien, sowie des Gesamtbegriffs der Kirche überhaupt als dem Volk Gottes in Christus einen dogmatischen Fortschritt. Sie ist die Antwort der Kirche, sofern sie im Sinne des Plans von Kardinal Suenens Kirche nach innen ist, ecclesia ad intra.

Das Konzil hat aber auch einen pastoralen Schwerpunkt. Denn es gibt Antwort auf die Frage der Kirche nach dem Menschen außerhalb von ihr, nach seiner Würde als Person, nach seiner Verantwortung als Mitglied von Gemeinschaften, nach dem Sinn der Arbeit und ihrer Bedeutung beim Aufbau einer humanen Gesellschaft. Diese Antwort ist pastoraler Natur. Sie wird in der Pastoralkonstitution über die Kirche in der Welt von heute „Gaudium et spes“ gegeben. Diese enthält eine Analyse der Situation des Menschen, die gekennzeichnet ist durch die Frage des Menschen nach sich selber, die Antwort des Glaubens auf sie, nämlich seine Lehre von der Berufung des Menschen durch Gott in Christus, und ihre Anwendung auf Probleme des menschlichen Lebens in Ehe und Familie, bei der Förderung des kulturellen Fortschritts, beim Aufbau einer gerechteren Gesellschaft, bei der Verwirklichung von Grundrechten in der politischen Gemeinschaft, bei der Förderung des Friedens in der Völkergemeinschaft. Die Kirche selber leistet damit einen Beitrag zur Lösung von Problemen der heutigen Welt. – Sein Kernpunkt ist die Lehre von der Berufung des Menschen. Alles irdische Handeln ist dazu bestimmt, Sakrament dieser Berufung zu sein. Die Antwort des Konzils auf die Frage des Menschen nach sich selber ist die Antwort der Kirche nach außen, der Kirche, die im Sinn des Plans von Kardinal Suenens ecclesia ad extra ist.

Ihre Frage nach dem Menschen und die des Menschen nach ihr bedingen sich in ihr. Die Antwort, die sie auf beide gibt, ist eine Auskunft über ihre eigene Existenz. Sie ist daher sie selbst, wenn sie dem Menschen ihre Stimme leiht. Sie ist der von Gott berufene Anwalt seines Rechts, menschenwürdig zu leben, seines Rechts auf Eigenverantwortlichkeit in den Lebensentscheidungen, seines Rechts auf Leben überhaupt angesichts seiner Bedrohung durch Unterentwicklung und Krieg in der heutigen Welt. Die Frage nach dem Menschen ist daher eine Frage nach der Kirche selbst; denn sie darf nie vergessen, daß sie aus Menschen besteht, zu Menschen spricht und Gott, dessen Wort sie verkündet, Mensch geworden, selber Mensch unter Menschen ist.

Es gibt in der Kirche des Konzils eine Perichorese[10] von Dogmatik und Pastoral; denn alle Dogmen haben einen pastoralen Sinn und alle Pastoral hat eine dogmatische Bedeutung. Denn wer Dogmen verkündet, tut etwas. Wer von der pastoralen Tätigkeit behaupten will, daß sie Eigenwert besitzt, muß von dieser Behauptung sagen, daß sie eine Wahrheit ist. Sie ist ein Dogma. Der Schlüssel zur Pastoral des Konzils ist seine Lehre von der Berufung des Menschen. Sie besagt, daß kirchlicher Dienst ein Dienst am Menschen selber ist, ein Dienst, der ihm Wege ebnet, Perspektiven öffnet und ihn anfanghaft schon hier und jetzt zu seiner Zukunft in Gott und Christus befreit. Der modernistisch-antimodernistische Widerspruch von Transzendenz und Immanenz ist in dieser Lehre ein für allemal überwunden; denn Transzendenz wird in der Berufung als sie selber immanent und Immanenz kann als Immanenz in der Berufung Transzendenz erreichen. Man kann von beiden her einen Dienst an beiden leisten. Wer diese Grundwahrheit der Kirche vergißt, macht ihre Pastoral zu einer betulichen Entmündigung und ihre Dogmatik zu einer Litanei von Sätzen, die zwar wahr sind, aber keine Bedeutung besitzen, am wenigsten bei dem, der sie lautstark vertritt.

„Lumen gentium“ – eine dogmatische Konstitution – und „Gaudium et spes“ – die Pastoralkonstitution – sind die zentralen Verlautbarungen des Konzils über die Kirche. Sie bilden seine Schwerpunkte. In beiden jedoch findet eine Perichorese von Pastoral und Dogmatik statt. Denn ohne Zweifel hat die Pastoralkonstitution ein dogmatisches Kapitel. Ihr erster Hauptteil – „die Kirche und die Berufung des Menschen“ – wird von ihr selber nicht nur dogmatisch genannt,[11] er behandelt auch alle Themen der Dogmatik. Er behandelt die Lehre von Gott als Fundament der Würde des Menschen und als Inbegriff seiner Berufung – denn er ist das Bild Gottes[12] – die Lehre von Christus, dem neuen und zugleich vollkommenen Menschen (22), der das Alpha und Omega aller menschlichen Geschichte ist (44), ihre zentrale Offenbarung und ihr tiefstes Geheimnis, die Lehre vom Hl. Geist als dem Prinzip der Berufung und Vollendung des Menschen (15), die Lehre von der Trinität als dem Modell personaler Gemeinschaft überhaupt (24), die Lehre von der Kirche als dem Sauerteig und der Seele der in Christus zu erneuernden und in die Familie Gottes umzugestaltenden menschlichen Gesellschaft (40), die Lehre von der Eschatologie als der neuen Erde und dem neuen Himmel, die sich gegenseitig bedingen und die Vollendung von allem sind (39).

In der dogmatischen Konstitution über die Kirche findet ebenfalls diese Perichorese statt. Denn sie lehrt, daß Kirche die Gemeinschaft des Volkes Gottes in Christus ist. Ihr Modell ist er selber, der in seiner Person Gottheit und Menschheit umfaßt (8). Ihre Mitglieder haben alle Teil an seinen Ämtern (9 ff.). Alle sind – je nach Auftrag, Befähigung und Möglichkeit verschieden – Träger der Evangelisation (35).

Pastoral und Dogmatik sind in der Kirche des Konzils grundlegend für die Existenz der Kirche als Kirche. Denn sie ist eine Kirche von Mitgliedern, die selber teilhaben an den Ämtern Christi und seine Mission kraft ihrer Sendung weiterführen. Wer ihr dient, muß wissen, daß sie eine Perspektive des Menschseins überhaupt ist, die Perspektive seiner Existenz in Christus. Er dient ihr als ein Träger ihrer Offenbarung.

Das Hauptanliegen des Plans von Kardinal Suenens ist die Mission der Kirche. Er will sie gegen den Vorwurf der Gewissensverletzung und der Oberflächlichkeit in Schutz genommen sehen. Deshalb entwickelt er das Konzept einer Gesamtpastoral, einer „pastorale d’ensemble“, wie sie bei ihm heißt, einer Pastoral, in der Pastoral und Dogmatik auf dem Boden der Pastoral verbunden sind und die folglich eine Pastoral der Existenz des Menschen ist; denn sie kann ihm Herkunft und Zukunft erschließen. Sie leistet an ihm selber ihren Dienst. Sie klärt ihn über Christus auf und führt ihn zur Begegnung mit ihm weiter. Er ist seine Hoffnung in der Welt.

Das Konzil widerlegt daher den genannten Vorwurf und ist dieses gesamtheitliche Konzept. Denn es faßt den Glauben an Gott und Christus als Inbegriff der Berufung des Menschen[12] und damit seiner Lebensgeschichte, der Identitätsbildung in ihr und seiner Existenzfindung. Die Kirche verkündet eine Botschaft, die befreit. Zugleich ist der Glaube an diese Berufung keine liberalistische Banalität, sondern übernatürlich im strengsten Sinn des Wortes: Er gehört zur Offenbarung selbst. Er ist ihre Botschaft.

Ohne sie gibt es weder Dogmatik noch Pastoral. Sie ist die Basis der Gesamtpastoral des Konzils. Die Kirche ad intra und ad extra zusammen ist die Kirche der Existenz des Menschen in Christus und Gott.

III. Das Projekt der Bekehrung und des Fortschritts auf dem Konzil: Die Aufgabe der Evangelisierung

Kardinal Suenens nennt seinen Plan einen großen pastoralen Entwurf, der konsistent ist und den jedermann leicht verstehen kann. Er will damit den Erwartungen entsprechen, die mit dem Konzil bei Gläubigen wie Nichtgläubigen entstanden waren. Er greift zu diesem Zweck ein zentrales Thema auf – die Kirche – gliedert es in zwei Abschnitte – die Kirche nach innen und nach außen – und gibt ihm damit den Rahmen für die Erörterung von acht Hauptproblemen – nämlich Evangelisierung (durch Bischöfe, Priester, Ordensmitglieder, Laien), Katechese, Sakramente, Liturgie sowie Familie, Gesellschaft, Staat und internationale Völkergemeinschaft. Er verhilft den 72 Vorbereitungsschemata zu einer gesamtheitlichen Linie und dadurch zu einer neuen Basis. Diese ist jedermann leicht zu vermitteln, den einfachen Gläubigen ebenso wie den Theologen. Sie ist ein Instrument des Fortschritts der Pastoral; denn sie gestattet eine konstruktive und weiterführende Auseinandersetzung mit den Irrtümern über die Kirche auf der Basis ihrer Lehre vom Menschen.

Denn es gibt keinen pastoralen Fortschritt ohne dogmatischen Fortschritt. Daher sieht der Plan an vielen Stellen vor, daß eine Erklärung über die Lehre abgegeben wird, „une déclaration doctrinale".[13] Dieser Aufforderung ist das Konzil auf der ganzen Linie gefolgt. Denn es hat Wahrheiten ausgesprochen, die es lehramtlich in der Kirche bis dahin nicht gegeben hat. Dazu gehören vor allem die beiden Konstitutionen über die Kirche selber als Licht und Hoffnung, sowie die Wahrheit über den Menschen,[14] dessen Berufung durch Gott und Christus die Offenbarung ist. Alles, was zu ihr gehört, läßt sich aus dieser Perspektive denken. Der Glaube an die Berufung des Menschen in Christus und Gott ist der neue Gesamtbegriff des Glaubens auf dem Zweiten Vaticanum. Das Erste Vaticanum konnte seine erklärte Absicht zur Darlegung aller Wahrheiten der Dogmatik aus Gründen, die bekannt sind, nicht verwirklichen. Das Zweite Vaticanum hat sie von seinem neuen Standpunkt aus aufgegriffen und durchgeführt. Es hat damit einen neuen Standpunkt der Rezeption des Ersten Vaticanums geschaffen.

Dogmatischer Fortschritt ist Fortschritt in der Erkenntnis von Wahrheiten der Offenbarung. Solche Erkenntnis hat jedoch personalen Charakter. Der Fortschritt in ihr ist daher eine Bekehrung. Sie will, daß alles, was es in der Offenbarung gibt, aus dieser neuen Perspektive aufgegriffen und ausgesagt wird. Sie ist nicht der zweifelhafte Abschluß seiner langen Dogmengeschichte, sondern das Fundament, auf dem sie neu geschrieben werden kann. Diese Geschichte ist eine Geschichte des Wissens vom Glauben an die Berufung des Menschen in Christus und Gott.

Es gibt den Fortschritt in der Kirche niemals ohne den Preis möglicher Abwege und neuer Irrtümer. Ihnen ist entgegenzutreten. Die notwendige Basis dafür ist jedoch ebenfalls das Konzil selber. Es gestattet eine konstruktive und weiterführende Auseinandersetzung mit allen Meinungen und Praktiken, die gegen die Kirche und ihren Glauben sind. Es hat dazu das Fundament gelegt; denn es gebietet, die Frage nach dem Menschen und die Frage nach der Kirche als etwas Gleichrangiges zu sehen. In beiden spricht man über beide; denn Kirche ist die Gemeinschaft von Menschen, die berufen sind, das Volk Gottes zu sein, und Menschen, die zum Volk Gottes gehören, sind dazu berufen, Kirche zu bilden. Der Gesamtbegriff ihrer Aufgabe ist die Evangelisation.

Um die Gleichrangigkeit der Perspektiven im Kirchenbegriff des Konzils hat man daher zu kämpfen. Sie muß dogmatisch erst noch zur Geltung kommen und darf nie wieder verlorengehen. Sie ist der Glaube als eine Hoffnung in der Welt.

Die 16 Dokumente des Konzils sind ein Gesamtentwurf der Kirche. Sie sind ihre Botschaft als Projekt der Bekehrung und als Fortschritt für den Menschen. Denn sie selber als Volk Gottes in Christus, gibt ihre Offenbarung weiter, verkündet sie an allen Orten, zu allen Zeiten allen Völkern und feiert Christus, ihren Mittelpunkt, in der Liturgie. Er verbindet die Menschen innerhalb und außerhalb der Kirche, denn er ist ihre Existenz. Die Kirche des Konzils hat zwei Schwerpunkte, nämlich sie selbst und ihre Sendung. Ihnen zugeordnet sind die Dekrete und Erklärungen des Konzils. Zum Schwerpunkt Kirche selber gehört das Bischofsdekret, das Priesterdekret, das Laiendekret, das Missionsdekret, das Ökumenismusdekret und andere. Zum Schwerpunkt Sendung in der Welt gehört die Erklärung über Religionsfreiheit und über die nichtchristlichen Religionen. Das Zentrum dieser Kirche ist jedoch die Offenbarung selber in Christus, dessen Gegenwart sie in ihren liturgischen Zusammenkünften feiert. Seine Person prägt ihre Lehre von der Offenbarung in der Offenbarungskonstitution und die liturgische Erneuerung in der Liturgiekonstitution. Er ist der Inbegriff aller Bekehrung und allen Fortschritts für den Menschen.

Die vier Konstitutionen, neun Dekrete und drei Erklärungen des Konzils bilden in ihrer zentralen Aussage eine Ganzheit. Auf sie hin muß die Kirche jedoch sich erst noch wandeln. Der Tradition verpflichtet darf sie dem Traditionalismus nicht erliegen. Er ist eine große Gefahr.

Anmerkungen

1 Vgl. Nouvelle Revue Théologique 107, Löwen 1985, 3–21.

2 Ebd., 3.

3 Vgl. Acta Synodalia Sacrosancti Concilii Oecumenici Vaticani Secundi I/4, Rom 1972, 222–227.

4 Vgl. AAS 54 (1962), 792. Deutsche Übersetzung in: *O. Müller,* Vaticanum Secundum I, Leipzig 1963, 213–220, bes. 217.

5 Man vgl. zu diesem Programm das richtungsweisende Buch von Kardinal *Suenens:* L'église en état de mission. Deutsch: Die Kirche im apostolischen Einsatz, Freiburg 1955.

6 Teile des Beitrags sind ein Referat, das ich am 20. September 1984 in Mecheln bei einer Veranstaltung zu Ehren von Kardinal Suenens gehalten habe. Zur Person vgl. auch *K. Wittstadt,* Die Erneuerung der Kirche aus dem Geist des Pfingstereignisses, Würzburg 1984. Dort ist auch ein Teil des Plans, der hier das Thema ist, in deutsch veröffentlicht.

7 NRTh 107 (1985), 12.

8 Ebd.

9 Dieser Begriff meint nicht nur das Vorhandensein von etwas, sondern auch dessen Ausrichtung. Er besitzt als Entwurf von Geschichte Existenz. Man kann mit diesem Begriff das Woher und Wohin von etwas denken. Christus ist als Inbegriff das Woher und Wohin der Kirche deren Existenz. Er selber ist ihr geschichtliches Wesen. Er ist der Auftrag, den sie hat, und die Vollendung, die sie erwartet. Es gibt sie nicht ohne ihn.

10 Dieser patristische Begriff meint in der Trinitätslehre die gegenseitige Durchdringung verschiedener Personen in der gleichen Natur und in der Christologie die gegenseitige Durchdringung verschiedener Naturen in der gleichen Person. Auch die gegenseitige Durchdringung von Denken, Wollen und Handeln in der Existenz des Menschen ist eine solche Perichorese. Mit ihr läßt sich die Einheit von Dogmatik und Pastoral als personale Aufgabe verstehen, als Aufgabe der Umsetzung von beiden in eine Botschaft. Vgl. auch *E. Klinger,*

Politik und Theologie. Eine deutsche Stellungnahme zu Puebla, in: Theologie und Glaube 71 (1981) 184–207.

11 Man vgl. dazu die offizielle Anmerkung zur Pastoralkonstitution im Vorwort: Von ihrem dogmatischen Teil wird eine pastorale und vom pastoralen Teil eine dogmatische Zielsetzung behauptet.

Eine solche Perichorese der Zielsetzung gilt auch für das Verhältnis von Pastoralkonstitution und Kirchenkonstitution insgesamt. Die getrennte Erörterung von beiden wurde lediglich aus technischen, nicht aus theologischen Gründen vorgenommen. Man vgl. dazu den Kommentar.

Die nunmehrige Veröffentlichung des Plans von Kardinal Suenens kann und muß die falsche nachkonziliare Trennung beider Konstitutionen korrigieren. Sie ist eine der hauptsächlichsten Quellen dogmatischer Fehlinterpretationen ihrer Lehre.

12 Vgl. dazu den Entwurf Karl Rahners auf dem Konzil, gemeinsam verfaßt mit Joseph Ratzinger, „De revelatione Dei et hominis in Jesu Christo facta“, der in der von mir herausgegebenen Festschrift enthalten ist, sowie meinen Aufsatz: Der Glaube an den Menschen – eine dogmatische Aufgabe. Karl Rahner als ein Wegbereiter des Zweiten Vatikanischen Konzils, der in Theologie und Glaube, 75 (1985) 229–238, erschienen ist.

13 Vgl. NRTh 107 (1985), 13.

14 Der pastorale Pol wird in seiner dogmatischen Bedeutung von der deutschen Theologie und Kirche meistens unterschätzt. Man vgl. die Stellungnahme der deutschsprachigen Bischöfe zum ersten Hauptteil der Pastoralkonstitution am Vorabend von deren Verabschiedung, in: LThK, Erg.- Bd. III. Freiburg 1968, 271. Auffallend ist auch, daß in keinem der verbreiteten Kommentare die Kirchenkonstitution und die Pastoralkonstitution hintereinander geschweige denn in ihrer gegenseitigen Zuordnung als die eine Lehre des Konzils über die Kirche behandelt sind. Man vgl. dazu Baraúna u. a. Von dieser Kritik nicht betroffen ist die lateinamerikanische Theologie. Speziell in Puebla sind beide Konstitutionen als die Pole der Existenz von Kirche behandelt. Siehe dazu meinen in Anm. 10 genannten Aufsatz.

JOHANNES STÖHR

Von der Endgültigkeit christlicher Berufung

Die Frage nach Wesen und Eigenart der christlichen Berufung ist von altersher immer wieder neu gestellt worden: Gerade auch in den letzten Jahrzehnten haben sich vielfältige wissenschaftlich-theologische Studien damit befaßt.[1] Näherhin ging es dabei u. a. um drängende praktische Probleme, die mit der Notsituation von Priester- und Ordensberufungen zusammenhängen oder mit der Sehnsucht nach außerordentlichen Charismen oder auch mit dem Versuch, bessere Kriterien für eine besondere Berufung zu finden, oder mit Untersuchungen über den Bezug von psychischen Unsicherheiten und Zweifeln zu einer „schwankenden" oder gar „verlorenen" Berufung.

Eine tiefergehende spekulative Beschäftigung mit dem Thema Berufung birgt allerdings nicht geringe Gefahren in sich; man kann sich in einem Netz tiefster Geheimnisse verstricken: in den Problemen der Prädestination, der Gratuität und Wirksamkeit der Gnade, des Vorauswissens und der Vorherbestimmung Gottes, der Vereinbarkeit von Gnade und Freiheit, der Erkennbarkeit des Übernatürlichen, der geistlichen Unterscheidungsgabe, der persönlichen Heiligungsgnade und des Amtscharismas, des Miteinander von dienstbereiter Kirchenbezogenheit und individueller Heilssorge. Diese Gefahren entbinden jedoch nicht von der Verpflichtung, sich immer wieder neu um wissenschaftlich verantwortetes Glaubensverständnis zu bemühen, ohne sich dabei durch kirchenpolitische Tagesfragen von der Wahrheitsfrage selbst ablenken zu lassen.

I. Christliche Berufung gegenüber verschiedenen Fehldeutungen

Christliches Leben bedeutet übernatürliche Begegnung mit Gott, Teilhabe am innersten Leben Gottes. Folglich ist Berufung des Gläubigen nicht mit einer natürlichen Neigung gleichzusetzen, wie dies etwa dem profanen bzw. psychologischen Sprachgebrauch entsprechen würde.

Der Terminus Berufung wird allerdings heute oft in einem völlig säkularisierten Sinne verwendet: Man spricht nicht selten von einer „Berufung" der Gesellschaft, des Staates, einer Gruppe usw. – d. h. Berufung wird dann *nicht* mehr *personal* und schon gar nicht religiös-sakral gesehen. In der Offenbarung dagegen bezeichnet Berufung den konkreten Ruf Gottes an den einzelnen Menschen. Die „Klesis" des Neuen Testamentes geht nicht von irgendeinem Menschen aus und erfolgt nicht aufgrund seiner Werke; sie ist kein von uns erhobener Anspruch auf „Selbstverwirklichung". Gott selbst beruft: „Bei deinem Namen habe ich dich gerufen, mein bist du" (Is 43,1). Die Antwort auf diesen Ruf ist der Glaubensgehorsam, der bereit ist, alle Dimensionen des Lebens dem Willen Gottes zu unterstellen. Die Berufung Gottes regt an, die Wahrheit zu tun, d. h. das von Gott gesetzte Wesen wahrhaftig zu leben. Meine Berufung ist also mein Leben, insofern es im Einklang mit diesem persönlichen Willen Gottes stehen soll.

Selbst im Bereich der wissenschaftlichen Theologie wird der Begriff Berufung oft falsch verstanden oder nur mit unangemessenen Einschränkungen gebraucht; so wenn man sie z. B. auf die *psychologische Erfahrung* der Berufung reduziert, oder auf einen spontanen religiösen Impuls oder sie schlechthin beschränkt auf spezifische *Berufsaufgaben* bzw. bestimmte *Kategorien* von Christen. Diese Einschränkungen bedeuten nicht nur eine Entfernung vom spezifisch biblisch-offenbarungsgemäßen Sprachgebrauch – über rein terminologische Fragen ließe sich debattieren –, sondern auch eine schädliche *inhaltliche Verarmung.*[2] Das Merkmal der dauernden Verbindlichkeit und der daher erforderlichen Treue geht auf diese Weise dem Berufungsbegriff verloren.

Zunächst gilt: Die Berufung des Christen ist nicht notwendig eine *unerwartete* gebieterische *Offenbarung* des Gotteswillens[3], eine Erleuchtung, der man wie Paulus, als er auf dem Weg nach Damaskus vom Pferd geworfen wurde, nicht widerstehen kann. Gott will uns nicht durch übermächtige Eindrücke und häufige außerordentliche Taten seiner Allmacht erdrücken, sondern er offenbart seinen Willen in der Regel durch Zweitursachen, d. h. durch menschliche Geschehnisse, Gegebenheiten der Umgebung, alltägliche Ketten von Ursachen- und Wirkungszusammenhängen. Gott will ein freiwilliges Ja; er will aber nicht den Menschen durch übermächtige äußere Eindrücke zwingen (Vgl. Mt 19,21: Wenn du vollkommen sein *willst* . . .; Lk 9,23: Wer mir nachfolgen *will* . . .). Der berufende Gott läßt der menschlichen Großzügigkeit, der freien, verdienstvollen Entscheidung, der liebevollen Hingabe genügend Raum. Daher kann das Warten auf außerordentliche Klarheiten und ungewöhnliche Zeichen eine Berufung sogar gefährden.

Gelegentlich wird Berufung als *unwiderstehliche Neigung,* als außerordentlicher innerer Impuls verstanden. Bloße Gefühle sind jedoch nicht als hinreichende Kennzeichen der Berufung anzusehen; sie können nicht einmal als tragfähige Beweggründe für eine dauerhafte menschliche Entscheidung genügen. Ihr Ursprung kann auch in der Phantasie, in falscher Weltflucht, in flüchtiger Sensibilität oder gar in einem verstiegenen Sentimentalismus gelegen sein. Gefühle sind von Natur aus unbeständig und können von stärkeren und später auftretenden Gemütserregungen abgelöst werden. Die Gnade ist als solche nicht erfahrbar und nicht unmittelbar fühlbar. Was direkt empfunden wird, ist das Opfer, das jede Entscheidung ganzmenschlicher Art mit sich bringt; gefühlsmäßige Anziehungskraft wird viel seltener empfunden als Widerständigkeit und das Sich-Sträuben des eigenen Herzens. Wenn Gott beruft, bleibt er der transzendente Gott; seine Stimme ist nicht gleichzusetzen mit spontanen und oft unbestimmten inneren Impulsen, – die kein christliches Ja zum Kreuz einschließen.

Die Tatsache der Berufung selbst muß also grundsätzlich von ihrem Bewußtwerden unterschieden werden. Schon unmündige Kinder sind in vielfältiger Weise berufen, bevor sie diese Tatsache erfassen können. Wenn man die Erlebnismomente und die subjektive Erfahrung in den Vordergrund stellt, dann bedeutet dies einen selbstsüchtigen Mißbrauch unserer Erlebnisfähigkeit und auch unmittelbare Gefahr der Manipulation. In bezug auf das übernatürliche Wort Gottes ist das Hören die einzige sachgerechte und gottgemäße Haltung, wenn sich auch manches in uns dagegen sträuben kann, wie schon viele Berufungsberichte des AT erkennen lassen.

Ein Ausweichen in die Psychologie kann aus Verantwortungsscheu[4] und Glaubensschwäche kommen: Um eine Entscheidung zu vermeiden, verlagert man sie heute oft naiv auf „die" Wissenschaft – und sucht unentschlossen Hilfe beim „Experten", dem Psychotherapeuten, Pädagogen oder Soziologen –, was nichts anderes ist als ein Alibi für einen Mangel an Vertrauen auf die Standesgnaden und auf den vom Glauben erleuchteten gesunden Menschenverstand. Letztere genügen gewöhnlich durchaus für eine verantwortliche Entscheidung über Berufungen (z. B. auch bei Regenten eines Priesterseminars). Schon Thomas von Aquin tadelt das fortwährende Aufschieben und endlose Überprüfen einer Entscheidung[5] und beruft sich dafür auf Gregor d. Großen.

Die irrige Einschränkung der christlichen Berufung auf bestimmte Berufsaufgaben oder Gruppen von Christen ist erst kürzlich vom Papst zurückgewiesen worden (vgl. unten).

Auch die *Gleichsetzung* von Berufung mit *Prädestination* hat schon zu mancherlei Irrtümern geführt, besonders bei den Jansenisten. Gott kann jedoch gute Wünsche inspirieren, ohne dann ihre Verwirklichung zuzulassen[6]. Manchmal will Gott nicht, daß unser Wunsch sich verwirklicht, wohl aber, daß wir ernstlich nach dem gewünschten Ziele streben; die Verdienstlichkeit des Tuns wird davon nicht beeinflußt. Abraham war zum Opfern des Isaak entschlossen; Gott ließ es aber nicht dazu kommen. Will man sich ein Urteil über die eigene Berufung bilden, so ist also damit noch kein anmaßendes Eindringen in die Geheimnisse der Prädestination gewollt. Berufen war im übrigen auch Judas; ohne daß damit notwendig eine Auserwählung zum Heil eingeschlossen wäre.

II. Lehramtliche Erklärungen (Übersicht)

Zur Frage der Berufung brachten die Verlautbarungen der Päpste in den letzten Jahrzehnten immer deutlichere Erklärungen; z. B. *Benedikt XV.* (30. 11. 1919) im apostolischen Brief *„Maximum illud“, Pius XI.* (10. 8. 1922) im apostolischen Schreiben *„Officiorum omnium“*, die Enzyklika *„Mens nostra“ (20. 12. 1929), Pius XI.* über die geistlichen Exerzitien, die Instruktion der *Sakramentenkongregation* vom 29. 12. 1930. Unter den vielen Ansprachen von *Pius XII.* zu diesem Thema sind zu nennen insbesondere diejenige vom 24. 6. 1939, das Schreiben zum 300jährigen Jubiläum der Gesellschaft von San Sulpizio vom 28. 2. 1942, das Schreiben vom 5. 5. 1942 an die Kardinäle, Erzbischöfe und Bischöfe von Spanien, das apostolische Mahnschreiben *„Menti nostrae“* vom 2. 9. 1950 und die Enzyklika *„Sacra virginitas“* vom 25. 3. 1954. *Pius XII.* erinnert daran, daß die innere Berufung gewiß eine Inspiration oder ein Antrieb des Hl. Geistes ist, der in der Seele die innerste Überzeugung begründet, daß jemand von Gott gerufen ist. Berufung im umfassenden Sinne des Wortes umfasse jedoch auch die äußere Berufung, z. B. der Ruf des Bischofs, ohne den die Berufung zum Priestertum weder authentisch ist noch wirksam wird.

Diese neueren Dokumente des Lehramtes befassen sich besonders mit der Analyse der amtlichen Rechtfertigung bzw. Belobigung des Buches von *J. Lahitton*[7] durch *Pius X.* (26. 6. 1912). Dieses Buch hatte u. a. vor einer Überbewertung der Erfahrung eines Antriebes des Hl. Geistes gewarnt. Zu nennen sind hier auch die apostolische Konstitution *Sedes sapientiae*[8] vom 23. 9. 1950 von *Pius XII.*, die apostolische Konstitution *Summi Dei Verbum*[9] vom 4. 11. 1963 und die Enzyklika *Sacerdotalis coelibatus* (24. 6. 1967) von *Paul VI.*, und nicht zuletzt die Konzilsdokumente *Lumen gentium* Nr. 41; *Christus dominus* Nr. 15; *Optatam totius* 2 ff; *Presbyterorum ordinis* 11 ff.; *Ad gentes* 23 ff. Beachtenswert sind besonders die Ausführungen von

Optatam totius Nr. 2.[10] Paul VI. bestätigte im Motu proprio *Sanctitas clarior* (19. 3. 1969) die Lehre von der allgemeinen Berufung zur Heiligkeit.[10a]

Johannes Paul II. erklärte in einer Ansprache an Seminaristen und Kleriker in Guadalajara[11] am 30. 1. 1979: „Öffnet im Vertrauen auf den Herrn euer Herz dem Wirken des Hl. Geistes; öffnet es in Bereitschaft ohne Grenzen . . . Es lohnt sich, der Sache Christi zu dienen, die tapfere und entschlossene Herzen braucht; es lohnt sich, für den Menschen da zu sein um Christi willen, ihn zu Christus hinzuführen, ihn zu fördern und ihn auf dem Weg zur Ewigkeit zu begleiten; es lohnt sich, sich für ein Ideal zu entscheiden, das euch große Freuden schenken wird, wenn es auch gleichzeitig nicht geringe Opfer fordert. Der Herr verläßt die Seinen nicht!“

Ähnlich sprach der Papst am 5. 7. 1980 in Porto Alegre[12]: „Laßt euch nicht verwirren wie der reiche Jüngling im Evangelium. Es lohnt sich, viele Dinge zu verkaufen, um einen Schatz im Himmel zu haben. . . Hört auf den Herrn, den großen Freund. Er kann euch die Augen öffnen und zu eurem Herzen sprechen im innigen persönlichen Gebet (vgl. Offenbarung 3,20), im gemeinschaftlichen Gebet (vgl. Mt 18,20) und in der Liturgie . . . Ihr könnt sicher sein, daß er euch erleuchten und helfen wird, den Sinn und den Wert der Berufung zu entdecken und zu lieben. . . Verhärtet eure Herzen nicht (Heb 3,8). Nur in der Aufgeschlossenheit für die Stimme Gottes könnt ihr die Freude einer vollen personalen Fülle finden.“

In der Enzyklika *„Redemptor hominis“* (4. 3. 1979) hat der Papst deutlich die Notwendigkeit herausgestellt, das ganze Leben der eigenen Berufung zu weihen, d. h. „dem königlichen Dienst“, dessen Beispiel und schönstes Modell uns von Jesus Christus gegeben worden ist. Insbesondere für die Eheleute und Priester wird die Notwendigkeit der Treue zur eigenen Berufung hervorgehoben, die durch das jeweilige Sakrament begründet ist. Das Geschenk der Gnade verlangt Treue zu einer für immer übernommenen Bindung. „Menschliche Reife bedeutet den vollen Gebrauch des Geschenkes der Freiheit . . . dieses Geschenk findet seine volle Entfaltung in der vorbehaltlosen Hingabe der eigenen menschlichen Person an Christus . . .“[13]

Unter den verschiedenen Ansprachen des Hl. Vaters zu diesem Thema verdienen besondere Beachtung diejenige vom 10. 5. 1981 anläßlich des 18. Weltgebetstages für Berufungen, die Ansprache des Papstes beim Besuch im päpstlichen römischen Priesterseminar am 25. 3. 1982, die Botschaft zum 19. Weltgebetstag für die geistlichen Berufe am 2. 5. 1982, die Botschaft zum 20. Weltgebetstag vom 24. 4. 1983, die Predigt des Papstes bei der Messe der Priester im hl. Jahr der Erlösung am 23. 2. 1984, sowie kürzlich das apostolische Schreiben zum internationalen Jahr der Jugend (31. 3. 1985) (vgl. unten).

III. Der überzeitlich-transzendente Gott als Urheber der Berufung und ihrer geschichtlichen Dynamik

Die Berufung geht nach biblischer Lehre[14] immer von Gott aus Jer 1,5; Röm 1,1; 1 Kor 1,1), vor allem deshalb, weil menschliche Voraussetzungen fehlen, bzw. keine Rolle spielen.

Gott ruft in souveräner Freiheit (Röm 9,12 f., Mk 3,13). Er ist niemandem Rechenschaft schuldig, so wenig wie der Töpfer seinem Gebilde (Röm 9,24 f.).

Das am häufigsten in der Schrift erwähnte eschatologische Ziel der Berufung ist die

Verherrlichung, bzw. die Herrlichkeit Gottes („Doxa“: 1 Thess 2,12). Sie kann nur in Christus erworben werden (vgl. 2 Thess 1,11 f.; 2 Thess 2,13 f.).

Die neutestamentliche „Klesis“ ist also nicht menschlich, sondern göttlich, denn sie kommt von oben (Phil 3,14; Hebr 3,1). Sie geschieht nicht aufgrund unserer Werke, sondern durch Gottes Bestimmung und Gnade, die er uns von Ewigkeit her in Christus gegeben hat und die sich im Erscheinen unseres Erlösers offen gezeigt hat (2 Tim 1,9–10).

Theologisch gesehen ist Berufung nichts anderes als der ewige und ungeschuldete Akt der Vorbestimmung und Gnade Gottes, durch den sich einem konkreten Menschen das Warum und das Weshalb seines Lebens entschleiert.[15]

Gott ist derjenige, der ruft (vgl. Röm 9,11; Gal 5,8); denn durch seinen Ruf konstituiert er die Dinge in ihrem eigenen Sein (vgl. Röm 4,17). Der Mensch verwirklicht dann sein Sein oder verliert sich, je nachdem ob er in seinem Leben die konkrete Bestimmung, die Gott ihm eingeprägt hat, erfüllt oder nicht; der Christ erreicht das Ziel, zu dem er berufen ist, oder nicht, je nachdem, ob er dem Glauben treu bleibt, der ihn durch die Taufe zum Glied der Kirche macht, ob er Gott die eigene Zukunft übereignet, oder nicht. Würde man in der Berufung nur ein Versprechen sich selbst gegenüber sehen, so würde man den Glauben durch Selbstherrlichkeit, die Theologie durch Antropozentrik ersetzen.

Vor allem die besondere Teilhabe an der Opferhingabe Christi durch das Priestertum kann nur Gott selbst verleihen (Hebr 5,1). Niemand kann sich selbst die Würde zuschreiben, wenn er nicht von Gott gerufen ist wie Aaron (vgl. Hebr 5,4). Auch Christus als Mensch hat diese Würde vom himmlischen Vater verliehen bekommen (vgl. Hebr 5,5–6).

Im Anschluß an die eindeutigen Texte der Hl. Schrift (1 Kor 4,7; Röm 9,16; 70 15,16) wird auch in der kirchlichen Tradition mit Augustinus[16] und Thomas[17] immer wieder der Primat Gottes beim Berufungsgeschehen gegenüber aller menschlichen Selbstherrlichkeit und jedem „Sichrühmenwollen“ deutlich betont.[18] Dies bedeutet jedoch nicht, daß es sich hier nur um einen einmaligen Akt handelt, bzw. um ein Geschehen der Vergangenheit, das seine Auswirkungen auf uns hat, wie z. B. eine deistische Konzeption meint. Sondern Gott ist unablässig tätig, die Berufung zu entfalten, zu stärken, zu schützen und zu fördern. Auf seiten des Christen kann dem also kein quietistisches bzw. passives Verhalten entsprechen, sondern nur eine ständige Bereitschaft zur Antwort und wachsender Eifer. Berufung ist somit keineswegs als etwas Statisches und Starres zu verstehen, sondern in allen Augenblicken und Umständen des Lebens neu zu verwirklichen (vgl. 2 Petr. 1,10–11), als Antwort auf Gottes fortdauernden Ruf.[19] „Meine Treue und meine Huld begleiten ihn, und in meinem Namen erhebt er sein Haupt“ (Ps 89,25).

IV. Der Ganzheits- und Ausschließlichkeitscharakter der Berufung

Die „Klesis“ des Neuen Testamentes bedeutet den Ruf Gottes in Jesus Christus, der eine Person trifft, um eine neue Qualität in ihr zu verwirklichen, nämlich das Christsein. Dieser Ruf verleiht Anteil an den Verheißungen dieses neuen Status des Christseins (Eph 1,18; 4,9) und enthält die feste Zusage einer entsprechenden Sendung (Eph 4,1; 2 Petr 1,10). Allerdings bedeutet der Ruf Gottes nicht ein von außen aufoktroyiertes Gebot oder eine die inneren wesensgemäßen Entfaltungsmöglichkeiten des Menschen verfremdende Bestimmung. Denn die Antwort und das

Treueversprechen gegenüber Gott, der mich ruft, verkörpert immer zugleich auch die erfüllteste Übereinstimmung für mein eigenes Sein.

So ist die Berufung die exakteste Weise, den Christenmenschen zu definieren (J. L. Illanes). Als Tat Gottes und Offenbarung seines Willens stellt sie ein Angebot für den Menschen dar, eine authentische Existenz zustande zu bringen und „in Wahrheit zu leben". Die so verstandene Berufung ist also im Grunde identisch mit dem eigenen Wesen:[20] Meine Berufung ist mein eigenes Leben, insofern ich mich ständig bemühe, der Offenbarung des göttlichen Willens in bezug auf den Sinn meiner persönlichen Existenz treu zu sein.

Kennzeichnend für diesen Ruf ist sein persönlicher Charakter: Ich habe dich erlöst, ich habe dich bei deinem Namen gerufen, du bist mein (vgl. Jes 43,1), und damit die Totalität und der definitive Charakter der existentiellen Situation, in die der Gerufene hineingestellt wird. Erforderlich ist ja als Antwort der Glaubensgehorsam (Apg. 6,7); eine Antwort, die die Totalität unseres Lebens in allen seinen Dimensionen Gott unterwirft und sich dann auch in Hingabe und Versprechen ausdrückt. Allerdings, wenn Berufung durchaus persönlich ist, so ist sie dennoch keineswegs individualistisch zu verstehen. Die Berufenen sind nach dem NT dazu bestimmt, in Gemeinschaft zu leben, die ecclesia zu bilden, die heilige Versammlung der Glaubenden (vgl. Kol 3,12).

„Klesis" im biblischen Sinne ist nicht einfachhin die jeweilige berufliche Arbeit oder ein Leben, das dem eigenen Stand entspricht, sondern die gesamte neue Lebenshingabe in Christus, die einen spezifisch übernatürlichen Charakter hat. Alle Bereiche des Lebens sollen in die neue Schöpfung Christi eingegliedert und in Christus erneuert, d. h. in seine Dynamik einbezogen werden. Wort und Gnade Christi haben die Kraft, das Leben in allen seinen Bereichen zu verwandeln. Daher sind auch alle zur Heiligkeit, zur Gemeinschaft mit Christus berufen. Gottes Sendung kann nicht einfach auf einen Job in dieser Welt verkürzt werden. Die Berufung erfaßt also nicht nur einen Sektor (psychologische Erfahrung, Berufstätigkeit), sondern jeden Augenblick des Lebens und das ganze Leben in seiner Gesamtheit.[21] Die Aufgabe eines jeden Christen, das geistliche Leben zu „materialisieren", bezieht sich nicht nur auf bestimmte Aktionen und nicht nur auf das Leben des Gebetes. Wollte man die irdischen Kleinigkeiten dem Leben mit Gott entziehen, so würde man ein Doppelleben führen; es gibt jedoch nur *ein* Leben in Christus, so daß jede seelische Schizophrenie als widersinnig erscheinen muß.

Entscheidend bei der Antwort auf den Ruf Gottes ist die persönliche Bekehrung und der Entschluß zur Ganzhingabe an Gott – ganz unabhängig von der äußeren Situation des betreffenden Christen. Auch an sich lobenswerte Aktivitäten von Christen guten Willens sind zweitrangig gegenüber dieser personalen ganzheitlichen Entscheidung. Manche Aktivisten bauen ja gerade – oft unbewußt – ihre Aktivität als Alibi oder Ersatz für unterlassene personale Ganzhingabe auf; sie treiben viele Blätter wie der unfruchtbare Feigenbaum, aber es fehlt ihnen das innere Leben. Dies hängt damit zusammen, daß manche meinen, sie wären gar nicht zu solcher Anstrengung „verpflichtet", weil dies Sache der Ordensleute sei. Auch manche Ordensleute und Priester mißtrauen noch der betonten Verkündigung vom allgemeinen Ruf zur Heiligkeit – weil so die Seminare und Noviziate leer und die Zahl der Priester- und Ordensberufungen abnehmen würde. Diese durch die derzeitige faktische Situation in Europa bedingten Befürchtungen beruhen aber auf falschen Voraussetzungen: Irrtümern über die Vielfältigkeit der Berufungen und ihre Unaustauschbarkeit und Unverwechselbarkeit. Es ist nicht wahr, daß derjenige, der heiratet, „auch ebensogut“ hätte ehelos bleiben können; oder daß derjenige, der seine Heiligkeit mitten in der Welt zu verwirklichen hat, „unter anderen Umständen“ Mönch geworden wäre. „Gott schenkt Berufungen nicht wie jemand, der eine Geschenkkiste ausschüttelt; jeder greift sich, was er mag oder nett findet, vielleicht bleibt er dabei, vielleicht tauscht er, vielleicht wirft er's weg . . . Christus ruft beim Namen und er verspricht sich nie“ (P. Berglar).[22] Wer berufen ist, ist ein für allemal berufen; wenn er wechseln möchte oder abspringt, dann hat er in seinem Gewissen vor Christus, der ihn berufen hat, eine schwere Verantwortung auf sich genommen. Wenn etwa viele Verantwortliche diejenigen persönlichen Berufungen zurückdrängen oder zurückweisen würden, die sich auf Heiligungsaufgaben in der Welt beziehen, so würde es deshalb nicht mehr Priesterberufungen geben. Eine gegenteilige Behauptung wäre genauso widersinnig wie die absurde These: Weil immer mehr Ehen scheitern, wird es mehr Ordensleute und Priester geben.

Die totale Beanspruchung der christlichen Existenz durch die Berufung bringt bereits Justin zum Ausdruck unter Bezugnahme auf die Berufung Abrahams (vgl. Gen 5,1 ff.).[23] Klemens von Rom erklärt: „Wegen dieses Glaubens haben wir bis zum Tod der ganzen Welt entsagt“.[24] Diese Radikalität und Endgültigkeit der christlichen Berufung wird nicht auf eine bestimmte Gruppe oder einen Stand der Christen beschränkt. Entsprechende Aussagen sind durchaus typisch für die ersten christlichen Jahrhunderte.

V. Göttliche Berufung als Ermöglichung einer freien und endgültigen Antwort des Menschen

Handelt es sich bei dem Ruf Gottes um etwas Provisorisches oder um etwas Definitives, mit anderen Worten: gibt es Berufensein des Christen für eine Zeit lang oder gilt es für immer? Für einen Teil des Lebens oder für das ganze Leben? Streng genommen kann es nicht einige göttliche Berufungen geben, die ein ganzes Leben betreffen, während andere dies nicht tun. Wie Kardinal Newman erklärt, befinden wir uns alle in einem permanenten Stand des Gerufenseins. Berufung ist also zuerst ein Entwurf der ganzen Existenz, den Gott einem konkreten Menschen deutlich macht und anbietet. Sie ist im Grunde so unverlierbar wie das eigene Wesen. Der Ruf Gottes und die damit verlangte Antwort bedeuten für den Menschen immerfort einen Anspruch „coram Domino“ zu leben, ganz unabhängig davon, wie es bisher bei ihm aussah. Berufung als Antwort des Menschen verstanden ist das ganze Leben, insofern es sich Tag für Tag neu entscheiden muß, diesen göttlichen Plan zu entdecken und zu verwirklichen.[25] Die Begegnung des Menschen steht unter diesem Gesetz der Totalität.[25] Inmitten der jeweils verschiedenen und veränderlichen Umstände des Lebens gilt es den Willen Gottes zu unterscheiden, so als ob es darum ginge, immer erst neu anzufangen. Die christliche Berufung entfaltet sich also im täglichen Dialog von göttlichen Anregungen, Eingebungen und Erleuchtungen, die entsprechende Antworten durch unser Tun ermöglichen.

So gibt es „zeitliche Berufungen“, welche aber die jeweilige Berufung zum Christsein schon enthalten. Denn der Status des Christseins ist nicht auf Zeit gegeben, sondern total und für immer. Die „zeitlichen Berufungen“, in denen Gott hic et nunc die Möglichkeiten zu verantwortlichem Tun aufzeigt, betreffen uns dann, wenn wir den Willen Gottes verstanden haben und ganzheitliche endgültige Entscheidungen zu Grunde legen. Das bedeutet, in der Vorsehung Gottes einen sinnvollen Plan anzuerkennen. Die entgegengesetzte Annahme würde die Weisheit Gottes nur in unzusammenhängenden Einzelaktionen sehen oder gar Veränderlichkeit und Werden in Gottes Wesen behaupten. Dieses irrige Gottesbild entspricht dem falschen Menschenbild, für das einfachhin alles im Menschsein widerruflich wird, nur als eine Etappe in der Geschichte des Werdens oder als jeweils neuzugestaltender und überholbarer Entwurf gilt. Nach dieser Vorstellung wäre der Mensch nicht imstande, sich endgültig zu entscheiden, sondern es bliebe ihm nichts anderes übrig, als sich jeweils den veränderlichen Situationen anzupassen.

Demgegenüber ist es Überzeugung des Christentums, daß der Mensch auf endgültige Entscheidungen hin angelegt ist und auch imstande ist, sie zu verwirklichen; inmitten des Werdens gibt es das Endgültige. Durch Christus ist Endgültiges und Überzeitliches neu wirksam geworden. In diesem endgültigen Ruf Gottes in Christus liegt der Grund, daß wir uns entscheiden können, ihm zu folgen, mit einer Bindung, die das ganze Leben umfaßt.

Die Hochschätzung der Menschen- und Christenwürde verlangt, den Raum der persönlichen Entscheidung, Freiheit und Verantwortlichkeit nicht einzugrenzen. Dies bedeutet, daß der Mensch auch rechtlich verpflichtende unwiderrufliche personale Entscheidungen zur Bindung sogar an höchste Werte treffen kann. Die größere Freiheit besteht darin, die engen Grenzen der bloßen Subjektivität zu überschreiten und die Hingabe an einen hohen Wert zu verwirklichen. So kann die Treue Entfaltung einer Entscheidung sein, welche die ganze menschliche Existenz umfaßt. So ist auch die Unwiderruflichkeit, welche Ehe- und Jungfräulichkeitsversprechen charakterisiert, geradezu Kennzeichen ihrer Freiheit – obwohl dies viele Vertreter der Ideologie der Machbarkeit, der subjektivistischen „autonomen" Moral und Situationsethik nicht wahrhaben wollen.

Charismen sind, wie der hl. Paulus erklärt (Röm 11,29), unwiderruflich. Dies bedeutet aber nicht, daß es sich dabei um ein punktuelles historisches Ereignis und eine daraus folgende statische und starre Situation oder um einen ein für allemal vergangenen Abschnitt der eigenen Lebensgeschichte (z. B. nur ein Bekehrungserlebnis) handelt. Vielmehr geht es zugleich um einen Weg, der noch zu gehen ist, und eine Aufgabe, die in den vielfältigen unvorhersehbaren Lebensereignissen zu verwirklichen ist.

Jede Berufung zielt auf Glauben als Antwort des Menschen; und das bedeutet uneingeschränktes Sichverlassen auf Gott, vertrauende und gehorsame Hingabe. Sich Gottes Ruf so zu überantworten bedeutet psychologisch gesehen immer ein Risiko, nämlich das Aufgeben aller innerweltlichen Sicherheit für etwas, das unvoraussehbar ist und sich jeder Kontrolle entzieht, wie dies bei Abraham der Fall gewesen ist. (vgl. Gen 12,1–4; Hebr 11,8). Die gesamte christliche Tradition gibt Zeugnis davon, daß ein von Gott Berufener die göttliche Verheißung annehmen kann und muß, auch ohne im einzelnen zu wissen, was ihn späterhin als Konsequenz dieses Versprechens treffen kann. Diese „riskante" Weise zu leben, die auf falsche Versicherungen der Zukunft verzichtet, gehört als konstitutives Element zum christlichen Begriff der Berufung. Die Gewißheit, daß dieses Risiko nur scheinbar ist, gründet darin, daß Gott auch gegen alle Hoffnung hoffen läßt. So gehört zu jeder Berufung ein Sich-auf-den-Weg-machen, ein Zurücklassen von allen falschen Sicherheiten. Allerdings bedeutet dies natürlich auch keinen Freibrief dafür, daß man sich zu allen möglichen unverantwortlichen Verhaltensweisen treiben lassen könnte; die christliche Wertordnung ist nicht machbar, sondern vorgegeben.

Nicht nur der Entschluß für eine zeitweise, sondern auch derjenige zu einer dauernden Ehelosigkeit kann als persönliche Entscheidung schon von rein menschlichen Gesichtspunkten her gesehen einen tieferen Sinn haben. Er kann durchaus die volle Reifung und Integration der menschlichen Persönlichkeit ermöglichen, besonders wenn es dabei um einen Wert geht, der über der rein natürlichen Ordnung der Dinge steht. Vor allen Dingen gilt dies jedoch für jene Ehelosigkeit, die um des Himmelreiches willen erwählt wird. Zahllos sind die Beispiele der weltbekannten Heiligen und der einfachen Gläubigen, die so zum Fortschritt der Menschheit und Christenheit beigetragen haben.[26]

Der Vorsatz, eine gewisse Zeit lang nicht zu heiraten, trifft allerdings noch nicht die Ganzheit der Existenz. Zölibat als göttliche Berufung wurde in der christlichen Tradition immer als Dauersituation verstanden: „In Christus", d. h. für immer.

Die Entscheidung für die Ehelosigkeit – mit der keineswegs notwendigerweise auch ein Gelübde verbunden sein muß – stellt für den Gerufenen eine Konkretion seiner Taufberufung dar. Sie ist darin einzigartig, daß sie als definitiv in Christus gelebt wird; sie ist ihrem Wesen nach aber keineswegs verschieden von jeder anderen Grundwertung des göttlichen Willens. Dauernde Ehelosigkeit ist eine radikale Bestimmung der christlichen Existenz und kann als Berufung in ganz verschiedenen Situationen auch im weltlichen Leben vieler Männer und Frauen zum Ausdruck kommen. Die Gabe der Ehelosigkeit um des Himmelsreiches willen (vgl. Mt 19,12) gehört zu den notwendigen Charismen im Leben der Kirche. Dies heißt aber keineswegs, daß sie in jedem einzelnen Fall auch in der institutionalisierten Form des Priestertums oder Ordenslebens erscheinen muß. Wenn Gott zu diesem Charisma ruft, dann ist dies aber immer mehr als ein nur nützliches Angebot, das auch ohne Schaden an der Liebeshingabe abgelehnt werden könnte. Und die Berufung zum Priestertum und diejenige zum Zölibat sind zwei verschiedene mögliche Konkretionen der christlichen Berufung; jedoch in derselben Person nicht zwei, sondern eine Berufung, der es treu zu sein gilt.

VI. Die eine Berufung und die verschiedenen Berufungen

Die christliche Berufung hat eine zweifache Dimension. Einerseits gibt es eine absolute und radikale Gleichheit der Berufung für alle: Der Gott und Vater unseres Herrn Jesus Christus hat uns mit jeder Weise geistlicher Segnungen gesegnet im Himmel in Christus; denn er hat uns in ihm erwählt vor Erschaffung der Welt, damit wir heilig und unbefleckt leben vor Gott; er hat uns aus Liebe dazu erwählt, seine Adoptivsöhne zu sein durch Jesus Christus . . . (vgl. Eph 1,3–5; Kol 1,3–6). Mit Rücksicht auf diese erste und allgemeine Dimension ist es unmöglich, den biblischen Begriff der Berufung und die damit gegebenen Verheißungen auf eine Gruppe, Kaste oder einen Stand in der Kirche einzuengen. Jeder Christ, jeder Glaubende ist, wie die Offenbarung erklärt, Träger der höchsten Berufung zur Heiligkeit: Der Herr nahm keinen aus, als er sagte: Seid vollkommen, wie euer Vater im Himmel vollkommen ist[27] (Mt 5,49). Diese neue Existenz, zu der wir gerufen sind, ist in der Taufe grundgelegt, die deshalb wirklich eine „Neuschöpfung" bedeutet.

Eine zweite Dimension der Berufung ist diejenige der konkreten individuellen Existenz. Die Person ist etwas Unvertauschbares und Unersetzbares, so daß von daher gesehen jeder Mensch seine eigene Berufung hat: Diejenige, die er selbst und kein anderer verwirklichen kann, so wie er selbst ein unaustauschbares Individuum darstellt: Ich habe dich bei deinem Namen gerufen, mein bist du (Is 43,1). Die Taufe repräsentiert den ekklesiologischen Aspekt, der alle in der gemeinsamen Berufung zur Heiligkeit vereint; die paulinische Lehre von den Charismen bringt das personale Moment zum Ausdruck, das durch die Wirksamkeit des Hl. Geistes im Leibe Christi gegeben ist: Jeder hat sein eigenes Charisma von Gott erhalten, der eine auf diese, der andere auf eine andere Weise (vgl. 1 Kor 7,7). Diese zweite Dimension faßt die verschiedenen Verwirklichungen der allgemeinen Berufung des Christen ins Auge: So verschieden, unwiederholbar und unaustauschbar die von Christus gerufenen Personen sind, genauso verschieden sind auch ihre Berufungen. Es gibt somit von daher gesehen ebenso viele Berufungen wie es christliche Männer und Frauen gibt.

Deshalb vernimmt jeder Christ im Laufe seines Lebens verschiedene Anrufe Gottes, die in seiner persönlichen und unwiederholbaren Existenz Konkretionen des ursprünglichen Rufes, neue Kreatur in Christus zu sein, darstellen.

Die Berufungsberichte der Hl. Schrift machen deutlich, daß die Berufung ein göttlicher und zugleich menschlicher Dialog ist; so z. B. bei Moses (Ex 3,4), Elias, Eliseus, Isaias: Der Prophet hört die Stimme des Herrn: Wen soll ich senden? Und er antwortet ihm: Hier bin ich, sende mich! Und Gott sprach: Geh und sage diesem Volke . . . (vgl. Is 6,1–9). Die göttliche Initiative zusammen mit der freien menschlichen Antwort kommt noch deutlicher in den neutestamentlichen Berichten zum Ausdruck; Mit unvergleichlichem Feingefühl[28] und menschlicher Liebe und zugleich mit göttlicher Autorität begegnet Jesus seinen Jüngern, aber auch allen anderen: den Zöllnern, Vertretern des hohen Rates, den Kranken, den frommen Frauen, usw. Die ewige Prädestination Christi und seiner Sendung wird nun zum Modell für alle, die ihm in der Nachfolge vereint sind (vgl. Röm 8,23–30).

Die Beziehung zwischen dem berufenden Gott und jeder einzelnen Seele ist absolut einmalig. Nur Gott weiß, was der einzelne in der Tiefe seines Seins ist und wohin er gelangen soll. Der Berufene hat seinen Namen nicht aus sich selbst, sondern empfängt ihn am Ende eines langen Weges: „Wer siegt, dem werde ich von dem verborgenen Manna geben. Ich werde ihm einen weißen Stein geben, und auf dem Stein steht ein neuer Name, den nur der kennt, der ihn empfängt" (Apk 2,17).

Unsere Berufung ist auf Gott und seine Unendlichkeit bezogen: „Seid vollkommen, wie Euer Vater im Himmel vollkommen ist" (Mt 5,48). Wir sind daher nicht nur zu einem eingeschränkten Grad der Vollkommenheit bestimmt, zu einem nur teilweisen Eintauchen in Gottes Liebe, sondern dazu, ihn einmal ganz zu schauen, wie er ist (1 Kor 13,13). Verschiedene Wege, z. B. im Orden, Priestertum, Familie, Berufsleben, sollen zu demselben Ziel führen, dem einen Gott, von dem die verschiedenen Gnadengaben kommen (vgl. 1 Kor 12,4–6; Röm 12,3). Das einheitliche Sinnziel, das alle bei aller Verschiedenheit verbindet, heißt dann näherhin auch „Auferbauung des Leibes Christi" (Eph 4,7). Also Einheit der Sendung zugleich mit Verschiedenheit der Dienste.[29] Das Ziel des Weges ist immer die unendliche Liebe Gottes. Partielle Identifikation mit der jeweiligen Lebenssituation genügt nicht. Dies wurde in der Neuzeit auf je verschiedene Weise z. B. von R. Garrigou-Lagrange, Ch. Journet oder J. M. Escrivà de Balaguer deutlich gemacht. Die Liebe, zu der wir berufen sind, hat kein Maß und keine Grenze, etwa je nach dem verschiedenen Stand. Begrenzt sind nur die jeweiligen Mittel und die äußeren Umstände.

Den Laien z. B. entspricht nicht eine neutrale Haltung zu höherer Vollkommenheit, noch haben sie nur allgemeine bzw. partielle Verpflichtungen in ihrem Christsein oder ein niedrigeres Ziel, sondern sie haben dieselbe allgemeine Berufung des Gläubigen und dazu ihren besonderen Weg – nicht nur eine zweitklassige Heiligkeit[30]. So erklärt der Papst:

„Man muß hier feststellen, daß in der Zeit vor dem II. Vatikanischen Konzil der Begriff der ‚Berufung' vor allem in bezug zum Priestertum und Ordensleben gesehen wurde, als hätte sich Christus an den jungen Mann im Evangelium mit seinem ‚Folge mir nach' nur für diese Berufungen gewandt. Das Konzil hat diese Sicht erweitert. Die Priester- und Ordensberufung hat ihren besonderen Charakter und ihre sakramentale und charismatische Bedeutung im Leben des Gottesvolkes bewahrt. Zugleich aber haben das im Konzil erneuerte Bewußtsein von der allgemeinen Teilnahme aller Getauften an der dreifachen Sendung Christi (tria munera), der prophetischen, priesterlichen und königlichen Sendung, wie auch das Bewußtsein von der allgemeinen Berufung zur Heiligkeit zur Folge, daß jede Lebensberufung des Menschen wie die christliche Berufung selbst dem Ruf des Evangeliums entspricht. Der Ruf Christi: „Folge mir nach" läßt sich auf verschiedenen Wegen vernehmen, auf denen Jünger und Bekenner des göttlichen Erlösers gehen. Auf verschiedene Weise kann man Christus nachfolgen, das heißt nicht nur durch das Zeugnis vom eschatologischen Reich der Wahrheit und Liebe, sondern auch, indem man an der Gestaltung der ganzen zeitlichen Wirklichkeit im Geiste des Evangeliums mitwirkt. Von hier nimmt auch das Laienapostolat seinen Ausgang, das mit dem Wesen christlicher Berufung untrennbar verbunden ist."[31]

Natürlich ist nicht nur die allgemeine, sondern auch die besondere Berufung der Jünger nach der Lehre des letzten Konzils ein Ruf Gottes[32]: „Christus der Herr beruft aus der Schar der Jünger immer wieder solche, die er selbst will, damit sie bei ihm seien und er sie zur Verkündigung bei den Völkern aussende (vgl. Mk 3,13 f.) . . . durch den Heiligen Geist, der seine Gnadengaben, wie er will, zum allgemeinen Nutzen austeilt, erweckt er in den Herzen der einzelnen die Berufung . . ."[33]

Diese Berufung setzt den Besitz entsprechender natürlicher Anlagen, Begabung und Charakter voraus, auch eine natürliche Offenheit und rechte Neigung des persönlichen Willens.

Allerdings ist bei der Berufung zum Priestertum oder Ordensstand die Sendung und Beauftragung durch die rechtmäßige Autorität der Kirche unverzichtbar für ihr Zustandekommen; sie ist konstitutiver Bestandteil der kanonischen und Kriterium der göttlichen Berufung. Es genügt also nicht die natürliche Neigung oder die Anziehungskraft einer wichtigen Aufgabe; erforderlich ist auch die sichtbar-direkte Verbindung mit dem Sendungsauftrag Christi, den er an seine Apostel weitergegeben hat, die legitime „Aussonderung" zu einem bestimmten Dienstauftrag[34], zu dem man sich nicht selbst erwählen oder von einer Gruppe erwählen lassen kann.

Nach allgemeiner Lehre der Kirche, die nun ausdrücklich vom II. Vaticanum bestätigt ist, gehören also auch „objektive" Faktoren[35] dazu, damit jemand sich „berufen" nennen kann: Die Eignung im negativen Sinne, d. h. das Fehlen von Hindernissen, sowie im positiven Sinne, das Gegebensein von erforderlichen Qualitäten und Veranlagungen; und das Urteil über ihr tatsächliches Vorhandensein, das im äußeren Rechtsbereich der Bischof bzw. Ordensobere abzugeben hat.

Wer nur einige dieser Aspekte der göttlichen Berufung annimmt und andere nicht, leugnet den ganzheitlichen und göttlichen Charakter der Berufung. Die Berufung zur Ehelosigkeit kann der einzelne allein vor Gott finden; anders verhält es sich bei der Berufung zum Priestertum. Bei ihr geht es nicht zuerst um eine persönliche Vervollkommnung, sondern um ein Dienstamt. Die Verwaltung dieses Dienstamtes hat Christus der Kirche anvertraut. Unsere Kirche aber hat gerade heute wiederholt darauf hingewiesen, daß sie weiterhin nur diejenigen zum Priestertum berufen wird, welche vorher die apostolische Ehelosigkeit erwählt haben,[36] nicht nur wegen der eschatologischen Zeichenhaftigkeit, sondern weil der Priester in seinem besonderen Priester- und Hirtendienst in spezifischer Weise für viele da sein soll und ex officio die Bundestreue Gottes und die Mittlerschaft Christi zeichenhaft zum Ausdruck bringt. Diese durch das Wirken des Hl. Geistes entfaltete Praxis ist irreversibel.

Der Priester ist nicht in höherem Maße gläubiger Christ als jeder andere Katholik; sein „Wert“ vor Gott bemißt sich nach den Maßen seiner übernatürlichen Gottes- und Nächstenliebe – einem Maßstab, der für alle gilt. Wie alle Christen gehört er dem priesterlichen Gottesvolk an; erhält aber durch das Amtspriestertum, das sich dem Wesen und nicht nur dem Grade nach vom allgemeinen Priestertum aller Gläubigen unterscheidet, ein besonderes Prägemal. Dadurch wird er befähigt, das hl. Opfer des Leibes und Blutes Christi zu vollziehen und im Sakrament der Buße im Namen Gottes die Sünden zu vergeben. Die Verwaltung dieser beiden Aufgaben ist der entscheidende Bezugspunkt für alle seine Tätigkeiten. Das Gnadengeschenk, trotz der menschlichen Unzulänglichkeiten „in persona Christi“ handeln zu können, begründet seine Würde.[37] Das unauslöschliche Merkmal, das einen Menschen zum Priester auf ewig macht, befähigt dazu, aus dem hl. Opfer die Mitte und Wurzel des christlichen Lebens zu machen und so anbetend, sühnend, bittend, dankend die unwiderrufliche Taufberufung zu leben. Es wäre ein Irrtum, diese Aufgaben der Sakramentenspendung und Seelsorge zu fliehen und durch Einmischung in Bereiche zu ersetzen, die Aufgaben und Berufung der Laien sind: Gesellschaftliche Unternehmen, Managertum, Politik, Psychologie usw. So entsteht der Klerikalismus, eine pathologische Deformation der wahren priesterlichen Aufgaben. Genauso wäre es eine Verfehlung der Berufung, wenn Laien ihre eigenen Aufgaben in Familie und Beruf und Weltheiligung vernachlässigen würden und statt dessen meinten, sich durch Urteilen und Handeln in den Bereich der spezifischen priesterlichen, lehramtlichen und hirtenamtlichen Aufgaben einmischen zu müssen.

„Wir dürfen der Zukunft der Berufungen voll Zuversicht entgegensehen, wir können auf die Wirksamkeit unserer Bemühungen für die Weckung von Berufen zählen, wenn wir bewußt und entschieden von jener eigentümlichen ‚ekklesiologischen Versuchung‘ unserer Zeit abrücken, die von verschiedener Seite und mit vielfältigen Motivierungen sich im Bewußtsein und im Verhalten des christlichen Volkes breitzumachen versucht. Ich spiele damit auf Vorschläge an, die eine Laisierung des Priesteramtes und des priesterlichen Lebens anstreben; die die sakramentalen Dienste durch andere Dienste ersetzen wollen, die angeblich den heutigen pastoralen Bedürfnissen besser entsprechen; und die auch die Ordensberufung ihres prophetischen Zeugnischarakters für das Reich Gottes zu berauben trachten, indem sie sie ausschließlich auf Funktionen des gesellschaftlichen Wandels oder sogar des unmittelbaren politischen Engagements ausrichten wollen“ (Johannes Paul II.).[38]

Hat nicht auch Paulus analoge Versuchungen im Blick, wenn er mahnt: „Nicht anders, als der Herr es ihm zugeteilt und so, wie Gott ihn berufen hat, soll jeder wandeln. So verordne ich es in allen Gemeinden. . . . Ihr seid teuer erkauft; werdet keine Menschenknechte! Brüder, jeder bleibe vor Gott in dem Stande, in dem er berufen wurde“ (1 Kor 7,17.24).

VII. Endgültigkeit der Berufung im Sakrament des Priestertums oder der Ehe

Ehe und Priestertum sind daher nicht irgendwelche Umstände, die durch wechselnde Lebenssituationen verändert werden können; sie sind eingeschlossen in die Unwiderruflichkeit der Taufberufung, welche auf das Eschaton Christi hingerichtet ist. Ihre Endgültigkeit ist nicht isoliert zu sehen, sondern verwurzelt in der Endgültigkeit der eschatologischen Situation, die jedem getauften Gläubigen zu eigen ist – nur deshalb gibt es andere definitive Situationen im Christenleben. Die Ehe verlangt eine totale und bewußte Entscheidung; sonst kommt sie nicht zustande; Begegnungen auf nur vegetativer oder animalischer Ebene gibt es auch im untermenschlichen Lebensbereich und bloßes Zusammenwohnen macht noch keine Ehe aus. Wirkliche Ehe verlangt also eine Entscheidung, die das ganze Leben betrifft. Wenn sie fehlt, gibt es keine Ehe. Ebenso verhält es sich beim priesterlichen Dienst: Ordination auf Zeit ist nach der Lehre der katholischen Theologie ebenso als Irrtum und Widersinn zu qualifizieren wie die sogenannte Probeehe. Beide, Ehe und Priestertum, gibt es entweder total oder überhaupt nicht; irgend etwas Mittleres dazwischen ist sinnlos. Denn die jeweiligen Personen sind in den neuen und endgültigen Bund mit Gott und seine sakramentalen Gaben und Verheißungen mit eingeschlossen. Sobald also das Sakrament empfangen ist, treffen die göttlichen Anregungen und Eingebungen immer einen Ordinierten, bzw. einen christlichen Ehepartner. Dies gilt auch für den Fall, daß jemand juristisch sein Amt nicht ausüben kann oder darf, bzw. auch bei Ehepartnern, die getrennt leben, bzw. ihr Eheband selbst nicht mehr wahrhaben wollen. Ehe und Priestertum als Sakrament kommen nicht zustande, wenn sie nicht für das ganze Leben angenommen werden. Dieser Bezug auf die Totalität der Existenz ist ein wesentliches Moment des Sakramentes, d. h. er ist zu seinem gültigen Zustandekommen erforderlich. Wer also als Priester sein Priestertum und die besondere Bindung an Gott durch die Ehelosigkeit aufgeben möchte, bzw. als Verheirateter mit seinem Partner brechen will, steht grundsätzlich im Widerspruch zum Ruf Gottes, und daher auch im Widerspruch zu seiner eigenen Existenz – und dies bedeutet einen tiefen Bruch in der Mitte seiner Person.

Von daher ergibt sich auch: Berufungsentscheidungen können nicht einfach aufgehoben werden, wenn durch formaljuristische bzw. administrative Entscheidungen etwas in den Papieren in Ordnung gebracht wird. Es gibt eine Verantwortlichkeit vor Gott, von der auch die Kirche nicht dispensieren kann. In Augenblicken der Krise eines Verheirateten oder eines Priesters ist es also völlig unzureichend, wahrheits- und wirklichkeitsfremd, wenn man rein legalistisch alles auf die Frage der Dispensen abstellt.[39]

Im strengen Sinne verstanden kann eine Berufung als solche nicht verlorengehen. Gott ändert nicht das hohe Ziel, das mit der Taufberufung gegeben ist; er schränkt die Fülle der Möglichkeiten und auch die damit verbundenen Verantwortlichkeiten nicht deshalb ein, weil er unsere Schwäche sieht. Er bleibt dabei, einen kostbaren Schatz in zerbrechlichen Gefäßen bewahren zu wollen. Auch die sakramentale Besiegelung dieser Berufung, besonders deutlich im unauslöschlichen Merkmal des Taufcharakters und des Priestertums und auch in der unauflöslichen Bindung der Ehe, kann nicht verloren werden. Was verloren werden kann, ist das lebendige Bewußtsein dieser Berufung oder die gelebte Verwirklichung und Entfaltung. Priesterweihe und sakramentale Ehe bezeichnen auf eindringliche Weise den Bund Christi mit der Kirche, der am Kreuz besiegelt worden ist. Auch nach menschlich gesehenem „Scheitern“ können die Erfordernisse unaufhebbarer Art durch die Reue wiedergefunden und in jeder Situation entsprechend christlich bejaht werden im Bewußtsein, daß der Bund Christi mit der Kirche durch das Kreuz besiegelt wurde.

Sobald also das Sakrament gültig gespendet und empfangen worden ist, hat Gott durch die Kirche die Berufung bestätigt; und daraus folgt, daß dann die subjektive

Meinung: „Ich habe mich wohl geirrt!" nicht nur einen Mangel an Glauben und Gottvertrauen erweist, sondern innerlich sinnwidrig ist – sie gründet auf der pelagianischen Ideologie der Machbarkeit. Berufung ist eben nicht eigenmächtige Sinnbestimmung, sondern Erhellung des durch den allmächtigen Gott vorgegebenen Sinnes. Mag das innere oder äußere Elend noch so groß sein, es gibt keinen Grund und kein Recht dazu, an der Endgültigkeit der Berufung zu zweifeln.

Positiv gesehen bringt die Lehre von den sakramentalen Standesgnaden neues Verständnis für die reale Ermöglichung einer Antwort des Menschen auf Gottes Ruf, die Treue heißt. Papst Johannes Paul II. hat dies sehr aktuell erklärt[40]: „Die Treue zur Berufung, die beständige Verfügbarkeit für den ‚königlichen Dienst' hat eine besondere Bedeutung in diesem vielfältigen Bauwerk, vor allem für die Aufgaben, die den stärksten Einsatz fordern und größeren Einfluß haben auf das Leben unseres Nächsten und der ganzen Gesellschaft. Durch die Treue zur eigenen Berufung müssen sich die Eheleute auszeichnen, wie es sich aus der Unauflöslichkeit der sakramentalen Ehe ergibt. Eine ähnliche Treue zur eigenen Berufung muß die Priester kennzeichnen aufgrund des unauslöschlichen Charakters, den das Sakrament der Weihe ihrem Herzen einprägt. Indem wir dieses Sakrament empfangen, verpflichten wir uns in der lateinischen Kirche bewußt und freiwillig zu einem Leben im Zölibat; deswegen muß jeder von uns mit Hilfe der Gnade Gottes alles, was möglich ist, tun, um für dieses Geschenk dankbar zu sein und dieser für immer übernommenen Bindung treu bleiben. Dies ist nicht anders als bei den Eheleuten, die mit all ihren Kräften danach streben müssen, den Ehebund aufrechtzuerhalten, mit diesem Zeugnis der Liebe die Gemeinschaft der Familie zu gründen und neue Generationen von Menschen zu erziehen, die ebenfalls imstande sind, ihr ganzes Leben der eigenen Berufung zu weihen, das heißt jenem ‚königlichen Dienst', dessen Beispiel und schönstes Modell uns von Jesus Christus gegeben worden ist."

In der Kirche gibt es eine Fülle von Initiativen, um im Vertrauen auf die Gnade Gottes die Weckung von Berufungen aller Art zu fördern. Der Hl. Vater erbittet dafür in besonderer Weise die Fürsprache der Gottesmutter: „Die demütige Dienerin Gottes stehe uns in diesen Initiativen bei. Maria, die das vollkommenste Vorbild für alle Berufenen ist; sie, die auf den Ruf des Höchsten antwortete: ‚Mir geschehe, wie du es gesagt hast'" (Lk 1,38).[41]

Anmerkungen

1 *J. Lahitton,* La Vocation sacerdotale. Traité théorique, Paris 1909.
Ders., Deux conceptions divergentes de la vocation sacerdotale, Paris 1910.
Ders., La Vocation sacerdotale, Paris 1913.
P. Pourrat, Le sacerdoce. Doctrine de l'Ecole française, Paris 1933.
L. Sempé, „Vocation", in: Dictionnaire de théologie catholique 15/2 (1950) 3148–3181 (mit älteren Literaturangaben).
I. Daumoser, Berufung und Erwählung bei den Synoptikern, Eichstätt 1954.
J. Lecuyer, Abraham nôtre Père, Paris 1955.
H. Schlier, Der Ruf Gottes, in: GuL 28 (1955) 241–247.
Soeur St. Jeanne d'Arc, Le mystère de la vocation, in: VS 414 (1956) 168–186.
J. Lecuyer, Le sacerdoce dans le mystère du Christ, Paris 1957.
E. Neuhäusler, Berufung, in: $LThK^2$ II, 280–283.
L. Ravasi, De vocatione religiosa et sacerdotali, Rom 1957.
P. Palazzini, Vocazione, in: Dizionario di Teologia morale, Roma ^{2}1957, 1548–1551.

J. Gross, La vocation dans l'A.T., in: Spiritus 10 (1958) 5–18.
A. Morta, El sacerdote y las vocaciones, Salamanca 1958.
R. Gay, Vocation et discernement des esprits, Montreal 1959.
A. Nabais, La vocación a la luz de la psicologia, Bilbao 1959.
C. Spicq, La vocation dans la Bible, in: Bible et Terre Sainte 17 (1959).
P. C. Landucci, La sacra vocazione, Roma [2]1960.
B. Lavaud, L'élément divin de la vocation au sacerdoce ou la vie religieuse selon Pie XII dans la Const. „Sedes sapientiae", in: Angelicum 37 (1960) 282–306.
W. Bieder, Die Berufung im Neuen Testament, Zürich 1961.
L. Cerfaux, La vocation de S. Paul, in: Euntes docete (1961) 3–35.
Cl. M. Henze, Problema vocationis sacerdotalis in luce Novi Testamenti consideratum, in: DTh (P) 64 (1961) 431–436.
R. L. Ravasi, Fontes et bibliographia de vocatione religiosa et sacerdotali, Roma 1961.
F. Tollu, Etudes récentes sur la vocation sacerdotale, in: Christus 8 (1961) 425–432.
R. Zavalloni, Studi psicopedagogici sulla vocazione, Brescia 1961.
M. Bellet, Vocation et liberté, Paris 1963.
D. Wiederkehr OFMC, Die Theologie der Berufung in den Paulusbriefen, Freiburg 1963 (Studia Friburgensia, Neue Folge 36).
P. Adnès, Fidélité, in: DSAM 5 (1964) 307–332.
C. Spicq, La vocation dans les Actes des Apôtres et les Epîtres Pastorales, in: Vocation sacerdotale et religieuse 3 (1964) 53–65.
AA. VV., La Vocation et les vocations à la lumière de l'ecclésiologie de Vatican II, Brüssel 1966.
S. Lyonnet, La vocación cristiana a la perfección segun San Pablo, in: I. de la Potterie, S. Lyonnet (Hrsg.), La vida según el Espiritu, Salamanca 1967, 225–248; *Ders.,* La perfección del cristiano „animado por el Espiritu" y su acción en el mundo, ebd., 249–274.
Y. Congar, Vocation sacerdotale et vocation chrétienne, in: Seminarium 1 (1967) 7–16.
R. Zavalloni, Psycopedagogia delle vocazioni, Brescia 1967 (span.: Psicopedagogia de las vocaciones, Barcelona 1969).
F. J. Calleja, Lineas para una antropologia de la vocacion, in: Seminarios 34 (1968) 117–129.
M. Delabroye, Vocation. Expérience spirituelle du chrétien, Paris 1968.
J. de Fraine, Vocazione ed elezione nella bibbia, Roma 1968.
M. Nicolau, Esbozo de una teologia de la vocación, in: Manresa 40 (1968) 47–64.
I. Carrasco, Teología de la vocación, in: Salmanticensis 16 (1969) 533–562.
G. Greganti, La vocazione individuale nel Nuovo Testamento. L'uomo di fronte a Dio, Roma 1969.
Y. Congar, L'apostolat des laics. Décret „Apostolicam actuositatem". Texte, traduction française et commentaires, Paris 1970.
R. Hostie, Le discernement des vocations, Brügge 1970.
Congregatio pro educatione catholica, Ratio fundamentalis Institutionis sacerdotalis. Normae fundamentales, in: AAS 62 (1970) 321–384.
L. F. Mateo-Seco, La vocación en la Patrística, in: Ius Canonicum 11 (1971) 167–180.
P. Rodriguez, Vocación cristiana. Punto de visto de la Theología Dogmática, in: Ius Canonicum 11 (1971) 181–195.
J. L. Soria, La vocación, Madrid 1972.
J. E. de Balaguer, Christliche Berufung. Priester auf ewig, Köln 1973.
G. Lefeuvre, La Vocation sacerdotale dans le second Concile du Vatican, Paris 1973.
H. Kramer, Unwiderrufliche Entscheidungen im Leben des Christen. München - Paderborn - Wien 1974.
J. Escrivà de Balaguer, Vocación cristiana, in: „Es Cristo que pasa", 8. ed. Madrid 1974, n° 1–11.
J. de Pedro, Vocación de gente corriente, Madrid 1974.
I. L. Illanes, Vocación (II), in: Gran Enciclopedia Rialp, Bd. 23, Madrid 1975, 659–662.
J. Gay Bochaca, La Respuesta a la Vocación, Madrid 1975.

J. Torello, Was ist Berufung? in: Theologisches 94 (1978) 2635–2641.
Johannes Paul II., Vocazioni, in: Insegnamenti IV (1981) 1147–1153.
P. Rodriguez, Theologie und Christusnachfolge, in: MThZ 2 (1981) 143–153.
P. Rodriguez, Sentido definitivo e irrevocable de la vocación cristiana y de las vocaciones al sacerdocio y al matrimonio, in: Scripta theologica ([12]1982) 195–220 (Der vorliegende Artikel schließt sich vielfach eng an diese Arbeit an).
Johannes Paul II., Berufung ist ein Ruf zum Leben, in: L'Osservatore Romano (deutsche Ausg.) (1982) Nr. 17.
Johannes Paul II., Immer ist es Gott, der ruft, in: L'Osservatore Romano (deutsch) (1982) Nr. 15–16.
J. A. G. Prieto Segura, Comprometerse en la Vocación, Madrid 1982.
J. Luzarraga, La función de Dios en la espiritualidad biblica de la vocación, in: Estudios trinitarios 17 (1983) 383–405.
Johannes Paul II., Gott ruft, wen er will, in: L'Osservatore Romano (1983) Nr. 15.
J. Luzarraga, El Espiritu Santo en la espiritualidad biblica de la vocación, in: Estudios trinitarios 18 (1984) 277–299.
Ders., Jesús en la espiritualidad biblica de la vocación, in: Estudios trinitarios 18 (1984) 115–137.
Johannes Paul II., Führt ein Leben, das eurer Berufung würdig ist!, in: L'Osservatore Romano (1984) 14. Jahrg. Nr. 9.

2 Vgl. *J. L. Illanes,* Vocación (II), (Anm. 1), 658.

3 Näheres zum Folgenden bei einem anerkannten Fachmann für Psychologie, *J. B. Torello,* in: Theologisches (1978) 2635–2641.

4 „Gewiß ist es angebracht, die Berufungsfrage mit einem guten Berater zu besprechen, ohne aber je die verantwortliche Entscheidung auf ihn zu schieben. Die magischen Vorstellungen über die Psychologie, die viele Zeitgenossen haben, rücken die Rolle des Psychologen bei jeder Art menschlicher Probleme zu sehr in den Vordergrund. Denn abgesehen von den – auch unter frommen Fachleuten – noch herrschenden positivistischen Lehren und Praktiken, denen ein mechanistisch starres Menschenbild zugrundeliegt, von angeborenen triebhaften Strukturen und Verhaltensmustern geprägt und vorausbestimmt, und für die der breite Bereich des Geistigen (und darum der Kern der Berufungs- und Zölibatsfrage) völlig unzugänglich ist, weiß man heute genau Bescheid über die Entfaltungs- und Umwandlungsmöglichkeiten der Persönlichkeit, wenn sie eine religiös-motivierte Liebeshingabe vollzieht: Mit Ausnahme ernsthaft pathologischer Fälle lassen sich zahllose charakterliche Unzulänglichkeiten, Unausgeglichenheiten und sogar deutliche Unreife durch das bewußte, bedingungslose und endgültige Engagement im Dienste Gottes und des Mitmenschen nicht nur gut ertragen, sondern spurlos beheben." *(J. B. Torello,* Was ist Berufung? Theologisches Nr. 94 [Febr. 1978] 2641).

5 „Non est ergo laudabile sed magis vituperabile quod post vocationem interiorem vel exteriorem, vel verbo vel Scripturis factam, differre et quasi in dubiis consilium quaerere [...] Virtutem igitur Spiritus sancti vel ignorat vel ei resistere nititur, qui a Spiritu Sancto notum diuturnitate consilii detinere contendit'. (cf. *Gregorius,* in Homilia Pentecostes)" (*Thomas,* Contra doctrinam retrahentium ab ingressu in religionem, c. 9).

6 Vgl. *F. Suarez SJ,* De relig., tr. 7 e. 5 c. 8 n. 3.

7 *J. Lahitton,* La Vocation sacerdotale (Anm. 1).

8 *Pius XII.,* AAS 42 (1950) 684.

9 *Paul VI.,* AAS 55 (1963) 987–988.

10 Vgl. *G. Lefeuvre,* Vocation sacerdotale (Anm. 1).

10a Nihil ergo mirum, si Concilium Vaticanum II, de mysterio agens Ecclesiae, praestantissimam hanc sanctitatis notam, cui ceterae arcte conectuntur, in pleniore luce collocavit, cunctosque christifideles cuiusvis condicionis vel ordinis ad vitae christianae plenitudinem et caritatis perfectionem etiam atque etiam advocavit; . . . (Paul VI., Sanctitas clarior, 19. 3. 69; AAS 61 [1969] 149 f.)

11 *Johannes Paul II.,* in: Verlautbarungen des Apostolischen Stuhls Nr. 5, S. 99.

12 *Ders.*, in: Verlautbarungen des Apostolischen Stuhls Nr. 22, S. 114 f.

13 *Ders.*, Enzyklika Redemptor hominis, in: Verlautbarungen des Apostolischen Stuhls Nr. 21, S. 56–58.

14 Vgl. Anm. 1: *W. Bieder,* Berufung im Neuen Testament; *L. Cerfaux,* Vocation de S. Paul; *D. Wiederkehr,* Theologie der Berufung in den Paulusbriefen; *J. L. Illanes,* Vocación (II).

15 Die Berufung zündet ein Licht an, das uns den Sinn unseres Lebens erkennen läßt. Im klaren Licht des Glaubens sehen wir das Warum unseres irdischen Daseins. Unser Leben – das vergangene, das gegenwärtige und das zukünftige – erscheint dann in einer neuen Dimension, mit einer nicht geahnten Tiefe. Alles, was in unserem Leben geschieht, gewinnt so seinen wahren Bezugspunkt: Wir begreifen, wohin uns der Herr führen will, und wir fühlen uns mitgerissen von der uns anvertrauten Aufgabe.
(*J. Escrivà de Balaguer,* Christus begegnen, Köln [4]1977, Nr. 45, S. 120 f.).

16 „Si nullus dicere Christianus audebit: Non miserentis est Dei, sed volentis est hominis, ne Apostolo apertissime contradicat, restat ut propterea dictum intelligatur (Rom 9,16): „Non volentis neque currentis, sed miserentis est Dei" ut totum Deo detur, qui hominis voluntatem bonam et praeparat adiuvandam et adiuvat praeparatam. Praecedit enim bona voluntas hominis multa Dei dona, sed non omnia; quae autem non praecedit ipsa, in iis est et ipsa. Nam utrumque legitur in sanctis eloquiis, et (Ps 58,11): „Misericordia eius praeveniet me" et (Ps 22,6): „Misericordia eius subsequetur me". Nolentem praevenit, ut velit; volentem subsequitur, ne frustra velit. Cur enim admonemur orare pro inimicis nostris, utique nolentibus pie vivere, nisi ut Deus in illis operetur et velle? Itemque admonemur petere ut accipiamus, nisi ut ab illo fiat, quod volumus, a quo factum est, ut velimus? Oramus ergo pro inimicis nostris, ut misericordia Dei praeveniat eos, sicut praevenit et nos; oramus autem pro nobis, ut misericordia eius subsequatur nos."
(*Augustinus,* Enchir. c. 32; R 1914).
„Quia non praecedit voluntas bona vocationem, sed vocatio bonam voluntatem: propterea vocanti Deo recte tribuitur quod bene volumus, nobis vero tribui non potest quod vocamur."
(*Augustinus,* Ad Simplicianum, I, 2; PL 40, 118).
„Dominus ut responderet futuro Pelagio non ait: Sine me difficile potestis aliquid facere, sed ait: Sine me nihil potestis facere . . . Non ait: Sine me nihil potestis perficere, sed facere . . . Hoc uno verbo initium finemque comprehendit."
(*Augustinus,* Contr. duas epist. pelag. II, 8,18; ML 44,584)
„Multa Deus facit in homine bona, quae non facit homo; nulla vero facit homo, quae non facit Deus, ut faciat homo."
(*Augustinus,* Contr. duas epist. pelag. II, 9,21; R 1893).
„Ut ergo velimus, sine nobis operatur; cum autem volumus et sic volumus, ut faciamus, nobiscum cooperatur; tamen sine illo vel operante ut velimus, vel cooperante cum volumus, ad bona pietatis opera nihil valemus."
(*Augustinus,* De gratia et lib. arbitr. c. 17 n. 33; R 1942).

17 In seinem Römerbrief-Kommentar erklärt *Thomas von Aquin* die Berufung im Anschluß an Röm 8,30: Quos praedestinavit, hos et vocavit. Die Prädestination Gottes könne nicht ungültig werden; sie habe also Endgültigkeitscharakter, entsprechend Is 14,24: „Iuravit Dominus exercituum, dicens: Si non, ut putavi, ita erit; et quomodo mente tractavi, sic eveniet . . ." Dabei unterscheidet Thomas bereits die äußere und die innere Berufung; die äußere geschehe durch die lehramtliche Verkündigung. Er bezieht sich dabei auf Prov 9,3: „Misit ancillas suas, ut vocarent ad arcem . . ." Auch die innere Berufung durch Gott ist notwendig, da unser Herz sich nicht zu Gott bekehren würde, wenn er selbst uns nicht zu sich ziehe (vgl. Joh 6,44; Klgl 5,21). Wenn auch die Rechtfertigung in einigen, die nicht bis zum Ende durchhalten, frustriert werden könne, so doch keineswegs die praedestinatio.

18 Die Gratuität und Freiheit der Gnadenwahl bei der Berufung zum Priestertum hebt besonders *Ambrosius* hervor (Ep 63 a. 396); PL 16, 1239–1272; *R. Gryson,* Le prètre selon Sainte Ambroise, Löwen 1968, 219–232 (Ep 63,48; Pl 16, 1253 BC) 53 BC.

19 „Non enim cessavit [Deus] vocare, aut vocatum neglexit instruere, aut instructum cessavit perficere, aut perfectum neglexit coronare.“
(*Augustinus,* Enarrat. in Ps. 102, 5; PL 37, 1319).

20 „. . . Die Berufung eines jeden gehört zu einem bestimmten Punkte zu seinem eigenen Wesen: man kann sagen, daß Berufung und Person zu einer einzigen Sache werden.“
Johannes Paul II., (5. 7. 80) Ansprache in Porto Alegre, (Anm. 13), 113 f.

21 „Tutiores . . . vivimus, si totum Deo damus; non autem nos illi ex parte, et nobis ex parte committimus.“
(Augustinus, De dono persev. 6,12; ML 45. 999).

22 *P. Berglar,* Werk und Leben des Gründers J. Escrivà de Balaguer, Köln 1984, 205 f.

23 *Justinos,* Dial. 119,5–6; *L. Mateo Seco,* La vocación (Anm. 1).

24 Näheres bei *L. Mateo Seco,* ebd.

25 „In einem solchen Zusammenhang gewinnt der ‚Entwurf‘ die Bedeutung einer ‚Lebensberufung‘ als etwas, das dem Menschen von Gott als Aufgabe anvertraut wird. Ein junger Mensch, der auf sein Inneres horcht und zugleich das Gespräch mit Christus im Gebet aufnimmt, möchte gleichsam den ewigen Gedanken lesen, mit dem Gott sich ihm zuwendet: als Schöpfer und Vater. Er gewinnt dabei die Überzeugung, daß die Aufgabe, die ihm von Gott zugedacht ist, ganz seiner Freiheit überlassen bleibt, zugleich jedoch von verschiedenen Umständen innerer und äußerer Art festgelegt ist.“
Johannes Paul II., Apostolisches Schreiben an die Jugendlichen in der Welt zum Internationalen Jahr der Jugend vom 31. 3. 1985, in: Verlautbarungen des Apostolischen Stuhles, Nr. 63, S. 20).
Clemens von Rom betont besonders die Einheit der Berufung in Christus (1 Clem. ad Cor., c. 46,6; PG 1, 304); diese Berufung betrachtet er oft zusammen mit der Taufberufung. Daneben spricht Clemens aber u. a. ganz klar von einer besonderen Berufung, z. B. zum Martyrium. Seit den ersten Anfängen der Christenheit wird dort die Jungfräulichkeit als eine hochgeschätzte Konkretion der christlichen Berufung dargestellt.
(*Ignatius v. Antiochia,* Ep. ad Polic., 5; PG 5, 724).

26 *Johannes Paul II.,* Enz. Redemptor hominis (Anm. 13). Die Grundgedanken dieser und der folgenden Abschnitte finden sich vor allem bei P. Rodriguez, Vocación cristiana (Anm. 1).

27 Vgl. *J. Escrivá de Balaguer,* El camino, Nr. 291; Der Weg, Köln 91983.

28 „Considera ergo et conspice eum in praedictis vocationibus et conversatione cum ipsis: quam affectuose vocat eos, reddens se eis affabilem et domesticum et obsequiosum, attrahens eos intus et extra.“ (*Bonaventura,* Meditationes vitae Christi, XIX).

29 *Vaticanum II,* Apost. Actuositatem, 2.

30 „Es gibt keine Heiligkeit zweiter Klasse: entweder kämpfen wir unablässig, um in der Gnade Gottes zu leben und um Christus, unserem Vorbild, gleich zu werden, oder wir sind Fahnenflüchtige in diesem göttlichen Kampf. Jeden lädt der Herr ein, sich in seinem eigenen Stand zu heiligen. . . . Mit den Augen des Glaubens gesehen, hat Priesterwerden also im Grunde nichts mit Verzicht zu tun; denn die Heiligkeit hängt nicht vom Stand ab – ob Lediger, Verheirateter, Verwitweter oder Priester –, sondern vom persöhnlichen Ja zur Gnade, die uns allen zuteil wird, damit wir lernen, die Werke der Finsternis abzulegen und die Waffenrüstung des Lichtes anzuziehen: Heiterkeit, Frieden, selbstlosen und freudigen Dienst an allen Menschen (vgl. Röm 13, 12).“
(*J. M. Escrivá de Balaguer,* Christliche Berufung – Priester auf ewig, Zwei Homilien, Köln 1973, 27–28).
„Auch wenn der Stand des Priesters und der Stand des Laien sich infolge der Verschiedenheit ihrer Aufgaben und Ämter unterscheiden, ist ihnen die Grundverfassung des Christseins als ein und dieselbe gemeinsam, weil sie zu einem Leibe berufen sind (Kol 3,15), . . .
Die gemeinsame christliche Berufung fordert durch die eine Taufe von Priestern und Laien gleichermaßen das Streben nach Heiligkeit, das in der Teilnahme am göttlichen Leben besteht (Cyrillus Hierosolymitanus, Catecheses, 21,2). Die Heiligkeit, zu der sie berufen sind, ist beim Priester nicht größer als beim Laien, denn der Laie ist kein Christ zweiter Klasse. Die Heiligkeit ist für Priester und Laien nichts anderes als die Vollkommenheit des

christlichen Lebens, die Fülle der Gotteskindschaft, denn wir sind alle gleicherweise Kinder vor Gott, unserem Vater, gleich welcher Dienst oder welches Amt auch immer dem einzelnen anvertraut sein mag."
(Alvaro del Portillo, Gläubige und Laien in der Kirche, Paderborn 1972, 32).

31 *Johannes Paul II.,* Apostolisches Schreiben an die Jugendlichen der Welt (Anm. 25), S. 20 f.

32 Ad gentes, Nr. 24.

33 Ebd., Nr. 23.

34 Ebd., Nr. 24. „Vocari a Deo dicuntur, qui a legitimis Ecclesiae ministris vocantur" (*Catechismus Romanus* p. 2 c 7 u. 3); Textangaben auch bei *L. Ravasi,* De vocatione u. *L. Sempé,* „Vocation" (Anm. 1).

35 „Wenn wir also die gesamte Aussage Christi (Mt 19, 3–11) entsprechend in Erwägung ziehen, wäre die Antwort folgende: wenn jemand sich für die Ehe entscheidet, muß er sich so für sie entscheiden, wie sie vom Schöpfer „im Anfang" eingesetzt wurde, er muß in ihr jene Werte suchen, die dem Plan Gottes entsprechen: wenn hingegen jemand beschließt, den Weg der Ehelosigkeit um des Himmelsreiches willen zu gehen, muß er die Werte suchen, die dieser Berufung eigen sind. Mit anderen Worten: er muß entsprechend der gewählten Berufung handeln."
(Johannes Paul II., Ansprache des Papstes bei der Generalaudienz am 21. April, L'Osservatore Romano 30. April 1982, Nr. 18.)

36 Presbyterorum ordinis, Nr. 16; Bischofssynode 1971; Brief *Johannes Paul II.* (8. 4. 79); *Paul VI.,* Sacerdotalis coelibatus, Nr. 15. Auch in den unierten Ostkirchen ist es nicht so, daß „die Priester heiraten können"; eine fortdauernde Ehe ist wegen der erforderlichen Zeichenhaftigkeit des Priesteramtes in seiner vollen Verwirklichung für das Bischofsamt ein Ausschließungsgrund.

37 *J. Stöhr,* Theologische Überlegungen zum Handeln ‚in persona Christi', in: Praesentia Christi, Festschrift Johannes Betz zum 70. Geburtstag, hrsg. v. *L. Lies,* Düsseldorf 1984, 261–277.

38 Predigt am 10. 5. 1981, L'Osservatore Romano (deutsch) Nr. 22, vom 29. 5. 1981, 8.

39 Vgl. *Johannes Paul II.,* Brief an die Priester vom 8. 4. 1979 n. 9.

40 *Ders.,* Redemptor hominis (Anm. 13), 57 f.

41 Osservatore Romano, 11./12. 5. 81; Deutsche Ausgabe vom 29. 5. 81, Nr. 22.

WOLFGANG BEINERT

Die Schuld und ihre Überwindung

Eine theologische Skizze

I. Die Situiertheit des Themas

Es bedarf keiner besonderen Begründung, weshalb theologische Überlegungen zur Sache von hoher Aktualität sind. Wer selber pastoral tätig ist, sieht sich mit ihr Tag für Tag konfrontiert. Nicht von ungefähr machen sich seit Jahren auch die Repräsentanten der Kirchenleitung von Amts wegen große Sorgen darum. Die Bischofssynode von 1983 und das daraus hervorgegangene Apostolische Schreiben „Reconciliatio et Paenitentia" Johannes Pauls II.[1] sind nur die jüngsten und öffentlichkeitswirksamsten Artikulationen. Können sie, können wir das Problem lösen, daß auf der einen Seite das Böse in der Welt erschreckend extensiv wie intensiv sich sehr mehrt, daß auf der anderen Seite die von der Kirche angebotenen Lösungswege und Lösungsmittel kaum beachtet werden? Auf schnelle Weise sicher nicht! Man darf nicht übersehen, daß der ganze Sachkomplex – die Problematik wie ihre Bewältigungsversuche – auch mit dem Erbe der Vergangenheit belastet ist. Das bedeutet, daß wir die Hilfe der Tradition in Anspruch nehmen können, das bedeutet aber nicht minder, daß ihre Fragwürdigkeiten immer noch Anfragen an die gegenwärtige Kirche sind. Es dauert wohl immer wenigstens eine ganze Generation, bis die faktische Gemengelage der Vergangenheit aufgearbeitet ist, bis sich das Bleibende aus dem Zeitgebundenen, das Gültige aus dem Peripheren herausgeschält hat.

Dazu zwei Erfahrungsberichte, der eine zum Thema Schuld, der andere zum Thema Überwindung. Beide stammen aus der Begegnung mit jungen Menschen, genauer: mit Theologiestudenten. Der erste Bericht: Eine Studentin, Mitglied eines Säkularinstituts, stellt in einem Seminar, in dem das Thema „Gott und das Leid" behandelt wird, die Frage: „Wie können wir wirklich das Leid der Welt mindern? Wenn ich Bananen kaufe und esse, dann fördere ich damit die Unterdrückung mittelamerikanischer Bananenanbauer; ich werde also schuldig!" Die Diskussion ergibt: Wenn wir keine Bananen essen, verhungern die Indios erst recht. Aber sind wir damit wirklich absolviert? Soviel zum Begriff „Schuld", der in unserem Thema steckt.

Der andere Bericht bezieht sich ebenfalls auf ein Seminar, diesmal zum Thema „Buße, Bußsakrament und christliche Existenz". Im Laufe der Lehrveranstaltung ist es gelungen, die Heilshaftigkeit und Heilsamkeit des vierten Sakraments für das eigene Leben herauszuarbeiten. Das war nicht leicht gewesen; immer wieder drohten ungute persönliche Erfahrungen mit dem Vollzug des Bußsakramentes alle theoretischen Erkenntnisse zu blockieren. Am Ende aber zeigt sich doch eine Einsicht, die ein Student auf die Formel bringt: „Warum hat man uns denn nie gesagt und klargemacht, daß es bei der Beichte um Versöhnung geht!" Diese Anekdote mag den anderen Thema-Begriff illustrieren – die Überwindung von Schuld.

Inwiefern erhellen die beiden Berichte die Situation? Es wird immer wieder geklagt, die Menschen hätten hierzulande kein Schuldbewußtsein mehr. Das aber sei der wahre Grund dafür, daß alle Rede von Sünde und Umkehr auf taube Ohren stoße. Ich wage das zu bestreiten. Wie jene Studentin denken heute viele Menschen. Sie haben sehr wohl ein Bewußtsein von Schuld, von eigener Schuld, von der Tragik dieser Schuld. Nur hat sich sozusagen der Bezugspunkt geändert. Die traditionelle katechetische Unterweisung bezog Sünde, Schuld und Erlösung immer nur auf Gott. Das ist natürlich grundsätzlich richtig: Wir werden das später selber betonen. Allerdings ist die Exklusivität falsch, mit der die These vorgetragen wurde. In der Perspektive der Bibel sind Gottes- und Nächstenliebe ein und dasselbe. Das hat zur Konsequenz, daß auch das Versagen dieser Liebe immer eine doppelte Konsequenz hat: Sie ist Schuld gleicherweise (wenn sicher auch nicht gleichermaßen) gegen Gott und die Menschen. Dabei ist für Gott die Verletzung des Nächsten offenbar viel gravierender als die Verletzung der eigenen Würde. Man braucht nur einmal die Lesungen anzusehen, die die liturgische Ordnung für die ersten Tage der österlichen Bußzeit vorschreibt: „Ist das ein Fasten, wie ich es liebe, . . . wenn man den Kopf neigt wie ein Schilfrohr und sich in Sack und Asche bettet? . . . Ist nicht das ein Fasten, wie ich es liebe: Ungerechte Fesseln lösen, Stricke des Jochs entfernen, Gefolterte freilassen, jedes Joch zerbrechen, dein Brot an die Hungrigen austeilen, Arme, die kein Obdach haben, aufnehmen, wenn du einen Nackten siehst, ihn bekleiden und deinen Bruder nicht im Stich lassen?“[2] „So spricht der Herr zu seinem Volk: Mach in deiner Mitte der Unterdrückung ein Ende . . . Reiche den Hungrigen dein Brot und sättige die Darbenden.“[3] Am Montag der ersten Fastenwoche lesen wir die Gesetzesvorschriften Lev 19 in Auszügen: Sie sind das Grundgesetz für ein Volk, das Gottes erwähltes Volk ist – und sie bestehen aus lauter sozialen Regeln. Die Belege lassen sich leicht vermehren. Das Neue Testament stellt sich unmißverständlich hinter diese Forderungen. Es mag nur an die Gerichtsrede Mt 25 erinnert werden, deren Tenor lautet: „Was ihr für einen meiner geringsten Brüder getan habt, (oder ihm verweigert habt), das habt ihr mir getan (bzw. verweigert).“[4] Wie das Votum des jungen Mädchens zeigt, steht diese soziale Dimension der Schuld heute wieder sehr deutlich im Bewußtsein, nachdem die Unterweisung sie fast vergessen hatte. Auch das erwähnte Papstschreiben vom 2. Dezember 1984 hebt sie mit klaren Worten ans Licht, wenn es lang und ausführlich vom sozialen Charakter der Sünde überhaupt und der besonderen Form der sozialen Sünde im Verstoß gegen die Pflichten hinsichtlich des Individuums, der Gesellschaft und der gesellschaftlichen Gruppen spricht.[5]

Das zweite, was im Zusammenhang mit den beiden Erfahrungsberichten zu sagen ist, betrifft in noch viel unmittelbarerer Weise die faktische Verkündigung von Schuld und Erlösung. Sie war zu lange gewissermaßen nur moraltheologisch orientiert, oder genauer noch: Sie war geprägt von moraltheologischer Kasuistik. Zu Beweis dessen braucht man sich nur klar zu werden, daß das eigentliche Heilsmittel zur Überwindung der Schuld, das Sakrament der Buße, immer noch unter dem Namen „Beichte“ läuft. Das ist eine Bezeichnung pars pro toto, wie es sie öfters gibt; hier aber ist sie besonders verhängnisvoll gewesen. Was nur ein erster Akt, nur Voraussetzung für das Versöhnungsgeschehen ist, wird zum eigentlichen zentralen Punkt, um den alles kreist – die Vorbereitung, der Vollzug und (in der Satisfactio) die Exekution. Was wunders, daß ein solches Sakrament odiös wird! *Reconciliatio* ist das wesentliche, so auch im Schreiben Johannes Pauls II.

Was nun kann die *Theologie,* die scheinbar so theoretische und praxisferne Wissenschaft, zur Behebung der Probleme beitragen? Noch einmal sei es wiederholt:

Rezepte kann sie, darf sie nicht anbieten. Aber sie darf und muß die Anstrengung des Begriffs machen und andere dazu auffordern, denen die Sache existentiell und amtlich am Herzen liegt. Im Zusammenhang mit der Bischofssynode 1983 erschien in der Zeitschrift „Communautés et Liturgie" ein Aufsatz von *Paul de Clerck* und *Robert Gantoy* mit dem Titel *„Vers un quatrième Régime pénitentiel?"*[6] Bisher, so sagen die Autoren, hat es drei Formen (régimes) des Bußwesens gegeben. Von der Mitte des dritten bis zur Wende zum siebten Jahrhundert war es strikt ekklesial ausgerichtet. Man konnte die Rekonziliation nur ein einziges Mal im Leben empfangen; sie war nur für die schweren Sünden gedacht. Es schloß sich bis zum 12. Jahrhundert die Tarifbuße an, die den sozialen Charakter der Schuld zurücktreten ließ und das Bußgeschehen in heute skurril anmutender Weise verrechtlichte. Vom Hochmittelalter bis zur Gegenwart war dann die Bekenntnisbuße mit der *confessio* als Mitte die herrschende Form. Auch sie bedarf, so die Verfasser, der Ablösung. Das vierte „régime pénitentiel" muß getragen sein vom Primat der Theologie vor der Moral. Damit wollen sie sagen: Eine Erneuerung des Bußwesens und damit ein effizienter Beitrag der Kirche zur Überwindung der Schuld ist nur möglich, wenn die Christen heute die Thematik im Rahmen der gesamten evangelischen Verkündigung und zugleich ihrer eigenen Existenz betrachten. Die Theologie bekommt, wenn das richtig ist, eine entscheidende Aufgabe. Sie hat die Fundamente einer ebenso an der Sache wie an der Zeit orientierten Verkündigung und Praxis der Pastoral zu legen, die sich der Schuld und ihrer Behebung widmet und die darin gar nichts anderes tut als in den Spuren Jesu Christi sein Heilshandeln präsent zu machen.

Unter dieser Perspektive sollen nun einige Aspekte der theologischen Anthropologie und der Gnadenlehre erörtert werden, die dann – ein letzter Schritt – einige praktische Anwendungen erlauben.

II. Die Anthropologie der Schuld

Die Schuld ist primär kein christliches, sondern ein menschliches Problem. Insofern freilich der Mensch Gottes Geschöpf seiner Herkunft nach und Gottes Gefährte seiner Zukunft nach ist und beides in der Vermittlung durch Christus, ist sie Thema der christlichen Lehre vom Menschen. Die Schuld ist auch mehr als nur ein Thema der Reflexion über sich selbst und über Gott. Besser gesagt: Sie ist dieses beides deswegen, weil Faktum und Erfahrung der Schuld für viele Menschen der unwiderstehliche Anlaß dafür sind, daß sie an Gott und Menschen zweifeln und verzweifeln. Bekanntlich unterscheidet man in der Theodizee zwischen dem *malum physicum,* dem naturbedingten Leid, und dem *malum morale,* der menschlichen Schuld.[7] Das erste wird bedingt durch die Kausalordnung in der Welt, die so ist, daß die stets gleichen physischen Effekte einmal zum Segen, ein anderes Mal zum Unheil des Menschen ausschlagen. Es scheint unvermeidbar, solange diese Welt nicht die beste aller Welten ist. Das eigentliche Problem scheint das *malum morale* zu sein. Es ist an den wirklich großen Katastrophen der Menschheit schuld, z. B. an den Kriegen; es stellt sich heraus, daß es auch an den persönlichen Unglücksfällen wie der Krankheit wenigstens weitgehend schuld ist: die Ärzte wissen heute, daß des Menschen größter Risikofaktor der Mensch ist[8]; schließlich werden heute die Grenzen zum malum physicum fließend: an der drohenden ökologischen Katastrophe ist wiederum der Mensch konstitutiv schuldig. Vielleicht müssen Naturkatastrophen sein; muß aber Schuld sein? Konnte Gott den Menschen nicht in der Weise frei konstruieren, daß er so auf das Gute hin ausgerichtet ist, daß er es nicht verfehlt? Das Phänomen der Schuld stellt die Gottesfrage in aller Schärfe!

Woher also kommt die Schuld? Die Antwort lautet: Sie ist die zwar nicht notwendige, aber leicht mögliche Folge der Menschlichkeit des Menschen überhaupt. Das bedarf der näheren Erläuterung.[9] Die Anthropologen aller Zonen und Zeiten stimmen bei allen Unterschieden im Detail doch darin überein, daß der Mensch in vielfacher Hinsicht ein Wesen der Mitte ist. Er ist, um mit *Karl Rahner* zu sprechen, „Geist in Welt"[10] – durch seinen Leib der Materie verbunden, durch seinen Geist der Transzendenz unendlich geöffnet. Er ist durch die Bedingtheiten seines Körpers an diese Welt gefesselt und vermag sich ihrer nur um den Preis des Lebens zu entledigen. Zugleich aber ist er in der Lage, durch seine personalen Kräfte alle diese Bindungen zu durchbrechen in eine fast grenzenlose Weite hinein. Damit und darin aber gewinnt er eine beispiellose Würde innerhalb der Schöpfungsgemeinschaft. Er ist ihre Krone und ihr Haupt, ihr Zentrum und ihr Orientierungspunkt. Er ist der bisherige Endpunkt der Evolution. Zu dieser Würde gehört seine Freiheit; zu seiner Freiheit wiederum gehört die Ausrichtung auf das Wahre, das Gute und das Schöne überhaupt und ohne Bedingung.

In keinem Moment aber ist diese Absolutheit absolut. Sie bleibt rückgebunden an die Welt. So ergibt sich die eigen- und einzigartige Gestalt des Menschen, die unter wechselnden Kennungen in der Anthropologie aller Formen angesprochen wird – Größe und Elend des Menschen, die unlösbar miteinander und ineinander verwoben sind. Er ist ein Paradoxon, das seine Paradoxalität als Last und Lust erlebt. Er ist, um mit *Aristoteles* und *Thomas* zu sprechen, „quodammodo omnia", kann aber die mittelalterliche Erkenntnis nie unterdrücken: „Inter faeces et urinas nascimur." Er ist, paradoxal gesprochen, *das absolut relative Absolutum.* Aus diesem Grund wird ihm die Position der Mitte zur Gefährdung. Er darf beides nicht aufgeben, seine Relativität nicht und nicht seine Absolutheit. Fällt er aus der Spannung heraus, die damit gegeben ist, fällt er aus seiner condition humaine heraus und verliert also seine Humanität.

Eine doppelte Entscheidungsmöglichkeit ist ihm gegeben, wenn er die Mitte aufgeben möchte, die so schwierig ist. Er vermag seine Endlichkeit zu verkennen und sich als *absolutes Absolutum* zu setzen. Das ist nach der Heiligen Schrift die Hybris, die superbia, der Stolz, der sich gegen Gott erhebt. Das ist für uns eine sehr leicht einsichtige Schuld; wir haben in der klassischen Tradition stets darüber nachgedacht. „Ihr werdet sein wie Gott." Wohin das führt, hat die christliche Ethik lange bedacht, freilich von unserer heutigen Sicht aus doch sehr theoretisch und ohne Sicht des eigentlichen Ernstfalls. Aber das vermeintliche Abstraktum ist gegenwärtig sehr konkret. Unsere Überheblichkeit ist uns gründlich vergangen, seit wir gesehen haben, daß der „Gotteskomplex" doch nur eine Form unter vielen Formen der Neurose ist.[11] Seitdem bedroht uns, wie ich meine, wesentlich mehr die andere Weise des Spannungsabfalls. Man kann die Mitte auch aufgeben sozusagen nicht im Start nach oben zur Überheblichkeit, sondern im Sturz nach unten in Richtung Kleinmut. Uns hat der Schwindel des Unendlichen gepackt. Wir drohen zu verzagen. Wir sind drauf und dran, uns selber mutlos aufzugeben. Wir wollen sozusagen *nur mehr relativ* sein und verraten das Absolutum, das unser Menschsein ausmacht. Daß auch dieses Schuld ist, geht uns kaum auf. Die großen Theologen des Mittelalters hatten da ein tieferes Gespür. Sie nannten diese Form des Verlusts der Mitte *acedia* und hielten sie für die schrecklichste aller Sünden. Sie zeugt von Angst, von mangelndem Gottes- und Selbstvertrauen; sie bringt mit sich Trostlosigkeit und Tatenlosigkeit, führt zu

Selbstaufgabe und Verdrossenheit. Sie mündet, alles in allem, in einem apokalyptischen Grauen. Wem fiele hier nicht ein und auf, wie viele Zeiterscheinungen aus dieser Haltung erklärt werden können: der schleichende Irrationalismus, der Leistungsabfall, die graue Weltverdrossenheit, der wie Rost sich überall einfressende Frust der jungen Generation, aber auch vieler Älterer? Sehen wir nicht auch schon mit beklemmender Deutlichkeit die Folgen: geistiger und kultureller Niedergang, schleichende Angst, biedere Ängstlichkeit, feige Verdrossenheit? So mag uns aufgehen, daß auch hier eine pestbringende Quelle der Schuld sprudelt.

Was Schuld als Verlust der Mitte zwischen Stolz und Kleinmut ist, wird noch klarer, wenn wir versuchen, diese Mitte selber ethisch zu qualifizieren. Die Alten bezeichneten die wahrhaft menschliche Grundtugend als *magnanimitas,* als großen Mut. Sie bewähre sich, so meinten sie, in jenen Einzeltugenden, die der Dreh- und Wendepunkt aller anderen sind: in den Kardinaltugenden Tapferkeit und Klugheit, Gerechtigkeit und maßvolle Zucht. Der große Mut zeigt sich darin, daß einer sich in der Mitte zwischen Relativität und Absolutheit durchhält, indem er den Mut hat, klein vor dem Absoluten und großzügig zu allen anderen zu sein.

Magnanimitas ist Demut vor Gott und Sorge für seine Geschöpfe, zuvörderst für den Mitmenschen. Sie nimmt so die Gestalt der Liebe an, die sich Gott wie den Kreaturen zuwendet. Liebe ist also die eigentliche und ureigene Form des Menschen, macht seine Humanität aus, ist Grundlage seiner Beziehungen zu sich (als dem, der in der Gottes- und Nächstenliebe zuhöchst sich selbst verwirklicht und damit auch sich selber liebt), zu Gott und zu den Menschen samt ihrer Welt.

Superbia und *acedia* und damit alle daraus sich ableitenden Formen der Schuld in allen ihren Weisen und Gestalten zeigen sich nun als Verlust der Liebe und damit – weil Liebe stets Freiheit voraussetzt – als ureigene Entscheidung des Menschen zum Bösen und weiter als Ursache des so belastenden *malum morale* samt dem daraus möglicherweise resultierenden *malum physicum.* Daraus ergibt sich wiederum die Tragik von Schuld und Sünde, das Verzweifelte und das Bedrohliche, das die Menschen wieder und wieder zur Reflexion veranlaßt. Auf der einen Seite scheint es befreiend, die lästige Position der Mitte aufzukündigen, ihr zu entrinnen – und ist nicht auch mit ihr das Mittelmaß verbunden? Liebe üben geht meistens nicht spektakulär vor sich, sondern in der Gewöhnlichkeit des Tagtäglichen vollzieht sie sich: in der Mühsal der Erziehung, im aseptischen Weiß der Krankenhäuser, in der schlichten Pfarr- und Schulpastoral, im Vollzug der Kollegialität und Familiarität – gerade dort, wo wir endlich einmal unsere Aggressionen loswerden möchten. Der tollkühne Aufschwung bringt dagegen Schlagzeilen, das Ausflippen ersehnte Ruhe. Doch das sind „les fleurs du mal". Was als Befreiung aufleuchtet, schlägt immer um in den falben Glanz des metaphysischen Elends. Denn die Aufgabe der Mitte ist, wie wir sahen, Verlust der Liebe. Wer also schuldig wird, kann nicht mehr lieben – und da beide Eskapaden ins gleiche münden und nur verschiedene Wege zum gleichen Ziel sind – auch hier berühren sich wieder einmal die Extreme –, folgen sie den gleichen Zwängen. Wer ins Abseits der *superbia* fällt, der kann zunächst Gott nicht mehr lieben. Das macht ja gerade seine Schuld in diesem Falle aus. Wer aber Gott nicht liebt, kann auch die Menschen nicht mehr lieben, weil sie als Geschöpfe Gottes allein ganz zu verstehen und somit auch zu lieben sind. Man könnte sie allenfalls unter Vorbehalt noch lieben. Aber Liebe ist ihrem Wesen nach ganzheitlich und total. Sie kann nur sagen: „Ich liebe dich – so wie du bist, mit allem, was du bist und hast." Also, müssen wir verdeutlichend hinzufügen, auch in Gott und von Gott her. Aber gerade und eben dieses vermag der Stolze nicht. Nicht sehr viel anders ist es beim

Kleinmütigen. Er steigt aus und sondert sich damit von den Menschen ab. Er gibt es auf, sich mit ihnen abzugeben. Sie verdienen es nicht und sind seiner nicht wert. Dann aber vermag ein solcher Alternativer auch Gott nicht mehr zu lieben. Denn die Menschen sind Menschen Gottes, Kinder seiner Liebe, Zielpunkt seines Handelns. Lieben ließe sich allenfalls noch ein abstrakter Gott, ein weltloses Absolutum. Doch das zu lieben wäre nicht nur ein Widerspruch in sich – wie sollte ich, ein Geist in Welt, einen weltlosen Gott lieben können? –, sondern auch unmöglich: es gibt nun einmal Welt und sie ist Gottes. Es resultiert das nämliche wie bei der superbia: Man müßte Gott unter Vorbehalt lieben – was noch viel weniger denkbar ist als im ersten Falle.

Aber bleibt nicht die *Eigenliebe?* Kann man nicht Trost suchen in dem Satz: „Alle denken an sich, nur ich denke an mich?" Es wäre wohl ein schlechter Trost: Wer Gott und Welt nicht liebt, sondern nur mehr sich, verfiele in eine schreckliche metaphysische Einsamkeit. Sie wäre ernstlich gar nicht durchzustehen: Wir sind somatisch wie psychisch beständig auf anderer Menschen Sorge angewiesen. Sie ist also nur mit Maßen möglich, doch auch dann noch schrecklich. Wer niemanden mehr liebt als sich selber, der kann nur mehr um sich selber kreisen, nur mehr sich selbst im Sinne haben. Er kann nicht mehr nach oben oder unten oder seitwärts blicken, sondern ist zum in sich verkrümmten Krüppel geworden. *„Curvatus in se ipsum"* – das ist bekanntlich auch eine Definition der Sünde . . . Doch nicht einmal die *incurvatio* gelingt! Denn wer sich wirklich liebt, der muß sich als Kreatur und als Sozialwesen lieben, will er wirklich *sich selber* ganz und gar lieben. Aber das geht ja nicht, weil er Gottes- und Menschenliebe verweigert.

So mündet Schuld in Tragik. Sie nimmt schon in dem Sinne universale Ausmaße an, als sie jedesmal alle möglichen Beziehungsebenen des Schuldigen affiziert: die der eigenen Humanität, die der Verherrlichung Gottes und die der Würde der Kreaturen. Diese Allgemeinheit konkretisiert sich dann in den ungezählten Weisen handfester Sünde, die nach Zeit, Ort und Ausmaß variiert, aber unabdingbar Elend zur Folge hat. Das *malum morale* mit allen seinen Schrecken wird zum Ereignis.

Und wie steht es mit Gott? Konnte er das nicht verhindern? Man muß – ohne das hier ganz entfalten zu können – schlicht sagen: Nein, wenn er denn überhaupt freien Geist in bedingter Welt haben will, also jene Spannung konstitutiv sein läßt, die gerade das Wesen des Menschen ausmacht. Aber wird dann nicht doch jede Theodizee zuschanden, wenn Schuld unvermeidlich ist, unvermeidlich zwar nicht ontologisch, aber doch faktisch? Der Unterschied macht in der Praxis doch nicht viel aus. Diese Fragen führen uns zum zweiten Implikat unseres Themas – zur Frage der Schuldüberwindung. Sie ist im Gegensatz zur ersten eine ausdrückliche Frage des Christentums und an das Christentum.

III. Die Theologie der Gnade

Kehren wir noch einmal zurück zur Universalität der Sünde, d. h. grundsätzlich jedes schuldhaften menschlichen Verhaltens. Sie ist einmal dadurch gegeben, wie wir sagten, daß der Sünder alle möglichen Ebenen seiner menschlichen Bezughaftigkeit – sich selber, Gott und die Menschen mit ihrer Welt – beeinflußt, oder genauer, beeinträchtigt. Man kann aber – im Zusammenhang damit – auch noch von einer anderen Universalität sprechen, die nicht so leicht ins Auge fällt, obschon gerade sie der Anlaß des Verhängnisses unserer Situation ist. Jedes schuldhafte Verhalten hat die nämlichen Konsequenzen wie ein Stein, der ins Wasser geworfen wird. Unmittelbar ist die Beeinträchtigung der Oberflächenspannung vielleicht nicht sehr groß, aber nach physikalischem Gesetz wird schlußendlich die ganze Wasserfläche in Mitleidenschaft gezogen – und sei sie meeresgroß. So auch bei der Sünde. Die direkten Auswirkungen mögen kaum der Rede wert sein: Was soll man schon groß Aufhebens machen von einer kleinen Schwarzarbeit oder einer nicht ganz gerechten Note in der Schule? Hat nicht der birnenstehlende Augustinus gewaltig übertrieben in seinen *Confessiones*[12]? Natürlich: ein Massenmord ist spektakulärer, eine politische Intrige offenbart rascher ihre Schlechtigkeit. Aber ist das andere wirklich so banal? Schwarzarbeit schädigt die ganze Volkswirtschaft, die heute ein unüberschaubares Netzwerk von Abhängigkeiten und Verflechtungen ist, bei dem jeder Faktor in die Gesamtrechnung eingeht und möglicherweise das Gleichgewicht der Kräfte verändert. Die kleine Ungerechtigkeit des Lehrers kann das Vertrauen des jungen Menschen nachhaltig erschüttern mit unübersehbaren Folgen für sein Leben, sein Verhalten zu anderen Menschen. Wir wissen doch aus vielen Biographien Krimineller, daß am Anfang der schiefen Ebene ein solcher Vertrauensverlust gestanden hat.

Wie dem auch immer im einzelnen sei – Schuld gebiert Schuld, Sünde hat Sünde als Reaktion. Die ganze Ordnung gerät aus den Fugen. Wir nennen das heute gern die unheile Welt, die nun einmal so sei, wie sie ist. Die Heilige Schrift spricht das gleiche Phänomen unter dem Stichwort *„Sünde der Welt“* an.[13] Die *Sünden* im Plural – akkumulieren, summieren, ja qualifizieren sich zu *der* Sünde – im Singular. Sie hat dadurch neue Qualität gewonnen, daß sie aus einem Subjektiven (den Fehlentscheidungen einzelner Individuen) zu einem Objektiven geworden ist, dessen Bosheit unübersehbar ist, aber nun nicht mehr behoben werden kann. Noch einmal wittern wir die Tragik der Schuld. Sie ist in jenem dilemmatischen Gefühl des jungen Mädchens empfunden, das da meint, Bananen essen sei nicht mehr möglich, ohne sich zu verfehlen. Darüber mag man lächeln, vor der Sache selber kann einem jedes Lachen nur eingefrieren. Sie macht sich – um ein paar belastendere Beispiele zu nennen –, in allen den Antinomien bemerkbar, die heute die Öffentlichkeit umtreiben: Frieden und Rüstung, Arbeitsplatzsicherung und Umweltschädigung, Energieversorgung und Atomgefahren. Man kann offenbar das Positivum immer nur im Negativum haben und weiß dabei nicht, ob nicht das Negativum das Positivum auffressen wird.

Schuld universalisiert sich also immer zu einer objektiven Beeinträchtigung des Kosmos. Jeder vermag sie durch jede Sünde in die Wege zu leiten. Aber keiner vermag sie durch noch so viel Anstrengung aus der Welt zu schaffen. Die *magnanimitas* verhütet die Unmenschlichkeit, aber die geschehene Unmenschlichkeit kann sie nicht mehr aufarbeiten. Was einmal geschehen ist, bleibt geschehen. Und keiner kann vorher wissen, wie groß der See ist, den er mit dem Stein seiner Sünde aufrührt. Wenn dieser einmal hineingefallen ist, ist durch keine Macht der Welt mehr Einhalt zu gebieten möglich.

Haargenau in diese Situation trifft die biblische Botschaft. Sie hat eigentlich nur einen Inhalt. Paulus hat ihn auf die Kurzformel gebracht: „Wo die Sünde mächtig wurde, da ist die Gnade übergroß geworden“ (Röm 5, 20 b). Von den ersten Seiten der Heiligen Schrift bis zur letzten kreist die Offenbarungsbotschaft um diese Tatsache und ist genau darin *Euangelion,* frohe und befreiende Kunde. Ist die Schuld des Menschen der Ausbruch aus der ihm von Gott wesensmäßig auferlegten Spannung seiner Humanität, so ist die Gnade die unzerstörbare Treue Gottes zum Humanum, was konkret heißt: zum Sünder, zu *diesem* Sünder, zu *mir* Sünder. Gott ist voll Erbarmen, sagt Johannes Paul II. in „Reconciliatio et Paenitentia“, und verschließt wie der Vater im Gleichnis vom verlorenen Sohn „sein Herz vor keinem seiner Kinder“. „Er wartet auf sie und sucht sie; er erreicht sie dort, wo ihre Verweigerung der Gemeinschaft sie zu Gefangenen ihrer Einsamkeit und Trennung macht; er ruft sie, sich wieder um seinen Tisch zu versammeln und sich über das Fest der Vergebung und Versöhnung zu freuen.“[14]

Diese Superabundanz der Gnade vor der Abundanz der Sünde geschieht in geschichtlicher Weise – wir nennen den Prozeß die Heilsgeschichte – und damit in der Weise der Vermittlung. Gott handelt nicht nur am Menschen von oben her, er schmiegt sich in seinem Handeln liebend in die condition humaine ein, indem er Mit-Mensch wird. Jesus Christus ist, mit einem Wort, das historische Zentrum der liebenden Treue Gottes und die Macht, die die Schuld der Welt überwindet, indem sie ohnmächtig von der Schuld sich überwältigen läßt. Sein Tod am Kreuz wird zum Koinzidenzpunkt des Bösen überhaupt: Er ist tiefstes *malum physicum,* das provoziert ist vom schlechthinnigen *malum morale:* Gott wird um Gottes willen ins Leid des Todes geschickt! Nicht anders als dadurch und darin aber wird die Welt aus ihrer Schuld gelöst. Der Sündenlose wird zur Sünde und darin wird die Allmächtigkeit der Sünde aufgehoben, die sich in der Ausweglosigkeit des Todes verdeutlicht. Ostern ist nunmehr das unübersehbare Realzeichen dafür, daß die letzte Realität das Heil, nicht das Unheil ist.

Der Prozeß dieser Gnadenmittlerschaft aber geht durch die Zeiten weiter. Denn anthropo-logischerweise wird nicht die Potenz zur Sünde aufgehoben: dann wäre menschliche Freiheit der condition humaine ja nach Christus nicht mehr gegeben. Wohl aber bleibt die Unausweichlichkeit und Unentrinnbarkeit, bleibt das Tragische der Schuld genommen: es bietet sich die Möglichkeit, die Gnade zum Sieg gelangen zu lassen. Das geschieht konkret durch die Kirche, sofern sie im Auftrag und in der Vollmacht des Ursakramentes der Gnade, das Jesus Christus ist, selber sakramentale Qualität hat und jene Fülle der sakramentalen Vermittlungen freigibt, die in der Zahl der Fülle „sieben“ angedeutet ist, sich aber, wie die moderne Theologie in Konsonanz mit der Theologie der Väter und des Mittelalters nachgewiesen hat, weiter ausfaltet als in den numerisch sieben Zeichen des Heiles.

Damit aber sind wir beim letzten Punkt unserer Skizze angelangt: Wie überwinden denn wir hier und heute Schuld?

IV. Die Überwindung der Schuld in der versöhnenden Gnade

Wenn das Wesen der Schuld im Verlust der *magnanimitas* als Verlust der Liebe besteht, dann besteht ihre Überwindung in der Gesinnung großmütiger Liebe, die freilich gerade nicht durch die eigene Anstrengung ermöglicht ist, sondern durch das Geschenk jener Gnade, die selber nichts anderes ist als die Zuwendung des liebenden Gottes zu den Menschen, zu *dem* Menschen, der je *dieser* Sünder ist, zu *mir* als Sünder. Die Universalität der Sünde wird überwunden durch die Universalität dieser Liebe Gottes, die sich jedem Menschen zuwendet. Damit sie freilich zum Ziel kommt, ist die freie Annahme dieser Gabe durch den Menschen erforderlich. Denn Liebe kommt erst dann ganz zum Austrag, wenn sie frei und personal erwidert wird. Die Geschichte ist so seit Kreuz und Auferstehung Jesu Christi ganz und gar umfangen von der Liebe Gottes, die wir Gnade nennen. Die Antwort darauf und damit die persönliche Befreiung von der Schuld besteht darin, daß sich der Mensch je und je Gott zuwendet, indem er die Wirklichkeit der Gnade *er*kennt, *an*erkennt und *be*kennt. Weil sie eine umfassende Realität ist, die zuerst im Widerspiel von Gottes- und Menschenliebe geschieht und darin alle anderen Menschen als Gotteskinder einbezieht und mit den Menschen zugleich auch deren Welt liebend mit umfängt, wird die ganze Wirklichkeit des Menschen in allen ihren Bezügen aus ihrer schuldhaften Isolation befreit und wieder ins Spiel der Gottesliebe einbezogen. So wird Schuld durch Liebe besiegt. Den Vorgang selber bezeichnet die Bibel als „Umkehr" (*metanoia*), die Sprache der Kirche als „Buße".

Hiermit haben wir freilich nur die objektive und notwendig ein wenig abstrakt bleibende Seite ins Licht gerückt. Damit haben wir nicht wenig erreicht, wenn es wahr ist, daß eine wichtige Ursache des Verlusts der Bußgesinnung in der Kirche im Verlust einer integralen Theologie der Buße besteht. Wir haben die theologischen Dimensionen aufgezeigt – oder mindestens das zu tun versucht. Aber damit ist noch nicht alles geschehen, was konkret zur Behebung der mißlichen Lage getan werden kann. Wir müssen deutlicher reden. Der Teufel steckt gerade hier im Detail. Das zeigt sich nicht zuletzt daran, daß es kaum möglich ist, alle die Winkel aufzuspüren, in denen er sich verborgen hält. Ein paar zu nennen, sei unternommen. Diese Überlegungen wollen nicht mehr sein als eine Skizze, eine Anregung, ein Anstoß. Mit ihnen soll nicht alles gesagt, aber alles in Bewegung gebracht werden – in Richtung auf Überwindung der Schuld.

Eine wesentliche Aufgabe der Bußpastoral wird es angesichts der eingangs geschilderten Situation sein, die Positivität der Umkehr besser zu verdeutlichen. Sie ist als Vollzug von Liebe zu charakterisieren. Wenn ein Mensch einen anderen gern hat, dann ist das ein Ereignis, das zu den Höhepunkten des Lebens zählt. Freilich bedarf es des Einsatzes aller Kräfte. Das hat zur Folge, daß diese auf den geliebten Menschen konzentriert werden müssen und somit für andere Gegebenheiten nicht mehr verfüglich sind. Dieses letztere ist der negative Aspekt, der auch zur Buße als Metanoia gehört. Aber er ist sekundär, logische Konsequenz aus einem unbestreitbaren Gut. Man darf ihn nicht überbetonen, auf ihn nicht das ganze Licht der Scheinwerfer richten, wie das die alte Bußerziehung, geprägt vom Aszetentum mönchischer Spiritualität, gern getan hat. Denn die Positivität dieser Liebe übersteigt die Schönheit aller anderen denkbaren menschlichen Liebe. Wer sich nur *einem* Menschen zuwendet, bleibt innerhalb der Kontingenz des Menschlichen: Die Konzentration seiner Liebe auf diesen *einen* läßt notwendig andere im Schatten stehen. Bei der Gottesliebe, die die Buße ist, verhält es sich anders: Wenn man Gott liebt, liebt man in großer Unmittelbarkeit alles, was von Gott kommt – also auch die Schöpfung. Gottesliebe zieht nicht ab, sie füllt auf. Sie bereichert wie keine andere Liebe. Sie weitet auch die Menschenliebe um ein Unendliches. Denn wer in Gott die Menschen liebt, der liebt in den Menschen zugleich Gott in einem einzigen Akt.

Zur Vermittlung der Positivität des Bußgeschehens gehört auch die Vermittlung seiner ekklesialen Dimension. Die *magnanimitas* humaner Liebe umgreift stets auch die Gemeinschaft. Die Gemeinschaft der gottgeliebten Menschen in der Nachfolge Christi aber ist die Kirche. So kann man Buße immer nur in der Kirche und mittels der Kirche vollziehen. Sie ist nicht Hindernis, sondern Hilfe auf dem Weg zu Gott, weil sie als ganze Gottes Volk auf der Wanderschaft zu Gott ist. Man kann nicht verhehlen, daß gerade an dieser Stelle die Praxis ihre Probleme aufwerfen wird. Die heilige Kirche ist bekanntlich auch die Kirche der Sünder. Sie ist die keusche Braut Christi und die Hure, die die Ehe bricht. Sie bedarf, mit einem Wort, der Bußgesinnung selber. Und weil man die Kirche nicht vivisezieren kann, weil man sie nicht in einen guten und einen bösen Teil auseinanderdividieren kann, ist die Aufforderung zur Buße zuallererst auch ein Appell an sich selber. Buße der Kirche ist, mit anderen Worten, Reform der Kirche.

Dieses Wort ist seit dem Konzil heute fast wieder obsolet geworden. Man liebt Mahnungen an die eigene Adresse nicht mehr. Zu beobachten ist ein Trend, der zur Urständ der alten Apologetik führen wird: Man gerät in die Versuchung, den echten Dialog, die offene Auseinandersetzung zu verweigern und sehnt sich statt dessen nach dem sogenannten klaren Wort, der strengen Weisung, der unhinterfragten Leitlinie fürs eigene Handeln. Die Wirklichkeit droht wieder zu zerfallen in eine helle Seite, die mit der Kirche identisch ist, und eine dunkle, die alles andere einhüllt. Der Geist der *magnanimitas* ist das freilich nicht. So werden wir als Diener der Kirche auch ständig die Frage aufwerfen müssen, ob unser Handeln nicht nur orthodox, sondern auch, ob es kerygmatisch ist. Kann man an unserem Verhalten, an unserem Mut, an unserem Aushalten der Spannung, an unserer Humanität erkennen, daß wir erfüllt sind von der Menschenliebe Gottes als gottliebende Menschen? Sind wir immer auf der Hut, das Gesetz der Vermittlung zu bewahren, ohne uns an die Stelle Gottes selber zu setzen, also der *superbia* zu verfallen? Ist die Glaubensgemeinschaft bereit, mit offenem Visier in wahrhaft katholischer Haltung die Sorgen der Menschen ernst zu nehmen oder versinkt sie ängstlich in *Kleinmut,* wenn man Fragen an sie oder sie sogar in Frage stellt? Von der Antwort auf solche Fragen wird es wesentlich abhängen, ob die ekklesiale Dimension der Buße akzeptiert und damit also Buße ins Werk gesetzt wird.

Denn Buße ist ein sakramentales Geschehen. Das heißt nicht nur, daß sich Buße durch kirchliche Vollzüge konkretisiert, sondern auch, daß sie selber als Gemeinschaft von Büßern Ereignis der Liebe aus der Gnade ist. Die Einigung mit Gott und mit der Menschheit ist faktisch das Positivum, das aus der Sünde resultiert. So ist Kirchlichkeit selber Umkehr und Liebe in der Tat. Auf diesem Hintergrund ist dann auch das Bußsakrament im engeren Sinne als das vierte der tridentinischen Sakramente verständlich zu machen. Es darf freilich nicht mehr isoliert verstanden werden. Auch im Apostolischen Schreiben „Reconciliatio et Paenitentia" wird es als ein Element neben Dialog, Katechese und den anderen Heilszeichen betrachtet.[15] Aber es bleibt ein wichtiger Detailvollzug, das konkrete Zeichen der tatsächlichen Versöhnung. Als solches muß es viel deutlicher, als bisher in der Katechese geschehen, ins Bewußtsein gerufen werden. Man kann gar nicht laut genug betonen, daß es das Ostergeschenk des Herrn ist. Es bezieht sich auf den Tag der Freude aller Freuden; nichts Dunkles haftet ihm an. Doch ist das auch die Erfahrung, die wir vermitteln, die die Poenitenten machen?

Die Schuld und ihre Überwindung war das Thema dieser Skizze, die wir hier nicht so sehr beenden als abbrechen. Sie endet nicht mit einer Antwort, sondern mit Fragen. Aber diese Fragen kommen nicht mehr aus der Ratlosigkeit, sondern aus der Freude, die die Erfahrung der Liebe Gottes schenkt. Sie hat die Schuld besiegt. Indem wir uns ihr öffnen und von ihr durchströmt werden, stehen wir selber im Dienst der Versöhnung und gewinnen sie. Jene *magnanimitas,* die das Kennzeichen humaner Menschlichkeit ist, wird dadurch zum Erweis der Nachfolge Christi. Erst so aber ist sie möglich. Erst so weicht die Schuld der Vergebung.

Anmerkungen

1 *Johannes Paul II.,* Apostolisches Schreiben im Anschluß an die Bischofssynode „Reconciliatio et paenitentia" (= RP). 2. Dezember 1984, in: Verlautbarungen des Apostolischen Stuhls 60.
2 Lesung vom Freitag nach dem Aschermittwoch: Jes 58, 5–7.
3 Lesung vom Samstag nach dem Aschermittwoch: Jes 58, 9 b.
4 Vgl. Mt 25, 40.45.
5 RP (Anm. 1), Nr. 16.
6 Communautés et Liturgie 3 (1983) 191–212.
7 Vgl. *W. Beinert,* Das Böse – der Schatten auf Gottes guter Welt, in: ThPQ 132 (1984) 161–170.
8 Vgl. *H. Schaefer,* Heilen und Heil, in: Arzt und Christ 27 (1981) 21–31.
9 Vgl. *W. Kasper,* Anthropologische Aspekte der Buße, in: ThQ 183 (1983) 96–109.
10 *K. Rahner,* Geist in Welt. Zur Metaphysik der endlichen Erkenntnis bei Thomas von Aquin, Innsbruck 1939.
11 Vgl. *H. E. Richter,* Der Gotteskomplex. Die Geburt und die Krise des Glaubens an die Allmacht des Menschen, Reinbek/Hamburg 1979.
12 *Augustinus,* Conf. II, 4, in: PL 32, 693 f.
13 Vor allem so bei Joh, etwa 1, 29; 8, 30.34; 16, 8.
14 RP (Anm. 1), Nr. 10.
15 Ebd., Nr. 24–27.

VOLKER EID

Hoffnung für die Schöpfung?

Zur theologisch-ethischen Grundlegung eines anthropozentrischen Schöpfungsverständnisses

I. Zur Fragestellung

Nach einer in der jüdisch-christlichen Glaubenstradition tief verankerten Überzeugung hat Gott das Schicksal der Schöpfung, das Schicksal der erkenn- und handhabbaren Welt in die Verantwortung der Menschen gelegt. Diese Glaubensüberzeugung mag einem angesichts der unabsehbaren und übermächtigen Weite und Dichte des Makro-, wie auch des Mikrokosmos vielleicht hybride vorkommen. Es läßt sich indessen nicht leugnen, daß die bislang freilich erst äußerst fragmentarische Welterfassung noch keine andere Spezies als den Menschen aufgetan hat, die in gleicher oder halbwegs ähnlicher Weise wie das animal rationale fähig wäre, planend und gestaltend die gegebene Welt zu erforschen und zu bearbeiten.

Im bisherigen Gang der geschichtlichen Entfaltung des menschlichen Zugriffes auf die Welt äußerte sich Weltgestaltung so gut wie ununterbrochen in der Ermöglichung immer neuer Fort-Schritte, in der Aufdeckung immer neuer Einsichten und Entfaltungspotenzen bis hin zu den ungeheuren terrestrischen und extraterrestrischen Möglichkeiten des industriellen und des postindustriellen Zeitalters. Aber genau mitten in diesem Zeitalter großartigster Fortschritte zwingen uns nun die Lebensverhältnisse zu der bestürzenden Feststellung, daß die Entfaltungspotenzen zumindest unserer unmittelbaren Lebenswelt begrenzt sind und daß menschliche Weltgestaltung viel stärker einen Fortschritt im Verbrauch und auch im Mißbrauch der Resourcen unserer Welt im Gefolge hatte und hat, als einen Fortschritt der Weltpflege und Weltbewahrung. Wir stehen in vielerlei Hinsicht vor dem erkennbaren Ende von Energierohstoffen; unserer Lebenswelt drohen Auslaugung und chemische Überbelastung (Vergiftung); viele Rohstoffe werden zu ungeheuren Rüstungszwecken verbraucht, ohne daß dabei reale Lebenswerte geschaffen würden, im Gegenteil. Das Umkippen unserer Fort-Schritte durch Überstrapazierung unserer Welt hat dazu noch starke Einbußen der Lebensqualität zur Folge: die gigantische Verarmung und tödliche Not in weiten Teilen der sog. Dritten Welt; nicht weniger aber auch die Überlastung durch Zivilisationskrankheiten und physische sowie psychische Streßphänomene in der Welt der reicheren Industrienationen. Und selbst gegenüber dem unbestreitbaren realen Fortschritt, etwa in der Medizin und in der Technik überhaupt, können wir uns nicht mehr den gegebenen Möglichkeiten kritiklos-vertrauend einfach überlassen. Wir müssen uns auf so gut wie allen Lebensgebieten, den privaten genauso wie den öffentlichen der Wirtschaft, der Politik, der Technik (Verkehr) und der Wissenschaft, fragen, ob denn das, was wir können, nicht die Qualität menschlicher Existenz und die Qualität der Lebenswelt teilweise so sehr verletzt und bedroht, daß wir uns selbst Maßstäbe dessen setzen müssen, was wir angesichts der Gefährdungen dürfen bzw. nicht dürfen.

Die Frage ist, ob wir für die Gestaltung dieser Maßstäbe im biblischen Schöpfungsverständnis eine grundlegende Basis finden können. Diese Frage ist aber nicht leicht zu beantworten. Denn jene Grundaussagen des Alten Testamentes, welche ein anthropozentrisches Schöpfungsverständnis bekunden, sind in den Verdacht geraten, ein ausbeuterisches kolonialistisches Verhalten gegenüber der Welt nicht nur gefördert, sondern sogar wesentlich mit-begründet zu haben.[1] Dieser Verdacht steht im Kontext jener neu aufbrechenden Welt-Anschauung, die dem Menschen ein distanziert-ausbeuterisches Grundverhalten zuschreibt, welches der eigenständigen Wert-Qualität der Welt stracks widerspricht. Es gelte, Abschied zu nehmen von jener Anthropozentrik, die eine Welt-Überlegenheit des Menschen behaupte, die zur imperialistisch-aggressiven Unterwerfung ermuntere und legitimiere.

Solange die Wirkgeschichte der biblischen Schöpfungsberichte, insbesondere die tatsächliche Wirkgeschichte des priesterschriftlichen Weltgestaltungsauftrags (Gen 1, 26 ff.) in dieser Hinsicht nicht stärker geklärt ist, lassen sich die Vorwürfe nicht eindeutig begründen, just das biblische Schöpfungs- und Weltverständnis habe zu den „gnadenlosen Folgen" zunehmender Ausbeutung und Zerstörung geführt. Eher dürfte es so sein, daß die laut Max Horkheimer und Theodor W. Adorno[2] schon sehr früh in der abendländischen Zivilisation einsetzende „Dialektik der Aufklärung" dafür sorgte, die Welt in fortschrittlicher Weise als beherrschbare und auszubeutende Resourcenquelle des Menschen zu verstehen und zu gebrauchen, auch zu mißbrauchen. Und es sieht allerdings so aus, als ob jüdisch-christliche Kulturtradition ihrerseits zum Opfer und als solches zum Handlanger dieser Dialektik der Aufklärung geworden sei.

„Dialektik der Aufklärung" besagt etwa dies: Die Entmagisierung der Welt durch immer differenziertere und zugleich umfassendere Erkenntnis der Lebensbedingungen und ihrer integralen Zusammenhänge bringt zweifellos Befreiung und Entlastung; und sie bringt immer bessere Möglichkeiten und Fähigkeiten, Welt als menschliche Heimat angstfrei zu begreifen und lebensfördernd zu gestalten. Gleichwohl wächst damit aber auch die Möglichkeit des ausbeuterischen, auftrumpfenden Mißbrauchs, es wächst also die Gefahr einer zerstörerischen Beherrschung der Lebenswelt. Und zwar ganz offensichtlich deshalb, weil wir Menschen über das Maß des für uns Lebens-Notwendigen hinaus maßlos und gierig sein können. Aufklärung ist einerseits notwendig zur Selbstbefreiung und Selbstbestimmung des Menschen, in dialektischem Umschlag kann sie aber andererseits – zum letztlich ja tödlichen Schaden für den Menschen selbst – umkippen zu Machbarkeitswahn und zum niemals befriedigten Haben-Wollen (Konsumismus).[2a]

Was kann nun angesichts dieses Befundes über das anthropozentrische Schöpfungsverständnis gesagt werden? Müssen wir uns im Interesse der Qualität und Dignität unserer Welt davon distanzieren oder kann es positiv aufgenommen und gewürdigt werden, ja, kann es vielleicht sogar als Basis eines erneuerten Verhaltens gegenüber und inmitten der Schöpfung begriffen werden?

II. Was bedeutet „anthropozentrisches Schöpfungsverständnis"?[3]

A. Zur Reflexion der alttestamentlichen Aussagen[4]

Nach dem älteren, dem jahwistischen Schöpfungsbericht (Gen 2, 4 b–26) erschafft Gott den Menschen am Beginn von allem, noch bevor er die Lebenswelt erschafft. Als er dann den Garten Eden errichtet hat, setzt er den Menschen hinein, „damit er ihn bebaue und bewache". Dieser Geschichte eignet ein sehr unmittelbares Schöpfungsverständnis mit eindeutigen Grundaussagen: Der Mensch ist von Gott zusammengebaut worden, Gott hat ihn in einem sowohl hoheitlichen wie „handwerklichen" Akt den Lebensodem eingehaucht. Der Mensch soll mit der Welt umgehen, sie als seine Lebenswelt gebrauchen und also auch gestalten. Den Tieren soll er ihren Namen geben, ihnen solcherart Platz anweisen im Gefüge der Welt. Eine ihm entsprechende, ihn ergänzende Hilfe wird erst noch geschaffen: die Frau. Mann und Frau zusammen brechen dann den Gehorsam gegen Gott. Ihre Tat hat nicht nur für sie selbst schicksalhafte Bedeutung, sondern auch für ihre Welt.

Der Mensch wird hier begriffen als von Gott bestellter Handlungsträger der Schöpfung. Er ist nicht außerhalb, nicht über der Schöpfung, nicht von ihr getrennt. Wohl aber ist die Schöpfung der Ort seines Lebens; er ist auf sie angewiesen, sie aber auch ganz wesentlich auf ihn; er baut sie aus und gestaltet sie: ein typisch anthropozentrisches Grundverständnis.

Der jüngere priesterschriftliche Schöpfungsbericht (Gen 1, 1–2, 4 a) bezeichnet den Menschen als abschließenden Höhepunkt der Schöpfung. Mit viel Detail-Interesse wird zunächst geschildert, wie Gott die Erde schafft, die Pflanzen und Tiere usw. Schließlich wird die Erschaffung des Menschen „nach dem Bild und der Ähnlichkeit" Gottes sehr feierlich dargestellt, durchaus abgehoben und hervorgehoben gegenüber der übrigen Schöpfung. Die Erschaffung des Menschen stellt den kompositorischen und damit auch inhaltlichen Gipfelpunkt der ganzen Erzählung dar: „Erst mit dem Menschen (sc. dem Bild Gottes) als seinem Scheitelpunkt erhält das gesamte Schöpfungswerk seinen gültigen Ausdruck"[5] und gewissermaßen seine volle Identität.

Man kann darüber streiten, was sich die Priesterschrift unter „Bild und Ähnlichkeit" Gottes näherhin vorstellt; jedenfalls wird der Mensch in der Gesamtheit seiner leiblich-seelischen und zweigeschlechtlichen Existenz als der Beauftragte, als der Mandatar Gottes in der Welt verstanden.[6] Dabei ist nach A. Ganoczy[7] der „interaktive Zug" hervorzuheben: Der Mensch ist nach der Priesterschrift ‚dazu geschaffen, damit etwas zwischen Gott und ihm geschehe und sein Leben darin einen Sinn bekomme'. Die Spitze der Schöpfungspyramide ist zur Entsprechung, zum dialogfähigen Gegenüber des Schöpfers erschaffen worden." Und gerade darin zeigt sich der Sinn dessen, daß zum „bara" (erschaffen) das „barak" (segnen) Gottes kommt (Gen 1, 28 ff.): „Gott segnete sie, und Gott sprach zu ihnen: Seid fruchtbar, und vermehrt euch, bevölkert die Erde, unterwerft sie euch, und herrscht über die Fische des Meeres, über die Vögel des Himmels . . ." Dieser Segen, der ja nach der Katastrophe der großen Flut in charakteristischer Weise wiederholt wird (Gen 9, 1–7), bezeichnet zwar nur die Herrschaft des Menschen über die belebte Welt der Tiere und Pflanzen, hat auch vor allem die Frage der Nahrung als Lebensfristung im Visier; dennoch steckt darin eine grundsätzliche Ermächtigung des Menschen zur gestalterischen Beherrschung der ihn umgebenden Schöpfung.

Kein Zweifel, der hebräische Wortsinn von „unterwerfen" und „herrschen" meint ein sehr nachdrückliches Besitzergreifen, und zwar in einer Sprache, die sonst zum Schildern von Eroberung und von ausgespielter Herrschermacht gebraucht wird. Man würde aber dem Text nicht gerecht, wenn man ihn sofort und ungeprüft im Kontext heutiger Erfahrung vom Mißbrauch, von der Mißherrschaft des Menschen im Verhältnis zur Schöpfung interpretieren würde. Denn zunächst ist er sicher zu verstehen als Ausdruck der Erfahrungs-Erkenntnis, daß die Schöpfung in all ihrer vom Schöpfer her gegebenen Qualität nichts grundsätzlich Bedrohliches an sich hat, daß nicht der Mensch ihr unterworfen ist, daß sie vielmehr ihm zugeordnet ist. Insofern kann man sagen, das „barak" Gottes „trägt Kräfte des Begründens, des Respektes, des Wohlwollens und des Zum-Ziele-Führens in sich. Es will die progressive Selbstwerdung seiner Schöpfungen."[8] Darin liegen Zulastung, Ermunterung und Freigabe in einem: die Ermächtigung des Menschen bei gleichzeitiger Betonung seiner Verantwortung. Es liegt darin auch die Zusage des wohlwollenden Mit-Seins Gottes.

Insgesamt sind die Schöpfungsberichte im Blick auf unser Thema wohl so zu verstehen: Es geht darum, die Welt als große, vom Schöpfer eröffnete Möglichkeit zu verstehen. Der Mensch ist dasjenige Wesen, das sich nicht nur selbst inmitten der Schöpfung gleichsam orten kann, er ist auch dazu befähigt, die offenen Möglichkeiten der Schöpfung zu erkennen, an ihrem Ausbau und ihrer Fortentwicklung mitzuarbeiten. Die Schöpfung stellt eine Gestaltungs-Herausforderung an ihn dar, sie provoziert seine Verantwortung. Und seine eigene Existenz ist ja auch gestaltungsoffen, die soziale Existenz wie auch die individuelle. Bei aller souveränen Abgehobenheit von der ihn umgebenden Schöpfung ist er dennoch mit seiner leiblich-seelischen Existenz ein Teil der Schöpfung: Seine eigene Gestaltungsoffenheit entspricht der ihren und umgekehrt. In dem Segen Gottes für die Entfaltung des Menschen ist demgemäß logisch auch enthalten der Segen für die Entfaltung der Schöpfung. Wie nach dem Jahwisten der Mensch bei der Benennung der Tiere zu der ihm gemäßen aber auch zu der schöpfungsgemäßen Umwelt-Ordnung angestiftet wird, so geht die Priesterschrift davon aus, daß mit dem Menschen die Möglichkeit gegeben ist, daß die Welt fortschreitend gewissermaßen zu sich selber kommt; präziser: im Menschen liegt nicht nur die Möglichkeit, seine eigene Identität zu erkennen und auszugestalten, es liegt in ihm auch die Chance, der „Identität" der Schöpfung vorzuarbeiten. Durch den Menschen enthält die Schöpfung die Kraft des ordnenden Bewußtseins und der fortschreitenden Entfaltung, in ihm hat sie die Chance, von Gott gesehen, angesprochen und verstanden zu werden.

Gott hat den Menschen nach seinem Bild und seiner Ähnlichkeit sozusagen als Subjekt der Schöpfung bestellt; er soll erkennend, planend, gestaltend und auch bewahrend die Möglichkeiten seiner Welt und zugleich seiner eigenen Möglichkeiten erheben und realisieren. Da der Mensch aber auf Gott existentiell verwiesen bleibt, ist seine Weltgestaltung eingeordnet in die Verantwortung gegenüber dem Schöpfer. Denn der Mensch erfährt sich nicht als der Macher seiner selbst, seine Existenz ist leibhaftiges Erzeugnis einer begründenden und tragenden Kraft. In seinen Fähigkeiten der Reflexion und Erkenntnis, des Planens und Gestaltens erfährt er, daß er sich dem verdankt, der ihn inmitten der Schöpfung gerufen und befähigt hat. Auch für diese Grunderfahrung der Kreatürlichkeit[9] geben die Schöpfungsberichte Zeugnis. Der Mensch ist sich von Gott selbst gegeben als jene inmitten der Schöpfung angesiedelte Kraft, die die offene Zukunft dieser Schöpfung menschlich auszugestalten hat. Denn die Schöpfung enthält in sich die Potenzen einer immer weitergehenden Ausgestaltung. Diese wirken sich ja auch aus in Prozessen der Evolution, der Selektion usw.; aber erst durch den Menschen ist sinnbezogene Gestaltung möglich.

Die Tatsache der Verwiesenheit der Schöpfung auf den Menschen ist ein Datum der Schöpfung selbst: Der Mensch ist als denkendes und handelndes Wesen Teil der Schöpfung; sie ist rebus sic stantibus ohne ihn nicht denkbar. Daher ist das Handeln des Menschen in und an der Schöpfung prinzipiell schöpfungsgemäß. Die Frage ist nur, wie handelt er und mit welchen Zielen und Absichten?

Es ist dabei festzuhalten: Der Mensch steht vor Gott und trägt Verantwortung vor Gott für sein Leben inmitten der Schöpfung. In der Erkenntnis, daß die Welt von Gott geschaffen und dem Menschen als Ort des Lebens zur Gestaltung aufgegeben ist, liegt auch die Erkenntnis, daß der Mensch diese Schöpfung und sich selbst mit ihr zu dem entwickeln soll, was sie und er aus sich heraus sein können. Der Mensch hat die Schöpfung zu respektieren: Respektieren meint hören und gehorchend handeln. Dazu muß sich der Mensch selbst als Teil der Schöpfung begreifen, muß er akzeptieren, daß sein Schicksal wesentlich mit dem der Schöpfung verknüpft ist. Nur dort, wo er seinen erfinderischen Geist und sein gestaltendes Handeln ausrichtet an den optimalen Möglichkeiten der Schöpfung, wird er ihr und sich selber gerecht, wird er seiner Verantwortung vor Gott gerecht.

Das anthropozentrische Schöpfungsverständnis des ersten alttestamentlichen Buches begreift den Menschen eben nicht als den überheblichen und bedenkenlosen Herrscher und Ausbeuter, sondern als den verantwortlichen „Mandatar“ Gottes, der in und mit der Schöpfung sich selbst entfaltet, und zwar in der stets wahrgenommenen Verantwortung vor Gott. Die Wahrnehmung dieser Verantwortung gerät dann schließlich und endlich zum Lobpreis Gottes durch die Schöpfung.[10]

B. Zur Reflexion neutestamentlicher Perspektiven

Man muß zugestehen, daß das Neue Testament nur an wenigen Stellen eine dezidierte Würdigung der Welt als Schöpfung erkennen läßt. Die Welt ist selbstverständlicher Ort menschlicher Lebensentfaltung und dient so den Menschen. Dies bedarf keiner ausführlichen Reflexion.

Von den wenigen, allerdings sehr relevanten Stellen aus, die sich auf die Welt als Schöpfung beziehen, läßt sich mit Bestimmtheit sagen, daß die schöpfungstheologische Anthropozentrik durch die erlösungstheologische Christozentrik überboten und präzisiert wird. Diese Perspektive läßt sich dem sog. Christushymnus des Kolosserbriefes (1, 12–20) entnehmen[11], wo u. a. gesagt wird: „Er ist das Ebenbild des unsichtbaren Gottes, der Erstgeborene der ganzen Schöpfung. Denn in ihm wurde alles erschaffen im Himmel und auf Erden, das Sichtbare und das Unsichtbare, Throne und Herrschaften, Mächte und Gewalten; alles ist durch ihn und auf ihn hin geschaffen. Er ist vor aller Schöpfung, in ihm hat alles Bestand.“ – Die gesamte Schöpfung wird hier als ein lebendiger Zusammenhang begriffen, der ganz und gar ausgerichtet ist auf die volle Offenbarwerdung der Kraft Gottes in Jesus Christus. Sie hat eine unüberbietbare in Christus aufgebrochene Grundkraft. Und sie lebt aus der leibhaftigen Zuwendung Gottes. Hier werden Gott und Welt nicht mehr im Verhältnis des Gegenüber und der Herrschaft gesehen, sondern im Verhältnis einer hilfreichen Zuwendung und Solidarität.

Im Römerbrief[12] findet sich die berühmte Aussage 8, 19 ff.: „Denn die ganze Schöpfung wartet sehnsüchtig auf das Offenbarwerden der Söhne Gottes. Die Schöpfung ist der Vergänglichkeit unterworfen, nicht aus eigenem Willen, sondern durch den, der sie unterworfen hat; aber zugleich gab er ihr Hoffnung: Auch die Schöpfung soll von der Sklaverei und Verlorenheit befreit werden zur Freiheit und Herrlichkeit der Kinder Gottes. Denn wir wissen, daß die gesamte Schöpfung bis zum heutigen Tag seufzt und in Geburtswehen liegt.“

In einer sehr eindrücklichen Weise betont Paulus hier die Solidargemeinschaft zwischen Menschen und gesamter Schöpfung: indem sie fundamentale Schuld auf sich laden, ist die ganze Schöpfung davon betroffen. Die Unheilsmacht, die die Menschen einengt und zu Sklaven macht, versklavt auch die Schöpfung. Man mag darüber spekulieren, woran Paulus bei dem Leiden der Schöpfung konkret denkt. Nicht unzutreffend wird man *heute* auf jenen entfremdenden Umgang mit der Umwelt verweisen, der ihr die letzten Resourcen entreißt, der sie vergiftet und ihr Leben zerstört, der sie tendentiell unbewohnbar macht und nur noch als Objekt der Gewinnmaximierung gelten läßt. Die Welt als Geschöpf ist der selbst begründeten Last menschlicher Selbstentfremdung mit unterworfen. Daher ist sie aber auch von der Verheißung der Freiheit und Herrlichkeit betroffen: Gott gibt ihr die Hoffnung, daß mit dem von ihm gewährten Offenbarwerden der Söhne Gottes auch ihre Würde als Geschöpf, auch ihre Identität als Ausdruck der Herrlichkeit Gottes aufgedeckt wird.

Dies bedeutet aber, daß das eschatologische Friedenshandeln Gottes in einer Weise, wie sie schon von den Propheten (vgl. z. B. Jesaja) und vielen Psalmen des Alten Testamentes angekündigt wird, aller Kreatur verheißen ist, nicht etwa nur den Menschen. Und von der Einsicht des Paulus her erweist sich Jesu Eintreten für eine neue Gerechtigkeit als ein Engagement für den Menschen zusammen mit seiner Welt. Wenn in Jesus von Nazareth die Solidarität Gottes mit den Menschen offenbar wird, so betrifft diese Solidarität die Schöpfung als ganze. Und vom kommenden Reich Gottes und seiner Kraft kann die Schöpfung nicht ausgeschlossen sein, was immer das auch heißen mag.

Von hier aus ist die „Anthropozentrik“ der Schöpfung endgültig so zu verstehen, daß der Mensch Teil der Schöpfung ist, gerade *indem* er in und an seiner Welt gestaltend handeln kann. Er ist aber nicht willkürlicher Herr seiner Welt und seiner selbst: Indem er – als Existenz mitten in Welt – immer deutlicher die Zuwendung Gottes erkennt und erfährt, indem er sich immer mehr vom Geist Gottes geführt und in Anspruch genommen weiß, ist er herausgefordert, der Schöpfung die Stimme des Lobpreises für den Schöpfer zu geben. Um dies zu können, muß er auf die Schöpfung hören, sie in ihrer ihn mitumfassenden Eigenart verstehen, und *dann* erst darf er sprechen und handeln.

Die im Neuen Testament bezeugte Christozentrik der Schöpfung bekundet die solidarische Zuwendung Gottes nicht nur zum Menschen, sondern zur gesamten Schöpfung. Weiterhin: Wenn die Reich-Gottes-Verkündigung Jesu die jüdische shalom-Idee aufgreift und präzisiert, dann ist auch in ihr eine Parteinahme Gottes nicht nur zugunsten des Menschen enthalten, sondern auch eine Grundoption Gottes für die „Hoffnung der Schöpfung“.

Wer nun unter diesen Voraussetzungen um das Kommen des Reiches Gottes betet, der stellt sich damit für sein eigenes verantwortliches Denken und Handeln unter das Kriterium dieser Hoffnung der Schöpfung.

III. Grundsätze des Handelns für die Hoffnung der Schöpfung[13]

Der Überzeugung von der Parteinahme Gottes für die Welt und der Verheißung der Befreiung auch der Welt von der Last des Mißbrauchs und der Zerstörung müssen Haltungs- und Handlungsmaximen bei denjenigen entsprechen, die beauftragt sind, Welt zu gestalten, und die befugt sind, Welt als Ort ihrer Existenzentfaltung zu gebrauchen.

A. Verantwortung für die Schöpfung

Der Vorwurf ist sicher nicht unrichtig[14], daß die Anthropozentrik der jüdisch-christlichen Schöpfungsauffassung auf weite Strecken hin umgeschlagen sei in ein kolonialistisches Mißverständnis, einen kolonialistischen Mißbrauch. Wie schon gesagt, geriet hier die grundlegende Glaubensüberzeugung in den Sog jener „Dialektik der Aufklärung“, die eben auch dem gierigen und rücksichtslosen Zugriff des Menschen auf die Möglichkeiten seiner Welt Vorschub leistet. So kam es im Gefolge menschlicher Überheblichkeit zu einer Entfremdung zwischen Mensch und Schöpfung, zu einer hemmungslosen Ausbeutung der Schöpfung, die sich heute niederschlägt in schwerster Schädigung, ja zumindest schon teilweiser Zerstörung der Natur. Die Respektlosigkeit vor der Schöpfung wurde und wird mit den angeblich immer legitimen Interessen des Fortschritts bemäntelt, ohne daß dabei hinreichend deutlich werden kann, daß in Wahrheit die Interessen des Profits oder aber auch schlicht die Interessen immer größerer Bequemlichkeit hemmungslos ausgespielt werden. Es ist wahr, daß wir uns aus egoistischen Gründen, die man ohne Übertreibung auch imperialistisch nennen kann, von unserer Umwelt weitgehend entfremdet und ihr gegenüber eine „überlegene Position“ bezogen haben. Es ist auch wahr, daß wir damit ein gutes Stück unserer eigenen Basis zerstören, daß wir uns von uns selbst entfremden. Gegenüber einer hemmungslosen Verbrauchermentalität geht es um die Neugewinnung eines Bewußtseins strikter Verantwortung für die Schöpfung.

Was bedeutet diese Verantwortung? Wer nur mit dem berechnenden Verstand des Verbrauchers und Ausschlachters auf die Umwelt zugeht, kann ihren Selbstwert nicht erkennen, er wird sie egoistisch verkennen. Es käme also darauf an, daß wir den vor allem menschlichen Zugriff bestehenden Eigenwert der Welt als Schöpfung erkennen. Selbst und vielleicht gerade unter der Voraussetzung der evolutiven Entfaltung von Welt und Natur sind die eigenständige Sinnfülle, die Formenvielfalt, aber auch der Beziehungsreichtum in der Schöpfung zu erkennen. Bei aller Zukunftsoffenheit der Schöpfung, bei aller Herausforderung an den Menschen, in das Werden der Schöpfung handelnd einzugreifen, ist er doch im Respekt vor dem, der das Werk der Schöpfung in Gang gebracht hat, verpflichtet, ehrfurchtsvoll das wahrzunehmen, zu verstehen und zu respektieren, was ihm da vorgegeben ist. Schöpfungsglaube verlangt im Bereich des Sittlichen unabdingbare Ehrfurcht und die Bereitschaft, das sinnvoll Bestehende zu bejahen und demgemäß zu bewahren. Alles weltgestaltende Handeln des Menschen muß sich also im Rahmen der durch die Schöpfung selbst gegebenen Sinnbezüge legitimieren. D. h. die Schöpfung stellt keineswegs nur ein lukratives wirtschaftliches Unternehmen zugunsten menschlicher Lebensentfaltung dar. Sie hat vielmehr einen strikten Eigenwert. Diesen hat der Mensch nicht zu beherrschen, er kann daran im Maße seiner Entfaltungsbedürftigkeit partizipieren. Das aber bedeutet zumindest prinzipiell, daß der Mensch dort die Grenzen seiner Verantwortung verletzt, wo er Tiere bedenkenlos im Interesse fragwürdiger Experimente (etwa zugunsten irgendwelcher Pflege-, Wasch- und Schönheitsmittel) oder aber im Interesse überzogener medizinischer Neugier quälerisch und tödlich verbraucht. Wo er die chemischen Abfallprodukte seiner Industrie und seines Verkehrs in Flüsse und Meere abgibt, wo er überhaupt Umwelt als Abladeplatz des Zivilisationsmülls benutzt. Seine Verantwortungsgrenzen überschreitet er aber auch beim hemmungslosen Ausbau von Verkehrssystemen auf Kosten einer noch halbwegs intakten Natur und beim bedenkenlosen Verbrauch der Rohstoff-Reserven. Es ließe sich hier bekanntlich unendlich vieles aufzählen. Alles läuft jedenfalls darauf hinaus, daß die von der jüdisch-christlichen Tradition behauptete Schuldbetroffenheit des Menschen sich auch und gerade in seiner entfremdeten, konsumistischen und dabei verantwortungslosen Einstellung zur Schöpfung auswirkt.

Nötig wäre ein neues Bewußtsein der Verwurzelung in der Schöpfung, ein verantwortliches Verhältnis des gegenseitigen Austauschs und eine verantwortliche Grundeinstellung der Pflege und des Bewahrens.

B. Fürsorgliche Sensibilität

Die biblische Perspektive auf die Wertung der Schöpfung enthält nicht bloß die Mindestforderung des Respekts und der Verantwortung, in ihr steckt tiefer noch die Begründung einer fürsorglichen Sensibilität. Damit soll der Begriff der Liebe zur Schöpfung umschrieben werden. Wenn wir „Liebe" aber dem Geschehen personaler Zuwendung vorbehalten, so bedeutet fürsorgliche Sensibilität für die Schöpfung zumindest eine Einstellung sympathischer Bejahung und Zustimmung. Gemeint ist in etwa jene schwesterliche/brüderliche Einstellung, die sich im berühmten „Sonnengesang" des hl. Franz von Assisi Ausdruck verschafft. Sie besteht letztlich in einer fundamentalen Bejahung der Welt als Schöpfung. Und sie drückt sich aus in einer interessierten Zuwendung, die wahrnehmen und erkennen will, die Gewinn erwerben will, und zwar nicht durch Verbrauch, sondern durch den ungeahnten Sinnreichtum der Natur. Dies geht aber nur, wenn sich der Mensch neu entdeckt und bewährt als solidarischer Teilhaber der Schöpfung, als dankbarer Empfänger ihrer Kraft und als ein unüberheblicher, wohlwollender Genießer ihrer Möglichkeiten.

Es gilt also Abschied zu nehmen von allen Einstellungen hochmütiger Überlegenheit über die Welt, so als bräuchte sie den Menschen, um überhaupt existieren zu können. Sie hat ihre Sinnhaftigkeit und auch ihre Existenzbasis in sich. Wird sie zum bloßen Verbrauchsobjekt herabgewürdigt, dann verliert sie ihre eigentümliche Kraft. Mit dem entwürdigenden Mißbrauch der Schöpfung stört und zerstört der Mensch dann aber auch seine eigene Basis, er gefährdet seine Heimat und seine eigene geschöpfliche Identität. Dies ist dann – theologisch gesprochen – der stärkste Widerspruch gegen die von Gott der Schöpfung zugesagte Hoffnung (vgl. Römerbrief). Deshalb braucht es im Gegenteil ein fürsorgliches Gespür für die in der Schöpfung wirksame Lebenskraft.

Dieses aber bedarf der Einübung. Es läge an den Familien und an den Lehrern, auch an der kirchlichen Verkündigung, diese fundamentale Haltung fürsorglicher Sensibilität zu vermitteln: Dadurch, daß jungen Menschen ein Zugang zur Erfahrung der Natur eröffnet wird; dadurch, daß sie dazu angestiftet werden, der Umwelt in ihrem farbigen Reichtum und ihrer unerhörten Sinnenhaftigkeit nachzuspüren; dadurch, daß sie dazu geführt werden, sich selbst leiblich und seelisch als Teil der Schöpfung zu begreifen. Aber wir müssen uns klar sein, daß alle Bemühungen um eine solche Vermittlung umsonst sind, wenn nicht eine große Konversion vom Konsumismus hin zur Bedürfnisaskese und zum schöpfungsbezogenen Altruismus vollzogen wird. Diese Konversion aber müßte sich z. B. politisch ausdrücken in einer noch viel entschiedeneren Durchsetzung des Umweltschutzes, als wir sie bis jetzt erleben.

C. Neuer Lebensstil

Bedürfnis- und Konsumaskese und schöpfungsbezogener Altruismus sind wesentliche Inhalte jenes neuen Lebensstils, mit dem Menschen der Würde und Eigenwertigkeit der Schöpfung und darin ihrer selbst gerecht werden können.

Askese wird hier natürlich nicht verstanden als pure Leistungsakrobatik oder als Forderung einer öden, lebensverachtenden Verdienstmoral, bei der es um den

Verzicht nur um seiner selbst willen geht. Sie wird verstanden als freiwillige, aus Einsicht gewährte Selbsteinschränkung, durch die sich Menschen vom Druck des dauernden Haben- und Konsumierenwollens frei machen. Es geht um den Abschied von jener auftrumpfenden Verbrauchermentalität, die im puren quantitativen Gewinn Befriedigung sucht, die alles dem Gewinn Dienende, seien das Menschen, sei das die Umwelt, zu bloßen Objekten herabwürdigt. Nur dort, wo Menschen sich zurückbesinnen auf die wesentlichen und erfüllenden Inhalte ihrer Beziehungen zu anderen oder zur Umwelt, ist jene ehrfürchtige Sensibilität möglich, die die Um- und Mitwelt annimmt und gelten läßt als großartige und eigenwertige Erscheinungen des vielgestaltigen Lebens und der vielgestaltigen Welt. Der Weg der Umkehr von der Mentalität, daß letztlich ja alles käuflich sei, zu der Mentalität des Sich-beschenken-Lassens ist sicher nicht leicht. Er wird aber zum Ziel neuer Sinngewinnung führen, zum Gewinn vertiefter Identitätserfahrung und zum gesteigerten Erlebnis nicht nur der Würde und Wertigkeit des Mitmenschen und der Umwelt, sondern auch der eigenen Existenz. Schöpfungsbezogener Altruismus: das ist die Fähigkeit und Entschiedenheit, schwesterlich und brüderlich miteinander und mit der Schöpfung umzugehen. Dies in einer großen Gelassenheit, die es fertigbringt, in der Anschauung und im Belassen dessen, was um uns ist, Glück zu erfahren. Schöpfungsbezogener Altruismus ist auf dem Wege, jenes Heil, wenn auch nur vorläufig und bruchstückhaft, jetzt schon der Schöpfung zuzufügen, dem sie in der vom Römerbrief benannten Hoffnung entgegengeht.

In diesem Sinne gewinnen wir dann auch mehr mitmenschliche Solidarität: „Genügsamkeit ist ganz generell die Voraussetzung dafür, daß wir natürlicher und gesünder, authentischer und vor allem solidarischer leben. Lange wird es sich kaum durchhalten lassen, daß zahlreiche Menschen in den Wohlstandsländern in einem völlig unterentwickelten ökologischen Bewußtsein verharren und sich noch etwas darauf zugute tun, wenn sie der großen Masse der Armen einige Überbleibsel ihrer sinnlosen und ungerechten Verschwendung zukommen lassen . . . Echte Genügsamkeit muß, um auf lange Sicht effizient zu werden, durch Ehrfurcht und Rationalität geprägt sein.“[15]

Rationalität meint hier, daß Ehrfurcht sich nicht nur in einem reinen Gefühl oder in der bloßen tatenlosen Gesinnung kundtun darf, daß sie vielmehr klarer sachgerechter Verhaltensweisen bedarf. Hier sei abschließend auf die Zusammenstellung der wichtigsten Punkte verwiesen, wie sie in der vom Rat der Evangelischen Kirche in Deutschland und von der Deutschen Bischofskonferenz herausgegebenen Gemeinsamen Erklärung vorgelegt werden.[16] Es geht um

„– das Erkennen ökologischer Systemzusammenhänge und das verantwortliche Leben und Handeln in dem Bewußtsein eben dieser Zusammenhänge;
– den Verzicht auf Verhaltens- und Konsumgewohnheiten, die auf Kosten der natürlichen Umwelt gehen, Einüben neuer Verhaltensweisen;
– eine Änderung der gebräuchlichen Entsorgungsgewohnheiten (z. B. Vermeidung unnötiger Abfälle, Abschaffung oder zumindest Reduzierung von Mischabfall zugunsten des aufwendigeren Sortierens von Abfällen in Glas, Papier, Kompost, Metall, Sondermüll u. a.);
– die Bereitschaft, den Preis für umweltfreundlich produzierte und damit teuerere Produkte zu bezahlen;
– eine Hinwendung zur Mäßigkeit, Bescheidenheit, Lebensdisziplin, Naturnähe, Mitmenschlichkeit (Solidarität mit den armen Völkern der Dritten Welt);

– die Aneignung neuer Fähigkeiten und den tätigen umweltbewußten Einfallsreichtum (z. B. die Tugend des Sichhelfens und Improvisierens mit umständlicheren, einfacheren, aber umweltnäheren Mitteln);
– das verantwortliche Engagement des mündigen Staatsbürgers, das den demokratischen Widerspruch gegen Schädigung und Belastung der Umwelt vor Ort und im weiteren Kontext einschließt und den politischen Willensbildungsprozeß durch umweltpolitisches Engagement mit beeinflußt."

Nur dann, wenn wir begreifen, daß in dieser Weise jeder einzelne wichtig ist für einen gerechten Schutz der Umwelt, können wir im Bereich menschlichen Vermögens für die Schöpfung Hoffnung haben. Dazu muß aber erst einmal jeder begreifen, daß er ganz persönlich in die Pflicht der Verantwortung genommen ist. Dann sollten wir aber nicht zögern, uns mit anderen zusammenzutun und gemeinsam jene realistische, aber engagierte Ehrfurcht vor der Schöpfung einzuüben, die uns befähigt, fürsorglich mit ihr umzugehen, uns dabei aber selbst auch dazu zu helfen, inmitten der Schöpfung jene Heimat zu finden, die zwar im Sinne christlichen Glaubens eine vorläufige ist, aber doch eine, die zur Hoffnung für alle und jeden einzelnen berechtigt. Die Hoffnung der Schöpfung ist auch die unsere.

Anmerkungen

1 Vgl. *C. Amery,* Das Ende der Vorsehung. Die gnadenlosen Folgen des Christentums, Reinbek 1972; *E. Drewermann,* Der tödliche Fortschritt. Von der Zerstörung der Erde und des Menschen im Erbe des Christentums, Regensburg, ^{2}1982.

2 Dialektik der Aufklärung. Philosophische Fragmente, Frankfurt 1969.

2a Vgl. hier und auch später *E. Fromm,* Haben oder Sein. Die seelischen Grundlagen einer neuen Gesellschaft, Stuttgart ^{2}1979.

3 Literaturhinweise zur hier vorgetragenen theologisch-ethischen Argumentation: *A. Ganoczy,* Der schöpferische Mensch und die Schöpfung Gottes, Mainz 1976; *A. Auer,* Umweltethik. Ein theologischer Beitrag zur ökologischen Diskussion, Düsseldorf 1984; *J. Moltmann,* Gott in der Schöpfung. Ökologische Schöpfungslehre, München 1985; „Verantwortung wahrnehmen für die Schöpfung", Gemeinsame Erklärung des Rates der Evangelischen Kirche in Deutschland und der Deutschen Bischofskonferenz, hrsg. v. Kirchenamt der Evangelischen Kirche in Deutschland und dem Sekretariat der Deutschen Bischofskonferenz, Köln 1985. In dem oben genannten Werk von Moltmann wird der Theorie von der Anthropozentrik der Schöpfung widersprochen. Letztlich kommt aber auch er ganz entschieden zu der These verantwortlicher Solidarität des Menschen mit der Schöpfung.

4 Vgl. *G. v. Rad,* Das erste Buch Mose. Genesis 1–12, Göttingen ^{9}1972; *C. Westermann,* Genesis, I. Teilbd. (Kap. 1–11), Neukirchen-Vluyn 1974.

5 *A. Ganoczy,* Der schöpferische Mensch (Anm. 3), 130.

6 *G. v. Rad,* Genesis (Anm. 4), 39.

7 *A. Ganoczy,* Der schöpferische Mensch (Anm. 3), 132; mit Zitat aus *C. Westermann,* Schöpfung, Stuttgart-Berlin 1971, 88.

8 *A. Ganoczy,* ebd., 133.

9 Vgl. *K. Rahner,* Grundkurs des Glaubens. Einführung in den Begriff des Christentums, Freiburg-Basel-Wien ^{7}1977, 83 ff.

10 Vgl. den Gesamtduktus der Darlegungen *J. Moltmanns,* Gott in der Schöpfung (Anm. 3).

11 Vgl. die Zusammenfassung exegetischer Argumentationen bei *A. Auer,* Umweltethik (Anm. 3), 243 ff.

12 Vgl. *U. Wilckens,* Der Brief an die Römer, II. Teilbd., Röm 6–11, Zürich-Einsiedeln-Köln u. Neukirchen-Vluyn 1980, 145 ff.

13 Hierzu v. a. die Gemeinsame Erklärung, „Verantwortung wahrnehmen für die Schöpfung" (Anm. 3), 42 ff.

14 *C. Amery,* Das Ende der Vorsehung (Anm. 1).

15 *A. Auer,* Umweltethik (Anm. 3), 77.

16 „Verantwortung wahrnehmen für die Schöpfung" (Anm. 3), 43 f.

NORBERT GLATZEL

Christliches Leben in säkularen Strukturen

I. „Autonomie der irdischen Wirklichkeiten" und säkulares Weltverständnis

A. In Art. 36 beschreibt die Pastoralkonstitution „Gaudium et Spes" des 2. Vatikanischen Konzils „die richtige Autonomie der irdischen Wirklichkeiten". Es versteht darunter, „daß die geschaffenen Dinge und auch die Gesellschaften ihre eigenen Gesetze und Werte haben, die der Mensch schrittweise erkennen, gebrauchen und gestalten muß". Weiter heißt es dort: „Durch ihr Geschaffensein selber nämlich haben alle Einzelwirklichkeiten ihren festen Eigenstand, ihre eigene Wahrheit, ihre eigene Gutheit sowie ihre Eigengesetzlichkeit und ihre eigenen Ordnungen, die der Mensch, unter Anerkennung der den einzelnen Wissenschaften und Techniken eigenen Methoden, achten muß."

Mit dieser Aussage werden alle Bereiche der irdischen Wirklichkeit nicht nur aus der potestas directa sondern auch aus der potestas indirecta der Kirche und der Religion entlassen, allerdings im Wissen, um ihre Rückbindung an ihren Ursprung, die Schöpfung durch Gott. „Weil die Welt durch das ‚Wort' erschaffen ist . . . (stammen) alle Gesetzlichkeiten des physikalischen, biologischen, mathematischen und logischen Bereiches der Wirklichkeit sowie der künstlerischen Sinnwelt, aber auch die der personalen Existenz und der sozialen Verbundenheit des Menschen . . . aus dem ‚Wort' der Schöpfung."[1] Solange demnach das Handeln „gemäß den Normen der Sittlichkeit vorgeht" (GS 36), das gilt für die Wissenschaft und für die Praxis, wird der Glaube dadurch nicht tangiert. Erst wenn die geschaffenen Dinge unabhängig von Gott gesehen und gebraucht werden, maßt sich der Mensch eine Autonomie an, die ihm als Geschöpf nicht zukommt. M. a. W.: „Die Autonomie der irdischen Werte und Lebensbereiche wird nicht durch ein von außen her kommendes Gesetz, sondern durch ihre innere Hinordnung auf den Menschen in seiner Totalität und in seinem Verhältnis zu Gott begrenzt."[2]

B. Während das Konzil die Dualität von weltlicher und kirchlicher Ordnung anerkennt und mit dem Verweis auf den Schöpfer den Menschen ermahnt, die eigenen Grenzen einzuhalten, also seine Geschöpflichkeit anzuerkennen, trennt säkulares Denken zwischen Welt und Gott. Säkularismus meint das „Phänomen der ‚weltlich und profan gewordenen Welt', das Selbstverständnis der Welt *ohne* Bezug auf Gott in Theorie und (vor allem) Praxis".[3] In diesem Denken wird zwischen Gott und Welt differenziert, d. h. es werden beide Bereiche auseinandergehalten und verselbständigt: „Welt als Welt und Gott als Gott. . . . Kein Integralismus und Esoterismus von Gott zu Mensch oder Kirche zur Welt, um nicht das Jenseits ins Diesseits und das Diesseits ins Jenseits einzugraben."[4] Damit aber bekommen beide Bereiche eigene Wertigkeiten. Säkulares Handeln wird möglich, vielleicht auch zum Teil erzwungen, das anderen als christlichen Werten folgt und selbst bei bestem Willen einen Lebensstil prägen kann, der nur noch wenig mit „Christlichkeit" zu tun hat.

II. Unterschiedliche Akzentsetzungen

Vergleicht man nun das konziliare und das säkulare Deutungsmodell der irdischen Wirklichkeit, so werden Gemeinsamkeiten und Differenzen schnell sichtbar.

A. Die konziliare Aussage von der „Autonomie der irdischen Wirklichkeit" weiß die Gesetzmäßigkeiten des Daseins in der Schöpfung grundgelegt. Nach ihr dient dieses Wissen als interessenleitende Idee beim Umgang mit dieser Wirklichkeit im Sinne einer norma negativa, durch die jedes Handeln ausgeschlossen wird, das sich gegen die Schöpfung, gegen die Natur (als unbelebte und belebte) und gegen den Menschen (in seiner individuellen und sozialen Bezogenheit) richtet.

Welche Möglichkeiten Schöpfung aber eröffnet, läßt sich nicht deduktiv von der „Schöpfung" ableiten, sondern muß induktiv erforscht und auf sein Gut-sein (Gen 1,31) überprüft werden, bezogen auf die Frage, ob es dem entspricht, was Gott mit der Überantwortung der Schöpfung an den Menschen wollte (Gen 2,15).

Auch säkulares Denken geht induktiv an die Wirklichkeit heran, formuliert aber Fragestellungen nicht mehr mit Bezug auf Gott, sondern ausschließlich im Blick auf menschliche Werte: Verbesserung der Lebensgrundlagen (Nahrung, Kleidung, Wohnung), Erleichterung der Arbeit, Bekämpfung von Krankheiten, Hebung der Kultur, Steigerung der Information, Bewahrung des Friedens. Solche Beispiele machen deutlich, daß solche Zielvorstellungen, auch wenn sie nicht an die theologischen Aussagen von der Schöpfung rückgebunden sind, doch weitgehend mit ihr in Einklang stehen. Letztlich ist der Streit müßig, ob solche Ziele ursprünglich kirchlich-theologische waren, die, theologischer Implikate beraubt, zu säkularen geworden sind. Wichtig ist, daß in säkularen Strukturen (wie etwa Staat, Organisationen und Verbände, Wirtschaft), die von Zielvorstellungen geprägt sind, die der Schöpfungsordnung nicht widersprechen, christliches Leben reibungslos möglich ist, auch wenn diese Kompatibilität nicht bewußt wird.

So gesehen bleibt zunächst festzuhalten, daß säkulares Denken keinen Transzendenzbezug besitzt, sondern nur weltimmanente Ziele im Auge hat, wenn es praktische Handlungsweisen formuliert. Weil aber die Transzendenz nicht geleugnet (vgl. oben I,B), sondern nur völlig ausgeblendet wird, ist christliches Leben und Handeln nicht unmöglich, wohl doch aber erschwert, weil es zusätzliche oder weitergehende Forderungen an den Handelnden stellt als das nur säkulare Denken.

B. Wenn aber einmal der letzte Zielpunkt, Leben gemäß der Schöpfungsordnung, ausgeklammert wird, ist der Schritt nicht mehr weit, auch vorletzte Ziele (etwa Humanität oder Gemeinwohl) auszublenden und Handeln auf sehr naheliegende Ziele zu beziehen, den Eigennutz oder den Nutzen der eigenen Gruppe. Ungerechtfertigte Bereicherung etwa, Ausbeutung, Umweltbelastung oder Unterdrückung werden dann kaum noch als Hinderungsgründe für Handeln empfunden, obwohl sie auch weltimmanent ethisch verwerflich sind. Adam Smith sah den Eigennutz als den entscheidenden Impuls für wirtschaftliches Handeln. Seine Theorie geht davon aus, daß jeder überzogene, die eigene Leistung übersteigende Vorteil Mitbewerber auf den Plan ruft und durch Konkurrenz den Eigennutz auf das für alle günstigste Niveau zurückführen werde. Übertragen heißt das, daß das Streben nach materiellem Nutzen dann letztlich für alle die bestmöglichen Lebensumstände schaffen würde. Der durch Konkurrenz begrenzte Egoismus, das hat die spätere Entwicklung aber deutlich gezeigt, funktioniert jedoch nur solange, wie viele gleich starke Partner im Wettbewerb miteinander stehen. Gleichheit aber ist eher eine Idealvorstellung denn eine Realität. Individuell, von ihrer Natur aus, sind Menschen ungleich veranlagt, sie besitzen unterschiedliche Begabungen, unterschiedliches Durchsetzungsvermögen oder auch mehr oder weniger Skrupel bei der Wahl der Mittel zur Durchsetzung ihrer Interessen. Auch sozial, und hier besonders, ist Macht ungleich verteilt: Beziehungen, Zugehörigkeit zu einer Sippe oder einem Clan auf der einen bzw. die Mitgliedschaft in Interessengruppen auf der anderen Seite, eröffnen dem einen Möglichkeiten zur Verfolgung seiner Ziele, die anderen verschlossen sind.

Im Vergleich mit den großen Zielperspektiven, die – wenn auch nur als vorletzte Ziele in der Sprache der Welt formuliert – doch mit christlichen Grundhaltungen meist vereinbar sind, treten auf der Ebene der Nahziele des Handelns sichtbare Diskrepanzen auf: mit dem Gebot der Liebe und dem der Gemeinwohlgerechtigkeit. Niemand hindert einen Christen, selbstvergessen oder altruistisch zu handeln, bzw. auf den eigenen Vorteil zugunsten der Gemeinschaft zu verzichten. Aber dieses Handeln liegt nicht im Trend und erfordert oft einen hohen Idealismus, eine Anstrengung, die – wo sie ständig gefordert ist – die Kräfte auch eines das Beste wollenden Menschen übersteigt.

C. Während Idealismus nicht zu befehlen ist, müssen aber Auswüchse nach unten, jede Macht, die nur der Durchsetzung eigener Interessen gegen andere dient, durch den Staat und seine Gesetze beschränkt werden. Auch hier gilt wieder: Staatliche Rechtsnormen können mit der Schöpfungsordnung oder dem Naturrecht kongruent, d. h. Ausformulierungen und Entfaltungen dieser „Ur"-Ordnung sein. Moderne Staatsordnungen fragen aber nicht mehr nach dieser Zielbestimmung, sondern lediglich nach dem rechten Zustandekommen der Gesetze. Diese positiv rechtlichen Normen werden zwar zumeist etwas anstreben, das der Gerechtigkeit, der Menschenwürde, der Wohlfahrt und dem friedlichen Zusammenleben der Menschen dient, weil sie auf die entsprechenden Grundrechtartikel in den Verfassungen zurückbezogen sind. Es läßt sich aber nicht ausschließen, daß in diesem positiv-rechtlichen Prozeß der staatlichen Rechtssetzung andere als christliche Grundvorstellungen, sei es stärker individuell-liberale oder kollektive dominant werden. Die Auffassung, daß der Mensch autonom und von allen Bindungen und Zwängen frei sei, soweit er ihnen nicht selbst zugestimmt habe, die Negierung der Verwiesenheit auf andere auf der einen und die Meinung, der Staat allein wisse, was den Bürgern nütze, die Negierung der Eigenverantwortung der Person auf der anderen Seite, höhlen das christlich-personale Grundkonzept aus, das den Menschen in seiner Liebesbeziehung zu Gott *und* zu den Mitmenschen sieht (vgl. Mk 12,31f par.).

Auch im Falle staatlicher Grenzziehungen für menschliches Handeln wird es, solange nur je einzelne betroffen sind, kaum Fälle geben, wo ein Christ nicht ein höheres und vollkommeneres Ethos leben könnte, als es Gesetze für alle festschreiben. Die Gefahr, daß auch von Christen das von Recht her Mögliche auch sittlich für erlaubt und daher nicht als unethisch gehalten wird, bleibt jedoch eine ständige Gefahr: „Wenn alle etwas ungestraft tun, warum nicht ich auch?" Legalität und Moralität, wissenschaftlich zwar sauber zu unterscheiden, sind im Alltagshandeln eng miteinander liiert, wobei die Rechtsnormen der dominantere Faktor sind. Anders gesagt: Je weiter gesetzliche Normen vom herrschenden Ethos nach unten abweichen, um so stärker ist das Ethos in Gefahr, sich auch in dieser Richtung zu verlagern; es verliert seine Stütze und kann nur schwer mit moralischen Appellen auf seiner alten Höhe gehalten werden. Da Christen auch Menschen sind, die den leichteren

Weg dem steileren und schwierigeren vorziehen, werden auch sie von diesem säkularen Ethos in einen Bann gezogen.

Eine weitere, das Handeln des einzelnen für sich übersteigende Hürde entsteht durch Gesetze und Normen, die ohne kooperatives Handeln nicht verwirklicht werden können, bei denen ein Partner ein Handeln erwartet oder einfordert, das der andere aufgrund ethischer Erwägungen für sich ablehnt. Das Arztethos, insbesondere das Mitwirken bei Abtreibungen oder Zeugung mit Hilfe einer Leihmutter, ist dafür ein sprechendes Beispiel. Natürlich kann auch hier in der Regel der Betroffene solches Mitwirken ablehnen; der Druck der Öffentlichkeit oder vertragliche Bindungen können aber dafür harte persönliche oder berufliche Konsequenzen zur Folge haben.

D. Unabhängig von der Tatsache, daß in säkularen Strukturen Welt- statt transzendente Ziele bestimmend sind, daß deshalb auch nahe und mehr vom Individual- und Gruppeninteresse beeinflußte Ziele beherrschender sind als umfassende, altruistische Aspekte einschließende, und daß weniger die moralische Überzeugung als vielmehr staatliche Normen und Gesetze das Handeln prägen, muß noch ein weiteres Merkmal der säkular strukturierten Wirklichkeit zur Sprache gebracht werden. Es geht darum, daß die Mehrzahl der menschlichen Tätigkeitsfelder funktional, nicht wertrational strukturiert ist. D. h., der einzelne agiert mit allen anderen, die dieselben Interessen verfolgen, nicht um eines Wertes willen, der am Ende erreicht werden soll, sondern in der Absicht, daß ein störungsfreier Ablauf gewährleistet ist.

Der Begriff „Tätigkeitsfeld“ muß zur Verdeutlichung dieser Aussage noch etwas weiter entfaltet werden. Als raumzeitliches Wesen erfährt der Mensch sein Handeln sehr punktuell, sowohl in der zeitlichen wie in der räumlichen Dimension und auch in bezug auf andere Mithandelnde. Solche Bezugsfelder des Handelns werden als in sich abgegrenzte Bereiche verstanden – mit einigen Unschärfen am Rande – und besitzen ihr eigenes Regelsystem, das beim Handeln in ihnen zu beachten ist.

In solchen funktionalen Handlungsfeldern gilt nur sehr bedingt die ethische Beziehung zwischen Wert und Handlung, sondern die davon abgeleitete Beziehung von Programm und Rolle.[5]

Das soll am Beispiel des Verkehrs kurz erläutert werden. Da weder Menschen noch Güter immer dort sind, wo sie gebraucht werden, dient der Verkehr dazu, sie möglichst rasch, sicher und kostengünstig dorthin zu bringen, wo sie benötigt werden. Die hier genannten Wertmaßstäbe sind keine humanen, sondern verkehrs- oder allgemein gesagt systembedingte. Ferner sind sie in der Regel nicht alle gleichzeitig zu optimieren: Schnelligkeit erhöht die Kosten und steigert das Verkehrsrisiko, d. h., es mindert die Sicherheit. Ein Verkehrsprogramm muß deshalb festlegen, welche Investitionen für sichere und schnelle[6] Verkehrswege nötig und möglich und welche Richtgeschwindigkeiten auf den dann vorhandenen Straßen angemessen sind.

Über eine solche Programmatik kann man getrost streiten, weil in sie wirtschaftliche Interessen – sie sollen hier nicht weiter verfolgt werden – aber auch individuelle Werte eingehen, etwa die Tatsache, daß Schnelligkeit für viele Verkehrsteilnehmer mit dem Unfallrisiko für eine Minderheit verbunden ist. Was wiegt höher, der Zeitgewinn von einer Mehrzahl der Verkehrsteilnehmer oder das Gesundheits- oder gar Todesrisiko einer kleinen Minderheit? Ist letzteres die Folge der Verkehrspolitik oder die der Unachtsamkeit der Verkehrsteilnehmer, also menschliches Versagen?

Eine gefundene Lösung ist nicht immer und nicht zuerst ein Kompromiß zwischen Werten, sondern ein politischer Kompromiß zwischen unterschiedlichen Interessen und deren Vertretern. Programme sind so gesehen „Bewertungen von Werten"[7], eine Gewichtung nach Interessen. Sie sind folglich in bezug auf eine gegebene Situation und in bezug auf die politische Konstellation variabel. Individuelles Handeln wird sich mit Abweichungen an eine so programmatisch festgelegte funktionale Normierung halten müssen, zumal sie über den Gesetz- oder Verordnungsweg in verbindliche Regeln (s. o. II,C) umgesetzt wird.

Stärker als durch das Gebundensein an systembedingte Regeln wird Funktionalität aber vom einzelnen über den Zwang zum rollengemäßen Verhalten erfahren. Je nach Handlungsfeld sind für den einzelnen bestimmte Verhaltensweisen vorgegeben, während sich andere als unpassend erweisen. Nicht „gut" oder „böse" ist dabei das Auswahlkriterium, sondern wiederum die Frage der Systemgerechtigkeit.

Auch hier soll das Beispiel „Verkehr" das Gesagte noch einmal verdeutlichen. Sicher hat jeder, der als Verkehrsteilnehmer öffentliche Wege oder Straßen betritt, einen Grund für dieses Verhalten. Aber der interessiert die anderen Verkehrsteilnehmer in der Regel so wenig, wie man selbst kein Interesse daran hat, welchem Ziel die anderen zustreben. Wichtig ist nur, daß jeder sich der Verkehrssituation entsprechend verhält, so, daß jeder sich auf das Verhalten des anderen einstellen und verlassen kann. „Aufmerksamkeit" und „Rücksichtnahme" sind daher die großen Tugenden im Straßenverkehr, während andere Gedanken über Ziel und Grund der Reise eher ablenken und zu Unachtsamkeit führen. Plakate etwa, wie „Denk an deine Familie!", können so gesehen das Gegenteil dessen bewirken, was mit ihnen bezweckt werden soll.

Ein Handelnder (Rollenträger) muß deshalb in einem bestimmten Kontext sach-, situations- bzw. systemgerecht agieren. Auch hier werden sich manche dieser Handlungen mit christlich-humanen Werten in Beziehung bringen lassen, andere dagegen vielleicht nur mittelbar über die gute Meinung oder andere Vermittlungsschritte. In den meisten Fällen bleiben aber solche Bezüge eher ausgeblendet und werden als irrelevant oder störend empfunden. Die Funktionalität ist für den Rollenträger dominant.

Eine nüchterne Betrachtung zeigt folglich, daß säkulare, auf Funktionalität ausgerichtete Handlungsvollzüge des „Christlichen" nicht bedürfen, ihm oft auch nur sehr indirekte Bezugsmöglichkeiten offenlassen. M. a. W.: Die Handlungen sind nicht vom „Christlichen" her begründet und auch nicht begründbar, können aber von ihm beeinflußt und mitgestaltet sein.

Das ist bei jedem individuellen Vollzug einer Rollenhandlung ohne weitere Erläuterungen einsichtig, sollte aber in bezug auf die Entwicklung oder Modifizierung von Programmen etwas näher erläutert werden. Bei deren Festlegung sind Politiker und Journalisten, in abgeschwächter Weise aber alle Glieder einer Gesellschaft mitgestaltend tätig. So kann gerade bei Programmentwürfen christliches Engagement viel zu deren Güte beitragen, indem christliche Werte mit einfließen und programmprägend wirken. Gelingt das nicht, muß später beim Handeln nach diesen Programmen sehr viel mehr Kraft vom einzelnen aufgebracht werden, um vergessene Werte doch noch zum Tragen zu bringen und sie nicht verkümmern zu lassen.

III. Modelle für „Leben aus dem Glauben“ in säkularen Strukturen

Das Aufzeigen der Differenzen zwischen dem christlichen und dem säkularen Ethos und die Ausführungen über die Dominanz funktionaler Handlungsvollzüge im Alltag haben erste Ansatzpunkte für christliches Handeln in säkularen Strukturen sichtbar werden lassen. Soviel ist schon deutlich geworden, daß christliche und säkulare Elemente ineinandergreifen und – wenn auch nicht immer klar nach außen erkennbar – praxisrelevant werden, ohne daß das Ergebnis einer Handlung eindeutig dem einen oder anderen Bereich, dem christlichen Glauben oder der Welt zugerechnet werden kann. Deshalb sind alle Vorstellungen und Denkmodelle mit Skepsis zu betrachten, die christliches Handeln und Handeln in der Welt streng trennen oder beide so ineinander verflochten sehen wollen, daß christlicher Glaube alle Handlungen nicht nur mitgestalten, sondern sie allein strukturieren solle.

A. Das Modell der Trennung sieht den christlichen Glauben (wie das Gefühlsleben) als „Privatsache“ an, der in den öffentlichen Handlungsbereichen nur störend wirke. Glaube sei Sache des Herzens, „das Evangelium richte sich an den Menschen, an sein persönliches Heil, an sein Gewissen, nicht aber auf die wirtschaftlichen, sozialen und politischen Verhältnisse und Strukturen dieser Welt“.[8] Während die einen diese Position vertreten, um den Glauben vor Verweltlichung zu schützen, vertreten sie die anderen um der Eigenständigkeit der Welt und ihrer Autoritäten willen, die vor Einmischung von außen – von seiten der Kirche – geschützt werden sollen. Christen seien auch nur Bürger wie alle anderen, und ihre Werte bedürften zur Umsetzung in Politik der Mehrheitsfähigkeit.

Beide Seiten argumentieren, daß Glaube und Evangelium keine konkreten Handlungsanweisungen für die Mehrzahl der weltlichen Tätigkeitsbereiche enthalte. Man solle diese deshalb den entsprechenden Experten und den Politikern zur Entscheidung überlassen.

B. Das Modell, das ein enges Ineinander von Glaube und Welt sieht und dem Glauben dabei die beherrschende Stellung einräumen will, sieht dagegen das Evangelium als die entscheidende gesellschaftsverändernde Kraft, als Maß, vor dem die sozialen Verhältnisse nicht bestehen können und deshalb umgestaltet werden müssen. Die hinter dieser Forderung nach Umgestaltung der Gesellschaft stehende Vorstellung geht zumeist von der Annahme aus, der Glaube *allein* sei dazu in der Lage, Armut in Wohlstand, Unrecht in Gerechtigkeit, Krieg in Frieden zu verkehren. Initiativen, die diesem Denken entspringen, bleiben aber allzuoft in Appellen stekken, weil sie meist jeden Realitätsbezug vermissen lassen.

C. Wenn nun aber weder die saubere Trennung zwischen Christlichkeit und Säkularität im Leben und Handeln noch das enge Ineinanderfließen beider Bereiche zu akzeptablen Folgerungen führt, weil bei dem einen der Bereich der Welt von der Schöpfungswirklichkeit abgetrennt, beim anderen hingegen seine Autonomie geleugnet wird, dann ist nach einem Modell für christliches Handeln in säkularen Strukturen zu suchen, das weder die Geschöpflichkeit noch die Autonomie leugnet.

Ein solcher Mittelweg ist immer schwieriger zu beschreiben als extreme Lösungsmodelle, weil er oft zu einer Gratwanderung gerät.

Zunächst ist anzuerkennen, daß sich in der neuzeitlichen Entwicklung Differenzierungsprozesse abgespielt haben, in denen viele Teilbereiche der Gesellschaft (nicht nur Glaube und Kirche) relativ eigenständige Strukturen aufgebaut und Regeln für das Handeln in ihnen entwickelt haben. Solche Handlungsregeln, von Menschen gefunden, modifiziert, aber auch als Erbe bewahrt, müssen zunächst funktional und sachgerecht sein, zum anderen aber bestimmten (nicht immer konstanten sondern oft zeitlich wechselnden) Zielen genügen. Solche Ziele sind, wie schon dargestellt, keine letzten, transzendenten, sondern weltimmanente, es sind in der Regel keine fernen, sondern sehr naheliegende Individual- oder Gruppenziele und sie bedürfen schließlich nicht unbedingt eines hohen Ethos zu ihrer Verwirklichung, sondern oft nur ein Sich-halten an positive Normen.

Christlicher Glaube auf der anderen Seite zielt „nicht auf den politischen, wirtschaftlichen oder sozialen Bereich: das Ziel, das Christus ihr (der Kirche d. V.) gesetzt hat, gehört ja der religiösen Ordnung an. Doch fließen aus eben dieser religiösen Sendung Auftrag, Licht und Kraft, um der menschlichen Gemeinschaft zu Aufbau und Festigung nach göttlichem Gesetz behilflich zu sein“ (GS 42). So gesehen lassen sich aus dem Glauben zwar keine politischen Rezepte und keine eindeutigen Lösungen für gesellschaftliche Fragen und Probleme ableiten, wohl aber sittliche Orientierungen bei der Suche nach Lösungen und Ordnungsvorstellungen, die – wenn auch gebrochen – in sie eingehen.

Es genügt aus dieser Sicht also nicht, daß der säkulare Bereich nur für an christlichen Werten orientiertes Handeln offen sein muß. Das ist sicher auch eine wichtige Forderung. Sie lastet aber die Verwirklichung des „Christlichen“ allein der individualethischen Entscheidung auf. Vielmehr sollten gesellschaftliche Programme mit christlichen Werten so durchsetzt sein, daß sie christliches Handeln leicht machen. Damit wird kein versteckter Integralismus vertreten oder christliche Werte zur Grundlage politischen Handelns gemacht. Vielmehr steht dahinter die Vorstellung, daß christliche Werte dem einzelnen und der Gemeinschaft dienlich sind und es daher vernünftig[9] ist, sie in den säkularen Gesellschaftsbereichen fruchtbar werden zu lassen, ohne Nichtchristen zu vergewaltigen. Solche Strukturmuster lassen sich nicht direkt aus dem Evangelium, oft auch nicht eindeutig aus christlichen Denktraditionen ableiten; sie sind nach außen eher sach-, menschen- oder gemeinwohlgerecht.

Indem Christen als einzelne und in der Gemeinschaft der Kirche für eine „vernünftige“ Gestaltung der Gesellschaft sorgen, übernehmen sie ein Stück ihrer Verantwortung für diese säkulare Gesellschaft. Verantwortung, das hat Hans Jonas in seiner ethischen Abhandlung „Das Prinzip Verantwortung“[10] gezeigt, erstreckt sich nie auf das Ganze der Welt oder der Gesellschaft, sondern nur so weit, wie die Macht (potestas) des oder der Handelnden im Raum- und Zeithorizont reicht. Solche Macht verpflichtet besonders gegenüber jenen Bereichen, die auf natürliche Weise oder aufgrund eines Vertrages jemands Obhut unterstellt sind.[11] Macht ist in einer differenzierten Gesellschaft unterschiedlich verteilt, aber in irgendeiner Weise haben Menschen stets mehr Macht, als ihnen bewußt ist, und damit Verantwortung für andere, ihr Glück, ihr Dasein, ihre Zukunft. Damit werden Bezugs- und Orientierungspunkte sichtbar, die funktionale Strukturen allein nicht bieten können, weil sie keinen Maßstab besitzen, wie das eigene Vermögen (potestas) für andere verantwortlich eingesetzt werden kann. So gesehen sind ethische Orientierungen unumgänglich, wie sie der Christ in der Güte Gottes findet, der das Beste für alle Menschen und seine Schöpfung will. Diese Liebe und Güte in den Strukturen und Programmen, im funktionalen und individuell-personalen Handeln aufscheinen zu lassen, ist Teil der „religiösen Sendung“ zum Aufbau einer menschlichen Gesellschaft, ist christliches Leben in säkularen Strukturen.

Anmerkungen

1 *A. Auer,* Einleitung und Kommentar zum dritten Kapitel des ersten Teils der Pastoralkonstitution, in: LthK, Das Zweite Vatikanische Konzil III, Freiburg-Basel-Wien 1968, 377–397, hier: 385.

2 *P. Schmulders,* Das menschliche Schaffen in der Welt, in: Die Kirche in der Welt von heute, hrsg. v. *G. Baraúna,* Salzburg 1966, 201–225, 212.

3 *K. Rahner,* Theologische Reflexionen zum Problem der Säkularisation, in: *ders.,* Schriften zur Theologie, Bd. VIII, Einsiedeln-Zürich-Köln 1967, 637–666, hier: 637.

4 *A. Baruzzi,* Zum Begriff und Problem „Säkularisierung", in: Säkularisierung und Säkularisation vor 1800, hrsg. v. *A. Rauscher,* München-Paderborn-Wien 1976, 121–134, hier: 127; vgl. dazu auch *U. Ruh,* Säkularisierung als Interpretationskategorie. Zur Bedeutung des christlichen Erbes in der modernen Geistesgeschichte, Freiburg-Basel-Wien 1980. Dort auch weitere Literatur.

5 *N. Luhmann,* Positives Recht und Ideologie, in: *ders.,* Soziologische Aufklärung. Aufsätze zur Theorie sozialer Systeme, Köln-Opladen 1970, 178–203, hier bes. 188–191.

6 „Schnell" bedeutet hier nicht primär „hohe Geschwindigkeit", sondern eher „flüssige Verkehrsabwicklung".

7 *N. Luhmann,* Positives Recht (Anm. 5), 182.

8 *A. Rauscher,* Die Katholische Kirche im Spannungsfeld von Gesellschaft und Politik, in: Aus Politik und Zeitgeschichte, B 2/85, 14–24, hier: 22 f.

9 Ich folge hier dem Ansatz *O. v. Nell-Breunings,* der konkrete Aussagen der katholischen Soziallehre in den größeren Rahmen der Offenbarung einbezogen wissen will, ohne sie der Sache nach ihrer eigenen vernünftigen Ordnung zu entheben. (Vgl. dazu insb. den Aufsatz: Christliche Gesellschaftsordnung, in: Wirtschaft und Gesellschaft heute, Bd. I, Freiburg 1956, 1–14, hier: 1 f.). Konkrete Aussagen, die nicht vom Sittengesetz her begründet werden können, mit dem „prophetischen" Amt der Kirche in Beziehung zu setzen (vgl. *K. Rahner,* Theologische Reflexionen [Anm. 3], 648–655), halte ich eher für mißverständlich, weil auch hinter diesem Amt eine Gefolgschaft fordernde Autorität steht, die weiter reicht als Vernunftargumente.

10 *H. Jonas,* Das Prinzip Verantwortung. Versuch einer Ethik für die technische Zivilisation, Frankfurt 1979.

11 Ebd., bes. 184–198.

ALEXIUS J. BUCHER

Hoffen auf eine neue säkulare Ethik?

Beängstigende Gegenwart

Im Dialog „Philebos" nennt Platon neben dem Gegenwartsbezug der Wahrnehmung (griechisch: αἴσθησις) und dem Vergangenheitsbezug des Gedächtnisses (griechisch: μνήμη), die Hoffnung (griechisch: ἐλπίς) als Zukunftsbezug des Menschen[1]. Zumindest unter drei verschiedenen Perspektiven ist dieser Zukunftsbezug denkbar: als illusionäre Annahme, als rationale Voraussicht und als personale Zuversicht.

Das harte Geschäft einer praxisrelevanten Ethikkritik und ethikrelevanten Praxiskritik besteht fundamental darin, in personaler Zuversicht zu den Bedingungen der Möglichkeit verantwortlichen Handelns eine Ethik zu entwerfen, die nicht, weil illusionäre Annahme, irrationaler Unverbindlichkeit verfällt, sondern intersubjektive Verbindlichkeit beanspruchen kann. Eine Hoffnung auf eine neue Ethik gibt es, geboren aus unterschiedlichst begründeter Verzweiflung am tatsächlichen oder vermeintlichen Versagen traditioneller Ethiken[2]. Die Existenz dieser Hoffnung verweist auf das empfundene Defizit einer Ethik, deren Aufgabe es wäre, durch philosophische Reflexion das Faktum der Sittlichkeit in seiner gegenwärtigen Bedeutung zu ergründen und sittliche Normen für die Bereiche schuldfähigen Handelns, sowohl des Einzelnen als der Gemeinschaft, intersubjektiv prinzipiell nachvollziehbar zu verdeutlichen[3]. Wer nach einer neuen Ethik fragt, dem ist das Fundament der traditionellen Ethik fragwürdig geworden. Fragen signalisieren Unsicherheit. Unsicherheit führt zu ungesicherten Urteilen, zu Vorurteilen in beängstigendem Ausmaß. Die beängstigende Verschärfung lebensweltlich privater wie öffentlich sozialer Bedrohung wird erfahren als Herausforderung unseres kritischen Potentials im Bereich wissenschaftlicher Ethikreflexion. Weil sowohl traditionelle praktische Entlastungsinstitutionen unserer Gesellschaft wie Staat, Kirche, Verbände etc. als auch traditionelle ideelle Orientierungsvorgaben wie Weltanschauungen, Moralen, Ideologien etc. gegenüber den erlebten Ursachen der Bedrohung sich als wirkungsschwach erweisen, wird die Bedrohung als existenzielle Angst erlebt. Diese Angst schlägt sich im irrationalen Handeln auf politischer wie privater Ebene konfliktpotenzierend nieder.

I. Zum Ist-Status
Theorie unserer sozio-ökonomischen Wirklichkeit

A. Fortschrittskräfte

Karl Marx hat als Basis des humanen wie wirtschaftlichen Fortschrittes zwei Kräfte hervorgehoben: Arbeit und Natur. Wird eine der Grundlagen zerstört, wird möglicher Fortschritt vereitelt. Das 19. Jahrhundert entdeckte die Grundlagen zerstörender Ausbeutung der Arbeitskraft als zukunftsbedrohend. Das 20. Jahrhundert entdeckt die Grundlagen zerstörender Ausbeutung der Naturkräfte als zukunftsbedrohend. Die Erkenntnis des 19. Jahrhunderts entdeckte jedoch nur das individualökonomische Problem ausgebeuteter Arbeitskraft. Ausbeutung menschlicher Arbeit schadet dem betroffenen Ausgebeuteten. Sowohl im Sozialismus als auch im Kapitalismus ging man andererseits von einer universalen Reproduzierbarkeit menschlicher Arbeitskraft aus. Die sozio-ökonomische Relevanz dieser Arbeitsausbeutung kam noch nicht in den Blick. Nur die individual- bzw. klassenbezogene Konsequenz der Ausbeutung menschlicher Arbeitskraft wurde erkannt. Im 20. Jahrhundert erkannte man ziemlich früh die global-ökonomische Problematik, wenn Naturkräfte ausgebeutet werden. Bald zerbrach der naive Glaube an die Unerschöpflichkeit der natürlichen Biosphäre. Zuallererst theoretische Überlegungen bestimmter Wissenschaftsgruppen wie des „Club of Rome“[4], dann aber auch praktische Auswirkungen mächtiger Wirtschaftsgruppen wie des Ölkonsortes weckten schmerzhaft aus der Illusion unerschöpflicher Ressourcen. Die Erkenntnisse über das Ende und die Erschöpfbarkeit der doppelten Basis menschlichen Fortschrittes bergen ein Konfliktpotential. Signale auf dem Weg dieser Konfliktzuspitzung sind vertraut: Energieverknappung, Ölpreis, Stellvertreterkriege, Sozialdarwinismus, Negativwachstum, Arbeitslosigkeit.

B. Konfliktpotential

Der Brennpunkt eines Konfliktes stellt sich als Schnittpunkt im Fadenkreuz eines Nord-Süd- und eines Ost-West-Konfliktes dar. Der Nord-Süd-Konflikt bezeichnet die geographische Verschleierung eines Diskrepanzkonfliktes zwischen arm und reich. Weltwirtschaftskonferenzen scheinen in der Wirtschaft Ursache und Lösung des Nord-Süd-Konfliktes zu sehen.

Der Ost-West-Konflikt bezeichnet einen Balancekonflikt zwischen Macht und Gegenmacht. Weltabrüstungskonferenzen scheinen im Militär Ursache und Lösung des Ost-West-Konfliktes zu erkennen. Bislang wurde Konflikteskalierung gebremst durch Rückgriff auf traditionelle Lösungsmodelle. Die Überlagerung beider Konfliktlinien potenziert die Konfliktbedrohung. Wie wurde traditionell der innerstaatliche Konflikt zwischen arm und reich gelöst? Aus der Antwort dieser Frage versuchte man modellhaft Hilfe auch für die zwischenstaatliche Konfliktlinie arm und reich zu erhalten. Die Quintessenz traditioneller Tarifpartnerkämpfe lief darauf hinaus, daß man Arme am schnellsten dadurch bereichert, wenn auch den bereits Reichen ein Reichtumszuwachs garantiert wird. Dieses beidseitige Bereicherungsmodell setzt unerschöpfliche Ressourcen voraus. Wachstumsfortschritt ist eine Bedingung der Möglichkeit, auf diese Weise den Konflikt zwischen arm und reich zu lösen oder zumindest zu entschärfen. Fehlt diese bislang angenommene Voraussetzung, folgt daraus, daß Arme nur dann reicher werden, wenn Reiche nicht mehr reicher, eher sogar, wenn Reiche ärmer werden. Diese Konsequenz führt zum Anwachsen der Aggressionsbereitschaft seitens der zu kurz Gekommenen und führt auch zu einer Verminderung der Kompromißbereitschaft der Konfliktpartner. Fehlt die Voraussetzung unerschöpflicher Ressourcen an Arbeitskraft und Naturkräften, kann die Arm-Reich-Diskrepanz nur durch Vermehrungs-Verminderungs-Adäquanz erreicht werden. Dies führt zur wachsenden Kompromißunwilligkeit der Überprivilegierten und zur Aggressionsbereitschaft der Unterprivilegierten. Das gewachsene Konfliktpotential verhindert eine mögliche Solidarität des Südens und eine Gegensolidarität des Nordens. Weder entsteht jenseits aller Ost-West-Gegensätze auf der Nordhalbkugel der Erde eine Solidarität des Egoismus zwischen den Reichen (USA, BRD, EG,

UdSSR, Japan, u. a.) gegen aufkommende ökonomisch-politisch-kulturelle Forderungen des Südens, noch bildet sich eine Solidarität des Südens als Solidarität der Armen, Ausgebeuteten gegen die wirtschaftliche, politische, sozioökonomische Herrschaftsmacht des Nordens.

Es kommt zu einer Dominanz des Ost-West-Machtkonfliktes über den Nord-Süd-Diskrepanzkonflikt. Die Konfliktüberlagerung führt zu einer eigendynamischen Zuspitzung des Konfliktpotentials, einem sogenannten „Zauberlehrling-Effekt". Das angehäufte Machtpotential wirkt auf die Besitzer dieser Macht selbst zurück und wirkt nicht mehr nur als Abschreckung gegenüber einer Gegenmacht. Das Atompotential, das zur Verteidigung der Macht angehäuft wird, zeigt Suizideffekte und tödliche Eigenmächtigkeit. Zudem tritt eine wachsende Verelendung jener Staaten ein, die durch Militär- und Wirtschaftskriege den Arm-Reich-Konflikt zu ihren Gunsten verändern wollen.

Das weltweite Versagen sozial-ökonomischer, politischer und militärischer Lösungsversuche und die reduzierten Aussichten, durch einzelwissenschaftliche Forschung ins Paradies unbegrenzter Möglichkeiten zurückzukehren, schufen eine Situation, in der eine ethische Reflexion gefordert wird und eine Chance erhält. Weltweit wird von betroffenen Konfliktparteien unterschiedlicher Provenienz eine Lösungshoffnung nur noch von moralisch-ethischer Reflexion erwartet. Diese Fragen an die Ethik werden nicht mehr nur von Berufsethikern wissenschaftlicher oder hierarchischer Herkunft gestellt. Päpste, Kirchenleitungen, Staatspolitiker, Unterprivilegierte, Wirtschaftsgruppen, Basisgemeinden, alle erkennen die Dringlichkeit ethischer Lösungsmodelle.

II. Zum Soll-Status
Theorie möglicher Konfliktlösungen

A. Scheitern ethischer Individualkonzepte

Traditionelle Verhaltensnormen wurden in überschaubaren Kleingruppen erarbeitet. Ehe, Familie, Nachbarschaft, Polis oder Stamm bildeten den Erprobungs- und Bewährungsraum ethischer Normalität. Das praktizierte Ethos war für den Handelnden von vorstellbarer Anschaulichkeit und ihn betreffender Erlebbarkeit. Eine kritische Rückkoppelung im Stadium vorausschaubarer Handlungsfolgen auf die initiatorische Gesinnung auch nach bereits eingeleitetem Handlungsverlauf war möglich, falls sich unvorhergesehene Handlungsfolgen als absichtskonträr erweisen sollten.

Das Ethos handlungsüberschaubarer Kleingruppen war zudem geprägt von rudimentärem Instinktverhalten (Mutterinstinkt, Hirtentrieb). Angeborene Hemmungsinstinkte steuerten aggressiven Tendenzen entgegen. Demutsreaktionen bei „Aug-in-Aug-Konflikten" konnten asoziales, katastrophales Verhalten verhindern. Verhaltensappelle aus der Situation heraus konnten den Handelnden erreichen; Gesinnungskorrekturen und Handlungskorrekturen vor Handlungsende waren möglich[5].

Die globale Struktur heutiger Konfliktfelder ist für spontane wie institutionelle Korrektureingriffe seitens sittlicher Handlungen nicht mehr grenzenlos offen. Die sozio-ökonomische Verflechtung des Konfliktbereiches dekretiert individuale Gesinnungsethik bestenfalls zu gutgemeinter Absicht, ohne eine Chance, kontraeffektive Folgen für den guten Ausgang einer Handlung vorhersehen, planen oder verhindern zu können[6].

So wenig wie im 19. Jahrhundert die karitativ eingestellte Unternehmersgattin den Klassenkonflikt durch Armenspeisung ethisch verantwortlich lösen konnte, so wenig lassen sich im 20. Jahrhundert die gutgemeinten Dritte-Welt-Aktionen als ethisch verantwortliche adäquate Leistungen rechtfertigen. Individualethische Gesinnungsleistungen erwiesen sich als ethisch unverantwortliche, wirkungslose Konfliktstrategien. Leider erweisen sich auch jene Institutionen, die dem partiellen Egoismus gesellschaftlicher Gruppen im Sinne des Gemeinwohls gegensteuern könnten, als wirkungslos (Staat, Kirchen, Gewerkschaften)[7]. Der Staat steht, als Interessenvertreter nach außen anderen Staaten gegenüber, selbst im wirtschaftlichen und militärischen Konfliktfeld. Durch die Ökonomisierung weiterer Gesellschaftsbereiche (Sozialpolitik!) tritt der Staat auch nach innen als ordnungsmächtiger Interessent auf. Ebenso scheitern gesellschaftliche Institutionen mit ursprünglicher Gemeinwohlabsicht (Kirche, Gewerkschaften) als Subjekte einer sozialethischen Verantwortung, weil sie sich kaum gruppengebundenen und wirtschaftsrelevanten Eigeninteressen entziehen können. Dennoch werden immer wieder Versuche unternommen, durch Verallgemeinerung individualethischer Handlungsnormen appellativ den Konfliktverschärfungen entgegenzutreten. Entweder erweisen sich diese Appelle als heuchlerischer Selbstbetrug oder als irrtümliche Unterstellung zweier Voraussetzungen: 1. Man geht davon aus, daß durch einen notwendigerweise formalen, allgemeinen Gesinnungsappell ein rettendes Handeln erzielt werden könnte, ohne auch nur ansatzweise materiale Angaben vorlegen zu können, welches Handeln sittlich verantwortet, weil nachweislich lösungsproduktiv werden könnte. 2. Ebenfalls geht man davon aus, daß, handle nur der Einzelne mit bester Gesinnung, bestem Wissen und Gewissen, auch die Gemeinschaft der Handelnden sittlich optimal verantwortlich agiere. Selbst wenn erreicht wäre, daß der Appell von sämtlichen handelnden Einzelpersonen positiv aufgenommen würde, wäre keinesfalls eine Automatik zwischen individual gutem und kollektiv gutem sittlichen Handeln selbstverständlich. Reine Gesinnungsethik, also der gute Wille, die gute Absicht allein, galten auch als maßgebend für das politisch-soziale Großgruppenverhalten. Offensichtlich weil man ohnehin keine wirksame und übersichtliche Effizienzkontrolle beabsichtigter Handlungen erreichen konnte, wurde die Effizienz als unmaßgeblich für die Beurteilung der sittlichen Qualität einer politischen Entscheidung angesehen. Das Scheitern hinsichtlich einer doch notwendigen Effizienzkontrolle scheint sublimiert worden zu sein durch hartnäckige Versteifung auf die reine Gesinnungskontrolle. Diese Verallgemeinerung reiner individueller Gesinnungsethik sublimiert das Scheitern der Folgenkontrolle einer moralischen Handlung. Die gegenwärtigen Auswirkungen technischer, militärischer, zivilisatorischer, kultureller oder wirtschaftlicher Projekte liegen nicht mehr „jenseits von Gut und Böse". Erfahrungstatsache ist, daß Auswirkungen technischer und kultureller Projekte, getragen von der Handlungsabsicht eines Kollektivs, keineswegs sittlich neutral sind. Selbst nachgewiesene initiativ gute Handlungsabsichten können die katastrophalen Resultate bestimmter Handlungen nicht unberücksichtigt moralisch rechtfertigen.

Moralisch rücksichtslos, also amoralisch, wäre eine Handlungsabsicht, wenn mögliche katastrophale Auswirkungen einer Handlung nicht die gute Handlungsgesinnung in Frage stellen könnten. Solange Handlungsfolgen noch wie selbstverständlich bei Handlungsvorhaben überschaut werden konnten und wie selbstverständlich in die ethische Bewertung des zu Tuenden eingingen, konnte der leitende gute Wille die moralische Integrität einer Handlung gewährleisten. Der Wille wußte, worauf er sich einließ, und konnte hinsichtlich Gut und Böse Stellung beziehen. Wenn es jedoch keineswegs mehr überschaubar und selbstverständlich ist, wohin eine Handlung führt, d. h. in welcher qualifizierten Weise sich die Wirklichkeit verändert, dann kann nur in naiver Rücksichtslosigkeit und durch Verdrängen der Risikokonstante reine Gesinnungsethik als ethisch verantwortliches, praktisches Regulativ behauptet werden. Gesinnungsethik kann dann nicht mehr als Fiktion eines reinen guten Willens aufrechterhalten werden, wenn diese Fiktion nur auf Kosten ausgeklammerter ethischer Folgenkontrolle einer beabsichtigten Handlung gelingt. Gefordert wird ein ethisches Handeln, in dem das gesinnungsethische, der Handlung vorausgehende initiatorisch-moralische Moment durch die moralische Qualifikation intentional vorweggenommener Handlungskonsequenzen ergänzt wird. Da Handlungsfolgen sich oft erst im Vollzug der Handlung vorhersehen lassen, ist ein handlungsbegleitendes reflexives und prospektives Bewußtsein, eine Con-sciencia als ethisch bewußtes Begleitwissen gefordert. Gesinnungsethik wandelt sich zu einer Gewissensethik als theoretische und praktische Vernunft versammelnden Wissens, diese Ethik ist reflexiv und prospektiv, Handlungsinitiative, Handlungsvollzug und Handlungsresultat erkennend, aber auch entschieden, je neu die Entscheidung durch eine neue moralische Entschiedenheit gemäß der Handlungseinsicht in Frage zu stellen. Weil die Vernunft in ihrer Gesamtheit, theoretisch und praktisch, das alleinige Vermögen des Menschen ist, Rechenschaft über das Handeln abzulegen, ist nur eine Ethik, die dieses Vermögen in all seinen Möglichkeiten beansprucht, eine verantwortlich menschliche Ethik. Daher kann von einer Verantwortungsethik dort gesprochen werden, wo beide Momente, das gesinnungsethische Moment und das konsequenzethische Moment in einer ethischen Reflexion berücksichtigt werden.

B. Forderungen an eine Ethik solidarischer Verantwortung

a. Kollektive Gewissensethik

Die Forderung nach einer Ethik solidarischer Verantwortung ist die Kernfrage moderner Ethikwissenschaft[8]. Eine ethisch verantwortliche Gewissensreflexion geschichtlich verwiesener Vernunft kann ohne Einschalten kommunikativer Information, also ohne kollektive Reflexionsleistung nicht ihrerseits geleistet werden. Das „Colligere“ als Sammeln, Aufgreifen all dessen, was hier und heute an Wissen über Handlungsumstände, Handlungskonsequenzen, Handlungsbedingungen möglich erscheint, muß durch diese kollektive Reflexion aufgegriffen werden. Im Vollzug zeigt sich diese Gewissensethik als solidarische Verantwortungsethik, indem sie die kollektive Betroffenheit globaler Konfliktfelder berücksichtigt und zur Konstitution eines kollektiven guten Willens und guten Wissens das jeweils geschichtlich Mögliche nutzt. „Gesinnung und Gewissen“ als Zusammenbringen gegenwärtig möglichen guten Willens und guten Wissens vieler Individuen, sind in ihrem Urverständnis ohnehin immer schon das möglichst vollständige sich Versammeln erfaßbaren, begreifbaren Sinnes und Wissens. Vor jeder Frage nach den individuellen und kollektiven, appellativen oder gesetzlichen, persönlichen oder institutionellen Voraussetzungen einer kollektiven Gewissensethik muß die Frage nach deren notwendig allgemeiner Verbindlichkeit gestellt werden. Fehlende politische Organe, Gesetze, Institutionen oder Kontrollinstanzen einer solidarischen Verantwortungsethik sind derzeit noch nicht das Grundproblem ihrer praktischen Durchführung. Fundamental ist die Frage nach ihrer Begründung. Was bildet die Basis für allgemeine und notwendige Normen aus solidarischer Verantwortung? Mit welchem Recht wird eine solche Ethik gefordert und mit welchem Recht fordert eine solche Ethik ein bestimmtes Verhalten? Wie müssen deren Normen allgemein und notwendig begründet werden, damit sie für alle und notwendigerweise gelten[9]? Die Begründung einer solchen Ethik muß universal und notwendig sein. Eine regional beliebige Ethikbegründung, d. h. eine Ethik mit gruppenspezifischen Begründungsvoraussetzungen wird diesem Anspruch nicht gerecht. Die Berufung auf eine Enzyklika, ein Schriftwort, die Bibel oder den Koran, auf Beschlüsse einer Synode, auf Entscheidungen eines Zentralrates, auf ein bestimmtes Gottesbild oder eine bestimmte Naturmachtskonzeption kann keine allgemeine Verbindlichkeit herleiten. Eine Ethik mit globalem Totalitätsanspruch braucht eine global-totale Begründungsbasis. Ein Begründungsversuch scheint nur dort erfolgversprechend, wo sich Handelnde noch vor jeder willentlich wissenden, also selbst erst wieder normierbaren Entscheidungsfindung treffen können. Dies scheint nur in den Subjektbedingungen normierender und wissender Entscheidungen gefunden werden zu können: In der prävoluntativen und präkognitiven Faktizität der Vernunft als dem subjektgebundenen Vermögen humanen Weltverhaltens. Die faktische Vernunftstruktur des handelnden Subjekts könnte allein Basis einer verbindlichen Begründung kollektiver Gewissensethik sein. Der Hinweis auf die faktische Vernunftstruktur als mögliche Basis einer Ethik könnte als zynisch mißverstanden werden. Schließlich war der Glaube an die objektiv wertfreie voranschreitende Vernunft die Ursache katastrophaler Konfliktzuspitzung. Eher schien es verständlich, das Heil kollektiver wie individueller Konfliktlösungen im Gegenpol technisch-instrumentaler Rationalität, im außerwissenschaftlichen, transrationalen Rahmen zu suchen. Verzweiflung an der Leistungsfähigkeit instrumental eingesetzter Vernunft führte zur Auferstehung mythisch-antirationaler Orientierungsdogmen. Zudem scheint es der Vernunft auch einleuchtend zu sein, daß Antworten auf handlungsorientierende Sinnfragen, Fragen nach Entscheidungskriterien sinngebender Wertbestimmungen, nicht auf dem Felde allgemeiner Nachprüfbarkeit, also allgemein gültiger wissenschaftlicher Erfahrung, gefunden werden können. Wenn eine Antwort auf handlungsentscheidende Wertfragen nicht unter Berufung auf allgemeingültige Erfahrungen möglich sein kann, wird dann Ethik nicht notgedrungen zum individuell privaten Sammelbegriff subjektivistischer, unkontrollierbarer Festsetzungen?

b. Autonome Entscheidungsethik
Kein Rückzug auf regionale Verbindlichkeit

Die Abwendung vom wissenschaftlich-rationalistischen Denken und die Hinwendung zu vor- oder postwissenschaftlicher Lebensführung scheint von verführerischer Attraktivität für Gläubige zu sein. Zweifellos gilt für den Christen eine Ethik unter der Voraussetzung der in Jesus Christus geoffenbarten Wahrheit. Sie ist auch sein felsenfestes Fundament für normatives Handeln und gemäß seines Glaubens auch mögliche Grundlage für das Handeln aller Menschen. Wenn aber die Glaubensvoraussetzung nicht für alle Menschen verpflichtend vorgeschrieben werden kann, sondern einer freien Entscheidung angeboten wird, dann können die verpflichtenden Konsequenzen aus diesem Glauben nicht für alle Menschen, z. B. nicht für jene, die nicht oder noch nicht den Glauben akzeptieren, verbindlich vorgeschrieben werden. Die peinlichen und unmenschlichen Konsequenzen eines gegensätzlichen Verhaltens sind zu beobachten in Khomeinis Glaubensstaat, in islamisch-fundamentalistischen Herrschaftssystemen, aber auch in mittelalterlichen Konfessionsstaaten. Der Verbindlichkeitsanspruch kann nur für den bereits im Glauben Lebenden wirksam werden. Der geltende Verpflichtungsgrund hat regionalen Charakter und ist an die Binnenstruktur einer Konfession als Obligat gebunden. Für alle anderen, für Nichtchristen, Nichtgläubige, welche die fundamentalen Voraussetzungen geltender Normen nicht anerkennen können, kann der Verbindlichkeitsanspruch nur Angebotscharakter besitzen. Für Streitgespräche zwischen Politikern und Theologen, etwa zum § 218, zur Euthanasie, zur Entwicklungspolitik, etc. hat diese These nicht immer beachtete Konsequenzen. Zweifellos kann es die Aufgabe eines christlichen Ethikwissenschaftlers sein, ein Handeln unter Voraussetzung einer von Christus gedeuteten Wirklichkeit zu fordern und konkret inhaltlich zu beschreiben, unter welcher christlichen Rücksicht dieses Handeln gut oder schlecht ist. Ein solcher Ethikwissenschaftler wäre dann ein innerkirchlicher Fachmann für offenbarungsgerechtes Weltverhalten. Heute scheint jedoch mehr von einem Ethiker, gerade auch von einem christlich engagierten Ethiker verlangt zu sein. Die globale ethische Notsituation fordert zur Mitverantwortung, verbietet einen sektiererischen Rückzug auf die eigene Kleingruppe. Zudem müßte ein christlicher Ethiker aufzeigen, daß auch rein säkulares Tun allgemein verbindlichen Regeln unterliegt und keineswegs nur und gar nicht in erster Linie Christen von allgemeinen und notwendigen Ethiknormen betroffen sind. Auch müßte dieser Wissenschaftler zeigen, daß gläubiges Tun nicht nur und nicht einmal zuerst Dank göttlicher Sanktionen verbindlichen Normen unterliegt, so als müßte ein Christ sich einem schweren und härteren Joch unterstellen und als einziger das Sittengesetz in all seinen Belastungen verpflichtend auf sich nehmen. Ein christlicher Ethiker muß zeigen können, daß Sinnfragen nicht erst entdeckbar sind im Rückzug auf religiöse Position, sondern daß bereits Sinnfragen in der allen Menschen gemeinsamen Erfüllungsstruktur auftauchen und beantwortet werden können. Die Frage nach Sinn zielt keineswegs auf gnostisch-religiöses Geheimwissen und unterliegt nicht speziellen Arkandisziplinen. Umgekehrt kommt der Vernunft kein Freibrief für Willkür zu. Die Vernunft ist keineswegs so sinnlos und wertneutral, wie sie in neuzeitlicher Engführung oft verstanden wurde. Die Vernunft selbst schon, um ihrer selbst willen, muß sich an die Wahrheit halten, gewissenhaft, treu an die Wahrheit halten, wenn sie vernünftig wirken will. Wahrheit und Treue sind ethische Verhaltensweisen. Sie gehören zum unverzichtbaren Minimalbestand kritischer Vernunftvollzüge. Die Vernunft selbst, die selbständige Vernunft, die Vernunft in ihrer Autonomie, ist immer schon vollzogene Basis und Fundament für eine allgemein verbindliche und nicht nur regionale Begründung[10]. Sinn und Wertfragen als fundamental verbindliche Voraussetzung einer universal verbindlichen Ethik sind keineswegs nur beantwortbar im Rückzug auf außerwissenschaftlich festgestellte Positionen, d. h. auf im Glauben akzeptierte Faktizitäten. Die Vernunft hat sich um ihrer immer schon praktizierten Faktizität willen an die Wahrheit gehalten. Die Vernunft vollzieht sich nur dann, wenn sie Wahrheit praktiziert, wenn sie sich an sich als Entscheidungskriterium gewissenhaft hält. Vernunft ist um ihrer selbst willen auf Wahrheit verpflichtet. Die Wahrheit ist der Wert einer sich selbst wollenden Vernunft. Die Vernunft selbst ist in ihren faktischen Vollzügen ein ethisches Phänomen, zu dem sie sich immer schon als vernunfttätig entschieden hat.

c. Autonome nicht heteronome Normenbegründung

Christen sehen meist die Letztbegründung ihres sittlichen Handelns im Gebot Gottes garantiert. Werden die letztbestimmenden Gründe für mein Handeln auf Wirklichkeiten außerhalb des handelnden Subjektes zurückgeführt, wird von heteronomer Moralbegründung gesprochen.[11]. Autonome Moralbegründung dagegen bedeutet, sich als Vernunftwesen in Verantwortung selbst zu bestimmen und nicht durch Fremdbestimmung menschlich zu handeln. Es kann wohl kein Zweifel bestehen, daß die tatsächliche kirchliche Verkündigungspraxis und die gängigen Moralpredigten einer heteronomen Moral das Wort reden. Die Durchschnittsgemeinde einer Ortskirche erfährt in der Regel die Begründung für das von ihr geforderte Handeln in heteronomen Argumentationslinien. Der Begriff „Autonomie der Moral" hat unter Theologen leider immer noch einen schlechten Ruf. Dieser schlechte Ruf scheint begründet, weil der letzte Grund sittlicher Verpflichtung im radikalen Anspruch Gottes auch keineswegs geleugnet werden kann. Gegenüber dieser Sachlage gibt die heutige christliche theologische Ethik[12] jedoch zu bedenken: Es stimmt sicher, daß Gott der absolute Horizont einer personalen Verantwortung und letzte Voraussetzung unseres sittlichen Handelns ist. Er ist das letzte absolute Du, dem gegenüber ich Verantwortung trage.

Was heißt aber verantwortliches Tun gegenüber Gott? Verantwortliches Tun heißt nichts anderes als Tun aus Freiheit, denn nur dann kann ich verantwortlich gemacht werden, nur dann kann ich Antwort geben auf die Gründe und die Entscheidungsmöglichkeit, die einem sittlichen Handeln vorausliegen. Wenn Gottes Anspruch Verantwortung nicht tilgt, sondern herausfordert, dann kann der Anspruch Gottes nicht als Konkurrenz zur menschlichen Freiheit gesehen werden. Der Anspruch Gottes kann nicht Beengung und Vernichtung meiner Freiheit und damit meiner Verantwortung bedeuten. Im Gegenteil: Gottes Anspruch ist letzt-denkbarer Horizont, letzt-vorstellbare Voraussetzung und Möglichkeitsgrund, letzt-begründende Garantie und Sicherheit meiner Freiheit. D. h.: Der Gottesglaube kann die Autonomie der Vernunft gar nicht beeinträchtigen, sondern er bietet eine nicht nur relative, sondern absolute Erklärung für freie Verantwortung. Der Gottesglaube kann die Vernunft gegen die Versklavung durch sich selbst schützen, er bedeutet nicht Versklavung der Vernunft durch Gott. Autonomie menschlicher Sittlichkeit zeigt sich so als Spur göttlicher Ebenbildlichkeit des Menschen. Der Mensch ist nicht frei, weder wenn er sich der Willkür und Laune ausliefert, noch ist er frei, wenn er uneinsichtigen Vorschriften, anonym undurchschaubarer Fremdbestimmung unterstellt ist. Der Mensch ist nur frei, wenn er sich nach einsichtigen Normen richtet, d. h. wenn er sich diese Normen zu eigen machen kann. Er macht sich die Normen dann zu eigen, wenn er mit der Fähigkeit zur Vernunft sie begreift, sie beurteilt und daraus Schlüsse für sein Handeln zieht. Sittliche Autonomie besagt die Selbstbestimmung des Subjekts Mensch und die Selbstbindung des Subjekts an das Gesetz vernünftiger Selbstbestimmung.

Bleibt bei dieser Autonomie noch Platz für Gott? Daß er als letzter Grund und Horizont der autonomen Vernunft verstanden werden kann, ist für den Gläubigen sicher. Bleibt aber auch noch ein Platz für Gott als Begründer von Moral? Sicher bleibt dann kein Platz für einen Willkürgott, einen eigenmächtigen Supermann, für ein eigenmächtiges Schicksalwesen, das willkürlich irrational normative Vorschriften erläßt. Es bleibt auch kein Platz für eine oberste moralische Autorität als einzigen Garanten des Sittengesetzes[13]. Im Grunde war das auch nie die These der klassischen kirchlichen Moralphilosophie, denn Schöpfungsglaube und Erlösungsglaube konnten nie der sittlichen Autonomie widersprechen. Glaubensangebote sind Appelle an die menschliche Verantwortung. Sie postulieren menschliche Freiheit. Konkret heißt das: Menschliche Sittlichkeit bedeutet Verwirklichung der Freiheit, die zur Bedingung und damit auch zur Grenze das Ja zur Freiheit des Mitmenschen hat, und die einen Vorgriff auf jene vollkommene Freiheit darstellt, die den Menschen dann beansprucht, wenn er sich dem Wort Gottes verantwortlich weiß. Der Christ kann die Freiheit radikal ernst nehmen bis in jene Wurzel hinab, die einer allein auf sich gestellten Vernünftigkeit noch verborgen bleiben. Offenbarung erklärt und Glaubenserfahrung heilt die ursprüngliche Schöpfungsordnung.

III. Theorie einer hoffnungsvollen Perspektive

A. Mißbrauchte Freiheit

Das Reden von sittlicher Autonomie provoziert den Hinweis auf die zumindest für Christen erlebbare Tatsache einer permanenten Verstrickung in Sünde und Schuld. Wir schätzen die reale Situation unserer Welt sicher richtig ein, wenn wir die autonome Freiheit des Menschen als eine ungeheuere Gefahr für ihn selbst und für die Welt hervorheben. Welches Risiko Gott eingegangen ist, seinem Geschöpf „Mensch" Freiheit zu geben, wird uns Menschen vermutlich erst in unserer nächsten Gegenwart in all seinen Konsequenzen bewußt werden. Wann wird die autonome Freiheit zur Gefahr für den Menschen und für seine Welt? In der Regel doch dann, wenn der Mensch durch Leugnung seiner geschöpflichen Endlichkeit zu einer Verabsolutierung seiner Entscheidungsfreiheit verführt wird. Daß der Mensch wesentlich, endlich, geschichtlich vorläufig ist, gehört bereits zur Selbsterkenntnis menschlicher Vernunft[14]. Diese vernunftoffene Endlichkeit zu leugnen, ist in der Regel der Ausgangspunkt für einen selbstmörderischen Gebrauch menschlicher Freiheit. Die Sünde kann definiert werden als menschliche Möglichkeit, seine autonome Freiheit ohne Rücksicht auf seine Endlichkeit, also rücksichtslos, zu gebrauchen. Sich gleichsam verabsolutierend und nicht mehr endlich relativ zu verstehen, ist die philosophische Umschreibung der biblischen Erkenntnis, sein zu wollen wie Gott. Endlichkeit bedeutet für ein Vernunftwesen, erkannte Begrenztheit. Sittlich wird diese Endlichkeit vor allem bedeutsam an der Grenze zum anderen, zu seiner Freiheit. Meine eigene Freiheit setzt die Freiheit des anderen als Bedingung der Möglichkeit voraus, die autonome Freiheit des endlichen Menschen selbst ist zugleich auch der Grund für seine zu berücksichtigende Endlichkeit. Überschreitet er diese Grenze rücksichtslos, macht er sich schuldig. Schulderfahrung ist der phänomenale Befund seines sündigen, grenzüberschreitenden Verhaltens. Schuld erscheint als Hybris, als Anmaßung einer grenzenlosen Selbstausweitung[15]. Schulderfahrung und Schuldzuweisung führen psychologisch zwangsläufig oft zu Verteidigungs- und Entlastungsstrategien. Schuld wird verniedlicht oder geleugnet. Friedrich Nietzsche spricht von einer Umkehrung der archaischen religiösen Ableitung der Krankheit aus der Sünde[16]. Er fragt, ob es nicht Zeit wäre, diese Zuordnung auf den Kopf zu stellen. Jetzt gelte nicht mehr, daß die Sünde zur Krankheit führt, sondern jetzt gelte, daß die Sünde aus der Krankheit kommt, im Grunde nichts anderes als ein krankhaftes, nicht zu verantwortendes Handeln darstellt[17].

Sigmund Freud verharmlost die Schuld, indem er sie als neurotisierende Kindheitserfahrung erklärt und aus numinosen Höhen anthropologisch zu entmythologisieren sucht. Diese Verharmlosungs- und Wegleugnungstendenz gegenüber der Schulderfahrung seitens der Psychologie ist als Gegenreaktion verständlich zu jener pastoraltheologischen Hochstilisierung und Übertreibung. Wer mit der Ankündigung ewiger

Höllenstrafen als adäquate Strafe für mittelmäßiges Verhalten konfrontiert wird, zweifelt bald an der angeblichen Seriösität einer göttlichen Gerechtigkeit. Moderne Psychologie scheint den sittlichen Ernst der Schuld wieder zu respektieren. Eine Rehabilitierung von Schulderfahrung, „sogenannter negativer Gefühle", kennzeichnet die gegenwärtige Psychologie[18].

Diese Rehabilitierung unserer Schulderfahrung bedeutet nicht die Rückkehr zum tyrannischen Über-Ich, sondern geschieht notwendig aus der nicht mehr zu leugnenden und verifizierbaren öffentlichen wie privaten Bosheit. Diese Bosheit ist feststellbar im sozialen Kontext. Im individualen Bereich der Selbsterfahrung lassen sich erlebte Schadenfreude, Haßgefühle, Durchsetzungskämpfe auf Kosten anderer kaum leugnen; entsprechende Gefühlsreaktionen und Willenstendenzen belehren uns „eines Schlechteren". Das Böse bei all seiner bleibenden Rätselhaftigkeit läßt sich aus einer vitalen, existenziellen Weltbetrachtung nicht wegleugnen. Darüber hinaus hat die heutige Psychologie interessante Erkenntniskonsequenzen gezogen: Neurosen können nicht nur dann entstehen, wenn in religiös-archaischer Manier Schuldzusagen und Schuldverzerrungen belastend auf den Menschen einwirken, sondern Neurosen können auch durch säkulare Schuldverdrängung entstehen. Neurotisches Verhalten bedeutet irrationales Verhalten, abgekoppelt von jeglicher Verantwortungsreflexion. Die Neurose ist immer ein Zeichen von ausgeschalteter sittlicher Verantwortung im moralischen Kontext. Paradoxerweise führt auch die moralische Überdehnung des Schuldbewußtseins zur Resignation gegenüber den Möglichkeiten des moralischen Handelns und konsequenterweise zur Demontage der moralischen Subjektivität, die sich gerade nicht mehr als einfache „Kausalität aus Freiheit", sondern als vielfach und unentrinnbar determiniertes Glied einer unübersehbaren Kausalkette erfährt[19].

B. Schuld in christlicher Perspektive

Die neue Einschätzung des Phänomens Schuld und Sühne ist bereits Resultat profaner Wissenschaften. Moderne Wissenschaftsresultate im Lichte des Glaubens zu beurteilen bedeutet, sie in der Perspektive eines in Liebe mit den Menschen solidarischen Gottes zu beurteilen. Der Glaubende geht davon aus, „daß man sich nicht selbst richten könne und erst recht nicht den anderen"[20]. Die theologische Dimension korrigiert und verdrängt die Erkenntnisse der vorgeordneten wissenschaftlichen Dimensionen, wie z. B. die Dimension des anthropologischen, des psychologischen oder medizinischen Interesses nicht. Die theologische Dimension kann auch nicht im Widerspruch zu den genannten Dimensionen, gleichsam aus höherer Perspektive korrigierend eingreifen. Aus theologisch christlicher Dimension die phänomenale Wirklichkeit zusätzlich zu beurteilen, bedeutet, die begrenzten Perspektiven einer säkularen Wissenschaft zu erweitern, genauer: sie heilsam zu ergänzen. Vor allem der christliche Theologe sieht sich aus seinen immanenten Prinzipien veranlaßt, ein wissenschaftstheoretisches Subsidiaritätsprinzip gegenüber den säkularen Wissenschaften anzuerkennen. Am Beispiel der Schuld soll dies abschließend verdeutlicht werden.

Wir alle wissen von der Schwierigkeit konkreter Schuldzurechnung, von der leidigen Last, den eigentlichen und wahren Urheber einer sittlichen Verfehlung zu greifen. „Die Geschichte des Menschen als Ganzes und jedes einzelnen läßt sich nicht in ihre chemisch reinen Bestandteile von Freiheit und Notwendigkeit auflösen"[21]. Bei unseren oft vergeblichen Versuchen, den Urheber festzustellen, geraten wir leicht in eine Zuweisungsschizophrenie: Gegenüber uns selbst sind wir erfinderisch im Entdecken von Entlastungstheorien, bei der Schuldzuweisung an andere sind wir entschiedener und eindeutig. Aus der Perspektive des Glaubens könnte dieses Schuldzuweisungsproblem entkrampft und heilsam umgepolt werden. Eine wichtige Frage für einen weltlichen Richter lautet: Hätte der Angeklagte auch anders handeln können? Seine Frage ist eindeutig vergangenheitsorientiert. Der Richter, der unter der Voraussetzung christlicher Wahrheit dem Angeklagten gegenübertritt, wird diese Frage der Schuldverursachung nicht verdrängen wollen. Auch sein richterliches Bemühen ist durch eine Retrospektive gekennzeichnet. Aber diese Fragerichtung ist für ihn sekundär, sie kann überhaupt erst sinnvoll erörtert werden, wenn eine andere wichtige Perspektive entworfen wurde. Der Christ wird fragen: Hat der Schuldige trotz oder mit seiner Schuld noch eine Chance, hat er noch eine verheißungsvolle Zukunft? Ihm geht es um die Möglichkeit, den Schuldigen in die erlösende und befreiende Zukunftsverheißung wieder hineinzunehmen. Die zweite Perspektive hat Konsequenzen: Nicht um Zurechnungseindeutigkeit geht es hier, wohlwissend, wie oft individuelle und soziale Schuldverflechtung diesen Knoten kaum mehr lösbar erscheinen lassen, sondern es geht um Zukunftsmöglichkeiten. Der Christ weiß um die individuelle und soziale Mitverantwortung auch für die Zukunft und für das Heil dieses Schuldiggewordenen. Er richtet, aber er richtet auf und nicht zugrunde. Er beurteilt im Vertrauen, daß allein Gottes Liebe uns gerecht wird. Er urteilt im Vertrauen, daß Gottes Liebe gilt, obwohl wir so sind, mit unserer Schuld beladen, und er urteilt im Vertrauen, daß Gottes Liebe auch gilt, weil wir so sind, in unserer erbärmlichen Schuldbeladenheit.

C. Offene Zukunft

Sigmund Freud schreibt in einem Brief an Lou Andreas Salomé: „Solange der Mensch leidet, kann er es noch zu etwas bringen“[22]. Vielleicht sollten wir formulieren: „Solange der Mensch an die Liebe Gottes zu ihm glaubt, kann er es zu etwas bringen, weil ihn diese Liebe befreit, seine Schuld weder verdrängen noch verniedlichen zu müssen.“ Mit dieser Sicherheit schafft der Mensch es, sein Kreuz, sein Leid, seine schmerzhaft erlebte Endlichkeit anzunehmen und sich sogar offen seiner Schuld zu stellen, um so frei für die Zukunft zu werden. So befreit, entlastet und offen kann er es wagen, trotz seiner Armseligkeit und seines schuldhaften Versagens sich der Zukunft und ihren Aufgaben zu stellen: Frieden zu stiften, Gerechtigkeit zu schaffen, in individueller und kollektiver Verantwortung sich den drängenden und oft beängstigenden Anforderungen seiner Zeit zu stellen. Unter dieser Voraussetzung kann der Christ gelassen sein, loslassen und gewinnen. Er kann sich ein Leben unter diesen Bedingungen leisten, weil er als Christ weiß, daß er nichts zu verlieren hat, sondern zehn- und hundertfach nur gewinnen kann. Der Christ kann sich den Mut für die Zukunft leisten. Keinem anderen kann er sein neues Leben, seine neue Art zu leben, seine Lebensnormen und Orientierungspunkte aufdiktieren, aber er kann als Pilotprojekt beispielhaft attraktive und überzeugende Lösungsangebote „für die Menschen und um ihres Heiles willen“ praktizieren. Wenn er sich treu an die Zusagen Jesu Christi hält, kann er dadurch viel erreichen, Christus meint sogar, alles, eine neue Welt und einen neuen Himmel.

Anmerkungen

1 *Platon,* Philebos 33 c–34 c; 39 a–41 b.
2 *O. Lachnit,* Elpis. Eine Begriffsuntersuchung. (Diss.), Tübingen 1965.
3 Vgl. *A. J. Bucher,* Warum sollen wir gut sein?, München 1984.
4 Die Grenzen des Wachstums. Bericht des Club of Rome zur Lage der Menschheit, hrsg. v. *D. Meadows, E. Zahn, P. Milling,* Hamburg 1973; „Die Grenzen des Wachstums". Pro und Contra, hrsg. v. *W. L. Oltmans,* Hamburg 1974.
5 Vgl. *I. Eibl-Eibesfeldt,* Die Biologie des menschlichen Verhaltens: Grundriß der Humantheologie, München 1984.
O. Koenig, Verhaltensforschung in Österreich, Wien 1983.
K. Lorenz, Der Abbau des Menschlichen, München 1983.
6 Gesinnungsethik wurde durch M. Scheler und M. Weber zum Typusbegriff einer bestimmten Ethik.
Vgl. *M. Scheler,* Der Formalismus in der Ethik und die materiale Wertethik. Werke Bd. VII, Bern 1954.
M. Weber, Politik als Beruf, München 1919, 56.
H. Reiner, Gesinnungs- und Erfolgsethik, in: ARSP 40 (1953) 522–526.
7 Vgl. *F. Kamphaus,* Eine asketische Kultur – Therapie für die Konsumgesellschaft, in: FAZ, Die Gegenwart, 15. 11. 1984; Nr. 259, 11.
8 Zum Problem der Ethik in der modernen Philosophie vgl.:
G. Patzig, Ethik ohne Metaphysik, Göttingen 1971.
A. Pieper, Analytische Ethik, Literaturübersicht, in: PhJ 78/1 (1971) 144 ff.
Philosophie/Ethik: Dialoge, hrsg. v. *K.-O. Apel, D. Böhler, G. Kadelbach,* Frankfurt/M. 1984.
W. Weischedel, Skeptische Ethik, Frankfurt/M. 1980.
9 Vgl. *W. Kuhlmann,* Reflexive Letztbegründung, Freiburg/Brg. 1985.
Normenbegründung – Normendurchsetzung, hrsg. v. *W. Oelmüller,* Paderborn 1978.
A. Pieper, Pragmatische und ethische Normenbegründung, Freiburg/Brg. 1979.
A. J. Bucher, Warum sollen wir gut sein? Zur Möglichkeit einer vernünftigen Letztbegründung sittlicher Normen, München 1984.
10 Zur Problematik einer reflexiven Letztbegründung mit der These einer „Unhintergehbarkeit der Argumentationssituation" vgl.:
W. Kuhlmann, Reflexive Letztbegründung (Anm. 9), 51–104.
11 *R. Guardini* erhofft noch 1950 eine endgültige Überwindung eines neuzeitlichen Subjektivismus. Der „Empörungsglaube des Autonomismus" würde seinem Ende entgegengehen. Vgl. ders., Das Ende der Neuzeit, Würzburg 1950, 91.
Dazu auch: *F. Schmucker-v. Koch,* Autonomie und Transzendenz, Mainz 1985.
G. Schrader, Autonomy, Heteronomy and Moral Imperatives, in: JPH 60 (1963) 65–77.
12 Vgl. *B. Schüller,* Die Begründung sittlicher Urteile. Typen ethischer Argumentation in der Katholischen Moraltheologie, Düsseldorf 1973.
M. Welker, Der Vorgang der Autonomie: Philosophische Beiträge zur Einsicht in theologische Rezeption und Kritik, Neukirchen 1975.
F. Böckle, Theonome Autonomie, in: Humanum. Festschrift Egenter, Düsseldorf 1972, 17–46.
13 Daß dies auch nicht nötig sei, betont *A. Auer,* Autonome Moral und christlicher Glaube, 2. Aufl., mit einem Nachtrag zur Rezeption der Autonomievorstellung in der katholisch-theologischen Ethik, Düsseldorf 1984.
14 Der Endlichkeit- und Kontingenzerfahrung werden in der gegenwärtigen Rehabilitation der Religionsphilosophie vermehrte Aufmerksamkeit geschenkt. Vgl. *K. Wuchterl,* Philosophie und Religion, Stuttgart 1982.

15 Zum Problem von Sünde und Autonomie vgl.:
J. Werbick, Umkehr als Verheißung, in: Sittliche Erziehung im Religionsunterricht, hrsg. v. *W. Langer, B. Ort, J. Werbick,* Donauwörth 1980, 45–63, bes. 59 f.
Vgl. auch *F. Böckle,* Fundamentalmoral, München [2]1978, 121–151.

16 Vgl. *F. Nietzsche,* Morgenröte, in: Werke in drei Bänden, hrsg. v. *K. Schlechta,* München 1966, Bd. I, 1009 ff., hier 1150.

17 Vgl. *S. Freud,* Vorlesungen zur Einführung in die Psychoanalyse. Neue Folge, Bd. I, Frankfurt/M. 1969, 591.

18 Zur Rehabilitierung der Schulderfahrung in der modernen Psychologie vgl.:
A. u. M. Mitscherlich, Die Unfähigkeit zu trauern, München 1967, bes. 158 ff.
A. Görres, K. Rahner, Das Böse, Freiburg/Brg. 1982, bes. 138 ff.
W. D. Winnicott, Reifungsprozesse und fördernde Umwelt, München 1974, bes. 17 ff., 93 ff.

19 *J. Werbick,* Schulderfahrung heute, in: KatBl 108 (1983) 568–578.

20 *A. Görres, K. Rahner,* Das Böse (Anm. 18), 213.

21 Ebd.

22 Vgl. *S. Freud, L. Andreas-Salomé,* Briefwechsel, Frankfurt/M. 1966, 85.

OTTMAR FUCHS

Evangelisation: Prinzip der Hoffnung für Christ und Kirche in der Welt

„Es gibt keine andere Wahrheit als die, die mit der ganzen Existenz des Menschen zusammenhängt.“
(Leonhard Ragaz[1]).

I. Erinnerung an das Konzil

Versteht man die Texte des II. Vatikanums nicht nur in dem, was sie an ihrer „Oberfläche“ sagen (deren Einzelzitate nicht selten recht verfügbar sind), sondern auch in dem, wofür sie insgesamt in ihrer intentional-inhaltlichen „Tiefenstruktur“ ein Ausdruck sind, und erlebt man sie dazu im historischen Kontrast zu lehramtlichen Verlautbarungen der vorkonziliaren Ära, dann findet man den entscheidenden „dogmatischen Fortschritt“ des Konzils[2], hinter den nicht mehr zurückgegangen werden kann: Das allen Texten zugrundeliegende „erkenntnisleitende Interesse“ ist die Verbindung von Lehre und Leben, von Evangelium und Existenz, von Kirche und Welt, von Dogma und Pastoral. Theologische Prinzipien werden nicht mehr nur erneut in ihrer argumentativ-apologetischen Wahrheitsfähigkeit *vor* der Welt abgesichert; sie werden vielmehr in ihrer Wahrheitsfähigkeit *für* die konkrete *Existenz* von Person, Kirche, Gesellschaft und Geschichte, ja für nicht weniger als die ganze Welt behauptet und dargestellt. Und dies geschieht *in* „Dogmatischen Konstitutionen“!

Diese Weichenstellung erfolgte bereits in der Liturgiekonstitution, dem ersten verabschiedeten Dokument des Konzils: Die „actuosa participatio“ aller Beteiligten gehört zur liturgischen Feier dazu. Das Konzil fragt also nicht nur danach, was in der heiligen Messe *objektiv* geschieht, sondern danach, inwieweit es der liturgische Prozeß selbst den Gläubigen ermöglicht, das objektive Geschehen *subjektiv* wahrzunehmen und zu *erleben.* Was also die Kirche an Lehre über die Eucharistiefeier in ihrem Glauben weiß, wird nun in seinem Bezug zur Erfahrung der Gläubigen selbst thematisiert. Alle weiteren Dokumente des Konzils sind vom gleichen Anliegen beseelt! Wie die Liturgie mit der Erfahrung der Gläubigen zu tun haben muß, so dürfen und müssen insgesamt die *als Erlösung behaupteten* Lehren der Kirche für die realen Menschen in ihrer Situation und Zeit *als Befreiung erfahrbar* sein: als *Gabe* der Befreiung von Sünde durch die Versöhnung Gottes und als Geschenk des Vertrauens zu Gott, aber auch als *Aufgabe,* diese Befreiung durch eigenes Handeln an die anderen weiterzugeben und solche Weitergabe am Beispiel Jesu zu lernen.

Die im II. Vatikanum verwirklichte „Auslegung“ überbrachter „alter“ Lehrinhalte holt in einer neuen Art und Weise nicht nur die *Orthodoxie,* sondern ungetrennt von ihr die *Orthopraxie* ein. In solcher Methode ist der lebenspraktische Bedeutungsgehalt der Glaubensinhalte nicht etwa nur deren Anwendung, sondern gehört wesentlich zu ihnen dazu!

Im Zug des apostrophierten dogmatischen Fortschritts bildet die Pastoralkonstitution „Gaudium et Spes“ einen gewissen Höhepunkt. Das ekklesiale Prinzip, daß die

Kirche Sakrament des Heiles für die Welt ist, wird nicht mehr nur wiederholt und für die Gegenwart bekräftigt, sondern daraufhin weitergetrieben, wie denn die Praxis der Kirche zu gestalten wäre, damit das Dogma im Handeln der Christen und in der Erfahrung der Menschen Platz greift. Mögen manchen Passagen, insbesondere in der zuweilen naiven Wahrnehmung der damaligen kirchlichen, gesellschaftlichen und weltpolitischen Wirklichkeit und ihrer schon damals spürbaren fatalen Tendenzen sowie in der zuweilen noch recht konzeptionsarmen Verbindungsarbeit von Lehre und Leben, Schwächen vorzuwerfen sein: Dieser eben skizzierte Grundimpuls des Konzils wird durch solche Kritik nicht geschmälert, sondern geradezu in Kraft gesetzt, nämlich durch *bessere* Vermittlungsbemühungen zwischen Dogma und Pastoral und durch *bessere* Wahrnehmung von Wirklichkeit, wie sie in ihren offenen und verschleierten Widersprüchen ist und wo und wodurch sie insbesondere Not und Leiden schafft.

II. Evangelisierung als Identität der Kirche

Aus dieser Einsicht in *die,* oder zumindest in *eine* entscheidende Intention des Konzils heraus erweist sich das *Evangelisationskonzept* Pauls VI. („Evangelii nuntiandi" 1975) sowie der Südamerikanischen Bischofskonferenz in Puebla (1979) als konsequente Präzisierung dieses Ansatzes[3]. Was Johannes Paul II. in seiner Ansprache den lateinamerikanischen Bischöfen in Puebla zugerufen hat, gilt doch wohl nicht nur für die lateinamerikanische, sondern auch für die europäische Kirche: „Weil er (sc. Paul VI.), die Augen auf der Bühne dieser Welt geschlossen hat' . . ., wird dieses Dokument nun zu einem geistlichen Testament, das die Konferenz mit Liebe und Sorgfalt zu erforschen haben wird, um seine verpflichtende Kraft von einem anderen Bezugspunkt her aufzuzeigen und zu sehen, wie man es in die Praxis umsetzen kann. Die ganze Kirche ist euch dankbar für das Beispiel, das ihr gebt . . ."[4]. Leider hat dieses Beispiel hierzulande noch wenig Schule gemacht!

Im Sinne der Evangelisation muß die Verkündigung der Frohen Botschaft in Wort und Tat das *ganze* Leben der Menschen erreichen; nichts kann vom Wirken der Kirche ausgenommen sein! „Die Kirche hat . . . die Pflicht, die Befreiung von Millionen Menschen zu verkünden . . .; die Pflicht zu helfen, daß diese Befreiung Wirklichkeit wird, für sie Zeugnis zu geben und mitzuwirken, damit sie ganzheitlich erfolgt." („Evangelii nuntiandi" 30). Die Frohe Botschaft ist in alle Bereiche der Menschheit hineinzutragen, um diese selbst zu erneuern. Eben darin sieht Paul VI. die *Identität der Kirche:* „Evangelisierung ist in der Tat die Gnade und eigene Berufung der Kirche, ihre tiefste Identität." („Evangelii nuntiandi" 14).

Hier geschieht etwas bislang kaum Erhörtes: Die Identität der Kirche wird prinzipiell in einem *inhaltlichen Prozeß* angegeben, der seinerseits ganz bestimmte konkrete Kommunikationsformen auf der Basis der paritätischen Begegnung und gegenseitigen Anerkennung der Menschen sowie der Freiheit und Gleichheit ihrer Charismen benötigt. Hier erfolgt eine dialektische Gegenformulierung zu einer Identitätsdefinition von Kirche, die auf der Basis der Hierarchie stattfindet und ebenfalls mit den entsprechenden Sozialformen autoritätszentriert-integrierender, nicht selten integralistischer Art verbunden ist.

Haben sich kirchliche Theorie und Praxis im Laufe ihrer Geschichte mächtig für die Begründung und Realisierung des letzteren Identitätstyps von Kirche verausgabt (und waren die Erscheinungsformen des „Evangelisationstyps“ mehr oder weniger marginal und „rezessiv“), so konstituiert die Kirche im II. Vatikanum und in manchen lehramtlichen Folgetexten *in* ihrer eigenen offiziellen Mitte der Hierarchie die evangelisatorische Identität von Kirche als gerade den Traditionstyp (hier verstanden als bestimmte Form, in der das jüdisch-christliche Überlieferungsgut für die Gegenwart gerettet und relevant wird), der hoffnungsvoll in die Zukunft weist. Dies geschieht vielleicht nicht dominant, aber doch relativ gleichrangig *neben* der hierarchologischen Identität von Kirche und ohne letztere außer Kraft zu setzen. Eine konzeptionelle wie auch in paritätischer Begegnung einzulösende kommunikative Vermittlung beider Kirchenkonzepte ist bis zum heutigen Tag kaum in Sicht. Vermutlich ist dieses Problem *das* Problem der Zukunft: Es dürfte auch nicht (nur) konzeptionell in den Köpfen der Theologen zu lösen sein; vielmehr wird eine konzeptionell zureichende Durchdringung des Problems erst auf der Grundlage einer Praxis gelingen, in der die notwendige Dialektik beider Traditionstypen zugunsten einer spannungsreichen kirchlichen Gesamtidentität in der sich gegenseitig anerkennenden und wichtigmachenden Kommunikation ihrer jeweiligen Subjekte und Exponenten eingelöst und eingeholt wird[5].

Da die evangelisatorische Identität von Kirche besonders hierzulande in Theorie und Praxis einigen Nachholbedarf hat, bedeutet diese Einsicht, daß sie erst einmal zum Zug kommen dürfen muß: in der Anerkennung der Charismen der sogenannten Laien und im Entstehenlassen von Sozialformen, in denen mündige Christen für die Kirche wichtig und entscheidend werden[6]. Weder verliert dabei der Klerus an Wichtigkeit, noch wird der spezifische Dienst des Weiheamtes in der Kirche egalisiert. Es geht hier ja nicht um eine Problematisierung der *Lehre* von der hierarchischen Verfaßtheit der Kirche, sondern um die *soziale und kommunikative Form,* in der sie sich verwirklicht! Diese Form muß mit dem Wort Dienst auch wirklich Dienst an den Gläubigen und ihren Charismen meinen und nicht ein Klischeewort für mehr oder weniger subkutane Machtausübung sein[7]. Der Empfang der Ordination berechtigt nicht zur Ausübung der Subordination! Im Bezugsrahmen des allgemeinen Priestertums und der Charismen aller (vgl. Kirchenkonstitution „Lumen Gentium“ 12) wird sich die angemessene Vollzugsform des Amtes im Spannungsfeld eines reziproken kommunikativen Austausches miteinander und zugleich eines kritischen Gegenübers zueinander wiederfinden.

Wenn man nicht insgeheim einem „Darwinismus“ in der Kirchengeschichte frönt, insofern *die* ekklesialen Sozialformen am meisten Wahrheitswert bekommen, die sich am kräftigsten durchgesetzt haben, dann öffnet sich der Blick auch für (nicht nur neutestamentliche!) alternative Modelle des Verhältnisses von Charisma und Amt, von Laien und Klerus in der Geschichte der Kirche. J. Wohlmuth hat am Beispiel des Konzils von Basel eine „memoria repressa“ zutage gefördert, in der eine am Konsens orientierte Verständigungspraxis, wie sie damals bereits in Ansätzen und bis in die Geschäftsordnungen hinein verwirklicht war, aus dem Vergessen hervorgeholt wird. In seiner systematischen Wertung schreibt der Autor: „Es scheint hochbedeutsam, daß nach kanonistischer Tradition . . . zwischen göttlicher Herkunft und Anspruchskompetenz der ‚Ekklesia‘ (einschließlich ihrer Ämter) und ihrem fundamentaldemokratischen Wesen kein Gegensatz besteht (wie er bis heute häufig konstruiert wird)."[8] Hat man sich danach jahrhundertelang in der Theologie und Kirchenraison darum bemüht, die soziologische Struktur des Amtes insbesondere als Autoritätsverhältnis festzulegen, so wird es jetzt und für die Zukunft wie auch für das „Überleben" der Botschaft in der Welt höchste Zeit, dem dazu notwendigen ekklesiologischen Pendant, dem „sensus fidelium", soziale Realität und Wirkung zu gönnen und damit „Autorität" zu verschaffen.

IV. Heil für die Welt

Mit dem Evangelisationskonzept ist eine unüberschätzbare Markierung für den Weg aus der epochalen Traditionskrise gesetzt: Die Tradition ist weiterzugeben *als* Heil *für* die Welt und damit für die Menschwerdung des sündigen und geschundenen Menschen wie auch für die Erdewerdung der malträtierten Erde. Versteht sich Kirche tatsächlich als ekklesiale Realpräsenz *Christi,* dann legt sie die liturgisch gefeierte, sakramentale Gegenwart Christi nur dann in die ganzheitliche Praxis menschlichen Lebens aus, wenn sie sich in die Nachfolge *Jesu* begibt und damit in die Nachfolge seiner Proexistenz für die anderen. „So unabdingbar . . . die Feier der Sakramente für die Gemeinde und die Kirche ist, so muß doch auch berücksichtigt werden, daß die Sakramente ihre Kraft nur entfalten können, wenn die gekennzeichneten Dimensionen, der Bezug zum Nächsten und Fernsten, zur Welt und Zeit in der Feier nicht abgeblendet werden."[9] Zu ergänzen wäre, daß diese Dimensionen *in* der Feier wohl deswegen nicht abgeblendet werden dürfen, weil sie *außerhalb* dieser Feier so wichtig sind! Die Kirche hat keinen Selbstzweck, weder im kultischen Bereich durch selbstgenügsame Liturgie, noch im institutionellen Bereich durch selbstrekrutierende Integration (in eine Kirche „von oben nach unten" bzw. in eine „Kontrastgesellschaft"[10], sofern diese allzusehr an sich hält bzw. zu wenig prinzipiell bedenkt, sich mit der Umgebung kritisch auszutauschen und sich auch „nach außen" zu verausgaben), sondern sie steht in der Sendung zum uneigennützigen *Opfer* (hier greift das inflationäre Wort „Engagement" durchaus zu kurz!) für Mensch und Welt und damit zur Solidarisierung mit den Leidenden und zur handlungsrelevanten Sympathie mit allen Menschen guten Willens.

Solche *Ekklesiologie* entspricht jüdisch-christlicher *Theologie!* Der Indikativ der unbedingten Liebe sowie der unerschöpflichen Versöhnungsbereitschaft und damit Anerkennung Gottes[11], von dem her Christen ihre Hoffnung und ihre Energie „nehmen", manifestiert sich in seinem ekklesialen „Aggregatszustand" als die Liebe der so Geliebten zu den Menschen, als die Versöhnung der so Beschenkten mit den anderen, als die Anerkennung der so Angenommenen für die anderen. Die Liebe Gottes wird in der Liebe der Menschen für die anderen als Indikativ erfahrbar. Wem also die zwischenmenschliche Erfahrbarkeit und Glaubwürdigkeit des jüdisch-christlichen Gottes am Herzen liegt, und wer diese Erfahrbarkeit als integralen Bestandteil des Indikativs der Gnade Gottes ansieht, der wird diesen Indikativ auch möglichst durch sich selbst einlösen wollen und sich deshalb unter den Imperativ der Nachfolge stellen. Der Glaube an den und die Verkündigung des christlich tradierten Gott kommt so nicht mehr in der Form des Herrschaftswissens und in der damit verbundenen autoritären Sozialstruktur von oben nach unten auf die anderen zu, sondern durch das menschenfreundliche Antlitz und Handeln von Christ und Kirche, wo immer sie sich dafür einsetzen, menschlichem Leben aufzuhelfen und es aufzurichten. Die Bedeutung des Wortes „Gott" erweist sich dann nicht mehr nur im Wort und

Bekenntnis, sondern im gesamten Handeln der Gläubigen[12] (wie letztere selbst ja kaum anders zum Glauben an Gott und zu seiner Nachfolge in Jesus kommen als durch den zwischenmenschlichen Indikativ geschenkter Anerkennung und Annahme von Eltern, Freunden, Mitchristen usw.). Erst in solcher Praxis der Kirche „spiegelt" sich das erlösende Handeln Gottes als Befreiung. Mit dem heilvollen Für-die-anderen-da-sein, mit der Pro*existenz* der Kirche steht also die Gnaden*lehre* Gottes selbst auf dem Spiel!

V. Hoffnung auf die Gottesherrschaft

Zur Gnade Gottes gehört nicht nur die Erinnerung an die biblischen Heilsgeschichte(n), deren erzählten Gott Christen und Kirche als den in Liebe gegenwärtig Hörenden und in Treue solidarisch Mitgehenden glauben, sondern auch die in der Erinnerung mitgegebene Verheißung der zukünftigen Gottesherrschaft. Wer darauf hofft, erfährt Befreiung in doppelter Hinsicht: Einmal die Entlastung vom Leistungsdruck und dem „Gotteskomplex", selbst Reich Gottes herstellen zu müssen bzw. zu können, also die Entlastung davor, das „Letzte" nicht von sich, sondern von Gott zu erwarten; zum anderen erwächst aus solcher Hoffnung Trost im Scheitern, freilich ein Trost, der nicht – was tödlich für die akute Verantwortung wäre – vertröstet, sondern den um des Reiches Gottes willen Opferbereiten noch einmal menschlich umgehen läßt mit eigenen und fremden Schwächen, Mißerfolgen und Sünden und ihn vor Verzweiflung, Resignation und Gewalttätigkeit bewahrt.

Die Evangelisation steht in diesem Spannungsfeld des Doch-schon und Noch-nicht: zugunsten der gegenwärtigen konkret-befreienden Tat! „Wenn ich aber die Dämonen durch den Finger Gottes austreibe, dann ist doch das Reich Gottes schon zu euch gekommen." (Lk 11, 20). Reich Gottes meint das permanente Transzendenzgefälle zwischen den jeweils aktuellen Verhältnissen und dem je neu *darin* fälligen Besseren, denn das Beste steht immer noch aus! Wer sich danach ausstreckt, kann sich nie mit dem Status quo persönlich-existentieller, kirchlicher und gesellschafts- bzw. wirtschaftspolitischer Zustände zufrieden geben. Die Umkehr zu einer möglichst erfahrbaren Gleichzeitigkeit des Reiches Gottes hört niemals auf!

Diese eschatologische Spannung gilt nicht nur für den Christen, sondern auch für die *Kirche* in ihren Institutionen und Sozialformen. Sie hat gerade dann nicht viel mit dem Reich Gottes zu tun, wenn sie ihre Praxis einfach mit der Gottesherrschaft identifiziert und sie nicht auch von dieser her in Frage stellt. Wenn die *geglaubte* „transhistorische" Transzendenz Gottes nicht die *geschichtlich-konkrete* Transzendenz gegenüber auch kirchlichen Verhältnissen provoziert und sich nicht in nie abgeschlossener Umkehr zur Erfüllung des göttlichen Willens in der Zeit verwirklicht, wird sie für die reale Geschichte von Mensch, Kirche und Welt wertlos. Christologisch formuliert: Wer an den auferstandenen Christus und den wiederkommenden Herrn glaubt, der leistet sich lediglich einen spirituellen Luxus, wenn er damit nicht auch die Praxis des irdischen Jesus von Nazaret verbindet und daraufhin *seine* Praxis gestaltet. Hier ist die Mahnung K. Rahners ernst zu nehmen: „... flüchtet um Gottes willen nicht in bloße Gesinnung, ... Die in die heutige Situation hinein übersetzte Armut und Demut müssen gesellschaftspolitisch in der profanen Gesellschaft und in der Kirche einen kritischen Stachel, eine gefährliche Erinnerung an Jesus und eine Bedrohung des selbstverständlichen Betriebes der kirchlichen Institutionen bedeuten." Ebenso ausschlaggebend ist die Bemerkung, die Rahner beifügt: „Das Motiv ist Jesus, der in den Tod hinein Sterbende, – er, und nicht eine gesellschaftspolitische Berechnung. Er allein kann euch vor der Faszination der Macht bewahren, die es auch in tausend Gestalten in der Kirche gibt. . . . ; er allein kann euch vor dem nur zu einleuchtenden Gedanken retten, man könne im Grunde eben doch nur den Menschen dienen, wenn man Macht hat; er allein kann euch das heilige Kreuz seiner Machtlosigkeit verständlich und annehmbar machen."[13]

VI. Kenosis der Kirche

Im Kontext der Evangelisation ist die Traditionskrise nicht dadurch zu bewältigen, daß das jüdisch-christliche Traditionsgut nur als konfessorisches und institutionelles Eigengut der Kirche bewahrt und verteidigt wird. Vielmehr wird sich die Kirche auf den Weg der Bewährung in der Selbstentäußerung für das Heil der Menschen machen und diese nicht nur den einzelnen Christen abverlangen. Was die Kirche in der Christologie theologisch behauptet, ist auch und gerade auf ihre institutionellen Strukturen zu übertragen. Im Gefolge der Kenosis ihres Herrn für die Befreiung der Menschen von Sünde und Not wird sich die Kirche auf den Weg eines *kenotischen Selbstvollzugs* und einer ebensolchen Pastoral machen dürfen und müssen. Sie braucht nicht an sich selbst festzuhalten, glaubt sie wirklich an das Wort des Herrn, daß sie nicht untergeht (vgl. Mt 16, 18). Die Bekehrung der Kirche zu solcher Hingabe an den Herrn *in* der konkreten Hingabe für die Menschen, zu solchem Glauben an den transzendenten Gott *in* der ausgehandelten Transzendenz realer unheilvoller Verhältnisse (in Richtung auf ein erfahrbares Doch-schon dieser Transzendenz) verwirklicht die Anbetung auch auf der Ebene des zwischenmenschlichen Handelns: Das Heil des Menschen ist die Ehre Gottes! Eine an der Evangelisation orientierte ganzheitliche „Soteriopraxie" der *Kirche* hat also doxologische Qualität[14].

Daß auch für die Institution und die Amtsträger keine anderen Kriterien gelten als für die Christen insgesamt, ist ebenso ein Allgemeinplatz wie kaum in seiner ganzen Brisanz durchschaut. Um des „Zusammenhalts" der Institution und ihres Einflusses willen leistet sich die Kirche nicht selten horrende paradoxe Kommunikationen, in denen sie von Versöhnung, Freiheit und Menschenwürde redet, aber selbst im Konfliktfall solche Erfahrungen ihren Mitgliedern nicht gönnt[15]. Besonders junge Menschen tappen mit ihrem „guten Glauben" in solche Beziehungsfallen hinein und ziehen sich oft enttäuscht und verletzt zurück[16].

Es ist in diesem Zusammenhang bemerkenswert, daß z. B. in den Verfolgungszeiten der Kirche in den ersten drei Jahrhunderten insbesondere *auch* die Repräsentanten der Kirche, die Bischöfe, das Märtyrerschicksal erlitten (Ignatius von Antiochien, Simeon von Jerusalem, Polycarp von Smyrna, Irenäus von Lyon, Fabian von Rom, Cyprian von Karthago u. a.)[17], während in der Naziherrschaft besonders (freilich nicht ausschließlich) die Laien und „unvorsichtigen" Priester in die KZs kamen, weil sie für die Opfer redeten und handelten[18]. Um nicht mißverstanden zu werden: Mir geht es hier in keiner Weise um Vorwürfe gegenüber die damaligen kirchlichen Amtsträger; ansonsten würde ich gerade den von mir vertretenen Umgang mit den „Sünden der Väter" außer Kraft setzen, wonach wir uns selbst in den Sünden der Väter und Mütter mit unserer gegenwärtigen Realität und Potentialität von Schwäche und Sünde, von Opfer schaffender Ungerechtigkeit und Bosheit zu erkennen haben[19]. Gerade deshalb aber darf man – bei aller historischen Differenz – auf die Analyse solcher für die Art und Weise des Selbstvollzugs der Institution Kirche signifikanten

Tendenzen und Unterschiede nicht verzichten. Die Frage darf erlaubt sein: Hätte die junge Kirche ihre evangelisatorische Identität bis ins vierte Jahrhundert bewahrt, wenn sie zuvor derart darauf geschaut hätte, sich in ihren Repräsentanten insbesondere als Institution zu behaupten? „Kirchen handeln deshalb gegen ihren Existenzgrund, wenn Selbsterhaltung der Institution zum primären Ziel ihres Handelns wird."[20] Sie handeln dann übrigens nicht nur gegen ihren *inhaltlichen* Existenzgrund, sondern auch im mangelnden Vertrauen gegenüber dem *personalen* Existenzgrund, der sich an der *Basis der Christen* in den Gemeinden findet: in deren eigenen Charismen zur Nachfolge Jesu und damit in ihrer eigenen Kompetenz, Kirche zu sein, für das Evangelium einzustehen und es dadurch weiterzugeben!

VII. Heilendes Handeln: verwirklichte Hoffnung in erhoffter Wirklichkeit

Wo sich – wie in der Evangelisation – die Orthodoxie derart mit der Orthopraxie verbindet, wird sie deren neuralgische Kontaktstellen miteinander gerade dort aufsuchen, wo Not und Gewalt am größten sind. Von daher ist es nur konsequent, wenn die lateinamerikanische Theologie der Befreiung im Begriff der „Option" (wie in Puebla für die Armen, Jugendlichen und die Einsamen) *die* Menschen *namhaft* macht, die am meisten unter den politischen und wirtschaftlichen Widersprüchen leiden, und eben darin den Protest des Evangeliums erhebt und in Solidarität und befreiendem Handeln einklagt. Die helfende und politische Diakonie ist also nicht ein besonderer Fall, sondern *der* Ernstfall der Orthopraxie überhaupt[21].

Wo die Widersprüche (z. B. zwischen arm und reich) offensichtlich sind und die Not unmittelbar zutage kommt, ist deren Wahrnehmung relativ aufdringlich, jedenfalls für Menschen, die solche Realitäten wahrnehmen *wollen*. Hierzulande freilich braucht es meist intensive Aufmerksamkeit (bezüglich eigener Erfahrungen wie auch human-, wirtschafts- und sozialwissenschaftlicher Analysen der Zusammenhänge), die Menschen zu entdecken, die in psychische, körperliche und soziale Not geraten bzw. in Not sind. Die Optionsbestimmungen sind dabei lokal recht unterschiedlich und hängen von der Sensibilität der Christen vor Ort ab, ohne dabei die überregionalen systemischen Ursachen der Not aus dem Auge zu verlieren.

Wer sich auf den Weg der Umkehr macht, kommt ohne Optionen nie aus, weil sonst seine Bekehrung „in der Luft" hängt und weder Hände noch Füße auf die Erde konkreter Martyria und Diakonia bringt. Die „Wahrnehmung von Not"[22] ist ebenso eine Frucht des Heiligen Geistes in den wahrnehmenden Menschen wie das sich damit verbindende befreiende Handeln selbst: Letzteres kann ohne ersteres nicht geschehen!

Von dieser Perspektive her können auch die *Wundergeschichten des Evangeliums* neu gelesen werden: Jesus hat die konkrete körperliche und geistige Not um sich herum unmittelbar wahrgenommen und er hat in befreienden Begegnungen die Kranken geheilt und Dämonen ausgetrieben. Daß Jesus dabei als Wundertäter auftritt, ist für die damalige soziokulturelle Umwelt zwar erstaunenswert, aber nicht prinzipiell ungewohnt: Wundertäter gab es nicht wenige! Jesus praktiziert also eine durchaus „konventionelle" Form des Heilens in der damaligen Zeit. Jedenfalls stellt er sich dem konkreten Leid und er reagiert möglichst wirksam darauf! Für uns heute mag die Gattung der Wundergeschichten als Ausdrucks-*Form* der Hoffnung aufgefaßt werden, die in jeder zwischenmenschlichen befreienden und heilsamen Begegnung liegt: oft freilich nicht als Erfolg erfahrbar, sondern „nur" als Hoffnung zu ergreifen. Die Kategorie „Wunder“ erzählt „fiktiv“ in die Geschichten von Hilfe und Befreiung *als Realität* hinein, was ansonsten in der Erfahrungswirklichkeit meist *nicht* geschieht, was aber zu solchen Geschichten *inhaltlich* dazugehört, insofern helfende, auf die Befreiung von Not angelegte und darin opferbereite Begegnung auch gegen den Augenschein von Mißerfolg und Scheitern *nicht umsonst* ist, sondern (wie bereits bei Lukas, vgl. nochmals 11, 20) die „Wunder“ des Reiches Gottes auf die Erde bringt und im Reich Gottes auch ihre „wunderbare“ Erfüllung findet.

In der Tat scheitert bei Markus der „Wundertäter“ Jesus am Kreuz! An *ihm* tut sich kein Wunder: „Anderen hat er geholfen, sich selbst kann er nicht helfen.“ (Mk 15, 31). So halten die Wundergeschichten Jesu („transitiv“) zusammen (helfende Hingabe *und* Wundererfolg zugunsten Leidender), was bei ihm selbst („intransitiv“) und erfahrungsgemäß auch für alle, die in seiner Nachfolge leben, *eschatologische* Dimensionen annimmt: in der geschichtlichen Verbindung *und* zeitlichen Trennung von Hingabe und Reich Gottes! „Jesus . . . will das Leid beseitigen. Er bedient sich dabei primitiver Wundertechnik. Und er erweist sich selbst nicht immun gegen das Leid. Er stirbt unter Qualen.“[23] Dies ist die zeitliche Trennung! Wer Notleidenden hilft und sich für die Befreiung der Unterdrückten einsetzt, der „materialisiert“ freilich in diesem Äon bereits etwas vom Reich Gottes, und zugleich darf er hoffen, daß solches Handeln nicht ver-geblich ist, gerade weil es in das Reich Gottes hineinragt, wo die Opfer und alle diejenigen, die um der Befreiung der Opfer willen selbst Opfer auf sich nehmen, gerettet sind. Dies ist die (heils-)geschichtliche Verbindung!

Die Wunder können auch heute wahrgenommen werden „als ein unbedingter Protest gegen konkretes menschliches Leid, gegen das Leid der Kranken, der Verstümmelten und Isolierten. Liest man diese Geschichten als Glaubensgeschichten, auf deren krasse Leibhaftigkeit es wegen der religionsgeschichtlichen Parallelen nicht so sehr ankommt, . . . trifft man damit schwerlich den ursprünglichen Sinn dieser Geschichten.“[24] Die Wundergeschichten sind nicht (nur) dafür da, den Glauben *an* Jesus als den irgendwie Hoheitsbetitelten zu unterstützen (solcher Glaube dürfte ausschließlich in der Auferweckungsbotschaft begründet sein), sondern sie verweisen auf die *Praxis* des Jesus von Nazaret, Not wahrzunehmen, den Notleidenden begegnen zu wollen und ihnen soweit wie möglich zu helfen bzw. sich mit ihnen zu solidarisieren: heute natürlich in den *gegenwärtig* effektivsten Formen des Heilens und der Hilfeleistung (hierher gehören alle heilenden und helfenden Berufe, alle entsprechenden sozial- und wirtschaftspolitischen Solidarisierungen sowie alle Bereiche diakonischer Tätigkeit in Gemeinde und Caritas).

VIII. Die Kirche und der heilige Geist

Die Kirche kann nach außen nie etwas sein, was sie nicht auch nach innen ist. Die Evangelisation betrifft das Innere der Kirche selbst, will sie tatsächlich heilend und befreiend nach außen wirken. Die zur Freiheit des Christenmenschen befreiende Kraft des Evangeliums ist auch dem einzelnen *als* Glied der Kirche zu gönnen: in der Befreiung seines Charismas zur Mündigkeit und Wichtigkeit nicht nur für die Verantwortung in der Welt, sondern eben auch *in der Kirche!* „Wenn der Papst sagt, daß die Ordensleute ein prophetisches Zeichen in der Welt sein sollten, dann vermisse ich hier, daß sie dies auch in der Kirche selbst sind und sein dürfen: daß die Ordensleute dem prophetischen Zeichen in der Kirche Gestalt geben.“[25]

Diese Kritik gilt nicht nur in bezug auf Ordensleute, sondern hinsichtlich aller Christen. Ansonsten wäre das Sakrament der Firmung ein großangelegtes liturgisches Täuschungsmanöver, weil in der Wirklichkeit kirchlicher Kommunikation dann doch nicht an den heiligen Geist *in* den Christen geglaubt wird. Die Firmung ist wohl dasjenige Sakrament, auf dessen reale Wirkung man in unserer Kirche am wenigsten vertraut: Dies gilt für die Amtsträger wie auch für die Laien selbst (bei letzteren weniger als eigener Glaubensmangel, sondern durchaus als Reflex auf den diesbezüglichen Unglauben der ersteren)[26]. Auch und gerade im Glaubensbewußtsein der Christen gibt es nicht selten Unterdrückungen und Nöte: Die Diakonia steht in der Martyria selbst an! Der Auftrag „Stärke deine Brüder" (vgl. Lk 22, 32) müßte viel mehr den Brüdern und Schwestern in *ihrem* Geist zugute kommen und viel weniger dem Bestreben, sich (seine Position und seine eigene Glaubensrichtung) bzw. die Institution auf Kosten der Schwestern und Brüder zu stärken.

Es werden Strukturen und Sozialformen zu suchen, zu probieren und zu entwickeln sein, in denen die Kompetenz der Laien zum Ausdruck, zur Vergewisserung und zur Wirkung kommen kann. Die Zukunft einer *lebendigen* Kirche wird nur dann gerettet, wenn sie ihre Basis in lebendigen Gemeinschaften von zur Kreativität des Geistes befreiten Gläubigen hat. Ihre unterschiedlichen Berufungen machen „Reichtum und Schönheit der Evangelisierung aus" („Evangelii nuntiandi" 66). In solchen kommunikativen Räumen bleibt der Amtsträger als der wichtig, der für die Einheit der Gläubigen und ihren gegenseitigen bereichernden und kritischen Austausch verantwortlich ist und der im Ernstfall die jüdisch-christliche Tradition vor dem Absinken in die Banalität, Mittelmäßigkeit und Verfügbarkeit zu bewahren hat. Freilich hat er diesen „prophetischen Geist" nicht gepachtet: Auch umgekehrt wird der „sensus fidelium" die Verkündigung des Amtes im Horizont des Evangeliums der Kritik aussetzen dürfen und müssen. Wer die Kirche als „Zeichen und Werkzeug für die innigste Vereinigung mit Gott wie für die Einheit der ganzen Menschheit" („Lumen gentium" 1) glaubt und liebt, für den „ist auch ein kritisches Verhältnis zur konkreten Amtskirche noch einmal kirchlich", insbesondere dann, wenn er befürchten müßte, daß sein Dienst „einer sich selber suchenden Institution gilt" und „Teilnahme an einem schrecklichen Egoismus eines Systems für sich selbst" würde.[27]

Die einheitstiftende Kraft des Amtes erfolgt also nicht zuerst über die Lehre von oben nach unten, über Verlautbarungen und entsprechende Administration, sondern über das sensible Aufspüren der *inneren* Einheit aller Charismen *im heiligen Geist* (in ihrer gegenseitigen, auch kritischen Ergänzung) sowie in der Aufgabe, *diese* Einheit bewußt zu machen und strukturell zu gestalten. Es ist an der Zeit, daß die Pneumatologie für die Ekklesiologie gerettet und für die reale Kirchenpraxis fruchtbar gemacht wird! Denn: „Die Kirche ist eine Kirche des Geistes des unendlichen und unbegreiflichen Gottes, dessen seelige Einheit in dieser Welt sich nur gebrochen in vielem Verschiedenen spiegeln kann, deren letzte befriedigte Einheit nur Gott selbst und sonst nichts ist."[28]

Anmerkungen

1 *L. Ragaz,* Weltreich, Religion und Gottesherrschaft, Bd. I, Zürich – München – Leipzig 1922, 236.

2 Vgl. dazu *E. Klinger,* Der Glaube des Konzils. Ein dogmatischer Fortschritt, in: Glaube im Prozeß. Christsein nach dem II. Vatikanum. Für Karl Rahner, hrsg. v. *E. Klinger, K. Wittstadt,* Freiburg 1984, 615–626.

3 Vgl. dazu *E. Klinger,* Politik und Theologie. Eine deutsche Stellungnahme zu Puebla, in: ThGl 71 (1981) 184–207.

4 *Johannes Paul II.,* „Predigten und Ansprachen von Papst Johannes Paul II. bei seiner Reise in die Dominikanische Republik und nach Mexiko 26. 1. – 4. 2. 1979", in: Verlautbarungen des Apostolischen Stuhls 5, 49.

5 Vgl. *P. Eicher,* Hierarchie, in: Neues Handbuch theologischer Grundbegriffe, Bd. II, hrsg. v. *P. Eicher,* München 1984, 177–196, zum „ungelösten Problem der katholischen Kirchenstruktur" 193–196.

6 Eine solche Initiative zur Erfahrung eigener Mündigkeit von *Hauptamtlichen* in der Kirche war der Katechetische Kongreß in Freiburg 1983, dessen inhaltliche und methodische Konzeption wesentlich dem wenige Wochen danach verstorbenen Adolf Exeler zu verdanken ist, vgl. Erzähl mir deine Geschichte. Deutscher Katechetischer Kongreß Freiburg 1983, hrsg. v. Deutschen Katecheten-Verein, *G. Miller,* Freiburg 1984, bes. die Beiträge 20–37, 118–142, 152–154.

7 Vgl. dazu *N. Schiffers,* Autorität/Macht, in: Neues Handbuch theologischer Grundbegriffe, Bd. I, hrsg. v. *P. Eicher,* München 1984, 96–109; *P. Neuner,* Charisma/Amt, ebd., 170–175.

8 *J. Wohlmuth,* Verständigung in der Kirche. Untersucht an der Sprache des Konzils von Basel, Mainz 1983, 260. Vgl. auch *E. Schillebeeckx,* „Du, Ihr, ich – Wir gehören dazu!" Ansprache auf dem Malieveld (Den Haag, 8. Mai 1985), in: Orientierung 49 (1985) 13/14 150–153, hier 152: „Das Zweite Vatikanische Konzil . . . hat das ältere Kirchenbild wenigstens theoretisch dadurch überholt, daß es (noch vor jeder Aussage über die kirchlichen Ämter) die Kirche als das durch Gott zusammengerufene Volk bestimmte. In diesem Volk Gottes sind alle Gläubigen gleichgestellt – gläubige Subjekte, die aus dem Geist leben, freie Kinder Gottes. Erst nach diesen Aussagen über das Volk Gottes . . . spricht dann das Konzil von bestimmten Elementen, welche die Kirche oder das Volk Gottes organisch strukturieren. *Die Ausdifferenzierung von Ämtern, welche durch diese Strukturierung erfolgt, tastet aber das Recht des Volkes Gottes als ursprüngliches Subjekt von Kirchesein nicht an.* Alle Ämter sind nur als Dienste an diesem Volk bestimmt." Zur Frage nach der „Lehrautorität der Gläubigen" vgl. neuerdings das gleichnamige Themaheft Conc(D) 21 (1985) 4, insbesondere die Beiträge: H. Vorgrimler, Vom „sensus fidei" zum „consensus fidelium", ebd. 237–242, und: H. Fries, Gibt es ein Lehramt der Gläubigen?, ebd. 288–293: „Die Geschichte des christlichen Glaubens und der kirchlichen Lehre vollzieht sich in der mitschaffenden Subjektivität der Gläubigen . . . Man kann auch sagen: es gibt eine Wahrheitsfindung von unten." (292), „Das Amt in der Kirche sollte nicht der Widerpart, sondern die Hüterin dieser Charismen sein . . . Das kirchliche Lehramt sollte sich verstehen als Dienst am Kommunikationsgeschehen der kirchlichen Gemeinschaft." (293).

9 *P. Hünermann,* Sakrament – Figur des Lebens, in: Anthropologie des Kults. Die Bedeutung des Kults für das Überleben des Menschen, hrsg. v. *A. Hahn, P. Hünermann u. a.,* Freiburg 1977, 98–134, hier: 127.

10 Zum Begriff der „Kontrastgesellschaft" vgl. *G. Lohfink,* Wie hat Jesus Gemeinde gewollt?, Freiburg 1982, 142–154, 181–194; vgl. zu dieser Problematik auch *H. Zirker,* Ekklesiologie, Düsseldorf 1984, 118–121.

11 Mit der Betonung dieses Indikativs der unbedingten Liebe für alle Menschen (in dieser Hinsicht sind vor Gott alle gleich!) möchte ich nachdrücklich *T. Veerkamp* widersprechen, der den *imperativen* Optionsbegriff (insbes. für die Armen) vom zwischenmenschlichen Bereich bereits *in* die *indikative* Beziehung *Gottes* zu den Menschen hineinverlegt; vgl. *ders.,* Der Bund und die Bündnisse, in: Christen für den Sozialismus. I. Analysen, hrsg. v. *D. Soelle,*

K. Schmidt, Stuttgart 1975, 122–141, hier: 125–128. Der Autor nimmt als biblischen Beleg für seine Ansicht die m. E. hierfür untaugliche und solche Konsequenzen nicht zulassende Kategorie der Erwählung: „So war es *offenbar* nie mit Gott, daß vor ihm alle Menschen gleich sind, daß es ihm im Grunde genommen egal ist, mit wem er es zu tun hat, da schließlich alle Sünder sind." (125/6: So verwirft er Kain und erwählt Abel, usw.; vgl. 125). Auch die Krisengleichnisse der Evangelien geben solche Folgerungen nicht her (vgl. 127 f.). Vielmehr ist gerade die für *alle* Menschen unbedingte Liebe Gottes die Bedingung der Möglichkeit, daß *auch* Reiche verzichten können und nichts dabei verlieren, sondern vielmehr das Leben gewinnen (vgl. Mk 8, 35). Die entsprechenden Krisisgeschichten in den Evangelien sind Ausdruck der Botschaft, daß Gott auf der Seite der Armen steht, um den Reichen zu bedeuten, umzukehren: um der Armen willen und gerade *darin* auch um der Reichen willen, insofern er auch ihre Befreiung von Entfremdung und ihre Erlösung im eschatologischen Heil will. In der Geschichte der Begegnung mit dem reichen jungen Mann (Mk 10, 17–27) liebt Jesus den Mann, und er zieht diese Liebe auch nicht zurück, als dieser geht (vgl. V. 21 u. 27). Die ganze Umkehrbotschaft des Neuen Testamentes hat im übrigen nur Sinn, wenn Gott die *Sünder* liebt, noch bevor sie sich bekehrt haben: *damit* sie sich bekehren *können!* (Vgl. 1 Joh 4, 10).

12 Vgl. dazu *H. Peukert,* Wissenschaftstheorie – Handlungstheorie – Fundamentale Theologie. Analysen zu Ansatz und Status theologischer Theoriebildung, Düsseldorf 1976, 283–342; *ders.,* Kontingenzerfahrung und Identitätsfindung. Bemerkungen zu einer Theorie der Religion und zur Analytik religiös dimensionierter Lernprozesse, in: Erfahrung, Glaube und Moral, hrsg. v. *J. Blank, G. Hasenhüttl,* Düsseldorf 1982, 76–102, hier: 85–96.

13 *K. Rahner,* Rede des Ignatius von Loyola an einen Jesuiten von heute, in: ders./*P. Imhof,* Ignatius von Loyola (Bildband, Fotos von H. Loose) Freiburg 1978, 10–38, hier 23–24. Zum Verhältnis von Kirche und Reich Gottes vgl. auch *H. Zirker,* Ekklesiologie (Anm. 10) 95–97.

14 Was nicht bedeutet, daß das Gebet als sprachliche Beziehungsaufnahme zu Gott überflüssig wäre; im Gegenteil: Im expliziten Beten gelangt der den Imperativ (zur Verwirklichung des Indikativs der Liebe unter den Menschen) freisetzende und ermöglichende Indikativ der Liebe Gottes zu seiner dialogischen Ausdrücklichkeit und damit ins Bewußtsein einer intersubjektiven Begegnung.

15 Vgl. *H. Peukert,* Was ist eine praktische Wissenschaft? Handlungstheorie als Basistheorie der Humanwissenschaften: Anfragen an die Praktische Theologie, in: Theologie und Handeln. Beiträge zur Fundierung der Praktischen Theologie als Handlungstheorie, hrsg. v. *O. Fuchs,* Düsseldorf 1984, 64–79, hier: 78. Vgl. auch *E. Schillebeeckx,* Du, Ihr, ich (Anm. 8) 152: „So entsteht . . . eine positivistisch postulierte Harmonie zwischen dem Leben der Gläubigen und der Lehre der kirchlichen Hierarchie. Diese Idylle interner Harmonie hat in institutioneller Hinsicht schwerwiegende Folgen. Denn damit wird jeder faktische Konflikt zwischen Gläubigen und Hierarchie sowie jeder Konflikt zwischen einer Ortskirche und der kirchlichen Zentralregierung auf die Ebene der Sündhaftigkeit abgedrängt. . . . Jeder Konflikt wird innerhalb dieser Logik zum Vorteil des Stärkeren, nämlich der hierarchischen Position, unterbunden; und die gleiche Hierarchie erklärt einen solchen Konflikt zur Sünde der Basis gegen sich selber!"

16 Vgl. *N. Mette,* Jugend ohne Sinn? Handlungstheoretische Überlegungen zu einer Religionspädagogik des Jugendalters, in: Kommunikation und Solidarität. Beiträge zur Diskussion des handlungstheoretischen Ansatzes von Helmut Peukert in Theologie und Sozialwissenschaften, hrsg. v. *H.-U. von Brachel, N. Mette,* Freiburg/Schweiz – Münster 1985, 214–230, hier: 215, 226 ff.

17 Vgl. *K. Baus,* Von der Urgemeinde zur frühchristlichen Großkirche, Freiburg 1965/1985 (= Handbuch der Kirchengeschichte Bd. 1, hrsg. von *H. Jedin)* 148–162, 187–192, 334–336, 390–395: „Eine Erweiterung presbyteraler Vollmachten wurde auch in Notzeiten gewährt, wie in den Verfolgungen, wenn der Bischof infolge seiner Haft oder Flucht die Gemeinde nicht mehr persönlich betreuen konnte." (!) (393). Vgl. auch *P. Stockmeier,* Glaube und Kultur. Studien zur Begegnung von Christentum und Antike, Düsseldorf 1983, 78–90, 148 ff., 272–276, 288 ff.

18 Vgl. *L. Volk,* Episkopat und Kirchenkampf im Zweiten Weltkrieg. I. Lebensvernichtung und Klostersturm 1939–1941 und II. Judenverfolgung und Zusammenbruch des NS-Staats, in: StZ 198 (1980) 9/10, 597–611 bzw. 687–702; *E. L. Ehrlich,* Katholische Kirche und Judentum zur Zeit des Nationalsozialismus – eine geschichtliche Herausforderung an uns, in: FrRu 35/36 (1983/84) 133/140, 39–43; *G. Denzler,* Widerstand oder Anpassung? Katholische Kirche und Drittes Reich, München 1984, 29 ff., 49 ff., 93 ff., 112 ff., 116 ff., 124 ff.

19 Vgl. *O. Fuchs,* Christlicher Umgang mit den „Folgen der Sünde" im Horizont von Geschichte und Gesellschaft. Gedanken zu einem konsequenten Ablaßverständnis, in: Kommunikation (Anm. 16), 179–197, hier: 184–187. Vgl. auch *R. Neudeck,* Erinnerungsarbeit – der Wahrheit ins Auge schauen, in: Orientierung 49 (1985) 13/14, 146–150, hier 149.

20 *H. Peukert,* Wissenschaft (Anm. 15), 76.

21 Vgl. *O. Fuchs,* „Umstürzlerische" Bemerkungen zur Option der Diakonie hierzulande, in: Caritas 85 (Jahrbuch), hrsg. v. Deutschen Caritasverband, 18–40; *ders.,* Ernstfall Diakonie. Christliches Handeln als Verkündigung, in: ThPQ 133 (1985) 223–230.

22 Vgl. dazu *H. Steinkamp,* Zum Beispiel: Wahrnehmung von Not. Kritische Anfragen an den gegenwärtigen Entwicklungsstand der praktisch-theologischen Handlungstheorie, in: Theologie (Anm. 15), 177–186.

23 *G. Theissen,* Synoptische Wundergeschichten im Lichte unseres Sprachverhältnisses, in: WPKG 65 (1976) 289–308, hier: 308. Zum Verhältnis von Klage, Wundergeschichte und Wende der Not vgl. genauer *O. Bayer,* Erhörte Klage, in: NZSTh 25 (1983) 259–272, hier 271.

24 *A. Suhl* in seiner Einleitung, in: Der Wunderbegriff im Neuen Testament, hrsg. v. *A. Suhl,* Darmstadt 1980, 1–38, hier: 38; zum Verhältnis von Gottesherrschaft und *materialem* Heilshandeln vgl. *H. Merklein,* Die Gottesherrschaft als Handlungsprinzip. Untersuchung zur Ethik Jesu, Würzburg 1978, bes. 217–293. Daß die Wunder Jesu „als Einbruch in den Machtbereich des Bösen" Zeichen des nahen Gottesreiches und somit Bestandteile seiner integralen Verkündigung der mit ihm (in Wort und Tat) anbrechenden Gottesherrschaft waren, darf nicht dazu verleiten, die leibhaftige Wirksamkeit des Zeichens selbst zu verflüchtigen und zu „spiritualisieren", wie R. und M. Hengel es schier tun, wenn sie die körperliche Rehabilitation weitgehend nur als *Funktion des Kerygmas* auffassen, in: Die Heilungen Jesu und medizinisches Denken, in: Medicus viator. Für R. Siebeck, Tübingen 1959, 331–361, hier 337, 352–355 (Zitat 353). Denn damit liefern sie die realistische Materialität des Zeichens dem Idealismus eines nur noch formalen Signifikanten aus. Die „enge, unlösbare Verbindung von Heil und Heilung bei Jesu Wirken" muß dagegen, um die Ganzheitlichkeit der jesuanischen Verkündigung in seinem *gesamten* Handeln nicht aus dem Blick zu verlieren, reziprok aufgefaßt werden, nämlich nicht nur von der Heilung in Richtung auf die Heilsbotschaft, sondern auch umgekehrt von der Heilsbotschaft in Richtung auf die Heilung (355). So ist das „Heilen Jesu" nicht nur „in seinem Sinngehalt eng mit dem Heil verknüpft" (354), sondern auch das Heil ist seinerseits in seinem *materialen Wirkgehalt* eng mit der Heilung verknüpft!

25 So bemerkte kritisch der holländische Prämonstratenser-Abt *Arthur Baeten* bei einem Fernsehinterview (am 12. 6. 1985) anläßlich des Besuchs von Papst Johannes Paul II. in den Niederlanden. (Die Aussage ist fast, aber nicht ganz wörtlich memoriert; dem Sinn nach ist sie authentisch).

26 Vgl. dazu *F.-X. Kaufmann, G. Stachel,* Religiöse Sozialisation, in: Christlicher Glaube in moderner Gesellschaft, Teilbd. 25, hrsg. v. *F. Böckle u. a.,* Freiburg 1980, 117–164, hier: 143 ff.

27 *K. Rahner,* Rede (Anm. 13) 27 (1. Zitat), 26 (2. und 3. Zitat). Zum Verhältnis von Prophetie und kirchlicher Praxis vgl. *R. Gill,* Prophecy and Praxis. The social Function of the Churches, London 1981.

28 *K. Rahner,* Rede (Anm. 13) 28; vgl. *ders.,* Offizielle Glaubenslehre der Kirche und faktische Gläubigkeit des Volkes, in: Theologie in Freiheit und Verantwortung, hrsg. v. *K. Rahner, H. Fries,* München 1981, 15–29.

JOSEPH RENKER

Arbeiterpastoral in der Gemeinde

I. Gesellschaftliche und pastorale Orientierungen

A. Zum Kontext

In den vergangenen Jahren und Jahrzehnten haben sich in der praktischen Seelsorgsarbeit und in der Pastoraltheologie bedeutsame Verschiebungen ergeben: Die Zahl der priesterlichen Seelsorger nimmt weiter ab; über den Einsatz von theologisch ausgebildeten Laien besteht weithin Unklarheit und Unsicherheit. Das Netz der direkten Kontakte zwischen Gemeindeleitung und (nicht mehr mitwanderndem) Gottesvolk ist weitmaschig geworden; Indifferentismus und bewußte Ablehnung der Kirche durch ganze Bevölkerungsschichten ergeben sich als Folgen tatsächlichen oder vermeintlichen Unverstandenseins oder manipulierten Autonomieverständnisses. Gesellschaftliche Phänomene, wie steigender Wohlstand und Konsumorientierung, Kleinfamilie und Auseinandertriften der Generationen, Arbeitsplatzmangel und Selbstverwirklichung der Frau im Beruf, neue Dimensionen und Formen von Freizeitverhalten usw. berühren zutiefst auch die Lebensvollzüge unserer Gemeinden.

Besonders gravierend zeigten sich solche Umschichtungen im Bereich der Arbeiterschaft. Leicht meßbare Phänomene mögen den Ausschlag gegeben haben, daß die Kirche gerade den Arbeitern vermehrte Aufmerksamkeit schenkte. Im folgenden sollen eine Reihe aktueller und grundsätzlicher Probleme auf ihre pastoralen Anfragen hin durchleuchtet werden. Es geht dabei entsprechend den in der Literatur vorhandenen Vorarbeiten naturgemäß weniger um neue Erkenntnisse, als vielmehr darum, einiges für die pastorale Theorie und Praxis in Erinnerung zu rufen und Einsichten wach zu halten. Auch die dabei berührten soziologischen Daten und Fakten sind im pastoralen Kontext aufgesucht und so zu lesen.

B. Arbeit und Beruf

Der Begriff Arbeit ist etymologisch identisch mit „Mühsal“. Seit alters wird Arbeit verstanden als angestrengte Anwendung der Leibes- und Seelenkräfte. Auf die Wortstammerforschung in verschiedenen Sprachen gestützt, könnte man durchaus von „schwermütigen Etymologien“[1] sprechen.

In den biblischen Schriften begegnet uns eine breite Verständnispalette. Während Arbeit im Alten Testament meist als körperliche Erwerbstätigkeit verstanden wird, ist sie neutestamentlich schon allein durch die sowohl handwerkliche als auch lehrende Tätigkeit Jesu neu bestimmt.[2]

Wirtschaftssoziologisch vorgeprägt wird Arbeit heute normalerweise verstanden als unselbständige, auf Erzeugung und Beschaffung der Unterhaltsmittel gerichtete Tätigkeit im abhängigen Lohn-Arbeits-Verhältnis, meist berufsmäßig in Betrieben verrichtet[3].

Der Begriff Beruf wurde ursprünglich für den religiösen Bereich im Sinn von Berufung zu Glauben und Taufe, besonders für eine göttliche Erwählung zum geistlichen Stand gebraucht. Durch Luther (1522) auch mit weltlicher Bedeutung eingeführt[4]. In Abhebung vom Begriff „Arbeit" meint „Beruf", so auch vom deutschen Idealismus geprägt, eher eine übertragene und übernommene Pflicht, die von Verantwortung, Neigung, Dienst und Selbstkontrolle geprägt ist und normalerweise auch Grundlage des Lebensunterhaltes darstellt. Noch 1967 kann ein Wörterbuch der deutschen Sprache festhalten, Luthers Wortsetzung bleibe „maßgebend noch für die heutige Schriftsprache, in der der hohe Klang des Wortes unverbraucht fortwirkt."[5] So fragwürdig eine derartige Festlegung heute im Zeitalter des Jobs, des Auseinanderfallens von Brotberuf und „eigentlichem" Leben auch sein mag, so wandelbar dies durch Arbeitsteilung und die modernsten Arbeitsentwicklungen in vielen Berufen geworden ist, der Berufsbegriff hinterfragt doch den Sinn der Arbeit, er schließt die Gesinnung ein, in der eine Arbeit getan wird und rührt die Fundierung in der Person an[6].

Die christliche Wertung einzelner Berufe und Arbeitsvorgänge wird man sicher nicht vom gegenwärtigen Sozialprestige, noch weniger vom zugeordneten Einkommen abhängig machen. Auch der Index, wie unmittelbar dabei dem „eigentlichen Ziel des Menschen gedient wird (Beispiele: Seelsorge, Erziehung, Krankenpflege)"[7], gibt nur einen unscharfen Maßstab ab. – Wie jedoch zu zeigen sein wird, liegt der objektive Wert der Arbeit im Subjekt Mensch und in der ihm in ihr gewährten Entfaltung und Existieren als freies Subjekt[8].

In der heutigen Arbeitswelt werden die Arbeitseinheiten leistungsbezogen gesehen, aufgespalten, durchrationalisiert. Die dem Beruf zugeschriebenen Merkmale verblassen. Daraus ergibt sich die latente und offene Gefahr, daß, entgegen einem christlich-anthropologischen Verständnis, der Anthropos sich voll dem vorgegebenen Arbeitsprozeß unterzuordnen hat. Er paßt „nahtlos zwischen Taktzeiten und Bandgeschwindigkeiten"[9]. Die aus diesem Prozeß gegen den Menschen gerichteten Bedrohungen verlassen völlig das Begriffsfeld „Beruf" und übersteigen bei weitem das ursprünglich mit „Mühsal" Gemeinte. Kapitalistische wie sozialistische Interessen fördern diesen Zustand gleichermaßen[10].

C. Arbeiter

Von allen im Rahmen eines Berufs tätigen Menschen sollen hier also die „Arbeiter" und ihre Bezugspersonen betrachtet werden. Sie gehören zur Arbeitnehmerschaft, bringen gegen Lohn ihre persönliche Arbeit in den Wirtschaftsprozeß ein (im Gegensatz zu Kapital und Produktionsmitteln), üben keine arbeitgeberähnliche Funktion aus, sind arbeits- und sozialrechtlich vom Angestellten und Beamten abgegrenzt.

Als Gruppe ist die Arbeiterschaft zumindest inhomogen, sie zeigt auf jeden Fall „Randunschärfen" (z. B. Vorarbeiter, Facharbeiter, mittlere Führungsschicht); reale Aufstiegschancen machen heute die Grenzen der sozialen Schichtung durchlässig.[11]

Als Gesellschaftsschicht in der Industrialisierung gewachsen, waren die Merkmale des Arbeiters zunächst „Armut und sozialer Nichtwert"[12]. Heute, durch gestiegene Leistungsfähigkeit der Wirtschaft und durch Sozialpolitik in verbesserte wirtschaftliche und gesellschaftliche Lage versetzt, wird der Arbeiter als soziologische Gruppe zum Teil geleugnet. Doch treffen vor allem für angelernte und ungelernte Arbeiter die typischen Merkmale noch heute zu.

Die reine Arbeitszeit nimmt mittlerweile auch und gerade für die Arbeiter einen immer geringeren Teil der Lebenszeit ein. Die Belastung ist meist weniger durch körperliche Schwerarbeit gegeben[13]. Im Gegensatz jedoch zu verbreiteten Ansichten Außenstehender beweisen neue Untersuchungen, „daß ein Großteil der Arbeitnehmer noch immer starken physischen und psychischen Belastungen am Arbeitsplatz ausgesetzt ist."[14]

II. Zum Status der Arbeiter

A. Daseinsungesichertheit

Arbeiter erfahren, daß sie in unserer Gesellschaft (und in der Kirche?) „keine gleichberechtigte Stellung einnehmen"[15]. Es fehlt ihnen sowohl die Achtung, wie vergleichbaren anderen Schichten, als auch das volle Verständnis für ihre wirkliche Lage.

Sie sind überwiegend in einfachen, meist untergeordneten Positionen beschäftigt. Das betrifft vor allem die ungelernten und angelernten Arbeiter. Sie und ihre Familien werden am ehesten von wirtschaftlichen Krisen betroffen[16]. Auch wird ihnen durch die Struktur der Arbeit und durch die Behandlungsweise der Arbeitgeber und ihrer Funktionäre das Gefühl vermittelt, austauschbar zu sein. All das ergibt eine „Existenzenge und Daseinsungesichertheit", es widerspricht der Würde des Menschen.

Kinder der Arbeiter haben noch immer geringere Bildungs- und Aufstiegschancen. (Die Resignation in einem Gespräch zweier Arbeiterfrauen in diesen Tagen scheint mir typisch: „Wenn unsere Kinder in der höheren Schule einmal abhängen, haben sie keine Chance mehr.")

Der Versuch, z. B. durch Wohnungseigentum und Mehrkonsum eine gewisse Absicherung oder auch nur Kompensierung zu erreichen, führt nicht selten in neue Zwänge (Doppelverdienereltern) und Abhängigkeiten vom Sozialdruck (Statuszwang).

Zur Unsicherheit im Dasein gehört die starke Lohnabhängigkeit in den niederen Einkommensstufen. In der Akkordarbeit droht immer, sinkende Lebenskraft auf sinkende Stückzahl = Rüge, Herabsetzung, Versetzung oder Entlassung, durchzuschlagen[17].

B. Selbsteinschätzung, Fremdeinschätzung und subjektive Dimension der Arbeit

Die Selbsteinschätzung des Arbeiters ist in der Pastoral zunächst eine gegebene Tatsache, ein „Teil" der uns gegenübertretenden Person. (Christliche Anthropologie und Moraltheologie werden versuchen, vor den beiden Häresien zu schützen: das völlige Nicht-Wert-Gefühl und das totale Ich-bin-okay). Die Selbsteinschätzung ist mit entstanden durch Prägung und Lebenserfahrung. Der Arbeitsprozeß trägt zu beiden (weiter) bei.

Die Selbsteinordnung des Arbeiters in eine gesellschaftliche Schicht ist auch pastoral von Bedeutung[18]. Das Selbstwertgefühl ist durch die Fremdeinstufung wesentlich mitbestimmt. Diese aber wieder orientiert sich oft an der als „niedrig" angesehenen Arbeit. Ein Ausschnitt aus einem Bericht mag das illustrieren:

> „Ich arbeite in einer Textilfabrik . . . Mir kommt es da manchesmal vor, wir mit unseren dunklen Arbeitsmänteln unterscheiden uns auch nicht viel von den Maschinen . . . Einmal habe ich zu einer Kollegin, 57 Jahre, gesagt, wir sind in dieser Bude nur Maschinenbestandteile. Da

hat sie mich angeschaut, nachgedacht und den Kopf geschüttelt: Nein, Maschinen die werden geschmiert und gepflegt und die haben einen Mechaniker, wenn sie kaputt sind, aber was haben wir, wenn wir kaputt sind? Den Maschinen geht es besser als uns."[19]

Hie und da rechnet sich der Arbeiter in verschiedener Beziehung verschiedenen Schichten zugleich zu, z. B. die „Meister" in ihren Beziehungen nach oben und unten[20], oder auch sehen sie sich in der Arbeit untergeordnet, als Vereinsvorstand zu Hause sozial angesehen.

Schon innerhalb der Arbeitswelt vermittelt eine unterschiedliche Position eine unterschiedliche Selbsteinschätzung. Das Selbstwertgefühl steigt mit der Funktion und der Arbeitsplatzsicherheit, ferner mit dem Einkommen („Es ist bitter, zu erleben, daß die eigene Arbeit so wenig wert ist")[21].

Die entsprechende Selbsteinschätzung wird zum Teil auch von Arbeitgebern manipuliert, wo es nützlich erscheint; so wenn die „Diensträume" der Gewerkschaftsfunktionäre und -vertreter nahe der Chefetage untergebracht werden.

Zur gerechten Bewertung der Arbeit im objektiven *und* subjektiven Sinn gehört aber neben der gerechten Entlohnung auch die echte Hochschätzung der Gesellschaft. Die gesellschaftliche Anerkennung bringt dem Arbeiter eine Wertschätzung zum Ausdruck dafür, daß er sich an der Gesellschaft mit seiner Arbeit „verdient" gemacht hat. Der Akzent verlagert sich also auf die Wertschätzung des Menschen, der eine gesellschaftlich relevante Arbeit verrichtet[22]. Man wird sich aber darüber keiner Täuschung hingeben, daß in unserer Zeit der noch immer fortschreitenden Technisierung, des Mangels an Arbeitsplätzen und des ungebrochenen Gewinnstrebens ohne Rücksicht auf die arbeitenden Menschen, die Gesellschaft insgesamt, manipuliert durch die entsprechenden Interessengruppen, noch weit von dieser gerechten Hochschätzung der Arbeiter entfernt ist. Es werden immer neue Zwänge „gefunden" oder konstruiert (z. B. Weltwirtschaftskrise, Null-Wachstum, Internationale Konkurrenz, erhöhte Konsummaßstäbe, Haben-Symbole für gehobenen Lebensstandard usw.), die es verhindern oder weiter aufschieben, dem Menschen die ihm zukommende Vorrangstellung einzuräumen.

Der Papst weist auf den „ethischen Wert" der Arbeit hin. Er spricht davon, daß der Arbeit Würde innewohnt, jedoch nicht durch eine objektive Gegebenheit, „sondern in ihrer subjektiven Dimension"[23]. Das Subjekt, das die Arbeit ausführt (jegliche Art von Arbeit, auch die Handarbeit), ist der freie Mensch, die Person. Daraus läßt sich folgern: Es gibt Würde der Arbeit nur durch die Würde der menschlichen Person. Wird aber diese mißachtet, so verliert die qualifizierteste Arbeit ihre Würde, und umgekehrt adelt der Mensch bei entsprechenden Bedingungen auch eine „niedere" Arbeit. So kann die Enzyklika betonen, daß zwar der Mensch zur Arbeit berufen sei, jedoch „in erster Linie die Arbeit für den Menschen da (ist), und nicht der Mensch für die Arbeit"[24]. Schon Papst Paul VI. hatte 1969 in seiner Ansprache an die Internationale Arbeiterorganisation[25] gefordert, es müsse ein Ende haben mit dem Vorrang der Arbeit vor dem Arbeiter[26]. In der Pastoral begegnen uns also Menschen, die in ihrer Arbeitssituation „unter ihrer Würde" behandelt werden. Einige solcher typischen Situationen in der Arbeitswelt wären:

- Die Enzyklika Laborem exercens (Nr. 15) fordert, daß der Arbeitnehmer neben dem entsprechenden Entgelt auch das Bewußtsein haben soll, „im eigenen Bereich zu arbeiten". Dieses Bewußtsein werde ausgelöscht z. B. bei übermäßiger bürokratischer Zentralisierung. (Diese Gefahr ist in unserer gesamten Gesellschaft zu erkennen, und sie greift in zunehmendem Maße, wie es für einen gesellschaftlichen

Prozeß nicht anders zu erwarten ist, auch auf die Kirche über!) Damit kommt sich der Schaffende nur wie ein Rädchen in einem Mechanismus vor. Es widerspricht aber der Würde des Menschen, fortwährend ohne ihn über ihn, über seine Arbeitsleistung und seine Arbeitsgestaltung zu entscheiden. Der bürokratische Zentralismus versteckt sich hierbei zunehmend hinter einer formlosen und ungreifbaren Anonymität. Und die bürokratische Außensteuerung engt die Person weiter ein. (Das zeigt sich manchmal, wenn Arbeiter nach Feierabend Gelegenheit haben, in ihrem Metier privat weiterzuarbeiten. Hier wird häufig durch die nun gegebene Selbstverantwortung ein ganz neues Lebensgefühl sichtbar, Freude an der Arbeit und entsprechende Leistung.)

– Die radikale Arbeitsteilung und die Fließbandarbeit, ferner die Automatenarbeit und in zunehmendem Maße auch die robotergesteuerte Arbeit werden dem „Daheimsein" in der Arbeit am wenigsten gerecht[27]. Zu fordern ist eine menschengerechte Arbeitsgestaltung. Dazu gehören neben besseren Arbeitsbedingungen (z. B. Einplanen der körperlichen Konstitution, Arbeitsraumgestaltung, Umfeld, Gefährdungen etc.) auch eine Humanisierung der Arbeitsstruktur (angepaßtes Fließband, da es schon derzeit als unverzichtbar gilt, Möglichkeiten zum Arbeitsplatzwechsel, Arbeitserweiterung in mehr Teilarbeitsgänge, Arbeitsbereicherung u. a. m.)[28]. H. Spaemann spricht von der Gefahr der fortschreitenden Aufspaltung und Vermassung des Menschen[29]. Von daher dürfte auch dem so beschäftigten Teil der Arbeiterinnen und Arbeiter innerhalb der ganzen Gruppe der Arbeitnehmer der meiste personale Schaden angetan sein. Sie werden „entmenscht"[30]. F. Stier reflektiert in seinen Aufzeichnungen: „Das begehrte Produkt steigert die Produktion . . . Massenproduktion erzwingt Arbeitsteilung und entwürdigt damit den homo faber . . . letztlich zum Produktionsmaterial . . . Die ‚Natur' rächt die Folgen des Fortschritts am Menschen."[31] G. Brakelmann resumiert: „Unter den Bedingungen hocharbeitsteiliger Produktionsstrukturen besteht tendenziell eine psychosomatische Schädigung des Menschen, eine Reduzierung personaler Kreativität und sozialer Phantasie wie die Unmöglichkeit, bewußte Verantwortung im Denken und Handeln zu übernehmen."[32]
Diese Arbeitssituation bringt es also mit sich, daß „Initiativen und Eigenverantwortung auch für das private Leben wenig Prägekraft gewinnen"[33], wie die Synode feststellt. Im übrigen gilt dieser Mangel an bürgerlicher und kirchlicher Eigenverantwortung eben auch für den privaten religiösen Bereich, spürbar in den Lebensvollzügen der Gemeinde. Wie soll ein Mensch, der von Montag früh bis Freitag mittag nur „funktionieren" muß, plötzlich am Wochenende in der Gemeinde wach und mitverantwortlich da sein?

– Die Entmündigung am Arbeitsplatz offenbart eine weitere Komponente der Fremdeinschätzung. Sie deformiert letztlich den Menschen. Er sollte „Mitverantwortlicher" sein[34]. Auch die Synode konstatiert, „der Mensch wächst mit dem Maß seiner Verantwortung. Mehr Mensch ist man nicht durch Besitz oder Einkommen, sondern durch mehr Verantwortung . . ."[35] Nun zeigt es sich aber: Wer weniger bezahlt erhält, der darf auch weniger Verantwortung an den Tag legen, ob er nun etwas zu sagen hätte oder nicht.[36] Außerdem sind die Produktionsverhältnisse oft so geartet, daß einer eher stört und den Fluß aufhält, der darin noch selbst denken oder gar entscheiden will. Also gilt wieder: sogenannte Sachzwänge stehen gegen die Person. Daneben ist noch zu bedenken, daß auch menschliche Schwächen, Ehrgeiz, Revierverteidigungsverhalten, Statusgehabe etc. zu ähnlichen Ergebnissen führen. Den wichtigsten Einfluß aber hat nach wie vor ein gewisser „Trend zur Entmündigung“ auf breiter Ebene der technischen und industriellen Lebenswelt. Zwei markante Beispiele mögen für viele stehen:

- Ein angelernter Fabrikarbeiter erzählt mir: Der Vorarbeiter hat einem Kollegen einen Arbeitsgang an einem Fertigungsautomaten vorgemacht. In dieser Anleitung ist ein Fehler drin, der unnötig Zeit und Kraft kostet. Der dienstältere Kollege klärt hernach den Mitarbeiter auf. Der Vorarbeiter bemerkt später den geänderten Vorgang, fragt nach, und macht anschließend den Ratgeber „völlig fertig“. Er entscheide schließlich, was praktisch und was zu tun sei. Der gemaßregelte Arbeiter, der verantwortlich und kollegial handeln wollte, erwiderte darauf: Von mir aus macht ihr in Zukunft lauter Ausschuß. Ich arbeite nur noch nach Anweisung.
- „Ein Herr Dr. X. sieht den ganzen Tag beim Wickeln (von Transformatoren) zu. Wahrscheinlich ein Volkswirt. Vom technischen Prozeß versteht er offensichtlich gar nichts. Alle sehen ihn mit Mißtrauen an. Er schlägt eine Verbesserung vor, die alle paar Monate pro Apparat höchstens 10 Minuten bringt. Wir wissen die Verbesserung schon lange, haben ihr aber keine Bedeutung beigemessen. Später ordnet der Meister die Veränderung an. ‚Warum hat man uns nicht gefragt? Wir müssen ja schließlich damit umgehen. Alles wird einfach angeordnet und fertig.‘ Als die Veränderung angebracht wird, steht der, der immer an der Maschine arbeitet, daneben, als ob er gar nicht dazugehört. Er ist verärgert, gekränkt – aber er sagt nichts.“[37]

C. Wirtschaftliche Situation

Die Wohlstandsgesellschaft, aber auch die „Wohlstandspastoral“, hat ihre eigenen, recht materiell geprägten Stereotype:

- den Arbeiter, den Hungerproletarier gibt es doch heute gar nicht mehr;
- eine Erinnerung wird poliert, damit sich alte klassenkämpferische Gruppen nicht selbst in Frage stellen müssen;
- es geht den Arbeitern bei uns ja gut. Ihr notierbarer Lebensstil (früher: Kühlschrank, neue Möbel, heute: Zweitwagen und Urlaub auf Mallorca) unterscheidet sich kaum von dem anderer Schichten.

Rein rechnerisch ist wohl für mehr oder weniger Prozent der Arbeiter auszurechnen, daß sie mit Haupt- und Nebenverdienst, mit versteuertem und nichtversteuertem Einkommen, mit Doppelverdienst der Ehegatten insgesamt nicht weniger verdienen als andere Schichten. Womit es aber erkauft ist, zeigt sich erst spät, vielleicht zu spät[38]. Darüber hinaus wird man in solchen Stereotypen und Rechenexempeln auch den „Irrtum des Ökonomismus und des Materialismus“[39] erkennen, indem man die Arbeit ausschließlich nach ihrer wirtschaftlichen Seite betrachtet. Auch die Hinweise auf frühere, noch viel schlechtere Zeiten werden der tatsächlichen heutigen Situation des Arbeiters ebensowenig gerecht, wie internationale Vergleiche. Daß es „den“ Arbeitern „gar nicht so schlecht geht“, dürfte im übrigen wohl nur jemand sagen, dem es nachweislich zumindest materiell „schlechter“ geht. Jeder andere sollte sich dieses Urteils enthalten.

Schon mehrfach wurde erwähnt, daß gerade die an- und ungelernten Arbeiter vielfach den niedrigen Lohngruppen angehören. Wo durch Akkord, Wechselschicht und Nachtarbeit höhere Löhne erzielt werden, gehen sie oft auf Kosten der physischen und psychischen Gesundheit. „Eine Entschädigung in der erwarteten Höhe findet nicht statt“[40].

Die zu vielen Arbeiter in den unteren, die zu wenig in den oberen Lohngruppen spricht u. a. Hengsbach an:

	Monatliches Netto-Einkommen 1980 unter 1200 DM	über 1900 DM
Selbständige	18%	66%
Beamte	18%	61%
Arbeiter	37%	19%[41]

K. Lang[42] verweist anhand von soliden Zahlen auf sinkende Realeinkommen gerade in den letzten Jahren. Einige höhere Verdienstgruppen verdunkeln dabei in der Statistik die insgesamt unbefriedigende Einkommenssituation von zwei Drittel aller Arbeitnehmer. „. . . Arbeitnehmerhaushalte haben im Schnitt gerade genug, um ihren Lebensunterhalt zu bestreiten."[43]

Der Papst spricht in der Enzyklika vom gerechten Lohn als Dreh- und Angelpunkt der Sozialethik. „Für Gerechtigkeit im Verhältnis zwischen Arbeitnehmer und Arbeitgeber ist heutzutage nichts wichtiger als die gerechte Entlohnung der Arbeit."[44] Ferner: „Die gerechte Entlohnung für die Arbeit eines Erwachsenen, der Verantwortung für eine Familie trägt, muß dafür ausreichen, eine Familie zu gründen, angemessen zu unterhalten und ihr Fortkommen zu sichern."[45] Dazu fordert Laborem exercens entweder einen entsprechenden familiengerechten ausbezahlten Gesamtlohn (ohne daß die Ehefrau einem außerhäuslichen Erwerb nachgehen *muß*) oder besondere Familienbeihilfen, Mutterschaftszulagen usw. Freilich wird man, auch durch die Erfahrung von anderen sozialen Schichten, höheren Einkommensgruppen und anderen Ländern gewarnt, in der Erwartung bescheiden zu bleiben. Hoher Lebensstandard, Konsumverlockung, Selbstverwirklichung in einem erlernten Beruf, Ausweichen vor häuslicher Belastung sind starke Motive, die auch bei an sich familiengerechtem Lohn zum Doppelverdienen verleiten. Die sozialethische und damit auch pastoral zu vertretende Forderung nach dem gerechten Lohn darf aber auch wegen eines möglichen oder zu erwartenden Mißbrauchs nicht zurückgenommen werden. Außerdem stimmt es doch auch in bezug auf das Eintreten für die Arbeiter nachdenklich, daß fast 90% der Bevölkerung bei uns nur über 25–30% des Netto-Volkseinkommens verfügen[46].

D. Rollendifferenz, Wohnsituation

Die gängigen Leitbilder heute werden von der Gesellschaft geprägt, nicht von der Kirche. Nicht selten geschieht das zum Schaden des Menschen, wo sie manipulieren, sein Menschsein verkürzen. Auch Arbeiter wollen oder müssen Rollenvorgaben erfüllen. Im Betrieb fühlen sie sich als tatsächlich ausgebeutet, nicht gefragt; zu Hause geben sie sich oft bürgerlich. Dieses gespaltene Rollenbewußtsein[47] muß die Persönlichkeit beeinträchtigen; es ist in der pastoralen Begegnung zunächst als Gegebenheit zu sehen. Hinzu kommen Verschiedenheiten, wie sie z. B. Stadt und Land ergeben[48].

In der Stadt stehen Arbeiterfamilien weniger unter Sozialkontrolle, auch hinsichtlich einer Rollenzuweisung, dafür hat der Arbeiter weniger Kompensations-, Zuverdienst- und Ausgleichsmöglichkeiten. Auf dem Land ist die Situation der Nebenerwerbslandwirte häufig. Hier wird das eigene Rollengefühl und Selbstverständnis zumindest auf diesem Teilgebiet anders sein. Zusätzlicher Rückhalt und Status durch Eigentum (Haus, Felder, Maschinen), Einkünfte, eigenverantwortliche Tätigkeit kompensieren etwas den Rollendruck, die Doppelbelastung jedoch nivelliert das zum

Teil wieder. Das Sich-Kennen und Wer-Sein oder nicht wird auch in die Kirchengemeinde eingebracht. Zu beachten bleiben auch die Siedlungen im Dorf. Soweit es Arbeiter betrifft: Die fehlende Einbindung der Siedlungen ist ohnedies bekannt, pastoral sicher nicht bewältigt; das Hauseigentum hebt, die Belastung drückt, sie drängt nicht selten zum Doppelverdienen.

III. Kirchliche Situation und pastorale Aufgaben

Es ist eine gesicherte, wenn auch traurige Tatsache, daß unter den Arbeitnehmern speziell die Arbeiter und ihre Situation von der Kirche in Deutschland viel zu spät gerecht und als „Nächste" im Sinn des Evangeliums erfaßt wurden. Ebenso eindeutig ist als direkte Folgeerscheinung die Unterrepräsentation der Arbeiter in unseren Gemeinden allgemein und in den verschiedenen Lebensvollzügen der Gemeinde.

Es wird von der „Entfremdung der Arbeiter von der Kirche" gesprochen; wir hätten genauer von der „Entfremdung der Kirche von den Arbeitern" sprechen müssen[49].

Die Synode hat im gesamten Kapitel I von „Kirche und Arbeiterschaft", überschrieben „Ein fortwirkender Skandal", eine prägnante Zusammenfassung dieser Entwicklung bis in die Gegenwart gegeben. Darin ist auch auf die Verwechslung von Almosenhaltung mit Gerechtigkeit verwiesen[50]. Der gesamte Abschnitt kann für die praktische pastorale Arbeit und für die eigene Gewissensforschung auch weiterhin nicht genug empfohlen werden. Zehn Jahre nach dem II. Vaticanum war zu bemängeln, wie wenig sich die Grundeinstellung gegenüber der Arbeit und damit dem Arbeiter in der Kirche geändert habe[51]. Zehn Jahre nach der Gemeinsamen Synode könnte man diese Klagen weithin erneuern. Wir haben in unserer Kirche gute Papiere. Sie bleiben wirkungslos, wenn sie sich nicht durch erfahrbares Tun als glaubwürdig erweisen.

Die nachfolgenden Überlegungen brauchen in diesem Sinn keine Neuigkeiten bringen; sie wollen eher in Erinnerung rufen.

A. Leitidee Gemeinde

Die Kirche muß den Arbeitern durch Botschaft und glaubwürdige Mitglieder „zu einer ganzheitlichen Verwirklichung ihres Menschenseins verhelfen."[52]

Wenn die Wirklichkeit des heutigen Menschen schmal geworden ist, eindimensional, wie es H. Marcuse einmal nennt, dann gilt das besonders für die Arbeiter. Auch sie sind in die beiden Karussells eingezwängt:

kaufen – verbrauchen – kaufen
und
leisten – erholen – leisten.

Dieser Lebensstil ist deformierend; er zerstört die „Fülle" des Lebens, hält ab – automatisch und auch manipulatorisch – von jeder Art Lebensreflexion, auch einfachsten Stils[53]. Die Gemeinde könnte für solchermaßen eingebundene, getriebene Menschen ein „Ort des Ausrastens, der Unterbrechung des verarmten Lebensalltags sein."[54] Die Synode vertritt an anderer Stelle[55] ein Konzept von Gemeinde, „Raum der Mitmenschlichkeit" zu sein. In dieser Betrachtungsweise muß und wird Gemeinde direkt herausragen aus allen gesellschaftlichen und wirtschaftlichen Gebilden. Hier ist einmal eine Ansammlung von Menschen, eine ekklesia um Christus versammelt, mit der Vorbild-Urkunde seines Lebens beschenkt, mit ihren äußeren Einrichtungen, die nur *für* die Menschen da ist, ohne Gewinnabsicht, ohne Machtgelüste, ohne Bürokratismus, der die Freude am Zusammensein trübt, ohne Rangordnung und Unterdrückungsmechanismen und ohne bürgerliche und sonstige Einseitigkeit[56].

Man wird versucht sein, all das eine wertlose Utopie zu nennen. Doch muß man sich gegenseitig Mut machen, in der Gemeinde „Erfahrungen voraus zu nehmen, die jetzt noch nicht ganz verwirklicht werden können: . . . Utopien der Mitmenschlichkeit und der gesellschaftlichen Ordnung zu erreichen."[57] Der an der praktischen Erfahrung orientierte Arbeiter[58] wird nicht von theoretischen Konzepten, sondern von praktischen Erfahrungen bewegt. Solche könnten in der Gemeinde sein[59]:

- „Erfahren, daß man nicht allein ist"; z. B. anhand besonderer Anstrengungen für die Jugendlichen aus Arbeiterfamilien.
- „Erfahren, daß man etwas wert ist . . ."; z. B. da man „extra" von einem Mitarbeiter der Gemeinde besucht wird.
- „Erfahren, daß man Vertrauen schenken darf", z. B. indem ein kirchlicher Mitarbeiter Zeit hat, wenn er schon einmal aus einer Sorge heraus angegangen wird.
- „Erfahren, daß es gerecht zugeht"; z. B. bei der Aufstellung von Kandidaten für den Pfarrgemeinderat.
- „Erfahren, daß man in der Not Hilfe finden kann"; z. B. wenn die Kinder in der Schule besondere Schwierigkeiten haben oder keine Lehrstelle finden.
- „Erfahren, daß man frohe Feste feiern kann", z. B. auch in offenen Festen, die geeignet sind, über die Kerngemeinde hinaus die sonstige Desintegration des Arbeiters zu überbrücken.

Die Arbeiterpastoral ist nach Einsicht vieler Fachleute eine Pastoral der kleinen Schritte[60]. Was lang versäumt wurde oder nicht gelang, kann nicht auf einmal alles anders werden. Priester- und Laien-Seelsorger stehen vor vielerlei Blockierungen: Schlechte Erfahrungen der Vergangenheit, nicht Herauskönnen aus seiner eigenen Haut, Übermaß an sonstiger Arbeit, Verlockung durch pastorale Tätigkeiten mit greifbaren „Erfolgen", Arbeiten mit wenigen Frustrationen, Aufgaben, in denen ich mich besser auskenne – all das sollte jedoch nicht abhalten, immer wieder solche kleinen Schritte zu versuchen. Sie gehören zum pastoralen Auftrag, niemand darf dahinter zurückbleiben. „Die Arbeiterseelsorge ist ein unverzichtbarer Bestandteil der Pfarrseelsorge".[61]

B. Sprache der Verkündigung

Den Arbeitern begegnen durch die Sprache! Mit der „Sprache der Verkündigung" ist immer ein heikles Thema angesprochen[62]. Schichtenzugehörigkeit, Sprachformung und -verformung durch unsere theologischen Studiengänge, das komplizierte Gedankengebäude der Theologie, das Wissenssystem, dem sich die Kirche angebunden hat[63], bringen uns von der Sprechart der Arbeiter weg. Die Ortsgemeinde ist nicht mehr Situationsgemeinde[64]. „Die Predigt sollte dem Arbeiter das bieten, was er braucht, und es ihm in einer Sprache darbieten, die er versteht."[65]

Die Sprache der Verkündigung hat dem Hörer zu dienen, nicht dem Verkündiger. Gerade die relativ wenigen Arbeiter dürfen wir nicht auch noch aus der Kirche hinauspredigen. Sehr bedenklich scheinen in diesem Zusammenhang Versuche, die

Predigt durch Laien (auch durch theologisch ausgebildete Laien) wieder zu deminuieren. Insofern dem Laien aufgrund seines anderen Lebensstandes auch sprachlich mehr Nähe zum Arbeiter zugestanden werden kann, muß diese Qualität in die Verkündigung eingebracht werden können. Der Seelsorgsauftrag darf nicht durch formale Bedenken oder durch künstliche Abgrenzung von Berufsbildern behindert werden. Eine Sprache, die der Arbeiter versteht! Es ist für Erfahrene kein Zweifel, daß diese Sprache auch von Akademikern verstanden wird. Die Verkündigung soll an der Sinnfrage des Lebens, der Arbeit, ihrer Probleme anknüpfen. – Taufe, Trauung und Begräbnis bleiben, auch wenn als „Service" geschmäht, Anknüpfungsmöglichkeiten für Verkündigung[66]. Wenn darin freilich nur die Vorurteile von Arbeitern bestätigt würden, sähe es für die Verständigung in der Zukunft schlecht aus.

Der heutige Erfahrungshorizont des Industriearbeiters verlangt, daß ihm die frohe Botschaft auf dem Hintergrund *seiner* (nicht etwa z. B. vergangener agrarischer) Erfahrung gedeutet wird. Biblische Bilder und Gleichnisse sind mit entsprechenden Bildern und Ereignissen aus ihrer industriellen Lebenswelt zu ergänzen[67].

Die Dinge unserer Zeit auf ihre Tiefendimension hin zu sehen und zu meditieren – das könnte der Schlüssel zum Erschließen neuer Bilder sein. Auch an der von der Synode genannten kleinen Chance, Laien aus der Arbeiterschaft das Evangelium aus ihrer Perspektive aufzeigen zu lassen, sollte festgehalten werden. In Wirklichkeit geschieht das ja doch nur höchst selten. Dennoch könnte es ein wichtiges Mosaiksteinchen für ein annehmbares Bild von Kirche in den Augen der beobachtenden Arbeitnehmer sein. Kleinliche Reglementierungen gegen die Laienpredigt, wie sie gegenwärtig derzeit im Gespräch sind, wirken gegenüber der pastoralen Notsituation fremd und deplaziert.

Eine andere, wenn auch ähnlich schmale Wirklichkeit wird gelegentlich genützt werden: das feed-back über die Predigt sich nicht von Akademikern, sondern von bestimmten Arbeitern geben zu lassen. Wer sich nach der Predigt in entsprechenden Kreisen „ansprechbar" macht, kann diese Rückmeldung ohne jede Institutionalisierung erhalten.

C. Inhalte der Verkündigung

Unter den vielerlei Inhalten der Verkündigung sollen die aus der Arbeitswelt ihren festen Platz haben[68]. Insbesondere geht es darum, die Nöte aus der Arbeit direkt anzusprechen. Merken wir etwas davon, daß die Arbeiter, daß die Gemeinden mit der Not der Arbeiter mitleiden?[69]

Jetzt, in Zeiten der Arbeitslosigkeit, spricht man häufiger von Solidarität[70]. Die Kirche ist aber schon vorher gefordert. Sie muß im Namen der Betroffenen Protest erheben gegen das, was die arbeitenden Menschen entwürdigt und krank macht. Das Angemessene ist ein hartnäckiger Widerstand der Kirche – in der Verkündigung zum Inhalt gemacht – gegen solche Faktoren, gegen Akkord, Schichtarbeit, Hetze, Monotonie, schädigende Arbeitsplatzbedingungen[71]. Hier muß die Gemeinde sich auf ihr prophetisches Wesen besinnen, auch wenn sie aneckt.

Sozialethische Stellungnahme und Verkündigung können Reibungswunden verursachen. Ein klares Wort macht schnell die Runde, gerade unter Betroffenen. Solange unsere Wirtschafts- und Gesellschaftsordnung nach dem Prinzip des Stärkeren[72] eingerichtet sind, einem Wachstumsglauben anhängen, so lange es eben geht, zum Selbstzweck statt zur Dienstleistung werden, in den Grundstrukturen so konträr gegen einen neutestamentlichen Entwurf gerichtet sind, dürfen wir davon in der

Verkündigung nicht schweigen. Denn all das geht u. a. auf Kosten vieler Arbeitnehmer: Immer schneller, immer mehr, immer billiger, für Unternehmer und Handel mit immer höherem Gewinn; das quetscht Menschen aus wie eine Zitrone und „entschädigt“ für den Verlust an „Leben“ mit – Geld. Arbeiter sind im Gespräch oft sehr bescheiden, wenn sie ihre eigene Leistung und Arbeitssituation schildern. Sie sagen auch, „man gewöhnt sich an vieles“ – und sprechen nicht mehr darüber. Die Stimme der Kirche muß ihnen in der Verkündigung Verständnis und Nähe signalisieren.

D. Sonntagsheiligung

Die Mehrzahl der Arbeiter kann sich vorerst nicht mehr selbst aus der fremdbestimmten oder selbstgewählten Beengung befreien. Hier sind wir aus pastoraler Wachsamkeit aufgerufen, an der Wiederentdeckung des Sonntags mitzuarbeiten[73]. Der Sonntag ist lebenswichtig für das Volk Gottes. An ihm können die Menschen wieder erfahren, daß Kirche nach der Absicht Gottes ein „Vehikel der Freiheit und der Freude“ ist. Das befreiende Sabbatgeschenk Gottes wurde im Strudel der Verquickung von Gesellschaft und Kirche zum dürren Sonntagsgebot verkürzt, dessen innere Sinngebung nicht mittradiert werden konnte. Ein Gebot aber ohne Sinnerhellung, auch wenn es zum Guten der Menschen gedacht ist, wird wie im bürgerlichen Leben als von oben übergestülpt empfunden. Das 3. Gebot will ja doch viel mehr, als eine Kirchenordnung begründen. Es möchte an die Ruhe Gottes erinnern, die auch uns zugedacht ist, und an das Heilshandeln Gottes, der sein Volk aus dem Sklavenhaus (Ex 20,2) herausgeführt hat, aus der Verknechtung unter die Fronarbeit, hinein in die Freiheit der erlösten Kinder Gottes. Die Feier des Tages des Herrn hat den jüdischen Sabbat überhöht, bleibt in heutiger Wirklichkeit aber weit hinter ihm zurück. Nur in der richtig begangenen Feier ist dann auch das Herrenmahl einleuchtend sinnvoll integriert.

Arbeitende, einfache Menschen müssen dafür bestes Verständnis haben, welche befreiende Kraft, welches erlösende Gefühl, welche Würde von einem derart gefeierten Sonntag ausgehen kann. Freilich muß er schon Kindern so vermittelt werden. Da aber die Tradition in den Familien abgerissen ist, braucht es Hilfen durch die Gemeinde und neuen Aufbau, vielleicht auf der Basis der „Lebenserfahrung Arbeit“.

E. Begegnung – Hausbesuche

Wiederholt wurde nun schon darauf hingewiesen, wie schwierig es für die Mitarbeiter in der Pastoral ist, die Situation der Arbeiter wirklich zu erhellen, in sie von außen einen adäquaten Einblick zu erhalten. Dafür ist in der Arbeitersituation mehr Mühe erforderlich, als bei vielen anderen Zielgruppen. Ohne die direkte Begegnung zwischen Arbeitern und Pfarrern, zwischen Arbeitern und Gemeindereferentinnen, Pfarrgemeinderäten usw. wird ein einigermaßen gutes Einfühlen in die Situation nicht möglich sein. Wir sind darauf angewiesen, in „einfachen“ Situationen diesen Menschen zu begegnen. Einfache Situationen, ohne bürokratische und amtliche Schranken, ohne die differenten Standorte durch irgendwelche äußeren Zeichen oder Gehabe noch mehr zu trennen. Der Weg zur Einsicht in das Leben der Arbeiter ist das geduldige Zuhören. Wir müssen also in ihrer Nähe bleiben, dort präsent sein, wo sie sich wohl fühlen, wo sie von sich aus kommen und sprechen. Das wird einmal das Gasthaus sein, ein anderes Mal der Sportplatz, einmal eine langsam wachsende Freundschaft zwischen einzelnen, ein andermal eine daraus erwachsende Vertrautheit mit einer ganzen Gruppe. Ein so verbessertes Image kann die Türen der Verständigung und gegenseitigen Annahme öffnen.

Im Finden von Situationen der Begegnung seien der Phantasie des einzelnen keine Grenzen gesetzt. Den verschiedenen pastoralen Charismen ist jede Unterstützung zu leisten[74].

Die innere Notwendigkeit, den Menschen direkt zu begegnen, führt zur klassischen Form der Begegnung in der Pastoral, zum Hausbesuch. Die Reflexionen darüber kommen aber nicht selten zu einem mageren Ergebnis:

Es ist bei der übrigen Beanspruchung heute nur sehr schwer möglich, in bezug auf die Hausbesuche konsequent und systematisch vorzugehen. Meist bleibt es bei einigen Kasualbesuchen, und ein solcher Gang wird eingezwängt zwischen zwei andere Termine, weil sich eben ein Jubiläum oder ein runder Geburtstag nicht verschieben läßt. Aufgabe bleibt eine permanente Überprüfung, welchen Stellenwert die Hausbesuche tatsächlich in der pastoralen Arbeit einnehmen. Der Arbeiter ist in seinen vier Wänden zu Hause. Es besucht ihn jemand von der Gemeinde, vielleicht sogar der Pfarrer oder ein hauptamtlicher Mitarbeiter. Das ist allemal, auch heute noch, für ihn etwas Besonderes, ganz abgesehen davon, daß es ihm in sehr vielen Fällen überhaupt noch niemals passiert ist. Häufig bauen sich nun bei dieser Gelegenheit zunächst Barrieren auf: Aggressionen – Mißverständnisse – Erwarten moralischer Forderungen. Einfühlungsvermögen und Geduld sind in hohem Maß nötig[75].

Utopische Ziele im Besuchsdienst helfen nicht weiter. Vielleicht aber nützt die Überlegung[76]: Werden Arbeiterfamilien wenigstens nicht seltener besucht als andere? (Auf die pastoral bedeutsame Sondersituation der Arbeiterfrauen und der Arbeiterjugend muß bei anderer Gelegenheit eingegangen werden.) Wählen wir auch bei den Kasualbesuchen wenigstens nicht einseitig zu Ungunsten der Arbeiter aus? – Manchmal wird dem Bemühen um mehr Besuche entgegengehalten, zu ganz systematischen Besuchsreihen reiche es ja nicht, man müsse also irgendwelche Anlässe aussuchen. „Ich kann doch nicht ohne jeden Grund einfach zu Arbeiterfamilien hingehen!" Dem muß man sowohl von der praktischen Erfahrung als auch von der Theologie der Gemeinde her nicht zustimmen. Es ist ein guter Einstieg, Überraschung auszulösen, weil man „nichts Besonderes" will, . . . – nicht einmal sammeln!

Der theologische Gehalt von „Gemeinde", Gemeinschaft zu haben in Jesus Christus, bietet genügend Motivation, irgend jemand aus dieser Gemeinschaft persönlich zu besuchen, vor allem jene, die zu den Vernachlässigten im Sinn des Evangeliums gehören.

IV. Schluß

Immer wieder wird darauf hingewiesen, daß die Kirche und ihre Vertreter von den Arbeitern aufmerksam beobachtet werden. Es hält sich dabei das Mißtrauen, die Kirche stehe mehr auf seiten der einflußreichen Kreise[77]. Es mag dahingestellt bleiben, wie lang dieses „Interesse auf Distanz" bei den Arbeitern noch anhält. Zwar kann nun die Kirche sagen, daß sie „das Problem Kirche und Arbeiterschaft außerordentlich ernst nehme"[78]. Die Kirche vielleicht schon. Aber der Arbeiter womöglich nicht mehr die Kirche. Manches deutet darauf hin, daß das Interesse der Arbeiter immer mehr schwindet. Immerhin legen sie noch an das Verhalten der Christen oder der Repräsentanten der Kirche strengere Maßstäbe als an andere an. Von sich aus freilich kommen sie so rasch nicht wieder.

Die Kirche hat nach wie vor auch dem Arbeiter Unersetzliches anzubieten: die befreiende Kraft des Evangeliums. Viele Schranken sind noch abzubauen, bis es wieder gehört wird; bis man wieder auf Vertrauen trifft mit dem Wort: „Indem der Mensch die (unvermeidliche! der Verf.) Mühsal der Arbeit in Einheit mit dem für uns gekreuzigten Herrn erträgt, wirkt er mit dem Gottessohn an der Erlösung der Menschheit auf seine Weise mit."[79] Der Papst nennt das, was wir in Leben und Gleichnissen Jesu finden, ein „diskretes Evangelium der Arbeit".[80] *So* ist es auch zu verkünden, diskret und frohmachend, wie es eigentlich Art des Evangeliums ist.

Anmerkungen

1 So *J. Thomas,* Zur „Theologie der Arbeit", in: Arbeiterpastoral in der Pfarre, hrsg. v. *J. Wiener, H. Erharter,* Wien 1979, 60–74, hier: 63; vgl. dazu auch *M. D. Chenu,* Arbeit, in: HthG I, 75–86, hier: 75 ff. Der ursprüngliche Wortstamm „arm", germ. „arb", verwaist; dazu arbeja, ich bin ein verwaistes – darum zu harter Arbeit verdingtes – Kind, deuten das an. Im Ahd. ist Arbeit Dienstbarmachung der Natur, Ackerbau, nicht Knechtsarbeit; vgl. *F. Kluge, W. Mitzka,* Etymologisches Wörterbuch der deutschen Sprache, Berlin [20]1967. Dennoch bleibt Arbeit auch hier mühsam.

2 Vgl. *A. Vögtle,* Arbeit, in: LThK I, 801–803, hier: 801. Diese doppelte Tätigkeit war bei den Rabbinen üblich; vgl. *K. H. Schelke,* Arbeit, III. Neues Testament, in: TRE 3 (1978), 622–624, hier: 622. – Kopos, Schlag, Anstrengung bezeichnet im NT im übrigen sowohl körperliche Arbeit als auch den Dienst in der Jüngergemeinde; vgl. ebd.; ferner *G. Kittel,* Arbeit, in: ThWNT III, 827–829; *M. D. Chenu,* Arbeit (Anm. 1), 77 f.

3 Vgl. *O. v. Nell-Breuning,* Gerechtigkeit und Freiheit, Wien 1980, 221 u. *ders.,* Arbeit, in: HPTh V, 31. Auch im anglo-amerikanischen Bereich wird ähnlich definiert: „Work is here understood as human activity designed to accomplish something needed and valued for its function in civilized life".; *E. G. Kaiser,* Work, Theology of, in: The New Catholic Encyclopedia XIV, San Francisco 1967, 1015–1017, hier: 1015. – Zum Stichwort „Arbeit" allgemein sei noch hingewiesen auf: *M. D. Chenu,* Arbeit (Anm. 1); *ders.,* Arbeit, in: SM I, 306–318; ferner *H. J. Wallraff, Arbeit,* in: StL ([6]1957), 396–429; *G. Brakelmann,* Arbeit, in: Christlicher Glaube in moderner Gesellschaft, Bd. VIII, hrsg. v. *F. Böckle u. a.,* Düsseldorf 1980, 100–135.

4 Vgl. *W. Wingren,* Beruf II, in: TRE 5 (1978), 657–671, hier: 660 ff.; *F. Kluge, W. Mitzka,* Etymologisches Wörterbuch (Anm. 1), 68; *W. Kerber,* Beruf, in: SM I, 497–501, hier: 497.

5 *F. Kluge, W. Mitzka,* ebd.

6 Vgl. dazu ausführlich *A. Auer,* Christsein im Beruf. Grundsätzliches und Geschichtliches zum christlichen Berufsethos, Düsseldorf 1966; *K. Lehmann,* Der Christ und die Kirche vor dem modernen Berufs- und Arbeitsverständnis, in: HPTh IV, 350–375, hier: 353 f.; ferner *W. Kerber,* Beruf (Anm. 4), 497. So muß z. B. *Silja Walter,* Das Kloster am Rande der Stadt, Zürich 1980, 15 f. klarstellen: „Unter einer Nonne versteht man im deutschen Sprachgebiet oft eine katholische Schwester . . ., die in Spitälern, Schulen und Heimen ihren Dienst versieht. Und sehr häufig verwechselt man ihre Tätigkeit mit ihrem Beruf . . . Religion ist ihr Beruf, Religion im Sinn von Gottesverehrung."

7 *W. Kerber,* Beruf (Anm. 4), 500.

8 Vgl. *Johannes Paul II.,* Enzyklika LABOREM EXERCENS (= LE) „Über die menschliche Arbeit". 14. September 1981, in: Verlautbarungen des Apostolischen Stuhls 32, Nr. 6. u. 13.

9 *H. Ludwig, S. Segbers,* Handbuch der Arbeiterpastoral, Mainz 1984, 64; diese auch für die Pastoral äußerst folgenreiche Tatsache faßt der Papst so zusammen: „. . . das Prinzip des Primates der Person über die Sachen . . . ist im menschlichen Denken zu Bruch gegangen – manchmal nach einer langen, unterschwelligen Vorbereitung in der Praxis." (LE [Anm. 8], Nr. 13).

10 Ebd., Nr. 13 f.
11 Vgl. „Kirche und Arbeiterschaft" (= SbKA), in: Gemeinsame Synode der Bistümer in der Bundesrepublik Deutschland. Offizielle Gesamtausgabe, Bd. I, Freiburg-Basel-Wien 1976, 321–365, hier: Nr. 2.1.
12 *W. Andermahr,* Arbeiter, in HPTh V, 31 f., hier: 31.
13 Vgl. *O. v. Nell-Breuning,* Arbeit (Anm. 3), 31.
14 *H. Ludwig, F. Segbers,* Arbeiterpastoral (Anm. 9), 63.
15 SbKA (Anm. 11), Nr. 2.2.
16 Vgl. SbKA (Anm. 11), Nr. 2.1.
17 Zu Einzelfragen vgl. auch *C. Gremmels, F. Segbers,* Am Ort der Arbeit, Mainz 1981.
18 Zum Selbstverständnis des Arbeiters vgl. auch *O. v. Nell-Breuning,* Die Stellung der Arbeit unter den Werten des Lebens, in: Die Bildungsfrage in der modernen Arbeitswelt, hrsg. v. *H. Röhrs,* Frankfurt 1963, 218 ff.
19 *A. Aufreiter,* Situation einer Fabrikarbeiterin, in: Arbeiterpastoral in der Pfarre, hrsg. v. *J. Wiener, H. Erharter,* Wien 1979, 26–33, hier: 26 f.
20 *O. v. Nell-Breuning,* Situation und soziokulturelle Umwelt der Arbeiterschaft, in: ebd. 11–24, hier: 15 f.
21 *A. Aufreiter,* Situation (Anm. 19), 29.
22 Vgl. zum gesamten Problem *H. Hofnagels,* Die fragwürdige Bewertung der gesellschaftlich notwendigen Arbeit, in: Sinn und Zukunft der Arbeit. Konsequenzen aus Laborem exercens, hrsg. v. *W. Klein, W. Krämer,* Mainz 1982, 149–160; ferner *H. Hohn,* Arbeiterauffassung im Wandel (Kirche und Gesellschaft Nr. 103), Mönchengladbach 1983.
23 LE (Anm. 8), Nr. 6; zum Sinngehalt der Arbeit vgl. auch *F. Hengsbach,* Die Arbeit hat Vorrang, Mainz 1982, 202 ff.; ferner *L. Roos,* Laborem exercens – Sinn und Sozialgestalt der menschlichen Arbeit (Kirche und Gesellschaft Nr. 86), Mönchengladbach 1982.
24 LE, ebd.
25 AAS LXI (1969), 491–502.
26 Vgl. dazu auch *F. Hengsbach,* Arbeit (Anm. 23), 186 ff; *A. Baumgartner,* Die menschliche Arbeit – Schlüssel der sozialen Frage, in: Christ und Bildung 27 (1981), 308 f.; unter anderer Betrachtungsweise stellt SbKA (Anm. 11), Nr. 1.6.3. dem instrumentalen Faktor Kapital den personalen Faktor Arbeit entgegen.
27 Vgl. auch *P. Schobel,* Dem Fließband ausgeliefert, München ²1981, 109.
28 Vgl. *F. Hengsbach,* Arbeit (Anm. 23), 184 ff.
29 Vgl. Und Gott schied das Licht von der Finsternis, Freiburg 1982, 61.
30 *Paul VI.,* (Anm. 25).
31 Vielleicht ist irgendwo Tag, Freiburg 1981, 85 f.
32 Arbeit, VIII. Humanisierung der industriellen Arbeitswelt, in: TRE 3 (1978).
33 SbKA (Anm. 11), Nr. 2.3.2. Auf gewisse Ausnahmen wurde oben schon hingewiesen.
34 LE (Anm. 8), Nr. 15.
35 SbKA (Anm. 11), Nr. 2.3.2.
36 Sicher gibt es die bekannten Fälle, wo Arbeitnehmer – aber das in allen Schichten – gar nicht mitdenken wollen oder können, wo sie froh sind, außer der Stückzahl keinerlei Verantwortung zu haben. Jedoch werden solche Beispiele gern zur Alibifunktion mißbraucht.
37 *H. Neundorfer, C. Wagner,* Fabrikerfahrung, Mainz 1971, 61.
38 Vgl. auch *F. Hengsbach,* Arbeit (Anm. 23), 194 ff.
39 LE (Anm. 8), Nr. 13.
40 *F. Hengsbach,* Arbeit (Anm. 23), 197. Auf das insgesamt – auch durch Inflation – noch zu geringe Lohnniveau, auf die zu großen Unterschiede in den drei Leistungsgruppen und auf das Verhältnis zu den Angestellen verweist *W. Friedberger,* Seelsorge in der Arbeitswelt, Würzburg 1978, 17–19.
41 Arbeit, ebd., 195.
42 *K. Lang,* in: *H. Ludwig, F. Segbers,* Arbeiterpastoral (Anm. 9), 62 ff.
43 Ebd., 62
44 LE (Anm. 8), Nr. 19.

45 Ebd.
46 *K. Lang,* (Anm. 42), 63
47 Vgl. *P. Schobel,* Fließband (Anm. 27), 129.
48 Vgl. hierzu auch *W. Friedberger,* Seelsorge (Anm. 40), 24.
49 So *P. Schobel,* Fließband (Anm. 27), 128. Es dürfen freilich auch die modernen gesellschaftlichen Bewegungen nicht außer acht gelassen werden. So macht *W. Dirks,* Der Mann in der Kirche, in: HPTh IV, 268 f. zurecht sowohl „die extrem männliche Arbeitsstruktur der Industrie als auch die revolutionäre Aktivität und ihre religionsfeindliche Ideologie" für die Entfremdung der Arbeiter von der Kirche verantwortlich. – Zur allg. Deutung des modernen Säkularisierungsprozesses vgl. u. a. *J. B. Metz,* Glaube in Geschichte und Gesellschaft, Mainz 1978, bes. 130 ff.; *K. Rahner, N. Greinacher,* Religion und Kirche in der modernen Gesellschaft, in: HPTh II, 1, 222–233; *K. Lehmann,* Der Christ und die Kirche (Anm. 6); *G. Schulz,* Arbeiter und Kirche, in: TRE 3 (1978), 676 f.
50 SbKa (Anm. 11), Nr. 1.7.2.
51 Ebd., Nr. 1.6.3.
52 Ebd., Nr. 3.1.
53 Zu Konsum-Kritik- und Zeitsouveränität vgl. *F. Hengsbach,* Arbeit (Anm. 23), 205–210.
54 *J. Brandner, P. M. Zulehner,* Lebe!, Meitingen 1981, 40; vgl. dazu auch die Überlegungen bei *W. Friedberger,* Seelsorge (Anm. 40), 56 ff.
55 Vgl. „Ziele und Aufgaben Kirchlicher Jugendarbeit", in: Gemeinsame Synode der Bistümer in der Bundesrepublik Deutschland. Offizielle Gesamtausgabe, Bd. I, Freiburg-Basel-Wien 1976, 288–213, hier: Nr. 3.2.
56 Zur kirchlichen Haltung der Arbeiter allg. vgl. neben den schon erwähnten Werken bes.: *P. M. Zulehner,* Religion ohne Kirche? Das religiöse Verhalten von Industriearbeitern, Wien 1969; ferner *S. Ecker,* Kirche ohne Arbeiter?, Frankfurt 1978. Diese letztgenannte Arbeit mit den repräsentativen Zahlen der Synodenumfrage veröffentlicht u. a. bemerkenswerte Zusammenstellungen: junge Arbeiter bis 29 kommen bes. wenig in die Kirche (S. 162); je größer die Siedlung, desto geringer die Kirchgangshäufigkeit (S. 155); im Dorf werden die Arbeiter im Gottesdienstbesuch noch von den Angestellten unterboten (S. 158).
57 SbKA (Anm. 11), Nr. 3.4.4.4.
58 Vgl. ebd., Nr. 3.2.2.
59 Ebd., Nr. 3.4.4.4.
60 Vgl. u. a. ebd., Nr. 3.4.1.; Empf. 1. Gültigkeit haben auch noch die „Fürstenrieder Leitsätze der Pastoral für Berufs- und Arbeitswelt", vgl. Zusammenfassung in *M. Ulrich,* Berufswelt in der Gemeindearbeit, Regensburg 1974, 60 ff.
61 SbKA, ebd., Empf. 5.
62 Vgl. zur Sprachnot in der Predigt auch: Predigt – vor der Arbeitslosigkeit sprachlos? – Theologia Practica, hrsg. v. *G. Otto,* München 1982, H. 1/2.
63 Vgl. *W. Friedberger,* Seelsorge (Anm. 40), 23.
64 Auf Arbeit und Arbeitsplatz bezogen, vgl. *W. Sohn,* in: Predigt (Anm. 62), 4.
65 SbKA (Anm. 11), Nr. 3.4.3.
66 Vgl. ebd.
67 Ebd., Nr. 3.3.
68 Vgl. dazu ebd., Nr. 3.4.3., Liturgie und Verkündigung.
69 Vgl. die Anfrage von *G. Heß,* Podiumsdiskussion: „Synodenbeschluß Kirche und Arbeiterschaft", in: Die Katholische Aktion 36 (1982), H. 3., 215 ff., hier: 216.
70 Auf die Gesamtproblematik der Arbeitslosigkeit kann hier nicht näher eingegangen werden. Punktuelle Statistiken aber weisen z. B. aus, daß bei den Arbeitslosen 32% Angestellte 68% Arbeitern gegenüberstehen; vgl. Landesarbeitsämter Bayern, Arbeitsmarktzahlen April 85. – Vgl. *W. Kerber,* Arbeitswelt im Umbruch. Arbeitslosigkeit als Anstoß und Herausforderung, Düsseldorf 1983; ferner auch die „Pastoralen Anregungen zum Problem der Arbeitslosigkeit" der deutschen Bischöfe vom 2. 3. 1982. – Die Vorlage zur Frühjahrsvollversammlung der Deutschen Bischofskonferenz 1985 „Kirche und Arbeitslosigkeit" nimmt ebenfalls das Problem auf, täuscht aber trotz vieler Worte nicht über die relative Hilflosigkeit in den Diözesen, Verbänden und Gemeinden hinweg.

71 Vgl. *P. Schobel,* Fließband (Anm. 27), 130; *J. Brandner, P. Zulehner,* Lebe! (Anm. 54), 46.
72 Vgl. hierzu u. a. *P. Schobel,* ebd., 135 f.
73 Vgl. dazu *H. Spaemann,* Und Gott (Anm. 29), 37 ff. Der Autor bietet die überzeugendste Hinführung vom jüdischen Sabbat zum christlichen Sonntag. – Ferner sei auf neuere Beiträge verwiesen: Das gemeinsame Wort der Deutschen Bischofskonferenz und des Rates der Evangelischen Kirche in Deutschland, „Den Sonntag feiern", vom 1. Advent 1984; ferner Hirtenworte der jüngsten Zeit, z. B. Bischof K. Braun, Eichstätt, „Aus der sonntäglichen Eucharistiefeier Ehe und Familie leben", vom 7. 2. 1985.
74 Vgl. dazu *P. Schobel,* Fließband (Anm. 27), 129; ferner SbKA (Anm. 11), Nr. 3.4.1.
75 Langzeitbeobachtungen des Verf. mit Praktikanten im Studium der Religionspädagogik und Gemeindepastoral erbringen dieses Situationsschema beim Besuch von Arbeiterfamilien: meist zurückhaltende erste Reaktion, fast immer werden die Besucher eingelassen, anfängliche Kühle und Skepsis, ein Aggressionsstau gegen die Kirche löst sich, das Gespräch wird ruhiger und wesentlicher, vorgebrachte Sorgen und Fragen zeigen wachsendes Vertrauen, am Schluß steht die Bitte, bald wiederzukommen.
76 Die auch die Synode empfiehlt, vgl. SbKA (Anm. 11), Nr. 3.4.2.
77 Vgl. ebd., Nr. 2.3.5; *P. Schobel,* Fließband (Anm. 27), 132.
78 *J. Kraus,* zit. bei *G. Heß,* Podiumsdiskussion (Anm. 69), 215.
79 LE (Anm. 8), Nr. 27.
80 Ebd., Nr. 26.

BALTHASAR GAREIS

Gefängnisseelsorge als Auftrag der Kirche

Die Situation in der Bundesrepublik Deutschland

Vorbemerkung

Christus hat seinen Jüngern – und damit der Kirche – den Auftrag gegeben, die Kranken zu heilen und allen Menschen die frohe Botschaft vom Reiche Gottes zu verkünden (Lk 10,9). Seine besondere Sorge in seinen drei „Pastoraljahren" galt den Armen, den Kranken, den Verirrten. „Arm, krank und verirrt" sind in unserer heutigen Wohlstandsgesellschaft in ganz besonderer Weise die Strafgefangenen. Ihnen muß deshalb nach dem Auftrag und Vorbild Jesu ebenso die pastorale Sorge der Kirche gelten, wie den „funktionierenden" Gemeinden. Auch sie sind ja Teil der Kirche. Gerade Strafgefangene brauchen die besondere Fürsorge der Kirche, nicht nur deshalb, weil sie sich in Schuld verstrickt haben, sondern besonders deshalb, weil die Straffälligkeit oft nicht allein ihre eigene Schuld, sondern Mitschuld ihrer meist recht negativen Umwelt (z. B. Familie) ist, und weil sie nicht ohne fremde Hilfe sich ändern und den Weg zurück in die Gesellschaft finden können. Dafür brauchen sie Hilfe der Mitmenschen, der Kirche, pastorale Hilfen. Lösung von Schuld, Versöhnung und Wiedereingliederung in die menschliche Sozietät sind genuine Aufgaben einer Straffälligenpastoral, eine mitmenschliche Haltung von Christen schlechthin.

I. Strafgefangene: Randgruppe in der Gesellschaft – an der Peripherie kirchlicher Pastoral?

Eine Gesellschaft versteht sich als Gruppe von Menschen, die räumlich und kulturell verbunden sind und im allgemeinen homogene Einstellungen und Verhaltensweisen bezüglich Zielsetzung, Leistung und ethischem Verhalten zeigen. Ferner gehört dazu, daß dieses Gefüge von Menschen durch Übernahme und Erfüllung verschiedener Funktionen zueinander in Beziehung steht. Die Gesetzmäßigkeiten des funktionalen Zusammenhangs werden durch Koordination, Integration, Organisation und Institutionalisierung erreicht und gesichert[1]. Jede Gesellschaft hat aber auch ihre Minderheiten (statistisches Kriterium) und ihre Außenseiter oder Randgruppen (soziales Kriterium). Letztere sind solche Gruppen, die nicht voll integriert sind, deren Beziehung zur Gesellschaft, oder umgekehrt, gestört ist. Bei den Randgruppen unserer Gesellschaft denken wir heute vor allem an Ausländer, psychisch Kranke, Drogenabhängige, Strafgefangene. Strafgefangene sind geradezu typische Randexistenzen unserer Gesellschaft, die kaum eine Lobby haben. Politiker übergehen regelmäßig bei Wahlen diese Gruppe und bei der „Lage der Nation" und den Zukunftsplanungen spielen die Gefangenen keine Rolle. Die Massenmedien manipulieren die breite Gesellschaft in eine „Anti"-Haltung zu den Strafgefangenen. Das wird deutlich sichtbar, wenn entlassene Gefangene um Arbeit und Wohnung nach ihrer Haft nachsuchen. Sie haben kaum eine Chance. Nach einer Rundfunkmeldung vom

12. 6. 85 (Bayer. Rundfunk, 1. Progr.) protestierte die Bevölkerung von Augsburg gegen die Errichtung einer sozialtherapeutischen Anstalt für Strafgefangene mit der Begründung, daß die Bevölkerung gefährdet und die Lebensqualität im Umkreis reduziert werde. Das ist die reale Haltung breiter Massen zu den Strafgefangenen. Leider aber, und das ist sehr bedauerlich, ist das nicht nur in der „profanen" Gesellschaft der Fall, sondern dies gilt auch von den christlichen Gemeinden, vielleicht sogar von der Kirche selbst. Bei Straffälligen und Strafgefangenen klemmen die meisten kirchlichen Gemeinden ihre Zuständigkeit ab und verweisen auf die Zuständigkeit des Staates. So werden auch in der Kirche Strafgefangene leicht zu den „Vergessenen" der Nächstenliebe. Haben wir uns nicht „zuerst" um genügend andere zu kümmern, bevor wir pastorale Sorge den Strafgefangenen zukommen lassen? Müssen nicht „hauptsächlich" die noch funktionierenden Gemeinden versorgt werden und erst dann „nebenamtlich" die Strafgefangenen? Die Versuchung für die sog. Amtskirche, wie auch für die christlichen Gemeinden und für jeden Christen, ist groß. Leicht werden Strafgefangene auch zu Randgruppen in der Pastoral. Ist das mit gutem Gewissen zu verantworten? Die Antwort gibt uns Christus selbst.

II. Jesu Umgang mit „Straffälligen" und Sündern

Es ist geradezu auffällig, daß Christus oft und häufig mit sog. „Außenseitern" der damaligen Gesellschaft Umgang hatte. Sein Kontakt zu den Sündern und Zöllnern hat ihm harte Kritik bei den Pharisäern eingebracht (Lk 5,30 ff.). Christus war ein Freund der Menschen, besonders der Armen, Kranken, Ausgestoßenen und Ausgeschlossenen. Seine Maxime war: „Nicht die Gesunden bedürfen des Arztes, sondern die Kranken" (Lk 5,32). Er kehrt bei Zachäus, dem Oberzöllner ein, obwohl sie alle dagegen murren und dies als Beweis seiner religiösen Fehlhaltung werteten (Lk 19,1 ff.). Jesus läßt sich von einer stadtbekannten Sünderin berühren und vergibt ihr die Schuld, nicht dagegen seinem Gastgeber, den er wegen seiner Herzenshärte tadelt (Lk 7,36 ff.). Christus verurteilt nicht die Ehebrecherin, obwohl er ihr Tun nicht billigt, aber er nimmt sie vor den selbstgerechten Pharisäern in Schutz (Joh 8,1 ff.). Schließlich wurde er selbst mit zwei Strafgefangenen hingerichtet. Einen davon nahm er als ersten erlösten Menschen in sein Reich auf, als er sagte: „Heute noch wirst du bei mir im Paradiese sein!" (Lk 23,43). Der Umgang Jesu mit den Menschen von damals ist geradezu beispielhaft für die Sorge der Kirche, der Priester und Laien, für die Armen und Ausgestoßenen von heute.

III. Auftrag der Gefängnisseelsorge aus dem Evangelium für die Kirche von heute

Christus schenkte seine Liebe, seine Sorge und sein Erbarmen nicht nur den Randgruppen und Außenseitern von damals, er gab auch in seiner Botschaft an uns klare und unmißverständliche Anweisungen, ebenso zu handeln. So steht bei Matthäus bei den Kriterien der Beurteilung der Menschen am Jüngsten Tag u. a.: „Ich war im Gefängnis und ihr habt mich (nicht) besucht" (Mt 25,36). Und er verstärkt diese Aussage noch mit der Feststellung: „Alles was ihr irgendeinem dieser Geringsten (nicht) getan habt, das habt ihr mir (nicht) getan" (Mt 25,40). Der hl. Paulus wiederholt diese Forderung an die Christen der Urkirche, wenn er im Hebräer-Brief fordert: „Gedenkt der Gefangenen!" (Hebr 13,3).

Kirche ist immer Kirche für die Armen gewesen, sie war es von Anfang an. Gefangene spielten dabei eine besondere Rolle. Geschichte der Kirche ist auch Geschichte kirchlicher Sorge um Strafgefangene. Die Gleichnisse vom verlorenen Sohn (Lk 15,11-32), vom verlorenen Schaf (Lk 15,3-7), von der verlorenen Drachme (Lk 15,8-10) waren gemäß dem Auftrag Jesu immer die Maximen pastoralen Handelns der Kirche. Und wie steht es heute damit?

Unter dem Titel „Die verratene Versöhnung" zeigt Eugen Wiesnet in seinem Buch global die kirchliche Einstellung zu den Straftätern heute als „Odyssee ins Abseits" auf[2]. Nach hoffnungsvollen Anfängen im Frühchristentum verfällt auch die christliche Theologie und die Kirche dem Vergeltungsgedanken bei Straftätern und sieht weniger den Täter und die christliche Beziehung zu ihm als vielmehr seine Tat. Bei Christus war es genau umgekehrt, wie uns das Beispiel der Ehebrecherin (Joh 8,1-11) zeigt. Heute ist wohl die Beziehung von christlichen Gemeinden und von den einzelnen Christen zu den Straftätern auf einem Tiefpunkt angelangt, den es zu überwinden gilt. Überall aber, wo nicht mehr volles pastorales Handeln gerade Randgruppen gegenüber geschieht, muß die Amtskirche, müssen die Bischöfe ihre mahnenden Stimmen erheben und die Sicht der Gläubigen für diese Form der Nächstenliebe weiten. Mit gutem Beispiel geht Papst Johannes Paul II. voran, wenn er „seinen Mörder" im Gefängnis besucht, oder wenn er in Belgien (Mai 1985) zu den dortigen Gefangenen sagt: „Ihr seid in meinem Herzen, ihr seid in meinem Gebet."

IV. Inhalt und Umfang der Seelsorge im Strafvollzug von heute

Seelsorge im Strafvollzug heißt auf einen einfachen Nenner gebracht: Solidarität der Kirche, der Christen mit den Menschen, die auf der Schattenseite des Lebens stehen, mit denen, deren Leben nach den Maßstäben der Gesellschaft gescheitert ist. Eine Maxime der Pastoral lautet: Suprema lex salus animarum. Dabei ist gerade im Strafvollzug „Seelsorge" als „Heilssorge" und als „Heilsdienst" zu verstehen, wobei unter „Heil" sowohl das ewige Heil als auch das irdische Wohl zu verstehen ist. Der Seelsorger soll die Liebe Gottes zu den Menschen vermitteln und mithelfen, das Leben zu bewältigen. Irdisches Wohl und ewiges Heil, das sind die beiden Dimensionen der Seelsorge im Strafvollzug. Beide zusammen, auch in dieser Reihenfolge. Auch Christus hat zuerst die Menschen geheilt, hat ihnen zu essen gegeben und dann den Weg zu seinem Vater gewiesen.

A. Seelsorge im Strafvollzug als soziale Hilfe

Bei der Gefangenenseelsorge geht es um den ganzen Menschen in der konkreten Situation des Gefängnisses[3]. Der kirchliche Weltdienst der Seelsorge im Strafvollzug darf nicht abgetan werden als reine „Sozialarbeit" des Seelsorgers. Von der Liebe Gottes erzählen, setzt praktizierte Liebe voraus. Bevor der Gefangene zum religiösen Leben motiviert werden kann, müssen mit ihm die Probleme und die Konflikte aufgearbeitet und bewältigt werden, die sein Fehlverhalten gesteuert haben. Der „heile Mensch" setzt eine Heilung voraus, bevor er geheiligt werden kann. So gehört zum „kirchlichen Weltdienst" der Strafvollzugsseelsorge z. B. die Kontaktaufnahme zu den Angehörigen der Gefangenen, die Ausarbeitung einer eventuellen Schuldentilgung, Besuchskontakte, Mithilfe bei Arbeits- und Wohnungssuche ebenso wie Gewissensbildung und Gewissensformung, Hilfe bei der Bewältigung des Gefängnisaufenthaltes und zukunftsorientierte Verhaltensformung zum Leben in der Gesellschaft. Das ist oft ein mühsamer Weg, weil viele, sehr viele Strafgefangene seit ihrer Kindheit gestörte Persönlichkeiten sind, die mit erheblichen Sozialisationsschäden aufwuchsen[4]. Daher ist es notwendig, daß der Seelsorger im Strafvollzug profunde Kenntnisse in den psychologischen und pädagogischen Bereichen hat, wie z. B. in Entwicklungspsychologie, Klinischer Psychologie und Straffälligenpädagogik, damit er nicht allzuschnell frustriert ist, wenn die Strafgefangenen für das engere seelsorgerliche Bemühen, wie Gottesdienst, Beichte, Glaubensunterweisung schwer zugänglich sind. Auch hier gilt: „Gratia supponit naturam".

B. Ziel der Seelsorge ist die Versöhnung

Die frohe Botschaft des Seelsorgers im Strafvollzug ist, den Gefangenen die Botschaft der Erlösung und Befreiung zu verkünden. Erlösung von Schuld und Sünde, um ein neues, soziales, religiöses Leben führen zu können. So ist der Dienst des Seelsorgers theologisch zu beschreiben als Dienst der Versöhnung an Gott und den Menschen, so wie der hl. Paulus schreibt: „Das alles aber ist aus Gott, der uns mit sich durch Christus versöhnt und uns den Dienst der Versöhnung übertragen hat" (2 Kor 5,18). Versöhnung ist das Werk Christi im Neuen Testament, Versöhnung ist der Auftrag Christi an uns im Umgang mit den Menschen im Strafvollzug. Versöhnung setzt Einsicht und Umkehr voraus. Beides gilt es in vielen Fällen erst bei den Gefangenen zu wecken. Versöhnung ist letztes und einziges Ziel der Seelsorge im Strafvollzug. Versöhnen heißt lateinisch „reconciliare" (re – concilium), d. h. wieder in die Gemeinschaft aufnehmen. So wie Christus uns mit Gott versöhnt hat, wir also wieder in die Gemeinschaft mit Gott aufgenommen wurden, so sollen die straffällig gewordenen Menschen wieder in die Gemeinschaft der Menschen, in die Gemeinschaft mit Gott aufgenommen werden, also versöhnt werden mit den Menschen und mit Gott. Strafe wird oft als „Sühne", d. h. im Volksmund und im juristischen Bereich als Büßen, als Vergeltung gesehen. Das aber ist unrichtig. Sühne kann nicht ein Abbüßen oder Erleiden eines Strafübels sein, sie kann nicht befohlen werden, nicht als Strafakt „verhängt" werden (sühnen = „brummen"!), sondern versöhnen heißt, einen Dialog beginnen zwischen Täter und Opfer, eine zerstörte Beziehung wiederherstellen zu Menschen und zu Gott. Versöhnung ist also eine aktive Leistung, kein passives Erleiden, ein Akt der Umkehr, ein Akt der Neuordnung und der gegenseitigen Zuwendung[5]. Zu dieser Versöhnung gehört ein Brückenschlag zwischen Täter und Opfer, zwischen Straffälligen und Gesellschaft, zwischen Mensch und Gott. Die Schuldfrage spielt dabei eine geringe Rolle. Sie wird nicht verdrängt, aber sie ist auch kein Hindernis, sie steht nicht mehr zur Debatte bei einer Versöhnung. Die Bewußtmachung von Sünde und Schuld ist Grundlage, aber nicht Endziel der Seelsorge. Versöhnen heißt also heilen, heil machen was un-heil war. Versöhnung heißt Befreiung und Lösung und Neugestaltung. Das ist der christliche Auftrag des Seelsorgers im Strafvollzug. Durch seinen Dienst der Versöhnung wird der Seelsorger zum Werkzeug der Kirche, zum Werkzeug Gottes, zum Werkzeug der Gesellschaft. Da der Gefangene von sich aus oft unfähig ist, dieses Ziel anzugehen, muß ihm dabei der Seelsorger „Erste Hilfe" gewähren. Eugen Wiesnet meint, daß dieser neue Begriff (oder der alte Begriff?) der Seelsorgstätigkeit im Strafvollzug eine „kopernikanische" Wende in der Beziehung von Kirche und Strafgefangenen darstelle, eine Wende zum ursprünglichen „Modell Jesu"[6].

C. Die Bedeutung des Seelsorgers als Person

Der Person des Seelsorgers kommt im Strafvollzug eine Schlüsselstellung zu. Er bedeutet „helfende Begegnung“ für den Gefangenen. Die Akzeptanz der Gefangenen steht im Vordergrund. Der Seelsorger muß viele persönliche Qualitäten aufweisen, wie z. B. Einfühlungsvermögen, Interesse, viel Zeit haben, Verständnis haben. Es begegnen ihm auch oft geringes Interesse[7], viele Vorurteile und seine Arbeit ist oft wenig erfolgreich. Er wird gerne „mißbraucht“. Die Frustrationstoleranz muß deshalb hoch sein. Andererseits wird der Seelsorger aber auch mit einem gewissen Vorschuß-Vertrauen bedacht. So haben verschiedene Untersuchungen in Deutschland und Österreich ergeben, daß der Seelsorger im Strafvollzug als Bezugsperson die Nummer eins ist und vor allen anderen Bediensteten als Person des Vertrauens der Gefangenen anerkannt wird. Das ist eine Chance der Kirche bei Strafgefangenen. Oft hängt es von der Person des Seelsorgers allein ab, von seinem Einfühlungsvermögen, wie intensiv er sich einläßt, von der Sympathie zu ihm, von seinen Aktivitäten und Prioritäten, die er setzt, ob er Strafgefangene religiös ansprechen und gewinnen kann oder nicht. Die Gefangenen wünschen, daß er neben der ständigen Präsenz im Vollzug wirksam bei vielen Problemen und Anliegen helfen kann, er soll immer und überall Rat wissen, soll sich für sie einsetzen, (im Notfall auch mit Tabak aushelfen), soll Anwalt und letzter Nothelfer sein. Nach seinem sozialen und persönlichen Engagement richtet sich dann auch die Hörbereitschaft bei der Verkündigung, die Glaubwürdigkeit seiner Botschaft und der Gottesdienstbesuch am Sonntag. Das alles bringt für den Seelsorger oft ein großes Dilemma mit sich, nicht nur zu sich selbst, sondern auch zu den Gefangenen und zu den Bediensteten, auch manchmal zur Dienst- und Vollzugsordnung. Sach- und Personenkenntnis, Grundkenntnisse der Psychologie, der Pädagogik und der Kriminologie dürfen ihm deshalb nicht fremd sein. So versteht es sich von selbst, daß nur hochqualifizierte und hochmotivierte Seelsorger im Strafvollzug eingesetzt werden können und dürfen, damit die Seelsorger selbst durch die besondere Situation nicht frühzeitig Schäden erleiden, wie etwa Resignation, Menschenverachtung, Depression oder Aggression.

V. Rechtsgrundlagen der Gefängnisseelsorge in der Bundesrepublik Deutschland

Nach Artikel 4 Abs. 2 des Grundgesetzes für die Bundesrepublik Deutschland vom 23. 5. 1949 wird die „ungestörte Religionsausübung“ gewährleistet. Dieses Grundrecht gilt auch für Strafgefangene. Nach Art. 140 des Grundgesetzes in Verbindung mit Art. 141 der Weimarer Verfassung vom 11. 8. 1919 sind die Religionsgesellschaften zur Vornahme religiöser Handlungen zuzulassen, soweit das Bedürfnis besteht. Im Konkordat zwischen dem Heiligen Stuhl und dem Deutschen Reich vom 20. 7. 1933 wird die Ausübung der geistlichen Tätigkeiten (Art. 5) garantiert, die Anstellung (Art. 7) geregelt, die Verschwiegenheitspflicht garantiert (Art. 9) und der Beamtenstatus bei hauptamtlichen Geistlichen festgesetzt (Art. 28). Das Grundrecht auf ungestörte Religionsausübung ist im sog. Strafvollzugsgesetz (StVollzG) vom 16. März 1975 festgehalten und näher erläutert. Hier wird die Religionsausübung in Strafanstalten wie folgt geregelt:[8]

§ 53 Seelsorge.

(1) Dem Gefangenen darf religiöse Betreuung durch einen Seelsorger seiner Religionsgemeinschaft nicht versagt werden. Auf seinen Wunsch ist ihm zu helfen, mit einem Seelsorger seiner Religionsgemeinschaft in Verbindung zu treten.

(2) Der Gefangene darf grundlegende religiöse Schriften besitzen. Sie dürfen ihm nur bei grobem Mißbrauch entzogen werden.
(3) Dem Gefangenen sind Gegenstände des religiösen Gebrauchs in angemessenem Umfange zu belassen.

§ 54 Religiöse Veranstaltungen.
(1) Der Gefangene hat das Recht, am Gottesdienst und an anderen religiösen Veranstaltungen seines Bekenntnisses teilzunehmen.
(2) Zu dem Gottesdienst oder zu religiösen Veranstaltungen einer anderen Religionsgemeinschaft wird der Gefangene zugelassen, wenn deren Seelsorger zustimmt.
(3) Der Gefangene kann von der Teilnahme am Gottesdienst oder anderen religiösen Veranstaltungen ausgeschlossen werden, wenn dies aus überwiegenden Gründen der Sicherheit oder Ordnung geboten ist; der Seelsorger soll vorher gehört werden.

§ 155 Vollzugsbedienstete.
(1) Die Aufgaben der Justizvollzugsanstalten werden von Vollzugsbeamten wahrgenommen. Aus besonderen Gründen können sie auch anderen Bediensteten der Justizvollzugsanstalten sowie nebenamtlichen oder vertraglich verpflichteten Personen übertragen werden.
(2) Für jede Anstalt ist entsprechend ihrer Aufgabe die erforderliche Anzahl von Bediensteten der verschiedenen Berufsgruppen, namentlich des allgemeinen Vollzugsdienstes, des Verwaltungsdienstes und des Werkdienstes, sowie von Seelsorgern, Ärzten, Pädagogen, Psychologen und Sozialarbeitern vorzusehen.

§ 157 Seelsorge.
(1) Seelsorger werden im Einvernehmen mit der jeweiligen Religionsgemeinschaft im Hauptamt bestellt oder vertraglich verpflichtet.
(2) Wenn die geringe Zahl der Angehörigen einer Religionsgemeinschaft eine Seelsorge nach Absatz 1 nicht rechtfertigt, ist die seelsorgerische Betreuung auf andere Weise zuzulassen.
(3) Mit Zustimmung des Anstaltsleiters dürfen die Anstaltsseelsorger sich freier Seelsorgehelfer bedienen und für Gottesdienste sowie für andere religiöse Veranstaltungen Seelsorger von außen zuziehen.

Bemerkenswert sind hierbei folgende Ausweitungen der Seelsorge:

(1) Der Begriff „Seelsorge“ wird von den staatlichen Stellen bewußt nicht definiert. Die Kirche hat die Aufgabe und das Recht, den Inhalt des Begriffes selbst zu beschreiben.

(2) Unter Seelsorge werden nicht nur die kultischen Handlungen verstanden, sondern ebenso Einzel- und Gruppengespräche, wie das ganze karitative Handeln.

(3) Die Stellung des Seelsorgers im Strafvollzug ist eingebunden in den Kreis der beschäftigten Mitarbeiter im Vollzug.

(4) Weitere Mitarbeiter in der Seelsorge, wie z. B. Seelsorgehelfer, können zugezogen werden.

Für den Jugendstrafvollzug, den Jugendarrestvollzug und die Untersuchungshaft gelten ähnliche Bestimmungen, die jeweils in einem entsprechenden Gesetzestext festgehalten sind. Nähere Richtlinien für den Dienst der katholischen und evangelischen Anstaltsseelsorger sind jeweils mit den verschiedenen Regierungen der Bundesländer ausgehandelt und genau vertraglich geregelt, weil der Strafvollzug in der Bundesrepublik Ländersache ist. Die Regelungen für die Anstellung der Seelsorger ist in den verschiedenen Bundesländern unterschiedlich. Die Seelsorger werden entweder im Einvernehmen mit der Diözese als Landesbeamte berufen, z. B. in Bayern, Nordrhein-Westfalen, Baden-Württemberg, Rheinland-Pfalz, oder von der Diözese im Einvernehmen mit der Landesregierung in einem Gestellungsvertrag in der jeweiligen Anstalt bestellt, z. B. in Hessen. Seelsorger können entweder haupt-

oder nebenamtlich bestellt sein. Ersteres gilt besonders bei großen Anstalten, letzteres bei kleineren Gefängnissen. Im allgemeinen kann wohl gesagt werden, daß in der Bundesrepublik der Staat der Kirche genügend Handlungsraum im Strafvollzug einräumt und die Seelsorge in den Anstalten in keiner Weise behindert, eher denn gefördert wird. Daß die Sonderstellung des Seelsorgers im Vollzug auch Probleme mit sich bringt, liegt in der Natur der Sache. Größere Differenzen jedoch gibt es sehr selten. Meist jedoch liegen diese dann in der einen oder anderen Person und sind weniger sachlicher Natur.

VI. Die seelsorgerliche Situation in den Strafanstalten.

Die rechtlichen Grundlagen für die Seelsorge in den Justizvollzugsanstalten sind also in der Bundesrepublik befriedigend. Wie jedoch sieht die Verwirklichung der Seelsorgsmöglichkeiten durch die Kirche in der Praxis aus?

A. Statistik der Anstalten und der Inhaftierten

In der BRD gibt es derzeit 184 Straf- und Untersuchungshaftanstalten. Davon sind 65 sog. große Anstalten (bis 1500 Strafgefangene!), der Rest sind kleinere und 19 sog. „offene" Anstalten.

Jährlich werden in der BRD ca. 230 000 Aufnahmen in die einzelnen Anstalten vorgenommen. Die Zahl der ständig inhaftierten Strafgefangenen beträgt ca. 55 000, wovon ca. 5000 Jugendliche und ca. 2000 Frauen sind. Das alles sind nicht unbedeutende Zahlen. Wenn man bedenkt, daß es sich hier um Menschen handelt, die seelsorgerlich eine intensive Einzelzuwendung brauchen, ist leicht zu ersehen, wie schwierig eine gute seelsorgerliche Betreuung ist. Die pastorale Tätigkeit in den Untersuchungshaftanstalten ist dabei ungleich schwieriger als in den Strafanstalten. Die Untersuchungsanstalten sind meist nur Durchgangsstationen, haben also eine hohe Fluktuation aufzuweisen. Diese Anstalten sind meist auch von nebenamtlichen Seelsorgern betreut. Weiter ist das Interesse an pastoraler Betreuung in den U-Anstalten geringer als in den Strafanstalten, da das Augenmerk der U-Gefangenen meist nur um den plötzlichen Abbruch der Lebensbeziehungen und um das zu erwartende Urteil kreist. Trotzdem ist gerade auch in diesen Anstalten eine große Chance pastoraler Betreuung gegeben, weil die Inhaftierung oft eine tarraktische Situation darstellt und menschliche Hilfe, pastorale Hilfe besonders gefragt ist.

B. Personale pastorale Versorgung und Betreuung in den Anstalten

Wir haben in der BRD 184 haupt- und nebenamtliche Seelsorger in den Justizvollzugsanstalten. Grundsätzlich ist jede Diözese für die in ihrem Territorium liegenden Anstalten verantwortlich. Die Besetzung mit Seelsorgern, die hauptamtlich in den großen Anstalten Dienst tun, geschieht auch in den Diözesen meist unproblematisch. Die kleineren Gefängnisse sind fast immer seelsorgerlich der Pfarrei zugeordnet, in deren Bereich sie liegen, d. h. also, sie werden vom Gemeindepfarrer oder vom Kaplan meist „nebenbei" mitbetreut. Dies ist oft eine unzureichende Situation und in vielen Fällen auch nur eine „Notlösung", da die meisten dieser Seelsorger zuerst für die Gemeinde sich zuständig fühlen und oft nur sehr wenig Zeit für Gefängnisseelsorge aufwenden (können).

Wegen der Lage der Strafanstalten in den einzelnen Städten und Orten sind die Diözesen verschieden stark betroffen mit der Besetzung der Stellen. So hat z. B. die Diözese Paderborn 17 hauptamtliche Strafvollzugsseelsorger, während die Diözese Würzburg keinen einzigen Hauptamtlichen „stellen muß".

Tabellarisch soll versucht werden, die Situation der Seelsorge im Strafvollzug in der BRD zu erfassen. Da der Strafvollzug Ländersache ist, haben wir in Tab. 1 eine Übersicht über die personale Ausstattung der Seelsorgestellen in den einzelnen Bundesländern erstellt.

Die Seelsorge vollziehen nicht nur Priester. Wegen des akuten Priestermangels ist es verstärkt notwendig geworden, auch Laien und Diakone in die haupt- und nebenamtliche Seelsorge mit einzubeziehen.

Tab. 2 stellt graphisch die personale Seelsorgeausstattung dar.

Tab. 3 stellt das Alter der Seelsorger dar. Hier ist festzustellen, daß die „Überalterung" doch recht deutlich ist. Das kommt vor allem daher, weil in den sog. kleineren Anstalten meist ältere Seelsorger im Nebenamt die Seelsorge im Strafvollzug ausüben und eben von ihrer Gemeinde aus die in ihrem Bereich liegenden Anstalten mitversorgen. Ob das hohe Durchschnittsalter der Seelsorger unbedingt ein Vor- oder Nachteil im Strafvollzug ist, sei dahingestellt. Erfahrung und Väterlichkeit ist hier eher ein Gegengewicht zur Jugendlichkeit der Seelsorger. Schwierigkeiten ergeben sich bei Neubesetzungen. Auch hier ist der Priestermangel spürbar und im allgemeinen sind Bischöfe eher geneigt, Gemeinden neu zu besetzen als Seelsorgestellen im Strafvollzug. Hier wird eher ein Laie eingesetzt, was die Zunahme der hauptamtlichen Laien im Seelsorgedienst des Strafvollzugs beweist. Strafvollzugsseelsorge sollte allen Bischöfen mehr am Herzen liegen, als es derzeit der Fall ist. Dies wäre urkirchliche Tradition.

C. Organisation der Gefängnisseelsorger: Die Konferenz

Seit 1934 besteht im damaligen Deutschen Reichsgebiet ein Zusammenschluß der Gefängnisseelsorger, der in einem lockeren Verband das Dritte Reich und den 2. Weltkrieg überstand. Nach dem Krieg erlebte „die Konferenz" eine starke Belebung. Alle haupt- und nebenamtlichen Seelsorger im Strafvollzug sind heute organisatorisch zusammengeschlossen in der „Konferenz der katholischen Seelsorger bei den Justizvollzugsanstalten der Bundesrepublik Deutschland mit Berlin (West)". Ihr gehören alle vertraglich verpflichteten Priester, Diakone, Ordensschwestern, Pastoralreferenten und kirchlichen Mitarbeiter an, die in der Seelsorge des Strafvollzugs eingesetzt sind. Die Konferenz gliedert sich in einzelne Regionalkonferenzen, die meist auf Landesebene sich zusammensetzen. Die Konferenz veranstaltet einmal im Jahr eine Werkwoche zur Weiterbildung ihrer Mitglieder und eine in diesem Rahmen veranstaltete Mitgliederversammlung. Nach außen wird die Konferenz vertreten durch den Vorstand, der von den Mitgliedern gewählt und durch den Beirat beraten wird. Die Konferenz sieht ihre Aufgaben in folgenden Punkten:

1. Berufliche und fachliche Aus- und Weiterbildung ihrer Mitglieder;
2. Begegnung, Austausch und Vermittlung von Erfahrungen in der Strafvollzugsseelsorge, d. h. brüderliche Begleitung und Stützung der Mitglieder;
3. Beratung und Zusammenarbeit von kirchlichen und staatlichen Stellen in der Straffälligenhilfe;
4. Mitverantwortung und Beratung bei Strafvollzugsfragen der Pastoralkommission der Deutschen Bischofskonferenz.

Tab. 1: Statistik der katholischen Seelsorger im Strafvollzug in den Bundesländern

Stand: 15. 5. 1985	hauptamtlich gesamt	Weltpriester	Ordenspriester	Diakone	Laien	nebenamtlich gesamt	Weltpriester	Ordenspriester	Diakone	Laien
Baden-Württemberg	12	8			4	22	15	2	3	2
Bayern	12	9		2	1	29	17	6	3	3
Berlin	4	2	1		1	2	2			
Bremen	1	1				1	1			
Hamburg	1	1				1	1			
Hessen	6	3	1		2	12	6	3		3
Niedersachsen	2	2				10	8	2		
Nordrhein-Westfalen	27	15	7	1	4	26	16	5	2	3
Rheinland-Pfalz	4	2			2	8	4	1	1	2
Saarland	1	1				1	1			
Schleswig-Holstein	1			1		1	1			
GESAMT	71	44	9	4	14	113	72	19	9	13

Tab. 2: Statistik der katholischen Seelsorger im Strafvollzug in der Bundesrepublik Deutschland (Stand 15. 5. 1985)

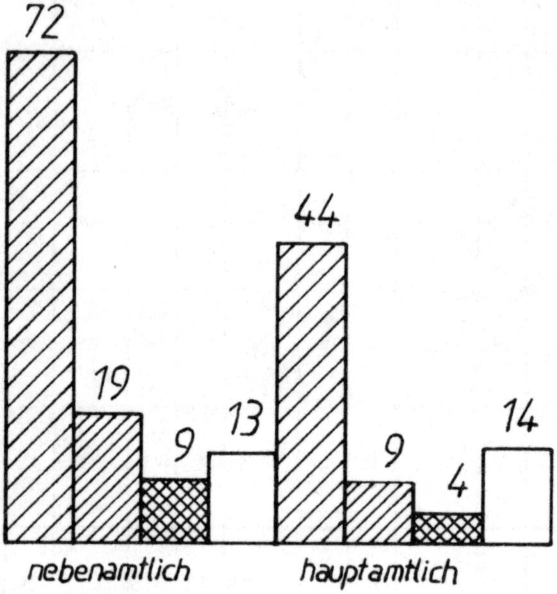

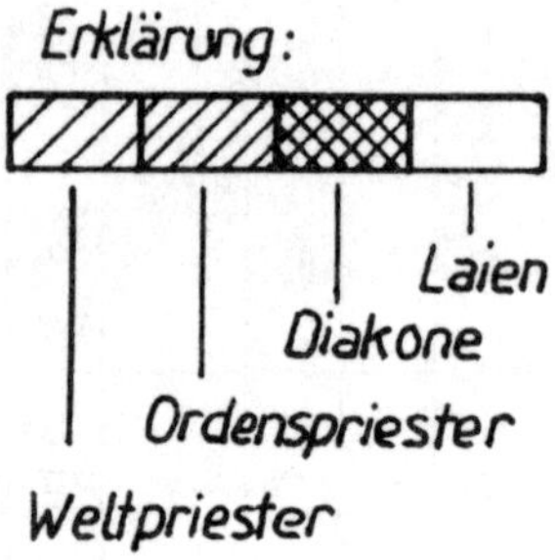

Insgesamt:
116 Weltpriester
28 Ordenspriester
13 Diakone
27 Laien

184 insgesamt

Zahl der Anstalten:
145 geschlossene Anstalten
19 offene Anstalten

Von besonderer Bedeutung erscheint mir die in Punkt 1 vorgegebene Aufgabe der Konferenz. Da es in den theologischen Fakultäten keine eigene pastorale Studienrichtung „Gefängnisseelsorge" gibt, ist es notwendig, daß die Konferenz die neuen Seelsorger entsprechend schult und ausbildet. Dies geschieht seit über zwölf Jahren in einer jährlichen Werkwoche mit einem vierjährigen Ausbildungszyklus. Wissenschaftler und Praktiker leiten und gestalten diese Grundausbildung der neuen Seelsorger. Daß diese Ausbildung im ökumenischen Rahmen mit der Konferenz der evangelischen Strafvollzugsseelsorger geschieht, ergibt sich aus der relativ geringen Zahl des in Frage kommenden Personenkreises und des gemeinsamen Anliegens.

Tab. 3: Lebensalterskizze der Seelsorger in den JVAen (Bundesrepublik und West-Berlin)

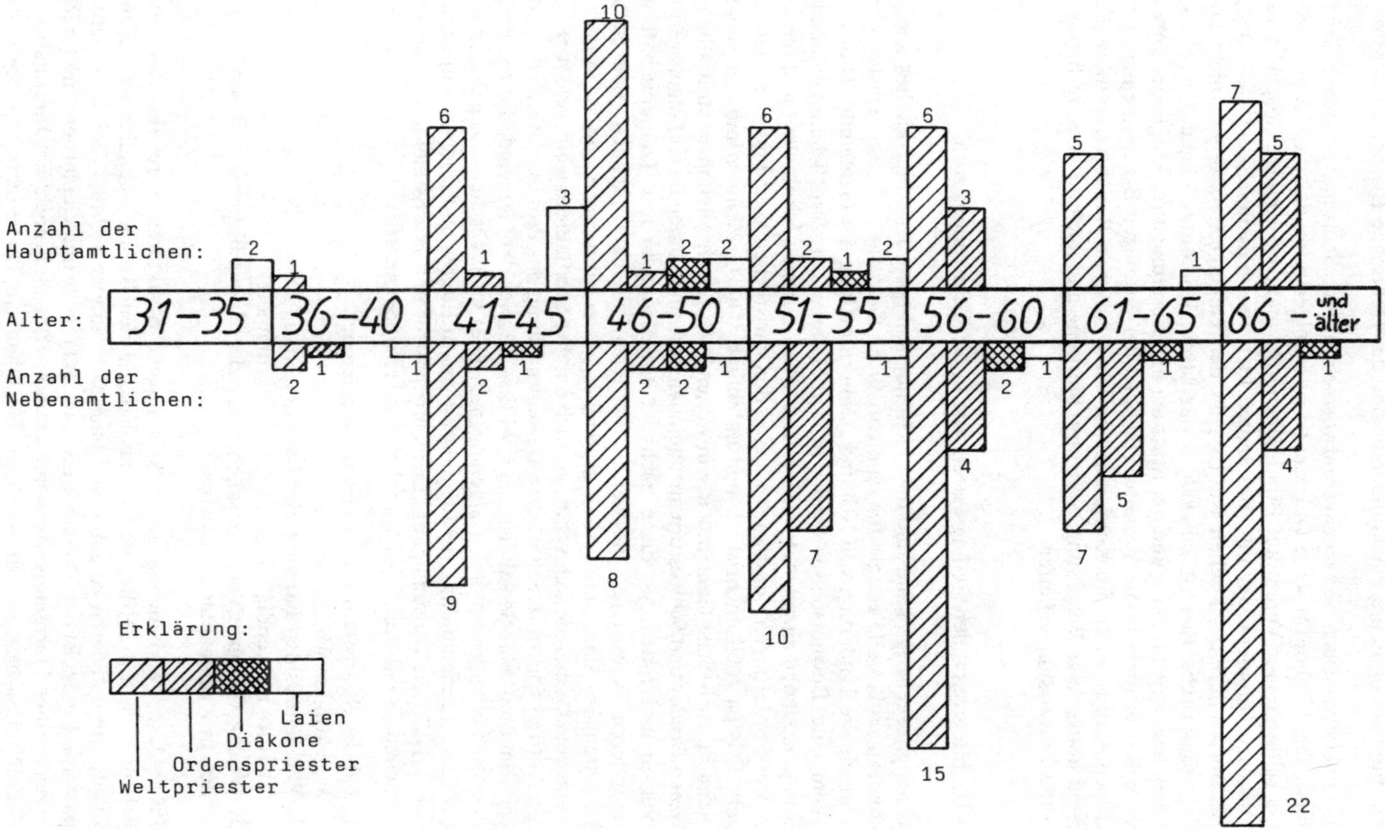

D. Einbindung in die Pastoralkommission der Deutschen Bischofskonferenz

Letztverantwortlich und eigenverantwortlich für jede Seelsorge ist jeweils der betreffende Ortsbischof für seine Diözese. So ist es folgerichtig, daß die „Konferenz" nicht ein selbständiger Verein auf Bundesebene ist, mehr oder minder losgelöst von den Diözesen, sondern als ein Bestandteil der Pastoralkommission der Deutschen Bischofskonferenz zu sehen ist. Es geht den Gefängnisseelsorgern nicht um eine organisatorische Eigenständigkeit. Zwar ist die Konferenz wegen der sehr spezifischen Seelsorgetätigkeit und der Stützung und Beratung ihrer Mitglieder notwendig, sie will aber nicht in die Verantwortlichkeit der jeweiligen Bischöfe eingreifen. Aus diesem Grund sollte die Konferenz von der Deutschen Bischofskonferenz die dringend notwendige Beachtung, Stützung, Stärkung und auch die entsprechende finanzielle Zuwendung erfahren.

VII. Integration der Gefängnisseelsorge in die Gemeindepastoral

Gefängnisseelsorge kann und darf nicht nur Anliegen der „Amtskirche" allein sein, sondern muß als Diakonie für eine christliche Gemeinde ebenso selbstverständlich sein wie die Linderung von Not und Armut im Alltag der Gemeinde. Hier muß vor allem eine Bewußtseinsänderung in der Haltung der christlichen Gemeinden zu Strafgefangenen eingeleitet werden. Die „Anti-Lumpen-Mentalität" und die „Rübe-runter-Forderungen" sind auch noch in den christlichen Gemeinden zu tief verwurzelt. Das ist total unchristlich und unbiblisch. Die Gemeinden müssen versuchen, wenn sie christliche Gemeinden sein wollen, sich gerade auch ihrer straffällig gewordenen Brüder und Schwestern anzunehmen, indem sie ihnen im Gefängnis verbunden bleiben und indem sie diese nach der Entlassung in ihre Gemeinschaft wieder integrieren. Vorurteile, die weithin bestehen, gilt es abzubauen, und christliche Nächstenliebe den Gefangenen gegenüber gilt es zu wecken und zu fördern. Erst wenn eine Gemeinde sich verantwortlich um ihre Straffälligen weiß, orientiert sie sich am Auftrag Christi. Dazu ist eine Bewußtmachung des Problems durch den Seelsorger vonnöten, eine Sensibilisierung des Bewußtseins der Gemeinde für die Probleme des Strafvollzugs und der Strafgefangenen. Dies kann geschehen durch Seminare in der Erwachsenenbildung, in Jugendgruppen, in Eltern- und Ehepaargruppen und in der christlichen Verkündigung. Gemeindepfarrer und Pfarrgemeinderat müssen sich vornehmlich mit drei Fragekomplexen auseinandersetzen:

1. Gibt es Strafgefangene in unserer Gemeinde?
   Was können wir für sie tun?
2. Wie geht es den Familien der Inhaftierten?
   Ist Hilfe notwendig? Werden diese diskriminiert?
3. Welche Gruppen von Menschen, besonders Jugendliche, sind besonders gefährdet, in Kriminalität abzugleiten?

Prophylaxe, Vorbeugung gegen kriminogene Strukturen wäre also das vordringlichere Ziel, d. h. Hilfe, bevor „das Kind in den Brunnen gefallen ist". Hilfen für Inhaftierte und deren Angehörige ist das nicht minder wichtige Ziel einer Gemeindepastoral. Leider ist der Themenkreis „Strafgefangene und Gefährdete" im Interessenbereich einer Pfarrgemeinde wenig aktuell. Hier muß noch viel Informations- und Aufklärungsarbeit geleistet werden. Nachdem ein Hirtenschreiben der deutschen

Bischöfe von 1972 „Zur Sorge um die straffällig gewordenen Mitbürger“ (Die Deutschen Bischöfe, Nr. 3) wenig Änderung brachte, hat die Konferenz der kath. Gefängnisseelsorger ihrerseits über die Pastoralkommission der deutschen Bischöfe 1984 einen eigenen Appell an alle christlichen Gemeinden geschickt, um „als Vorsteher der Gemeinden im Gefängnis alle christlichen Gemeinden draußen“ zu bitten, sich mehr als bisher der Strafgefangenen anzunehmen[9]. Hier werden auch genügend Möglichkeiten aufgezählt, wie die Christen in den Gemeinden sich um Strafgefangene kümmern können. Es bleibt zu hoffen, daß dieser Appell auf breiter Basis wahrgenommen und ernstgenommen wird.

Nachwort

In einer wunderbaren Weise hat Eugen Wiesnet in seinem letzten Buch „Die verratene Versöhnung“ (Patmos, 1980) in einem Kapitel unter der Überschrift „Vergessener Augustinus“ eine geradezu idealtypische christliche Haltung herausgestellt, die z. Zt. des hl. Augustinus vorhanden war und heute wieder eine ähnliche werden müsse. Er zitiert Briefe des hl. Augustinus, in denen dieser sich mit Straffälligkeit, den Straffälligen und Strafvollzug von damals auseinandersetzt. Der hl. Augustinus muß, nach Eugen Wiesnet, geradezu für uns heute Vorbild unseres christlichen Handelns an Strafgefangenen sein. „Wenn Augustinus davon spricht, die richterliche Strafe solle ‚die Wunden der Sünden heilen‘, sieht er im Sinne Jesu die Sünde (das Verbrechen) als (soziale) Krankheit, die es nicht rächend zu bestrafen, sondern zu heilen gelte. Von dieser Einsicht aus leitet er auch seine christlich-humanistische Forderung ab, den Menschen im Täter zu lieben. ‚Man muß die Bösen in der Absicht lieben, damit sie nicht mehr böse seien, so wie man die Kranken liebt, nicht damit sie krank bleiben, sondern damit sie gesund werden (Ep 133). Bekämpfe das Böse durch Güte (Ep. 134)! Denn sowohl bei der Strafe wie bei der Verzeihung soll man nur die Besserung des Lebens der Menschen im Auge haben (Ep. 153)‘.“[10] Für den Strafvollzugsseelsorger Eugen Wiesnet war dies ein Herzensanliegen. Dies muß auch für jeden engagierten Christen zum Inhalt christlicher Verantwortung und christlichen Handelns werden.

Anmerkungen

1 W. Ruff, Gesellschaft, in: Praktisches Wörterbuch der Pastoral-Anthropologie, Göttingen 1975, 392–394, hier: 392.

2 *E. Wiesnet,* Die verratene Versöhnung, Düsseldorf 1980, 142.

3 *E. Stubbe,* Seelsorge im Strafvollzug, Göttingen 1978, 211.

4 *B. Gareis, E. Wiesnet,* Frühkindheit und Jugendkriminalität, München 1974, 68–80.

5 *E. Wiesnet,* Verratene Versöhnung (Anm. 2), 125.

6 Ebd., 156 ff.

7 *E. H. Bottenberg, B. Gareis,* Straffällige Jugendliche, Düsseldorf 1980, 41 ff.

8 *G. Rehborn,* Katholische Seelsorge in Justizvollzugsanstalten, Hamm 1978, A I.

9 Dokumentation, in: Pastoralblatt für die Diözesen Aachen, Berlin, Essen, Hildesheim, Köln, Osnabrück. (1985), H. 4, 122–124, hier: 122.

10 *E. Wiesnet,* Verratene Versöhnung (Anm. 2), 142 f.

JOSEF HEPP

Die Gemeinde – „Lern-Ort" des Glaubens

Verstärkt wird in den letzten Jahren die Frage nach der „Weitergabe des Glaubens"[1] gestellt. Das ist auch ein Anzeichen dafür, daß es gegenwärtig besonders schwierig ist, den Glauben der nachfolgenden Generation zu vermitteln. Das Zentralkomitee der deutschen Katholiken hat in dem Arbeitspapier „Glaubensvermittlung heute" vor allem auf zwei aktuelle Schwierigkeiten hingewiesen: Die Entfremdung zwischen der kirchlichen Glaubensverkündigung und der menschlichen Lebenserfahrung sowie die Erschwernisse des kirchlichen Sozialisierungsprozesses[2].

Konkret läßt sich feststellen: Die Notlage in der Glaubensvermittlung heute ist wesentlich darin begründet, daß einerseits die Familie und der Religionsunterricht – zwei klassische „Lern-Orte" des Glaubens – aus verschiedenen Gründen die Weitergabe des Glaubens allein nicht mehr leisten können und daß andererseits der „Lern-Ort" Gemeinde zumeist noch nicht aktiv genug Lernwege des Glaubens beschreitet.

I. Lern-Orte des Glaubens

A. Die Familie

a. Die Bedeutsamkeit der Familie für die Glaubensvermittlung

Eine Vielzahl kirchlicher Dokumente aus alter und neuer Zeit betonen die im gewissen Sinn unersetzbare Bedeutung der Familie für die Weitergabe des Glaubens an die nachfolgende Generation. Schon Johannes Chrysostomus hat im vierten Jahrhundert das Wort von der Familie als „Kirche im Kleinen" (ecclesiola) geprägt. Er schreibt: „Gebet und Unterricht in der Kirche genügen nicht. Sie müssen begleitet sein von Gebet und Lesung zu Hause. Denn zu Hause ist eine kleine Kirche."[3]

Im Anschluß an die Vätertheologie bezeichnet das Zweite Vatikanische Konzil die Familie als „eine Art Hauskirche", in der „die Eltern durch Wort und Beispiel für ihre Kinder die ersten Glaubensboten sein" sollen[4]. In der „Erklärung über die christliche Erziehung" stellen die Konzilsväter fest: Die Eltern müssen „als die ersten und bevorzugten Erzieher ihrer Kinder anerkannt werden. Ihr Erziehungswirken ist so entscheidend, daß es dort, wo es fehlt, kaum zu ersetzen ist."[5]

Unter Berufung auf das Zweite Vatikanische Konzil erklärt Papst Johannes Paul II. in dem Apostolischen Schreiben „Catechesi Tradendae": „Die Familienkatechese geht daher jeder anderen Form der Katechese voraus, begleitet und bereichert sie. Ferner bleibt dort, . . . wo verbreiteter Unglaube oder uferloser Säkularismus ein wirkliches religiöses Wachstum praktisch unmöglich machen, diese ‚Hauskirche' der einzige Ort, wo Kinder und Jugendliche eine echte Glaubensunterweisung erhalten können."[6]

Die kirchlichen Dokumente sprechen also einhellig die Überzeugung aus, daß die Familie eine fundamentale Bedeutung für die Lebens- und Glaubensgeschichte ihrer Kinder hat. Die Familie wird gleichsam als der zentrale „Umschlagplatz" gesehen, auf dem nicht nur personale und soziale, sondern auch religiöse Haltungen und Einstellungen der nachfolgenden Generation vermittelt werden.

b. Die ernüchternde Situation

Die hohe Einschätzung der Familie für die Glaubensvermittlung steht heute im Kontrast zur konkreten Situation. So ergaben Umfragen des Instituts für Demoskopie Allensbach im Jahre 1975, daß 70 % der Katholiken, die 71 Jahre und älter waren, ihrer Meinung nach „ein sehr religiöses Elternhaus" hatten. Dieser Auffassung stimmten jedoch nur noch 36 % der Katholiken im Alter zwischen 18–29 Jahren zu[7].

An diesem Ergebnis ist ablesbar, „daß das Elternhaus als Quelle der religiösen Sozialisation an Bedeutung verliert", und „daß junge Menschen in ihren Familien mehr und mehr eine sich abschwächende religiöse Sozialisation erfahren". Da aber später „die religiöse Orientierung und die Bindung an die Kirche" desto stärker ist, je stärker „die religiöse Erlebniswelt im Elternhaus" war, ist zugleich prognostizierbar, daß man – wenn sich sonst nichts ändert – „in der kommenden Generation mit einer weiteren Entfernung von der Kirche rechnen muß".[8]

Daß die religiöse Erziehung in den Familien weiterhin abnimmt, zeigt eine Untersuchung des Allensbacher Instituts von Jahre 1979. Demnach halten nur 26 % der Eltern mit Kindern unter 16 Jahren es für besonders wichtig, daß man Kindern einen festen Glauben für ihren Lebensweg vermitteln soll. Und unter den heute 16- bis 29jährigen wuchsen nur noch 19 % in einem ausgesprochen religiösen Elternhaus auf. Aus diesem Tatbestand zieht Renate Köcher die Folgerung: „Die Chance, daß diese junge Generation aus eigenem Antrieb ihre Kinder wiederum zum Glauben hinführt, ist denkbar gering. Ist die Tradierung, die Überlieferung religiöser Überzeugungen erst einmal derart gestört, läßt sich die Entwicklung nicht mehr kurzfristig ändern."[9]

Auf keinen Fall ist eine Änderung dieser Entwicklung durch (noch so eindringliche) kirchliche Appelle an die Erziehungsverantwortung der Eltern zu erhoffen. Andererseits hilft es aber auch nicht weiter, wenn verunsicherte oder ratlose Eltern an die Religionslehrer appellieren, einen „besseren" Religionsunterricht zu halten.

B. Der Religionsunterricht

a. Realistische Aufgabenstellung der Synode

Der Synodenbeschluß „Der Religionsunterricht in der Schule" (1974) hat nüchtern festgestellt: Im Religionsunterricht haben wir es heute nicht nur mit gläubigen oder glaubenswilligen Schülern zu tun, sondern auch mit jungen Menschen, die im Glauben angefochten sind oder sich als ungläubig betrachten[10]. Ebenso realistisch haben die Synodalen erkannt: Wenn der Religionsunterricht nicht ein „Fremdkörper", sondern ein „ordentliches Lehrfach" sein soll, kann er nicht ausschließlich kirchlich – als „Kirche in der Schule" – begründet und erteilt werden. Vielmehr muß er zeigen, „wie er teilhat an der Aufgabenstellung der öffentlichen Schule, wie er deren Ziele mitbegründet und fördert, konkretisiert, ergänzt und gegebenenfalls kritisiert".[11]

Dementsprechend konzipiert der Synodenbeschluß den Religionsunterricht als ein Schulfach, das „in der Schnittlinie von pädagogischen und theologischen Begründungen, Auftrag der öffentlichen Schule und Auftrag der Kirche" liegt[12]. Dieser pädagogisch wie theologisch begründete Religionsunterricht „soll zu verantwortlichem Denken und Verhalten im Hinblick auf Religion und Glaube befähigen".[13] Im Religionsunterricht sollte es darum gehen, „den Schülern die religiöse Dimension menschlichen Daseins zu erschließen und darin den christlichen Glauben als eine Existenzform der Antwort auf das lebenschaffende, befreiende Zukunft eröffnende Wort Gottes verstehen lassen und zur Entscheidung stellen".[14]

Wie bescheiden und realistisch die Synodalen die Möglichkeiten heutigen Religionsunterrichts eingeschätzt haben, zeigt der „Erfolgskatalog", der diesen Unterricht als „lohnende Aufgabe für die Kirche" erscheinen läßt. Da heißt es u. a.: „Es ist ein Gewinn:

- wenn die Schüler beim Verlassen der Schule Religion und Glaube zumindest nicht für überflüssig oder gar unsinnig halten;
- wenn sie Religion und Glaube als mögliche Bereicherung des Menschen, als mögliche Kraft für die Entfaltung seiner Persönlichkeit, als möglichen Antrieb für die Realisierung von Freiheit begreifen;
- wenn sie fähig sind, in der Diasporasituation des Glaubens sich begründet und verantwortlich mit dem lebensanschaulichen Pluralismus auseinanderzusetzen und sich der Wahrheitsfrage zu stellen."[15]

Ausdrücklich wird diesem bescheidenen Erwartungskatalog die Bemerkung hinzugefügt: „Die Kirche schuldet den unmittelbar am Religionsunterricht Beteiligten diese realistische Sicht des durch Religionsunterricht in der Schule Erreichbaren. Die schulischen Bedingungen und Zielsetzungen des Faches sind verkannt, wenn an diesen Unterricht zu hohe Erwartungen hinsichtlich des Glaubensvollzugs gerichtet werden."[16] Demgegenüber mehren sich jedoch in den letzten Jahren die Stimmen innerhalb der Kirche, welche die Erwartungen an den Religionsunterricht wieder höher schrauben.

b. Idealistische Anforderungen der letzten Jahre

In einem Faltblatt vom Frühjahr 1980 mit dem Titel „Religionsunterricht – Sorge um die christliche Erziehung" kritisiert die Katholische Elternschaft Deutschlands: „Ein erschreckend lückenhafter Wissensstand der Schüler über Glauben und Kirche ist zu beobachten". Und weiter: „Manchmal bietet auch der Religionsunterricht nicht mehr als nur unverbindliche allgemeine Lebenshilfe, kaum noch Fundamente katholischen Glaubens und positive Hinführung zur Kirche." Diese Äußerungen enthalten zwei Vorwürfe: Der Religionsunterricht vermittelt zu wenig Glaubenswissen und entfremdet von der Kirche. Dementsprechend appelliert die Katholische Elternschaft Deutschlands an die Bischöfe, daß sie „Sorge tragen für einen Religionsunterricht, der sich an der Bibel und an der verbindlichen Lehre der Kirche orientiert", und daß sie „ein verbindliches Handbuch des Glaubens (Katechismus) zur Verfügung stellen".

In ähnlicher Weise fordert eine „Erklärung" des Zentralkomitees der Deutschen Katholiken vom Herbst 1980: „Der Religionsunterricht soll eine möglichst vollständige Einführung in das Christentum bieten."[17] Obwohl ausdrücklich die Tatsache anerkannt wird, daß im Religionsunterricht weithin „religiös uninteressierte und nicht vorgebildete Schüler anzutreffen sind"[18], wird ihm dennoch die Aufgabe zugewiesen, die Schüler in den Glauben einzuführen und zur Kirche hinzuführen.

Sowohl die Katholische Elternschaft Deutschlands wie das Zentralkomitee der

Deutschen Katholiken berufen sich in ihren Anforderungen an den Religionsunterricht auf das Apostolische Schreiben „Catechesi Tradendae“ vom Jahr 1979. Dort ist tatsächlich davon die Rede, „daß die Katechese eine Glaubenserziehung von Kindern, Jugendlichen und Erwachsenen ist, die vor allem eine Darbietung der christlichen Lehre umfaßt, wobei man im allgemeinen organisch und systematisch vorgeht, um die Schüler in die Fülle des christlichen Lebens einzuführen“.[19] Was den Inhalt der Katechese anbelangt, wird „Vollständigkeit“ gefordert; denn jeder hat das Recht, die Glaubensbotschaft „nicht verstümmelt, verfälscht oder verkürzt zu empfangen, sondern voll und ganz“.[20]

Zu bedenken ist allerdings, daß der Papst mit diesen Anforderungen nicht nur, ja nicht einmal in erster Linie, den Religionsunterricht im Auge hat, sondern alle „Orte“ der Katechese: Pfarrei, Familie, Schule, Verbände. In erster Linie denkt er dabei sogar an die Gemeindekatechese, denn die „Pfarrgemeinde ist Motor und bevorzugter Ort der Katechese“.[21] Daraus folgert Wolfgang Langer: „Man kann sich also wohl kaum auf den Papst berufen, wenn man verlangen wollte, der deutsche Religionsunterricht habe sich nunmehr wieder einzig und allein der Vermittlung von Glaubenswahrheiten nach Art des früheren Katechismusunterrichts zu widmen.“[22]

Mit dieser Feststellung soll freilich nicht bestritten werden, daß die Verantwortlichen je neu zu prüfen haben, ob sie einen Religionsunterricht konzipieren und realisieren, der „mit der Wirklichkeit des Glaubens“ vertraut macht und „zu religiösem Leben und zu verantwortlichem Handeln in Kirche und Gesellschaft“ motiviert[23]. Andererseits aber sollte man realistisch sehen: Auch ein noch so guter Religionsunterricht kann das nicht wettmachen, was in der religiösen Erziehung der Familie nicht geleistet wurde und was die Gemeinde an Möglichkeiten der Glaubenserfahrung versäumt hat. Ebenso ist vor dem Trugschluß zu warnen, daß die Vermittlung von mehr Glaubenswissen automatisch zu einem Mehr an Glauben führe. Wohl kann Wissensvermittlung einen bereits vorhandenen Glauben stärken und vertiefen. Aber letztlich wird Glaube nicht unterrichtlich, sondern lebenspraktisch – und das meint: durch das Miteinanderleben aus dem Glauben – vermittelt. Demnach sind und bleiben die vorrangigen „Lernorte“ des Glaubens die „Lebensorte“ des Glaubens: die Familie – und die Gemeinde.

C. Die Gemeinde

Papst Johannes Paul II. betont in dem Apostolischen Schreiben „Catechesi Tradendae“, „daß die Pfarrgemeinde Motor und bevorzugter Ort der Katechese bleiben muß“[24]. Angesichts der Situation in der Bundesrepublik Deutschland wäre wohl zutreffender zu formulieren, daß die Pfarrgemeinde wieder „Motor und bevorzugter Ort der Katechese“ werden *soll.* Denn seit der Einführung der allgemeinen Schulpflicht im 18. Jahrhundert – verbunden mit der Einführung der Katechese als Schulfach – verloren die Pfarrgemeinden (und auch viele Eltern) allmählich das Bewußtsein, erstverantwortlich für die Vermittlung des Glaubens an die nachfolgende Generation zu sein. Langsam aber stetig vollzog sich eine Schwerpunktverlagerung der „Lernorte“ des Glaubens weg von der Familie und der Gemeinde hin zur Schule.

Diese Entwicklung hat die deutsche Synode zu korrigieren versucht. Im Synodenbeschluß „Der Religionsunterricht in der Schule“ wird festgestellt: Angesichts der gegenwärtigen Situation „ist neben dem Religionsunterricht in der Schule mehr als bisher Katechese in der Gemeinde erforderlich“[25]. Um diese Forderung nach einer

Neubelebung der Gemeindekatechese zu unterstreichen und zugleich Impulse für ihre Verwirklichung zu geben, hat das Synodenpapier „Das katechetische Wirken der Kirche“ (1974) ein gemeindekatechetisches Konzept entworfen[26].

II. Ziele und Zielgruppen der Gemeindekatechese

Es kann hier nicht darum gehen, ein Gesamtkonzept der Gemeindekatechese darzustellen. Es ist aus Platzgründen auch nicht möglich, alle ihre Grundanliegen aufzuzeigen. Ich muß mich vielmehr damit begnügen, zwei zentrale Perspektiven der Gemeindekatechese anzusprechen.

A. Gelingen des Lebens aus dem Glauben – das oberste Ziel der Gemeindekatechese

In den letzten Jahren mehren sich die Stimmen, die vor einer „Fragmentierung der Glaubensaussage“ in der Katechese warnen[27] und die „Vollständigkeit des Inhalts“[28] fordern. Sollte es also das Hauptziel der Gemeindekatechese sein, eine umfassende Kenntnis vom Ganzen des Glaubens – etwa in der Form einer katechismusartigen Unterweisung – zu vermitteln? Diese Frage enthält eine Reihe von Einzelproblemen, von denen mir folgende besonders wichtig erscheinen:

- Was meint das „Ganze des Glaubens“?
- Welches „Glaubenswissen“ ist erforderlich?

a. Was meint das „Ganze des Glaubens“?

Ist mit der Forderung nach der „Vollständigkeit der Botschaft“ in der Katechese die Summe aller biblischen und kirchlichen Glaubensaussagen gemeint? Einzelne Formulierungen von „Catechesi Tradendae“ legen dieses Verständnis nahe. So heißt es beispielsweise: „Wer die Vollständigkeit der Botschaft in irgendeinem Punkt aufgibt, entleert in gefährlicher Weise die Katechese.“ Folglich wird der Katechet davor gewarnt, „das Glaubensgut aufzuteilen und zu trennen zwischen dem, was er für wichtig hält, und anderem, was ihm unwichtig erscheint, um dann das eine zu lehren und das andere zu unterschlagen“.[29]

Aber im vorausgehenden Abschnitt weist das Apostolische Schreiben auf „den wesentlichen Inhalt, die lebendige Substanz“ der Frohen Botschaft hin und zählt „einige unerläßliche Elemente“ der Katechese auf[30]. Hier klingt offensichtlich die Aussage des Zweiten Vatikanischen Konzils an, „daß es eine Rangordnung oder ‚Hierarchie‘ der Wahrheiten innerhalb der katholischen Lehre gibt, je nach der verschiedenen Art ihres Zusammenhangs mit dem Fundament des christlichen Glaubens“.[31] Was der Synodenbeschluß im Anschluß an die konziliare Äußerung für den Religionsunterricht fordert, gilt folglich auch für die Katechese: Sie muß sich „auf das Fundament des Glaubens konzentrieren und das Gesamt des Glaubens vom Zentralen her verstehen“.[32] Demnach geht es in der Katechese nicht um eine quantitative, sondern um eine qualitative Vollständigkeit des Glaubens: nicht um die Ansammlung aller Glaubenswahrheiten, sondern um das Verständnis des gesamten Glaubens von der Mitte her.

Dieses „theologische Konzentrationsprinzip“[33] bejaht – trotz scheinbar widersprechender Äußerungen – auch das Apostolische Schreiben. Bereits im ersten Kapitel wird betont, „daß Christus im Zentrum jeder echten Katechese stehen muß": „Das Geheimnis Christi" ist „der wesentliche und wichtigste Inhalt der Katechese."[34] Die Christozentrik der Katechese wird erneut in dem Abschnitt hervorgehoben, der das „spezifische Ziel der Katechese" beschreibt: „Die Katechese möchte also das Verständnis für das Geheimnis Christi im Licht der Heiligen Schrift entwickeln, damit der ganze Mensch hiervon geprägt wird. Durch das Wirken der Gnade in ein Geschöpf umgewandelt, macht der Christ sich so für die Nachfolge Christi bereit und lernt in der Kirche immer besser, zu denken wie er, zu urteilen wie er, zu handeln nach seinen Geboten und zu hoffen, wie er uns einlädt."[35]

Diese Aussagen bekunden eindeutig, daß Jesus Christus das Fundament und die Mitte ist, von dem aus in der Katechese das „Ganze des Glaubens" erfaßt werden kann; sie deuten darüber hinaus an, daß es in dem angestrebten „Ja zu Jesus Christus"[36] zutiefst um ein existentielles Glaubenswissen geht.

b. Welches „Glaubenswissen" ist gefordert?

Wie bereits erwähnt, wird in letzter Zeit dem Religionsunterricht verstärkt vorgeworfen, daß er zu wenig Glaubenswissen vermittle. So bemängelt beispielsweise das Zentralkomitee der Deutschen Katholiken, „daß im Religionsunterricht zu oft weltliche Gegenstände, und religiöse Themen nur auf weltliche Weise behandelt werden und so Welterfahrung vor Glaubenswissen gesetzt werde".[37]

Tatsächlich ist es unbestreitbar, daß gegenwärtig vielen jungen Menschen ein solides Glaubenswissen fehlt. Unbestritten ist es auch, daß die Verantwortlichen verstärkt über Möglichkeiten der Vermittlung von Glaubenswissen im Religionsunterricht und in der Gemeindekatechese nachzudenken haben. Andererseits ist an die Erkenntnis der Entwicklungspsychologie zu erinnern, wonach Haltungen – also auch die Haltung des Glaubens – sich aus der Wechselbeziehung von drei Komponenten entwickeln[38]: Neben und mit der Wissensvermehrung (kognitive Komponente), sind die Erziehung der emotionalen Einstellungen (affektive Komponente) und die Förderung der Handlungsbereitschaft (pragmatische Komponente) von ausschlaggebender Bedeutung für die Glaubensfähigkeit. Wie in der Erziehung insgesamt, geht es auch in der Glaubenserziehung um die Bildung von „Kopf, Herz und Hand" (J. H. Pestalozzi). Es ist sogar „ein alter Grundsatz der Kirche, den Glaubensvollzug wichtiger zu nehmen als bloßes Wissen über Glaubensinhalte".[39] Man kann also bei der Glaubensvermittlung vom Vorrang des Lebens vor der Lehre und damit vom „Vorrang des gelebten Zeugnisses vor der Wissensvermittlung" sprechen[40]. Das bedeutet freilich nicht, einen ausschließenden Gegensatz zwischen Glaubenslehre und Glaubensleben für die Katechese zu konstruieren. Wohl aber ist zu folgern, daß das Glaubenswissen als Lebenswissen vermittelt werden muß. In der Katechese geht es also nicht um die Vermittlung eines „Speicherwissens" von Glaubenswahrheiten, das gleichsam in einem „Überbau" über der Alltagswelt angesammelt wird. Vielmehr geht es um Glaubenswissen für das Leben bzw. um Lebenswissen aus dem Glauben. Es geht:

- „um ein *‚Deutungs-Wissen'*, das die Grundkonflikte und Reifungskrisen des menschlichen Lebens kreativ bestehen läßt;
- um orientierendes, *identitätsverbürgendes Wissen,* das mir meinen ‚Ort' in der Wirklichkeit / meine Bestimmung entdecken hilft . . .;
- um *sinnstiftendes Wissen,* das der Vergleichgültigung aller Lebensbezüge und Lebensentwürfe entgegenwirkt und zu engagierter Lebenspraxis motiviert;

- um *versöhnendes Wissen,* das die verschiedenen Lebensvollzüge zu einer sinnhaften Gestalt integriert und angesichts menschlicher Grenzsituationen in ihrer unaufhebbaren Wichtigkeit bestätigt".[41]

Die hier geforderte Vermittlung eines existentiellen Glaubenswissens wird auch vom Synodenpapier „Das katechetische Wirken der Kirche" hervorgehoben: „Das oberste Ziel des katechetischen Wirkens besteht darin, dem Menschen zu helfen, daß sein Leben gelingt, indem er auf den Zuspruch und Anspruch Gottes eingeht."[42] Dazu heißt es erläuternd: „Katechetischer Dienst will helfen, aus dem Glauben leben zu lernen . . . Katechese soll deutlich machen, daß der Glaube an Gott und das in Jesus Christus angebotene Heil eine Chance für ein sinnvolles Leben ist. In einer Zeit, in der die Menschlichkeit des Menschen von vielen Seiten her bedroht ist, wird die existentielle Bedeutung zentraler Aussagen des Evangeliums immer wichtiger."[43]

B. Die Erwachsenen – die vorrangige Zielgruppe der Gemeindekatechese

In einem Beitrag „Zur gegenwärtigen Situation der Gemeindekatechese in den Deutschen Bistümern" hat Karl Heinz Schmitt 1980 festgestellt: „Schwerpunkte der katechetischen Arbeit liegen vor allem bei der Hinführung der Kinder zur Firmung, Eucharistie und Buße. Hierbei dürfte die Katechese aus Anlaß der Hinführung zu den Sakramenten der Firmung und Eucharistie am weitesten entwickelt sein."[44] Auch gegenwärtig liegt das Schwergewicht gemeindekatechetischer Praxis noch meistenteils in der Kinderkatechese.

Im Unterschied dazu betonen die kirchlichen Dokumente den Vorrang der Erwachsenenkatechese. So wird „Der Dienst am Glauben der Erwachsenen" in dem Synodenpapier „Das katechetische Wirken der Kirche" an erster Stelle behandelt[45]. Das Apostolische Schreiben „Catechesi Tradendae" bezeichnet die Erwachsenenkatechese als „die hauptsächliche Form" und „das zentrale Problem" der Katechese[46]. Für die Priorität der Erwachsenenkatechese werden dabei drei Begründungen angeführt:

- eine anthropologische: Die Erwachsenen sind die „Personen, welche die größte Verantwortung und Fähigkeit besitzen, die christliche Botschaft in ihrer voll entwickelten Form zu leben";
- eine kirchliche: „Die christliche Gemeinde kann keine ständige Katechese anbieten, ohne die direkte, auf Erfahrung gestützte Teilnahme der Erwachsenen, ob sie nun Adressaten oder Förderer der katechetischen Tätigkeit sind";
- eine gesellschaftliche: Der Glaube der Erwachsenen muß „ständig weitergeführt, angeregt und erneuert werden, damit sie mit ihm die zeitlichen Dinge, für die sie Verantwortung tragen, durchdringen".[47]

a. Gründe für die geringe Entfaltung der Erwachsenenkatechese

Während also die gemeindekatechetische „Theorie" der Erwachsenenkatechese den Vorrang zuschreibt, liegt der Schwerpunkt gemeindekatechetischer „Praxis" derzeit weithin bei der Kinderkatechese. Die Gründe für diese Abweichung der Praxis von der Theorie sind zahlreich. Wenn einerseits die Sakramentenkatechese mit Kindern so intensiv praktiziert wird, ist das wohl entscheidend darin begründet, daß die Hinführung zur Erstbeichte, Erstkommunion und Firmung immer noch vorzügliche

„Berührungspunkte" der meisten Getauften mit der Kirche sind. Wenn andererseits die Erwachsenenkatechese zumeist nur mangelhaft entwickelt ist, kann das daran liegen, daß „die Notwendigkeit des Glaubensgesprächs mit den Erwachsenen und seine ganze Dringlichkeit noch nicht erkannt" ist oder aber die Gemeinde sich „nicht in der Lage sieht, qualitativ wie quantitativ zureichende Angebote zu machen".[48]

Unter den weiteren Gründen, die das synodale Arbeitspapier für die geringe Entfaltung der Erwachsenenkatechese anführt, scheint mir einer noch besonders erwähnenswert: das lebensferne Angebot. Dazu heißt es: „Nicht selten mangelt es den Angeboten an Anschaulichkeit, Lebensnähe und Realisierbarkeit." Wenn es nur in Ausnahmefällen gelingt, „auch Erwachsene aus den sogenannten unteren Bildungsschichten zu erreichen", dürfte das „vor allem darin begründet sein, daß die bisherigen Inhalte, die Sprache, die Ziele und die Methoden von vielen, die für ihre konkreten Verhältnisse Hilfe erwarten, als lebensfern empfunden werden".[49] Hier steht also wiederum das Problem der Zielsetzung an und die damit verbundene Aufgabe, in der Erwachsenenkatechese nicht einfach nur theologisch richtige Glaubenswahrheiten zu vermitteln, sondern Glauben und Leben in Beziehung zueinander zu bringen, damit der Glaube als Hilfe zum Gelingen des Lebens erfahren werden kann.

b. Ansatzpunkte für eine Intensivierung der Erwachsenenkatechese

Wenn festgestellt wurde, daß zur Zeit der Schwerpunkt bei der Kinderkatechese, in Form der Hinführung zu den Sakramenten, liegt, soll damit dieses Bemühen nicht abgewertet werden. Die Sakramentenkatechese für Kinder könnte sogar ein wichtiger Ansatzpunkt für die Erwachsenenkatechese sein. Denn einerseits genügt es nicht, den Leitern der Kindergruppen Arbeitsmaterialien in die Hand zu drücken – etwa mit der Bemerkung: „Sie werden das schon richtig machen." Vielmehr ist es erforderlich, daß die (hauptamtlichen) Verantwortlichen einer Gemeinde mit den (ehrenamtlichen) katechetischen Mitarbeitern in einer „Gruppenleiterrunde" regelmäßig zusammenkommen, um persönliche Glaubensfragen und anstehende katechetische Aufgaben miteinander zu besprechen. Andererseits sollte es in der Sakramentenkatechese nicht nur um die Kinder gehen, sondern immer auch um die Eltern, ja sogar um die ganze Gemeinde. Denn Kinder (und Jugendliche) können ihren Glauben eher finden und leben, wenn sie im Umfeld einer christlichen Erwachsenengemeinde aufwachsen. Im Bild gesprochen: Wenn Gemeindekatechese sich in Sakramentenkatechese für Kinder erschöpft, dann wird in der Gemeinde zwar eine „Oase" für Kinder geschaffen, aber ringsherum bleibt „Wüste". Wenn dann die Kinder nach kurzer Zeit aus dieser den Glauben fördernden Oase herausgehen, ist die Gefahr groß, daß die in der Sakramentenkatechese grundgelegten Lebenskeime des Glaubens in einer glaubensleeren Wüste bald wieder verdorren[50]. Das Anliegen, die Engführung der Sakramentenkatechese auf die Kinder aufzubrechen hin zu den Erwachsenen, wird beispielhaft im „Rüsselsheimer Modell" verwirklicht. Dort sind bei der Hinführung zu Buße und Eucharistie neben der Arbeit mit den Kindergruppen nicht weniger als elf Elternabende sowie verschiedene katechetische Aktivitäten innerhalb der Gemeinde vorgesehen[51].

Auch die bereits vorhandenen – aber zumeist noch wenig entfalteten – Ansätze des Taufgesprächs sowie der Ehevorbereitung könnten intensiviert werden. Vordringlich aber sollten in der Gemeinde Möglichkeiten der Katechese für die „Zielgruppe Eltern"[52] erkundet und angegangen werden. Wenn man bedenkt, wie bedeutsam, ja unersetzbar der „Lern-Ort" Familie für die Weitergabe des Glaubens an die nachfolgende Generation ist und wenn man andererseits – angesichts der (vor allem personell) begrenzten Möglichkeiten für katechetische Aktivitäten in einer Gemeinde – über die Prioritätenfrage zu entscheiden hat, sollte, neben der Sakramentenkatechese für Kinder, der Elternkatechese der Vorrang vor alle anderen besonderen Zielgruppen von Erwachsenen eingeräumt werden.

Dabei ist hervorzuheben, daß die primäre Intention der Elternkatechese nicht darauf gerichtet sein sollte, „die Familie für Aufgaben der Gemeindekatechese zu vereinnahmen, sondern darauf, daß der Familie ihr Leben auch dadurch gelingt, daß sie Glaubensgemeinschaft ist".[53] In diesem Grundanliegen ist freilich auch mitenthalten, Eltern zu befähigen, daß sie ihren Kindern Zugänge zum Glauben erschließen, indem sie durch ihre Lebenspraxis und das Gespräch mit Kindern bewußt werden lassen, wie man das Leben aus dem Glauben sinnvoll bestehen kann.

Anmerkungen

1 Titel der Zeitschrift LS 4 (1982) H. 1; vgl. das Leitthema der Diözesansynode 1985 im Bistum Rottenburg-Stuttgart.

2 Vgl. *ZdK,* Glaubensvermittlung heute. Ein Arbeitspapier der Kommission 8 „Pastorale Grundfragen", Bonn-Bad Godesberg 1982, 2–5.

3 Eph. hom. 20,6, in: PG 62, 143.

4 *II. Vatikanisches Konzil,* Dogmatische Konstitution über die Kirche „Lumen Gentium" 11.

5 *II. Vatikanisches Konzil,* Erklärung über die christliche Erziehung „Gravissimum educationis" 3.

6 *Johannes Paul II.,* Apostolisches Schreiben „Catechesi Tradendae" (= CT) über die Katechese in unserer Zeit. 16. Oktober 1979, in: Verlautbarungen des Apostolischen Stuhls 12, Nr. 68.

7 Vgl. *G. Schmidtchen,* Was den Deutschen heilig ist, München 1979, 28.

8 Ebd., 27.

9 *R. Köcher,* Abwendung von der Kirche, in: HerrKorr 35 (1981) 443–446, hier: 445. Über die Gründe für den Ausfall der Glaubensvermittlung in den Familien vgl. Wandel der Familie – Zukunft der Familie, hrsg. v. *V. Eid, L. Vaskovics,* Mainz 1982.

10 Vgl. „Der Religionsunterricht in der Schule" (= Sb RU), in: Gemeinsame Synode der Bistümer in der Bundesrepublik Deutschland. Offizielle Gesamtausgabe, Bd. I, Freiburg-Basel-Wien 1976, 123–152, hier: Nr. 2.5.1.

11 Ebd., Nr. 2.1.

12 Ebd.

13 Ebd., Nr. 2.5.1.

14 *W. Langer,* Im Mittelpunkt steht der Mensch, in: KatBl 109 (1984) 335–347, hier: 342.

15 Sb RU (Anm. 10), Nr. 2.6.5.

16 Ebd.

17 *ZdK,* Erklärung zur gegenwärtigen Diskussion um den Religionsunterricht, Bonn-Bad Godesberg 1980, 3.

18 Ebd.

19 CT (Anm. 6), Nr. 18.

20 Ebd., Nr. 30.

21 Ebd., Nr. 67.

22 *W. Langer,* Der Religionslehrer zwischen Erwartungen, Kritik und Forderungen, in: KatBl 107 (1982) 4–19, hier: 17.

23 Sb RU (Anm. 10), 140.

24 CT (Anm. 6), Nr. 67.

25 Sb RU (Anm. 10), Nr. 1.4.
26 „Das katechetische Wirken der Kirche“ (= KW), in: Gemeinsame Synode der Bistümer in der Bundesrepublik Deutschland. Offizielle Gesamtausgabe, Bd. II, Freiburg-Basel-Wien 1977, 37–97.
27 *J. Ratzinger,* Die Krise der Katechese und ihre Überwindung, Einsiedeln 1983, 15.
28 CT (Anm. 6), Nr. 30.
29 Ebd.
30 Ebd.
31 *II. Vatikanisches Konzil,* Dekret über den Ökumenismus „Unitatis redintegratio“ 11.
32 Sb RU (Anm. 10), Nr. 2.4.1.
33 *A. Assel,* Das „Ganze des Glaubens“ und die „gesunde Lehre“, in: Lebendige Katechese 4 (1982) 37–42, hier: 40.
34 CT (Anm. 6), Nr. 5.
35 Ebd., Nr. 20.
36 Ebd.
37 *ZdK,* Erklärung (Anm. 17), 2.
38 Vgl. *R. Oerter,* Moderne Entwicklungspsychologie, Donauwörth [9]1971, 221 ff.
39 *ZdK,* Erklärung (Anm. 17), 5.
40 *A. Assel,* Das „Ganze“ (Anm. 33), 39.
41 *J. Werbick,* Der Glaube als „Lebenswissen“, in: KatBl 105 (1982) 326–333, hier: 328.
42 KW (Anm. 26), Nr. A.3.
43 Ebd., Nr. A.3.1.
44 *K. H. Schmitt,* Zur gegenwärtigen Situation der Gemeindekatechese in den Deutschen Bistümern, in: KatBl 105 (1980) 750–760, hier: 751.
45 Vgl. KW (Anm. 26), Nr. B.1.
46 CT (Anm. 6), Nr. 43.
47 Ebd.
48 KW (Anm. 26), Nr. B.1.1
49 Ebd.
50 Auch wenn es keine exakten Zahlen über den Gottesdienstbesuch der Kinder gibt, läßt sich dennoch sagen: „Schätzungsweise 80 % der Erstkommunionkinder kommen bereits vom Sonntag nach der Kommunionfeier an nicht mehr regelmäßig zum Gottesdienst“ (*A. Poll,* Zur Glaubenssituation der Kinder, in: Schule und Mission (1984/85) H.4, 214–216, hier: 214).
51 Vgl. Katechese in der Gemeinde, hrsg. v. A. Kaltheyer, Frankfurt 1974.
52 Titel eines Buches von *D. Emeis,* Freiburg 1974.
53 *D. Emeis,* Die Gemeindekatechese zu Beginn der 80er Jahre, in: KatBl 105 (1980) 740–749, hier: 747.

ALFRED E. HIEROLD

Die Feier und der rechtliche Schutz des christlichen Sonntags

Wenn von der Feier des christlichen Sonntags[1] die Rede sein soll, dann kann nicht abgesehen werden vom alttestamentlichen Hintergrund. Denn trotz der wesentlich neuen und anderen Begründung der Feier des Sonntags im Christentum sind wesentliche Gehalte des jüdischen Sabbats in dessen äußere Gestaltung eingegangen und haben sein Verständnis mitgeprägt.

I. Sabbat und Sabbatruhe im Alten Testament

Im alttestamentlichen Bereich wurde die Arbeitswoche mit dem Sabbat beschlossen. Es ist auffallend, daß der Sabbat ursprünglich nicht religiös-kultisch begründet wurde, also durch die Verehrung Gottes und die Feier des Gottesdienstes, sondern daß zunächst ein sozial-ethisches Moment im Vordergrund stand, nämlich die Ruhe von der Arbeit, so z. B. in Ex 23,12: „Sechs Tage kannst du arbeiten, am siebten Tag sollst du ruhen, daß dein Rind und Esel ausruhen und der Sohn deiner Magd und der Ankömmling sich erholen."[2] Der Sabbat hatte damit eine eminent soziale Bedeutung und Funktion für das Leben des Volkes wie des einzelnen. Er bestimmte den Rhythmus des Lebens und der Arbeit und bot den Menschen Gelegenheit, sich zu erholen und neue Kräfte zu sammeln. Dieser soziale Aspekt kann aber nicht verabsolutiert und losgelöst gesehen werden von seinem religiösen Hintergrund; denn das gesamte Leben des frommen Juden ließ keine Scheidung zwischen Religion und realem Leben zu.

Im deuteronomistischen Gesetzgebungswerk wird die Sabbatruhe erneut eingeschärft und der Begründung eine neue Variante angefügt: „Achte auf den Sabbat: Halte ihn heilig, wie es dir der Herr, dein Gott, zur Pflicht gemacht hat. Sechs Tage darfst du schaffen und jede Arbeit tun. Der siebte Tag ist ein Ruhetag, dem Herrn, deinem Gott, geweiht. An ihm darfst du keine Arbeit tun: du, dein Sohn und deine Tochter, dein Sklave und deine Sklavin, dein Rind, dein Esel und dein ganzes Vieh und der Fremde, der in deinen Stadtbereichen Wohnrecht hat. Dein Sklave und deine Sklavin sollen sich ausruhen wie du. Denk daran: Als du in Ägypten Sklave warst, hat dich der Herr, dein Gott, mit starker Hand und hoch erhobenem Arm dort herausgeführt. Darum hat es dir der Herr, dein Gott, zur Pflicht gemacht, den Sabbat zu erhalten" (Dtn 5, 12-15). Der Sabbat und die damit verbundene Ruhe sind also Zeichen der Erinnerung an die befreiende Tat Jahwes an seinem Volk.

Erst später, aber durchaus auf der Linie des so verstandenen Sabbats wurde seine Heiligung durch den Gottesdienst vorgeschrieben: „Sechs Tage soll man arbeiten, aber am siebten Tag ist vollständiger Ruhetag, ein Tag heiliger Versammlung, an dem ihr keinerlei Arbeit verrichten dürft. Es ist ein Feiertag zur Ehre des Herrn überall, wo ihr wohnt" (Lev 23,3).

Die Christen, soweit sie aus den jüdischen Gemeinden und der jüdischen Tradition zum Glauben an Jesus kamen, hielten sich anfangs noch an das Sabbatgebot mit

Arbeitsruhe und gottesdienstlicher Versammlung, wie die Missionstätigkeit des Apostels Paulus (vgl. Apg 13, 14-44) und das Verhalten des Apostels Petrus (vgl. Apg 3,1) zeigen. Aber bereits Paulus kämpft gegen eine Wiederbelebung der jüdischen Sabbatbeobachtung in den heidenchristlichen Gemeinden (vgl. Gal 4,9 ff.; Kol 2,16 f.). Dabei beruft er sich nicht auf die souveräne, messianisch zu deutende Stellung Jesu zum Sabbat[3]. Diese hat also die Wahl des Sonntags zum ausgezeichneten Tag der christlichen Woche nicht begründet, allenfalls erleichtert. Für die Christen spielte ein anderer Grund eine entscheidende Rolle: die Auferstehung Jesu.

II. Der Sonntag im christlichen Verständnis

A. Gerade der Kampf des Apostels Paulus setzt offensichtlich die Feier des Sonntags bereits voraus. Nach Apg 20,7 versammelte sich die Gemeinde von Troas mit Paulus am Abend des Sonntags oder des Vortags zum Gebet mit Schriftlesung, Predigt und Brotbrechen. Auch die Anordnung des Paulus in 1 Kor 16,2 bezüglich der Sammlung für die Gemeinde in Jerusalem zeugt von einer besonderen Wertschätzung des ersten Tages der Woche.

Die Bezeichnung „κυριακὴ ἡμέρα“ findet sich zuerst in Apk 1,10. Der erste Tag der Woche ist der Tag des Herrn, da er an diesem von den Toten auferweckt wurde. Die Wahl des ersten Wochentages zum wichtigsten Tag der christlichen Woche ist also begründet im Ostergeschehen[4] oder im paschale mysterium, wie es das II. Vatikanische Konzil mehrfach ausdrückt[5]. Daher sollen die Christen den Sonntag „mit Freuden“ begehen. Der Sonntag wurde zum Ur- und Vorbild aller christlichen Festfeier. Während der Sabbat vom Ruhen Gottes am Ende der Schöpfung und von der Befreiung aus Ägypten her gedeutet wurde, ist für die Christen der erste Tag der Woche lebendiges Gedächtnis der Auferstehung ihres Herrn. Im Lichte dieses Geschehens erfuhren die Begründungsmotive für den jüdischen Sabbat eine Neu- und Uminterpretation. Durch die Auferstehung Jesu ist die Wirklichkeit der Schöpfung insgesamt, insbesondere die des Menschen eine andere geworden. Während die alte Schöpfung durch die Realität des Todes gekennzeichnet und der Mensch dem Todesschicksal unentrinnbar verfallen war, ist durch den Sieg der Auferstehung die Realität eine andere geworden. Der Mensch bleibt zwar immer noch dem Wirken des Todes ausgesetzt, aber dieses Schicksal hat seine Endgültigkeit verloren. So wird der Sonntag der Tag der neuen Schöpfung, die durch ein neues Wirken Gottes heraufgeführt wird. Sonntag feiern heißt darum, dieser Heilstatsache gedenken und dadurch an ihr lebendigen Anteil zu gewinnen. Da aber sich die Wirklichkeit der Auferstehung Jesu an seinen Gläubigen erst am Ende der Zeit voll zeigen und offenbaren wird, hat der Sonntag den Sinn, darauf hinzuweisen und vorzubereiten. Er erhält dadurch einen eschatologischen Zug und ist zugleich schon eine Art Vorwegnahme des Kommenden, da die Menschen in der Liturgie ein Abbild der himmlischen Liturgie feiern und schon ein Unterpfand der Teilnahme am himmlischen Hochzeitsmahl genießen.

Da nach christlichem Verständnis der Mensch nur durch die Taufe Anteil am Schicksal Jesu, seinem Tod und seiner Auferstehung, damit am Heil und ewigen Leben Anteil gewinnen kann, lag es natürlich sehr nahe, gerade am Auferstehungstag, am Sonntag, die Taufe zu spenden. Daher kann man die Feier des Sonntags nicht wie W. Rordorf[6] aus einer sonntäglichen Taufpraxis erklären, sondern am Anfang stand die Feier der Auferstehung in der Eucharistie, und erst in der Verbindung zu ihr folgte die sonntägliche Taufpraxis als einmalige Aneignung des Todes und der Auferstehung Jesu.

Die Feier des Sonntags war beherrschend geprägt durch die Feier der eucharistischen Versammlung, die für längere Zeit die einzige Eucharistiefeier während der Woche blieb. Daß die Sonntagsruhe anfangs überhaupt noch kein Thema für die Feier des Sonntags war, ist allein schon aus der Tatsache verständlich, daß die Christen als kleine Minderheit unter einer jüdischen Umwelt lebten, die am Sabbat Arbeitsruhe einhielt und am ersten Tag der Woche wieder volle Arbeit kannte, oder unter einer heidnischen Umwelt, die nur die einzelnen Götterfeste feierte. Die Feier des Sonntags und die Sonntagsheiligung konnte sich nur auf die Feier der Eucharistie beschränken. Aus dieser Sicht wäre es für die heutige Praxis wohl der Überlegung wert, daß man die Feier der christlichen Festtage, die nicht mehr durch die staatlich verordnete Arbeitsruhe ausgezeichnet und geschützt sind, nicht einfach abschaffen sollte, sondern sie dadurch als vollwertige Feiertage erhalten könnte, daß man die Gläubigen zur Feier der Eucharistie am Abend dieser Tage gewinnt.

Alle Quellen zeigen, daß die Kirche anfangs von den Gläubigen zur Heiligung des Sonntags nur die Teilnahme am Gottesdienst, insbesondere an der Eucharistiefeier verlangte. Dazu unterbrachen die Christen, wie Tertullian schreibt[7], ihre Arbeit, soweit es notwendig war. Man könnte insofern von einer partiellen Sonntagsruhe sprechen. Erst die Synode von Elvira (um 306) spricht von einer Pflicht zur Sonntagsheiligung und zur Teilnahme an der Eucharistiefeier am Sonntag[8].

B. Die volle Arbeits- und Sonntagsruhe als Element der Sonntagsheiligung wurde erst von *Konstantin d. Gr.* durch zwei Erlasse im Jahr 321 angeordnet. Durch das Edikt vom 3. 3. 321[9] wurde jegliche Arbeit mit Ausnahme der Feldarbeit verboten. Durch das Edikt vom 3. 2. 321[10] wurde es untersagt, daß am Sonntag Gerichtshandlungen stattfinden. Einzige Ausnahme für eine Rechtshandlung bildete die Freilassung von Sklaven, die durch das Christentum zwar nicht kategorisch gefordert, aber doch sehr gefördert wurde und die ein gewisses Analogon in der Taufe hatte. Wie wichtig aber weiterhin das gottesdienstliche Element für die Feier des Sonntags war, geht schon daraus hervor, daß Konstantin, wie Eusebius berichtet[11], befahl, daß die Soldaten am Sonntag am Gottesdienst teilzunehmen hätten. Erst durch diese staatliche Gesetzgebung war die Feier des Sonntags ganz der jüdischen Sabbatheiligung angeglichen. Trotzdem blieb auch künftig die Teilnahme an der Eucharistiefeier das entscheidende Kennzeichen der christlichen Sonntagsheiligung. Wohl auch diese Angleichung der Gestaltung des Sonntags an die jüdische Sabbatheiligung durch Gottesdienst und Arbeitsruhe gab gewissen judaisierenden Tendenzen Auftrieb, gegen die sich die Kirche wehren mußte. Das Wort „σαββατίζειν“ war nun das Stichwort für die christlichen Schriftsteller[12]. Diese Tendenzen ebbten aber immer mehr ab. Und die Kirche ging daran, die Feier des Sonntags liturgisch reicher auszugestalten, bis schließlich für jeden Sonntag ein eigenes Formular bereitstand. Die wesentlichen Elemente für die Feier des Sonntags haben sich bis in unsere Zeit nicht verändert.

C. Auch das *II. Vatikanische Konzil* hat in der theologischen Begründung des Sonntags und der Sonntagsheiligung nichts radikal Neues gebracht. Es stellt die Feier des Ostergeschehens in den Mittelpunkt des liturgischen Jahres. Die Feier des Leidens und insbesondere der Auferstehung des Herrn ist der Höhepunkt und Ostern das höchste Fest. In jeder Woche begeht die Kirche „an dem Tag, den sie Herrentag genannt hat, das Gedächtnis der Auferstehung des Herrn“[13]. Bezüglich des Sonntags sagt das Konzil: „Aus apostolischer Überlieferung, die ihren Ursprung auf den Auferstehungstag Christi zurückführt, feiert die Kirche Christi das Pascha-Mysterium jeweils am achten Tage, der deshalb mit Recht Tag des Herrn oder Herrentag genannt wird. An diesem Tag müssen die Christgläubigen zusammenkommen, um das Wort Gottes zu hören, an der Eucharistiefeier teilzunehmen und so des Leidens, der Auferstehung und der Herrlichkeit des Herrn Jesus zu gedenken und Gott dankzusagen, der sie 'wiedergeboren hat zu lebendiger Hoffnung durch die Auferstehung Jesu Christi von den Toten' (1 Petr 1,3). Deshalb ist der Herrentag der Urfeiertag, den man der Frömmigkeit der Gläubigen eindringlich vor Augen stellen soll, auf daß er auch ein Tag der Freude und der Muße werde. Andere Feiern sollen ihm nicht vorgezogen werden, wenn sie nicht wirklich von höchster Bedeutung sind; denn der Herrentag ist Fundament und Kern des ganzen liturgischen Jahres"[14].

Diese Fundamentalaussage über den christlichen Sonntag steht ganz deutlich unter dem beherrschenden Gedanken des Gedächtnisses der Auferstehung des Herrn. Von dieser bezieht er seine Legitimation und seine Gestalt. Um ihn recht zu feiern und um Gott für diese Großtat gebührend zu danken, die zugleich das letzte Ziel der Menschen darstellt und ihnen lebendige Hoffnung für ihr Leben verleiht, kann die Kirche nur zur höchsten Form ihrer Liturgie greifen, der großen Danksagung in der Eucharistie, die Quelle und Höhepunkt des Lebens der Kirche und der Gläubigen ist[15]. Wer um die Wichtigkeit und zentrale Stellung der Eucharistie im Leben der Kirche weiß, sieht auch ein, welche Bedeutung der Eucharistiefeier für die Feier des Sonntags selbst zukommt. Ist die Eucharistie schließlich doch in ihrem Kern die Memoria des Leidens, Sterbens und der Auferstehung des Herrn, Gedächtnis nicht, wie man an ein verflossenes historisches Ereignis denkt und es würdigt. In diesem Gedächtnis wird vielmehr das Geschehene wieder präsent und für die Feiernden wirkend, weil der Wirkende selbst in dieser Feier präsent ist mit seinem Leiden, seinem Tod und seiner Auferstehung. Der Inhalt der Eucharistie und des Sonntags liegen parallel zueinander, mehr noch ineinander. Von daher wird es verständlich, daß keine andere liturgische Feier, mag sie noch so feierlich und würdig sein, dem Wesen des Sonntags so angemessen ist wie die Eucharistiefeier. Und erst wenn es gelingt, sowohl den eigenen Gläubigen als auch den nichtkatholischen Christen im ökumenischen Gespräch den Sinn und Gehalt der Eucharistie zu verdeutlichen, werden sie einsehen können, daß kein Wortgottesdienst an die Eucharistiefeier heranreicht und sie vollgültig ersetzen kann. Dies gilt sowohl für den priesterlosen Wortgottesdienst in Notsituationen als auch für einen ökumenischen Wortgottesdienst.

Dieses hier dargelegte Verständnis findet sich im Beschluß „Gottesdienst" der Gemeinsamen Synode der Bistümer in der Bundesrepublik Deutschland wieder, wenn es in Nr. 2,1 heißt: „Der Sonntag ist der Tag, an dem die christliche Gemeinde ihres Herrn gedenkt, der durch seinen Tod und seine Auferstehung in die Vollendung – in die Herrlichkeit Gottes – eingegangen ist. Der im Wochenrhythmus immer wiederkehrende Feiertag der Christen ist wesentlich 'Zeichen' für die Heilswirklichkeit der 'neuen' Schöpfung, die mit der Auferstehung Christi angefangen hat. In der Treue zu Auftrag und Vermächtnis des Herrn erfährt der Christ in der wöchentlichen Feier des Ostergeheimnisses, daß er selbst teilhat an Tod und Auferstehung Christi und berufen ist zur Ruhe Gottes, das heißt zum vollendeten, befreiten und unangefochtenen Besitz des Lebens. Daher ist der Sonntag als 'Tag des Herrn', wie ihn alle Christen begehen, als Feiertag der christlichen Gemeinde unaufgebbar; er kann nicht gegen einen anderen Tag der Woche ausgetauscht werden"[16].

Auf dem Hintergrund dieses Verständnisses von Sonntag und Eucharistiefeier sprechen sowohl Konzil als auch Synode von der Verpflichtung des Christen, am Sonntag an der Eucharistiefeier teilzunehmen[17], weil nur so dem vollen Sinn des Sonntags entsprochen und dieser in der rechten Weise geheiligt wird.

Es ist auffallend, daß das II. Vaticanum nur andeutungsweise und beiläufig auf die Frage der Arbeitsruhe als Mittel der Sonntagsheiligung eingeht; nämlich der Sonntag solle „ein Tag der Freude und Muße" werden (SC 106). Die Gemeinsame Synode dagegen befaßt sich relativ ausführlich damit und begründet sie folgendermaßen: „In seiner täglichen Arbeit verwirklicht der Mensch den Auftrag des Schöpfers, erwirbt seinen Lebensunterhalt und gestaltet die Welt. Um sich jedoch immer wieder seiner Würde als Mensch und Christ bewußt zu werden, setzt er in der Feier des Sonntags die werktägliche Arbeit aus und begegnet so wirksam der Gefahr, daß ihn die Arbeitswelt ihren Zwecken unterwirft, ihn versklavt und isoliert. Deshalb treten die Christen für den Sonntag als Tag der Feier und Ruhe ein; er ist wichtig nicht nur für ihre Gemeinde, sondern für die gesamte Gesellschaft."[18] Um den möglichen Zwängen, die durch das Überangebot kommerzieller Freizeitgestaltung entstehen können und die von der Synode realistisch gesehen werden, schlägt sie verschiedene Möglichkeiten der Gestaltung des Sonntags vor, die die Menschen auch aus ihrer Isolierung herausführt: Gedankenaustausch, Gespräch und Spiel und gemeinsame Unternehmungen.

III. Der rechtliche Schutz des Sonntags

A. Kirchliches Recht

Das neue kirchliche Gesetzbuch formuliert die Aussagen des II. Vatikanischen Konzils zum Sonntag und zur Sonntagsheiligung, teilweise in wörtlicher Anlehnung an die Konzilstexte, in die Sprache des Rechtes um, die präziser als die gewöhnliche Redeweise sein muß und die darum manchmal als etwas nüchtern, spröde und hart klingen mag.

Can. 1246 § 1 erneuert das Gebot des can. 1247 § 1 CIC/1917, daß der Sonntag, an dem das österliche Geheimnis gefeiert wird, aufgrund apostolischer Überlieferung in der ganzen Kirche als der Urfesttag verpflichtend zu halten ist. Diese Bestimmung nimmt deutlich Bezug auf das II. Vaticanum und unterscheidet sich von der des bisherigen Codex dadurch, daß ganz kurz die theologische Begründung hinzugefügt wird: „in qua mysterium paschale celebratur, ex apostolica traditione, ...uti primordialis dies festus."

Can. 1247 wiederholt die Verpflichtung der Gläubigen, wie sie in can. 1248 CIC/1917 formuliert war, am Sonntag und an den anderen verpflichtenden Festtagen an der Messe teilzunehmen, nur mit dem Unterschied, daß im alten CIC noch vom Messe-Hören die Rede war, jetzt aber auf die aktive Teilnahme abgestellt wird. Außerdem sollen sich die Gläubigen – so fährt der Text fort – aller Arbeiten und Beschäftigungen enthalten, die den Gottesdienst, die dem Herrentag eigene Freude oder die gebührende Erholung des Geistes und des Leibes behindern. Auffallend ist wieder gegenüber dem alten Codex die Angabe der Gründe für die Sonntagsruhe: cultus Deo reddendus, laetitia diei Domini propria und debita mentis ac corporis relaxatio. Damit faßt das Gesetzbuch die in den Konzilstexten über verschiedene Stellen zerstreuten Stichpunkte zusammen und erreicht dadurch eine stärkere Betonung der Sonntagsruhe, als sie in den Konzilstexten selbst entgegentritt.

Schließlich muß der Codex Iuris Canonici in can. 1248 noch eine Präzisierung hinsichtlich der Teilnahme an der Eucharistiefeier anbringen: „Dem Gebot über die Teilnahme an der Messe genügt, wer der Messe beiwohnt, wo immer sie in einem katholischen Ritus entweder am Festtag selbst oder am Abend des vorhergehenden Tages gefeiert wird." Auch der Notfall wird angesprochen: „Wenn wegen Fehlens eines Geistlichen oder aus einem anderen schwerwiegenden Grund die Teilnahme an der Eucharistiefeier unmöglich wird, ist es sehr empfohlen, daß die Gläubigen an einem Wortgottesdienst teilnehmen, falls einer in der Pfarrkirche oder an einem anderen heiligen Ort entsprechend den Vorschriften des Diözesanbischofs gefeiert wird, oder sich dem persönlichen Gebet durch eine angemessene Zeit oder in der Familie oder nach Möglichkeit bei Zusammenkünften von Familien widmen."

Dieser geraffte Überblick über das kirchliche Recht zum Sonntag zeigt, daß nach dem Willen der Kirche zur rechten Feier und Heiligung des Sonntags die Eucharistiefeier oder als Ersatz im Notfall das persönliche oder gemeinschaftliche Gebet und die Sonntagsruhe, soweit sie dem Charakter des Sonntags entspricht, gehören.

B. Staatliches Recht

Das staatliche Recht muß erwartungsgemäß von der Zielsetzung des Staates her bezüglich des Sonntags und auch der Feiertage andere Akzente setzen. Denn der konfessionell und religiös neutrale Staat ist nicht ermächtigt, sich religiöse Inhalte einer oder mehrerer Religionsgemeinschaften zu eigen zu machen oder gar religiöse Akte seinen Bürgern vorzuschreiben. So kann er natürlich keine Anordnungen über die Mitfeier von Gottesdiensten treffen. Aber es ist dem Staat unbenommen, in seiner rechtlichen Ordnung Rücksicht auf das religiöse Bekenntnis der Mehrheit seiner Bürger zu nehmen, solange die Freiheit des Gewissens und der Religion der anderen hinreichend gewährleistet ist. Gerade um des Prinzips der Gewissens- und Religionsfreiheit willen muß er dies sogar tun, „vorausgesetzt, daß die gerechte öffentliche Ordnung gewahrt bleibt"[19].

a. Verfassungsrecht

In der Bundesrepublik Deutschland sind die Sonntage und die staatlich anerkannten Feiertage laut Grundgesetz „als Tage der Arbeitsruhe und der seelischen Erhebung gesetzlich geschützt" (Art. 140 GG i. V. m. Art. 139 WRV). Als Staat mit christlicher Tradition hat sich damit die Bundesrepublik die Sonntage zu eigen gemacht und unter ihren Schutz gestellt. Einen religiösen Nachklang finden wir in der Formel „Tage der seelischen Erhebung". Indes ist diese so weit gefaßt, daß darunter monotheistische, polytheistische, deistische, ja sogar noch atheistische Anschauungen subsumiert werden können. Der Staat will niemand dadurch zwingen, an die Existenz einer Seele zu glauben; er will nur die Möglichkeit schaffen und ausdrücken, daß die Arbeitsruhe nicht der einzige Sinn des Sonntags ist und sein muß. Die inhaltliche Auffüllung des Begriffs ist einem jeden selbst überlassen. Der Begriff der Arbeitsruhe ist nicht nur religiös vorgeprägt, sondern kann auch ganz allgemein verstanden werden, völlig säkularisiert und losgelöst von allen religiösen Gehalten. Darum kann der Staat ohne Bedenken die Arbeitsruhe oder die Ruhe allgemein allen Bürgern ohne Unterschied ihrer Religion oder Weltanschauung an bestimmten Tagen vorschreiben, ohne deren religiöse Überzeugung zu tangieren. Wozu diese Sonntagsruhe dient, darüber ist positiv noch nichts ausgesagt, sondern bedarf der Interpretation ebenso wie die Frage, was ihr nicht mehr entspricht oder was sie stört. Dies soll später anhand eines Urteils des Bundesverwaltungsgerichts vom 7. 9. 1981 eigens geschehen.

Unter dieser Grundgesetzbestimmung ist es Sache der Länder, das Feiertagsrecht im einzelnen zu ordnen. Bundeseinheitlich ist nur festgelegt, daß Zuwiderhandlungen gegen die Anordnungen zum Schutz der Feier von Sonn- und Feiertagen gemäß § 366 Nr. 1 StGB mit Geld- und Haftstrafen geahndet werden können.

Die einzelnen Bundesländer haben teilweise in ihre Verfassungen grundlegende Normen für den Schutz der Sonn- und Feiertage aufgenommen. So lautet z. B. Art. 147 der Verfassung des Freistaates Bayern in wörtlicher Anlehnung an die Weimarer Reichsverfassung: „Die Sonntage und staatlich anerkannten Feiertage bleiben als Tage der seelischen Erhebung und der Arbeitsruhe gesetzlich geschützt.“[20] Andere Verfassungen heben zusätzlich und deutlicher den religiösen Sinngehalt hervor[21] oder sehen völlig davon ab[22].

b. Gesetzesrecht

Alle Bundesländer haben Feiertagsgesetze erlassen, in denen die Verfassungsartikel ausgefüllt und konkretisiert werden, so auch in Bayern durch das im Vorfeld lange diskutierte Gesetz vom 21. 5. 1980 über den Schutz der Sonn- und Feiertage (FTG)[23], das einen Kompromiß zwischen den Erwartungen der einzelnen christlichen Konfessionen einerseits und den wirtschaftlichen und staatlichen Erfordernissen andererseits darstellt.

In Art. 2 Abs. 1 wird bestimmt: „An den Sonntagen und den gesetzlichen Feiertagen sind öffentlich bemerkbare Arbeiten, die geeignet sind, die Feiertagsruhe zu beeinträchtigen, verboten, soweit aufgrund Gesetzes nichts anderes bestimmt ist.“ Diese allgemeine Norm stellt ganz auf die Arbeits- und Feiertagsruhe ab; von einem religiösen Bezug ist nichts mehr zu bemerken, nämlich weswegen und wozu diese Arbeitsruhe ist. Der religiöse Hintergrund, der im alten jüdischen Recht maßgeblich war und auch für die Christen bestimmend wurde, ist fast völlig weggefallen. In Abs. 2 des gleichen Artikels scheint nun das religiöse Moment angesprochen zu werden, wenn es heißt: „Während der ortsüblichen Zeit des Hauptgottesdienstes sind außerdem verboten: 1. Alle vermeidbaren lärmerzeugenden Handlungen in der Nähe von Kirchen und sonstigen zu gottesdienstlichen Zwecken dienenden Räumen und Gebäuden, soweit diese Handlungen geeignet sind, den Gottesdienst zu stören, 2. öffentliche Unterhaltungsveranstaltungen; erlaubt sind jedoch Sportveranstaltungen und die herkömmlicherweise in dieser Zeit stattfindenden Veranstaltungen der Kunst, Wissenschaft oder Volksbildung, soweit sie nicht unter Nummer 1 fallen, 3. Treibjagden.“ Die Rücksichtnahme auf die Zeit des Hauptgottesdienstes könnte zunächst den Anschein erwecken, als ob sich der Staat auf den religiösen Sinn der Sonntagsruhe besinnen würde, aber die Vorschrift dient lediglich dazu, den öffentlichen Rechtsfrieden zu sichern, und ist eine reine Ordnungsvorschrift.

Art. 6 des FTG kommt den andersgearteten Bedürfnissen der israelitischen Bekenntnisangehörigen entgegen, gewährt den israelitischen Feiertagen in etwa den gleichen Schutz wie den christlichen und regelt die Unterrichtsfreiheit der jüdischen Schüler und das Recht der jüdischen Bürger, an den aufgezählten jüdischen Feiertagen von der Arbeit fernzubleiben.

Insgesamt gesehen, stellt das bayerische Feiertagsgesetz, wie übrigens die Feiertagsgesetze der anderen Bundesländer auch, allein auf die Feiertags- und Arbeitsruhe ab. Das für die Christen hauptsächliche Element, nämlich der Gottesdienst, fehlt oder ist nur insofern angesprochen, als eine Störung vermieden, das friedliche Zusammenleben der Bürger ermöglicht und der ordre publique gewahrt werden müssen.

c. Urteil des Bundesverwaltungsgerichts vom 7. 9. 1981

Das Urteil des Bundesverwaltungsgerichts vom 7. 9. 1981 über das Verbot von Tanzlustbarkeiten in Räumen mit Schankbetrieb an Sonn- und Feiertagen während der Hauptzeit des Gottesdienstes (1 C 43/78 [Münster])[24] soll noch eigens angesprochen werden, weil es zur Interpretation der staatlichen Feiertagsgesetze herangezogen werden muß und ein Licht auf das staatliche Verständnis der Sonn- und Feiertage wirft.

Dem Urteil liegt folgender Sachverhalt zugrunde: Ein Gastwirt an einem Kurort hatte beantragt, ihm durch Erteilung einer Ausnahme von den Vorschriften des nordrhein-westfälischen Gesetzes über die Sonn- und Feiertage die Abhaltung von Tanzveranstaltungen in seinem Restaurationsbetrieb am Sonntagvormittag ab 9.30 Uhr zu ermöglichen. Zur Begründung führte er aus, für diese Veranstaltung bestehe ein dringendes Bedürfnis. Die Kurgäste, von denen sein Betrieb insbesondere besucht werde, hätten bisher eine Tanzgelegenheit am Sonntagvormittag vermißt. Bei der im Bad praktizierten Bewegungskur verspreche das Tanzen auch einen sehr guten Kurerfolg. Störungen des Gottesdienstes bzw. der Besucher von Gottesdiensten seien nicht zu befürchten. Der Restaurationsbetrieb befinde sich außerhalb der dichtbewohnten Stadtgebiete unmittelbar am Stadtwald. Er sei mindestens zwei Kilometer von jeder Kirche entfernt. Auch sonstige Störungen seien für die Umgebung nicht zu besorgen.

Da der Antrag abgelehnt wurde, zog der Wirt vor die Verwaltungsgerichte. Klage und Berufung blieben ohne Erfolg. Die vom Berufungsgericht zugelassene Revision blieb ebenfalls erfolglos. Das Bundesverwaltungsgericht entschied ebenfalls gegen den Kläger.

Es lehnt in seiner Urteilsbegründung die Ansicht der Revision ab, das Verbot an Sonntagen während der Hauptzeit des Gottesdienstes – zwischen 6 und 11 Uhr – in Räumen mit Schankbetrieb Tanzlustbarkeiten abzuhalten, verletze die Art. 12 (1) (freie Berufsausübung) und Art. 3 (1) GG (Gleichheit vor dem Gesetz), weil es auch Veranstaltungen erfasse, die nicht geeignet seien, konkrete Gefährdungen oder Störungen der Sonntagsruhe unbeteiligter Dritter zu bewirken. Sie verkenne schon im Ansatz sowohl Inhalt und Tragweite der Regelungsbefugnisse des Gesetzgebers als auch Bedeutung und Gewicht des durch das Grundgesetz gebotenen Schutzes der Sonntage und staatlich anerkannten Feiertage. Das Bundesverwaltungsgericht stellt fest, der in Art. 140 GG i. V. m. Art. 139 WRV gebotene Schutz der Sonntage und staatlich anerkannten Feiertage hat nicht die Abwehr konkreter Gefährdungen und Störungen der Sonntagsruhe – insbesondere der ungestörten Religionsausübung an Sonn- und Feiertagen – zum Inhalt. Derartige Gefährdungen und Störungen könnten von den zuständigen Behörden schon aufgrund ihrer allgemeinen ordnungsbehördlichen und polizeilichen Aufgaben und Befugnisse bekämpft werden, ohne daß es hierfür eines besonderen gesetzlichen Schutzes bedürfte. Der verfassungsgesetzliche Schutz der Sonn- und Feiertage soll diese als Tage der Arbeitsruhe und der seelischen Erhebung schützen, d. h. gewährleisten, daß die unmittelbar durch die Verfassung festgelegte besondere Zweckbestimmung dieser Tage durch gesetzliche Vorschriften gesichert wird. Alles, was dieser Zweckbestimmung widerspreche, könne durch Gesetz verboten werden, unabhängig davon, ob darüber hinaus noch eine Gefährdung der Sonntagsruhe oder des Gottesdienstbesuchs vorliege. Ein Widerspruch zu der verfassungsrechtlich festgelegten Zweckbestimmung dieser Tage liege bei öffentlichen Tanzlustbarkeiten vor. Wenn sie an Sonn- und Feiertagen während der Hauptzeit des Gottesdienstes in Räumen mit Ausschank veranstaltet werden, stehen sie in einem besonders krassen Gegensatz zur Zweckbestimmung der Sonntage als Tage der seelischen Erhebung. Nicht verboten sind dagegen Tanzveranstaltungen, die der seelischen Erhebung dienen, z. B. kultische Tänze.

Das Urteil des Bundesverwaltungsgerichts besagt im Klartext, daß für den Staat der verfassungsrechtliche Schutz der Sonn- und Feiertage nicht nur die äußere Arbeitsruhe beinhaltet, sondern dadurch begründet ist, daß die Feier der Sonn- und Feiertage die Menschen auch seelisch stärken und bereichern soll. Wie das positiv zu geschehen hat, kann der Staat nicht vorschreiben, sondern er kann nur negativ Schutzzäune aufrichten, damit dies nicht behindert oder gar unmöglich wird.

So vage der Begriff „seelische Erhebung" auch sein mag und so sehr er der inhaltlichen Füllung bedarf, eröffnet er doch die Chance, eine christliche Sicht des Sonntags und der Sonntagsheiligung in ihn hineinzutragen. Die Christen sollten ihn als eine Aufforderung verstehen, ihr Verständnis und noch mehr ihre christliche Praxis in diesen weiten Rahmen einzubringen. Dazu bedarf es des Mutes, nicht nur auf die Pflicht der Gläubigen zur Heiligung des Sonntags hinzuweisen, sondern den Reichtum ihres wesentlichen Kerns, nämlich der Teilnahme an der Eucharistiefeier, bewußt zu machen und auch glaubhaft und anziehend darzustellen. Dies erfordert eine derartige Gestaltung der Liturgie, daß die Gläubigen Zugang zum Wort Gottes finden, sich besser erkennen, ihre Kirche wiedererkennen, nicht nur im Kopf bereichert, sondern auch in ihrer Sinnenhaftigkeit und in ihrem Gemüt angesprochen werden.

Anmerkungen

1 Vgl. *R. Bärenz,* Das Sonntagsgebot. Gewicht und Anspruch eines kirchlichen Leitbildes, München 1982.
2 Dazu auch Ex 34,21.
3 Vgl. Mk 2,28; par.
4 Vgl. Mk 16,2; par.; Jo 21,1; *Ignatius,* Brief an die Magnesier 9,1, in: PG 5,669 B; Barnabasbrief 15,9, in: PG 2,772 B.
5 *II. Vatikanisches Konzil,* Konstitution über die heilige Liturgie „Sacrosanctum Concilium" (= SC) 5,1; 6; 106; 107.
6 *W. Rordorf,* Der Sonntag. Geschichte des Ruhe- und Gottesdiensttages im ältesten Christentum, Zürich 1962.
7 De oratione 23, in: PL 1,1298 f.; De corona 3, in: PL 2,98 f.
8 Synode von Elvira c. 21, in: Mansi II, 9.
9 Codex Justinianus 3, 12, 3.
10 Codex Theodosianus 2, 8, 1.
11 *Eusebius,* Vita Constantini 4, 18 ff., in: PG 20, 1165 ff.
12 Vgl. *Gregor von Nyssa,* De castigatione, in: PG 46, 307 ff.; *Gregor d. Gr.,* Epistula 13,1, in: PL 77, 1253 ff.; Synode von Laodikeia c. 29, in: Mansi II, 569 f.
13 SC 102.
14 SC 106.

15 Vgl. *II. Vatikanisches Konzil,* Dogmatische Konstitution über die Kirche „Lumen Gentium" 11,1.

16 Synodenbeschluß (= Sb) „Gottesdienst", in: Gemeinsame Synode der Bistümer in der Bundesrepublik Deutschland. Offizielle Gesamtausgabe, Bd. I, Freiburg-Basel-Wien 1978, 198 f.

17 Vgl. SC 106; Dekret über die katholischen Ostkirchen „Orientalium Ecclesiarum" 15; Sb „Gottesdienst" Nr. 2, 3, in: Gemeinsame Synode (Anm. 16), 200 f.

18 Sb „Gottesdienst" Nr. 2,2, in: Gemeinsame Synode (Anm. 16), 199.

19 *II. Vatikanisches Konzil,* Erklärung über die Religionsfreiheit „Dignitatis Humanae" 3,4; vgl. ebd. 4,2; 7.

20 Ähnlich Art. 53 Hessische Verfassung.

21 Art. 47 Verfassung von Rheinland-Pfalz und Art. 41 Verfassung des Saarlandes: Tage der „religiösen Erbauung"; Art. 25 Abs. 1 Verfassung von Nordrhein-Westfalen: „Tage der Gottesverehrung"; vgl. Art. 3 Abs. 1 Satz 3 Verfassung von Baden-Württemberg.

22 Art. 55 Abs. 3 Verfassung der Freien und Hansestadt Bremen.

23 Bayer. Gesetz- und Verordnungsblatt (1980) 215-217.

24 Abgedruckt in: Neue Juristische Wochenschrift 35 (1982) 899 f.; AkathKR 150 (1981) 587-591.

FRANZ KOHLSCHEIN

Verkündigung in Geste und Symbol

Zur „Liturgie des Evangeliums" in der Messe

Das im Auftrag des II. Vatikanums erstellte Meßbuch versteht den Wortgottesdienst, die Liturgia verbi, als dialogisches Geschehen.[1] Darin „spricht Gott zu seinem Volk" und „Christus selbst ist in seinem Wort inmitten der Gläubigen gegenwärtig".[2] Die Gemeinde macht sich dieses Wort zu eigen in ihrem Bekenntnis und im Gebet. Höhepunkt ist die Verkündigung des Evangeliums, die in einen rituellen Rahmen aus Wort, Geste und Symbol eingebettet ist.

Dem Evangelienbuch selbst gelten ausdrückliche Zeichen der Verehrung. Der Realisierbarkeit dieses Anliegens wurde durch die Herausgabe des neuen deutschen Evangeliars 1984 Rechnung getragen. Dieser Vorgang ist zunächst restaurativ, denn damit wird der Versuch gemacht, ein Symbol zu revitalisieren, das seit Jahrhunderten aus dem Wortgottesdienst der Eucharistiefeier, von wenigen Ausnahmen abgesehen, verschwunden war. Da die Neueinführung des Evangeliars zwar empfohlen, aber nicht verpflichtend ist, ergibt sich die Frage, ob das liturgische Symbol „Evangeliar" von den Liturgen angenommen und von den Gemeinden akzeptiert wird.[3]

Die Einbeziehung der Semiotik in die Liturgiewissenschaft hat den Blick dafür geschärft, daß jeder liturgische Ordo eine „Gesamt-Komposition" ist, die sich aus verschiedenen Komponenten, Bausteinen, zusammensetzt. Jede Komponente wiederum besteht aus „Bedeutungsträgern" verbaler und nonverbaler Art. Die Zusammensetzung der Bedeutungsträger ergibt das rituelle Element, in dem sozusagen die Bedeutungen gespeichert sind und von den Teilnehmern am Ritus entziffert, gelernt und akzeptiert werden müssen[4].

In den folgenden Überlegungen möchte ich versuchen, die Struktur des liturgischen Elementes „Verkündigung des Evangeliums" durchsichtiger werden zu lassen. Das Ziel dabei ist, Hilfe zu der Kompetenz zu geben, die notwendig ist, um den Gebrauch der liturgischen Zeichen in einer konkreten Situation sinnvoll zu realisieren. Die Methode, liturgische Ordines verschiedener Herkunft miteinander zu vergleichen, bietet sich an. Sie kann hier jedoch nur skizzenhaft und fragmentarisch durchgeführt werden.

I. Die Tora-Lesung im jüdischen Gottesdienst

Da die christliche Liturgie in der Erbfolge der jüdischen Liturgie steht, ist der Blick auf den jüdischen Lesegottesdienst unerläßlich[5].

Die jüdische Liturgieerklärung verweist bezüglich des Lesegottesdienstes auf das Buch Nehemia (8,1–12), wo sich die älteste und damit maßgebende Beschreibung einer Wortliturgie findet[6].

Daraus ergibt sich folgende Struktur:

1. Einleitungsritus
   - Versammlung des Volkes und Herbeibringen der Torarolle.
   - Die hölzerne Tribüne als hervorgehobener Ort.
   - Assistenz: Angesehene Laien (später Leviten).
2. Verkündigungshandlung
   - Öffnen des Buches und Aufstehen des Volkes.
   - Lobpreis und Amen-Ruf des Volkes mit erhobenen Händen, dann Anbetung mit gebeugtem Antlitz.
   - Lesung, Übersetzung und Auslegung.
3. Anschlußriten
   - Ansage und Feier des Festes.

Die hier vorliegende „klassische Komposition" des Wortgottesdienstes ist als Ganze „Bedeutungsträger", indem sie den dialogischen Vorgang des Wort-Antwort-Geschehens zwischen Gott und dem Volke aussagt. Die einzelnen Komponenten der Versammlung, die Tora-Rolle als Symbol des heiligen Gottes und die Verkündigung in Lesung und Auslegung als Aktualisierung des Offenbarungsvorganges, sind von verbalen Zeichen, dem Lobpreis und Antwortdialog, und nonverbalen Zeichen, den Gesten, der Assistenz und der Tribüne begleitet.

Das anschließende Fest ist als Ganzes Antwortelement nach dem erlebten Geschehen.

In den späteren Synagogenliturgien tritt gegenüber dem Vorgang der Verkündigung die „heilige Tora-Rolle" als Symbol der Heiligkeit Gottes in den Vordergrund[7]. Sie bekommt einen eigenen Aufbewahrungsort in der „heiligen Lade", einem Schrein an der Ostwand der Synagoge, zu dem Stufen hinaufführen und der an die Bundeslade erinnert. Die Berechtigung zur Lesung wird eingeschränkt. Als neben der Tora auch aus den Propheten und anderen Büchern des AT gelesen wird, ergibt sich als absteigende Reihen- und Rangfolge: Tora, Propheten und andere Lesungen. Umgekehrt wie im christlichen Wortgottesdienst ist der erste Platz der Ehrenplatz.

Durch die Entfaltung des Elements „Prozession" vom heiligen Schrein zum Lesepult und zurück wird der Vorgang „dramatisiert". Das „Ausheben der Tora" aus dem Schrein symbolisiert die Offenbarung am Sinai. Die Hymnen während der Prozession, das Hochheben und Zeigen der Tora und der Zuruf der Gemeinde vor der Lesung symbolisieren den Einzug des Königs Jahwe. Die hier festzustellende Bedeutungs-Anlagerung an vorgefundene rituelle Elemente sowie die „Sakralisierung" der „Heiligen Schrift" auch auf Kosten des Verkündigungsvorganges finden Parallelen in den christlichen Liturgien[8].

II. Die „Liturgie des Evangeliums" in der Ostkirche und in der römischen Liturgie bis zum II. Vatikanischen Konzil

A. Die Anfänge

Nach dem Ausscheiden der frühen Kirche aus der Verbindung mit der Synagoge wird vermutlich die Grundstruktur des Wortgottesdienstes in den Gottesdienst der Christen übernommen. Die Entstehung der synoptischen Evangelien im Verlauf der letzten drei Jahrzehnte des ersten Jahrhunderts sowie die Zusammenfassung der vier Evangelien als Buch scheint mit der Schriftlesung im Gottesdienst zusammenzuhängen[9]. Bis zur Jahrtausendwende bleibt der Evangeliencodex, das Buch mit den vier

Evangelien, das mit besonderen Ehrenbezeugungen ausgezeichnete liturgische Buch, aus dem mit Hilfe von Verzeichnissen die jeweiligen Perikopen ausgewählt wurden[10].

Während uns bezüglich der Eucharistiefeier für die ersten sechs Jahrhunderte Informationen über den Ritus der Evangeliumsverkündigung fehlen, belegen Zeugnisse ab dem dritten Jahrhundert die Sakralisierung des Evangelienbuches als Symbol Christi. Beim Konzil von Ephesus 431 stellt das in der Mitte der Kirche inthronisierte Evangelienbuch Christus als Vorsitzenden der Synode dar. Chrysostomus spricht um 400 von der Sammlung und Handwaschung vor der Schriftlesung. Für Augustinus ist das Evangelium so „anzuhören, als wenn der Herr vor uns gegenwärtig wäre" und die Aufzeichnungen der Evangelisten sind zu verstehen als „Aufzeichnungen der Hand des Herrn" und „Diktate des Hauptes der Kirche"[11].

Damit ist die theologische Basis für die Begründung und Entwicklung einer „Liturgie des Evangeliums" gegeben.

B. Der Ritus „Verkündigung des Evangeliums" in der Chrysostomus-Liturgie

Die Chrysostomus-Liturgie, die Hauptform der Eucharistie in den Ostkirchen, enthält zweifellos älteste liturgische Tradition, wenn auch Datenangaben schwierig sind[12]. Die Grundstruktur des Ritus hat sich besonders durch den Bilderstreit mit einer vielfältigen Symbolik verbunden, die sie zu einer „Ikone des öffentlichen Lebens des Erlösers" und des sich darin offenbarenden heiligen Gottes macht[13].

Kleiner Einzug

Nach der Zurüstung der Gaben und dem Vorbereitungsoffizium wird das 4-Evangelien-Buch ähnlich dem Ausheben der Tora vom Altar, auf dem es immer aufbewahrt ist, in einer feierlichen Prozession vor die Ikonostase gebracht, wird emporgehoben vor dem Volk und dann auf den Altar zurückgelegt. Dieser „Kleine Einzug" mit dem Evangeliar stellt nach der Liturgieerklärung die Inkarnation, die Geburt dar, wobei das Evangelienbuch Symbol des Herrn selbst ist.

Die „Liturgie des Evangeliums"[14]

1. Einleitungsriten
   - Gesang des Alleluja und Beräucherung des Altars mit dem Evangelienbuch, des Allerheiligsten und des Klerus.
   - Vorbereitungsgebet, Segnung und Übergabe des Evangelienbuches durch den Priester an den Diakon.
   - Prozession mit Leuchtern durch die Heilige Pforte und Segensbitte.
   - Segnung und Zuruf: „Weisheit! Aufrecht! Lasset uns hören das heilige Evangelium."
   - Aufstehen der Gemeinde.
2. Verkündigungshandlung
   - Dialog: „Friede + allen!" Antwort „Und mit deinem Geiste."
   - Zuruf: „Lesung aus dem heiligen Evangelium nach N." Antwort: „Ehre dir, Herr, Ehre dir."
   - Zuruf: „Lasset uns aufmerken!"
   - Verkündigung des Evangeliums am Ambo.
   - Zuruf des Chores: „Ehre dir, Herr, Ehre dir."
     Bei der Rückgabe des Evangeliars an den Priester:
     „Friede dir, dem Verkündiger."
   - Kuß des Evangelienbuches durch den Priester und Segnung des Volkes mit dem Buch.
   - Zurücklegen des Evangelienbuches auf den Altar.

3. Anschlußriten
   - Homilie, Ektenie (Fürbitten), Entlassung der Katechumenen und Bitten der Gläubigen.
   - Gläubigenmesse.

In diesem Ordo ist der Grundvorgang des Lesens des Evangeliums und seiner Auslegung durch die symbolische Ausgestaltung zum Träger einer zweiten Bedeutung, der Epiphanie Gottes in Jesus Christus, geworden[15]. Diese zweite Bedeutungsschicht drückt sich besonders in der starken Dramatisierung des Elementes „Prozession mit dem Evangelium" beim Einzug aus. Die Rolle der „Heiligen Lade" in der Synagoge spielt hier der Altar im Allerheiligsten, der Nachbildung der Anastasis, der Auferstehungs- und Grabeskirche. Die eigentliche Verkündigungshandlung ist allerdings in Gefahr, durch die Ausgestaltung des „Kleinen Einzugs" in den Schatten gestellt zu werden[16].

C. Die „Liturgie des Evangeliums" in der römischen Tradition bis zum Mittelalter

Die älteste Beschreibung des Elementes „Verkündigung des Evangeliums" findet sich im Ordo I der Papstmesse (um 700)[17].

1. Einleitungsritus
   - Ein Akolyth bringt den Schrein mit dem Evangelienbuch vom Lateran in die Sakristei der Stationskirche, wo die Siegel geöffnet, das Buch herausgenommen und die Perikope durch den Papst bezeichnet wird[18].
   - „Kleiner Einzug" in die Stationskirche: Ein Akolyth trägt mit verhüllten Händen das Evangelienbuch, der begleitende Subdiakon legt es ehrfürchtig auf dem Altar nieder.
   - „Großer Einzug" des Papstes mit Gefolge und Verehrung des Evangelienbuches durch Kuß zugleich mit dem Altar.
2. Verkündigungshandlung
   - Nach dem Alleluja Segnung des Diakons durch den Papst.
   - Kuß des Evangelienbuches und Aufheben vom Altar.
   - Prozession mit zwei Subdiakonen mit Weihrauch und zwei Kerzenträgern zum Ambo, wo alle einen Durchgang bilden, durch den der Diakon den Ambo besteigen kann.
   - Beim Vorbeizug an den Bischöfen verneigen sich diese mit dem Segenswort: „Dominus tecum – der Herr sei mit dir." Die Priester verneigen sich mit dem Wort: „Spiritus domini super te – der Geist des Herrn komme auf dich herab."
   - Aufstieg des Diakons auf den Ambo und Verkündigung des Evangeliums[19].
   - Ruf des Papstes: „Pax tibi – Friede dir."
   - Der Subdiakon reicht allen Klerikern das Evangelienbuch zum Kuß.
3. Abschlußritus
   - Zurücklegen des Evangelienbuches in seinen Schrein und Versiegelung.
   - Sofortiges Zurückbringen durch Akolyth und Subdiakon in den Lateran.
4. Anschlußriten
   - Ohne Predigt Beginn der Gabenbereitung.

Die römisch-fränkischen Ordines V und VI aus der Zeit vor 900 passen den Ritus des Ordo I an nichtrömische Bischofsliturgien an[20].

Vorausgesetzt ist ein Ambo mit zwei Aufgängen, von dessen oberster Plattform das Evangelium und von einer unteren Stufe die Lesung vorgetragen werden[21].

1. Einleitungsritus
   - Das Evangelienbuch wird beim großen Einzug vor dem Bischof hergetragen und auf dem Altar niedergelegt[22].

2. Verkündigungshandlung
   - Zwei Subdiakone mit Weihrauch gehen dem Diakon voran, besteigen den Ambo von einer Seite und verlassen ihn von der anderen, wo sie an der untersten Stufe stehen bleiben.
   - Nach dem „Dominus vobiscum – der Herr sei mit euch" wenden sich Klerus und Volk nach Osten. Bei den ersten Worten des Evangeliums machen alle mit dem Diakon ein Kreuz auf Stirn und Brust und wenden sich dem Ambo zu. Der Diakon liest nach Süden oder nach Norden gewandt[23].
   - Die Hörer legen alle Stäbe, auf die sie sich beim Gottesdienst stützen hin und alle Kopfbedeckungen ab[24].
   - Der Diakon hebt das Evangelienbuch hoch (Ordo IX).
   - Nach der Verkündigung machen alle Gläubigen ein Kreuzzeichen.
   - Das Evangelienbuch wird dem Klerus und dem Volk zum Kuß gereicht[25].

3. Abschlußritus
   - Das Evangelienbuch wird entweder an seinen Ort in der Sakristei zurückgebracht oder auf dem Altar niedergelegt (Ordo X)[26].
   - Die Seitenaltäre und die Gläubigen werden beräuchert, wobei diese sich den Weihrauch mit der Hand zuwedeln.

Die aufgezählten Änderungen des Ordo I haben ihren Grund einmal in der Anpassung an eine neue Situation, in der z. B. keine Stationskirche existiert, andererseits in einer anderen Mentalität, die Symbole wie etwa das Kreuz und den Weihrauch besonders schätzt. Dazu kommt jedoch der Einfluß einer „Liturgischen Bewegung", die ihren Ausdruck in einem bestimmten Liturgieverständnis findet.

D. Das liturgische Element „Verkündigung des Evangeliums" in den mittelalterlichen Meßauslegungen

In Frankreich entsteht seit der ersten Hälfte des neunten Jahrhunderts eine Liturgieauslegung, die gegenüber der unverstandenen Sprache und dem unverständlichen Ritus einen neuen Zugang sucht[27].

Die liturgische Struktur wird mit den Mitteln der Personifizierung, der Positionssymbolik, der Gestik, des Gesangs und der Zeitraffung „re-interpretiert" und dramatisiert zum sinnenhaften Abbild des unsichtbaren Heilsgeschehens, des Lebens und Leidens und der Auferstehung des Herrn.

Dabei wird sowohl auf die Ostliturgie wie auch auf Modelle des Alten Testaments zurückgegriffen[28].

1. Einleitungsritus
   - Die Einzugsprozession stellt das zweifache Kommen des Herrn in Menschwerdung und Wiederkunft dar. Der Bischof, der Weihrauch und das Evangeliar symbolisieren Christus. Der Altar ist das irdische und das himmlische Jerusalem, von dem das Wort ausging und ausgehen wird.

2. Verkündigungshandlung
   - Die zwei ersten Verse des Tractus im einfachen Ton symbolisieren das Begräbnis Jesu, der dritte Vers im festlichen Ton des Alleluja symbolisiert die Auferstehung.
   - Lektor und Lesung stellen das AT dar.
   - Das Evangeliar ist der österliche Christus, dem der Diakon als Osterengel dient.
   - Der Weihrauch symbolisiert den Heiligen Geist und die Werke des Glaubens.

– Die zwei Kerzenträger stellen das Gesetz und die Propheten dar, die dem Evangelium vorhergehen.
– Die Evangelienprozession stellt die Sendung des Wortes in alle Welt dar.

3. Abschlußritus
   – Das Zurücktragen des Evangeliars auf den Altar bedeutet die Nachfolge des Herrn.

Die Re-Interpretation der Liturgie ist einerseits kommemorativ, sie verknüpft die liturgischen Elemente mit den Ereignissen des Neuen Testamentes, andererseits aktualisiert sie diese in ihrer Verheißung und ihrem Anspruch an die Gemeinde. Sie beeinflußt weniger die Entwicklung des Ritus, sondern verleiht ihm vielmehr eine zweite Bedeutungsschicht.

Mit dem Verdrängen des Platonismus durch den Aristotelismus wird die dramatisch-allegorische Meßerklärung abgelehnt, behält jedoch in vielen Zügen bis zur Neuzeit bleibende Bedeutung. Die Frage, wieweit die primäre Symbolgestalt der Messe, die Wortverkündigung und Mahlfeier, durch sekundäre Symbolik, durch Ausgestaltung zur „Ikone" des Heilsgeschehens, überlagert werden darf, ist bis heute für die Unterscheidung von westlicher und östlicher Liturgiegestalt bedeutsam.

E. Die Entwicklung vom römischen Meßbuch Papst Pius' V. bis zu seiner Ablösung durch das Meßbuch Papst Pauls VI.

Zwar verfügen auch nach der Jahrtausendwende die Dome, Klöster und Pfarrkirchen noch über Evangelienbücher oder Evangeliare, doch setzt sich langsam das Voll-Missale durch, in das die Evangelienperikopen aufgenommen sind. Es findet seine verbindliche Form im Missale Romanum des Konzils von Trient[29].

In der Missa Solemnis, der Feier mit Bischof oder Priester, Subdiakon und Diakon, bleibt eine entfaltete Form der Verkündigung des Evangeliums erhalten[30].

1. Einleitungsritus
   – Der Subdiakon trägt das Evangeliar/Lektionar beim Einzug, der Zeremoniar legt es auf dem Kredenztisch nieder[31].
2. Verkündigungshandlung
   – Der Diakon erhält das Evangeliar vom Zeremoniar und legt es auf dem Altar nieder.
   – Gebet: „Munda cor . . . Reinige mein Herz", Aufnehmen des Evangeliars und Segnung des Diakons durch den Zelebranten.
   – Evangelienprozession mit Weihrauch, zwei Kerzenträgern und Subdiakon zum Ort der Verkündigung, einige Schritte vor der untersten Stufe des Altares auf der Evangelienseite (kein Ambo!).
   – Eröffnungsdialog mit Kreuzzeichen auf dem Buch, der Stirn, dem Mund und der Brust.
   – Drei Doppelzüge mit dem Rauchfaß.
   – Verkündigung.
   – Kuß des Buches durch den Zelebranten und Inzens des Zelebranten(!) in drei Doppelzügen.
3. Abschlußriten
   Der Zeremoniar bringt das Evangeliar zum Kredenztisch, von wo es der Küster nach der Messe in die Sakristei trägt.

Bei der häufigsten Form der Messe, der „Stillen Messe" mit und ohne Volk sowie auch bei der gesungenen Messe ohne Diakon bleibt der Zelebrant während des Wortgottesdienstes am Altar. Der Ministrant trägt das Meßbuch von der Epistel- auf die Evangelienseite. Der Dialog findet zwischen Priester und Ministrant oder zwischen Chor und Priester statt. Das Evangelium wird leise lateinisch gesprochen oder gesungen. Die lateinische Sprache verhindert das Verstehen der Gemeinde.

Der Symbolverlust ist hier offensichtlich. In den letztgenannten Formen ist die Symbolik des Evangeliars, des Altares und des Ambo aufgegeben. In der „Stillen Messe" ist das Element „Verkündigung des Evangeliums" zum privaten Ritus des Priesters geschrumpft. Der Tiefpunkt der rituellen Entwicklung ist erreicht.

III. Das Element „Verkündigung des Evangeliums" in der im Anschluß an das Vatikanum II erneuerten Liturgie

Die Neuordnung der Liturgie im Meßbuch, im Lektionar und Evangeliar muß von der Neuentdeckung der theologischen und liturgischen Dimension des Wortes Gottes her verstanden werden[32]. Die „Pastorale Einführung in das Meßlektionar" formuliert eine in der Liturgiegeschichte einmalige Theologie des Wortes Gottes und qualifiziert die liturgische Verkündigung als dessen „vollen Ausdruck":

„Durch das Wort Gottes wird das Heilswerk unaufhörlich gegenwärtig gesetzt und fortgeführt und findet im gottesdienstlichen Tun sogar erst seinen vollen Ausdruck. So wird der Gottesdienst zur dauernden, vollen und wirksamen Verkündigung des Wortes Gottes . . . Was vom Gottesdienst gilt, kann auch vom Wort Gottes gesagt werden. In beiden wird das Mysterium Christi vergegenwärtigt und in je eigener Weise ständig weitergeführt."[33]

Vor dem Hintergrund dieser Theologie wird nun das Element „Verkündigung des Evangeliums" erneuert.

Indem der seit dem neunten Jahrhundert in der westlichen Kirche verlorengegangene ständige Diakonat wiederhergestellt wird, wird die Übernahme der Verkündigung des Evangeliums durch den traditionellen Träger neu möglich. Zweitens wird der „Ort der Verkündigung" wieder hergestellt. Dazu sagt die „Pastorale Einführung in das Meßlektionar":

„Für die Verkündigung des Wortes Gottes muß es im Kirchenraum einen Ort geben, der der Bedeutung des Wortes Gottes angemessen ist und den Gläubigen bewußt machen kann, daß in der Messe der Tisch sowohl des Wortes wie des Leibes Christi bereitet wird. Dieser Ort muß erhöht, feststehend und würdig sein, ganz seinem Zweck entsprechend. Insbesondere muß er der Gemeinde das aufmerksame Hören im Wortgottesdienst leicht machen. Daher soll für jede Kirche eine Lösung gesucht werden, bei der Ambo und Altar einander entsprechen und in richtiger Beziehung zueinander stehen. Der Ambo soll je nach seiner Anlage ständig oder gelegentlich, vor allem an Hochfesten, auf einfache Weise geschmückt sein."[34]

Drittens erhält das Evangeliar seinen alten Stellenwert zurück. Die „Pastorale Einführung" sagt:

„Da die Verkündigung des Evangeliums immer der Höhepunkt des Wortgottesdienstes gewesen ist, haben die Liturgien des Ostens und des Westens übereinstimmend zwischen den Büchern für die verschiedenen Lesungen einen Unterschied gemacht[35]. Das Buch mit den Evangelien wurde mit noch größerer Sorgfalt hergestellt und geschmückt und noch höher verehrt als jedes andere Buch mit biblischen Lesungen. Es ist daher sehr sinnvoll, daß auch in unserer Zeit in den Kathedralen und wenigstens in den größeren Pfarreien und in Kirchen mit stärkerem Gottesdienstbesuch ein eigenes kostbar ausgestattetes Evangeliar vorhanden ist, das sich von den übrigen Lektionaren unterscheidet."[36]

Die „Pastorale Einführung“ bietet eine Begründung für die liturgische Gestaltung der „Verkündigung des Evangeliums“. Die Bedeutung, die das rituelle Element den Feiernden vermitteln soll, ist das dialogische Heilsgeschehen, in dem das Mysterium Christi im Vortrag und in der Auslegung des Wortes „heute“ Ereignis wird und von den Glaubenden in Geste und Wort angenommen wird. Das rituelle Geschehen ist sozusagen die „Aufmachung“, das „Medium“, das zur Wahrnehmung des Inhaltes, zum Gelingen der Kommunikation, hinführen will. Damit sind auch die Kriterien angegeben, die an das liturgische Element angelegt werden müssen, einerseits die Entsprechung von „Aufmachung“ oder „Medium“ gegenüber dem Inhalt und dem Kommunikationsgeschehen, andererseits die Annahme, die Wirkung und Akzeptanz bei den Mitfeiernden. Unter Einbeziehung des Verkündigungsträgers, des Verkündigungsortes und des Verkündigungsbuches entsteht nun das liturgische Element „Verkündigung des Evangeliums“ in erneuerter Form[37].

Hier soll die feierliche Form beschrieben werden, die den Umständen gemäß angepaßt werden kann.

1. Einleitungsritus
   - Einzugsprozession mit Kreuzträger, Kerzenträgern, Weihrauchträgern, zwei Lektoren, Diakon mit Evangeliar und Priester.
   - Der Diakon legt oder stellt das Evangelienbuch auf den Altar.
2. Verkündigungshandlung
   - Ruf vor dem Evangelium: „Halleluja“ oder ein anderer Ruf als Ausdruck der Aufnahme des Herrn, des Grußes und des Glaubensbekenntnisses.
   - Sich-Erheben der Gemeinde.
   - Einlegen des Weihrauches durch den Priester. Verneigung des Diakons vor dem Priester mit Segensbitte: „Ich bitte um den Segen“ (leise) – Segenswort des Priesters (leise): „Der Herr sei in deinem Herzen und auf deinen Lippen, damit du sein Evangelium würdig verkündest. Im Namen des Vaters und des Sohnes und des heiligen Geistes.“ Diakon: „Amen.“
   - Aufnehmen des Evangeliars vom Altar durch den Diakon.
   - Prozession mit zwei Kerzenträgern und Weihrauchträger zum Ambo.
   - Auflegen und Aufschlagen des Evangeliars (fehlt im Ordo).
   - Einleitungsdialog mit Ansage und Verehrung: „Aus dem heiligen Evangelium nach . . .“ Bezeichnung des Buches, der Stirn, des Mundes und der Brust mit dem Kreuzzeichen.
   - Ruf der Gemeinde: „Ehre sei dir, o Herr.“
   - Der Diakon inzensiert das Evangeliar.
   - Verkündigung des Evangeliums in der Landessprache durch den Diakon.
   - Ruf: „Evangelium unseres Herrn Jesus Christus.“
   - Zuruf der Gemeinde: „Lob sei dir, Christus.“
   - Kuß des Buches und Gebet des Diakons (leise): „Herr, durch dein Evangelium nimm hinweg unsere Sünden.“
3. Abschlußritus (fehlt)[38].

Der besondere Charakter dieser „Liturgie des Evangeliums“ wird deutlich beim Vergleich mit der reformatorischen Tradition.

Nach der Lutherischen Leseordnung von 1978 werden Epistel und Evangelium vom seitlich vor dem Altar stehenden Lesepult durch den Liturgen oder Lektor aus dem dort aufliegenden Lektionar vorgetragen. Das Halleluja wird von der Gemeinde entgegen der alten Tradition vor dem Graduallied gesungen. Das Evangelium wird mit einer knappen Ansage eingeleitet, aus der der Name des Sonntags, das biblische Buch und die Nummer des Kapitels hervorgeht. Auf die Ankündigung des Evangeliums folgt, von der Gemeinde gesungen, „Ehre sei dir, Herre“. Nach der Lesung singt die Gemeinde „Lob sei dir, o Christe“.

Das Gestaltungsprinzip ist Luthers Ziel, „daß nichts anderes geschehe, denn daß unser lieber Herr selbst mit uns rede durch sein heiliges Wort, und wir wiederum mit ihm reden durch Gebet und Lobgesang.“[39]

IV. Schlußüberlegungen

Der Grundvorgang der „Verkündigung des Evangeliums“ geschieht zweifellos überall dort, wo einfach Menschen sich versammeln und einer aus ihrer Mitte den Dienst des Wortes übernimmt. Jedoch finden sich in den liturgischen Traditionen aller Ortskirchen schon in den ältesten Quellen symbolische Elemente, verbale und nonverbale Verhaltensweisen, die den schlichten Ablauf der Handlung als „heiligen Dialog“, als Geheimnis des Glaubens, interpretieren und darstellen. Sie sind sozusagen gespeicherte Reaktion, Glaubenszeugnis in Veranschaulichung, das als Tradition auf die jeweils neue Generation zukommt.

Dabei ist zu unterscheiden zwischen einem rituellen Grundkanon, zu dem die Versammlung der Hörer, das Fest, der Dienst eines Lektors, die „Heilige Schrift“, Verehrungsgesten und ein lobpreisender Dialog gehören, und den ausdeutenden Elementen, die aus der Anpassung an die Situation der Ortskirchen, ihren kulturellen Kontext und die theologischen Akzente der Zeit entstehen. Sie sind dem Wandel unterworfen.

Mit zunehmender Verfestigung der liturgischen Ordnungen bildet sich ein Bedürfnis nach neuer Interpretation, aus dem heraus es zur „Aufladung“ der einzelnen Elemente mit einer zweiten Sinnschicht kommt. Die Folge ist ein verwickeltes Geflecht von Bedeutungen, das als Gegenreaktion den Wunsch nach neuer Anpassung hervorruft.

Die Liturgiereform des II. Vatikanums hat nach einer Periode der Uniformität die Pluralität der liturgischen Formen der „Verkündigung des Evangeliums“ wiederhergestellt, indem sie die Struktur des Wortgottesdienstes erneuerte und die Ordnung der Großgruppe, wie sie das Meßbuch enthält, durch eine Ordnung für Gruppenmessen und für die Zielgruppe der Kinder ergänzte[40]. Nach einer Periode symbolischer Kümmerformen hat die Reform eine „Partitur“ von Elementen für den festlichen Gottesdienst zur Verfügung gestellt, mit deren Hilfe die „Verkündigung des Evangeliums“ als „heiliges Spiel“ Gestalt annehmen kann. In ihr vermag die Tiefendimension des Mysteriums, das geheimnisvolle Handeln des heiligen Gottes in menschlicher Kommunikation, in einer Symbiose von Gefühl und Verstand „anschaulich“ zu werden[41].

Es handelt sich, und dafür ist die Einführung des Evangeliars ein Beispiel, um ein Angebot, das den Gemeinden und ihren Liturgen überantwortet ist und sie zur Entwicklung symbolischer Handlungsformen herausfordert.

Das aus der römisch-fränkischen Kultur und Gläubigkeit stammende Formenrepertoire erweist sich in den Kirchen der außereuropäischen Welt zunehmend als entfaltungs- und ergänzungsbedürftig.[42] Jedoch wird auch bei uns der Wandlungsprozeß nicht stillstehen. Mut zum symbolischen Handeln ist gefragt!

In unserem von der Naturwissenschaft bestimmten Kulturhorizont erscheinen alle nichtzweckhaften und das Rationale überschreitenden Verhaltensweisen als überflüssig, ja hinderlich. Die Feier des Heiles und des Glaubens in vielfältigen Symbolen und

Ritualen ist ein Kontrastprogramm der Kirche, durch das sie den Horizont der menschlichen Existenz davor bewahrt, ausgemessen und „zugestellt“ zu werden und auf das Göttliche hin freimacht. Die anfängliche „Fremdheit“ des liturgischen symbolischen Handelns rührt aus der „Entfremdung“ des Heiligen[43]. Gerade deshalb könnte es „Medikament“, Heil-Mittel, werden.

Anmerkungen

1 Die Anweisungen und die Beschreibung des Elementes „Verkündigung des Evangeliums“ finden sich im lateinischen Missale Romanum (= MR). Editio typica altera, Libreria editrice Vaticana 1975 und in der deutschen Ausgabe: Die Feier der hl. Messe. Meßbuch für die Bistümer des deutschen Sprachgebietes. Kleinausgabe. Das Meßbuch deutsch für alle Tage des Jahres (= DM), Einsiedeln u. a. 1975 in der „Allgemeinen Einführung“ (= AEM 23*–86*) und bei der Beschreibung des Wortgottesdienstes (= DM 335–337). Eine weitere Quelle ist: Die Pastorale Einführung in das Meßlektionar gemäß der Zweiten Authentischen Ausgabe des Ordo lectionum Missae (1981) (= PEM), die sich als Vorwort findet in: Die Feier der heiligen Messe. Meßlektionar, Bd. I, Einsiedeln u. a. 1982, 11*–40*; Sonderdruck: Verlautbarungen des Apostolischen Stuhls 43. Die Angaben zum Evangeliar sind: Die Feier der heiligen Messe. Evangeliar, Einsiedeln u. a. 1984. Vgl. Dokumente zur Erneuerung der Liturgie I: Die Dokumente des Apostolischen Stuhles 1963–1973, hrsg. v. *H. Rennings* (= Rennings I), Kevelaer 1983, 1362–1736.

2 DM 33* AEM 33.
Der Begriff „Liturgie des Evangeliums“, der sich so nicht im Meßbuch findet, möchte innerhalb der durchgehenden Handlung des Wortgottesdienstes der Messe die „Verkündigungshandlung Evangelium“ als Höhepunkt und christologischen Schlüssel erfassen. Vgl. PEM (Anm. 1), 13 und Anm. 21. Dabei wird deutlich, daß der Begriff *„Sprachgeschehen“* zu kurz greift.

3 Vgl. *F. Kohlschein,* Gegenwärtig im Wort. Vom Umgang mit dem Evangeliar, in: Gottesdienst 19 (1985) 49–51.

4 Ein Beispiel für die semiotische Methode im liturgischen Bereich ist die Untersuchung der Eröffnungselemente der Messe bei *K. H. Bieritz,* Zeichen der Eröffnung, in: Zeichen. Semiotik in Theologie und Gottesdienst, hrsg. v. *R. Volp,* München 1982, 195–221.

5 Zur jüdischen Liturgie findet sich das Material im Standardwerk von *I. Elbogen,* Der jüdische Gottesdienst in seiner geschichtlichen Bedeutung, Hildesheim 1962 (Nachdr. d. 3. Aufl., Frankfurt 1931), 155 ff. Über das jüdische Brauchtum informiert *S. Ph. De Vries Mzn,* Jüdische Riten und Symbole, Wiesbaden ²1982. Einen guten Überblick über den Stand der Forschung gibt *R. S. Sarason,* Siddur, in: The Study of Ancient Judaism I, hrsg. v. *J. Neusner,* 1981, 107–188.

6 Zur Rolle von Esra vgl. *H. J. Kraus,* Gottesdienst in Israel, München ²1962, 270 f.

7 Zum Verständnis der Gegenwart der Schekhina in der Tora vgl. *O. Nußbaum,* Von der Gegenwart Gottes im Wort, in: Gott feiern. Theologische Anregung und geistliche Vertiefung zur Feier von Messe und Stundengebet; hrsg. v. *J. G. Plöger,* Freiburg 1980, 116–132, hier: 120.

8 Die Synagogenliturgie sieht brennende Kerzen neben dem Bema vor. Seit dem 17. Jh. findet sich ein „ewiges Licht“ neben der Lade. Eine komplizierte Rollenverteilung entwickelt sich für den Vorsteher, Diener, Vorbeter und Kantor, die an die „Leviten“ in der mittelalterlichen Liturgie erinnert. Die „Bekleidung“ der Torarolle kehrt wieder in der in der Ostkirche üblichen „Bekleidung“ des Evangeliars. Während die Tora nur aus einer handgeschriebenen Rolle vorgetragen werden darf, werden für die Propheten und die anderen Lesungen auch Bücher verwendet. Wenn die Lektoren als „Bräutigame der Tora“ gefeiert werden, erreicht die Symbolisierung der Tora als personifiziertes Zeichen des Wortes Gottes ihren höchsten

Ausdruck. Die Anwesenden sollen dem Vortrag folgen, „als ständen sie beim Sinai und vernähmen die Offenbarung aus Gottes Mund". Vgl. *De Vries,* Jüdische Riten (Anm. 5), 23.

9 Vgl. *W. Schneemelcher,* Bibel III, in: TRE 6 (1980) 22–48, hier: 39 ff. Zur Diskussion bezüglich des Markusevangeliums als „liturgischem Lektionar" vgl. *Ph. B. Lewis,* Indications of a Liturgical Source in the Gospel of Mark, in: Encounter. Creative theological scholarship. Indianapolis 39/4 (1978) 385–394.

10 Nach Klausers Untersuchung ist die Randnote in der Vier-Evangelien-Handschrift die älteste Form der abendländischen Perikopenaufzeichnung gewesen. Im 5. Jh. ist vielleicht die Listenform und wenig später die Form des Perikopenbuches aufgekommen. Vgl. *Th. Klauser,* Das römische Capitulare evangeliorum. Texte und Untersuchungen zu seiner ältesten Geschichte, I. Typen (= LQF 28), Münster 1935, [2]1972. Die Entstehung der „Evangelistare" als Sammlungen von ausgewählten Perikopen sowie der verschiedenen Gattungen von Lektionaren ist noch wenig erforscht. Vgl. *S. Beissel,* Geschichte der Evangelienbücher in der ersten Hälfte des Mittelalters, Freiburg 1906. In diesem Aufsatz wird zwischen „Vier-Evangelienbuch" mit dem vollen Wortlaut der Evangelien und „Evangeliar" als Auswahl-Sammlung unterschieden. Zur Wortwahl der Herausgeber des neuen Evangeliars vgl. Gottesdienst 19 (1985) 79.

11 Vgl. *O. Nußbaum,* Geleit (Anm. 13), 1041, *S. Beissel,* Geschichte (Anm. 10), 9 und *R. Kaczynski,* in: *ders.,* Das Wort Gottes in Liturgie und Alltag der Gemeinden des Johannes Chrysostomus, Freiburg 1974, 329 ff.

12 Vgl. *N. Edelby,* Liturgikon. „Meßbuch" der byzantinischen Kirche, Recklinghausen 1967, 421–441. *H. J. Schulz,* Die byzantinische Liturgie. Glaubenszeugnis und Symbolgestalt, Trier [2]1980. *K. Onasch,* Liturgie und Kunst der Ostkirche in Stichworten unter Berücksichtigung der alten Kirche, Wien 1981. *J. Mateos,* La célébration de la parole dans la liturgie byzantine. Étude historique (= OrChrA 191), Roma 1971.

13 Zur Übertragung des Christusgeleits auf das Evangeliar vgl. *O. Nußbaum,* Geleit, in: RAC 9 (1975) 1041 ff.

14 Die hier vorgelegte Untersuchung bezieht sich auf die Ordines als Rahmen der Feier in der Gemeinde. Zur Aufgabe einer „empirischen Gottesdienstforschung" vgl. *F. Kohlschein,* Liturgiewissenschaft im Wandel?, in: LJ 34 (1984) 32–49, hier: 45. Hierhin gehört die Untersuchung von *A. Olivar,* Les réactions emotionnelles des fidèles pendant la lecture solennelle de l'écriture dans l'église des pères, in: Mens (Anm. 21), 452–457.

15 Ab dem 5./6. Jh. entwickelt sich die kostbare Ausgestaltung des Vier-Evangelienbuches mit Miniaturen und wertvollem Einband. Auf den Metalleinbänden ist auf der Vorderseite das Kreuz mit den Evangelistensymbolen dargestellt, auf der Rückseite die Auferstehung. So ist das Evangelienbuch Ikone des Paschamysteriums und der Sendung in die Welt, das Wort ist „eingebettet" in die Hülle des „Tabernakels" und wird mit dem Kuß auf das Christusbild verehrt wie der Herr selbst. Wegen der Schwere des Voll-Evangeliars entwickelte sich das Aprakos-Evangelienbuch, das nur die Sonntagsperikopen enthält. Die Sakralisierung des Evangelienbuchs verhinderte in der Ostkirche bis ins 15. Jh. die Entstehung der Vollbibel. Vgl. *K. Onasch,* Liturgie (Anm. 12), 112, 241. Das symbolische Verständnis des Buches hängt mit der Deutung der Buchstaben als „Zeichen", die „die Rede der Abwesenden zu Gehör bringen" zusammen. (Isidor v. Sevilla, Etymologiae) Nach Alkuin verlangt das Abschreiben der Heiligen Schrift Ehrfurcht, weil es ein Nachschreiben göttlichen Diktates ist. Vgl. *E. R. Curtius,* Europäische Literatur und lateinisches Mittelalter, Bern – München [9]1978, 316, 318.

16 Der Ritus der Wortliturgie ist eine „Erziehungsweise", in der der Geist die Herzen bereitet für das Wort, das sich in die Welt „wirft" und „Kommunion" erstrebt. Vgl. *J. Corbon,* Liturgie aus dem Urquell, Einsiedeln 1981, 120 f. Martimort sieht in der Verehrung des Buches ähnlich wie in der Verehrung der eucharistischen Gaben vor der Konsekration eine „Vorwegnahme", einen Hinweis auf den Hauptvorgang, die Handlung der Lesung, in der der Herr gegenwärtig ist und handelt. *A. G. Martimort,* Praesens (Anm. 21), 231.

17 *M. Andrieu,* Les Ordines Romani du haut moyen-age, II. Les Textes, Louvain 1960, 67 ff. Zum Einfluß des kaiserlichen Hofzeremoniells vgl. *Th. Klauser,* Kleine Abendländische Liturgiegeschichte, Bonn 1965, 66 f.

18 Bei Gregor von Tours und Ambrosius sind goldene Gefäße für Evangeliare (capsae aureae), die verschließbar und mit Edelsteinen verziert sind, als „arca testamenti", Arche des Bundes, bezeugt, die bei Prozessionen mitgetragen wurden. Vgl. *P. Borella,* Il Vangelo (Anm. 22), 234, 236.

19 In der Liturgie wurde aus dem das Evangelium verlesenden Laien der „Lektor" als Amtsträger, dem dann ab dem 4. Jh. der Diakon nachfolgte. Für die Ostkirche vgl. *K. Onasch,* Liturgie (Anm. 12), 240. Für den Westen vgl. *H. Brakmann,* Der Dienst des Diakons in der liturgischen Versammlung, in: Der Diakon, hrsg. v. *J. G. Plöger, J. Weber,* Freiburg [2]1981, 147–163, hier: 153. Der gleiche Vorgang der Heraushebung besonderer Rollenträger hat sich auch in der Liturgie der Synagoge abgespielt.

20 Zur Geschichte und Deutung der Einzelelemente des Ritus vgl. *Jungmann,* MS I ([5]1962) 565–583.

21 Als Ort der Verkündigung hat sich nach dem Vorbild des jüdischen Bema der Ambo entwickelt, der oft reich geschmückt war, um der Würde des Wortes zu genügen. Zur Geschichte des Ambo vgl. *G. P. P. Vrins,* Der Ambo – Ursprung und Verbreitung bis 600, in: Das Münster 30 (1977) 305–317. Ein Beispiel eines solchen Ambo findet sich in S. Maria in Cosmedin in Rom, wo der Evangelienambo acht Ecken (Hinweis auf den 8. Tag?) und neben sich den Leuchter für die Osterkerze hat. Wer auf diesem Ambo steht, „schwebt" hoch über der Gemeinde und wird Symbol der Auferstehungsbotschaft. Vgl. *G. Massimo,* S. Maria in Cosmedin, Roma 1953.
Bezüglich der Zuordnung der Funktionsorte Altar und Ambo vgl. *O. Nußbaum,* Geleit (Anm. 13), 123. Die „aufsteigende" Symbolik von der Lesung zum Evangelium, bei der die nichtevangelischen Texte tiefer, das Evangelium oben gelesen werden, verstärkt die Symbolik der Reihenfolge. Ihr Sinn ist die Christozentrik des Wortgottesdienstes. Im Evangelium spricht der Herr selbst, in den übrigen Texten durch den Mund der Verfasser.
Vgl. *A. G. Martimort,* „Praesens adest in verbo suo siquidem ipse loquitur dum sacrae scripturae in ecclesia leguntur", in: Mens concordet voci (Pour Mgr. A. G. Martimort), Paris 1983, 318–330, hier: 324.

22 Das Niederlegen des Evangelienbuches auf den Altar, auf dem nur die konsekrierten Gaben liegen dürfen, symbolisiert die Vorstellung der Väter: Das Evangelium ist Christus, sein „Fleisch". Es wird vermutet, daß das Evangelienbuch von dem Moment an bei der Einzugsprozession mitgetragen wurde, als der Priester den Bischof als Vorsteher vertreten konnte. Vgl. *P. Borella,* „Il Vangelo è Cristo". L'intronizzazione del libro dei Vangeli, in: Ambrosius 41 (1965) 233, 241.

23 Die ursprüngliche Leserichtung nach Süden, zur Männerseite, wurde durch den Einfluß der Leserichtung am Altar, auf der Evangelienseite, verändert. Vgl. *M. Andrieu,* Ordines Romani (Anm. 17), 200.

24 Nach ostkirchlichem Vorbild stützten sich die fränkischen Kleriker während des Offiziums auf Stäbe. Das widersprach dem „österlichen Stehen" beim Evangelium. Vgl. *Andrieu* (Anm. 23), 184 f.

25 Belege dafür, daß das Volk zum Buchkuß zugelassen wurde, führt Jungmann an. Dies wurde später durch Dekrete mehrfach verboten. Vgl. *Jungmann,* MS I (Anm. 20), 575 f.

26 Das Evangeliar ist nach Belegen des 9. und 10. Jh. mit den Reliquiaren und der Pyxis für das Viaticum auf dem Altar aufbewahrt worden, ohne daß dies als allgemeiner Brauch nachweisbar ist. Vgl. *J. Braun,* Der christliche Altar, Bd. II, München 1924, 574, 584.

27 Vgl. *R. Suntrup,* Die Bedeutung der liturgischen Gebärden und Bewegungen in lateinischen und deutschen Auslegungen des 9. – 13. Jh., München 1978. *Ders.,* Zahlenbedeutung in der mittelalterlichen Liturgieallegorese, in: ALW 26 (1984) 321–346. *C. Schnusenberg,* Das Verhältnis von Kirche und Theater. Dargestellt an ausgewählten Schriften der Kirchenväter und liturgischen Texten bis auf Amalar von Metz (a. d. 775–852), Bern 1981.

28 Interessant ist der Rückgriff aufs AT. Das Stehen beim Evangelium, das Verneigen gegenüber dem Evangelium und die zahlreiche Begleitung des Diakons bei der Evangelienprozession wird ausdrücklich aus Neh 8, 5 abgeleitet. Hier zeigt sich die bleibende Bedeutung der tradierten Modellsituation als ständige Anregung und Gegenüber der jeweilig tätigen Generation.

29 Durch die Bulle Pius' V. von 1570 ist das Vollmissale die maßgebliche Textausgabe der Meßperikopen geworden. Vgl. *Th. Klauser,* Capitulare evangeliorum (Anm. 10), XII. Die Untersuchung der lateinischen Drucklektionare ist noch nicht geleistet. Die früheste Auflage bei Pustet, Regensburg, erschien als „Epistolae et evangelia" 1863 (Mitteilung des Verlags). Ebensowenig ist die Geschichte der deutschen Drucklektionare untersucht. Bei *C. G. Kaiser,* Vollständiges Bücherlexikon, 2. Teil, Leipzig 1834, finden sich ab 1750 zahlreiche Ausgaben.

30 Vgl. MR (Anm. 1) und die Ritusbeschreibungen vor dem Vat. II, z. B. *J. Kley,* Hartmann – Repertorium Rituum, Paderborn [14]1940.

31 Mit dem Verschwinden des Ambo entsteht die Kanzel im Kirchenschiff, in deren Ikonographie oft eine Theologie des Wortes weiterlebt. Während für das konsekrierte eucharistische Brot kostbar geschmückte Tabernakel entstehen, verschwindet das Evangeliar in der Sakristei. Statt auf den Altar wird es auf den Kredenztisch gelegt, statt vom Diakon wird es vom Zeremoniar angereicht. In den Kirchen der Reformation symbolisiert die Vollbibel auf dem Altar die Würde des Wortes Gottes.

32 Nach einem ersten Versuch in der katholischen Aufklärung erfolgt im Zuge der liturgischen Bewegung die Rückgewinnung der einzelnen liturgischen Elemente der Verkündigung. Auf die Stufen dieser Entwicklung kann hier nicht eingegangen werden.

33 PEM (Anm. 1), 4.

34 PEM (Anm. 1), 33.

35 Wenn Brakmann darauf hinweist, „nach den exegetischen Bemühungen der letzten Jahrzehnte sei . . . die bisherige Unterscheidung von Epistel als Wort der Apostel und von Evangelium als Wort des Herrn nicht mehr zu halten", weil das ganze Neue Testament „Evangelium" sei, übersieht er die symbolische Qualität im Sinn der Christozentrik. Ob die Reservierung der Evangelienlesung für Diakon, Priester und Bischof die Gefahr der Abwertung der nichtevangelischen Texte als „zweitklassig" nach sich zieht, hängt sicher vom Kontext ab. Grundsätzlich ist der Verzicht auf die Sekundärsymbolik des ordinierten Lektors möglich. Vgl. *H. Brakmann,* Der Laie als Liturge, in: LJ 21 (1971) 214–231, hier: 228 f.

36 PEM (Anm. 1), 36.

37 Die Begründung dafür kann mit Tillich im „religiösen Symbol" gesehen werden, das dem Menschen die gewöhnlich überdeckte Dimension des Heiligen vermittelt. Christliche Symbole weisen über sich hinaus auf das Heilshandeln Gottes in Christus, das nur im „Stoff endlicher Wirklichkeit" ausgedrückt werden kann. Sie haben an der Wirklichkeit teil, auf die sie hinweisen, und sind nicht willkürlich erfunden, sondern „gefunden", gestiftet und von einer Gemeinschaft akzeptiert. Letzte Wirklichkeit kann so durch Dinge, Personen und Handlungen, die dabei selbst „heilig" werden, vermittelt werden. Vgl. *P. Tillich,* Die Frage nach dem Unbedingten. Ges. Werke Bd. V, Stuttgart 1964, 237 ff. Das „Evangeliar" erscheint so als Symbol des Zusammenhangs mit einem gestifteten Ursprung, den es unverändert und objektiv weiterzugeben gilt. Vgl. *F. Kohlschein,* Symbol und Kommunikation als Schlüsselbegriffe einer Theologie und Theorie der Liturgie, in: LJ 35 (1985) 1–14.

38 Vgl. *F. Kohlschein,* Gegenwärtig (Anm. 3), 50.

39 Vgl. *F. Kalb,* Grundriß der Liturgik, München [2]1982, 31, 133 ff. Für die Einbeziehung von Symbolen, z. B. Leuchtern im evangelischen Gottesdienst plädiert *O. Dietz,* Unser Gottesdienst, München [21]1983, 94. Heumann nennt den evangelischen Predigtgottesdienst „weitgehend neurotisch", weil die Funktion des Fühlens, wie sie nur durch symbolische Gestaltung angesprochen werden kann, zugunsten des Hörens und des reflektierenden Mitdenkens unterdrückt ist. Vgl. *J. Heumann,* Symbol – Sprache der Religion, Stuttgart u. a. 1983, 39. Zur Umschichtung der Zeichensysteme in der liturgischen Kommunikation durch Luther vgl. *K. H. Bieritz,* Evangelium als literarische Anweisung. Theologische Anmerkungen zu einem Buch von Gerhard Hahn, in: JbLH 27 (1983) 225–241.

40 Vgl. *Rennings* I (Anm. 1), 1843–1857, 3115–3169.

41 Die Komposition eines liturgischen Elementes ist für die „Aufführung" bestimmt und dient der visuellen und akustischen Meditation, dem „Wiederkäuen" des Vorgangs Verkündigung

im Geiste und im Herzen, damit der Gehalt aus der Gestalt „verinnerlicht" werden kann. Zur Meditation vgl. *F. Ruppert,* Meditatio – Ruminatio. Zu einem Grundbegriff christlicher Meditation, in: Erbe und Auftrag 53 (1977) 83–93. Anders ausgedrückt: Kommunikation ist auf „präverbale Zeichen" angewiesen, die der emotionalen Einstimmung dienen. Im Gottesdienst leisten dies die symbolisch besetzten Vorgänge wie Prozession mit Leuchtern usw. Dazu *W. Jetter:* „In den gottesdienstlichen Formen, die sich verfestigen, hat sich alte Glaubenserfahrung mit jenem Urdatum, mit jener Zuwendung Gottes, zu nachvollziehbaren Gestalten verdichtet. Nicht nur, um sie festzuhalten und als Besitz zu verwalten, sondern um sie aufs neue erfahrbar zu machen." *Ders.,* Symbol und Ritual. Anthropologische Elemente im Gottesdienst, Göttingen 1978, 173.

42 Ein kleiner Hinweis auf die Inkulturation als laufenden Prozeß findet sich PEM (Anm. 1), 17, wenn neben Kerzen und Weihrauch auch von „anderen Zeichen" der Verehrung gesprochen wird. Die liturgische Zeichensprache der nichteuropäischen Kulturen wird umfassende Änderungen vornehmen. Vgl. *J. A. Chupungco,* Cultural Adaption of the Liturgy, New York 1982.

43 Die dramatischen Elemente der Liturgie gewinnen in der heutigen Situation den Charakter eines „kontrafaktischen Spiels", indem sie für die Teilnehmer den Alltag aufbrechen und die „ganz andere Dimension" aufscheinen lassen. Die Rezeption der symbolischen Elemente darf deshalb nicht allein von der Akzeptanz der Zeitgenossen abhängig sein und „Fremdheit" ist noch kein Kriterium für die Unterlassung. Vgl. *H. Zirker,* Ekklesiologie, Düsseldorf 1984, 193. Vgl. *B. Casper,* Alltagserfahrung und Frömmigkeit, in: Christlicher Glaube in moderner Gesellschaft, Teilbd. 25, hrsg. v. *F. Böckle u. a.,* Freiburg 1980, 39–72. Power verlangt gegenüber der Liturgie das Bemühen, wie bei einem Kunstwerk „Gefühlswert und Sinngehalt zu erfassen, wie sie sich in seiner Eigenexistenz lebendig verkörpern, aber ebenso einen kritischen Beitrag für das Leben und die Qualität des Lebens" darstellen. Vgl. *D. Power,* Theologische Überlegungen, in: Conc 11 (1975) 142–147, hier: 144.

HANS PFEIL

Gott oder nichts

In diesem Beitrag zu Ehren meines früheren Kollegen Alterzbischof Dr. Dr. Josef Schneider werden I. die Hinwendung zu Gott und die Abwendung von Gott als die prinzipiellsten menschlichen Verhaltensweisen herauszustellen gesucht. Anschließend sollen II. Konsequenzen der Abwendung von Gott und III. Versuche ihrer Überwindung besprochen werden. Zufolge der geforderten Kürze wird es sich nur um Andeutungen handeln können.

I. Von Gott zu nichts

A. Jede Abwendung von Gott, welchem Motiv sie auch entspringen mag, führt bei konsequentem Denken und Verhalten letztlich zur Abwendung von allem und jedem. Insofern ist sie eine zwar nicht bewußte und beabsichtigte, aber faktische Hinwendung zu nichts.

Diese These stößt auf Widerspruch. Aufklärer der verschiedensten Richtungen jubelten bei dem Gedanken, daß es keinen Gott gebe. Bei Nietzsche heißt es: „In der Tat, wir Philosophen und ‚freien Geister' fühlen uns bei der Nachricht, daß der ‚alte Gott tot' ist, wie von einer neuen Morgenröte angestrahlt; unser Herz strömt dabei über von Dankbarkeit, Erstaunen, Ahnung, Erwartung, – endlich erscheint uns der Horizont wieder frei, gesetzt selbst, daß er nicht hell ist, endlich dürfen unsere Schiffe wieder auslaufen, auf jede Gefahr hin auslaufen, jedes Wagnis des Erkennenden ist wieder erlaubt, das Meer, unser Meer, liegt wieder offen da, vielleicht gab es noch niemals ein so ‚offenes Meer'"[1]. Der Mensch ist nicht mehr Diener Gottes, sondern Herr des Weltalls. Er steht an der Spitze der Evolution, ist souverän und autonom. Schuld und böses Gewissen entfallen, da von einer überzeitlichen Wertordnung nicht die Rede sein kann. Die Natur ist die ewige, absolute und sich selbst genügende All-Mutter, die immer neuen Geschöpfen das Dasein verleiht. Auch allem Fortschritt in Kultur und Gesellschaft sind keine Schranken gesetzt. Endlich kann, wie Jean-Marie Guyau, der französische Nietzsche, prophezeite, „Gott im Menschen, die Zukunft in der Gegenwart, das Ideal in der Wirklichkeit"[2] geliebt werden.

Konsequentes Zu-Ende-denken und radikales Verhalten widerlegen solche Illusionen. Nietzsche hat selbst das Irrige seiner Hoffnungen durchschaut. Den „tollen Menschen", der sich von Gott abgewandt hat, ließ er hinausschreien: „. . . Was taten wir, als wir diese Erde von ihrer Sonne losketteten? Wohin bewegt sie sich nun? Wohin bewegen wir uns? Fort von allen Sonnen? Stürzen wir nicht fortwährend? Und rückwärts, seitwärts, vorwärts, nach allen Seiten? Gibt es noch ein Oben und ein Unten? Irren wir nicht wie durch ein unendliches Nichts? Haucht uns nicht der leere Raum an? Ist es nicht kälter geworden? Kommt nicht immerfort die Nacht und mehr Nacht?. . ."[3]. Wenn Gott tot wäre, wie Nietzsche sich ausdrückte, entfiele jede Verpflichtung, nach dem Guten und Wahren zu streben. „Naivität, als ob Moral übrigbliebe, wenn der sanktionierende Gott fehlt! Das ‚Jenseits' absolut notwendig, wenn der Glaube an Moral aufrecht erhalten werden soll"[4]. Das Irrenwollen gehörte dann ebenso zum Leben wie das Erkennenwollen und der Wille zum Verleugnen ebenso wie der Wille zum Bekennen. Es gäbe keine Pflichten, keine Rechte und keine Autorität. Das Leben vollzöge sich jenseits von Gut und Böse sowie jenseits von Wahr und Falsch. Nichts wäre wahr, alles wäre erlaubt.

Ferner folgt aus der Nichtexistenz Gottes, daß zwar wir Menschen unserem Leben Sinn verleihen können, indem wir Ziele verfolgen, die unserem Menschsein förderlich sind, daß aber objektiv, unabhängig von unserem Sinnverleihen, alles menschliche Sein und Geschehen letztlich absolut sinnlos sind. Nietzsche sah voraus, daß bald „auf eine furchtbare Weise“ die Frage zu uns kommen wird: „Hat denn das Dasein überhaupt einen Sinn?“[5]. Die Antwort wird nihilistisch sein: „Alles hat keinen Sinn“[6], alles ist sinnlos und wertlos und zwecklos. Und bei diesem Nein des Urteils werden die Menschen nicht stehenbleiben. „Der Ver-Nichtsung durch das Urteil sekundiert die Ver-Nichtsung durch die Hand“[7]. Die Menschen werden fortschreiten zum Nein der Tat; sie werden mit dem Willen zum Schaffen den Willen zum Vernichten verbinden, desgleichen mit der Lust am Schaffen die Lust, alles Bestehende zu zerstören und zu vernichten.

Weiterhin schließt man auf ein notwendiges Sein und zufälliges Geschehen der gesamten Natur. Man führt alles auf einen sich höher entwickelnden physischen oder psychischen Baustoff zurück und meint, die Entwicklung habe zufällig zum Menschen geführt, was, nach Belieben, für einen Betriebsunfall oder für einen ganz unwahrscheinlichen Zufallstreffer gehalten werden könne. Marxisten reden von Gesetzen der Dialektik, die das Weltall beherrschen und zur Autodynamik der Natur führen, und durch produktive Arbeit von Primaten bzw. durch ökonomische Praxis sei es zur Selbsterzeugung kulturschaffender Menschen und zur Vermenschlichung der materiellen Umwelt gekommen. Nietzsche nannte den Menschen ein Tier und die Welt und alles weltliche Geschehen eine dumme Notwendigkeit. „Der Mensch eine kleine, überspannte Tierart, die – glücklicherweise – ihre Zeit hat; das Leben auf der Erde überhaupt ein Augenblick, ein Zwischenfall, eine Ausnahme ohne Folge, etwas, das für den Gesamt-Charakter der Erde belanglos bleibt; die Erde selbst, wie jedes Gestirn, ein Hiatus zwischen zwei Nichtsen, ein Ereignis ohne Plan, Vernunft, Wille, Selbstbewußtsein, die schlimmste Art des Notwendigen, die dumme Notwendigkeit“[8].

Ohne Zweifel enthalten diese Erwägungen des Furchtbaren bereits genug; aber sie sind nicht zu Ende gedacht. Denn wenn Gott nicht existierte, gäbe es nicht nur keine Zweckmäßigkeit, keine Freiheit und keinen Sinn; es gäbe auch keine Notwendigkeit und keine Zufälligkeit; es gäbe überhaupt keine Welt, kein weltliches Sein und kein weltliches Geschehen. Denn alles, was wir beobachten, ist beständig im Entstehen und Vergehen bzw. im Wandel begriffen. Was aber von außen zu anderem Sein und Verhalten bestimmt werden kann und sich wandelt, ist nicht von seinem Wesen her zum Sein und gerade zu solchem Sein bestimmt; es trägt den hinreichenden Grund seiner Existenz und Essenz nicht in sich und ist darum nicht notwendig und absolut, sondern kontingent bzw. indifferent gegen Dasein und Nichtsein sowie gegen Sosein und Anderssein. Es verdankt, gemäß dem Prinzip der Kausalität, sein Sein und Geschehen dem Wirken von etwas anderem bzw. einer von ihm verschiedenen Ursache.

Was aber von den einzelnen Weltdingen gilt, gilt auch vom Weltganzen. Es geht nicht an, die kontingenten Einzeldinge auf ein absolutes Weltganzes zurückzuführen bzw. aus einem solchen abzuleiten. Wie sich aus der Zusammenzählung einer riesigen Anzahl von Nullen keine Eins ergibt, weil in keiner Null auch nur das geringste von einer Eins enthalten ist, so fügen sich alle kontingenten Weltdinge nicht zu einem absoluten Weltganzen zusammen, weil in keinem einzelnen Weltding etwas von Absolutheit vorhanden ist. Ferner ergeben sich aus der Absolutsetzung der empirischen Welt zufolge ihres beständigen Werdens die Vorstellung eines absoluten Werdens, was dem Prinzip der Kausalität, und zufolge der in ihr vorhandenen konträr und kontradiktorisch entgegengesetzten Einzeldinge die Vorstellung eines sich widersprechenden Absoluten, was dem Prinzip der Identität widerspricht bzw. den Widerspruch zum obersten Prinzip der Wirklichkeit erhebt.

Weil aber gleich allen einzelnen Weltdingen auch das Weltganze nichts Absolutes ist, setzt es zur Begründung seiner Existenz ein Seiendes voraus, das ihm das Sein verliehen bzw. es geschaffen hat, und dieses muß, wie hier nur angedeutet werden kann, ein schlechthin Notwendiges sein, das nicht entstanden ist und nicht vergeht, sondern aus sich existiert und als solches wie auch als Erstursache alles Geschaffenen nicht nur alle Vollkommenheiten seiner Geschöpfe virtuell in sich enthält, sondern auch in jeder Vollkommenheit aktuell unendlich, also Gott ist. Folglich muß die Dualität von Sein-aus-sich und Sein-von-anderem bzw. die Dualität von Gott und Mensch angenommen werden; ferner auch die Konsequenz, daß, wenn Gott nicht existierte, die Welt nicht existieren könnte. Die Annahme der Nichtexistenz Gottes führt zur Annahme der Nichtexistenz jeglichen Seins und Geschehens.

Konsequente Gottesleugner würden zu der Paradoxie gedrängt, ihre eigene Existenz leugnen zu müssen. Sie entgehen ihr durch die unhaltbare Meinung, das Weltganze sei ewig und absolut, oder durch den Verzicht auf konsequentes Zu-Ende-denken ihrer atheistischen Position.

B. Dem Schluß, daß jede Abwendung von Gott bei konsequentem Denken und Verhalten letztlich zur Abwendung von allem und jedem führt, stehen bedeutsame Einwände gegenüber. Ein erster ist mit dem Namen des Rechtsphilosophen *Hugo Grotius* (1583–1645) verknüpft. Dieser Denker vertrat die Auffassung, das Naturrecht, dessen Vorschriften aus dem Wesen des Menschen abgeleitet und auf die Vervollkommnung des Menschen hingeordnet sind, sei so unveränderlich, daß selbst Gott es nicht ändern könne. Ferner käme ihm verpflichtende Geltung auch dann zu, wenn Gott sich um die Angelegenheiten der Menschen nicht kümmern oder überhaupt nicht existieren würde. Durch Abwendung von Gott wie auch durch Leugnung Gottes würde also an Geltung und Verpflichtung des Naturrechts nichts geändert.

Diese Meinungen des Grotius und infolgedessen auch seine Stellung in der Geistesgeschichte sind oft mißverstanden worden. Grotius war ein überzeugter und frommer Protestant; die Leugnung Gottes hielt er für ein schweres Verbrechen. Auch war er überzeugt – ganz im Sinn des Thomas von Aquin und in Übereinstimmung mit zeitgenössischen Scholastikern wie z. B. Roderich de Arriaga –, daß Gott die Menschen erschaffen hat und daß die naturrechtlichen Bestimmungen wohl zunächst aus der Natur der Menschen und der menschlichen Gesellschaft, aber zuletzt aus Gott herzuleiten sind. Wenn er zugleich die Meinung vertrat, das Naturrecht würde gelten, auch wenn Gott nicht existierte, so geschah dies zur Ablehnung des ockhamistischen Nominalismus und Moralpositivismus. Er lehnte Ockhams Willkürgott ab. Aber fern lag ihm, Mensch und Recht von Gott loszulösen und, wie Dilthey u. a. behauptet haben, in der menschlichen Vernunft die alleinige und autonome Instanz für Festsetzung und Geltung des Naturrechts zu erblicken. Erst im weiteren Verlauf des neuzeitlichen Säkularisierungsprozesses haben Samuel Pufendorf, Christian Wolff u. a. diese These vertreten.

Wenn Grotius aber auch nicht daran gedacht hat, Gott und Naturrecht voneinander zu lösen, so muß doch seiner Meinung widersprochen werden, das Naturrecht würde gelten, auch wenn Gott nicht existierte. Im Fall der Nichtexistenz Gottes würde es keine Menschen geben, und was die existierenden Menschen angeht, so ergibt sich allein aus ihrer Personalität und Soziabilität keinerlei moralische und rechtliche Verpflichtung. Das Wesen des Menschen darf wohl als nächste und unmittelbare Erkenntnis- und Wertquelle des natürlichen Rechts angesehen werden, jedoch nicht als letzte und grundlegende; fällt aber diese hinweg, dann verliert auch die nächste und unmittelbare ihre Bedeutung. Denn die moralische und rechtliche Ordnung haben verpflichtenden Charakter nur dann, wenn sie in der metaphysischen und religiösen Ordnung verankert sind. Ohne einen absoluten und alles begründenden und verpflichtenden Seins- und Wertgrund kann es weder Sein noch Wert, weder Geltung noch Verpflichtung geben.

Daß die jetzt geltende natürliche Rechtsordnung von Gott nicht geändert werden kann, ist darin gelegen, daß sie das mit der Erschaffung der Menschennatur von Gott gegebene Recht ist. In der jetzigen Seinsordnung müßte Gott sich selbst widersprechen, wenn er das Naturrecht ändern würde. Nur bei Änderung der Menschennatur würde eine Änderung des Naturrechts möglich und fällig sein.

C. Ein weiterer Einwand gegen die Behauptung, daß jede Abwendung von Gott letztlich zu einer Abwendung von allem und jedem führt, dringt in eine letzte Tiefe. Der Einwand findet sich bei dem Wortführer der deutschen Aufklärungsphilosophie *Christian Wolff* (1679–1754) und seiner Schule. Gleich Grotius war Wolff von der Existenz Gottes überzeugt, wenn er auch, im Gegensatz zu Grotius, nicht theistisch, sondern deistisch dachte, sofern er der Meinung war, daß Gott die Welt zwar geschaffen habe, sich seither aber nicht mehr um sie kümmere, sondern sie ihrem eigenen gesetzmäßigen Ablauf überlasse. Wolff führte sonach alles wirkliche weltliche Seiende letztlich auf Gott zurück. Er dachte jedoch anders bezüglich des bloß möglichen Seienden. Bloß möglich ist, was nicht wirklich ist, aber verwirklicht werden kann, und Wolff meinte, dieses bloß mögliche Seiende hinge nicht von Gott ab, denn der *einzige* innere Grund für das bloß mögliche Seiende sei in der Vereinbarkeit bzw. Widerspruchslosigkeit der verschiedenen Merkmale gelegen. Weil die Merkmale Gold und Berg miteinander vereinbar sind, sei ein goldener Berg innerlich möglich, und was innerlich möglich sei, könne gedacht und verwirklicht werden. Was dagegen einen inneren Widerspruch einschließe – sei es widersinnig wie z. B. ein rundes Viereck, sei es unsinnig wie z. B. ein geistreiches Viereck –, das sei innerlich unmöglich und könne weder gedacht noch verwirklicht werden. Weil nun aber die Vereinbarkeit oder Nichtvereinbarkeit der Merkmale der einzige Grund dafür sei, daß etwas möglich oder unmöglich ist, würde auch im Fall der Nichtexistenz Gottes möglich sein, was jetzt möglich ist, und unmöglich, was jetzt unmöglich ist.

Diese Begründung der sogenannten Possibilien bzw. der objektiven Möglichkeiten ist nicht ausreichend. Die Vereinbarkeit der Merkmale bzw. die innere Widerspruchslosigkeit ist wohl der nächste innere Grund für das Sein des bloß möglichen Seins, aber gewiß nicht der letzte innere Grund. Nicht nur alles wirkliche weltliche Seiende ist von Gott abhängig, sondern auch alles bloß mögliche Seiende, so daß, wenn Gott nicht existierte, nicht nur überhaupt nichts wirklich, sondern auch überhaupt nichts möglich wäre. Zu diesem Ergebnis gelangt man, wenn man vom Erwägen des bloß möglichen Seins und vom Erwägen Gottes ausgeht.

Das bloß Mögliche ist sozusagen weniger als das Wirkliche, da es wohl verwirklicht werden kann, aber noch nicht wirklich ist. Nun ist alles weltliche Wirkliche von Gott abhängig, weil es nicht notwendig ist und daher nicht aus sich besteht und sich nicht selbst begründet. Wenn aber schon das weltliche Wirkliche nicht notwendig ist und sich nicht selbst begründet, dann ist erst recht das bloß Mögliche, das noch nicht einmal wirklich ist, nicht notwendig und trägt den Grund seiner Möglichkeit nicht in sich selbst. Es bedarf eines Grundes, und dieser kann nur in Gott gelegen sein, der auch der letzte Grund für alles wirkliche Weltliche ist.

Ferner gilt von Gott her zu bedenken, daß Gott der absolut Vollkommene ist. Auf ihn geht alles zurück. Er ist Fundament und Wurzel jeden Seins, jeder Wahrheit und jeder Güte. Nun ist auch das bloß mögliche Seiende irgendwie seiend, wahr und gut. Folglich gründet auch das bloß mögliche Seiende letztlich in Gott. Denn wenn das mögliche Seiende nicht in Gott, sondern in sich selbst gründet und daher auch im Fall der Nichtexistenz Gottes als solches Bestand haben würde, dann wäre Gott nicht absolut unabhängig, wie es sein Wesen verlangt. Dann könnte er zwar allem möglichen Seienden kraft seiner Allmacht Wirklichkeit verleihen; aber vor allem Wirken sähe er sich einer von ihm unabhängigen Gesetzlichkeit gleich einer Norm und Grenze gegenüber, der er unterstünde und nach der er sich zu richten hätte. Gott wäre, was widersinnig ist, vom Bereich des bloß Möglichen abhängig.

Diese Erwägungen erzwingen den Schluß, daß die Annahme Wolffs und seiner Anhänger falsch ist. Wenn Gott nicht existierte, gäbe es, wie nichts Wirkliches, so auch nichts bloß Mögliches. Desgleichen gäbe es nichts Unmögliches, denn das Unmögliche ist die Verneinung des Möglichen und setzt letzteres voraus.

Mit Recht schrieb *Leibniz* in der kleinen Schrift Causa Dei, die 1710 als Anhang der Essais de Theodicée erschienen ist: „Die Abhängigkeit der Dinge von Gott erstreckt sich auf alles nur Mögliche oder das, was keinen Widerspruch einschließt, als auch auf alle wirklichen Dinge. Selbst die Möglichkeit der Dinge, wenn sie auch noch nicht aktualisiert sind, hat Realität, die sich gründet im Dasein Gottes. Denn wenn Gott nicht existierte, so wäre nichts möglich, und das Mögliche besteht von Ewigkeit her in den Ideen der göttlichen Vernunft."

Daß der letzte innere Grund des möglichen Seins wohl weder in Gottes Allmacht (Wilhelm von Ockham) noch in Gottes freiem Willen (Descartes), sondern in Gottes metaphysischer Wesenheit zu suchen ist, sei noch angedeutet. Auf jeden Fall würde es, wenn Gott nicht existierte, weder Wahrheiten noch Werte, weder Recht noch Sinn, weder Wirkliches noch bloß Mögliches geben. Jede Abwendung von Gott führt bei konsequentem Denken und Verhalten zur Abwendung von allem und jedem und ist insofern eine nicht bewußte und nicht beabsichtigte, aber faktische Hinwendung zu nichts, näherhin nicht zu relativem nichts, das nur die Wirklichkeit, sondern zu absolutem nichts, das Wirklichkeit und Möglichkeit ausschließt.

II. Konsequenzen

A. Viele Menschen sind sich ihrer Abwendung von Gott nicht voll bewußt, so daß ihnen auch ihre allmählich fortschreitende Hinwendung zu nichts weithin verborgen bleibt. Sobald sie jedoch die Einsicht erlangen – sei es durch Selbstbesinnung und Selbstprüfung, sei es durch ein äußeres, sie erschütterndes Ereignis –, daß sie sich von Wirklichkeitsbereichen, Werten und Sinnzusammenhängen entfernen, stellen sich entweder Weltverneinung und Lebensüberdruß oder eigenmächtige Sinngebung und Überschätzung des eigenen Leistungsvermögens oder auch Verzweiflung und Vermessenheit zugleich ein.

Schopenhauer und *Eduard v. Hartmann* bekannten sich, um typische Beispiele zu nennen, zu einer atheistischen Weltanschauung, die sie und ihre Anhänger zwar gelegentlich an einem kümmerlichen Ersatz, wie etwa Schopenhauer an literarischem Ruhm, sich ergötzen, im Grund aber an allem verzweifeln ließ. Da die Welt die schlechteste aller möglichen Welten sei (Schopenhauer) oder zufolge ihrer Güte und Schlechtigkeit einem besten Krankenhaus oder besten Gefängnis gleiche (v. Hartmann), sei jede Lebensgeschichte eine Leidensgeschichte und die Welt ein Tummelplatz gequälter und geängstigter Wesen, so daß es gelte, den Unwert des Lebens zu erkennen und den Willen zum Leben zu ertöten (Schopenhauer) oder den Prozeß der Kultur machtvoll voranzutreiben, um nach Erprobung aller Glücksmöglichkeiten und nach Erfahrung ihres Mißlingens am Ende eine kosmisch-universelle Willensverneinung herbeizuführen (v. Hartmann). Charakteristisch für die Einstellung vieler ist die bittere Klage *Lenaus:* „Lieblos und ohne Gott! Der Weg ist schaurig! / Der Zugwind in den Gassen kalt. Und du? – / Die ganze Welt ist zum Verzweifeln traurig!" Auch Oswald Spengler, Jean Paul Sartre u. a. sprachen der Welt und dem Menschenleben einen letzten Sinn ab.

Andere Gottesleugner gelangten zu entgegengesetzten Gemüts- und Willenshaltungen. Der junge *Marx* machte sich das Bekenntnis des Prometheus zu eigen, daß er jeden Gott hasse, und unter Berufung auf Epikur bekannte er sich zur Absolutheit und Freiheit des menschlichen Selbstbewußtseins, das, da es sich von Gott losgesagt habe, zu beglückender Selbsterfüllung gelange. Später sah er in der Religion das Opium des Volkes und proklamierte die Revolution des Proletariats, das durch Ausmerzung der Religion und Errichtung einer klassenlosen Gesellschaft eine menschenwürdige Welt für alle herbeiführen solle. Desgleichen sah *Lenin* in der Religion Opium für das Volk, und mit satanischer Vermessenheit unternahm er die Ausrottung jeglichen Gottes- und Jenseitsglaubens und den Aufbau einer kommunistischen Gesellschaft zwecks Herbeiführung eines Paradieses auf Erden.

B. Häufig zu bemerken ist noch, daß das Gemüts- und Willensleben derer, die Gott nicht beachten oder ihn ablehnen, bald von Verzweiflung und bald von Vermessenheit beherrscht wird, und nicht zu leugnen ist, daß Verzweiflung und Vermessenheit, natürlich jeweils in verschiedener Akzentuierung, auch zugleich anzutreffen sind. Ein charakteristisches Beispiel ist *Friedrich Nietzsche,* der Gott abgelehnt und den zur Verzweiflung treibenden Abstieg von Gott zu nichts wie kein zweiter durchlebt und durchlitten, zugleich aber durch die Lehren vom Übermenschen und von der ewigen Wiederkunft des Gleichen einen vermessentlichen Aufstieg von nichts zu Dionysos als dem Garanten der höchsten Bejahung alles Seienden zu unternehmen versucht hat.

Wie ich an anderer Stelle ausführlich dargelegt habe[9], war Nietzsches Entwicklung ein Weg von Christus zu nichts und von nichts zu Dionysos. Während der letzten Jahre seines Schaffens nahm in systematischer Hinsicht der Nihilismus bzw. die Überzeugung von der Wert- und Sinnlosigkeit alles Seienden in seinem Denken und Erleben gleichsam die Mitte ein. Die Bekämpfung von Gottesglauben und Christentum ging als logische Grundlage dem Nihilismus voraus; und der Versuch, ihn mittels eines Religionsersatzes zu überwinden, schloß sich ihm an. In zeitlicher Hinsicht sind durch Jahre hindurch alle drei Tendenzen – der Antitheismus, der Nihilismus und der Religionsersatz mitsamt Verzweiflung und Vermessenheit – bei Nietzsche zugleich lebendig gewesen.

Da dieser Denker nie allein mit dem Kopf, sondern stets zugleich mit dem Herzen philosophierte, erlebte er den Nihilismus in der ganzen Breite seiner Existenz. Wie bitter muß er gelitten haben, wenn er sein Leiden über Gottes Tod als die oberste Sprosse auf der „Leiter der religiösen Grausamkeit“ empfunden hat! Daß man dereinst Gott Menschen opferte, die man liebte, war grausam; grausamer sind die Opfer der Asketen, die Gott ihre stärksten Instinkte darbringen; doch am grausamsten ist es, Gott selbst zu opfern und damit auf „alles Tröstliche, Heilige, Heilende, alle Hoffnung, allen Glauben an verborgene Harmonie, an zukünftige Seligkeiten und Gerechtigkeiten“ zu verzichten und „aus Grausamkeit gegen sich, den Stein, die Dummheit, die Schwere, das Schicksal, das Nichts“ anzubeten[10]. Gerade in bezug auf den Atheismus schrieb Nietzsche aus leidgequältem Herzen im Jahr 1885 in einem Brief an Overbeck: „Mir besteht mein Leben jetzt in dem Wunsche, daß es mit allen Dingen anders stehn möge, als ich sie begreife; und daß mir jemand meine ‚Wahrheiten‘ unglaubwürdig mache.“

Doch Nietzsche blieb hierbei nicht stehen. Er nannte den Nihilismus „einen pathologischen Zwischenzustand“[11] und bezeichnete sich als den ersten vollkommenen Nihilisten Europas, „der aber den Nihilismus selbst schon in sich zu Ende gelebt hat, – der ihn hinter sich, unter sich, außer sich hat“[12]. Abgesehen von pessimistischen Anwandlungen in seiner Jugend, nicht zuletzt unter dem Einfluß von Schopenhauer und Wagner, hat er zeit seines Lebens an der Grundüberzeugung festgehalten – seinem A priori, wie er es nannte –, daß der Mensch die Welt bejahen müsse und zur Herrschaft berufen sei. Darum stellte er drei Imperative auf, die zu radikalster Weltbejahung aufrufen und zu höchstem Herrentum emporführen sollen; und da er der Meinung war, daß die Welt am intensivsten durch Angleichung an ihre Eigenart bejaht werde, ergab sich der Inhalt der Imperative aus seiner Willens-, Werdens- und Unschuldsmetaphysik. Da die Welt Wille zur Macht sei, soll der Mensch nach der größeren Mächtigkeit des Übermenschen streben. Da die Welt, die Werden sei, ewig in gleicher Weise wiederkehre, soll der Mensch nach der eigenen ewigen Wiederkehr verlangen. Und da die unschuldige, aller Werte bare Welt vieles Böse und Furchtbare, Grausame und Zerstörerische in sich berge, soll der Mensch eine dionysische Natur werden und in Gesinnung, Gefühl und Tat zu allem Furchtbaren und Zerstörerischen ja sagen. Durch diesen dreifachen Appell glaubte Nietzsche, den Nihilismus überwunden und eine weltimmanente „Religion“ begründet zu haben, die radikalste Weltbejahung und höchstes Herrentum herbeiführe und zugleich berufen sei, das Christentum ebenso wie die Vernunftreligion der Aufklärung zu ersetzen und abzulösen.

Jedoch ewige Dauer und Geltung hat Nietzsche dieser „Religion“ nicht zuerkannt. Seine zwiespältige Meinung erinnert an Heraklit. Wie dieser Denker die Auffassung vertrat, die Welt werde zwar vom Logos beherrscht und zu einer harmonievollen Einheit gestaltet, gleiche aber im Grunde einem planlos hingeschütteten Kehrichthaufen, so meinte Nietzsche, die Imperative vom Übermenschen, von der ewigen Wiederkunft des Gleichen und von Dionysos seien zwar der Wirklichkeit sowie der Zielsetzung der Menschen angepaßt; aber gleich allen übrigen Thesen und Doktrinen würden auch sie vom Fluß des Geschehens hinweggespült; auch sie seien nur Spielwerk und Muscheln, die von den Wellen in die Tiefe gerissen werden.

So reichen sich Vermessenheit und Verzweiflung die Hände, was auch nicht verwundert, da beide Haltungen letztlich die gleichen Konsequenzen heraufbeschwören, nämlich die radikalste Abwertung der Welt und die satanische Freude an ihrer Zerstörung. Nietzsche selbst hat die Wiederkunftslehre einmal „die extremste Form des Nihilismus“[13] genannt.

III. Versuche der Überwindung

A. Im 19. Jahrhundert haben viele Atheisten nicht geahnt, daß die Ablehnung Gottes den Nihilismus zur Folge hat, also für eine irgendwie optimistische Welt- und Lebensbetrachtung keinen Raum läßt. So bekannte sich *Auguste Comte* zu einem atheistischen Positivismus; zugleich rückte er an die Stelle Gottes die Menschheit, die privat und öffentlich zu verehren sei und sich intellektuell und moralisch höher zu entwickeln habe. *Ludwig Feuerbach* war von der Theologie über die Philosophie Hegels zum Naturalismus und Atheismus gelangt und sah schließlich in Gott nur eine Projektion des Menschen; zugleich sprach er von der Göttlichkeit der menschlichen Gattung und forderte an Stelle der Gottesverehrung Menschenliebe und politische und kulturelle Zusammenarbeit. *David Friedrich Strauß* hat in seinen späteren Jahren materialistisch und evolutionistisch gedacht; zugleich vergötzte er das Universum und verlangte seine Verehrung sowie die Hingabe an die Kunst, die Dichtung und die Musik; Nietzsche sah in ihm den Typ eines Bildungsphilisters und verspottete seinen Philister-Optimismus.

Auch heute noch verkennen viele Religions- und Christentumsverächter die veränderte religionsphilosophische Situation. Sie kennen nicht die gegenwärtige Problemlage, auf die der Tübinger Theologe Hans Küng mit Nachdruck hinweist: „Wir sind mit Nietzsche endgültig zur radikalen Frage-Stellung und auch In-Frage-Stellung der Neuzeit vorgedrungen. Und ‚Sein oder Nichtsein', das ist hier nun tatsächlich die Frage: Nihilismus oder. . .? Das ist die Frage gerade unseres Jahrhunderts." Und: „Seit Nietzsche muß von Gott im Horizont des Nihilismus – der extremsten Gegenposition zum Gottesglauben – geredet werden"[14]. Eine Beschäftigung mit dem philosophischen Gottesproblem setzt heute in der Tat eine Auseinandersetzung mit dem Nihilismus voraus. Wer in dieser Weltsicht nicht steckenbleiben oder ihr nicht verfallen mag, muß sie zu überwinden trachten. Nur auf einige Versuche der Überwindung kann noch kurz hingewiesen werden, leider nicht auch auf die von Russell, Huxley, Camus u. a. Die Kritik muß sich auf ganz Grundsätzliches beschränken.

B. Ein viel beachteter Versuch ist die Hoffnungsphilosophie von *Ernst Bloch*. Dieser Atheist und Neomarxist kannte die Furchtbarkeiten der Welt; insbesondere litt er unter den Unfertigkeiten, Nöten und Sehnsüchten der Menschen und den schrecklichen Zuständen und Geschehnissen in der menschlichen Gesellschaft. Gleichwohl lagen ihm Untergangsstimmung, müde Resignation und Verzweiflung fern. Jüdisches und christliches, philosophisches und marxistisches Gedankengut umdeutend und verbindend, propagierte er im Geist eines schöpferisch-utopischen Marxismus und prophetisch-ekstatischen Messianismus im Interesse der Heraufkunft einer besseren Welt den Affekt eines Hoffens, das nicht mit Ergebung und Passivität verbunden sei, sondern zu kämpferischer Umgestaltung und zu Verwirklichung von Noch-Nicht-Seiendem, aber Möglichem antreibe. Die Menschen wollen und sollen nicht bleiben, wie sie sind, sondern über sich hinausschreiten. Sie sollen nicht an Transzendenz glauben, aber selbst transzendieren und in der Überzeugung, noch alles vor sich zu haben, auf ein besseres Dasein hin, das ihre Heimat sein würde, unterwegs sein. Solche tätige und vorantreibende Hoffnung sei auch Grundprinzip der gesamten Wirklichkeit. „Erwartung, Hoffnung, Intention auf noch ungewordene Möglichkeiten: das ist nicht nur ein Grundzug des menschlichen Bewußtseins, sondern, konkret berichtigt und erfaßt, eine Grundbestimmung innerhalb der objektiven Wirklichkeit insgesamt“[15]. Das Seiende sei sonach nichts Ruhendes und Bleibendes, sondern ein fortwährendes Gären und Überholen und, allen zu erwartenden Enttäuschungen und Rückschlägen zum Trotz, ein beständiger Übergang von Hoffnung zu Erfüllung, von Möglichkeit zu Wirklichkeit. Sein Ziel sei die Befreiung der Menschen, die klassenlose Gesellschaft, die vollendete Harmonie von Mensch und Natur sowie ein Reich des in seine Heimat gelangten Menschen und des Friedens auf Erden.

Hierzu ist zu bemerken, daß Vorausschau und Hoffnung, entgegen einseitig pessimistischer Weltbetrachtung, wertvolle menschliche Lebens- und Verhaltensweisen sind, wenn sie zu wertvollen Taten anspornen, daß jedoch für ein Vertrauen bzw. für die feste Zuversicht, die erhofften Ziele würden sich erreichen lassen und erreicht werden, in Blochs rein weltimmanenter Wirklichkeitsbetrachtung jede Begründung fehlt. Desgleichen ist es eine unbewiesene Annahme, die Materie sei eine prozeßhafte Wirklichkeit, angelegt auf eine bessere Zukunft und ausgestattet mit entsprechender Gebärens- und Gestaltungskraft. Von einer Überwindung des Nihilismus kann daher nicht gesprochen werden. Problematisch ist auch Blochs Ontologie vom Noch-Nicht-Sein.

C. Im Gegensatz zu Bloch erkannte *Max Horkheimer,* ein Mitbegründer der Frankfurter Schule, daß der Nihilismus nur überwunden werden kann, wenn zur Transzendenz vorgestoßen wird. Horkheimer war Agnostiker; wie er entgegen der Meinung christlicher Theologen jede rationale Begründung der Existenz Gottes ablehnte, so warf er den Atheisten vor, daß sich die Nichtexistenz Gottes nicht begründen lasse. Doch für furchtbar hielt er es, wenn der Atheismus verkündet und an ihm festgehalten werde. Denn wenn Gott nicht existiere, gebe es keine dauernde Wahrheit und keinen unbedingten Sinn, keine Moral und keine moralische Politik; alles auf der Welt sei öde und langweilig. Um diesen Konsequenzen zu entgehen, wies Horkheimer darauf hin, daß alle Menschen sich nach vollendeter Gerechtigkeit sehnen, die es auf der Erde nicht gebe und nie geben werde; der Gedanke an ein innerweltliches Paradies sei eine Utopie. Aus dieser Sehnsucht aber sowie aus dem Wunsch, „dieses irdische Dasein möge nicht absolut, nicht das Letzte sein“[16], erwachse die „Sehnsucht nach dem ganz Anderen“, durch dessen Existenz die Welt und alles in ihr einen Sinn erhalten würde. Allerdings sei diese Sehnsucht, wie verständlich sie auch sei, lediglich ein Wunsch. Horkheimer vermochte nicht, sich zu dem Vertrauen durchzuringen, daß der Sehnsucht eine Wirklichkeit entspreche. Infolgedessen ist kritisch anzumerken, daß er den Nihilismus nur der Absicht nach, aber nicht in Wirklichkeit überwunden hat. Er scheint es auch selbst gespürt zu haben, denn seine letzte Auskunft lautet: „Ich bin mehr und mehr der Meinung, man sollte nicht von der Sehnsucht sprechen, sondern von der Furcht, daß es diesen Gott nicht gebe“[17].

D. Von katholischen Denkern sei der Existenzphilosoph *Peter Wust* erwähnt. Er ging von der Überzeugung aus, daß der Mensch gezwungen sei, ein Leben in Ungesichertheit und Ungewißheit zu führen. Auf der untersten Ebene, bei der Jagd nach Genuß, Besitz und Macht, erweise sich das Leben als unberechenbar, alogisch und schicksalhaft. Auf der mittleren Ebene zeige sich die Ungesichertheit des Verstandes bei der Frage nach der philosophischen Urgewißheit und im Hinblick auf das philosophische Gottesproblem. Und auf der obersten Ebene lebe der religiöse Mensch im Halbdunkel der religiösen Gottesgewißheit, der Offenbarungsgewißheit, der Heilsgewißheit und des mystischen Weges.

Wichtig für unseren Zusammenhang ist Wusts Schilderung der Ungesichertheit des menschlichen Verstandes. Er meinte, den mathematischen und ebenso den philosophischen Erkenntnissen komme unumstößliche Gewißheit zu; aber unser Geist befinde sich den beiden Erkenntnisarten gegenüber in einer anderen Lage. Die mathematischen Erkenntnisse würden ohne weiteres akzeptiert. Da den philosophischen Erkenntnissen indes neben der szientifischen die existentielle Funktion zukomme, der Seinsverwesentlichung des Menschen dienstbar zu sein, sei bezüglich der Annahme dieser Erkenntnisse eine Bewährung des Ich notwendig, und da sich dieses in der Situation der Gefährdetheit befinde, könne es den Erkenntnissen demütig zustimmen, aber auch hochmütig die Zustimmung verweigern. So bestehe ein ursprünglicher Konflikt bezüglich der philosophischen Erstprinzipien; sie können angenommen, aber auch abgelehnt werden. Offenkundiger noch sei die Ungesichertheit des Verstandes hinsichtlich des philosophischen Gottesproblems. Einerseits ergebe sich durch die Gottesbeweise „ein so entscheidendes Beweisgewicht für die Existenz des höchsten Wesens, daß man bei kühler Überlegung fast glauben möchte, der Menschengeist müßte von dem Gewicht dieser Beweise förmlich erdrückt werden". Doch andererseits habe „alle diese logische Denkarbeit der Menschheit den Kampf um die Frage nach der Existenz eines höchsten Wesens nicht zur Entscheidung bringen können"[18]. Der Grund liege darin, daß der Mensch „in die existentielle Ursituation der beiden Möglichkeiten von Liebe und Selbstsucht" gestellt ist. Die menschliche Ratio könne „der Liebe Raum geben und auf das letzte Warum des Warumseins fromm verzichten. Sie kann aber auch der Selbstsucht Raum geben und, ihrem ins Grenzenlose drängenden Frageimpuls folgend, noch gleichsam hinter die ratio sui hinausfragen wollen, wobei sie dann notwendig ins Leere gerät"[19]. Infolgedessen sei ein Wagnis, eine irrationale Entscheidung gefordert. Das Wagnis solle jedoch nicht blind und auch nicht das Wagnis der absoluten Wagnislosigkeit sein. Der Mensch habe das Wagnis der Weisheit zu vollziehen, „das seine Grundlage in der Sehfähigkeit der Vernunft hat"[20]. „Die wahre Lebensweisheit wagt auf das Minimum der menschlichen Sehfähigkeit das Maximum des Glaubens an die universale Ordnung. Und das bedeutet ein Maximum der Ehrfurcht, ein Maximum der Demut, ein Maximum der Liebe"[21].

Kritisch sei lediglich vermerkt, daß trotz aller Gefährdetheit und Ungewißheit von Mensch und Verstand nicht einzusehen ist, weshalb Wust ein Wagnis bzw. eine irrationale Entscheidung für die Annahme der Prinzipien- und Gotteserkenntnis für notwendig erachtet, nachdem er sich für ihre Gewißheit ausgesprochen hat. Wenn mit Gewißheit erkannt ist, daß die Prinzipien des Widerspruchs und des zureichenden Grundes sowie die philosophischen Aussagen über Dasein und Wesen Gottes wahr sind, dann scheint die Annahme dieser Einsichten bzw. die willentliche Zustimmung doch kein Wagnis, sondern die Erfüllung einer Forderung zu sein, die vom Verstand und seinen Erkenntnissen notwendig und mit Recht ausgeht. Wenn sich aber, was oft genug geschieht, Gemüt und Wille der Forderung widersetzen, dann ist keine irrationale, sondern eine rationale Entscheidung zu treffen. Dann hat das Ich die Aufgabe, alle gemüthaften und willentlichen Widerstände zu überwinden und die gesicherten Einsichten des Verstandes anzuerkennen.

E. Mit besonderer Ausführlichkeit hat sich *Hans Küng* mit dem Nihilismus auseinandergesetzt. Er nimmt diese Weltsicht ganz ernst, wobei noch auffällt, daß er unter der Nichtigkeit der Welt, von der er ausgeht und die er philosophisch durchleuchtet, nicht nur Sinnlosigkeit, sondern auch Kontingenz versteht. Hinsichtlich des Sinnes fragt er: „Gibt es überhaupt eine Wahrheit? Ist die Welt eigentlich gut? Ist der

Mensch nicht im Grunde widersprüchlich, gespalten? Das menschliche Leben also gekennzeichnet von Nicht-Identität, einer letzten Sinn- und Wertlosigkeit, also Nichtigkeit?"[22] Und bezüglich der Kontingenz stellt Küng fest: „Die Wirklichkeit, alles, was ist, ist bedroht durch die überall gegenwärtige Nichtigkeit, die Möglichkeit des Nichtseins, die Vergänglichkeit, Verfallenheit, Endlichkeit. Dies macht die Fraglichkeit der Wirklichkeit aus. Die Frage nach Sein oder Nichtsein des Seienden ist unabweisbar"[23]. Daß Küng die Fragen nach dem Sinn der Welt und nach ihrer Endlichkeit und Nicht-Notwendigkeit unterscheidet, ist zu begrüßen. Viele verkennen die Berechtigung und die Bedeutung der zweiten Frage, weil sie der Welt von vornherein und zu Unrecht ein notwendiges Sein zuschreiben.

Bezüglich der Frage nach Sinn oder Sinnlosigkeit meint Küng, daß sie sich nicht beantworten lasse; ein zwingendes Argument gebe es weder für die eine noch für die andere Meinung. Wie es möglich sei, daß das Menschenleben und überhaupt „alles letztlich zwiespältig, sinnlos, wertlos, nichtig" sei, so sei „auch das Gegenteil nicht von vornherein unmöglich: daß alles letztlich doch identisch, sinnvoll, wirklich ist"[24]. Wenn sich die Frage aber auch nicht sicher beantworten lasse, könne sie auf die Dauer nicht offen bleiben. Unsere Freiheit verlange das Wagnis einer Entscheidung. Der Wirklichkeit der Welt und des eigenen Ich müsse entweder ein Grundmißtrauen oder ein Grundvertrauen entgegengebracht werden. Bei dieser zu treffenden Entscheidung solle allerdings nicht übersehen werden, daß der Mensch an sich nicht zum Nein, sondern zum Ja neige, daß dem Grundmißtrauen die Welt verschlossen bleibe, während das Grundvertrauen für die Wirklichkeit offen mache, und daß nicht das Nein, wohl aber das Ja in der Praxis konsequent durchgehalten werden könne. Infolgedessen könne nicht von einem Patt gesprochen werden. Wenn sich das Grundmißtrauen auch nicht durch rationale Argumente erschüttern lasse, zeichne sich doch, im Gegensatz zu ihm, das Grundvertrauen zufolge der genannten Vorzüge „durch eine innere Rationalität" aus. Es erweise sich „als ein von der Wirklichkeit selbst begründetes und somit vor der Vernunft gerechtfertigtes Vertrauen, das keine von vornherein einleuchtende selbstfabrizierte Sicherheit, wohl aber eine im Vollzug dem Menschen aufleuchtende Gewißheit gewährt"[25]. Überdies diene es der Wissenschaft und der Ethik und ebenso der Menschwerdung des Menschen und der Humanisierung der Gesellschaft zur notwendigen Grundlage. Doch trotz des ihr entgegenzubringenden Vertrauens verliere die Welt nicht ihre letzte Fraglichkeit. Durch das Wagnis des Ja werde der Nihilismus nur faktisch überwunden, jedoch nicht grundsätzlich. Zu seiner grundsätzlichen Überwindung bedürfe es noch eines Ja zu Gott. Bei dieser Forderung ist von Küng offensichtlich primär an die Endlichkeit und Vergänglichkeit, also die Kontingenz der Welt gedacht.

Bei der folgenden Auseinandersetzung mit dem Atheismus hält Küng die Existenz Gottes weder für beweisbar noch für widerlegbar. Die Untersuchung der Gottesbeweise führe zu dem Ergebnis: „Eine rein rationale Demonstration der Existenz Gottes, die allgemein zu überzeugen vermöchte, gibt es nach den bisherigen Erfahrungen nicht"[26]. Ebenso könne aber auch die Nichtexistenz Gottes, wie schon Kant gezeigt habe, nicht erwiesen werden. Folglich dürfe man die Annahme der Existenz Gottes für eine Hypothese halten. Zugleich sei man berechtigt, ihr zuzustimmen, denn ihre Annahme mache deutlich, daß sich Gott als Ur-Grund, Ur-Halt, Ur-Ziel und Sein-Selbst aller Wirklichkeit erweist, so daß die Welt nicht haltlos und ziellos und nichtig ist. Auch lasse die Hypothese die negative Seite der Welt, ihre Endlichkeit und Nicht-Notwendigkeit, verstehen, weil sie zeigt, daß die Welt nicht Gott ist, also mit ihrem Ur-Grund und dem Sein-Selbst nicht identifiziert werden darf. Doch trotz der Berechtigung ihrer Annahme dürfe nicht vergessen werden, daß es sich um eine Hypothese handelt, für die es keinen Beweis gebe. Der Atheismus bleibe unwiderlegbar. Aber wenn auch Gottes Existenz weder durch einen Aufweis der reinen Vernunft, noch auf Grund eines moralischen Postulates der praktischen Vernunft, noch ausschließlich auf Grund des biblischen Zeugnisses erwiesen werden könne, sei eine Entscheidung unumgänglich, und wenn das irrationale Wagnis des Ja zu Gott wegen der angegebenen Vorzüge vollzogen wird, seien das Grundvertrauen zur Wirklichkeit gesichert und der Nihilismus grundsätzlich überwunden.

Zur Kritik sei bemerkt, daß Küng recht hat, wenn er zur grundsätzlichen Überwindung des Nihilismus die Annahme der Existenz Gottes für nötig erachtet. Auch kann der Vorwurf, der gegen Wust vorgebracht wurde, gegen ihn nicht erhoben werden. Denn während Wust das Wagnis der Annahme gesicherter Erkenntnisse verlangte, bezieht sich Küngs Aufruf zum Wagnis nicht auf Erkenntnisse, sondern auf Hypothesen. Was aber der Korrektur bedürftig ist, ist der hypothetische Charakter, den er der Lehre von der Erkennbarkeit der Existenz Gottes zuschreibt.

F. Zum Schluß sei der Versuch erwähnt, Nihilismus und Atheismus rational zu widerlegen. Wenn bei der Zustandsbeschreibung der Welt diese für sinnlos und kontingent erklärt wird, so ist zu bemerken, daß die Beschreibung unvollständig und daher zum Teil falsch ist. Sicher ist richtig, daß die Welt im einzelnen wie im ganzen kontingent ist. Von allem Weltlichen gilt, was Küng so ausdrückt: „Alles, was ist, könnte eben auch nicht sein“[27]. Es trägt den hinreichenden Grund seiner Existenz und Essenz nicht in sich. Dagegen kann die Behauptung des Nihilismus von der totalen Sinnlosigkeit der Welt nicht aufrechterhalten werden. Wohl sind in allen Bereichen, in der Natur wie im Leben der Menschen, in der Gesellschaft wie in der Kultur, zahllose und furchtbare Übel anzutreffen. Aber erschreckend einseitig ist es, wenn darüber der in Leben und Geist, in Natur und Kultur anzutreffende Sinn übersehen und geleugnet wird: die zahllosen und grandiosen selbstdienlichen und fremddienlichen Zweckmäßigkeiten in Makrokosmos und Mikrokosmos; die menschliche Erkenntniskraft, die wesensnotwendige Grund-Folge-Zusammenhänge der idealen Quantitäten, regelmäßige Wirkursachen-Wirkungs-Zusammenhänge der naturhaften Realitäten, je besondere Zweckursachen-Wirkungs-Zusammenhänge der geistigen und kulturellen Realitäten, Werte und Normen sowie metaphysische Erstprinzipien in Form synthetischer Urteile a priori zu erfassen vermag; die menschliche Willenskraft, die dem Ich gestattet, zu wählen oder nicht zu wählen, diese oder jene Handlung zu wollen und sich frei für sittlich Gutes oder sittlich Böses zu entscheiden; nicht zuletzt die menschliche Gestaltungskraft, die über der Natur ein Reich der Kultur aufzurichten vermag. Eine nähere Darlegung dieser sinnvollen und sinnstiftenden Fakten ist hier nicht möglich.

Ferner kann die Existenz Gottes mit Sicherheit erkannt werden. Wie oben ausgeführt wurde, würde die Welt nicht existieren, wenn Gott nicht existierte, denn die Welt ist im einzelnen wie im ganzen kontingent und bedarf einer Ursache, der sie ihr Dasein verdankt, und diese Ursache muß absolut notwendig und absolut vollkommen sein. Wie aber von der Nichtexistenz Gottes auf die Nichtexistenz der Welt, so kann von der Existenz der Welt auf die Existenz einer welttranszendenten absolut vollkommenen Ursache, also auf Gott geschlossen werden. Daß diese Erkenntnis natürlich ganz unvollkommen ist und wir zufolge ihres bloß analogen Charakters von Gott mehr wissen, wie er nicht ist, als wie er ist, braucht wohl kaum gesagt zu werden.

Aber auch das unvollkommenste Wissen von Gott ist eine vollgültige Widerlegung des Nihilismus. Alles Weltliche erfährt eine wesentliche Erhellung, wenn es im Licht Gottes betrachtet wird. Denn dann ist sicher, daß ihm die transzendentalen Bestimmtheiten des Einsseins, Wahrseins und Gutseins zukommen. In Widerspiegelung der göttlichen Einheit ist alles weltliche Seiende, unbeschadet scheinbarer Zerrissenheit und Zwiespältigkeit, ungeteilt und von anderem verschieden, also eins. Und unbeschadet scheinbarer Sinn- und Wertlosigkeit ist alles weltliche Seiende Abbild einer göttlichen Idee und Nachahmung einer göttlichen Vollkommenheit und daher sowohl wahr, rational strukturiert und erkennbar wie auch gut, irgendwie vollkommen und erstrebenswert. Diese ontische Wahrheit und ontische Güte sind wiederum Grundlagen für erkenntnistheoretische Wahrheit und ethische Güte. Ferner lösen sich, wenn Gott existiert, im Menschenleben scheinbare Paradoxien; auch den Schmerzen und Leiden kommt ein Sinn zu, die Tragik verliert ihre Ausweglosigkeit, das Vertrauen überwindet die Angst, das ganze Menschenleben wird zu einer Pilgerreise zu Gott. Doch trotz dieser Sinnhaftigkeiten sollen die in der Welt vorkommenden Übel nicht geleugnet oder auch nur bagatellisiert werden. Von einer glatten Lösung des Theodizeeproblems kann nicht gesprochen werden. Ein Rest dunkler Fragen, die den Verstand bedrängen und das Gemüt belasten, bleibt ungeklärt.

Erwähnt sei noch, daß trotz der Folgerichtigkeit obigen Schlusses und anderer die Welt kausal durchdringender Gottesbeweise der Behauptung Küngs nicht widersprochen werden kann, daß diese Gedankengänge nicht allgemein zu überzeugen vermögen. Der Grund liegt jedoch nicht in einer Unzulänglichkeit der Beweise, sondern darin, daß die Einsicht in die Wahrheit und Gewißheit von Urteilen und Schlüssen eine volle oder auch nur teilweise persönliche Zustimmung nicht zu erzwingen vermag. Zwar nicht auf mathematischem und nur wenig auf naturwissenschaftlichem, wohl aber auf geisteswissenschaftlichem und besonders auf metaphysischem Gebiet sind Zustimmung und Ablehnung gesicherter Erkenntnisse von der freien Entscheidung des Ich abhängig. Wohl kann ein unbeirrbarer Wille zur Wahrheit in vielen Fällen zur Zustimmung geradezu nötigen. Wenn aber, wie es bei metaphysischen Aussagen zumeist der Fall ist, Neigungen und Abneigungen, Wünsche und Befürchtungen auf die Entscheidung einen größeren oder geringeren Einfluß ausüben, kann es sowohl auf schuldlos-unwillkürliche wie auch auf schuldhaft-willkürliche Weise zur Bezweiflung oder gar Ablehnung gesicherter Urteile und Schlüsse, also auch gesicherter Gotteserkenntnis kommen. Mit Recht sagte Schopenhauer: „Was dem Herzen widerstrebt, läßt der Kopf nicht ein“[28].

Anmerkungen

1 *Fr. Nietzsche,* Die fröhliche Wissenschaft, Aph. 343.
2 *J.-M. Guyau,* Die Irreligion der Zukunft. Dt. v. *M. Kette,* Leipzig 1912, 194.
3 Die fröhliche Wissenschaft, Aph. 125.
4 Der Wille zur Macht, Aph. 253.
5 Die fröhliche Wissenschaft, Aph. 357.
6 Der Wille zur Macht, Aph. 1.
7 Ebd., Aph. 24.
8 Ebd., Aph. 303.
9 *H. Pfeil,* Von Christus zu Dionysos. Nietzsches religiöse Entwicklung, Meisenheim am Glan ²1975.
10 Jenseits von Gut und Böse, Aph. 55.

11 Der Wille zur Macht, Aph. 13.
12 Ebd., Vorrede 4.
13 Ebd., Aph. 55.
14 *H. Küng,* Existiert Gott?, München 1978, 459–460.
15 *E. Bloch,* Das Prinzip Hoffnung, Bd. I, Frankfurt 1959, 5.
16 *M. Horkheimer,* Die Sehnsucht nach dem ganz Anderen. Ein Interview mit Kommentar v. *H. Gumnior,* Hamburg 1970, 67.
17 Ebd., 76.
18 *P. Wust,* Ungewißheit und Wagnis, München [4]1946, 162.
19 Ebd., 170.
20 Ebd., 298.
21 Ebd., 299.
22 *H. Küng,* Existiert (Anm. 14), 463.
23 Ebd., 467.
24 Ebd., 469.
25 Ebd., 468.
26 Ebd., 587.
27 Ebd., 463.
28 *A. Schopenhauer,* Die Welt als Wille und Vorstellung, 2. Buch, Kap. 19.

GREGOR MÜLLER

Die „dignitas hominis"-Lehre des Pico della Mirandola: Ein Plädoyer für Freiheit und Frieden

Problemgeschichtliche Untersuchung über Fragen der Anthropologie im Zeitalter der Renaissance

I. Einführung und Fragestellung

Von Menschenwürde und Menschenrechten spricht man in unseren Tagen oft und auch ausführlich. Die Gründe, warum man sich heutzutage über solche Themen mit besonderem Engagement auseinandersetzt, sind zweifellos durch die gegenwärtige Not- und Krisensituation in zahlreichen Ländern der Erde bedingt.

Fraglich ist jedoch, ob man im konkreten Fall auch eine richtige Vorstellung davon hat, was diese großen Themen der abendländischen Geistesgeschichte beinhalten und was sie praktisch bedeuten, hat man doch noch in unseren Tagen in der öffentlichen Presse darüber Klage erhoben, daß die Verletzung der grundlegenden Menschenrechte (das Recht auf Leben und auf eine menschenwürdige Lebensqualität) „mit einer bisher nie gekannten Rhetorik über diese Rechte einhergeht".[1]

Im folgenden soll deshalb die „dignitas hominis"-Lehre eines Gelehrten vorgestellt werden, der sich in einzigartiger Weise dieser Thematik gewidmet hat, in Deutschland aber wenig bekannt ist.[2] Es handelt sich um den italienischen Humanisten Giovanni Pico della Mirandola (*1463 in Mirandola, † 1494 in Fiesole b. Florenz), der bisweilen als die „la plus pure figure de l'humanisme chrétien" bezeichnet wurde.[3]

II. Zur Biographie Picos della Mirandola

Der sehr begüterte Graf von Concordia[4] erwarb sich in Ferrara, Padua, Florenz und Paris sowie während ausgedehnter Privatstudien (u. a. der Kabbala und Hermetica) eine umfassende Kenntnis des christlichen und außerchristlichen Denkens. Angesichts der geistigen Krise seiner Zeit und im Nachvollzug humanistischer Ideen rang er um ein neues Selbstverständnis des Menschen und um den Aufweis einer alles philosophische und religiöse Denken durchwaltenden, im ewigen Logos gegründeten und in der christlichen Offenbarung gipfelnden Einheit (logos spermatikos).

Pico verfocht eine biblisch-einfache und universale Theologie. Seine spiritualistisch-adogmatische Einstellung führte zeitweilig allerdings zum Konflikt mit der kirchlichen Autorität.[5]

III. Picos Persönlichkeit und geistiges Profil

Die Persönlichkeit und das geistige Profil Picos zu skizzieren, ist keine leichte Sache, da es damals für zahlreiche Humanisten geradezu charakteristisch war, keine eindeutigen Aussagen zu machen, für synkretistische Systeme zu plädieren oder überhaupt die philosophisch-theologische Unklarheit zu lieben.[6] Dies gilt um so mehr für Pico, für den das Hervorstechende bei Darlegung des Menschenbildes die Freiheit des Menschen und als Kennzeichnung der menschlichen Natur die Unbestimmtheit gilt. Auch Picos manchmal schwer verständliche Sprache und komplizierte Ausdrucksweise – er liebte es, gewisse geheimnisvolle Wahrheiten in symbolischer Form (sub aenigmate) vorzutragen – muß in diesem Lichte gesehen werden.

Nimmt Picos Sprache, besonders in seiner Oratio (über dieselbe wird weiter unten ausführlich die Rede sein), oft auch fast hymnischen Charakter an, so darf dieses enthusiastische Element nicht darüber hinwegtäuschen, daß der Mirandolaner nicht zur Sippe der „weltzugewandten Humanisten" gehörte. Obwohl durchaus humanistisch gebildet[7], verpönte er einen geistlosen Sprachkult und eine leere Rhetorik[8]. „Er gehört vielmehr in die weltflüchtige Bewegung des ausgehenden 15. Jahrhunderts, in der Platon und Plotin und die aristotelische Auffassung von der theoretischen Tätigkeit als der höchsten Tätigkeit des Menschen wieder zu Ehren kamen."[9]

Pico war Christ und hat dies mit Nachdruck auch öffentlich bekannt.[10] Doch „der Schwerpunkt seines geistigen Wesens lag im Theismus. Die Oratio ist im ersten Teil reine theologia naturalis, und auch im folgenden kommt sie nicht ernsthaft darüber hinaus."[11] Dessen unbeschadet aber bleibt bestehen, daß der Mirandolaner ein wesentlich religiöser Denker war. Sein Denken kreist ständig um die Frage, wie der Mensch zur Seligkeit mit Gott gelangen kann.

Manche der hierher gehörigen Fragen, wie z. B. ob Pico Platoniker oder Aristoteliker war, ob integraler Christ oder nur eine christliche Randfigur, ob echter Wissenschaftler oder nur Schwärmer und Träumer oder gar Play-Boy, solche und ähnliche Fragen werden bis heute von der Forschung z. T. noch sehr unterschiedlich beantwortet.

Als sicher gilt jedoch, daß Pico die Oratio aus der Mentalität des Platonismus heraus konzipiert hat, obwohl er ansonsten mehr oder weniger im Sinne eines „philosophisch-religiösen Synkretismus" gedacht und geschrieben hat. Außerdem gilt es zu beachten, daß die Abfassung der Oratio in eine Zeit fiel, da sich Pico eingehend mit dem Studium und der Interpretation der hebräischen Gnosis und der kabbalistischen Mystik beschäftigte.

Berühmte zeitgenössische Gelehrte waren seine Freunde, z. B. Battista Guarino, Nicoletto Vernia, Elia del Medigo, Flavius Mithridates, Jochanan Alemanno, Marsilio Ficino und Angelo Poliziano.

Zweifellos interessant ist die Meinung einiger Forscher, bei Pico seien deutliche Gemeinsamkeiten mit Origenes festzustellen, dem ersten Theologen also, „der mit Hilfe platonischer Gedanken die Elemente der christlichen Offenbarung zu einem System zusammenbaute, ein ‚Genius der Summation'".[12] Dies mag wohl übertrieben sein, aber manche Berührungspunkte mit Origenes sind unübersehbar.[13]

Die Frage über Ähnlichkeiten oder gar Gemeinsamkeiten Picos mit anderen Denkern darf jetzt übergangen werden, da sie bereits von der Forschung bis in viele Details hinein beantwortet wurde.

Bleibt noch zu sagen, daß innerhalb der fast unübersichtlich gewordenen Fachliteratur über Pico,[14] Forscher wie Anagnine, Cassirer, Biezais, Garin, Kristeller, Auer und Monnerjahn – ohne die Verdienste anderer Wissenschaftler schmälern zu wollen – zu den Männern zählen, bei denen wohl die ausgiebigsten und originellsten Informationen über Mirandola, was unsere spezielle Thematik anbelangt, zu finden sind.

IV. Picos „wissenschaftliche" Qualifikation bzw. Originalität

Eine bedeutsame Leistung Picos ist zweifellos seine Anthropologie (vgl. Biezais): als Abbild Gottes mit schöpferischer Freiheit begabt, ist der Mensch verantwortlicher Gestalter seiner selbst und der ganzen Welt. Damit ist Pico eine Fragestellung gelungen, aber auch eine Antwort, die gerade in heutigen Tagen wieder aufhorchen lassen sollte.

Gerade in diesem Zusammenhang wäre seine Originalität zu erörtern, derer sich Pico selbst durchaus bewußt war, wollte er doch auch Eigenes bieten, nicht nur Herkömmliches. Das Thema von der Würde des Menschen ist nämlich alt und wurde vielbehandelt (tritum in scholis); in Philosophie und Theologie war es eines der gängigsten Gemeinplätze[15]. Den damals bekannten Antworten trat Pico nun dadurch entgegen, indem er behauptete, „daß die Besonderheit des Menschen nicht in seiner adeligen Natur bestehe, sondern in der Tatsache, daß er über keine Essenz, keine Natur verfüge, die sein Tun im voraus determiniert; weiterhin darin, daß der Mensch sich seine eigene Natur in einem primären Akt freier Entscheidung schaffen kann, die dann allerdings determinierend wirkt";[16] der Mensch allein ist also verantwortlich für seine eigene Natur (mehr darüber weiter unten!).

In der Tat zeigt sich die Originalität des Mirandolaners u. a. darin, daß er die traditionelle Mikrokosmos-Theorie auf den Kopf gestellt hat (vgl. weiter unten).

Niedergeschrieben sind solche und ähnliche Gedanken, wie oben erwähnt, vornehmlich in Picos sog. „Oratio de hominis dignitate", nach den vielzitierten Worten von J. Burckhardt „das nobelste Vermächtnis der Renaissance", mit der wir uns im folgenden hauptsächlich zu beschäftigen haben. Mit allem Nachdruck soll in diesem Zusammenhang jedoch noch darauf hingewiesen werden, wenn dies in der Oratio selbst auch nicht deutlich zum Vorschein kommt, daß Picos Originalität auch darin gelegen hat, daß er – ganz im Sinne von Duns Scotus – die Überlegenheit des Willens und der Liebe gegenüber einem abstrakten Wissen und einer puren Spekulation verteidigt hat (ausführlicher darüber weiter unten).[17]

Eindrucksvoll kommt dies alles zum Ausdruck im Brief eines Schülers des Neuplatonikers Marsilio Ficino (1433–1499), Giovanni Nesi (1456–1520), der Pico fast anbetete: „Du bist desjenigen Gottes Bild und Gleichnis . . . um so vollkommener, je wirksamer du dein Vorbild darstellst. Mehr durch Liebe als durch Gelehrsamkeit stellst du es dar. Stärker leuchtet in dir sein Bild durch Liebe als durch Spekulation; genehmer ist ihm, der ihn liebt, als der ihn erkennt, doch da er Gott liebt, wird er wiedergeliebt."[18]

In der Forschung ist der hier zu Tage tretende augustinisch-scotistische Aspekt der Mentalität Picos bisher nur wenig gewürdigt worden, weshalb hier mit Nachdruck darauf aufmerksam gemacht werden darf.[19]

V. Bemerkungen zur Entstehungsgeschichte und Disposition von Picos Oratio

Bevor wir uns einigen wesentlichen Thesen der Oratio zuwenden – dem Problem der Freiheit und des Friedens –, seien noch einige Fragen kurz beantwortet, die sich mit der Oratio selbst befassen: ihre Entstehungsgeschichte, ihr eigenständiger Charakter im Vergleich zu ähnlichen zeitgenössischen literarischen Darlegungen sowie ihr historischer Hintergrund.[20]

Im Alter von 24 Jahren hat Pico die Gelehrten aller abendländischen Universitäten zu einer Disputation nach Rom eingeladen, um mit ihnen über 900 von ihm aufgestellte Thesen aus Theologie, Philosophie, Physik, Arithmetik, Magie, Kabbala und Orphik zu diskutieren.[21]

Die römische Disputation kam aber nicht zustande, da bei Bekanntwerden von Picos Vorhaben seine Rechtgläubigkeit bei der päpstlichen Behörde in Mißkredit geriet. Wohl aber blieb die „Rede" erhalten, mit der er nach akademisch-traditioneller Art das Streitgespräch feierlich einleiten wollte (verf. 1486). Später hat diese „Rede" den Titel „De hominis dignitate" erhalten, die jedoch zutreffender nach Picos eigenen Worten als Rede „de pace quaedam ad philosophiae laudes facienda" (oder als „carmen de pace" bzw. „de laudibus philosophiae" benannt werden müßte. Das Thema „pax" (concordia) ist also der Kern dieser Oratio, von der es übrigens zwei Redaktionen gibt, wenngleich auch das Thema über den Frieden spätere Zutat ist.[22]

Die Oratio selbst, die gleichzeitig eine Art „Autobiographie" darstellt, zerfällt in drei Teile. Im ersten Abschnitt geht es um die Darstellung der ontischen dignitas (der Mensch als Meisterwerk der gesamten Schöpfung, seine zentrale Stellung und Freiheit) sowie um eine Rechtfertigung des Philosophiestudiums (das Dienstamt der Philosophie und Theologie), der zweite Teil befaßt sich mit den dynamisch-ethischen Folgerungen aus der dignitas essendi (die Einheit der Wahrheit, „Eintracht aller aufrichtigen Behauptungen des Denkens"; Friede), und der dritte Teil stellt eine Art Selbstverteidigung bezüglich der gegen Pico erhobenen Einwände dar. Auf das Ganze gesehen gilt natürlich immer noch die Beurteilung von Ernst Cassirer, daß das Thema dieser Rede die Quintessenz aller Grundgedanken Picos enthalte und den Punkt bezeichne, in dem alle seine so mannigfaltigen Bestrebungen konvergieren.

VI. Die „neue" Renaissance-Anthropologie und ihre damaligen literarischen Darstellungen

Der hymnisch-enthusiastische Ton, der in der Oratio bisweilen angeschlagen wird, darf nicht darüber hinwegtäuschen, daß wir es nicht mit einem rein literarisch-poetischen Dokument zu tun haben, sondern mit einer eminent anthropologisch-praktisch ausgerichteten Schrift. Es wird nicht nur eine spekulative Wesensschau der menschlichen Natur dargeboten, wie sie manchmal bei mittelalterlichen Autoren üblich war (1. Teil der Oratio), sondern in noch umfassenderem Ausmaß werden moralisch-dynamische Forderungen erhoben, die sich aus der ontischen Begründung der „dignitas"-Lehre ergeben (2. Teil). Hierbei ist hauptsächlich an die Friedensbemühungen Picos zu denken.

Es kann jetzt nicht darum gehen, das Gesamt der anthropologischen Anschauungen Picos zur Darstellung zu bringen[23]. Wir begnügen uns damit, die Oratio kurz mit ähnlichen Schriften von Zeitgenossen zu vergleichen, um so das Spezifische und Originelle der Gedankenwelt Picos deutlicher herausstellen zu können. Dabei will beachtet sein, daß jetzt die meisten Traktate dieser Art von Laien verfaßt wurden und nicht von Klerikern, wie im Mittelalter.[24]

Die denkerischen Bemühungen der Renaissance konzentrieren sich bekanntlich mit Vorliebe auf anthropologische Themen, in deren Mittelpunkt die Würde des Menschen steht.[25] Literarischer Ausdruck dieser „neuen" Anthropologie – sie geht freilich über das Mittelalter zurück bis in die Patristik[26] – sind die zahlreichen Traktate, die sich mit der dignitas, excellentia, nobilitas oder praestantia der Menschen befassen.[27]

Bei der Ausarbeitung dieses Themas zeichnet sich eine interessante Entwicklung ab, die bei repräsentativen Denkern dieser Epoche durch folgende Akzentsetzung gekennzeichnet ist: Giannozzo Manetti (1396–1459) konzipiert die nobilitas hauptsächlich in theologischen Kategorien, indem er die Gottebenbildlichkeit des Menschen als konstituierendes Element der menschlichen Würde feiert, wenngleich dieselbe auch in Erscheinung zu treten hat durch die Übernahme öffentlicher Pflichten (Verpflichtung zum tätigen Leben), in der Freiheit und Selbstverantwortung. Cristoforo Landino (1424–1492) hinwieder erblickt das Wesen der nobilitas in der Geistseele, deren Aufgabe es ist, sich dem beschaulichen Leben, der „Theoria" hinzugeben. Bei dem Gründer der florentinischen Akademie, Marsilio Ficino (1433–1499), werden die Wesenselemente der nobilitas sodann aus dem Christentum, von Plato und aus dem Neuplatonismus bezogen.

Nobilitas ist schließlich für Pico della Mirandola ein weitgehend biblischer Begriff, denn für ihn ist der Mensch die Synthese des Universums, Mikrokosmos, vinculum et nodus (Knotenpunkt des Alls), dem der Auftrag zuteil wurde, Mittler und Führer zu Gott zu sein. In diesem Zusammenhang feiert er den Menschen besonders in der Oratio als seinen freien Gestalter, und zwar in Formulierungen und Tönen, die in der bisherigen philosophischen und theologischen Literatur einmalig sind. In diesem enthusiastischen Hymnus auf den Menschen spitzt sich das Thema zu zur Parole: „Freiheit zum Frieden".

Pico hat sich aber keineswegs mit den Aussagen früherer Denker über den Menschen zufrieden gegeben. Wohl hat er solche Werturteile geschätzt, sie aber nicht für letztgültige Aussagen gehalten. Ihm ging es um die metaphysische Wesenheit der menschlichen Würde, und deshalb griff er auf den biblischen Begriff von der Erfahrung der Welt und des ersten Menschen zurück.

Auch dies muß noch in Betracht gezogen werden, will man dem Würde-Begriff Picos gerecht werden. Des Menschen Wesen und Würde bleiben dem unverständlich, der seine Allbezogenheit nicht in Rechnung stellt, denn im Menschen ist die ganze Welt in einmaliger Weise noch einmal verwirklicht. Seine ihm eigene Würde besteht darin, daß er die Synthese des Universums darstellt.

VII. Der historische und ideengeschichtliche Hintergrund der Oratio

Bevor wir auf die Freiheits- und Friedensthematik im einzelnen eingehen, sei noch aufgezeigt, welches der historische Hintergrund der Oratio als solcher war, auf dem sie auch erst richtig verstanden werden kann.

Es gibt zwar Autoren, die die Auffassung vertreten, daß die Philosophen bei ihren spekulativen Erörterungen weitgehend von der Alltagswirklichkeit oder vom Zeitgeschehen absehen und nur pure Spekulation betreiben.[28] Andere Autoren hinwieder behaupten, daß sich ein gewisser Bezug auf die Realität des Lebens in ihrem Schrifttum fast immer feststellen läßt.[29]

Aufschlußreich für das Verständnis der Oratio des Mirandolaners dürfte jedenfalls die Auffassung von Alfons Auer sein, der dafür plädiert, man müsse sich die soziokulturelle Umwelt vor Augen halten, in der Pico lebte, einer Zeit also, wo die äußere Freiheit durch das Herrschaftsgebaren der Fürsten im Schwinden begriffen war und man vielfach in die innere Freiheit zurückgedrängt wurde.[30]

Hinzu kommen noch andere Umstände, auf die Eugenio Garin hingewiesen hat. Es sei an die religiöse Auseinandersetzungen erinnert, die damals die Christenheit bewegten, an die Türkenkriege, die Italien und Europa zerfleischten sowie an den Islam, der immer weiter vordrang.[31] Nicht zuletzt aber spürt man auch „die Qual seines (Picos) inneren Kampfes mit all den Eindrücken, den geistigen Zwiespalt und die Schwierigkeit, in sich widersprüchliche Vorstellungen miteinander in Einklang zu bringen“.[32]

Zum Ganzen hier noch einige grundsätzliche ideengeschichtliche Erwägungen darüber, warum es überhaupt zur Abfassung der Oratio gekommen ist. Natürlich sollte sie die „Einleitung“ zur römischen Disputatio (siehe oben) darstellen. Aber es steckt – ideenmäßig gesehen – mehr dahinter. Hinter dem Ganzen steht nämlich die Einsicht, daß die zahlreichen mittelalterlichen Traktate, die sich mit der Not- und Elendssituation des Menschen befaßt haben – gemeint ist zunächst der wohl berühmteste des Kardinals Lothar von Segni Lotario dei Conti, des späteren Papstes Innozenz III.: „De miseria humane conditionis“ –, keine ausreichende und echte Hilfe bietende Auskunft über die wahre Seinsbefindlichkeit des Menschen (conditio humana) gegeben haben. Sofern man nämlich lediglich, und zwar oft in äußerst düsteren Tönen, die menschliche Elendssituation (miseria humana) und die Verlorenheit der Welt (contemptus mundi) in Betracht gezogen und zur Debatte gestellt hat und dies alles zusätzlich noch in einer Welt von Untergangsstimmungen, verheerender Epidemien und Naturkatastrophen – auch an Zerfallserscheinungen in Philosophie und Theologie (Averroismus, Nominalismus) sei erinnert –, da kam immer häufiger das durchaus berechtigte Gespür auf, daß auf einer solchen pessimistischen Grundlage ein Mensch auf Dauer nicht zu leben vermag.[33]

Aufgrund solcher und ähnlicher Tatsachen ist es verständlich, wenn immer mehr Denker den Versuch unternommen haben – es war bereits oben die Rede davon – neue Ordnungs- und Leitbilder zu entwerfen, um darzulegen, daß und wie man ein menschenwürdiges Dasein führen könne.

Gerade für eine solche positive Lebenseinstellung, wir haben bereits oben bei Darstellung von einigen „dignitas“-Lehren über Einzelheiten darüber berichtet, hat sich der Grafensohn aus Mirandola mit ungewöhnlichem Engagement eingesetzt. So fühlte er sich aufgrund persönlicher Überzeugung, aber auch einer plötzlichen Anregung (subita quadam animi concitatione, Brief Picos an Benivieni, 358) berufen, an der Aufstellung eines hohen und attraktiven Leitbildes des Menschen mitzuwirken, und zwar an einem solchen, „das der Zeit entsprach, dem Zeitalter des Humanismus, dessen führende Denker die Frage nach dem Menschen im Lichte der Antike mit neuer Schärfe stellten und die eigenständigen Werte des Menschen mit einer dem christlichen Abendland bis dahin unbekannten Schärfe erfaßten“.[34]

Es wird wohl so sein, daß man den von Pico erarbeiteten Begriff der menschlichen Freiheit in dieser ausgeprägten Form bei früheren Denkern kaum finden kann. Man wird sagen müssen, daß Pico in der Bestimmung des Wesens der menschlichen Freiheit eine neue und eigenständige Leistung vollbracht hat. In diesem Punkt geht er, wie wohl in keinem anderen seines Denkens, über alle traditionellen Begriffe gleich welcher Art hinaus und bietet eine durchaus moderne Schau des Menschen.[35]

Gewiß kamen ihm dabei auch einige äußere Umstände zugute. Man denke an den sog. Renaissancegeist, der sich oft in gesteigerter Lebensbejahung, hoher Festtagsstimmung und ausgelassener Freude äußern konnte. Bekanntlich war ja auch Pico in seiner Jugendzeit kein Kind von Traurigkeit.

Wie bereits mehrfach hervorgehoben, beschränken wir uns in vorliegendem Beitrag auf die Darstellung der Menschenwürde, wie sie lediglich in der Oratio enthalten ist. Das Thema „Würde und Freiheit“ wird nämlich noch ausführlicher behandelt in

Picos letztem und umfangreichstem Werk, in den „Disputationes adversus astrologos" (1494).

VIII. Maßgebliche Aussagen der Oratio bezüglich Freiheit und Frieden

Im folgenden seien einige Texte aus der Oratio dargeboten, um einen einigermaßen legitimen Kontakt mit Picos Gedankenwelt herzustellen, auch auf die Gefahr hin, daß wenige aus dem Kontext herausgepflückte Sätze nur schwerlich ein echtes Verhältnis zum Autor herzustellen vermögen.

Über die Freiheit

„So beschloß der Werkmeister in seiner Güte, daß der, dem er nichts Eigenes mehr geben konnte, an allem zugleich teilhätte, was den einzelnen sonst je für sich zugeteilt war. Also ließ er sich auf den Entwurf vom Menschen als einem Gebilde ohne unterscheidende Züge ein; er stellte ihn in den Mittelpunkt der Welt und sprach zu ihm: ‚Keinen festen Ort habe ich dir zugewiesen und kein eigenes Aussehen, ich habe dir keine dich allein auszeichnende Gabe verliehen, da du, Adam, den Ort, das Aussehen, die Gaben, die du dir wünschst, nach eigenem Willen und Ermessen erhalten und besitzen sollst. Die beschränkte Natur der übrigen Wesen wird von Gesetzen eingegrenzt, die ich gegeben habe. Du sollst deine Natur ohne Beschränkung nach deinem freien Ermessen, dem ich dich überlassen habe, selbst bestimmen. Ich habe dich in die Weltmitte gestellt, damit du um so leichter alles erkennen kannst, was ringsum in der Welt ist. Ich habe dich nicht himmlisch noch irdisch, nicht sterblich noch unsterblich geschaffen, damit du dich frei, aus eigener Macht, selbst modellierend und bearbeitend, zu der von dir gewollten Form ausbilden kannst. Du kannst ins Untere, zum Tierischen, entarten; du kannst, wenn du es willst, in die Höhe, ins Göttliche wiedergeboren werden.'

Welche Freigebigkeit Gottes, was für ein bewundernswertes Glück für den Menschen, dem gegeben wurde, zu haben, was er wünscht, zu sein, was er wollte. Die Tiere bekommen, wie Lucilius sagt, bei ihrer Geburt aus dem Mutterbeutel all ihren künftigen Besitz schon mit. Die höchsten Geister waren von Anfang an oder bald darauf das, was sie von Ewigkeit zu Ewigkeit sein werden. Im Menschen aber sind bei seiner Geburt von Gott Vater vielerlei Samen, und Keime zu jedweder Lebensform angelegt; und welche er hegt, die wachsen und tragen Frucht in ihm: Sind es die Keime pflanzlichen Daseins, so wird er dahinvegetieren; des Sinnlichen, so wird er wie ein Tier werden; des Verstandes, so wird er ein himmlisches Lebewesen; des Geistes, so wird er ein Engel sein und Gottes Sohn. Doch wenn er an keiner geschöpflichen Möglichkeit Genüge findet und sich zurückzieht auf das Zentrum seiner selbst und so mit Gott *ein* Geist wird im einigen dunklen Grund Gottes des Vaters, der über alle Dinge gesetzt ist, so wird er über allen Dingen stehen. Wer sollte so ein Chamäleon nicht bewundern?"[36]

Über den Frieden

Auch was die Aussagen Picos über seine Friedensvorstellungen anbelangt, so seien zunächst einige wenige, repräsentative Texte vorgestellt.

„Gott, der Höchste unter den tausendmal Tausenden, die ihm dienen, wünscht am meisten: ‚Frieden', gemäß dem Wort: ‚Er ist es, der Frieden schafft in der Höhe.' Wir ertragen wahrlich vielfältige Zwietracht in uns, ehrwürdige Väter; wir kennen innere Kämpfe . . . Erstreben wir statt dessen jenen Frieden, der uns so hoch erhebt, daß wir zu den Scharen des Herrn gehören . . . Und die Theologie wird uns zurufen . . .: ‚Kommt her zu mir, die ihr mühselig und beladen seid, ich will euch erquicken; kommt her zu mir, ich will euch den Frieden verleihen, den Welt und Natur nicht geben können.'"[37]

„. . . dieser Friede ist es, den Gott in der Höhe schafft und den die Engel, auf die Erde niederkommend, den Menschen guten Willens verkündet haben, auf daß er die Menschen selbst zum Himmel, zu Engeln erhöbe. Diesen Frieden wollen wir unseren Freunden, unserem Jahrhundert und jedem Hause wünschen, das wir betrachten; wir wollen ihn unserer eigenen Seele wünschen, daß sie durch ihn zu einem Haus Gottes werde . . ."[38]

Bei diesem Kampf um den Frieden leisten reinigend und aufklärend Hilfe die Moralphilosophie, die Dialektik, die Naturphilosophie und die Theologie.[39]

Frieden also, was ist das? Picos Antwort: „. . . unlösliche Bindung, einhellige Freundschaft, durch die sich alle in dem einen Geist, der höher ist als alle Vernunft, zur Harmonie zusammenfinden – nein, ganz und gar in einem nicht mehr beschreibbaren Vorgang Eines werden."[40]

IX. Kommentar zu diesen Aussagen: Menschenwürde durch Freiheit und die Sehnsucht nach Frieden

Freiheit

Hinsichtlich des oben mitgeteilten Textes aus der Oratio über die menschliche Freiheit sagt Engelbert Monnerjahn: „Kaum ein Denker des Quattrocento hat das Menschenbild jener Zeit, das Idealbild, das so viele italienische Humanisten des 15. Jahrhunderts mit ihren Gedanken umkreisten, klarer und knapper umrissen als Pico della Mirandola in diesem kurzen Passus."[41] In der Tat hat Pico, deutlicher als je ein anderer damaliger Denker, die Freiheit des Menschen zum Inbegriff seiner anthropologischen Gedanken gemacht[42] und die menschliche Natur als „Unbestimmtheit" gekennzeichnet. Gott hat das Werk, das der Mensch darstellt, nur begonnen; er selbst soll es vollenden. Diese Unbestimmtheit des Menschen ist für Pico ein wesentliches Element der menschlichen Freiheit. Niemals und in keiner Weise darf der Mensch dieses wesentliche Element seiner Freiheit aufgeben. Die Offenheit nach allen Seiten muß er sich stets bewahren. Unter Freiheit versteht Pico zuerst die Unbestimmtheit des Menschen und seine Offenheit für alles.

Ohne die Freiheit der Unbestimmtheit und Offenheit könnte der Mensch seine Aufgabe nicht erfüllen, die ganze Welt in sich aufzunehmen und zusammenzufassen, Band und Knoten der Welt zu werden, um die vielfältige Welt zur Einheit mit Gott zurückzuführen.[43] Aus diesem Grunde ist die Freiheit des Menschen das Höchste.[44] Mit Recht hat deshalb Michael Landmann behauptet: „Picos Mensch ist so frei, daß sich die Freiheit auf ihn selbst zurückwendet; er schafft nicht nur die Kultur, sondern seine eigene Qualität und Lebensweise. Der Freiheitsbegriff ist hier nicht, wie später, ethisch eingeengt. Der Mensch steht nicht nur zwischen Gut und Böse, sondern zwischen den hohen und niedrigen Möglichkeiten seines ganzen Seins. Seine Größe liegt in seiner Spannweite, und die Chance des Aufstiegs ist nur erkauft durch die Gefahr des Absturzes."[45]

Nach Maßgabe der Oratio wird demnach vom Willen des Menschen und von seiner Erkenntnis die totale Hinwendung zur Welt und die totale Unterscheidung von ihr gefordert. Ernst Cassirer hat diesen Sachverhalt hervorragend kommentiert: „Wille und Erkenntnis dürfen, ja müssen sich jedem Teil des Universums hingeben; denn nur indem er den Gesamtkreis des Alls durchläuft, durchmißt der Mensch den Kreis seiner eigenen Bestimmung. Aber diese volle Aufgeschlossenheit gegen die Welt darf auf der anderen Seite niemals ein Aufgehen in ihr, ein mystisch-pantheistisches Sich-Verlieren, bedeuten. Denn der menschliche Wille besitzt sich nur, indem er sich bewußt wird, daß ihn kein einzelnes Ziel, kein einzelner Inhalt jemals erfüllen kann. So schließt die Wendung zum Ganzen des Kosmos immer zugleich die Fähigkeit in sich, sich in keinem seiner Teile zu binden."[46]

Daß diese eigenwillig anmutenden Formulierungen doch nicht ganz neu sind, und sich teilweise auch bei Thomas von Aquin finden, hat die Forschung nach einigem Zögern weitgehend zur Kenntnis genommen.

Die menschliche Freiheit weist indes noch weitere Elemente auf. Der Mensch besitzt nämlich die Freiheit der Wahl. Was er konkret wird, ist ganz ihm überlassen. Aber auch wenn der Mensch einen bestimmten Weg für sich wählt, muß er die Offenheit nach allen Seiten, für alle Möglichkeiten der ganzen Welt, bewahren. Nur ein solcher Freiheitsbegriff macht es möglich, alle Kreaturen des gesamten Universums in sich zusammenzufassen, wie Gott es von ihm wollte.[47]

Als drittes Element der menschlichen Freiheit ist schließlich des Menschen Schöpfertum zu nennen. Der Mensch, gesehen als Materie voller Möglichkeiten, nimmt erst durch die eigene Entscheidung Geist und Gestalt an. „Da der Mensch vom Schöpfer nur angefangen wurde, formt er sich zum Voll-Menschen, zur vollendeten, seiner Bestimmung entsprechenden Person selbst durch eigenen Willensvollzug."[48] So wird er zum Gestalter und Bildner seiner selbst. Darüber hinaus ist aber auch innerhalb der Schöpfung ein Raum ausgespart, der der freien Wirksamkeit des Menschen überantwortet ist. In diesem Raum übt der Mensch eine schöpferische Funktion aus, die der erschaffenden Tätigkeit Gottes verwandt ist und sie vollendet. In dieser schöpferischen Freiheit besteht für ihn die Gottähnlichkeit des Menschen. Der Mensch ist als irdischer Herr der Geschöpfe gottunmittelbar, keinem untertan außer ihm.[49]

Bezüglich der menschlichen Freiheit, wie Pico sie konzipiert hat, ist noch folgendes nachzutragen. Der Mirandolaner setzt sich entschieden vom mittelalterlichen Freiheitsbegriff ab, denn eine Kennzeichnung der menschlichen Freiheit als Unbestimmtheit wird man bei mittelalterlichen Denkern vergeblich suchen. „Mit der Verherrlichung der Freiheit als schöpferischer Kraft, durch die der Mensch sich selber erst sein Wesen gibt, sich der Welt zuwenden, an ihr arbeiten und sie gestaltend vollenden soll, steht er wegweisend am Beginn der Neuzeit und ist an ihrer Grundlegung wesentlich mitbeteiligt."[50]

Treffend hat Eugenio Garin Picos Freiheitsgedanken charakterisiert: „Jede existierende Wirklichkeit hat eine ihr eigene Natur, die ihre Aktivität bedingt, wodurch der Hund immer als Hund, der Löwe immer als Löwe leben wird. Der Mensch dagegen hat keine Natur, die ihn zwingt, hat kein Wesen, das ihn bedingt. Der Mensch schafft sich selbst durch die Tat, der Mensch ist Vater seiner selbst. Der Mensch kennt einzig und allein diese Bedingung: Der Mangel an Bedingungen, die Freiheit. Sein Zwang ist der Zwang zum Freisein, der Zwang, sein eigenes Geschick zu wählen, sich mit den eigenen Händen den Altar seines Ruhmes zu errichten oder die Ketten der Verdammnis zu schmieden."[51]

Ernst Cassirer hat die für Pico „charakteristische Umwandlung des Mikrokosmos-Motivs", durch die erst „seine Rede über ein bloßes oratorisches Prunkstück hinauswächst", in einmaliger Weise beschrieben: „Nicht im Sein des Menschen kann seine Würde beruhen – nicht auf der Stelle, die ihm ein für allemal im kosmischen Gefüge angewiesen ist. Wenn das hierarchische System die Welt in Stufen abteilt und jedem Wesen eine dieser Stufen als den ihm zukommenden Platz im Universum zuweist – so faßt gerade diese Grundanschauung den Sinn und das Problem der menschlichen Freiheit nicht. Denn dieses liegt in der Umkehr des Verhältnisses, das wir überall sonst zwischen Sein und Wirken anzunehmen pflegen. In der Dingwelt mag der alte scholastische Satz, der Satz: ‚operari sequitur esse' gelten; die Menschenwelt hat ihre Natur und ihre Eigenart darin, daß in ihr die entgegengesetzte Bestimmung gilt . . . Das Sein des Menschen folgt aus einem Tun . . . Mit diesem Gedanken ist – so sehr Picos Lehre in ihrer Gesamtform durch die aristotelisch-scholastische Tradition einerseits, durch die neuplatonische Tradition andererseits bestimmt wird – ein neuer Durchbruch erfolgt . . . Die Schöpfung im gewöhnlichen Sinne kann nicht anders verstanden werden, als daß durch sie dem Geschaffenen nicht nur ein bestimmt-abgegrenztes Sein mitgeteilt, sondern daß ihm zugleich ein bestimmter Umkreis des Wollens und Vollbringens vorgeschrieben wird. Der Mensch jedoch durchbricht jede derartige Schranke: sein Wirken wird ihm nicht durch seine Wirklichkeit schlechthin diktiert, sondern schließt immer neue, über jeden endlichen Kreis prinzipiell hinausgehende Möglichkeiten in sich. Dies ist das Geheimnis seiner Natur, um das ihn nicht nur die niedere Welt, sondern auch die Welt der Intelligenzen beneidet. Denn in ihm allein ist die überall sonst waltende Regel der Schöpfung, ist ihr fester ‚Typus' aufgehoben. Am Ende der Schöpfung – so schildert es der Mythos, mit dem Picos Rede beginnt – ward in dem Demiurgen der Wunsch rege, ein Wesen zu bilden, das imstande sein sollte, den Grund seines Wesens zu erkennen und es um seiner Schönheit willen zu lieben."[52]

Freiheit bedeutet also für Pico, daß der Mensch nicht von Anfang an in die Grenzen eines bestimmten Seins eingeschlossen ist. Der Mensch besitzt seine Vollkommenheit nur, sofern er sie sich selbständig und aufgrund eines freien Entschlusses erwirbt. Und wie Gott dem Menschen, im Unterschied zu allen anderen Naturwesen und anderen geistigen Wesen, den Besitz, den er ihm zugewiesen, nicht fertig mitgegeben, sondern von ihm erwartet und gefordert hat, daß er sich ihn selbständig erarbeite, so erklärt jetzt Pico, daß nicht der Besitz der Wahrheit, sondern das Suchen nach ihr das Glück des Menschen sei: „In dieser Grundauffassung bekundet sich die tiefe Wirkung des Platonischen Eros-Motivs, das den eigentlichen geistigen Mittelpunkt für die Weltanschauung des Florentiner Kreises bildet. Wer dem Eros dient und wer ihn als die eigentliche belebende Kraft der Philosophie ansieht, der will nicht besitzen, sondern erwerben; der will nicht sowohl wissen als forschen . . . Diese Form der Liebe, die im Suchen, nicht im Besitz besteht, gibt nach Pico dem Menschen jenen Wert, in dem er keinem anderen Wesen zu weichen braucht; denn nichts kann höher sein als die geistige Macht, die sich in der Freiheit des Willens ausdrückt."[53]

Auch dieses ist schließlich noch zu berücksichtigen: Die menschliche Freiheit steht unter Verpflichtungen. Der Mensch hat echte Wahlfreiheit. „Unbezweifelbar ist aber weder Gott noch der Welt noch für den Menschen selbst gleichgültig, wie die Wahl ausfällt. Gott und Welt verlangen und erwarten vom Menschen eine ganz bestimmte Entscheidung. Seine eigene Natur drängt ihn mit elementarer eingeborener Kraft zu dem Entschluß, den Weg nach oben, zur Welt der Engel und zur Einheit mit Gott einzuschlagen."[54]

Bleibt noch nachzutragen, daß Pico die Weltaufgabe des Menschen nicht so versteht, als ob sich der Mensch an die Welt verlieren soll. „Er will nicht, daß der Mensch dem Diesseits verfällt. Das schöpferische Handeln des Menschen an der Welt dient nicht einer rein innerweltlichen Vervollkommnung, sondern ist klar auf das transzendente Ziel der Rückführung der Welt zu Gott ausgerichtet."[55]

Zusammenfassend sei noch einmal ein Text von Pico angeführt: „Wir sind unter der Bedingung geboren, das zu sein, was wir wollen . . ., und darum sollen wir dafür sorgen . . ., damit uns die Wahlfreiheit (libera optio) . . . nicht durch eigene Schuld statt zum Heil zum Verderben ausschlägt."[56]

Zu den obigen grundsätzlichen Darlegungen über den Freiheitsbegriff bei Pico[57] jetzt noch einige ergänzende bzw. kritische Bemerkungen, die gelegentlich von Pico-Forschern geltend gemacht werden.

Zunächst sei versucht, kurz die Frage zu beantworten, warum überhaupt Pico eine so außergewöhnliche Verherrlichung der menschlichen Freiheit vorgenommen hat. An äußeren Gründen darf, wie bereits dargetan, die Bedrohung der politischen Freiheit zum damaligen Zeitpunkt genannt werden. Wichtiger scheinen indes die inneren Gründe und Motive hierfür gewesen zu sein. Zu erwähnen wären hier die Pressionen des astrologischen Determinismus[58], sodann jener von der spätmittelalterlichen Kirche verfochtene Legalismus und der Pessimismus, den die damaligen „contemptusmundi"-Lehren ausstrahlten.

Für das Verständnis des Freiheitsbegriffs, wie Pico ihn konzipiert hat, ist sodann der Voluntarismus verantwortlich zu machen, also jene philosophisch-theologische Denkart, die die Überlegenheit des Willens und der Liebe gegenüber dem Intellekt und der Wahrheit geltend macht. Diese Denkart reicht von Augustinus über Duns Scotus und wurde zur Zeit des Humanismus vornehmlich von Petrarca und Coluccio Salutati vertreten.[59]

Schließlich kommt noch ein theologischer Gesichtspunkt zu den oben erwähnten, der zeigt, warum Pico der menschlichen Freiheit eine so übergroße Wertschätzung entgegenbrachte. Er hatte die Überzeugung, daß niemand den irdischen Kampf wider Willen verliert und daß zum Sieg vor allem notwendig ist, den Willen zum Sieg zu haben. „Und die ewige Seligkeit ist gerade deswegen groß, weil der Sieg vom freien Willen des Menschen abhängt. In solchen Sätzen aus den letzten Jahren klingt trotz des Bewußtseins der Gefährdung und Schwäche des Menschen der Optimismus der Oratio – ‚wir können sein, was wir wollen' – nach, nur daß der Ton jetzt nicht mehr so stark auf der Erkenntnis, sondern auf dem praktischen Tun ruht."[60]

Unvollständig wären diese Darlegungen über Picos Würde- und Freiheitsbegriff, würden wir nicht danach fragen, in welchem Verhältnis die Sünde zu diesem Begriff steht. Wie kann nämlich der Mensch Würde und Freiheit besitzen, wenn diese Rangstellung und Auszeichnung durch die Sünde bedroht werden oder gar verloren gehen kann?

Für Pico hat nämlich die „Sünde wesentlich mit Freiheit zu tun, und gerade die menschliche Freiheit als Möglichkeit zu allem schließt die Möglichkeit des Sündigens ein".[61]

Die Sünde ist ein Schlag gegen die Würde des Menschen; sie entfremdet den Menschen sich selbst und der Welt. Daß derselbe nach der Sünde nicht mehr in der Gnade steht, läßt Pico hier außer acht. Alfons Auer findet, „daß das eigentlich Wichtige und Wesentliche der Oratio weniger in dem liegt, was sie unmittelbar enthält, als in dem, was sie unterdrückt und stillschweigend beiseite setzt".[62] Durch die Sünde verlor der Mensch Unschuld und Freiheit. Zurückerhalten kann er dieselben nicht mehr durch eigene Willensleistung, sondern nur durch göttliche Gnadenwirkung. Von alledem findet sich bei Pico nichts. Was die Kirche seit Augustinus als Irrlehre des Pelagianismus verworfen hat, erneuert jetzt Pico mit Kühnheit. Der Grundgedanke Picos ist der, daß der Mensch im Guten wie im Bösen nie fertig ist, daß die Entscheidung zwischen beiden ganz in seine Hand gegeben ist. Diese Wahl schließt eine ständige Gefahr für ihn ein. Doch macht diese Gefährdung der menschlichen Existenz des Menschen eigentliche Größe aus. „Nur ein Wesen, das der Sünde fähig und ihr sozusagen preisgegeben war, kann jene höchste Würde erringen, die in der selbständigen Überwindung der Sinnlichkeit, in der freien Erhebung zum ‚Intelligiblen' liegt."[63]

Frieden (pax philosophica)

Die nun folgenden Darlegungen über den Frieden in der Oratio – ein wahrer Hymnus – stellen den Kern der Oratio dar.[64] Gemeint ist mit der „pax philosophica", auf eine kurze Formel gebracht, „die pythagoreische Eintracht des Denkens, die christliche Erlösung jeder Offenbarung des Logos".[65] Herbeiführen wollte der Mirandolaner diese „pax" anläßlich der von ihm geplanten Disputation über 900 Thesen in Rom im Jahre 1486.

Was Pico des näheren veranlaßt hat, diesen Teil der Oratio zu schreiben, hat er in dem schon erwähnten Brief an seinen Freund und Dichter Girolamo Benivieni (Brief Picos an Benivieni, 358) mitgeteilt: Kein Tag vergehe, ohne daß er aus dem Evangelium lese; die Lektüre der Heiligen Schrift gehöre zu seinem alltäglichen Arbeitspensum. Dabei sei er neulich auf dieses Wort Christi gestoßen: „‚Meinen Frieden gebe ich euch, den Frieden, den meinigen, gebe ich euch, den Frieden hinterlasse ich euch.' Daraufhin habe ich aus einem plötzlichen seelischen Antrieb heraus etwas über die Aufgaben des Friedens – und zwar zum Lob der Philosophie – mit solcher Schnelligkeit diktiert, daß die Hand des Schreibers nicht mehr nachkam . . ."[66]

Ist der Mensch nun tatsächlich frei, seine eigene Natur und sein Schicksal zu bestimmen, so erhebt sich allerdings noch die zusätzliche Frage, wohin der Mensch jetzt nun treibt. Pico kommt in diesem Zusammenhang auf den Frieden als Bestimmung des Menschen zu sprechen, einen Frieden, dem er in all seinen Abstufungen nachgeht. Er befaßt sich mit dem

1. inneren, geistigen Frieden, d. h. mit der Versöhnung des Menschen mit sich selber;
2. intellektuellen Frieden, d. h. mit der Einheit der verschiedenen Lehrmeinungen;
3. religiösen Frieden, d. h. mit der Anerkennung der grundlegenden Einheit der Glaubensrichtungen;
4. allumfassenden Frieden, d. h. der letzten universalen Einheit, die in der Einheit Gottes gipfelt.

Ein andermal legt Pico dar, wie sich die „pax philosophica" der Friede durch Philosophie, in drei Stufen verwirklicht und vervollkommnet: Von der Wahrheit (Anerkennung aller Wahrheiten) stößt er zur Kontemplation vor und vollendet sich in der Liebe. Erläutern wir diesen Sachverhalt des näheren! In der Verfinsterung des Intellekts durch ungezügelte Leidenschaften, welche der Sündenfall über den Menschen gebracht hat, erblickt Pico die Quelle aller Unordnung im Menschen. Nur durch Streben nach Wissen und Weisheit kann sich der Mensch von der Friedlosigkeit befreien. Die Schicksalsfrage für Mensch und Welt im Banne der Sünde ist demnach, ob es Menschen mit einem allseitigen Wissen gibt, d. h. wahre Philosophen.

Pico persönlich handelt genau nach dieser Einsicht. Als „homo contemplator" dient er am besten dem Vaterland. Er „betrachtet es als das größte Unglück seines im Kampf und Unfrieden verstrickten Zeitalters, daß nur von wenigen und nicht echt philosophiert wird".[67] Bildung des Geistes tut not. Die Philosophen sind Könige, sie sind die Fürsten der Welt, da sie ihr den Frieden schenken. „Freundschaft, Eintracht und Friede ist ja Ziel aller Philosophie."[68] Darum auch kann Pico niemals von der Philosophie lassen: „Non est homo, qui sit expers philosophiae".[69] „Die Philosophie, so wie Pico sie versteht, gehört wesentlich zur Würde des Menschen, ist sogar ihre Kulmination."[70] Bei alledem darf man aber nicht Picos Einstellung und Überzeugung unterschlagen, daß es sich bei allem echten Philosophieren um nichts anderes dreht „als um die übernatürliche Seligkeit des Menschen und die Heimholung der Welt zu ihrem Ursprung Gott".[71]

Es sei gestattet, an dieser Stelle nochmals über den Rahmen der Oratio hinauszugreifen und auf ein Phänomen aufmerksam zu machen, das bei Pico erst 1490 auftaucht: der Begriff des „pie philosophari". Damit ist nicht nur die Art des Philosophierens gemeint, wie sie die Antike gepflegt hat, sondern eine Philosophie, die Lebensinhalt und Lebensaufgabe meint: „Fromm zu philosophieren" bedeutet für ihn letztlich mit „Christus konform werden". Christus nämlich, „das Haupt des Alls, wird in wachsendem Maße das große Vorbild und Hochbild eines tugendhaften . . . Lebens. Er ist die vollkommene Darstellung des ‚absoluten' Menschen, dessen Bild im Menschen neu- und nachgeformt werden muß".[72]

„Das Thema des Friedens verdeutlicht so in seiner letzten metaphysischen Gültigkeit das Thema der Freiheit und verleiht ihm Wahrheitscharakter. Da der Mensch keine ihm eigentümliche Natur hat, sondern die Freiheit besitzt, sich seine eigene Natur zu wählen, so ist es seine Aufgabe, diese Freiheit durch Einung und Aussöhnung der ganzen Welt zu vollziehen und zur ursprünglichen Einheit, die keine Spaltung kennt, zum Frieden, der jenseits vom Konflikt der Widersprüchlichkeit liegt, vorzustoßen."[73]

Bereits oben wurde darauf hingewiesen, daß bei dem Kampf und den Bemühungen um den Frieden verschiedene Disziplinen unterstützend mitwirken. In bezug auf die Philosophie, die Theologie und die Religion heißt es in einem Brief Picos an Aldo Manuzio (11. II. 1490): „Philosophia veritatem quaerit, theologia invenit, religio possidet."[74] Dabei wird besonders deutlich hervorgehoben, daß die Moralphilosophie wohl helfen kann, den natürlichen Glückszustand zu erreichen, daß aber nur die christliche Theologie es vermag, den Weg des Menschen zu Gott aufzuzeigen.

So „modern" sich diese Gedanken auch auf den ersten Blick ausnehmen, gänzlich neu sind sie keineswegs. Auch andere Denker haben sich zuvor in ähnlicher Weise geäußert. In diesem Zusammenhang wäre insbesondere Lorenzo Valla mit seiner Schrift „De libero arbitrio" (verf. 1436) zu erwähnen, der eine neue Spekulation über die Willensfreiheit eingeleitet hat. Bei ihm liegt das Neue allerdings darin, daß das Freiheitsproblem vor ein weltliches Forum, das der natürlichen Vernunft, zitiert wird. Dabei geht es weniger um einen neuen Inhalt als um eine neue Form, in die die traditionelle Lehre gekleidet wird; es geht um einen neuen Stil des Denkens. Insbesondere ist hier noch hervorzuheben, daß von N. Cusanus, der so nachdrücklich die Willensfreiheit des Menschen unterstrichen hat, kein Einfluß auf Pico ausgegangen ist.[76]

Was das Anliegen einer „pax philosophica" anbelangt („pax unitatis" nennt er es in seinem reifsten Werk, in „De Ente et Uno" [1492]), kann man dieses zusammenfassend mit folgenden Worten umschreiben: „Der philosophische Frieden entspricht einer weltlichen, universalen Befriedung, insofern sich auf dem menschlichen Boden, durch das menschliche Werk, die mannigfaltigen Aspekte der Wirklichkeit verflechten und durchdringen. Der Mensch ist ein irdischer Gott, nicht weil er sich etwa frevelhaft anmaßt, den Thron des wahren Gottes zu besteigen, sondern weil er, Gott gleich, ein reines Dasein ist, das die Fähigkeit besitzt, zu einem an allen Wesen teilhabenden Knotenpunkt zu werden."[77]

Zudem hat Pico noch in einer Art antiastrologischer Polemik seine denkerische Eigenständigkeit und Originalität bewiesen. Er hat sich nämlich, im Gegensatz zu manchem anderen berühmten Zeitgenossen, energisch dagegen gestemmt, daß der Mensch sich im Strom der Wechselfälle der Welt zwangsläufig mitreißen lassen müsse. Gewiß ist der Mensch ein Mikrokosmos und Spiegel des Alls, aber nicht in dem Sinne, daß er wegen seiner physischen Verbundenheit mit dem All irgend einem deterministischen Zwang gehorchen müßte.[78]

So gesehen ist die Verherrlichung des Menschen durch Pico „im Grunde eine Polemik gegen das Thema des Mikrokosmos . . ., um durch die Umkehrung der These vom Menschen als Mittelpunkt der Welt zur anderen These vom Menschen, der sich im Universum verlängert, zu gelangen".[79]

X. Schlußbetrachtung: Die Aktualität von Picos Ansichten über Freiheit und Frieden

Bei folgender Schlußbetrachtung sollen nicht nochmals Picos Verdienste hervorgehoben werden, die er sich bei seinen Bemühungen um Freiheit und Frieden erworben hat. Daß er ein Philosoph war, der den Menschen in dessen „Fähigkeit zu unbegrenzter Metamorphose"[80] gesehen hat – denn immer Neues soll der Mensch schaffen in einem unendlichen Prozeß und dadurch sich selbst verwirklichen –, solches und ähnliches wird in jeder „Geschichte der Philosophie" hervorgehoben und bestätigt.

Wichtiger scheint uns vielmehr dies ein Verdienst von ihm zu sein – es gehört in den spezifischen Rahmen der Thematik von Freiheit und Frieden –, daß er dazu beigetragen hat, das Gefühl einer positiven und christlichen Lebensstimmung zu verbreiten, an der es zum damaligen Zeitpunkt weitgehend gebrach.[81]

Obwohl ihn selbst zunehmend düstere Wolken der Schwermut und Melancholie befallen haben, hat er doch den Mut besessen, einem falsch interpretierten „contemptusmundi"-Begriff und einer weltmüden Klage über die „miseria humana" eine deutliche Absage erteilt zu haben.[82] Pico hat nämlich wieder die gottgeschaffene Würde der menschlichen Seinsverfassung und die daraus sich ergebende Verpflichtung zur Weltverantwortlichkeit ins Bewußtsein gerufen. Damit hat er zu seinem Teil auch dazu beigetragen, daß das Lebensgefühl der Renaissance getauft wurde und in der Kirche heimisch werden konnte.[83] Kompromißlos hat er die Überzeugung vertreten, „daß die dignitas humana stärkere und fruchtbarere Impulse nicht nur für alle Gebiete der innerweltlichen Verantwortlichkeit, sondern auch für das religiöse und sittliche Leben zu erwecken imstande ist als die miseria humana".[84]

Dennoch aber muß festgestellt werden, daß Pico mit seiner kühnen These über die menschliche Freiheit eine „einsame Größe" geblieben ist, war es doch eine These, die seither von keinem anderen Denker mehr in dieser Weise wieder aufgegriffen wurde, mit Ausnahmen vielleicht des französischen Moralisten Charles de Bouvelles (Bovillus), von dessen Traktat „De sapiente" vom Jahre 1509 behauptet wurde, er sei „vielleicht die merkwürdigste und in mancher Hinsicht charakteristische Schöpfung der Renaissance-Philosophie"[85] und daß er die unmittelbare Weiterbildung und systematische Durchführung der Grundgedanken von Picos Oratio bilde. Zu fragen wäre demnach, ob Picos geniale Freiheitsgedanken eben doch zu gewagt und wirklichkeitsfremd schienen und deshalb notgedrungen zu einem Endpunkt bei dieser Spekulation führen mußten; schließlich hat er ja traditionelle anthropologische Vorstellungen auf den Kopf gestellt. Bewahrheiten könnte sich aber auch ein Wort von Franz von Baader, der einmal von solchen Denkern der Vergangenheit gesprochen hat, die wir als „eine ungelöste Zeitschuld oder gleichsam als eine unverdaute Zeit hinter uns gelassen hätten".[86]

Noch ein Weiteres muß beachtet werden, will man dem Mirandolaner gerecht werden und ihn als Menschen und Denker verstehen. Seine in der Oratio vorgetragene kühn-optimistische Anthropologie war nämlich nicht die einzige oder gar endgültige Antwort, die er im Hinblick auf das Phänomen Mensch gegeben hat. Ernst Cassirer hat zu diesem Sachverhalt folgendermaßen Stellung genommen: „Auf das Bild Picos von Mirandola, der den Zeitgenossen so licht und glänzend, der ihnen als ein wahrhafter ‚Phoenix der Geister' erschien, fallen allmählich immer tiefere und dunklere Schatten. Nach der ersten verheißungsvollen Epoche des Aufstiegs, die von einem fast unbegrenzten Vertrauen in die Kraft des menschlichen Geistes und der humanistischen Lebens- und Bildungsideale erfüllt ist, mehren sich auch hier die asketischen Züge . . . So steht auch am Ende dieses Lebens ein Verzicht."[87]

Wie viele Denker, so hat auch Pico eine Entwicklung durchgemacht; es gab bei ihm eine allmähliche Verschiebung von Akzenten. „Es ist zu bedenken, daß in Picos Denken von Anfang an zwei Tendenzen angelegt waren: eine optimistische und eine pessimistische. Sie gehen zurück auf die dualistische Ausgangsposition seiner Anthropologie. Während zunächst und zumeist, vor allem in der Frage der menschlichen Erkenntnis, der Optimismus überstark vorherrschte, wird mit zunehmenden Jahren die pessimistische Seite der dualistischen Grundkonzeption stärker betont."[88]

Was Picos mehr pessimistische Einstellung zu Mensch und Welt anbelangt, will noch folgendes bedacht sein: Wie in der Anthropologie des hl. Augustinus der platonische Dualismus nicht völlig überwunden ist, so steckt auch er noch im Menschenbild Picos.

„Die Würde des Menschen: wie hoch wollte der 23jährige Pico sie vor der illustren Versammlung seines römischen Philosophenkongresses preisen! Nun aber klagt er, daß der Mensch nicht nach seiner Erkenntnis handelt. Die Sicht des Menschen als ‚magnum miraculum' wird ergänzt durch das: ‚Nos . . . homunculi, noctuae talpae, vere asini, vere boves.' Das Leben des Menschen, ehedem so bedeutend als Zusammenfassung und Erfüllung der kosmischen Bewegung, schrumpft zusammen: ‚Ein Punkt ist unser Leben, noch weniger als ein Punkt'."[89]

Eine eindeutige Erklärung solcher Phänomene läßt sich schwer ausmachen. Michael Seidlmayer ist indes der Überzeugung, daß alle diese und ähnliche Beispiele bekunden, „daß der Humanismus mit dem Problem ‚Humanitas' und ‚Religio' letzten Endes doch nicht fertig zu werden und kein wirklich gesichertes inneres Gleichgewicht zu gewinnen vermochte".[90] Dazu kommt noch, daß „das Stigma, das das ganze 15. Jahrhundert an der Stirne trägt: die Lebensunsicherheit, auch dem Humanismus nicht fehlt. Das Todesproblem läßt keine Ruhe."[91]

Diese Sicht der Dinge muß auch bezüglich des Grafen von Mirandola in Rechnung gestellt werden. Wohl liegt für ihn gemäß der Oratio die Welt im Streit, aber dieser war die Voraussetzung für eine Welt in Harmonie, ein Zeichen für ihre Vielfältigkeit. Würde und Leistung der wenigen ließen den Autor der Oratio die Mängel der Masse übersehen. „Die Menge der Minderwertigen schien keinen Einfluß zu haben auf den, der sich seines Geistesadels bewußt war."[92]

Auch für Pico hat der Tod nun seinen Schrecken und wird zum Motiv der Furcht[93], der er doch zu einem früheren Zeitpunkt von ihm sogar erwartet war als Moment der liebevollen Vereinigung mit Gott. Jetzt in seinen Spätschriften treten die eschatologischen Wirklichkeiten immer mehr in den Vordergrund[94]. Noch in der Oratio hieß es, daß der Mensch alles haben könne, was er sich wünscht, all das zu sein, was er eben will.

Solche Sätze gelten jetzt nicht mehr. Die geschichtliche Entwicklung – politisch, soziologisch, geistig gesehen – nahm nämlich einen anderen Verlauf und widersprach dem Daseinsoptimismus Picos. Die während des Quattrocento aus dem humanistischen Lebensideal mit seinem psychologischen Optimismus erwachsenen Ansätze zu einer Neuordnung des individuellen und gesellschaftlichen Lebens zerbrachen bekanntlich am Ausgang des 15. Jahrhunderts an der Wirklichkeit neuer historischer Gegebenheiten[95]. Die vielfältigen Krisenerscheinungen dieser Epoche offenbarten sich symptomatisch und augenfällig gerade in einer Krise des humanistischen Menschenbildes, die, wie oben bemerkt, aus dem Widerspruch zwischen den humanistischen Idealen und der Faktizität des Lebens entsprang. „Diesen Vorgang in die Helle des Bewußtseins gehoben zu haben, ist das Verdienst Niccolò Machiavellis."[96]

Dennoch aber bleibt es dabei: Der Renaissance-Optimismus, wie ihn der „princeps Concordiae" von Mirandola in seiner Oratio vertrat, entsprach einem echten Wirklichkeitsverständnis und hatte eine tiefe Bedeutung gerade für die damalige Zeit. Indem er mit seiner geistigen Haltung eine berechtigte Opposition gegen eine einseitig betriebene „contemptusmundi"-Einstellung zum Ausdruck brachte, verkörperte er ein Stück christlichen Daseinsrealismus mit optimistischem Einschlag. Sein damaliger Appell: „Durch Freiheit und Frieden zur Menschenwürde" oder: „Von der Menschenwürde zu Freiheit und Frieden", hat auch heute noch seine volle Gültigkeit.

Sr. Exzellenz, dem Hochwürdigsten Herrn Alt-Erzbischof von Bamberg, Dr. Dr. Josef Schneider, dessen bischöflicher Leitspruch „in spe fortitudo nostra" (unsere Stärke liegt in der Hoffnung) lautet, sei dieser Beitrag anläßlich seines 80. Geburtstages in Verehrung gewidmet. Feliciter, ad multos annos!

Anmerkungen

1 Vgl. Frankfurter Allgemeine Zeitung (12. 12. 1984), 3.

2 Es sei vermerkt, daß wegen des knapp bemessenen Raumes, der für diesen Beitrag zur Verfügung steht, eine Auswahl der Gesichtspunkte und bibliographischen Angaben getroffen werden mußte. – Was die neuere ital. Literatur anbelangt, so verdanke ich Herrn Prof. *Rodolfo Signorini/Mantova* wertvolle Informationen.

3 *P. M. Cordier,* Jean Pic de la Mirandole ou la plus pure figure de l'humanisme chrétien, Paris 1958.

4 Pico-Biographien sind zahlreich, z. B. bei: *E. Anagnine,* Pic de la Mirandola, in: Revue d'Histoire de la Philosophie et d'Histoire générale de la Civilisation (Lille 1934), 109 ff.;

ders., Giovanni Pico della Mirandola, in: Civiltà Moderna VII., Nr. 4 (Firenze 1935) 271 ff.; *P. O. Kristeller,* Giovanni Pico della Mirandola and his Sources, in: L'Opera I., 35 ff.; *M. Gukovskj,* Giovanni Pic della Mirandola: Uomo del Medioevo e del Rinascimento, in: L'Opera II., 457 ff.; *A. Dulles,* Princeps Concordiae, Pico della Mirandola and the Scholastic Tradition, Cambridge, Mass. 1941; *H. Biezais,* Pico della Mirandolas anthropologische Anschauungen, in: Spiritus et Veritas, Eutin 1953, 13 ff.; *E. Cassirer,* Giovanni Pico della Mirandola, in: Journal of the History of Ideas III (1942) 123 ff.; 319 ff.; *M. Schiavone,* Giovanni Pico della Mirandola, in: Letteratura Italiana, I Minori (Milano 1961) 787 ff. Weitere Lit.: *G. Müller,* Bildung und Erziehung im Humanismus der italienischen Renaissance, Wiesbaden 1969.

5 Vgl. *E. Monnerjahn,* Kurzbiographie, in: ²LThK VII, 436.

6 *Ders.*, Zum Begriff der theologischen Unklarheit im Humanismus, in: Festgabe Joseph Lortz, I., Reformation, Baden-Baden 1957, 277 ff., hier: 301. *M. Seidlmayer,* Wege und Wandlungen des Humanismus. Studien zu seinen politischen, ethischen, religiösen Problemen, Göttingen 1965, 260, spricht sogar von einem „hemmungslosen Synkretismus", dem sich Pico in der Oratio ergeben habe.

7 *A. Auer,* G. Manetti und Pico della Mirandola. De hominis dignitate, in: Vitae et Veritati. Festschrift für K. Adam, Düsseldorf 1956, 83 ff., hier: 100; *E. Cassirer,* Pico (Anm. 4), 325; *P. O. Kristeller,* Humanismus und Renaissance I., München 1956, 183.

8 *E. Garin,* Der italienische Humanismus, übers. v. *G. Zamboni,* Bern 1947, 110; *E. Anagnine,* G. Pico (Anm. 4), 17, 22. Zu diesen Dekadenzerscheinungen des Humanismus vgl. auch *G. Müller,* Mensch und Bildung im italienischen Renaissance-Humanismus. Vittorino da Feltre und die humanistischen Erziehungsdenker, Baden-Baden 1984, 54, 59, 65.

9 *A. Auer,* Manetti und Pico (Anm. 7), 100.

10 *E. Monnerjahn,* Giovanni Pico della Mirandola. Ein Beitrag zur philosophischen Theologie des italienischen Humanismus, Wiesbaden 1960, 194; *ders.*, Unklarheit (Anm. 6), 303; *E. Garin,* Giovanni Pico della Mirandola, De dignitate hominis, lat. u. dt., eingel. v. *E. Garin* (res publica literaria, Bd. I), Bad Homburg 1968, *ders.*, Lo spirito cristiano di Pico della Mirandola, in: Pensée humaniste et tradition chrétienne aux XVᵉ et XVIᵉ siècles, Paris 1950, 169 ff. – Pico war von seiner frommen Mutter für die kirchliche Laufbahn ausersehen und wurde bereits mit 10 Jahren – damals keine Seltenheit – zum Apostolischen Protonotar befördert (1473), vgl. *E. Anagnine,* G. Pico (Anm. 4), 271.

11 *A. Auer,* Manetti und Pico (Anm. 7), 101; freilich sind auch Bezugnahmen auf die biblische Gottebenbildlichkeitslehre vorhanden.

12 *K. Rahner,* Das Menschenbild des Origenes, in: Eranos-Jahrbuch Bd. XV., Zürich 1948, 197 ff., hier: 197.

13 *E. Monnerjahn,* G. Pico (Anm. 10), 190. Über die manchmal äußerst verschiedenartigen Beurteilungen Picos vgl. *H. Biezais,* Anthropologische Anschauungen (Anm. 4), 14; *M. Gukovskj,* G. Pico (Anm. 4). Über die Quellen Picos vgl. *P. O. Kristeller,* Sources (Anm. 4).

14 Vgl. z. B. das Literaturverzeichnis bei *E. Monnerjahn,* G. Pico (Anm. 10), 231; *W. G. Craven,* Pico della Mirandola. Un caso storiografico, Bologna 1984, 327; *M. Schiavone,* G. Pico (Anm. 4), 801.

15 *E. Garin,* La „dignitas hominis" et la letteratura patristica, in: La Rinascita 1 (1938) 102 ff.; *E. Anagnine,* G. Pico (Anm. 4), 14; *E. Ornato,* „Contemptus mundi et dignitas humana" nel Rinascimento, in: Rivista di filosofia neoscolastica 48 (1956) 9; *M. Gukovskj,* G. Pico (Anm. 4), 460; *H. Baker,* The Image of Man. A Study of the Idea of Human Dignity in Classical Antiquity, the Middle Ages and the Renaissance, New York 1961; *P. O. Kristeller,* Humanismus (Anm. 7); *W. Kölmel,* Aspekte des Humanismus, Münster 1981, 191; *P. O. Kristeller,* Sources (Anm. 4); *Ch. Trinkaus,* In Our Image and Likeness I., London 1970; vgl. *ders.*, In Our Image and Likeness II., London 1970, 505, 722, 753.

16 *E. Garin,* G. Pico (Anm. 10), 22.

17 *E. Garin,* Humanismus (Anm. 8), 126; *W. Kölmel,* Wille und Freiheit in der Lehre des Duns Scotus und des Humanismus, in: Deus et Homo ad mentem J. Duns Scoti, Acta tertii

Congressus Scotistici 1970, Rom 1972, 343 ff., hier: 355; *W. Hoeres,* Der Wille als reine Vollkommenheit nach Duns Scotus, München 1962, 239; *G. Koepgen,* Wilhelm von Ockham, Anfang und Ende der Reformation (als Manuskript gedr.), Regensburg o. J., 113. Freilich ist auch für Thomas v. Aquin die Liebe zum Guten der Grund allen Fortschritts des Menschen; vgl. *E. P. Cronan,* The Dignity of the Human Person, New York 1955. Vgl. hierzu *Th. G. Belmans,* Le „volontarisme" de Saint Thomas d'Aquin, in: Revue Thomiste 85, Nr. 2 (1985) 181.

18 *E. Garin,* Humanismus (Anm. 8), 125.

19 Eine rühmliche Ausnahme macht hierbei *E. Monnerjahn,* G. Pico (Anm. 10), 59. – Inwiefern Liebe das Höchste ist, vgl. *W. Kölmel,* Wille und Freiheit (Anm. 17), 355; *E. P. Cronan,* Dignity (Anm. 17), 65.

20 Eine der besten diesbezüglichen Darstellungen bietet die Einleitung von *E. Garin,* G. Pico (Anm. 10).

21 Die meisten Pico-Biographien erörtern ausgiebig diese Tatsachen und Ereignisse. – Wir beschränken uns hier auf das Aufzeigen von einigen wenigen markanten Daten. – Zum folgenden vgl. *E. Garin,* La Cultura filosofica del Rinascimento Italiano, Firenze 1961, 231; *E. Anagnine,* G. Pico della Mirandola, Sincretismo religioso-filosofico, Bari 1937, 1463–1494; *P. O. Kristeller,* Eight Philosophers of the Italien Renaissance, Stanford California Press 1964, 66.

22 Vgl. *E. Anagnine,* G. Pico (Anm. 4), 285; zum folgenden *E. Garin,* Rinascimento (Anm. 21), 231; *E. Cassirer,* Individuum und Kosmos in der Philosophie der Renaissance, Leipzig u. Berlin 1927, Darmstadt 1977, *E. Garin,* Le interpretazioni del pensiero di Giovanni Pico, in: L'Opera I., 3 ff., hier: 16. Was die Belange der ontischen Grundlagen der Menschenwürde angeht, eine Frage, die auch heute noch zur Debatte steht, vgl. *W. Wertenbruch,* Grundgesetz und Menschenwürde, Köln-Berlin 1958, 169; *M. Müller,* Die ontologische Problematik des Naturrechts, in: Die ontologische Begründung des Rechts, hrsg. v. *A. Kaufmann,* Darmstadt 1965.

23 Vgl. dazu *E. Monnerjahn,* G. Pico (Anm. 10), 6; *H. Biezais,* Anthropologische Anschauungen (Anm. 4).

24 Hierzu die Darlegungen über Laienkultur und die „neue Ethik" in: *G. Müller,* Mensch und Bildung (Anm. 8), 127; *M. Seidlmayer,* Wege (Anm. 6), 278.

25 Vgl. *R. W. Davenport,* The dignity of man, New York 1955; *Ch. Trinkaus,* Image II (Anm. 15), 505, 722, 753.

26 Vgl. die oben in Anm. 15 genannte Literatur.

27 Über das Inhaltliche der nobilitas vgl. *F. Tateo,* Tradizione e realtà nell' Umanesimo italiano, Bari 1967, 355. Der Begriff „dignitas" soll hier nicht erörtert werden; es sei jedoch verwiesen auf die ausgezeichneten Darlegungen von *E. P. Cronan,* Dignity (Anm. 17), 18, wo auch nachgewiesen wird, daß nach Thomas v. Aquin die Menschenwürde in der menschlichen Person liegt, in der Liebe zum Guten, 65, 76. Hinsichtlich der biblischen Lehre über die Gottebenbildlichkeit des Menschen und über die traditionellen philosophisch-theologischen Interpretationen der Gottebenbildlichkeit vgl. *O. Loretz,* Die Gottebenbildlichkeit des Menschen, München 1967.

28 Vgl. *W. Kölmel,* „Freiheit-Gleichheit-Unfreiheit" in der sozialen Theorie des späten Mittelalters, in: Miscellanea Mediaevalia XII/2., Berlin 1980, 396.

29 Vgl. *M. Gukovskj,* G. Pico (Anm. 4).

30 *A. Auer,* Manetti und Pico (Anm. 7).

31 *E. Garin,* G. Pico (Anm. 10), 20; *G. Koepgen,* Wilhelm Ockham (Anm. 17), 73; *P. M. Cordier,* Jean Pic (Anm. 3), 9.

32 *E. Garin,* ebd., 21.

33 *E. Monnerjahn,* G. Pico (Anm. 10), 7. Vgl. auch die Argumente, die *Kl. Heitmann,* Augustius Lefre in Petrarcas „Secretum" anführt, in: Petrarca, hrsg. von *A. Buck,* Darmstadt 1976, 306. Zu Lothar von Segni vgl. die Praefatio von *M. Maccarone* zu seiner Edition von „De miseria humanae conditionis" des Lotharii Cardinalis; dazu *R. Bultot,* Mépris du monde, misère et dignité de l'homme dans la pensée d'Innocent III, in: Cahiers de

Civilisation Médiévale 4 (1961), 441 ff.; *W. Willi,* Innozenz III. und sein Werk „Über das Elend des menschlichen Daseins", in: Humanismus, Mystik und Kunst in der Welt des Mittelalters, hrsg. v. *J. Koch,* Leiden-Köln 1953, 125 ff., *C. Segre,* Volgarizzamenti del Due e Trecento a cura di C. Segre, Torino 1980, 191.

34 *E. Monnerjahn,* G. Pico (Anm. 10), 7; vgl. dazu *E. Cassirer,* Über die Würde des Menschen von Pico della Mirandola, in: Studia Humanitatis, Schriftenreihe Agora 5 (1959) 48 ff., hier: 50: „Nur ein Zeitalter, das von einem neuen Menschheitsideal beseelt und von ihm innerlich durchdrungen war, konnte derartige Sätze prägen."

35 *E. Monnerjahn,* ebd., 173.

36 *E. Garin,* G. Pico (Anm. 10), 29. Diese dt. Übersetzung stammt von *H. H. Reich,* in: *E. Garin,* ebd. Außerdem verdient Beachtung die dt. Übersetzung von *H. W. Rüssel,* in: Agora 5 (1959) 121.

37 Belege in: *E. Garin,* ebd., 41; die geforderte Kürze verbietet leider, weitere Zitate anzuführen bzw. zu kommentieren.

38 Zu den beiden folgenden Texten vgl. ebd., 41, 43.

39 Ebd., 43.

40 Ebd., 41.

41 *E. Monnerjahn,* Unklarheit (Anm. 6), 278; vgl. *E. Cassirer,* Würde (Anm. 34), 48.

42 Vgl. darüber die ausgezeichneten Darlegungen bei *E. Cassirer,* Individuum (Anm. 22), 92. Zum Phänomen der Unbestimmtheit vgl. *W. Hoeres,* Wille (Anm. 17), 100; vgl. auch *G. Koepgen,* Wilhelm von Ockham (Anm. 17), 152.

43 Vgl. *E. P. Cronan,* Dignity (Anm. 17), 65, 76. Über ähnliche Gedanken bei Nicolaus Cusanus (1401–1464) vgl. *M. Seidlmayer,* Wege (Anm. 6), 90. Beachtenswert ist jedenfalls folgende Bemerkung Seidlmayers: „Die weitgehenden Kombinationen Cassirers bezüglich der Einflüsse des Cusanus auf Ficino und Pico können nicht allenthalben überzeugen." Vgl. ebd., 104 (Anm. 111); vgl. auch ebd., 76, 96, 105 (Anm. 115), 260 (Anm. 147).

44 Vgl. *A. Dulles,* Princeps Concordiae (Anm. 4), 121.

45 *M. Landmann,* De homine (Anm. 57), 155.

46 *E. Cassirer,* Individuum (Anm. 22), 91.

47 *E. Monnerjahn,* G. Pico (Anm. 10), 28.

48 Ebd., 29.

49 Ebd.; ähnliche Gedanken finden sich bereits bei Nicolaus Cusanus, vgl. *E. Cassirer,* Individuum (Anm. 22), 92. Aber auch schon bei Thomas von Aquin findet sich eine wichtige Belegstelle dafür, daß „der Mensch keine Grenzen hat" (Sent. 4, d 15, g 4, a 1, g 1 c); vgl. dazu *W. Kölmel,* Aspekte (Anm. 15), 164. Treffend hat auch *P. Wust,* Die Säkularisierung des europäischen Geistes und ihre Überwindung in der Gegenwart, in: Hochland, Bd. II, 23 (1926) 1 ff., hier: 14 den Renaissance-Geist charakterisiert: „Der menschliche Geist entdeckte damals eigentlich erst so recht das Gefühl seines grenzenlosen geistigen Schöpfertums, und er kostete mit einer seltenen Lebenslust die natürliche Wonne dieses Kreatorgefühls. Er ahnte in sich zum ersten Male die unendlichen Möglichkeiten seines Intellekts; er sah jetzt eigentlich erst, in welche Unendlichkeit von Beziehungen er hineingestellt sei". Vgl. dazu noch die Stellungnahme von *W. Hoeres* (Buchrezension), in: Deutsche Tagespost Nr. 87, 19./20. 06. 1985, S. 10.

50 *E. Monnerjahn,* G. Pico (Anm. 10), 32.

51 *E. Garin,* Humanismus (Anm. 8), 124.

52 *E. Cassirer,* Individuum (Anm. 22), 88; vgl. *ders.,* G. Pico (Anm. 4), 319; *ders.,* Würde (Anm. 34), 52; *R. Allers,* Microcosmos. From Anaximandros to Paracelsus, in: Traditio III, New York 1944, 319 ff.; *E. P. Cronan,* Dignity (Anm. 17), 48.

53 *E. Cassirer,* Würde (Anm. 34), 52.

54 *E. Monnerjahn,* G. Pico (Anm. 10), 32.

55 Ebd.

56 *E. Garin,* G. Pico (Anm. 10), 33.

57 Vgl. noch *M. Gukovskj,* G. Pico (Anm. 4), 459; *H. Biezais,* Pico (Anm. 4), 27, 40; *M. Landmann,* De homine. Der Mensch im Spiegel seines Gedankens, Freiburg-München 1962,

155; *E. Garin,* Humanismus (Anm. 8), 125; *E. P. Cronan,* Dignity (Anm. 17), 69, 71, 76; *W. Kölmel,* Wille und Freiheit (Anm. 17), 355, 356.

58 Vgl. *S. Thorndike,* Marsilio Ficino und Pico della Mirandola und die Astrologie, in: Zeitschrift für Kirchengeschichte XLVI., NF IX (Gotha 1928), 584; *E. Cassirer,* Individuum (Anm. 22), 123.

59 *L. Borghi,* La dottrina morale di Coluccio Salutati, in: Annali della R. Scuola Normale Superiore di Pisa (1934) 75 ff.; *G. Müller,* Mensch und Bildung (Anm. 24), 48, 214, 300; dazu die oben in Anm. 17 angegebene Lit.

60 *E. Monnerjahn,* G. Pico (Anm. 10), 163; zu den weiteren Darlegungen vgl. ebd., 73.

61 Ebd.

62 *A. Auer,* Manetti und Pico (Anm. 7), 54.

63 Ebd., 55.

64 *E. Garin,* Interpretazioni (Anm. 22), 16;
E. Cassirer, G. Pico (Anm. 4), 126; dazu oben S. 308 f.

65 *E. Garin,* Humanismus (Anm. 8), 125. Die Frage, ob und wie die „pax philosophica" Picos in Zusammenhang steht mit der „pax fidei" des Marsilio Ficino, muß hier wegen Raummangel ausgeklammert bleiben. *E. Cassirer,* G. Pico (Anm. 4), 126 hat richtig bemerkt: „The pax philosophica is his real ideal, which he sets by the side of the pax christiana."

66 Beleg in: *E. Anagnine,* G. Pico (Anm. 4), 285; *E. Garin.* G. Pico (Anm. 10), 23.

67 *E. Monnerjahn,* G. Pico (Anm. 10), 80.

68 Ebd.

69 Belege in: Brief Picos an Ermolao Barbaro (9. 6. 1485): De genere dicendi philosophorum, in: Lettres inedites de Jean Pic de Mirandole, 1482–1492, (Giorn. Storico d. lett. ital. XXV, 1985), 62 a; dazu *G. Müller,* Bildung (Anm. 4), 159.

70 *A. Auer,* Manetti und Pico (Anm. 7), 101.

71 *E. Monnerjahn,* G. Pico (Anm. 10), 158.

72 Ebd.

73 *E. Garin,* G. Pico (Anm. 10), 23.

74 Belege in: *E. Anagnine,* Pic (Anm. 4), 114; *G. Di Napoli* „Contemptus mundi" e „dignitas hominis" nel Rinascimento, in: Rivista di Filosofia Neo-Scolastica 48 (1956), 9 ff., hier: 185. An einer anderen Stelle vertritt er indes die Meinung, daß die Philosophie den Weg zur künftigen himmlischen Herrlichkeit zu bereiten vermöge, vertritt damit also den sokratischen Irrtum, Wissen sei praktische Tugend, *vgl. E. Monnerjahn,* G. Pico (Anm. 10), 83.

75 *E. Biezais,* Anthropologische Anschauungen (Anm. 4), 34, 35; zum folgenden vgl. *E. Cassirer,* Individuum (Anm. 22) 82.

76 Vgl. dazu *E. Cassirer,* ebd., 82.

77 *E. Garin,* Humanismus (Anm. 8), 126; dazu *E. Cassirer,* Würde (Anm. 34), 53: „Pico, dem der Frieden über alles ging, und dessen höchstes Ziel die ‚pax philosophica' gewesen ist . . ."; ähnliche Gedanken finden sich bei Nicolaus Cusanus, vgl. *ders.,* Individuum (Anm. 22), 92.

78 Vgl. die Literatur-Angaben oben Anm. 49.

79 *E. Garin,* Humanismus (Anm. 8), 129. Über die Umwandlung des Mikrokosmos-Motivs, die sich bei Nicolaus Cusanus und nach ihm bei Marsilio Ficino vollzogen hat, vgl. *E. Cassirer,* Individuum (Anm. 22), 68, 88; s. auch oben S. 311.

80 *J. Hirschberger,* Geschichte der Philosophie, Bd. II, Freiburg 1960, 12.

81 Darüber *E. Monnerjahn,* G. Pico (Anm. 10), 190.

82 *A. Auer,* Manetti und Pico (Anm. 7), 102.

83 Ebd.

84 Ebd.

85 *E. Cassirer,* Individuum (Anm. 22), 93; *J. Dippel,* Versuch einer systematischen Darstellung der Philosophie des Carolus Bovillus, Würzburg 1865.
Ob Pico seinem in der Oratio vorgetragenen Freiheitsbegriff auch später treu geblieben ist, als er unter dem Einfluß von Savonarola stand, vgl. *E. Garin,* Interpretazioni (Anm. 22), 31, 33.

86 *M. Seidlmayer,* Wege (Anm. 6), 106.
87 *E. Cassirer,* Individuum (Anm. 22), 66; ähnlich *M. Seidlmayer,* ebd., 96.
88 *E. Monnerjahn,* G. Pico (Anm. 10), 159.
89 Belege in: ebd., 161.
90 *M. Seidlmayer,* Wege (Anm. 6), 97; zu ähnlichen Phänomenen vgl. *G. Müller,* Mensch und Bildung (Anm. 8), 68; *ders.,* Bildung (Anm. 4), 463.
91 *M. Seidlmayer,* ebd., 99; vgl. auch 95. Zum Ganzen das monumentale Werk von *J. Delumeau,* Le Péché et la Peur. La culpabilisation en Occident (XIIIe–XVIIIe siècles), Paris 1983; dazu die Rezension von *Kl. Heitmann,* in: Wolfenbütteler Renaissance Mitteilungen IX 2, August 1985, 62.
92 *E. Monnerjahn,* G. Pico (Anm. 10), 161.
93 Lit. zum damaligen „Todesgedanken“: *A. Bude,* Die Krise des humanistischen Menschenbildes bei Machiavelli, in: Die humanistische Tradition in der Romania, Bad Homburg 1968, 273 (88).
94 Einzelne Belege in: *E. Anagnine,* G. Pico (Anm. 4), 303.
95 Zu diesem Sachverhalt: *A. Buck,* Krise (Anm. 93), 274.
96 *A. Buck,* ebd., 275.

Im Hinblick auf anderweitige bzw. weiterführende Pico-Literatur wird verwiesen auf: Bibliographie internationale de l'Humanisme et de la Renaissance, Genève (bes. ab Jg. 1970) und die Studi pichiani. Atti e memorie del Convegno di Studi pichiani per il V Centenario della nascita di Giovanni Pico della Mirandola, Modena-Mirandola 25–26 maggio 1963, Modena 1965 sowie auf *M. Schiavone,* G. Pico (Anm. 3), 801 und auf *W. G. Craven,* Pico (Anm. 14), 327.

Verzeichnis der Mitarbeiter

Prof. Dr. Michael Arneth
Ottostraße 3, 8600 Bamberg

Prof. Dr. Wolfgang Beinert
Großberger Weg 9, 8401 Pentling

Prof. Dr. Walter Brandmüller
Kath. Pfarramt, 8085 Geltendorf-Walleshausen

Prof. Dr. Alexius Bucher
P.-Philipp-Jeningen-Platz 6, 8078 Eichstätt

Prof. Dr. Anton Dauer
Marktplatz 1, 8570 Pegnitz-Trockau

Prof. Dr. Volker Eid
Untere Seelgasse 5, 8600 Bamberg

Prof. Dr. Ignacio Escribano-Alberca
Giselastraße 25, 8000 München 40

Prof. Dr. Ottmar Fuchs
Gartenstraße 16, 8600 Bamberg

Prof. Dr. Balthasar Gareis
Mühlbergweg 17, 6415 Petersberg 3 – Marbach

Prof. Dr. Norbert Glatzel
Schützenstraße 49, 8600 Bamberg

Prof. Dr. Dr. Manfred Görg
Jenaer Straße 4, 8000 München 50

Prof. Dr. Ernst Ludwig Grasmück
Eisgrube 10, 8600 Bamberg

Prof. DDr. Othmar Heggelbacher
Weide 8, 8600 Bamberg

Prof. Dr. Josef Hepp
Ottostraße 27, 8600 Bamberg

Prof. Dr. Alfred E. Hierold
Brückenstraße 2, 8600 Bamberg

Prof. Dr. Paul Hoffmann
Hainstraße 37, 8600 Bamberg

Prof. Dr. Elmar Klinger
Sanderring 2, 8700 Würzburg

Prof. Dr. Franz Kohlschein
Theuerstadt 3 a, 8600 Bamberg

Prof. Dr. Helmut Merklein
Töpferstraße 6 a, 5307 Wachtberg-Adendorf

Prof. Dr. Gregor Müller
Schloß Jägersburg, 8551 Eggolsheim

Prof. Dr. Dr. Hans Pfeil
Obere Karolinenstraße 6, 8600 Bamberg

Prof. Dr. Joseph Renker
Forsthaus, 8079 Adelschlag-Weißenkirchen

Prof. Dr. Johannes Stöhr
Kettenbrücke 2, 8600 Bamberg